제2판

교원임용 교육학 논술대비

최원휘
SELF
교육학

최원휘 편저

박문각 임용

동영상강의 www.pmg.co.kr

박문각

PREFACE
이 책의 머리말

초임 사무관 시절, 처음으로 어떤 정책의 개선방안 보고서를 작성한 적이 있었습니다. 첫 단독 보고서라 뿌듯하기도 하고 자신도 있었는데, 당시 멘토였던 한 선배가 제 보고서를 보더니 "국민들이 이 문장을 너의 의도대로 읽어낼 수 있을까?"라며 다시 써오라는 숙제를 주셨습니다.

나름 잘 썼다고 생각한 보고서가 거침없이 내동댕이(?)쳐지는 모습에 수치심이 느껴지기도 하고, 구체적 피드백을 주지 않은 선배가 야속하기도 했습니다. 얼굴이 벌겋게 달아오른 저에게, 그 선배는 "다들 바쁠 텐데 누가 재미없는 보고서를 하나하나 다 읽고 있겠어? 핵심만 쓰되, 이 정책을 처음 보는 사람도 이해하기 쉬운 용어로 써봐."라는 방향을 제시해 주었습니다. 순간 수치심이 반성으로 전환되었고, 이후 글을 쓰는 모든 순간에 선배의 의견을 따르고자 노력하였습니다.

이번 SELF 교육학 기본이론서를 개정함에 있어서도 "누구라도 쉽게 이해할 수 있도록 쓰자."라는 기본방향을 지키고자 노력하였습니다. 특히, 이번 개정에서는 더욱 효율적인 학습과 사고 확장에 초점을 맞추어, 다음의 세 가지 방향을 중심으로 개정을 진행하였습니다.

"어떤 문제 앞에서도 강한 마스터키"

- FRAMEWORK
- TREND
- CORE
- SELF EDU

- 핵심을 관통한 엄선된 이론
- 흐름을 간파한 생생한 문제
- 사고를 확장시키는 만능 접근 강의

첫째, 비전공자도 이해할 수 있는 쉬운 표현으로 교육학 이론을 재구성하였습니다.

교육학은 때로는 낯설고 어려운 학문처럼 느껴질 수 있습니다. 그래서 교육학을 처음으로 접하시는 선생님들도 이론의 본질을 쉽게 이해할 수 있도록 용어와 설명을 다듬고, 어려운 개념은 비유와 사례를 활용하여 풀어냈습니다. 모든 선생님들이 기본서를 통하여 교육학의 기본을 다지고 자신감을 가질 수 있기를 희망합니다.

둘째, 꼭 필요한 내용을 중심으로 이론을 정리하였습니다.

전공 과목의 비중이 큰 상황에서 교육학 학습시간은 한정적입니다. 그렇기에 이번 개정판에서는 시험장에서 선생님들께 실질적으로 도움이 될 핵심내용만을 엄선하였습니다. 이 교재 한 권으로 단권화가 가능하도록 내용을 구성하였으며, 이론을 학습하면서도 현장형 문제에 대비할 수 있는 기틀을 마련하였습니다.

셋째, 어떤 문제에도 대응할 수 있는 사고확장 방법을 담았습니다.

교육학 논술시험은 단순히 이론 암기를 확인하는 것에 그치지 않습니다. 변화하는 출제 경향에 맞추어, 이론을 다양한 문제에 적용할 수 있도록 사고력을 키우는 내용들을 추가하였습니다. 또한, 이론의 핵심을 넘어 현장적용 및 문제해결능력을 키울 수 있도록 구체적인 사례와 실행방안을 반영하였습니다.

이번 개정판은 선생님들께서 효율적으로 공부하면서도, 어떤 문제라도 풀 수 있는 만능 접근 사고를 가질 수 있도록 돕는 데 초점을 두었습니다. 이 책이 중등 임용시험을 준비하는 모든 선생님들께 실질적인 도움과 영감을 주길 진심으로 바랍니다.

마지막으로, 이 책의 개정작업을 지지하고 함께해주신 모든 분들께 감사의 말씀을 드립니다. 특히, 저를 믿고 아낌없이 지원해준 가족, 솔이와 별이, 그리고 언제나 저의 가장 큰 버팀목이자 현장의 소중한 의견을 나누어주는 아내에게 사랑과 감사를 전합니다.

최원휘 드림

출제경향 분석 및 학습방법

❶ 중등 임용 교육학 시험 기본사항

① 중등 임용시험 일정

○ **(시험 절차)** 시험 공고 및 접수(10월) → 1차 시험(11월) → 2차 시험(1월) → 합격자 발표(2월)

✔ 중등 임용시험 절차

사전 예고	본 공고 및 접수	1차 시험	2차 시험	합격자 발표
6~8월	10월	11월	1월	2월

○ **(1차 시험 일정)** 교육학(1교시) → 전공(2, 3교시)

✔ 1차 시험 당일 세부 일정

시험 과목		유형	문항 수	시간	배점
교육학		논술형	1문항	1교시 09:00~10:00(60분)	20점
전공	A	기입형/서술형	4문항/8문항	2교시 10:40~12:10(90분)	40점(8점/32점)
	B	기입형/서술형	2문항/9문항	3교시 12:50~14:20(90분)	40점(4점/36점)

② 교육학 출제 과목 및 범위

○ **(교육학)** 교육학 논술은 1문항(1개의 대주제)으로 출제하되, 문항 내에서 **4개 내외의 세부 문항** (4개의 소주제) 출제

✔ 교육학 출제 범위 및 내용

구분	출제 범위 및 내용	배점
내용	교육부 고시 제2020-240호(2020.10.30.)의 [별표2] '교직과목의 세부 이수기준'에 제시된 교직이론 과목 ※ 교육학개론, 교육철학 및 교육사, 교육과정, 교육평가, 교육방법 및 교육공학, 교육심리, 교육사회, 교육행정 및 교육경영, 생활지도 및 상담	15점
구성 및 표현	논술의 내용과 주제 연계(3점) + 표현의 적절성(2점)	5점

2 출제경향 분석

1 출제경향 변화

◈ 교육학 논술 도입(2014학년도) 이후 "이론의 현장 적용형"으로 출제유형 안정화

○ (도입기: 2014~2016) 이론의 개념, 명칭, 특징, 장단점을 묻는 **이론형 문제 중심**
  ※ 굳이 지문을 읽지 않아도 풀 수 있는 문제 다수

○ (조정기: 2017~2020) 지문은 **현장형**(신문기사, 대화, 메모 등)으로 변화하였으나 **문제**는 여전히 이론형

○ (변화기: 2021~2023) 이론과 개념을 활용한 **교수전략, 실행방안, 지원방안** 등을 묻는 **현장형 문제** 중심

○ (확립기: 2024~) **이론형과 현장형 문제의 비중 균형**, 문제 내 조건*이 다양해지고, 보다 **구체적**** 답안을 요구

  * "~의 측면에서 서술", "~와 함께 작성", "~일 때 순 · 역기능", "~와 비교되는 특징"
  ** 구체적 실천사례, 예시

┌─ 중등 임용 교육학 출제 원칙(KICE) ─────────────────────────┐
│ ■ 중등학교 교사에게 필요한 전문 지식과 자질을 종합적으로 평가
│ ■ 학교 교육현장에서 **실제적으로 적용할 수 있는 지식, 기능, 소양**을 종합적으로 평가
│ ■ 지식·이해·적용·분석·종합·평가·문제해결·창의·비판·논리적 기술 등을 종합적으로 평가하기 위하여 다양한 문항 유형으로 출제
└──────────────────────────────────────┘

2 주요 출제 영역

○ (출제 파트) **교육과정, 교육방법, 교육평가, 교육행정**은 매해 출제되며 **교육심리**는 2~3년에 한 번씩 출제
  ※ 2023학년도의 경우 교육심리이론을 활용한 교수전략 출제

출제경향 분석 및 학습방법

학년도별 출제경향 분석

구분	교육철학 및 교육사	교육과정	교육방법	교육평가	교육심리학	생활지도 및 상담	교육행정학	교육사회학
2025	–	Tyler 모형	Jonassen 모형	준거참조평가의 가정	–	–	Katz 리더십	–
2024	–	잠재적 교육과정	온라인 수업	능력참조평가, CAT	–	–	학운위	–
2023	–	경험중심, 학문중심	–	형성평가, 타당도	자기효능감, 자기조절	–	관료제	–
2022	–	교육과정 재구성	Dick & Carey 모형, 원격수업	진단평가, 총평관	–	–	학교중심 연수	–
2021	–	Snyder 모형	원격수업, 매체활용	자기평가	–	–	의사결정모형	–
2020	–	영 교육과정	앵커드, 위키 기반	–	Vygotsky	–	학교문화	–
2019	–	Tyler 모형, 잠재적 교육과정	–	신뢰도, Likert 척도	Gardner 다중지능	–	변혁적 지도성	–
2018	–	Walker 모형	PBL	절대평가	–	–	동료장학	–
2017	–	내용 조직 원리	구성주의	타당도	–	–	교육기획	–
2016	–	경험중심	–	형성평가	Erikson, Bandura	–	비공식조직	–
2015 (상)	–	–	ISD 모형	절대평가	–	–	학교조직	기능론
2015	자유교육	백워드 모형	학습동기	–	–	–	학습조직	–
2014 (상)	–	학문중심	–	–	–	행동중심, 인간중심	장학	비행이론
2014	–	잠재적 교육과정	협동학습	형성평가	–	–	교사 지도성	문화실조

3 교육학 학습전략

출제원칙과 경향에 부합하는 학습전략

찍기중심, 암기중심이 아닌 "어떤 문제도 풀 수 있는 만능 접근 학습"

① **엄선된 이론**의 핵심 기본내용 파악
② 출제경향에 부합하는 **문제풀이 연습**
③ 강의를 통한 **사고의 확장**

"어떤 문제 앞에서도 강한 마스터키"

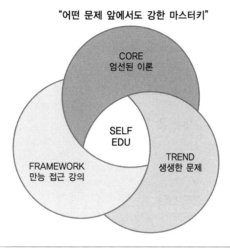

---

1 CORE : 핵심을 관통한 엄선된 이론

○ **기본이론서 한 권**에 시험에 나올 수 있는 필수 이론의 핵심 내용을 **비전공자도 이해하기 쉬운 용어**로 정리

▶ 개조식으로 작성하여 별도의 **단권화 불필요**

○ 실제 **답안에 쓸 내용 중심**으로 주요 내용 선별

▶ **암기량을 줄여** 전공과의 균형적인 학습 가능

2 TREND : 흐름을 간파한 생생한 문제

○ 조건을 고려한 구체적 쓰기에 특화된 연습문제 1000개 이상 제공

※ 문제 초점 : 문제 이해(1순환) → 기출 변형(2순환) → 이론형 연습(3순환) → 현장형 연습(4순환) → 실전 연습(5순환+파이널)

▶ 이해 내용 적용 연습과 **개별 약점 파악**

3 FRAMEWORK : 사고를 확장시키는 만능 접근 강의

○ 단순 나열식 설명이 아닌 **다양한 측면을 고려하는 구조적 설명**과 **이론의 현장적용 사례 제시**

▶ **이해중심의 학습**을 통하여 어떤 문제에도 대응할 수 있는 역량 함양

출제경향 분석 및 학습방법

4 교육학 학습방법

학습의 핵심

- 자신의 수준에 맞는 학습전략을 통하여 **교육학이론을 숙지**하고, 문제풀이를 통한 이론의 **학교현장 적용능력 함양**
- 차근차근 단계를 거쳐 교육학적 사고 내재화
---

1 나의 수준과 상황 진단하기

◈ 나에게 최적화된 학습전략 수립을 위한 전제조건, "나의 실력과 상황 인식"

○ **(수준 진단)** 자신에게 **필요한 학습내용 및 방법** 결정

   – **(인지)** 기초이론의 **숙지 정도** 진단

     ※ 별도의 TEST를 통한 수준 진단

   📖 SELF TEST Ⅰ. 교육학이론 학습 정도 진단

진단 내용	답
(문1) 타일러(R. W. Tyler)는 학습경험을 선정할 때 학생들의 발달수준과 능력을 고려할 것을 강조하는데, 이를 '가능성의 원칙'이라 한다.	O / X
(문2) 파이너(W. Pinar)의 쿠레레 방법론은 '( ) – 진보 – 분석 – 종합'의 단계를 거친다.	
(문3) 과정중심평가의 구체적인 방법 2가지	

   – **(정의)** 학습 및 답안 작성에 대한 **자신감** 진단

   📖 SELF TEST Ⅱ. 교육학 자신감에 대한 진단 예시

진단 내용	척도				
(문1) 나는 교육학 답안 쓰는 방법을 알고 있다.	5	4	3	2	1
(문2) 나는 필수 파트(교육과정, 교육방법, 교육행정, 교육평가) 기출이론의 기본 내용 (개념, 특징, 장단점)을 잘 알고 있다.	5	4	3	2	1
(문3) 나는 현장형 문제(열린형 문제) 풀이에 자신이 있다.	5	4	3	2	1

○ **(상황 진단)** **학습 가능 시간 및 학습 형태** 결정

   – **(학습 시간)** 수험 올인 가능 여부(전업/일 · 육아 병행), 전공 수준 등을 고려하여 **교육학 학습 가능 시간* 결정**

     * 주간/월간 교육학 투자 가능 시간 예측 권장

   – **(내 · 외적 상황)** 학습태도 및 성격, 지리적 · 경제적 상황 등을 고려하여 **강의 수강 여부 및 형태** (온 · 오프), 스터디 활용 여부 등 결정

2 체계적으로 계획하고 실행하기

◆ 수준과 상황에 맞는 학습계획 수립과 이행을 바탕으로 **"교육학 레벨업(Level-UP)"**

o (Level 1 : **토대 마련**) 기본강의 수강, 기본서(기본 교재 · 교육학 개론서 등) 1회독을 통하여 **교육학 전 영역의 기초이론 이해**

o (Level 2 : **내재화**) 단권화* 및 회독을 통하여 기출이론 및 출제유력이론 암기

   * **(방법)** ① 강의 교재에 추가 내용 필기 및 자료 보충 ② 백지 쓰기, 구조화 등을 통하여 나만의 서브노트 제작

   ※ 기출문제(객관식 포함) 풀이를 통하여 중요 이론 확인 및 내용 정리

o (Level 3 : **인출**) **연습문제**로 필수 개념 인출 및 이론 현장 적용 + **단권화 자료 다회독**하여 암기

o (Level 4 : **실전 연습**) 출제 유력 주제별 실전 모의고사 풀이 + **단권화 자료 다회독**하여 최종 정리

▌단계별 학습전략

구분	주요 내용	수행 과제
토대 마련	기초이론 및 개념 이해	학원 강의 수강, 기본서 읽기
내재화	기출이론 및 출제유력이론 암기	단권화를 통한 암기
인출	개념 인출 및 연습문제 풀이	스터디, 문제풀이, 단권화 회독
실전 연습	실전 모의고사 풀이	

3 나의 실력 평가하기

◆ 중등 임용 합격을 위한 최종단계(Last Step), **"끊임없는 자기성찰"**

o (자기 첨삭) **자신의 답안**을 일정 시간 경과 후(1~2일) 타인의 답안이라 가정하고 스스로 **첨삭**

   ※ **(권장)** 첨삭 전 '**5** 교육학 답안 작성방법'을 읽고 첨삭 권장

o (답안 스터디) 답안을 돌려 보면서 **타 스터디원 답안의 장점 중심**으로 정리

   ※ **(정리사항)** 타인이 활용하는 구체적인 방안, 예시 등

o (전문 첨삭) **전문가 직접 첨삭**을 통하여 답안의 보완사항 발견 및 답안 작성 스킬 함양

▌자기성찰 전략

구분	주요 내용	비고
자기 첨삭	나의 답안을 타자화하기	–
답안 스터디	답안을 돌려 보면서 배울 점 찾기	–
전문 첨삭	보완사항 발굴 및 답안 작성 스킬 함양	개별 문의

출제경향 분석 및 학습방법

5 교육학 답안 작성방법

1. 문제 읽는 법과 초안 작성법

┌─ 2024년 첨삭답안 분석결과 ─────────────────────────────┐

| 공통적인 장점 |
① 출제가 유력한 이론의 경우 **기본적인 개념·특징을 묻는 단순 인출문제는 손쉽게 작성**
② **빈출 파트**(교육과정, 교육방법, 교육행정)의 기출이론에 대해서는 내용 숙지도가 높음

| 보완 필요사항 |
① 암기한 내용을 그대로 묻지 않는 경우 **문제에 맞게 암기내용을 변형하는 능력 부족**
② 문제의 핵심(출제자의 의도)을 놓치고 **지나치게 이론 중심으로만 답안 서술**
③ 실행방안, 전략 등을 물어보는 경우 답안의 **구체성 부족**
④ 장단점 등을 묻는 문제의 경우 근거가 모호하여 **논리성 부족**

└──┘

① 문제 읽는 법

○ **(방법 1)** 대주제 → 소주제 → 지문 → 소주제

○ **(방법 2)** 대주제 → 지문 → 소주제

> **(Tip 1)** 자신의 글 읽는 속도에 따라 방법을 선택하되, 소주제와 지문을 계속 왔다갔다 읽는 것은 금물
> **(Tip 2)** 문제를 읽으면서 바로 초안 작성

② 초안 작성법

○ **(작성 시간)** 최대 10분

※ **(시간 배분)** 문제 읽기(5분) → 초안 작성(10분) → 서론(3분) → 본론(40분) → 결론(2분)

○ **(작성 방식)** 키워드 중심 개조식 작성

※ 단, 초안 작성 속도가 현저히 느리면 문제지에 바로 작성 가능

○ **(작성 절차)** ① 큰 주제를 읽으면서 **초안 틀 작성**

② 문제(세부문항)를 읽으면서 **초안 밑그림**

③ 지문을 읽으면서 답을 내고 **초안 완성**

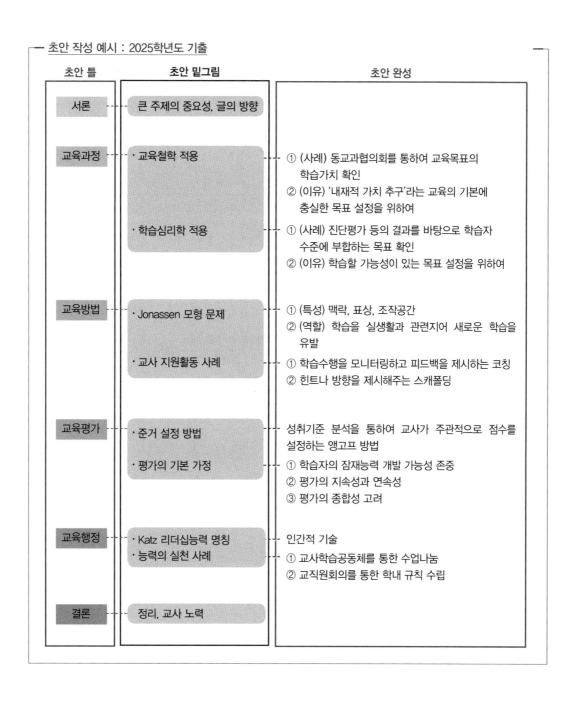

초안 작성 예시 : 2025학년도 기출

초안 틀	초안 밑그림	초안 완성
서론	큰 주제의 중요성, 글의 방향	
교육과정	· 교육철학 적용	① (사례) 동교과협의회를 통하여 교육목표의 학습가치 확인 ② (이유) '내재적 가치 추구'라는 교육의 기본에 충실한 목표 설정을 위하여
	· 학습심리학 적용	① (사례) 진단평가 등의 결과를 바탕으로 학습자 수준에 부합하는 목표 확인 ② (이유) 학습할 가능성이 있는 목표 설정을 위하여
교육방법	· Jonassen 모형 문제	① (특성) 맥락, 표상, 조작공간 ② (역할) 학습을 실생활과 관련지어 새로운 학습을 유발
	· 교사 지원활동 사례	① 학습수행을 모니터링하고 피드백을 제시하는 코칭 ② 힌트나 방향을 제시해주는 스캐폴딩
교육평가	· 준거 설정 방법	성취기준 분석을 통하여 교사가 주관적으로 점수를 설정하는 앵고프 방법
	· 평가의 기본 가정	① 학습자의 잠재능력 개발 가능성 존중 ② 평가의 지속성과 연속성 ③ 평가의 종합성 고려
교육행정	· Katz 리더십능력 명칭	인간적 기술
	· 능력의 실천 사례	① 교사학습공동체를 통한 수업나눔 ② 교직원회의를 통한 학내 규칙 수립
결론	정리, 교사 노력	

출제경향 분석 및 학습방법

2. 답안 작성법

잘 쓴 답안의 특징

① **(첫인상)** 주제의 중요성과 방향을 분명하게 밝혀주는 서론
② **(연계성)** 전체적인 글의 완성도가 높은 답안(4가지 구성요소)
③ **(가시성)** 묻는 것을 정확히 드러내는 답안
④ **(부합성)** 문제 내 조건, 지문의 방향을 정확히 캐치하는 답안
⑤ **(구체성)** 현실 적용 가능한 구체적인 방안
⑥ **(구조성)** 다양한 측면에서 접근하는 방안
⑦ **(정리)** 간단하게 언급하는 결론

---

1 주제의 중요성과 방향을 분명하게 밝혀주는 서론

○ **(작성 시간)** 3분 내외

○ **(작성 내용)** ① 큰 주제의 중요성 + ② 글의 방향(4가지 구성요소)

※ **(유의점)** 무조건 4차 산업혁명, 인구절벽, 감염병 위기 등을 언급하며 글을 시작하는 경우가 많은데, 지문 · 문제가 이와 관련 없는 경우 서론부터 어색함을 유발

2 전체적인 글의 완성도가 높은 답안(+ 문법 준수)

○ **(문단 간 연계성)** 도입어, 도입문장 활용

※ **(도입어)** '우선', '먼저', '다음으로', '이어서', '마지막으로' 등
※ **(도입문장)** 큰 주제와 연계되는 문장, 소주제의 방향을 설명해주는 문장

○ **(문장 간 연계성)** 적절한 **연결어, 접속어** 활용

※ (예시) '이를 통해', '따라서', '또한', '한편' 등

○ **(큰 주제와의 연계성)** 마지막 한 문장으로 연계성이 확보되는 것이 아니라, 전체적인 답을 대주제와 관련지을 때 확보 가능

※ (Tip) 장단점, 필요성 등은 우선 대주제의 관점에서 생각해보기

③ 묻는 것을 정확히 드러내는 답안

- **(수사 활용)** 2개 이상을 묻는 경우 '**첫째**', '**둘째**' 등 수사 활용
- **(묻는 것 중심의 서술)** 문제에서 묻는 것을 **답안에서 강조**
  ※ (예시) 경험중심 교육과정의 "특징으로는" 첫째, a이다.

④ 문제 내 조건, 지문의 방향을 정확히 캐치하는 답안

- **(강조 표시)** 답의 방향을 결정해주는 내용의 경우 눈에 잘 띄게 표시(동그라미 등)하고 답을 쓸 때도 반드시 언급
  ※ (예시) 학교 내 실현방안, 테크놀로지 활용방안

⑤ 현실 적용 가능한 구체적 방안

- **(요소)** ① 분명한 목적(Goal) + ② 목적 달성을 위한 수단(Tool)
  ※ (예시) 온 · 오프라인 학생상담을 통하여(**수단**) 학습자의 정의적 특성을 파악할 수 있다(**효과**).

⑥ 다양한 측면에서 접근하는 답안

- **(방법)** 자주 출제되는 파트 및 문제 유형별로 내 사고의 틀과 답안의 틀 마련
  ※ (예시) 어떤 이론 · 방법의 교육효과(학습자의 인지+정의), 교육평가(평가의 기능 · 평가의 관점 · 양호도), 교수학습전략(도입+전개+정리), 행정상 지원방안(인적+물적)
- **(작성 시간)** 2분 내외
- **(작성 내용)** ① 글의 정리(핵심 키워드 중심) + ② 제언(교사의 노력)

CONTENTS
이 책의 차례

● **지금까지의 출제경향**

1. 출제빈도
- 2015학년도(자유교육)를 제외하고는 미출제
  ※ 객관식에서는 그리스교육, 실학주의, 교육철학 사조, 현대 교육철학에서 주로 출제

2. 문제형태
- 이론의 기초적 내용(자유교육의 목적) 출제

● **학습전략**

1. 출제 예상 Point
- 출제되더라도 이론의 기본적 내용(목적 · 특징 · 장단점)을 중심으로 출제될 것으로 예상되며, 해당 이론이 현재의 교육에 미치는 영향(교육과정 · 교육방법 · 평가 등)과 관련지어 출제될 가능성 존재

2. 학습방법
- **(교육의 기초)** ① 마인드맵을 보고 간단하게 설명할 수 있을 정도로 학습
  ② 내용 암기보다는 이해에 초점
- **(한국 교육사)** ① 한국사를 공부하듯이 세부내용 암기 지양
  ② 시대별 특징, 주요 사건을 기점으로 교육의 변화 이해
- **(서양 교육사)** ① 시대별 특징과 교육방식을 하나씩만 연계
  ② 근대에 국가교육과정(공교육)이 나오게 된 배경 파악
- **(교육철학)** ① 주요 철학사조를 기반으로 교육의 목적, 내용, 방법 숙지
  ② 주요 철학사조가 어떤 교육과정과 연계되는지 확인

3. 중요 체크 이론
- **(교육의 기초)** 교육의 목적(내재 · 외재), 교육의 수월성과 형평성, 헌법
- **(한국 교육사)** 갑오개혁을 통한 교육의 변화
- **(서양 교육사)** 자유교육, 실학주의, 신인문주의
- **(교육철학)** 주요 철학사조(진보 · 본질 · 항존 · 재건), 실존주의, 홀리스틱

I

교육철학 및
교육사

Mind Map

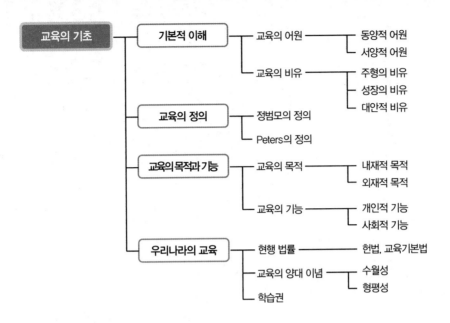

교육의 기초
- 기본적 이해
  - 교육의 어원
    - 동양적 어원
    - 서양적 어원
  - 교육의 비유
    - 주형의 비유
    - 성장의 비유
    - 대안적 비유
- 교육의 정의
  - 정범모의 정의
  - Peters의 정의
- 교육의 목적과 기능
  - 교육의 목적
    - 내재적 목적
    - 외재적 목적
  - 교육의 기능
    - 개인적 기능
    - 사회적 기능
- 우리나라의 교육
  - 현행 법률 ─── 헌법, 교육기본법
  - 교육의 양대 이념
    - 수월성
    - 형평성
  - 학습권

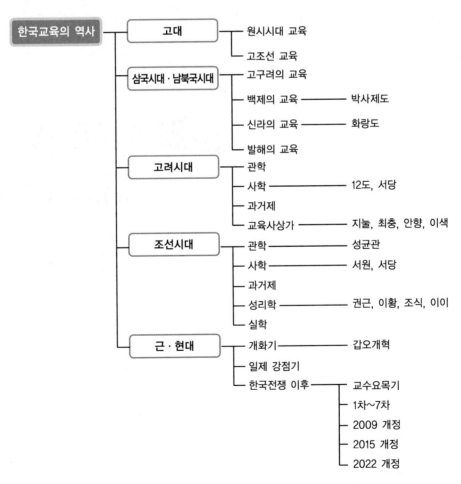

한국교육의 역사
- 고대
  - 원시시대 교육
  - 고조선 교육
- 삼국시대 · 남북국시대
  - 고구려의 교육
  - 백제의 교육 ─── 박사제도
  - 신라의 교육 ─── 화랑도
  - 발해의 교육
- 고려시대
  - 관학
  - 사학 ─── 12도, 서당
  - 과거제
  - 교육사상가 ─── 지눌, 최충, 안향, 이색
- 조선시대
  - 관학 ─── 성균관
  - 사학 ─── 서원, 서당
  - 과거제
  - 성리학 ─── 권근, 이황, 조식, 이이
  - 실학
- 근 · 현대
  - 개화기 ─── 갑오개혁
  - 일제 강점기
  - 한국전쟁 이후
    - 교수요목기
    - 1차~7차
    - 2009 개정
    - 2015 개정
    - 2022 개정

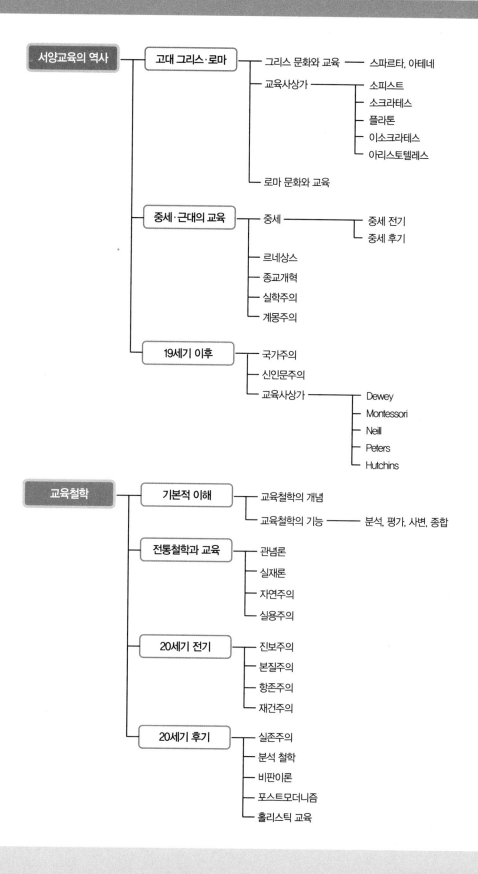

서양교육의 역사 ─ 고대 그리스·로마 ─┬ 그리스 문화와 교육 ── 스파르타, 아테네
                              ├ 교육사상가 ──┬ 소피스트
                              │   ├ 소크라테스
                              │   ├ 플라톤
                              │   ├ 이소크라테스
                              │   └ 아리스토텔레스
                              └ 로마 문화와 교육

            ─ 중세·근대의 교육 ─┬ 중세 ──┬ 중세 전기
                              │   └ 중세 후기
                              ├ 르네상스
                              ├ 종교개혁
                              ├ 실학주의
                              └ 계몽주의

            ─ 19세기 이후 ─┬ 국가주의
                          ├ 신인문주의
                          └ 교육사상가 ──┬ Dewey
                                        ├ Montessori
                                        ├ Neill
                                        ├ Peters
                                        └ Hutchins

교육철학 ─ 기본적 이해 ─┬ 교육철학의 개념
                      └ 교육철학의 기능 ── 분석, 평가, 사변, 종합

        ─ 전통철학과 교육 ─┬ 관념론
                          ├ 실재론
                          ├ 자연주의
                          └ 실용주의

        ─ 20세기 전기 ─┬ 진보주의
                      ├ 본질주의
                      ├ 항존주의
                      └ 재건주의

        ─ 20세기 후기 ─┬ 실존주의
                      ├ 분석 철학
                      ├ 비판이론
                      ├ 포스트모더니즘
                      └ 홀리스틱 교육

01 교육의 기초

■■ 교육의 기본적 이해❶

1 교육의 어원

○ **(동양적 어원)** 「맹자(孟子)」 진심장(盡心章) 상편(上篇) '군자유삼락(君子有三樂)'*

  * 천하의 영재를 얻어 교육하는 것이 세 번째 즐거움

  – **(敎育)** '교(敎)'는 **성숙자가 미성숙자를 바람직한 방향**으로 이끌어 간다는 의미, '육(育)'은 사랑과 관심으로 **미성숙자의 선천적인 능력들이 발휘**되도록 길러준다는 의미(교사중심, 주형관)

  - **(수직 관계)** 교사·어른은 학생·아동보다 높은 위치에서 그들을 교육
  - **(수동성)** 학생·아동은 지식·기술을 전달받아야 하는 수동적 위치
  - **(일방성)** 지식·기술은 성숙자로부터 미성숙자에게 일방적으로 전달

○ **(서양적 어원)** Pedagogy와 Education

  – **(Pedagogy)** 그리스시대 **교복(敎僕·Paidagogos*)**이 귀족의 자녀를 미성숙한 상태에서 **성숙한 상태로 이끌어 낸 것**에서 유래

    * Paidas(어린이) + Agogos(이끌다)

  – **(Education)** 미성숙한 상태에 있는 아동을 **성숙한 상태로 끌어올리는 것**인 Educare(에듀카레)와 아동이 내면에 가지고 있는 **잠재능력과 적성 등을 발현하도록 이끌어 내는 것**인 Educere(에듀케레)에서 유래

  ▌ **Educare와 Educere의 비교**

구분	교육관	교사 – 학생 관계	주도성
Educare	주형관	수직적 관계	교사중심
Educere	성장관	수평적 관계	아동중심

---

❶ 성태제 외, 『최신 교육학개론』, 학지사, 2012.

01

2 교육에 대한 양대 비유

○ **(주형의 비유)** 교육은 장인(교사)이 재료(학생)를 **일정한 틀에 부어 동일한 물건을 만들어 내는 과정**과 유사

  – **(특징)** 교과중심 교육(주지주의 교육), 지식 전달자로서의 교사, 교과내용 및 지식의 전달에 초점

○ **(성장의 비유)** 교육은 정원사(교사)가 식물(학생)이 잘 **성장할 수 있도록 환경을 조성하는 것**과 유사

  – **(특징)** 아동중심 교육, 조력자로서의 교사, 학생의 잠재 가능성 발현에 초점

📍 **교육의 비유**

구분	주형의 비유	성장의 비유
교육	장인(교사)이 재료(학생)를 일정한 틀에 부어 동일한 물건을 만들어 내는 과정	정원사(교사)가 식물(학생)이 잘 성장할 수 있도록 환경을 조성하는 과정
교육의 주체	교사	학생
강조점	• 교사 – 학생 간 수직적 관계 • 지식 전달에 초점	• 조력자로서의 교사 • 학생의 흥미 · 잠재 가능성에 초점
교수법	설명식, 강의식	협동학습, 문제해결학습 등
장점	지식의 효율적 전달 가능	개별 맞춤형 교육 실현
단점	개별 특수성 미고려	학습에 오랜 시간 소요

교육에 대한 대안적 비유

- **(성년식의 비유)** 교육은 학생을 문명화된 삶의 형식으로 입문시키는 일
- **(만남의 비유)** 교육은 만남을 통하여 삶의 주체적인 태도를 형성시키는 일
- **(예술의 비유)** 교육은 교사와 학생이 함께하는 과정(상호작용 중시)

만남의 비유 : M. Buber

① 계절에 따라 이동하는 기러기가 어느날 땅으로 내려와 우리 속을 들여다보니 항상 우리에 갇혀 살고 있는 오리들이 불쌍해 보였음
② 날개를 가지고 있지만 날지 못하는 오리들을 불쌍하게 생각한 기러기는 오리들에게 하늘을 나는 방법과 드넓은 세상의 아름다움을 알려줌
③ 기러기를 통하여 세상을 알게 된 오리들은 기러기의 도움을 받아 우리를 탈출하고 하늘을 날게 됨

> **교사(기러기)**와 **학생(오리)**은 하나의 독립적인 인격이며, 둘의 운명적인 만남으로 **교육(나는 방법)**이 이루어짐.
> **교실(우리)**은 운명적인 만남이 이루어지는 장소이며, 교사는 학생이 경직성과 구속성을 벗어나 **자율적으로 자아를 형성하도록 조력(우리 탈출)**

---

2 교육의 정의

1 정범모의 교육 개념

○ **(조작적 · 기술적 정의*)** **인간 행동의 계획적인 변화**(정범모, 1968.)

  * **(조작적)** 개념을 과학적으로 정의 **(기술적)** 개념을 이미 알고 있는 다른 말로 정의

  – **(인간 행동)** 바깥으로 드러나는 **외현적 · 표출적 행동**뿐만 아니라 지식, 사고력, 태도, 가치관, 동기, 성격특성, 자아개념 등과 같은 **내면적 · 불가시적 행동이나 특성** 포함

  – **(계획적)** **변화시키고자 하는 행동**의 목표(교육목표), 목표 달성을 위한 **이론**(교육 이론)과 **프로그램**(교육과정)이 있는 경우가 계획적

  – **(변화)** 육성, 조성, 함양, 계발, 교정, 개선, 성숙, 발달, 증대 등을 포괄

2 R. S. Peters의 교육 개념

○ **(규범적 정의*)** 교육은 내재적으로 **가치 있는 것**을 도덕적이고 **온당한 방식**으로, **의도적으로 전달**하는 것(R. S. Peters, 1966.)

  * **(규범적)** 하나의 정의 속에 규범 내지 강령이 들어있는 정의(가치 반영)

  – **(내재적 가치 강조)** 교육의 의미가 수단적 · 도구적 가치로 절하되는 것에 대한 반발로 **교육 그 자체의 의미*** 강조

    * 인격 완성, 잠재 가능성의 실현, 인간다운 성장 등

  – **(성년식의 비유)** 인간다운 삶을 살기 위하여 공유하는 삶의 형식으로 **공적 유산, 전통, 인류 문화유산으로의 입문**

    ※ **(지식의 형식)** 문명화된 삶의 형식을 체계적으로 정리한 것으로, 교육에 내재되어 있는 가치

○ **(준거)** 교육을 합당하게 하는 3가지 준거 제시

  – **(규범적 준거)** **바람직성**과 관련, 교육은 내재적으로 가치 있는 것을 그것에 헌신할 사람들에게 전하는 것

    ※ **(내재적 가치)** 그 자체로 바람직한 것 **(외재적 가치)** 수단적 · 도구적 가치

  – **(인지적 준거)** **지식 함양**과 관련, 교육은 무기력하지 않은 **지식과 이해 및** 어떤 종류의 인지적 안목* 포함

    * 전체를 지식 · 정보 · 사실 등을 단순히 합쳐 놓은 것 이상으로 보고 이해할 수 있는 안목

  – **(과정적 준거)** **도덕성**과 관련, 전달하는 방법이 도덕적으로 온당*

    * 학습자의 흥미와 자발성을 유도하는 방법

    ※ 세뇌, 조건화 등은 온당하지 않기 때문에 교육이라 할 수 없다고 가정

▌ Peters가 제시한, 교육을 합당하게 하는 3가지 준거

구분	관련 가치	교육적 실현	주요 내용
규범적 준거	바람직성	교육목적	교육은 내재적으로 가치 있는 것을 전달하는 행위
인지적 준거	지식 함양	교육내용	교육은 지식, 이해, 인지적 안목을 포함
과정적 준거	도덕성	교육방법	교육을 통해 지식을 전달하는 과정이 도덕적으로 온당

▌ 정범모와 Peters의 교육 개념 비교 ❷

구분	정범모	Peters
문제의식	인간행동을 변화시키는 교육의 힘을 간과함에 대한 반발	교육의 의미를 외재적으로 규정하는 것에 대한 반발
정의 방식	조작적 · 기술적 정의	규범적 정의
교육 정의	인간행동의 계획적 변화	모종의 가치 있는 것이 도덕적이고 온당한 방식으로, 의도적으로 전달되고 있거나 전달된 상태

3 ▌ 교육의 목적과 기능

1 교육의 목적 기출 2005

○ (내재적 목적) 다른 것을 위한 수단으로서의 교육이 아닌, **교육의 개념 혹은 교육의 활동 자체**가 가지고 있는 목적*

  * 합리성의 발달, 지식의 형식 추구, 자율성 신장(Peters의 자유교육)

  – 교육 '안'에서 의미 · 가치 · 이상 발견(가치 지향적)

    ※ (Dewey) 교육활동 그 자체가 목적

○ (외재적 목적) 교육은 인간의 필요에 의하여 **어떤 목적*을 달성하기 위한 수단**

  * 경제성장, 사회통합, 직업준비, 생계유지, 출세 등

  – 인간성 파괴, 학교교육의 종속화, 본질로부터의 괴리라는 한계

> (유의점) 외재적 목적에는 한계가 있지만, 사회발전 기여나 학생 동기부여 측면에서 외재적 목적의 의의도 존재하므로 **내재적 · 외재적 목적 간 균형 있는 조화** 필요

---

❷ 성태제 외, 전게서, 2012, p.39

2 교육의 기능

○ **(개인적 측면)** 인간의 **자아실현, 잠재 가능성**의 계발

○ **(사회적 측면)** **국가경쟁력 제고**

- **(보존기능)** 사회에서 가치 있는 **문화, 지식들을 보존**하면서 사회유형이나 문화형태를 유지

- **(적응기능)** 지식을 활용하면서 급변하는 환경에 적응

- **(창조기능)** 사회문제를 해결하면서 사회를 재건, 발전, 개선

4 ◀ 우리나라 교육의 이해

1 현행 법률에서의 교육

헌법과 교육기본법 기출 2006

| 헌법 |

제31조 ① 모든 국민은 능력에 따라 균등하게 교육을 받을 권리를 가진다.
　　　 ② 모든 국민은 그 보호하는 자녀에게 적어도 초등교육과 법률이 정하는 교육을 받게 할 의무를 진다.
　　　 ③ 의무교육은 무상으로 한다.
　　　 ④ 교육의 자주성·전문성·정치적 중립성 및 대학의 자율성은 법률이 정하는 바에 의하여 보장된다.
　　　 ⑤ 국가는 평생교육을 진흥하여야 한다.
　　　 ⑥ 학교교육 및 평생교육을 포함한 교육제도와 그 운영, 교육재정 및 교원의 지위에 관한 기본적인 사항은 법률로
　　　　 정한다.

| 교육기본법 |

제2조(교육이념) 교육은 홍익인간(弘益人間)의 이념 아래 모든 국민으로 하여금 인격을 도야(陶冶)하고 자주적 생활
　　　　　　 능력과 민주시민으로서 필요한 자질을 갖추게 함으로써 인간다운 삶을 영위하게 하고 민주국가의 발전과
　　　　　　 인류공영(人類共榮)의 이상을 실현하는 데에 이바지하게 함을 목적으로 한다.
제3조(학습권) 모든 국민은 평생에 걸쳐 학습하고, 능력과 적성에 따라 교육받을 권리를 가진다.
제4조(교육의 기회균등 등) ① 모든 국민은 성별, 종교, 신념, 인종, 사회적 신분, 경제적 지위 또는 신체적 조건 등을
　　　　　　 이유로 교육에서 차별을 받지 아니한다.
　　　　　　 ② 국가와 지방자치단체는 학습자가 평등하게 교육을 받을 수 있도록 지역 간의 교원 수급
　　　　　　 등 교육여건 격차를 최소화하는 시책을 마련하여 시행하여야 한다.
　　　　　　 ③ 국가는 교육여건 개선을 위한 학급당 적정 학생 수를 정하고 지방자치단체와 이를 실현
　　　　　　 하기 위한 시책을 수립·실시하여야 한다.
제5조(교육의 자주성 등) ① 국가와 지방자치단체는 교육의 자주성과 전문성을 보장하여야 하며, 국가는 지방자치단체의
　　　　　　 교육에 관한 자율성을 존중하여야 한다.
　　　　　　 ② 생략
　　　　　　 ③ 국가와 지방자치단체는 학교운영의 자율성을 존중하여야 하며, 교직원·학생·학부모 및
　　　　　　 지역주민 등이 법령으로 정하는 바에 따라 학교운영에 참여할 수 있도록 보장하여야 한다.

2 우리나라 교육의 양대 이념 : 수월성과 형평성

○ **(수월성 : Excellence)** 학생들 **각자의 소질과 재능을 신장**시키는 것

※ (사전적 정의) 우수한 사람으로 인정받는 소수의 사람들이 보이는 능력, 즉 그들이 학업에서 보이는 효과성

※ (J. W. Gardner) 만인을 위한 교육은 누구를 위한 교육도 안 된다.

– **(기회 차원)** 학습자에게 **선택의 기회** 제공

※ (예시) 고교학점제, 자유학기제, 수준별 반 편성

– **(결과 차원)** 학습자마다 보여주는 **다양한 성취 인정**

※ (예시) 영재교육, 복선형 학제, 학생별 진로 지도

○ **(형평성 : Equity)** **어떠한 사람**도 성별, 종교, 신념, 인종, 사회적 신분, 경제적 지위 또는 신체적 조건 등을 이유로 교육에서 **차별을 받지 않게 하는 것**

※ (H. Mann) 교육은 인간이 고안한 모든 장치 중 인간 조건의 차이를 보정하는 가장 위대한 균형추

– **(기회 차원) 기회의 균등**

※ (예시) 의무교육, 방과후 수강권 제공, 단선형 학제

– **(결과 차원)** 삶을 영위하기 위한 **최소한의 기초역량 함양** 지원

※ (예시) 보충학습 제공

3 보장해야 할 권리 : 학습권

○ **(정의)** 학습을 통하여 **인격을 형성**하고 **인간의 존엄과 가치를 실현**하며 **인간적으로 성장·발달할 권리**

– **(내용)** ① 학습을 **방해받지 않을** 권리

② 교육을 **요구하고 선택할** 권리

③ 교육에 관한 **결정과정에 참여**할 권리

④ 결과로서의 교육**내용** 습득을 **보장**받을 권리

교육 정의의 원칙

(제1원칙) 모든 사람은 최소한의 기본적 교육을 받을 수 있어야 하며, 학습자의 교육 선택권이 존중되어야 한다.

(제2원칙) 교육의 차등이 필요할 경우, 그것은 다음의 두 가지 조건을 만족시키도록 이루어져야 한다.

① 차등을 위한 기준의 정당성이 확보되는 가운데

② 차등이 교육적 약자의 이익을 최대화하는 방식으로 이루어져야 한다.

02 한국교육의 역사[3]

1 고대의 교육

1 원시시대의 교육

○ **(목적)** 공동체 유지 및 결속

○ **(내용 및 방법)** 의식주 해결을 위한 노하우 전수, 훈련·실전 및 정신교육(종교의식)을 통한 지식·기술 전수

2 고조선의 교육

○ **(이념)** 홍익인간(弘益人間) – 널리 사람을 이롭게 한다.

○ **(원리)** ① 인간 존중, ② 이타주의, ③ 개방 정신

2 삼국시대 및 남북국시대의 교육

1 고구려의 교육

○ **(태학)** **국가관리 양성** 목적으로 상류계층의 자제 교육(372년 설립)

- 태학박사가 **유학의 경전**인 **오경**(시전, 서전, 주역, 예기, 춘추)과 **삼사**(사기, 한서, 후한서) 교육

○ **(경당)** 최초의 사학(私學)으로 지방의 마을마다 설립, 귀족과 서민 자제들이 함께 교육받는 교육공동체

- 독서와 활쏘기 등 **문무교육**을 겸한 초·중등 교육기관

  ※ 『신당서』 고려) 궁리(窮里)의 시가(廝家)에 이르기까지 또한 서로 학문을 힘써 권하며 … (중략) … 미혼의 자제가 무리지어 거처하며 경전을 읽고 활쏘기를 익혔다.

---

[3] 신득렬 외, 『쉽게 풀어 쓴 교육철학 및 교육사』, 양서원, 2020.
유재봉 외, 『교육철학 및 교육사 탐구』, 학지사, 2022.

2 **백제의 교육**

○ **(박사제도)** 유학경전에 정통한 학자로서 교육을 담당하는 박사(博士)를 통해 5경 등 유교교육 실시 추정

3 **신라의 교육**

○ **(화랑도)** 단체정신이 매우 강한 청소년 집단으로서 교육·군사·사교단체적 기능 수행(진흥왕 시기 조직화·공식화)

- **(교육내용)** 군사교육 + 도의교육[세속오계(世俗五戒)*]

  * 사군이충(事君以忠), 사친이효(事親以孝), 교우이신(交友以信), 임전무퇴(臨戰無退), 살생유택(殺生有擇)

- **(교육방법)** 상마이도의(相磨以道義·서로 도의로써 심신 단련), 상열이가악(相悅以歌樂·시와 음악을 즐김), 유오산수(遊娛山水·명산과 대천을 찾아다니며 즐김)

○ **(국학)** 신라 **최초의 관학**으로 **유학의 이념**을 연구하고 **국가관리 양성**(682년, 신문왕 2년 설립)

  ※ 국학 졸업 후 관직(대나마)으로 인해 6두품의 자제들이 주로 입학

- **(교육내용)** 「논어(論語)」, 「효경(孝經)」을 공통 필수과목으로 하여 유교교육을 강조하면서 3분과제 운영*

  * 예기·주역, 춘추좌씨전·모시, 상서·문선

○ **(독서삼품과)** 관리 선발을 위한 국가시험제도(788년, 원성왕 4년 실시)

- **(시험내용)** 특품·상품·중품·하품으로 구분하여 시험 실시, 유교에서 실천도덕의 근본인 효(孝)와 일상생활에서의 도덕적 예의(禮儀)에 중점

┌─ 신라의 교육사상가 ─────────────────────
│ ■ **(원광)** 화랑에게 **세속오계**를 전해줌, **지덕체를 겸비**한 인간상 육성
│ ■ **(원효)** **화쟁사상**(조화와 통일), 노래와 춤을 통한 **대중 교육**
│ ■ **(설총)** 유덕선정을 베푸는 군왕을 위한 교육, 비유적 교육방법 사용(화왕계)
│ ■ **(최치원)** 유·불·도의 통합적 이해, 사람됨을 강조, 화랑도 강조
└─────────────────────────────────────

4 **발해의 교육**

○ **(주자감)** 왕족과 귀족을 대상으로 유교경전 교육, 관학

○ **(여사제도)** 여성왕족 교육 담당

3 고려시대의 교육

1 관학

- ○ **(국자감)** **국가 고급관리 양성**(992년, 성종 11년 개편)

  - 당초 유학과 기술학을 교육하는 곳이었는데 후에 성균관은 기술학을 분리(1398년, 조선 태조 7년)하고 유학만 교육

  - 『논어』와 『효경』을 공통 필수로 가르치되, 교육방법으로서 주로 **문답식 교수법 활용**

- ○ **(향교)** **지방**에 설립되어 **중등교육** 담당, **유학 전파 및 도덕적 교화**

  - 공자 등 성현을 모시는 문묘를 두어 제사를 지내면서 학생 교육

- ○ **(학당)** **중앙 중등교육**기관으로 **교육기능**[*]만 담당(1261년, 원종 2년 설치)

  * 국자감, 향교와 달리 문묘를 설치하지 않음(봉사기능 미수행)

2 사학

- ○ **(12도)** 국내 정치적 요인(무신정변)과 외세 침입으로 관학이 위축됨에 따라 퇴직 관료·선비들이 설립한 교육기관(1055년, 최충의 문헌공도)

  - 인의와 인륜도덕의 함양을 목적으로 유교교육을 실시하되, 과거 합격자 다수 배출을 위하여 **고전중심의 글짓기교육** 중심

  ┌─ 사학 12도 발전배경 ─────────────────
  - **(국학의 부진)** 국자감에서의 학업 부진, 교관의 무능력과 낮은 열성
  - **(과거중심의 교육)** 사학 12도의 설립자는 대부분 지공거 출신(과거 주관)
  └─────────────────────────────

- ○ **(서당)** 일반 서민자제들을 위한 초등교육기관

  - 호족의 성장 등 지방의 영향력이 커지는 상황을 고려하여 지방의 교육력 제고 및 민중 교화 역할 수행

③ **과거제**

○ **(실시)** 신라 독서삼품과로 시작하였으나 958년(광종 9년) 본격 실시

- 지방 추천에 의한 관리선발이 아니라 국가에서 정한 시험으로 인재를 선발함으로써 **왕권 강화 추구**

○ **(종류)** 문과(제술과 · 명경과), 잡과(법 · 계산 · 의학 · 점술 등), 승과로 구분

  ※ 무과는 1390년(공양왕 2년)에 설치되었으나 실제로는 미실시

○ **(자격)** 양인이면 누구나 응시 가능

④ **교육사상가**

○ **(지눌)** 정혜쌍수*(定慧雙修)와 돈오점수**(頓悟漸修)

  * 선종에서 추구하는 고요한 마음의 상태인 '정(定)'과, 교종에서 추구하는 경전의 지혜인 '혜(慧)'를 함께 강조하여야 깨달음을 얻음

  ** 어느 순간 갑자기 깨닫는 '돈오'와, 점진적인 수련을 통하여 깨닫는 '점수'

○ **(최충)** 성인의 도를 실천하면서 6정신상*을 가진 사람 육성

  * 올바른 신하의 태도 : 성신(聖臣), 양신(良臣), 충신(忠臣), 지신(智臣), 정신(貞臣), 직신(直臣)

○ **(안향)** 주자학을 처음으로 도입, **성리학적 소양을 갖춘 인재 양성**

  ※ 충(忠) · 효(孝) · 예(禮) · 신(信) · 경(敬) · 성(誠)의 여섯 가지 덕목 실천 강조

- 사물의 이치를 파고들어 궁극적 본질을 밝혀 알아내는 격물치지(格物致知)의 실천 강조

○ **(이색)** 성리학 이념에 기초한 인재 양성을 목적으로 하면서 **단계적 교수론** 제시

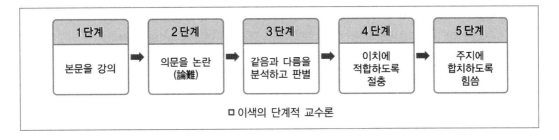

1단계	2단계	3단계	4단계	5단계
본문을 강의	의문을 논란 (論難)	같음과 다름을 분석하고 판별	이치에 적합하도록 절충	주지에 합치하도록 힘씀

□ 이색의 단계적 교수론

4 조선시대의 교육

1 관학

○ **(성균관)** 조선시대에 인재 양성을 위하여 서울에 설치한 **국립대학 격의 유학 교육기관**

– **(기능)** 인재 양성기능 + 성현에 대한 봉사(奉祀)의 기능도 수행

– **(교육과정)** 유교경전인 4서 5경*에 대한 단계적 학습(구재지법)

* **(4서)** 『대학』, 『논어』, 『맹자』, 『중용』
(5경) 『시경』, 『서경』, 『춘추』, 『예기』, 『주역』

– **(교육방법)** 강의, 반복 독서, 문답법

○ **(4학)** 여말 5부 학당을 계승하여 서울에 세운 **국립 중등교육기관**, 교육내용은 성균관과 비슷하나 문묘를 두지 않음(1411년 · 태종 11년 설립)

○ **(향교)** 지방에 설립한 국립 중등교육기관, **제사와 교육기능** 수행

2 사학

○ **(서원)** 성리학 연구와 교육을 목적으로 지방에 세운 사학, 선현에 대한 제사와 교육기능 수행

※ **(백운동서원)** 최초의 서원(1543년 · 중종 38년 설립), 안향을 추모하기 위하여 설립

○ **(서당)** **일반 서민자제**들의 교육 담당, 4학과 향교에 진학할 수 있는 능력 배양

┌─ 서당 교수학습상의 특징 ─┐

■ **(기본 방법)** 글을 읽고 그것에 대한 문답
■ **(개인차 고려 및 완전학습)** 학습자 **능력에 맞게** 범위를 정하고 숙독, 그날의 학습량을 **암송하여 합격하면** 다음 학습으로 넘어감
■ **(자연 고려)** 봄 · 가을에는 사기(史記)나 고문(古文)을 읽고, 여름에는 쓰고(시율 짓기), 겨울에는 내용이 어려운 경서를 읽음
■ **(놀이 활용)** 초중장놀이, 고을 모둠놀이, 조조잡기, 글 대구 맞추기, 추석 때 가마놀이 등을 통하여 학습

③ 과거제

○ **(유형)** 문과·무과·잡과로 구분

- **(문과)** 생진과(소과)와 문과(대과, 동당시)로 구성

- **(무과)** 1408년(태종 8년) 처음 실시, 소과·대과가 없는 단일시험, 실기와 구두시험(유교 경전·무학 등)으로 구성

- **(잡과)** 중인계급 대상으로 **기술직 관리 선발**, 역·의·음양·율학

○ **(의의)** ① 국가(왕)가 정한 기준에 따른 관료 선발 → 중앙집권화, 왕권 강화

② 개인 능력에 따른 선발 → 능력주의

○ **(한계)** 부정행위 등 폐단 발생, 과거중심의 교육

조선 과거시험 강경과 제술 논쟁

구분	강경	제술
방식	경서의 뜻을 묻는 구술시험(암기 확인)	경서의 해석 및 글짓기
비판	① 외교문서 작성, 사신 응대가 어려워 국익 손상 ② 시험관 앞에서 얼굴을 마주하고 보기 때문에 시험의 공정성 문제 발생 ③ 선비교육의 절차(어려서 경서 암송 → 커서는 제술 → 늙어서는 저술)와 상이	① 모범답안만 외워 합격의 요행을 바람 ② 유학의 근본에 소홀하여 학문의 깊이가 얕아짐 ③ 경서는 실천을 위한 것인데 제술을 강조하면 실천의 근거 상실

④ 성리학과 교육사상가

○ **(성리학적 교육)** 자신의 몸과 마음을 닦고 다른 사람을 다스린다는 '**수기치인(修己治人)**'에 중점

○ **(교육적 인간상)** 수기치인한 사람인 **군자(君子) 혹은 선비의 육성**

- 세속적인 것을 멀리하고 의리를 강조하는 삶 추구

┌─ 조선시대 교육 관련 법률

- **(권한사목)** 권근, 모든 교육의 기초로서 소학의 중요성 강조
- **(구제학규)** 성균관의 교육내용(4서 5경) 및 순서
- **(경외학교절목)** 4서 5경 과목별 독서일수 규정, 아동교육에 있어서 신분을 가리지 않는 교육의 기회균등사상 반영
- **(학교모범)** 이이, 조선시대 가정·학교·사회생활의 기준(16개) 제시

○ **(권근)** 성리학에 바탕을 두고 교육사상 체계화, 성리학의 주요 내용을 알기 쉽게 설명하기 위하여 40여 개의 도설(그림·체계도 등)을 활용한 **『입학도설』** 저술(시청각교육의 선구)

※ **(참고)** 『세계도회』(1658): 세계 최초의 그림이 들어간 교과서

○ (이황) 『**성학십도**』를 통하여 성인이 되기 위한 교육내용 · 방법 제시

- 학문 수양방법으로 **거경**을, 목적으로 **위기지학**을 강조

- 교육은 태교로부터 시작하나, **인간의 능력과 개인차에 따라** 효경 · 가례 또는 소학 · 대학을 먼저 공부할 수 있다고 주장

○ (조식) 성리학의 원리를 공부하는 것보다 수양에 관한 것을 먼저 학습할 필요(윤리학적 덕목 함양 → 원론 공부)

○ (이이) 『**격몽요결**』과 『**학교모범**』을 통해 **올바른 덕목**을 제시하면서, 성인(聖人)이 되기 위해 입지(立志)와 성실한 태도 중시

5 실학사상과 교육사상가

○ (**등장배경**) 양란으로 조선의 무능함에 대한 비판의식이 확대되면서 추상적 · 관념적인 성리학에 대한 비판의 반대급부로서 **구체적 · 실제적 · 실증적 학문**에 대한 관심 증대

- 사회개혁에 대한 방법론으로서 ① **경세치용**(토지개혁 등), ② **이용후생**(청나라의 문물 · 기술 수입 강조), ③ **실사구시**(사실주의) 학파로 구분

○ (**실학과 교육**) 사회 개혁을 위한 지식인의 각성과 민중의 의식 개선을 목표로 하면서 ① 합리주의, ② 민본주의, ③ 실심향학* 강조

*허구적 · 관념적인 것을 배격하고 실제적이고 유용한 지식을 습득하려는 마음

- (학교교육의 내실화) 학교교육을 통한 인재선발 추구(유형원), 지역별 학교 편성(홍대용)

   ※ (홍대용의 공거제) 과거제를 폐지하고 학교교육을 통해 인재를 추천하여 관리 선발

- (과거제 개혁) 과거제로 인하여 교육이 암기중심화되는 것 비판(이익)

- (교육기회의 확대) 천민에게도 과거기회 부여(이익), 각급학교에서 8세 이상의 모든 자제 교육 (홍대용)

- (다양한 역량 고려) 문장력뿐 아니라 학생의 행실과 여러 능력 고려(유형원), 도덕인이면서 실용을 지향하는 실천인 양성(홍대용)

5 근대 및 현대의 교육

1 개화기의 교육

○ **(사회변화)** ① 기술 유입·발달로 **신식 실업교육에 대한 수요** 증가

② 언론·사회단체를 통하여 **근대적 국민 교육제도, 의무교육, 평등교육**에 대한 관심과 요구 증대

○ **(근대학교의 설립)** 최초의 근대학교 원산학사(1883), 기독교 선교사들이 교육과 선교 목적으로 미션스쿨* 설립, 영어 통번역을 위한 동문학(1883), 최초의 관립 근대학교로 육영공원 설립(1886)

* 광혜원(1885), 배재학당(1886), 경신학교(1886), 이화학당(1886) 등

○ **(갑오개혁과 교육)** 갑오개혁(1894)을 통해 과거제 폐지, 교육행정기구로서 학무아문 설립 및 고시(영재교육 강조·한성사범학교 설립), **홍범14조*와 교육입국조서****(1895) 발표

* 외국의 학술과 기예를 전습시킨다고 하여 근대교육 수용 공포

** ① 덕·체·지 교육 강조, ② 실용적·과학적인 교과 도입, ③ 교육을 통한 부강

2 일제 강점기의 교육

○ **(식민지교육 준비기 : 1910 이전)** 사립학교 폐쇄 및 설립 제한, 교육기간 축소(보통학교령·고등학교령), 일어 교육 강조

○ **(식민지교육 추진기 : 1910 ~ 1919)** 제1차 조선교육령(1911)을 통해 황국신민의 육성 추진, 고등교육 억제(성균관 폐지), 실업교육 강조

○ **(식민지교육 본격화기 : 1919 ~ 1938)** 제2차 조선교육령(1922)을 통해 문화정치를 표방하면서 한민족 회유·융화

※ 경성제국대학 신설, 초등교육 확대(4년 → 6년)

○ **(황민화교육 정책기 : 1938 ~ 1945)** 제3·4차 조선교육령(1938·1943)을 통해 황국신민화라는 이름하에 한국인을 노예화, 한민족 말살

※ 조선어 사용 금지, 사립학교 설립 불허, 일본어·일본사·수신 강화, 제국주의 강조

③ 한국전쟁 이후의 교육

○ **(해방 직후)** 미군정청 학무국의 통제를 받으며 **일제잔재 불식**(우리말 교육), **평화와 질서의 유지, 실제 생활에 적합한 지식·기능의 연마** 등을 강조하며 임시 교과목 편제와 시간 배당표 발표

　※ '신조선의 조선인을 위한 교육' 방침 발표(1945. 9.)

○ **(교수요목기)** 교수요목 발표(1946. 11.)를 통해 ① **교과지도내용 상세화**, ② **분과주의 채택과 체계적 지도를 통한 지력 배양**, ③ **홍익인간의 이념에 기초한 애국애족 교육과 일제잔재의 제거** 추진

　– '6-3-3-4학제' 구축, 교사 연수, 한글로 된 교과서 개발에 의의가 있으나 각 교과별 가르칠 주제의 단순 열거, 내용과 수준이 당시 학생들의 지적 능력에 비해 고수준이라는 한계

○ **(1차 : 1954 ~ 1963)** ① 특별활동을 교육과정의 영역으로 설정하여 **경험중심 교육과정** 강조, ② **도의교육(도덕) 강조**

　※ 교육과정 시간배당 기준령(1954. 4.), 초·중·고·사범학교 교과과정(1955. 8.)

○ **(2차 : 1963 ~ 1973)** ① **경험중심 교육과정** 내용 적극 반영, ② 초·중학교에서 **반공·도덕**이 하나의 교육과정 영역으로 설정(교과 – 반공·도덕 – 특별활동), ③ 고등학교 교육과정에 **단위제 도입**, ④ 고등학교 2학년부터 **인문 – 자연 – 직업 – 예능과정으로 구분**하여 지도

　※ 초등학교 교육과정 공포(1963. 2.)를 통해 교육과정을 '학생들이 학교의 지도하에 경험하는 모든 학습활동의 총화'로 정의

○ **(3차 : 1973 ~ 1981)** ① **학문중심 교육과정**을 강조하여 나선형 교육과정의 내용 조직, 발견학습과 탐구학습 강조, ② 중학교에서는 도덕과·**국사과 신설**, 고등학교는 자유선택과목 신설(유명무실)

　※ 국민교육헌장(1968), 유신이념(1972)을 통해 국민의 주체성, 국적 있는 교육 강조

○ **(4차 : 1981 ~ 1987)** ① **여러 사조의 교육과정 종합적 반영**, ② 초등 1 ~ 2학년 **통합교육과정*** 도입, ③ 중학교에 자유선택과목 신설(유명무실)

　* 도덕·국어·사회, 산수·자연, 체육·음악·미술을 묶어서 시간 배당

○ **(5차 : 1987 ~ 1992)** ① **교육과정의 적정화, 교육과정의 내실화, 교육과정의 지역화**를 통해 지역에 교육과정 개발 권한 일부 부여*, ② 초등 1 ~ 2학년 통합 교과체제 변경을 통해 5개 교과**로 편성, ③ 고교 **자유선택(교양선택)과목 실질 운영**(2단위)

　* 초등학교 4학년 사회과 교과목에서 처음으로 지역별(시·도 단위) 교과서 개발

　** 국어, 산수, 바른생활, 슬기로운 생활, 즐거운 생활

○ **(6차 : 1992 ~ 1997)** ① 지방 분권형 교육과정으로 전환하여 시·도 교육청과 단위학교의 재량권 확대*, ② 초등 3 ~ 6학년 학교 재량시간(34시간) 배정, ③ 중학교 선택교과제 도입(한문·컴퓨터·환경 등)

　* **(교육부)** 교육과정 문서 고시 **(교육청)** 시·도 교육과정 편성·운영 지침 **(단위학교)** 학교 교육과정 편성·운영

01

- (7차 : 1997 ~ 2010) ① 국민 공통 기본 교육과정, ② 수준별 교육과정, ③ 선택중심 교육과정

- (2009 개정 : 2011 ~ 2016) ① 학습부담 경감*, ② 단위학교의 자율성 확대, ③ 창의적 체험 활동 도입

  * 교과목 집중이수를 통하여 학기당 이수 과목 수 8개로 축소

- (2015 개정 : 2017 ~ 2022) ① 기초소양교육 강조, ② 학생의 진로 · 흥미 강조(자유학기제), ③ 미래 핵심역량 강조

- (2022 개정 : 2022 ~) ① 학교 자율 간 도입, ② 학교급 전환기 진로연계교육 강화, ③ 디지털 · AI 소양 함양교육 강화, ④ 고교학점제 도입

현대의 교육개혁

- (5 · 31 교육개혁안 : 1995) ① 학습자중심교육, ② 교육의 다양화, ③ **자율과 책무성에 바탕을 둔 학교운영***, ④ 자유와 평등이 조화된 교육, ⑤ 교육의 정보화, ⑥ 질 높은 교육
  * 학운위 설치, 교장 · 교사초빙제 시범 실시
- (디지털 기반 교육혁신 : 2023) ① AI 디지털 교과서 개발 · 보급(2025 ~), ② 교수학습 혁신(프로젝트 학습 · 팀 학습 등), ③ 교육환경 혁신(디바이스 확대 · AI 플랫폼 공동개발)

---

03 서양교육의 역사

▮1 고대 그리스 · 로마시대의 교육

1 그리스 문화와 교육

○ **(문화의 특징)** 인간임을 자각하고 아름답게 사는 것인 ① **휴머니즘,** ② **조화의 아름다움 추구**(코스모스), ③ **자유로운 공동체**문화

○ **(스파르타교육)** 강인한 신체를 지닌 **군인양성 목적의 교육**

– 엄격한 신체훈련(8 ~ 18세), 전문적 군사훈련(18 ~ 20세), **교육보다는 훈련**

○ **(아테네교육)** 휴머니즘중심의 **인문주의교육과 자유교육**(무지로부터의 자유)을 통해 **지혜로운 사람 육성**

– 음악 · 체육교육(8 ~ 16세), 지식 · 신체교육(16 ~ 18세), 군사교육(18 ~ 20세), **자유로운 분위기에서의 교육**

※ **(지혜)** 많은 양의 지식을 획득한 것이 아닌, 주어진 상황에서 무엇이 최선의 행동인가에 관한 지식을 획득한 것

┌─ **후기 아테네교육의 변화** ─────────────────

- **(사회변화)** 상업의 발달로 **향락중심의 문화와 예술** 발달
- **(교육목적)** 교육의 내재적 가치(지혜로운 사람 육성)보다는 **외재적 가치(개인의 입신양명)를 추구**
- **(교육내용)** 7자유교과(문법 · 수사학 · 변증법 · 산수 · 기하 · 천문 · 음악)를 중시, 초기의 균형적인 교육에서 벗어나 점차 체육교육 경시

└──────────────────────────────

2 교육사상가 기출 2012

○ **(소피스트)** 아테네의 전문적 지식인 집단, 페르시아 전쟁(BC. 500 ~ 479) 승리 이후 **개인주의적 사고방식의 확대로 감각주의 · 회의주의 · 상대주의적 진리관 확대**

– **보편적 진리 · 절대적 아름다움 부정,** 교육은 입신양명에 필요한 **세속적 지식과 기술을 전달**하는 수단(웅변 · 수사학 강조)

○ **(소크라테스 : BC. 469 ~ 399)** 인간은 **보편적 이성**을 가진 존재로서 보편적·절대적 진리가 무엇인가 끊임없이 **탐구 가능**

- 지식과 행동의 일치(지행일치), 교육에서 **대화법**을 활용하여 무지에 대한 지각(반문법), 보편적 진리의 발견(산파술) 강조

  ※ **(반문법)** 학생의 고정관념을 깨뜨리는 질문
  (산파술) 학생이 스스로 보편적 진리를 발견하도록 유도하는 질문

┌─ **반문법과 산파술의 적용 : 민주주의 수업** ─┐
① 교사는 학생에게 "민주주의란 무엇인가?" 질문
② 학생이 "선거를 통해서 대표를 뽑는 것이요."라고 응답 **(고정관념 1)**
③ 교사는 선거를 통해 독재자를 뽑는 사례(북한 등) 제시 **(반문 1)**
④ 학생이 "참여를 통해서 자신의 의사를 제시하는 것이요."라고 응답 **(고정관념 2)**
⑤ 수동적인 참여를 통해서 민주주의가 실현되지 않는 사례 제시 **(반문 2)**
⑥ 학생은 자신이 알고 있는 민주주의의 정의가 틀렸음을 인식 **(무지의 자각)**
⑦ 교사는 학생에게 "스스로 의사결정에 참여하고, 자신이 원하는 후보에게 투표하는 것을 무엇이라고 하는가?" 질문 **(산파술)**
⑧ 학생은 스스로 답변을 생각하는 과정에서 '자유'라는 개념을 떠올리고 민주주의의 정의에 반영 **(진리의 발견)**

○ **(플라톤 : BC. 427 ~ 347)** **불변하는 이데아의 세계**(이상세계)를 이해하기 위해서는 가변적·상대적인 감각이 아닌 **이성의 계발 필요**

- 세계는 이성의 대상인 **이상세계**와 감각의 대상인 **현상세계**로 구분(이원론적 세계관)

- 학생을 **진리에 도달**하게 하기 위해서는 감각훈련이 아닌 **정신교육과 수학 등을 통해 이성적 능력을 계발**할 필요

  ※ **(아카데미 현판)** 기하학을 모르는 자는 들어오지 말라.

  ※ **(동굴의 비유)** 환상의 단계(동굴 벽의 그림자를 실체로 인식) → **교육의 단계**(오르막길을 올라 동굴 밖으로) → **계몽의 단계**(진정한 선인 이데아 인식)

┌─ **플라톤의 국가론과 철인통치론** ─┐
■ **(국가론)** 이상국가에 존재하는 **3계급이 계급별 본분에 전념**할 때 개인적·사회적 정의 실현
  - 제1계급(통치자 계급)은 지혜를 가지고 정치에 전념, 제2계급(수호자 계급)은 용기를 가지고 국방 수호에 전념, 제3계급(생산자 계급)은 절제를 가지고 생업에 전념
■ **(철인통치론)** 민주제인 아테네에 대해 회의, **지혜를 사랑하는 사람**(철학자)만이 **국가를 통치**(철인왕의 육성)
  - 유년시절엔 동화·신화교육(6세 이전), 놀이를 통한 도덕교육(10 ~ 16세), 음악·체육·수학교육(17 ~ 18세), 군사훈련(18 ~ 20세), 수학·음악·기하학·천문학 등 예비통치자교육(20 ~ 30세), 실전경험(~ 50세), 정치 참여(50세 이후)

○ **(이소크라테스: BC. 436 ~ 338)** **수사학**을 통해 덕을 함양하고 영혼을 고상하게 만들어야 함을 강조

- 교육을 통한 **훌륭한 웅변가 양성** 강조, 웅변가는 수사학뿐 아니라 문학·논리학·역사 등 일반적 지식 함양도 필요

○ **(아리스토텔레스: BC. 384 ~ 322)** 이상적인 것보다 **실제적·현실적**인 것을 우선하여 **감각기관의 관찰을 통한 학문 시작** 강조(생물학), 지식뿐 아니라 신체와 덕성의 계발 필요

※ (「**형이상학**」) 실체는 형상(가능태)과 질료(현실태)로 구분되어 있으며, 현실태가 가능태보다 공식·실체성·시간에 있어서 우선

- 교육의 3요소로 **본성·습관·이성**을 강조하며 **지·덕·체의 통합적 교육** 주장

※ 인간의 영혼은 신체적 힘의 총화로서 신체 없이는 존재할 수 없음

- 인생의 궁극적 목적은 행복이며, 행복에 이르기 위하여 **교육**을 통한 **지적·도덕적 탁월성 습득**과 **중용*(中庸)의 덕 함양** 필요

* 두 개의 극단을 피하여 성취되는 조화와 균형으로 용기와 절제 강조

※ (**지적 탁월성**) 지혜, 이해, 사려성으로 체계적 교수를 통하여 획득
　(**도덕적 탁월성**) 관대함, 절제심으로 연습을 통하여 획득

- 이성의 훈련을 위해 지식을 추구하고 실용적 목적을 떠나 진리 자체만을 추구한다고 보아 **자유교육의 이념 확립**

┌─ 그리스의 자유교육(Liberal Education) 기출 2009, 2013, 2015 ─┐

- **(의미)** **자유시민으로서의 자유를 누리고 선용하는 능력**을 기르기 위한 교육
- **(특징)** 실용적 목적이 아닌 **진리 그 자체의 가치**를 목적으로 한 교육, 전인적 개인의 완성, 공동체 일원으로서 개인 강조(시민 육성)

└──┘

---

③ **로마의 교육**

○ **(문화의 특징)** 대제국을 건설하는 과정에서 ① **현실적**, ② **실제적**, ③ **세속적**, ④ **법치주의적**인 문화 발달

○ **(교육의 특징)** **공화정시대와 제정시대**로 구분

- **(공화정시대: BC. 753 ~ 31)** **유능한 시민과 용감한 전사 육성**을 위해 가정과 병영에서 교육 (군사훈련, 법률 암기)

- **(제정시대: BC. 31 ~ AD. 476)** **웅변술에 능한 사람 양성**을 위해 학교 설립 및 운영

┌─ 로마시대의 교육기관

- **(문자학교)** 중·하층 자녀를 위한 초등 교육기관, 독·서·산 교육을 실시하면서 주로 암기 강조
- **(문법학교)** 상류층 자녀를 위한 중등 교육기관, 7자유교과 + 문법·수사학 교육
- **(수사학교)** 훌륭한 웅변가·지식인을 양성하기 위한 고등 교육기관

○ **(키케로 : BC. 106 ~ 43)** 교육을 통해 인간의 천부적 소질을 완성하고 행복한 생활 추구 가능, 철학과 웅변을 균형적으로 강조

○ **(퀸틸리아누스 : AD. 35 ~ 96)** 웅변가를 가장 이상적 인간상으로 규정, 일방적 교수보다는 **학생의 요구·흥미 고려한 교수**, 체벌 부정

※ 교사의 칭찬과 사랑, 비엄격한 태도, 인내심 강조

2 중세 및 근대의 교육

1 중세의 교육

○ **(중세의 특징)** ① **기독교**, ② **봉건제**, ③ **스콜라철학**

┌─ 스콜라철학

- **(개념)** 기독교 신앙을 체계적으로 정리하고, 이를 이성적인 사유로 논증·이해하려 하였던 중세철학 흐름
- **(등장)** 중세철학의 연구와 교육은 주로 수도원에서 이루어졌는데, 당시 수도원 학교 교사나 학생을 지칭하는 라틴어가 스콜라티쿠스(Scholasticus)
- **(의의)** 단지 기독교 연구에 국한되지 않고 지식의 발전, 연구방법의 체계화, 이성에 대한 관심 증대 등 철학 전반에 영향을 미침
- **(학자)** ① **아우구스티누스** : 교부철학의 아버지, 이성을 통한 절대적 진리의 발견 중시
         ② **아퀴나스** : 아리스토텔레스 철학과 기독교사상의 조화, 학습에서의 계열화(구체성 → 추상성), 내재적 학습동기(선천적 동기), 조력자로서의 교사

○ **(중세 전기의 교육)** **강한 종교적 성향**, 교회에서 학교를 설립·운영하여 신앙활동과 교육활동 병행

※ 교구학교(초등), 초신자학교(기본교리 전수), 고급 문답학교(교사 양성), 본산학교(성직자 양성), 수도원학교(스콜라철학 연구 본산)

- **(기독교교육)** 신에 대한 순종, 경건한 마음, 금욕 등을 중시

○ **(중세 후기의 교육)** 종교적 성향이 약해지고 **세속적 성격** 강화

   – **(기사도교육)** 봉건제 유지, 영주 보호를 위한 **기사 양성**

   – **(시민교육 발달)** 십자군 전쟁 이후 상공인 성장, **도제교육**에 의한 기술교육, 도시발달 후반기에 **상급학교 진학을 위한 교육기관** 설립

      ※ 영국에 웨스트민스터, 이튼, 윈체스터, 차터하우스 등과 같은 명문 사립 설립

   – **(대학 발달)** 11세기경 학생과 교수로 구성된 **길드가 종합대학교**로 성장, **7자유교과 교육**

      ※ 볼로냐 대학(1088), 파리 대학(1180), 옥스퍼드대(1167) 등

2 르네상스기의 교육 _{기출} 2010

○ **(르네상스 : Renaissance)** 14 ~ 16세기 서유럽에 나타난 문화운동으로, 고대 그리스의 학예와 철학에서 추구하였던 **인문주의(humanism)***를 **부활·재생시키자는** 운동

   * 인간의 존재를 중요시하고 인간의 능력과 성품 그리고 현재적 소망과 행복을 무엇보다도 귀중하게 생각하는 정신

   – **(등장배경)** 지속적인 상업과 도시의 발달로 **시민 계급이 성장**하고 **삶이 이전보다 풍족해짐**에 따라 **지식, 고전에 대한 관심** 증대

○ **(인문주의교육의 발달)** 중세적 교회의 권위·강압에 대한 맹목적 복종에서 벗어나 **인간의 모든 선천적 능력을 계발**하려는 **인간 중심·인간 본위**의 교육

   – **(개인적 인문주의교육)** **그리스의 자유교육**을 기반으로 자유로운 분위기에서 **사고의 자유, 자기표현 및 창조적 능력의 실현**, 학생의 개성·흥미 강조, 귀족적 성향

   – **(사회적 인문주의교육)** **사회적 자아의 실현과 사회개혁**을 목표, 도덕과 종교 존중, 민주적 성향

   ┌─ **르네상스기의 교육사상가**

     ■ **(비토리노 : 1378 ~ 1446)** 중세적 관점에서 탈피하여 학교·아동·교재 이해 주장, 강압적 분위기 및 체벌 금지

     ■ **(에라스무스 : 1469 ~ 1536)** 체벌 반대, 개별학습 강조, 자연의 순리에 따른 교육(발달단계 고려)

     ■ **(비베스 : 1492 ~ 1540)** 현실생활에 충실한 신앙인 육성, 가정에서 부모의 역할 강조, 아동교육 및 초등교육에 관심

③ 종교개혁기의 교육

○ (**종교개혁**) 16 ~ 17세기 유럽에서 **로마 카톨릭교회의 쇄신**을 요구하며 등장한 개혁운동

- (**등장배경**) 교황 레오 10세의 면벌부 판매*에 대한 루터의 95개조 의견서로부터 시작(1517)

  * 고해성사 이후에도 남아 있는 벌의 일부 혹은 전체를 사면해주었음을 증명하는 문서로, 중세시대 성당 건립과 포교를 위하여 많은 돈이 필요해지자 이를 판매함으로써 자금을 충당하고자 함

- (**교육에 미친 영향**) 라틴어로 된 **성서를 다양한 언어로 번역**하면서 **대중교육, 공교육**에 대한 관심 발생

○ (**신교교육의 특징**) 신앙생활과 일상생활의 조화, **대중의 의식을 깨우기 위한 교육**의 중요성 인식

- (**공교육**) 특권계급을 위한 교육이 아닌 **모두를 위한 공립학교, 의무교육** 강조

  ※ (**고타 교육령, 1642**) 세계 최초의 의무교육령, 중앙집권적 · 전제적 특성

  ※ (**메사추세츠 교육령, 1642**) 공교육, 무상교육, 지방 분권적 · 민주적 특성

- (**대중교육**) 성서 번역을 통한 **교육기회의 확대 및 자국 언어교육 발달**

- (**직업교육**) **직업소명설**에 근거하여 직업의 신성함과 소중함 인식

┌─ 종교개혁기의 교육사상가

- (**루터: 1483 ~ 1546**) 성서의 독일어 번역, 최초로 의무교육제도 주장, 교황으로부터 자유롭고 국가가 책임지는 교육(공교육 책임론), 개인의 흥미를 고려하는 교육, 보편교육과 여성교육 강조
- (**멜란히톤: 1497 ~ 1560**) 공립학교 건립 및 운영에 관한 지침 제시, 근대적 학제 제정
- (**칼뱅: 1509 ~ 1564**) 직업은 신에 의하여 주어진 소명이라고 주장, 교사 채용을 위한 공식적 시험제도 주장, 보편교육 강조

④ 실학주의 교육 [기출] 2004

○ (**실학주의**) 르네상스 · 종교개혁에도 불구하고 **형식주의에 매몰**되어 있는 현실을 비판하며 **현실의 객관적 문제해결에 초점**을 둔 이념

- 17세기 과학 발달과 지리상 발견, 새로운 진리탐구방법(귀납법 · 연역법)의 등장으로 경험적 · 구체적 · 실제적인 것으로부터 진리 추구

○ (**교육의 특징**) 형식보다는 **실제**, 관념보다는 **구체적 사물**, 고전문학보다는 **자연과학적 교과**, 언어보다는 **실천과 행동** 중시

- (**인문적 실학주의**) 고전의 형식보다는 내용을 중시하면서 **고전의 실생활 활용 · 응용 강조**

- (사회적 실학주의) 사회생활을 통해 획득되는 **실제적인 경험 중시, 교육**은 서적뿐만 아니라 **실생활**을 통해 이루어짐, **사회생활과 직접 관련된 교과**(현대어·사교춤·음악·펜싱·생계를 위한 지식) 중시

  ※ (인재관) 실제 생활을 통해 폭넓은 지식과 교양을 겸비한 신사(Gentleman)

- (감각적 실학주의) 감각을 통해 받아들이는 **경험이 모든 교육의 기초, 자연과학**의 지식과 연구 방법을 교육에 도입(시청각교육)

실학주의 교육사상가

- (밀튼 : 1608~1674) 인문적 실학주의, 『교육론』에서 교육을 인간의 타락을 교정하고 교양 있는 사람을 육성하는 것으로 정의, 이를 위해 인문교과교육과 체계적 훈련 및 섭생 강조, 교수방법으로 일방적 교수보다는 **토론수업 강조**
- (몽테뉴 : 1533~1592) 사회적 실학주의, 교육을 통해 사회적으로 유능한 신사 육성, 지식의 실용성·유용성 강조
- (로크 : 1632~1704) 사회적 실학주의, 백지설(Tabula Rasa), 신사 육성을 위해 지·덕·체 강조
- (코메니우스 : 1592~1670) 감각적 실학주의, 『**세계도회**』(1658) 시청각교육의 효시, 근대적 학제의 모체로서 **교육의 단계** 제시(어머니 무릎학교·모국어학교·라틴어학교·대학), **자연적·초월적 지식을 망라하는 전반적 지식의 체계 수립 추구**
  - (『대교수학』) 학교교육의 필요성과 일반원리, 언어·도덕·신앙 교수법
  - (교수법) ① 아동의 **발달시기**에 맞는 교육, ② 교육의 지속성, ③ 유용한 지식 교육, ④ 사물·모형을 통한 교육, ⑤ **적게 가르치고 많이 배우는 교육**, ⑥ **흥미와 욕구** 강조
---

5 계몽주의 교육 기출 2004, 2009, 2011

○ (계몽주의) 18세기 유럽 전역에 걸쳐 일어난, **구습(舊習)의 사상***을 **타파**하려던 혁신적 사상운동
  * 종교적 권위주의, 정치적 절대주의, 사회적 불평등과 엄격한 계급제도 등

- 개인의 존엄성과 인간 이성에 대한 신뢰를 기반으로 **합리주의(Rationalism), 자연주의(Naturalism)** 강조

○ (계몽주의 교육) 교육은 **대중의 계몽정신을 불러일으키는 결정적 역할** 수행, 교육을 통해 **이성을 구사할 수 있는 사람** 양성

- 이치탐구의 학문으로서 합리적 능력을 함양하는 데 **철학을 강조**하면서, 자연과학·정치·경제 등도 교육

- ① 개인 존중, ② 과학적 방법 및 합리적 사고 강조, ③ 아동의 자율성 및 자연주의 강조

계몽주의 교육사상가

(칸트 : 1724~1804) 데카르트의 합리론과 베이컨의 경험론 종합, 의무론적 윤리설 완성, **인간은 교육을 필요로 하는 유일한 존재, 이상적 인간**은 훈육되어야 하고 풍부한 **교양**과 명석한 **지혜**를 지녀야 함

○ **(자연주의 교육)** 인위적인 교육에 반대하며 자연의 법칙을 교육에 적용, 인위적 환경과 훈련 배격, 자유의 극대화와 간섭의 최소화를 통하여 **인간의 자연스러운 본성 표출**[*](루소 : 1712 ∼ 1778)

*고상한 야인(Noble Savage)의 육성

- **(아동교육 강조)** 사회악으로부터의 인간해방을 위해 자연 가운데에서 아동교육 강조, 『에밀』

- **(교육원리)** ① 자연적 성장의 원리(소극적 교육관)
② 경험을 통한 활동의 원리
③ 개별화의 원리

루소의 「에밀」에서 나타나는 교사의 역할과 자질

① (유아기) 부모로서의 교사, 어린이를 항상 사랑하는 마음 + 자연적 욕구를 발견하고 채워주는 역할
② (아동기) 민주적 지도자로서의 교사, 자연적 성장 존중(수용) + 일관성 있는 태도 + 인내심
③ (소년기) 관찰자이자 동료이자 본보기로서의 교사, 감정과 행동의 관찰 + 겸손 + 솔직 · 정직
④ (청년기) 동등한 친구이자 신뢰성 있는 상담자로서의 교사
⑤ (여성교육) 훈육자로서의 교사, 남성과 어울려 살아갈 수 있는 생활태도를 지니도록 유도

▶ **(현대적 교사관에 주는 시사점)** ① **아동의 흥미와 경험을 존중**, ② **인내심**, ③ **모델로서의 교사**, ④ **공감적 태도**

---

3 19세기 이후의 교육

1 국가주의 교육

○ **(국가주의)** **개인의 이익보다는 국가나 민족 전체의 이익**을 우위에 두는 이념, 국가를 위한 **개인의 희생 당연시**

○ **(교육의 특징)** 나폴레옹의 침략에 대응, 민족국가의 출현 등으로 **교육을 통해 애국심 앙양, 국민의 결속력 강화**

국가주의 교육사상가

▪ **(피히테 : 1762 ∼ 1814)** 도덕적 인간을 육성하기 위한 도덕교육 강조, 모든 국민의 조국애 함양 필요
▪ **(오웬 : 1771 ∼ 1858)** 사회개혁의 방법으로 교육 강조, 무상교육 주장, 지 · 덕 · 체를 포함한 국민교육 강조

---

2 신인문주의 교육 _{기출} 2010

- **(신인문주의)** 이성주의, 합리주의 등에 반발하여 **인간의 정서와 감정을 중시**하는 사상

  ※ 주정주의적 입장에서 고전문화를 해석·중시한다는 점에서 인문주의와 차이

- **(교육의 특징)** 18세기 합리주의와 주지주의적 교육론은 이성과 지성의 계발을 지나치게 강조하였다고 비판하면서 **지(知)·정(情)·의(意)를 고루 겸비한 전인을 길러내야 한다고 강조**

  신인문주의 교육사상가

  - **(페스탈로치: 1746~1827)** 사랑을 통한 **가정교육** 강조, 가정과 학교 간의 협력, **지적·신체적·종교적** 측면이 **고루 발달한 전인 개발**, 아동의 흥미와 노력 중시
    - (인간성으로 3H 강조) 머리(지식)의 발달을 위한 실물학습, 손(신체)의 발달을 위한 노작교육, 가슴(정서)의 발달을 위한 가정교육 강조
    - (교육방법) 직관의 원리, 정서적으로 안정된 학습환경, 시청각감각 수업
  - **(프뢰벨: 1782~1852)** 유아의 발달과 활동에 관심, 자유로운 자기활동을 통해 선천적 능력이 계발되고, 이를 위해서는 놀이(유희)가 필요

  헤르바르트의 교육방법과 다면적 흥미

  - (4단계 교수론) **명료화**(대상을 명확히 파악) → **연합**(기존 지식과 새로운 지식 연결) → **체계**(지식들 간의 체계적 질서 설명) → **방법**(지식을 새로운 상황에 적용)
  - (다면적 흥미) 인류의 지혜가 **총체적으로 반영된 교과를 이상적으로 내면화한 아동의 마음상태** → 다면적 흥미를 가진 아동은 **내재적 동기**가 있어 학습의 지속성 유발
    - (유발방법) 통합 교육과정 운영 및 타 교과교사와 연계한 팀티칭 등 하나의 주제에 대한 다양한 교과지식을 경험하면서 유발

3 20세기의 주요 교육사상가

- **(J. Dewey : 1859~1952)** **진보주의** 선구자, 교육대상인 '아동'에 초점을 두면서 **교육을 경험을 끊임없이 성장시켜 나가는 과정**이라 정의

  - **좋은 교육목적은 개인의 내재적 활동들과 관련되어야** 하며 이를 통한 **사회적 능률, 훌륭한 시민성, 교양** 등은 독립적으로 길러지는 것이 아니라 **유기적으로 통합 필요**
  - 아동 스스로 교육경험을 넓혀 가도록 **아동의 내적 욕구, 흥미, 활동 존중** 필요
    ※ (Dewey 실험학교) 학생들이 옷을 만들고 음식을 조리하고 집을 짓는 등 실제적 활동을 직접 실천하도록 함으로써 교과를 가르침

- **(M. Montessori : 1870~1952)** 전통적 지식 위주의 교육, 일방적·권위적 교육을 비판하면서 **아동중심·활동중심의 교육 강조**

- 아동은 수동적 존재가 아니라 자기 스스로 성장하려는 내적 생명력을 가진 존재이므로 **교육을 통한 생명력과 자발성 발현 필요**
- 최적의 환경을 제공하기 위한 방안으로 **교구 활용** 제안

아동에게서 나타나는 특징 : Montessori

구분	주요 내용
민감기	지적인 흡수력이 강한 시기, 질서·감각·언어에 대하여 민감하게 반응
집중 현상	아동에게 최적의 환경을 마련해주면 아동은 사물과 언어에 집중
정상화	최적의 학습환경을 제공함으로써 내적인 욕구활동이 최대한 발휘되면 자기활동이 지속되는 정상화

○ **(A. S. Neill : 1883 ~ 1973) 자유주의교육 주장, 아동은 본래 슬기롭고 실제적**이므로 어른들의 **간섭을 최소화**하면 **최대한도로 발전 가능**

- 자유 속에서 행복, 균형, 진실성, 독창성 학습 가능

    ※ 섬머힐학교(Summerhill School) 학과목의 선택, 학습동기 및 목표 선택, 수업출석 등에 완전한 자유 부여, 놀이의 자유 활용, 도덕적 훈육 배제, 자치공동생활(매주 전교회의)을 통하여 자유와 방종 구별 및 사회적 조절능력 함양

○ **(R. M. Hutchins : 1899 ~ 1977) 항존주의** 창시자, 진보주의 비판*, **고전교육 및 교양교육의 가치** 존중

    * 진보주의는 물질만능주의, 과학숭배주의, 흥미중심주의 풍조를 조장하였으며 듀이의 이론은 상대주의, 과학주의, 회의주의, 반지성주의를 초래하였다고 비판

- **영원불멸한 항존적 진리를 탐구**하는 것이 교육의 역할, 위대한 저서를 탐독*함으로써 **이성과 합리성 계발 강조**

    * (Great Books Program) 74명의 저자들이 쓴 443편의 글 선정

○ **(R. S. Peters : 1919 ~ 2011)** 언어분석을 통하여 **교육철학을 독립 학문**으로 발전

- (교육관) **교육의 개념을 체계적으로 분석**하면서 **교육의 3가지 준거(규범, 인지, 과정) 제시**

- (선험적 정당화) 행위에 대하여 **합리적 이유나 근거를 제시하는 '정당화'**가 없으면 교사의 지적·도덕적 권위 실추, 교육활동 곤란

> **민주주의교육의 중요한 원리**인 자유, 평등, 가치 있는 활동, 인간존중, 권위, 벌 등의 **개념 분석 및 원리·배후의 논리적 가정 정당화**
> ※ (예시) 교사가 학생의 자유를 제한하여야 하는 경우 그에 대한 합리적 이유 제시(정당화)

- (교육 윤리학) 교육은 3가지 측면*에서 윤리학과 깊은 관계

    * ① 교육이라는 말 속에 가치성·바람직성 포함, ② 어떤 활동이 가치 있는 활동이며 왜 가르쳐야 하는가 논의, ③ 민주사회를 살아가는 데 필요한 절차와 원리 정당화

- (자유교육론) 역사적으로 자유교육은 3가지*로 사용, **"자유교육은 교육의 개념 그 자체를 실현하는 데 장애가 없어야 한다."**라고 정의

  * ① 지식 그 자체의 목적 강조, ② 일반적·종합적 이해 강조, ③ 독단적 교수방식으로부터의 자유

자유교육 논의의 전개 `기출` 2009, 2013, 2015

① **(시작: 아리스토텔레스)** 인간은 이성을 통하여 실재를 인식할 때 행복에 이르게 되는데, 이는 가시적 활동이 아닌 사유적 활동을 통하여 달성**(자유교육의 목적과 개념 형성)**
  - 이런 사유적 활동을 '스콜레'라고 하며, 학교에서의 공부는 가시적 활동인 일(work)로부터 자유롭게 함
② **(정립: 7자유학과)** 인간의 완성과 다면적 지식을 갖추는 교육으로서 3학(문법, 수사학, 변증법) + 4과(산수, 기하, 천문, 음악)로 구성**(자유교육의 내용 형성)**
③ **(부활: 르네상스)** 전통적 교과를 학습함으로써 일반적 능력 발달**(형식도야)**
④ **(완성: P.H. Hirst)** 교육의 목적은 **세상의 총체를 이해하는 것**(내재적 가치)이고, 세상의 총체는 **7 ~ 8개 지식의 형식**으로 구성됨. 지식의 형식은 **인류가 발전시켜 온 사고방식**이며, 이는 **선험적으로 정당화***됨
  * 사람의 요구, 비판에 상관없이 당연하게 인정되는 것
  - 수단화된 교육(생활의 필요 충족, 사회적 인재 양성 등)은 사회가 변화하면 결국 붕괴되므로, 교육은 **그 자체로 가치가 있어야 한다**고 주장
  - 따라서 교과내용은 지식 그 자체를 가르치는 것이 아니라 **지식의 형식을 가르쳐야 함**

> ● (한국교육에 주는 시사점) **교육의 내재적 목적 강조**
> ● (2022 개정 교육과정의 자유교육적 성격) **기초소양(언어·수리)**은 자유교육의 내용과 관련되며, **핵심역량**은 성장의 기반이 되는 일반적 능력으로서 성격

○ **(P. H. Hirst : 1927 ~ 2020)** 자유교육에서 말하는 지식의 형식은 지나치게 이성과 합리성만을 중시하여 **이론에만 치중하고, 실제 좋은 삶과의 관련성이 낮다**고 비판

- **(핵심)** 이론과 합리성을 강조하는 자유교육과 인간 욕구의 충족을 강조하는 공리주의교육의 통합을 이루는 '**사회적 실제***(social practice)로의 입문'으로서 교육 제시

  * 삶의 광범위한 만족을 충족시키는 우리의 모든 능력과 그러한 능력의 성취, 즉 지식·신념·판단·성공의 준거·원리·기술·성향·감정 등 인간의 다양한 측면 포괄

- **(방법)** 실천적 지식과 실천적 이성을 발달시키기 위하여 교과서 중심 수업에서 벗어나 **직접적인 참여(당사자와 인터뷰, 시설 견학 등)를 통한 교육** 강조

04 교육철학에 대한 이해

1 교육철학의 기본적 이해

1 교육철학의 개념

○ **(철학의 정의와 교육철학)** 철학이란 인간과 세계의 근본원리와 삶의 본질을 연구하는 학문

– **교육철학이란** 교육의 개념·목적 등에 관한 **원리와 교육현상의 본질**을 **연구**하는 학문

○ **(교육철학의 유형)** 교육철학이 사용되는 맥락을 중심으로 구분❹

– (교육관으로서 교육철학) **바람직한 교육에 대한 견해와 소신**, 교육의 개념과 목적·내용과 방법에 대한 신념체계

※ 교육이란 무엇인가, 교육은 어떻게 해야 하는가에 대한 자신의 입장

– (학문으로서 교육철학) 철학적 개념과 방법론으로 **교육의 의미, 행위, 현상을 탐구**하는 학문

※ 이론으로서 교육철학(~주의, ~ism)과 탐구활동으로서 교육철학(생각, 비판 등)

2 교육철학의 기능 [기출] 2004

○ **(분석적 기능)** 교육 개념, 원리 등 **교육적 언어의 의미를 명백히 밝히는** 기능

○ **(평가적 기능)** 주어진 준거, 기준, 규범에 비추어 특정 **교육적 의미체계나 교육현실을 평가하는** 기능

○ **(사변적 기능)** 문제해결을 위해 **새로운 가설, 아이디어, 개념을 찾아내는** 이론적 기능(창안적 기능)

○ **(종합적 기능)** 하나의 현상이나 과정을 전체로서 파악하고 **여러 부분과 차원을 통합하여 이해하는** 기능

---

❹ 신득렬 외, 전게서, 2020.

2 전통철학과 교육

1 관념론   ※ Idealism

○ **(기본내용)** 절대적 진리가 존재한다고 가정하며, 우주의 본질적·궁극적 실재는 **관념·정신**

- 이성·정신에 의하여 인식되는 **이데아의 세계**(이상세계)는 **영원불멸**, 경험에 의하여 인식되는 **감각세계는 이데아세계의 모방물**

  ※ 플라톤의 이데아론

- 정신이 물질에 선행하며, 인간의 **정신과 이성**에 의해서만 **실재·진리 파악 가능**

○ **(교육관)** 교육은 학생을 현상세계가 아닌 **이상세계·진리의 세계로 안내**하는 것으로, 감각훈련이 아닌 **이성적 능력**(정신능력) **계발 필요**

- **(교육목적)** 영원불변하는 **실재에 대한 근원적 통찰**을 가능하게 하는 **정신적으로 성숙한 인간 육성**

- **(교육내용)** 철학·신학·수학·역사·문학 등 **체계화된 교과**

- **(교육방법)** **정선된 문화의 전달**, 학습자와 대화를 통하여 **정신 각성**, 인격적 모델로서 교사

  ※ **(교사관)** 교사는 도덕적·문화적으로 모범적인 존재로 가정

관념론의 의의와 한계

의의	• 교육의 내재적 가치·목적 충실 • 궁극적 가치 추구를 통한 회의주의·상대주의 극복
한계	• 지나치게 추상적이어서 실제 인간생활과 괴리 • 급변하는 교육적 요구 적기 대응에 한계 • 물질적·직업적 요구 불충족

2 실재론   ※ Realism

○ **(기본내용)** 궁극적 실재는 물질이며 **인식으로부터 독립**하여 객관적으로 존재하므로 **객관세계의 법칙 및 질서 파악** 강조

  ※ 아리스토텔레스의 형상(가능태)과 질료(현실태)

- **(독립성의 원리)** 참으로 존재하는 것, 즉 **실재는 우리의 인식과는 무관하게 독립적으로 존재**

- **(일치성의 원리)** 감각을 통한 인식에 의하여 **실제 모습 그대로 인식**(지각 = 실재)

○ **(교육관)** 교육을 통하여 사물을 **있는 그대로 지각하는 능력**을 기르고 자연의 법칙을 **탐구하는 지적 능력**을 성숙시키는 것

- **(교육목적)** 객관적 세계의 **법칙과 질서를 발견**할 수 있는 핵심적인 **지식과 마음**을 갖추게 하는 것

- **(교육내용)** 수학·자연과학·사회과학 등 **과학적 지식, 사실적 지식**

- **(교육방법)** **과학적 방법, 실험적 방법 활용**

실재론의 의의와 한계

의의	• 객관적 사실 및 지식 전수 • 현실생활과 관련한 지식 전수
한계	• 교사중심의 주입식 교육 • 전통적 지식만 강조 • 학습의 개인차 무시 가능

3 자연주의 ※ Naturalism

○ **(기본내용)** 아름다운 질서가 반영된 **자연에 따른 삶** 강조

※ (J. Rousseau) 자연은 인간을 내적으로 성장시킨다.

○ **(교육관)** 자연의 질서를 있는 그대로 경험하게 하는 것

- **(교육목적)** 사회적 적응력 향상과 개인의 생활 즐기기

- **(교육내용)** **물질적 자연 그 자체**

- **(교육방법)** 주변 환경과의 **직접적·감각적 경험**을 통한 학습, 교사는 소극적 역할

자연주의의 의의와 한계

의의	• 자연 친화적인 삶(공존의 가치) 추구 • 학생의 적극적이고 직접적인 역할 강조(학습자 주도 교육)
한계	• 교육의 가치지향성을 설명하는 데 한계 • 현실적 측면(실용성, 기술적)에 소홀

4 **실용주의**　※ Pragmatism

○ **(기본내용)**　**영원·불멸한 것을 부정**하면서 **변화만이 실재, 진리는 유용성에 따라 변화**(가치의 상대성), **사회적 존재로서 인간,** 비판적 지성의 강조

　※ (W. James) 어떤 관념이라도 그것이 유용한 결과를 초래하면 그 관념은 진리

○ **(교육관)**　**교육**은 생활을 위한 준비가 아닌 **생활 그 자체**

－ **(교육목적)**　**경험의 재구성**을 통한 **학습자의 성장,** 교육목적은 외부로부터 정해지는 것이 아니라 **아동과의 합의를 통하여 설정**

－ **(교육내용)**　**생활 경험**

－ **(교육방법)**　개인의 **욕구·흥미·필요에 따라 변화**(아동중심 교육)

　※ **(교사관)** 학습자의 학습활동을 도와주는 학습의 조력자

▮ **실용주의의 의의와 한계**

의의	• 민주적 교육이념 추구(개인차 고려) • 아동의 실재적 경험 강조
한계	• 기본적 지식 전달에 한계 • 사회에 대한 지나친 낙관

3 20세기 전기의 교육철학

1 **진보주의** 기출 2005, 2010　※ Progressivism

○ **(기본내용)**　**실용주의 철학의 영향**을 받은 20세기 미국의 전체적 교육경향, 교사중심의 전통적 교육의 편협성과 형식주의에 반발하여 **경험중심·아동중심의 교육 표방, 진리는 변화**(변화의 원리)

　※ 루소, 페스탈로치, 프뢰벨, 듀이, 니일, 몬테소리 등

　※ 1918년 진보주의 교육협회(Progressive Edu. Association)를 통하여 본격 전개

○ **(교육관)**　모든 **교육의 중심에 아동**을 두고, **아동의 전인적 성장** 발달에 초점, 아동의 **자기주도적 학습**(Learning by Doing) 강조

－ **(교육목적)**　아동의 **흥미와 욕구**를 충족하면서 아동의 **전인적·계속적 성장 도모**

－ **(교육내용)**　**교육**은 생활을 위한 준비가 아니라 **생활 그 자체,** 교육내용의 이수보다 **문제해결 방법을 배우는 것**

－ **(교육방법)**　맹목적 암기·암송 및 교과서 권위로부터의 해방, **아동의 활동·문제해결·구안법 (프로젝트법)·협동학습 강조**

진보주의 교육협회의 7대 교육원리
---

① **자연적으로 발달할 자유**, ② 모든 활동의 동기로서의 **흥미**, ③ **안내자로서의 교사**, ④ 아동의 발달에 대한 **과학적 연구**, ⑤ **아동의 신체적 발달**에 영향을 미치는 모든 것에 대한 관심, ⑥ 아동의 요구를 충족시키기 위한 **학교와 가정의 협력**, ⑦ 교육을 주도하는 **진보주의 학교**

진보주의의 의의와 한계

특징	• 아동의 흥미·욕구 고려 • 실생활과 밀접하게 관련된 학습내용 • 활동중심의 교육방법
의의	• 학습자 맞춤형 교육 실현 가능 • 학습동기 유발 • 학습자의 자기주도성 증진
한계	• 아동에게 지나친 자유 부여(방임)로 비교적 쉬운 교과만 선택 • 미래에 대한 준비 소홀 • 교육의 질적 저하(명확한 목표 설정 곤란, 산만한 수업 분위기)

2 본질주의 기출 2002, 2006 ※ Essentialism

○ **(기본내용)** 학습은 인류의 문화전통 중 가장 **본질적이고 중핵적인 것을 배우는 것**(진리의 영원·불멸성은 부정)

※ C. Bagley의 미국 본질주의 교육개혁위원회(1938)

– 아동의 흥미와 자유에 대한 지나친 존중은 진정한 **문화유산의 전달** 망각

※ 진보주의에 대한 소극적 비판(진보주의의 교육내용과 방법 비판)

○ **(교육관)** 교육은 과거부터 발전하여 온 **기초기능·예술·과학을 학습, 교사의 권위와 교과 교육과정**의 가치 강조

– **(교육목적)** **기본교과**를 통해 **성공적 삶을 영위**하기 위한 필요행동 습득, 미래생활을 위한 준비

– **(교육내용)** **민족적 경험**으로 엄선되어 체계화된 **문화유산**, 초등(읽기·쓰기·셈하기), 중등(예술·과학·인문)

– **(교육방법)** **교사중심의 수업**, 교사에 의한 **훈련과** 학생의 **노력**(반복학습과 암기)

본질주의 교육원리
---

① 학습은 원래 강한 훈련 수반, ② 교사가 교육의 주도권, ③ 교육과정의 핵심은 소정의 교과 철저한 이수, ④ 전통적 학문 훈련방식 유지

📗 **본질주의의 의의와 한계**

특징	• 문화유산이 반영된 교과서중심의 수업 • 교사중심의 설명식 수업 강조
의의	• 문화유산 학습을 통한 미래생활 준비 • 단시간에 기본지식을 효율적으로 전달 가능
한계	• 사회문제와 관련한 사회과학 소홀 • 교사중심으로 학습자 참여 소홀

3 **항존주의**　　※ Perennialism

○ **(기본내용)**　시공간을 초월한 **정신적 · 초자연적 · 영구불변의 진리는 이성의 계발을 통해 획득**
가능(반과학주의, 탈세속주의, 정신주의)

－ 진리의 가변성을 전제하는 진보주의를 비판하면서, **실재론에 근거하여 진리의 절대성 ·
불변성 · 영원성**을 믿는 신념(절대의 원리)

　　※ 진보주의에 대한 적극적 비판(진보주의에서 제시하는 교육의 본질에 대한 비판)

고전 교육과정의 부활 : Adler, 『파이데이아 교육제안』, 1982.

■ **(배경)**　진보주의를 비판하면서 **고전교육의 가치 존중** 필요, Adler · Hutchins의 위대한 고전 읽기 프로그램으로부터
영향
　　※ (Great Books Program) 74명의 저자들이 쓴 443편의 글 선정
■ **(주요내용)**　미국의 교육이 국제경쟁에서 뒤처지지 않고 제대로 학생을 가르치기 위해서는 **초 · 중등학교에서
교양교육 실시 필요**
■ **(파이데이아)**　모든 인류가 소유해야만 하는 일반적 학습
■ **(필요성)**　① 국민 공통교육을 통한 **민주주의 실현**, ② 교양을 통한 **일생에 걸친 성장** 추구, ③ 교양은 모든 노동의
기본으로서 **생계유지에 도움**
■ **(교육과정)**　국민 공통교육과정을 주장하면서 교육내용을 3개의 열로 구분
　－ **(제1열)　조직화된 지식의 획득, 설교적인 수업(교사 주도 강의식)**
　　※ 언어 · 문학 · 예술 / 수학 · 자연과학 / 역사 · 지리 · 사회
　－ **(제2열)　기능의 발달, 운동의 코칭(시연 · 교정)**
　　※ 읽기 · 쓰기 · 말하기 · 듣기 / 관찰하기 · 측정하기 · 평가하기
　－ **(제3열)　이해의 확장, 산파술, 소크라테스식 질문**
　　※ 토론, 예술활동 참여

○ **(교육관)**　**교육은 미래의 이상적인 생활을 위한 준비**

－ **(교육목적)**　불변의 진리 탐구를 위한 **이성의 계발**

－ **(교육내용)**　**지식중심의 교양교육** 강조(중세 7자유교과, 위대한 고전)

－ **(교육방법)**　**교사중심 수업**

> **항존주의 교육원리**
>
> ① 교육은 언제 어디서나 동일, ② 교육은 이성의 발달에 집중, ③ 교육을 통해 영원한 진리에 인간을 적응, ④ 교육은 생활을 위한 준비, ⑤ 기본 교과학습 및 위대한 고전 읽기

🔖 항존주의의 의의와 한계

특징	• 정신의 가치가 반영된 기본적 교과이수 강조 • 고전 속 위대한 인물 강조
의의	• 정신작용을 비롯한 기초소양 함양 가능 • 모델링을 통한 학습동기 유발
한계	• 지나치게 이상적이고 주지주의적이어서 학습동기 저하 가능 • 귀족주의적이며 비민주적(개인의 개성 고려 소홀), 현실적 요인 미고려

4 재건주의 ※ Reconstructionism

○ (기본내용) 진보주의의 변형으로 **교육을 통한 사회개혁 강조, 사회문화적 위기**(문화지체 · 가치관 상실 등) **극복을 위한 학교 강조**

※ T. Brameld, R. B. Raup, K. D. Benne 등

○ (교육이론) **교육을 통한 새로운 사회 건설**(교육과정 사회학)

– (교육목적) **사회적 자아실현, 사회의 재구성**을 위한 프로그램 제작

– (교육방법) **민주적 방식을 활용한 집단토의, 현실문제 해결학습**

> **재건주의 교육원리**
>
> ■ 민주적 사회질서 구축
> ■ 교사는 교육자인 동시에 민주적 시민
> ■ 행동과학에 따라 교육과정 구성
> ■ 학생 · 교육 · 학교는 사회적 · 문화적 힘에 의하여 재구성

🔖 재건주의의 의의와 한계

특징	• 사회문제 해결을 통한 사회개혁 추구 • 민주적 방식에 의한 문제해결 강조
의의	• 교육의 사회적 기능 극대화 • 민주성 함양 가능
한계	• 개혁을 통하여 달성하고자 하는 사회의 가치관 불분명 • 민주적 방식에 대한 지나친 기대(수업 지연, 방향성 상실 위험)

4 20세기 후기의 교육철학

1 실존주의 기출 2002, 2007, 2009

○ (등장배경) 세계대전을 겪으면서 **인간성이 상실**되고, 질서·권위·가치가 혼란스러워짐에 따라 **가장 확고하고 절대적인 가치로서 인간의 내면적인 것, 즉 실존(Existence)**에 대한 관심 증대

　　※ M. Heidegger, O. F. Bollnow, M. Buber 등

○ (기본내용) **실존하는 인간의 자각·자유·선택·책임 강조**(주체주의), 인간은 **자유의지**를 지니며 실존

　　※ (J. P. Sartre) 실존은 본질에 앞선다. 실존은 주체성이다.

　　– 사회를 획일화하는 전체성·보편성을 비판하면서 주체성을 가진 참다운 자아*의 회복 강조

　　　* 자기 존재에 물음과 자각을 가지고 자유로운 선택으로 자신을 스스로 만들어 가는 존재로서 행동의 결과에 대해 스스로 책임

○ (교육의 특징) **학생 개개인의 독자적 삶과 자유를 존중**하는 교육으로, **'만남'을 통한 교육** 강조 (M. Buber, O. F. Bollnow)

　　※ (만남) 실존하는 인격 사이(Between)에서의 만남과 대화를 통한 상호작용

　　– (만남을 통한 교육) '나와 그것'의 수단적 만남은 나 중심적이어서 참된 삶의 의미를 깨닫는 데 한계가 있으므로 **관계성을 바탕으로 한 '나와 너'의 만남*** 필요

　　　*(교사 역할) ① 교사 – 학생 간 대화 촉진 ② 겸손과 성실의 모델, ③ 학급 내 공동체의식 형성

　　– (비연속적 교육) **실존은 순간적으로 실현**되었다가 **소멸**하는 특성을 가지므로 **지속적 성장·발전을 위한 교육 불가**(단속적 교육형식)

　　　※ 인간의 가소성(변형을 유지하려는 속성) 부정

　　– (학습자중심 교육) 실존의 주체로서 **학습자 개개인의 특성** 고려, 학습자의 **자아실현·자유의지** 강조

　　– (전인교육) 지식은 자아실현의 수단으로서 **진정한 교육은 지식·감성·감정·의지·체험이 결합, 인간적 경험**(삶·사랑·죽음 등)의 의미에 대한 **깊이 있는 사색**

　　– (교육과정) **철학적 대화를 내포한 경험 및 주제, 감성적·미적·시적인 주제** 학습(인문학 및 예술영역 강조)

　　– (교육방법) 학생 스스로 **각성**하여 **자아를 발견**할 수 있도록 **대화 및 토론, 학생에게 생각할 기회 제공**

Bollnow의 교육방법론

구분	주요 내용
위기	위기는 인간 삶에 필요한 부분으로, 위기에 용감하게 대응하도록 조력
각성	인간을 내면적으로 눈 뜨게 하는 각성
충고	권위를 통해 새로운 방향을 제시
상담	학습자가 과감하게 결단할 수 있도록 헌신적으로 봉사
만남	새로운 사건의 돌발, 새로운 변화를 일으킴
모험과 좌절	실패를 딛고 도전

- (교사의 역할) 교사는 학생의 특수성에 맞게 **만남을 예비하는 사람**

실존주의의 의의와 한계

특징	• 교육을 통한 학습자의 주체성 회복에 초점 • 교사와 학생 간의 상호작용 강조
의의	• 교육내용이 개개인에게 갖는 의미를 찾는 데 도움(내재적 목적 추구) • 교사와 학생 간의 관계 개선
한계	• 교육내용의 사회적 측면(사회발전) 소홀(외재적 목적 소홀) • 상호작용에 집중하여 기본적 내용 전달에는 한계

2 **분석 철학** 기출 2009

○ (**등장배경**) 20세기 **철학의 본질에 관한 반성** 및 **형이상학 배제**를 기반으로 논리적 분석(언어분석)을 시도

○ (**기본내용**) **논리실증주의와 일상언어학파로 구분**

- (논리실증주의) **논리적 분석방법**을 통하여 **경험적으로 검증 불가능한 형이상학적인 명제를 무의미한 명제**로 인식

- (일상언어학파) **일상생활**에서 사용하는 **언어의 참다운 의미**를 밝히는 것에 관심, 언어분석을 통하여 **사람들의 삶 이해 가능**

  ※ L. Wittgenstein

○ (**분석적 교육철학**) 교육의 주요 개념(교육, 교수, 학습, 발달, 창의성, 권위, 벌 등) 및 의미 명료화를 통하여 **교육이론의 논리적 모순성 · 모호성 극복**

  ※ C. D. Hardie, R. S. Peters, P. H. Hirst 등

- (교육의 준거) 교육을 **규범적 · 인지적 · 과정적 준거**로 구분, 3가지 준거를 충족하면서 문명화된 삶의 형식으로 입문(성년식 입문)

- (자유교육 : Liberal Edu.) 교육의 **내재적 가치인 지식·이해·합리성** 강조, 합리성은 **지식의 형식(Forms of Knowledge)**으로의 입문을 통하여 계발 가능

  ※ (비판 : Hirst) 지식의 형식은 실제 좋은 삶과 관련이 없으며, 실질적으로 실천할 수 있는 실천이성이 좋은 삶을 살아가는 데 필요

📗 **분석철학의 의의와 한계**

의의	• 교육철학을 독립학문으로 정립 • 사고의 엄밀성, 명료성 확보 • 정당화를 통하여 교육의 윤리적 차원 명확화 • 교사가 사용하는 언어의 중요성 부각
한계	• 언어와 논리의 가치 비중립성 • 언어적·논리적 분석만 강조하여 교육철학의 실천적 성격 간과

3 **비판이론**

○ **(등장배경)** 2차 세계대전 이후 현대사회의 문제(인간소외, 불평등)를 비판하면서 이를 개혁·개선 시도

○ **(기본내용)** 인간과 사회의 해방을 위하여, 인간의 자유로운 **의식을 억압·왜곡하는 사회적·정치적·경제적 요인 비판**

  - **이론은 해방적 실천을 목적으로 개발되는 것이므로 실천과 분리될 수 없고 가치중립적일 수 없음**
  - 갈등과 긴장을 사회적 삶의 중심으로 보고 불의와 불평등의 근원 폭로, **사회적 삶의 실질적 조건을 드러내면서 인간해방 추구**

○ (비판적 교육철학) **불평등을 재생산하는 교육** 비판, 인간해방을 위해 **비판적 능력을 길러주는 교육적 방안에 관심**

  - (의사소통) 문제해결을 위한 **가장 효율적 방법**으로 의사소통 강조(J. Habermas)

    ※ (의사소통적 합리성) 주관/객관 이원론에 근거한 진리가 아니라, 상호 이해에 기초를 둔 합의에 의한 진리 추구

  - (의식화교육) 인간이 **사회현실을 비판적으로 인식하고 삶을 개척**할 수 있도록 의식화하기 위하여 은행예금식 교육이 아닌 **문제제기식 교육 필요**

    ※ (은행예금식 교육) 교사와 학생의 수직적 관계, 주입식 교육

    ※ (문제제기식 교육) 교사와 학생은 협력적 공동탐구자, 문제해결교육, 의식화 단계(본능적 의식 → 주술적 의식 → 반자각적 의식 → 비판적 의식)

📗 **비판이론의 의의와 한계**

의의	• 실증주의 문제점(가치중립성) 극복 • 의사소통을 통한 문제해결 강조 • 실제 학교현장에 관심을 두면서 교육의 개선 추구
한계	• 교육의 순기능(문화전통의 전수) 무시 • 사회·경제·정치 논리에 지나치게 매몰

4 **포스트모더니즘 교육철학** 기출 2003, 2007

○ (등장배경) 20세기 산업사회의 지배적 문화논리를 이루었던 **모더니즘에 대한 비판과 극복 노력**

○ (기본내용) 반정초주의(Anti-Foundationalism)*에 기초하여 절대주의적 사고, 권위주의적 제도, 전체주의적 체제나 지배를 거부하면서 **상대성 강조**

   * 지식의 절대적 기초와 진리의 보편타당성을 부정하는 상대적 인식론

  – 반합리주의, 상대적 인식론, 탈정전화(보편적 진리와 가치 부정), 다원주의, 유희적 행복감의 향유, 소서사(Small Narrative) 중시

    ※ J. Derrida, M. Foucault, J. Lacan, J. F. Lyotard 등

○ (교육의 특징) 학생 개개인의 특수성·독립성을 강조하면서 **학습자중심 교육·열린교육 지향**

  – (상대적 지식관) 지식은 인간의 관심, 동기, 편견, 신념, 가치관, 언어, 기존 지식과 이론 등이 복합적으로 작용하여 형성되므로 **지식이 생성된 맥락에서 상대적 정당성 확보**

  – (교육과정) 단일한 교육과정을 부정하면서 지식의 사회문화적 특성에 근거한 **다양한 교육과정 운영**

  – (교육방법) 학습자는 학습내용을 재해석·재창조하는 **능동적이며 주체적인 존재**이므로 토의·토론 등 **협동학습 강조**

  – (교육체제) 사회변화에 대응하고 창조적 지식을 창출할 수 있도록 유연하고 다양한 교육체제

▌ **포스트모더니즘 교육의 의의와 한계**

의의	• 다양한 학습자의 특성 고려 • 전통교육, 공교육에 대한 대안 마련 • 보편성, 획일성, 전체성, 권위주의 극복
한계	• 허무주의 • 윤리학에 대한 방향 제시 미흡 • 오랜 전통 무시에 따른 교육 공동화 현상

5 **홀리스틱 교육**

○ (목적) **전인교육을 통한 인간성의 발달**

○ (특징) 세계 속에서 인간은 상호 연관적이므로 교육은 **균형, 포괄, 연관의 원리*를 실현**

  – 학습자 개개인의 전인적 성장을 지향하므로 학생의 개성화와 다양화, 학생의 수업 참여, 내적 동기 강조

    * 균형(대립되는 요소의 조화), 포괄(전달중심 교육 + 상호작용학습 중시), 연관(교과 간 연계)

●—— **지금까지의 출제경향**

1. **출제빈도**
   - 2015학년도 상반기 시험을 제외하고는 매년 출제

2. **출제이론과 문제형태**
   - 교육과정 유형, 개발, 운영 등 다양한 영역에서 폭넓게 출제
   - ※ 최근 출제이론 : (2025) Tyler 합리적 교육과정 개발모형 (2024) 잠재적 교육과정 (2023) 학문중심 교육과정
     (2022) 교육과정 재구성 (2021) 교육과정 운영
   - 최근에는 해당 교육과정을 현장에 적용(운영)하는 방안, 적용 시 고려할 점, 적용사례 등 현장형 문제의 비중이 높아짐

●—— **학습전략**

1. **출제 예상 Point**
   - 교육과정 파트의 전(全) 영역이 출제 가능하며, 교육과정에 속하는 모든 이론의 특징과 장단점 등 기본 내용을 바탕으로 해당 교육과정을 현장에 적용할 때 교사의 역할에 대해서 물을 가능성 높음

2. **중요 체크 이론**
   - **(이해)** ① 계획 · 경험 · 실행한 교육과정의 일치를 위한 노력
     ② 국가 · 지역 · 학교 수준 교육과정 적용 시 고려할 점
   - **(역사)** ① 처방적 접근방법의 의의와 한계
     ② 비판적 접근방법(구조, 실존, 미학적)의 주요 내용
   - **(유형)** ① 교과 · 경험 · 학문중심 교육과정의 주요 내용
     ② 역량중심 교육과정의 주요 내용과 현장의 변화
   - **(개발)** ① 합리적 교육과정 개발모형에 대한 대안적 개발모형
     ② 교육과정 재구성의 방법과 교사의 역할
     ③ 통합 교육과정의 주요 내용
   - **(운영 · 평가)** ① 교육과정 운영과 교사의 관심(CBAM 모형)
     ② 교육과정 평가모형의 기본적 내용(Tyler, CIPP, Scriven)
   - **(우리나라)** ① 2022 개정 교육과정
     ② 교 · 수 · 평 · 기의 일체화

II

교육과정

Mind Map

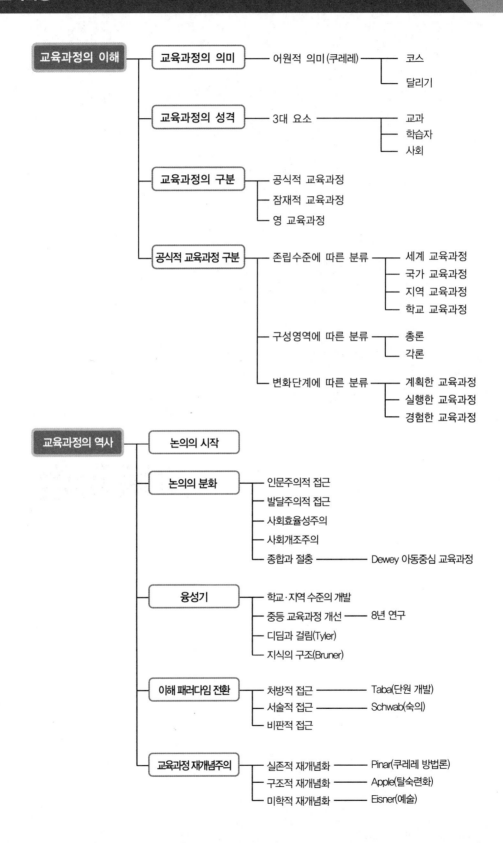

교육과정의 이해

교육과정의 의미 — 어원적 의미 (쿠레레) ┬ 코스
                                    └ 달리기

교육과정의 성격 — 3대 요소 ┬ 교과
                           ├ 학습자
                           └ 사회

교육과정의 구분 — 공식적 교육과정
                  ├ 잠재적 교육과정
                  └ 영 교육과정

공식적 교육과정 구분 — 존립수준에 따른 분류 ┬ 세계 교육과정
                                        ├ 국가 교육과정
                                        ├ 지역 교육과정
                                        └ 학교 교육과정

                     — 구성영역에 따른 분류 ┬ 총론
                                        └ 각론

                     — 변화단계에 따른 분류 ┬ 계획한 교육과정
                                        ├ 실행한 교육과정
                                        └ 경험한 교육과정

교육과정의 역사

논의의 시작

논의의 분화 — 인문주의적 접근
              ├ 발달주의적 접근
              ├ 사회효율성주의
              ├ 사회개조주의
              └ 종합과 절충 ——— Dewey 아동중심 교육과정

융성기 — 학교·지역 수준의 개발
          ├ 중등 교육과정 개선 ——— 8년 연구
          ├ 디딤과 걸림(Tyler)
          └ 지식의 구조(Bruner)

이해 패러다임 전환 — 처방적 접근 ——— Taba(단원 개발)
                    ├ 서술적 접근 ——— Schwab(숙의)
                    └ 비판적 접근

교육과정 재개념주의 — 실존적 재개념화 ——— Pinar(쿠레레 방법론)
                     ├ 구조적 재개념화 ——— Apple(탈숙련화)
                     └ 미학적 재개념화 ——— Eisner(예술)

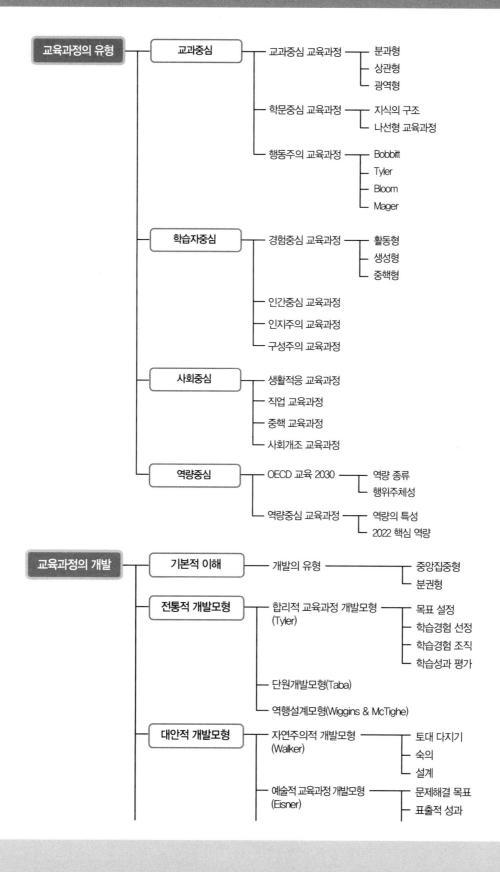

Mind Map

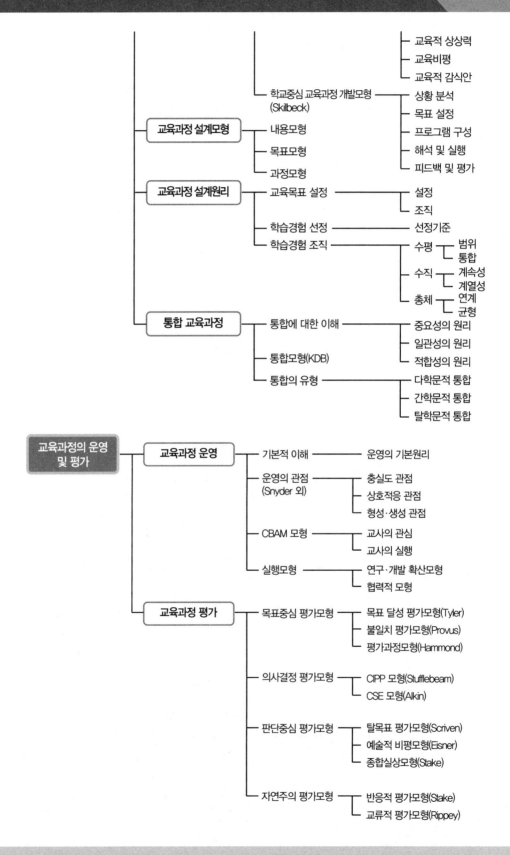

교육과정 설계모형
- 학교중심 교육과정 개발모형 (Skilbeck)
  - 교육적 상상력
  - 교육비평
  - 교육적 감식안
  - 상황 분석
  - 목표 설정
  - 프로그램 구성
  - 해석 및 실행
  - 피드백 및 평가
- 내용모형
- 목표모형
- 과정모형

교육과정 설계원리
- 교육목표 설정
  - 설정
  - 조직
- 학습경험 선정
  - 선정기준
- 학습경험 조직
  - 수평
    - 범위
    - 통합
  - 수직
    - 계속성
    - 계열성
  - 총체
    - 연계
    - 균형

통합 교육과정
- 통합에 대한 이해
  - 중요성의 원리
  - 일관성의 원리
  - 적합성의 원리
- 통합모형(KDB)
- 통합의 유형
  - 다학문적 통합
  - 간학문적 통합
  - 탈학문적 통합

교육과정의 운영 및 평가

교육과정 운영
- 기본적 이해
  - 운영의 기본원리
- 운영의 관점 (Snyder 외)
  - 충실도 관점
  - 상호적응 관점
  - 형성·생성 관점
- CBAM 모형
  - 교사의 관심
  - 교사의 실행
- 실행모형
  - 연구·개발 확산모형
  - 협력적 모형

교육과정 평가
- 목표중심 평가모형
  - 목표 달성 평가모형(Tyler)
  - 불일치 평가모형(Provus)
  - 평가과정모형(Hammond)
- 의사결정 평가모형
  - CIPP 모형(Stufflebeam)
  - CSE 모형(Alkin)
- 판단중심 평가모형
  - 탈목표 평가모형(Scriven)
  - 예술적 비평모형(Eisner)
  - 종합실상모형(Stake)
- 자연주의 평가모형
  - 반응적 평가모형(Stake)
  - 교류적 평가모형(Rippey)

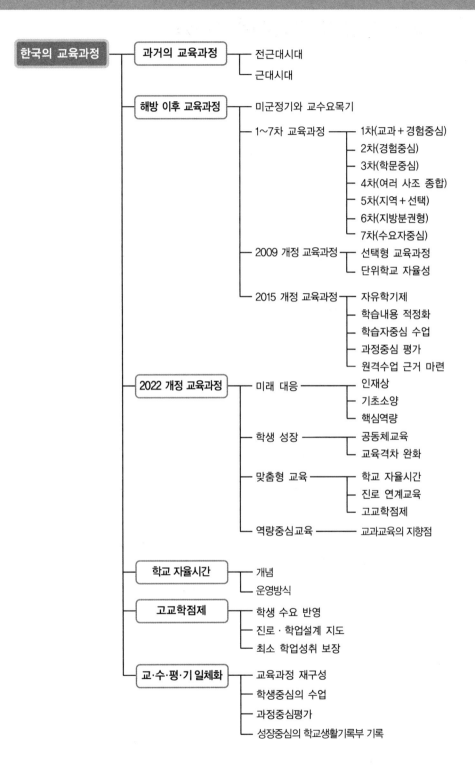

한국의 교육과정

과거의 교육과정
- 전근대시대
- 근대시대

해방 이후 교육과정
- 미군정기와 교수요목기
- 1~7차 교육과정
  - 1차(교과 + 경험중심)
  - 2차(경험중심)
  - 3차(학문중심)
  - 4차(여러 사조 종합)
  - 5차(지역 + 선택)
  - 6차(지방분권형)
  - 7차(수요자중심)
- 2009 개정 교육과정
  - 선택형 교육과정
  - 단위학교 자율성
- 2015 개정 교육과정
  - 자유학기제
  - 학습내용 적정화
  - 학습자중심 수업
  - 과정중심 평가
  - 원격수업 근거 마련

2022 개정 교육과정
- 미래 대응
  - 인재상
  - 기초소양
  - 핵심역량
- 학생 성장
  - 공동체교육
  - 교육격차 완화
- 맞춤형 교육
  - 학교 자율시간
  - 진로 연계교육
  - 고교학점제
- 역량중심교육
  - 교과교육의 지향점

학교 자율시간
- 개념
- 운영방식

고교학점제
- 학생 수요 반영
- 진로 · 학업설계 지도
- 최소 학업성취 보장

교·수·평·기 일체화
- 교육과정 재구성
- 학생중심의 수업
- 과정중심평가
- 성장중심의 학교생활기록부 기록

01 교육과정의 기본적 이해

▣ 교육과정의 의미

1 교육과정의 어원적 의미[5]

○ **(어원)** 교육과정(Curriculum)은 **'달려가야 할 코스(Course of Race)'**를 의미하는 라틴어 **쿠레레 (Currere)**로부터 유래

– **'코스'에 초점을 두는 접근**은 교육과정을 수업을 통해 도달하여야 할 **'결과(Outcome)', 즉 학과 코스(Course of Study)**로 이해

※ (P. Ramus, 1576) 학습에 모종의 순서, 계열성이 있다고 보아 체계적 순서인 '지식의 지도(Map of Knowledge)' 제시

– **'달리기'에 초점을 두는 접근**은 **교육과정**을 교수·학습과정에서 교사·학생이 지속적으로 상호작용하면서 겪는 **교육적 경험의 총체, 즉 '과정(process)'**으로 이해

※ (J. Dewey) ① 교육은 하나의 과정으로, 외적인 결과를 목표로 하지 않음
② 결과 혹은 목표는 활동 이전에 미리 설정되기보다는 활동 내부로부터 발생
③ 아동과 교육과정·학습자와 텍스트는 양자 간의 상호작용을 통하여 통합

▸ 쿠레레에 대한 관점의 차이

'코스'에 초점을 두는 접근	'달리기'에 초점을 두는 접근
• 교육적 맥락에서 **'통제와 질서'** 강조 • 과학적 방법을 통한 **학교교육의 표준화·체계화** 강조	• 교육에 있어서 **'상호작용'** 강조 • 과학적 방법은 개인의 경험을 더 지적인 것으로 만들 때 가치
교육과정은 외부에서 부과한 목표나 결과에 따라 **미리 계획· 표준화** 가능	교육과정은 외부에 의하여 미리 계획·처방될 수 있는 성격이 아니고 **교사·학생이 실제로 경험**하는 어떤 것
19 ~ 20세기 산업화시대 미국에서 공식적인 학습 코스, 프로그램 개발의 주된 관점	• (Pinar) 교육과정은 개인적 경험의 성격에 대한 탐색 • (Doll) 교육과정은 일직선의 코스가 아닌 복잡·역동적인 상호작용의 망

---

[5] 소경희, 『교육과정의 이해』, 교육과학사, 2017, pp.36 ~ 44

02

2 학교교육과 교육과정[6]

○ **(교육의 특징)** ① **교육**에는 교수자의 도움을 전제로 한 **특정 의도와 목적** 존재, ② **교수자**와 학습자의 동시 **상호작용 발생**

▶ 학교교육은 '사회 속에서 학습자의 잠재력을 찾아 더 나은 배움과 삶을 열어주기 위한 교수자의 배려와 활동'

○ **(교육과정)** 학교교육을 성공적으로 이끌기 위하여 ① **무엇을 가르치고 배우면 좋을까**를 묻고 이에 대해 ② **심사숙고하여 답하고 계획**하며, 이를 ③ **전문적으로 실천**하고 ④ **질 높은 성과**를 노리는 총체적 과정

🖋 교육과정의 속성

정의		속성
무엇을 가르치고 배우면 좋을까를 묻고	➡	교육목적의 구체화
심사숙고하여 답하고 계획하며	➡	교육내용과 활동 계획
전문적으로 실천하고	➡	교수자와 학습자 간 상호작용
질 높은 성과를 노리는 총체적 과정	➡	계획의 반성적 실천, 지속적 개선과정

참고 교육과정에 대한 다양한 정의

- **(교육계획)** 학생을 교육하기 위하여 학교 안팎에서 미리 세운 모든 교육계획
- **(교과목이나 내용)** 학교에서 가르치는 교과목으로서 국어, 외국어, 사회, 수학 등의 교과목록
- **(수행할 과업)** 특정 목적의 달성에 필요한 기능을 숙달하기 위하여 수행해야 할 일련의 과업
- **(의도된 학습결과)** 학생들이 결과적으로 달성하여야 할 학습수준을 사전에 정해 놓은 성취기준들의 집합
- **(교사와 학생의 상호작용)** 학생들이 수업현장에서 교사와 상호작용하면서 겪는 생생한 경험 자체
- **(학교에서 학생의 온갖 경험)** 학교에서 교사의 지도하에 학생이 경험하는 모든 것

---

[6] 홍후조, 『알기 쉬운 교육과정』, 학지사, 2016, pp.15 ~ 33

2 교육과정의 성격[7]

1 교육과정의 특성

◆ 교육과정은 학습자를 사회에서 필요로 하는 인재로 성장시키기 위하여 필요한 지식을 체계적으로 조직한 문서로서, 교사가 실제 교육현장에서 운영

- **(교육목적에 따른 규범성)** 교육과정은 이상적 인간, 공정한 사회 등 교육이 추구하는 목적의 달성을 위하여 규범적 · 가치 지향적

- **(교육목적 달성의 수단성)** 교육과정은 그 자체로 중요하기보다는 교육목적을 제대로 달성하기 위한 수단

- **(학습자 존중성)** 학습자의 적성 · 진로 · 능력 · 애로사항을 존중하며 끊임없이 변화하는 학습자 집단을 고려

- **(미래지향성)** 교육과정은 학습자의 올바른 성장을 위해 지속해서 가르칠 것과 그렇지 않은 것을 가려내고 갱신

- **(교육활동중심의 실제성)** 교육과정은 실제직 교육활동 전개를 위한 내용 소재, 방법과 절차, 환경 조성의 기준

- **(교사주도성)** 교육과정을 실제로 운영하는 것은 교사

2 교육과정을 결정하는 3대 요소

📗 교육과정 결정 시 3대 고려 요소

구분	주요 내용	고려 이유
교과(학문)	공식적 교육과정(성취기준) + 교과지식의 변화	• 최소한의 성취수준(기초학력) 보장 • 지식의 변화에 대응
학습자	• 학습자의 내적 특성(인지, 정의) • 학습자의 외적 상황(가정환경)	학습자 맞춤형 교육 실현
사회	사회적 조건(법 · 제도) 및 수요(경제 · 문화)	• 사회수요에 대응 • 사회에서 필요로 하는 인재 육성

---

[7] 홍후조, 전게서, 2016, pp.34 ~ 40, 76 ~ 95

3 교육과정의 구분 : 공식화에 따른 분류❽

1 공식적 교육과정(Official Curriculum)

○ **(개념)** 국가 · 지자체(교육청) 등에 의해 **문서화**되어 누구나 확인할 수 있도록 **공식적으로 공개된 교육과정**

※ 국가 교육과정(2022 개정 교육과정), 시 · 도 교육청 교육과정 및 지침, 지역 교육지원청의 교육과정 지침, 학교의 수업계획 등

> **참고** 공식적 교육과정의 범위 확대
>
> - **(범위)** 종래에 비공식적인 것으로 간주되던 활동(자율 · 자치활동, 동아리활동, 진로활동 등)이 학교에 의하여 계획 · 지도됨에 따라 공식적 교육과정의 범위 확대
> - **(의의)** ① 책임교육의 범위 확대, ② 학습자의 다양한 경험 고려
> - **(유의점)** ① 공식적 교육과정의 범위 확대가 국가의 통제 강화는 아님(교육과정 대강화 필요)
>   ② 공식적 교육과정에서는 큰 틀에서의 성격, 목표, 성취기준만을 제시하고 구체적 교수학습 및 평가는 학교에서 결정하도록 자율권 보장 필요

2 잠재적 교육과정(Latent Curriculum) 기출 2006, 2008, 2009, 2012, 2014, 2019, 2024

○ **(개념)** 공식적 교육과정에서 <u>의도 · 계획하지 않았으나</u> 수업 또는 학교의 관행으로 학생들이 **은연중에 배우는 가치, 태도, 행동양식** 등 교육결과로서 경험된 교육과정(P. Jackson, 1968.)

○ **(특징)** ① **교실생활이나 학교의 문화풍토*** 중시
② 교육과정을 의도나 계획의 차원에 한정하지 않음
③ 공식적 교육과정의 **부정적 결과에도 관심**

* 학교교육에서 통용되는 상 · 벌, 사회적 관행, 문화적 편견, 인간적 차별, 물리적 배치 등

○ **(원천)** 학교생태로부터 습득되는 군집성, 칭찬, 권력으로부터 발생

📑 **P. Jackson의 잠재적 교육과정의 원천**

구분	주요 내용
군집성	학생들이 모인 교실에서 집단의 가치(인내심) 획득
칭찬	타 학생이 평가받는 모습을 보며 살아가는 방법 획득
권력	학교적응을 위하여 교사와 학교의 권위에 적응하는 방법 획득

※ (예시) 교사는 지위를 내려놓고 학생들과 친하게 지내려고 노력하는데 학생들이 교사를 어려워함 → 잠재적 교육과정으로서 권력의 영향

---

❽ 홍후조, 전게서, 2016, pp.41 ~ 66
소경희, 전게서, 2017, pp.44 ~ 56

    – (김종서) 학교의 상태로부터 잠재적 교육과정 발생

◆ 김종서의 잠재적 교육과정의 원천

구분	주요 내용
목적성	교육의 공식적 목적과 학교의 목적이 다른 경우
강요성	학교의 규칙, 시설, 학년 제도에 맞추도록 강요하는 경우
군집성	각기 다른 특질을 지닌 학생들이 모여서 생활하는 경우
위계성	교사·학생 간, 학생·학생 간 위계질서가 있는 경우

○ (의의) ① 교육과정 탐구영역 확대 : 의도되지 않은 영역 탐구

          ② 교육 평가방법 확대 : 계획되지 않은 영역 평가(탈목표평가)

○ (교사의 역할) 잠재적 교육과정을 고려한 교사의 실행전략

    – (준비) ① 공식적 교육과정의 **이면에 담긴 내용 확인**(문화적·인종적·성별적 편견 등)

           ② 학교, 교실 내 **문화와 풍토 확인**(교우도 검사)

    – (실행) ① 부정적 효과를 일으킬 수 있는 **언행에 유의**

           ② 수업 중 질의응답 시 **편견이 없도록 유의**(균등하게 질문)

    – (평가) ① 학습자 평가 시 **계획하지 않은 목표·정의적 영역**에 대해서도 평가*

           ② 수업 성찰 시 **의도하였던 목표와 의도하지 않았던 목표의 달성 여부 확인**

  * 학교규칙에 대한 만족도 조사(권력의 작용 확인), 교사의 강화·벌 사용에 대한 학생 심리 파악(상담, 성찰문 쓰기)

숨겨진 교육과정(Hidden Curriculum)

■ **(기본 입장)** 급진적 관점으로 잠재적 교육과정의 **부정적 측면**(사악성) 강조
   – **(의도성)** 잠재적 교육과정은 **특정 의도나 계획에 기반한 것으로, 사회 지배층의 이익을 반영**하는 가치와 규범이 공식적 교육과정에 숨겨져 있음
   – **(예시)** ① 교실 배치로 인한 권위의 무비판적 수용
        ② 학교 복장규정으로 인한 성 고정관념의 강화
■ **(탈학교론 : Deschooling Society)** 공식적 교육과정에 지배층의 이익이 담긴 내용이 은밀하게 반영되어 있고 학교는 특정 가치를 주입하는 장소이므로 폐기 필요(교육사회학 참고)
   – **(대안책)** 학습을 위한 네트워크(학습망·Learning Web) : 4개의 교육자원(사물, 모범, 동료, 연장자)이 하나의 망으로 구성되어 학습자가 필요할 때 언제든지 이용 가능하도록 유도
   ① **(자료망)** 학습에 기본적인 자원인 사물(things)에 누구나 쉽게 접근할 수 있도록 만든 자료센터
   ② **(기능교환망)** 자신이 보유한 기능과 연락처를 등록한 연결망으로서 해당 망을 통하여 자신의 기능을 학습하기를 원하는 학습자에게 자기의 기술을 가르침(models)
   ③ **(동료망)** 함께 학습하기를 원하는 사람(peers)을 쉽게 찾을 수 있는 인명록으로, 학습동료들은 서로 교사·경쟁자가 되면서 서로의 기술·지식 습득에 도움
   ④ **(교육자망)** 안내자, 교과전문가라는 전통적 학교에서의 교육자가 아닌 새로운 전문적 교육자(Elders)에 대한 인명록

3 영 교육과정(Null Curriculum) : Eisner, 1979. **기출** 2002, 2005, 2009, 2012, 2020

○ (개념) ① **가르칠만한 가치**가 있고

② 학교가 설정한 **교육목표에도 부합**하지만

③ 공식적 교육과정에서 **고의로 배제**되어

④ **학습될 기회를 가지지 못하는** 교육내용

※ (예시) 일본의 역사 교과서에서 한국 침략 내용을 의도적으로 배제

○ (발생 이유) ① (현실적 측면) 제한된 시간과 자원하에서 보다 가치 있는 목표와 내용 선정

② (사회적 측면) 사회유지와 안정에 저해될 수 있는 내용 배제

③ (정치적 측면) 특정 계층의 이익을 위하여 중요한 내용 배제

④ (교사 측면) 교사의 전문성이나 개인적 편견으로 특정 내용 배제

○ (부정적 효과) ① (학습자 측면) **중요한 교육내용 습득에 방해**

② (교과 측면) 가치 있는 **교과의 내용 미반영**

③ (사회 측면) **특정 이데올로기만 반영**한 편향된 교육

○ (교사의 역할) **영 교육과정을 고려한 교사의 실행전략**

－ (준비) ① 가르칠만한 가치가 있음에도 **공식적 교육과정에 누락된 교육목표가 있는지 확인**하고 이를 단원목표에 반영(성취기준 재구조화)

② 명시된 교육목표를 달성하기 위하여 추가·보충해야 할 내용이 있는지 확인하고 **교과서 보충자료 제공**(동 교과협의회, 동료장학 활용)

③ 교과서 밖 내용을 가르치고 평가할 때는 **평가의 목적을 분명히 설정**

－ (실행) ① **교과서 밖, 교실 밖 학습기회** 제공(현장체험학습, 온라인 자료 활용 등)

② 교과서 내용에 대한 **다양한 관점의 샘플 제시 + 비판적 탐구활동** 유도

－ (평가) ① 학생평가를 통하여 영 교육과정의 발생 여부 확인

② 수업성찰을 통하여 자신의 실수 등으로 영 교육과정이 발생하지 않는지 확인

교육과정의 공식화에 따른 분류

구분	의도	교수	학습
공식적 교육과정	O	O	△
잠재적 교육과정	X	△(은연)	O
숨겨진 교육과정	O	△(은연)	O
영 교육과정	O	X	X

4 공식적 교육과정의 구분

1 존립수준에 따른 분류

○ **(세계 교육과정)** 국가의 경계를 넘어 인류 보편적인 지식, 가치, 행동양식을 추구하는 교육과정

※ (예시) UN·UNESCO 등에서 제시한 교육과정, 국제 바칼로레아(IB)

> ── **국제 바칼로레아(IB) 프로그램** ──────────────────
>
> ■ **(개념)** 비영리 국제 교육기구인 IB 본부(스위스 제네바 소재)에 의하여 1968년 개발된 국제 공인 교육 프로그램
> ── 초(PYP), 중(MYP), 고(DP·CP)로 구분
> ■ **(배경)** 국경을 넘어 이주하는 학생들을 위한 교육제도 구축
> ■ **(이념)** 학생들이 다름을 이해하고 존중하며 세계평화에 기여할 수 있는 **'국제적 소양(International Mindedness)'** 함양
> ── (학습자상) **타 문화에 대한 이해와 존중**을 바탕으로 공정하고 평화로운 세계를 만드는 데 이바지할 수 있는 지적
> 이고 **탐구적이며 배려심** 있는 인재
> ■ **(운영)** ① PYP, MYP는 교육과정이 아니라 프레임워크(Framework)로서 단위학교에서 교육과정 재구성 시 이를
> 참고하여 자율적으로 운영
> ② DP는 교육과정(범위와 계열 포함)으로 제공되어 대입과 연계
> ※ 국내 고등학교의 경우 교육과정으로 도입하기보다는 '과목'으로 편성
> ■ **(교수방법)** ① **개념기반 수업**: 개념을 탐구하고 이해한 것을 연결하여 새로운 맥락으로 전이
> ② **탐구기반 수업**: 학생들이 적극적으로 정보를 찾고 이해를 구성
> ③ 개별화 수업: 학생들의 개별 특성에 기반하여 각자의 목표를 달성할 수 있는 학습기회 제공
> ④ 협력기반 수업: 학생들 간 팀워크를 중시하고 교사-학생 간 협력적 관계 구축
> ⑤ 국제적 맥락기반 수업: 새로운 정보를 자신의 경험 및 세계와 연결하여 처리하도록 지도
> ⑥ 평가를 통한 수업: 형성평가, 과정중심평가 강조
> ■ **(국내 도입)** 특목고·자사고에서 DP 중심으로 도입되었으며, 대구·제주(이상 2019년 도입)를 시작으로 최근 교육청
> 단위로 도입 및 확산
> ── 해당 학교에 대한 IB 본부의 엄격한 심사와 인증을 통하여 단계별 승인(관심학교 → 후보학교 → IB 월드스쿨)
> ── IB 인증을 위하여 <u>심사비(600만 원), 연회비(연간 1200만 원)</u>를 IB 본부에 납부
> ※ 대구와 제주교육청은 <u>교육청 지원금</u>으로 납부

○ **(국가 교육과정)** 초·중등학교에서 편성·운영하여야 할 교육과정의 **공통적이고 일반적인 기준**

※ (예시) 2015·2022 개정 교육과정

── **(특징)** ① **국가 주도 개발**

② **전국 동일 운영**

── **(장점)** ① ─ ⓐ **국가적·사회적 요구 반영**, ① ─ ⓑ **규모의 경제**(전문적·효율적 개발)

② ─ ⓐ **교육의 형평성** 추구, ② ─ ⓑ **학교교육의 질 관리** 가능(처방 용이)

── **(단점)** ① ─ ⓐ **지역적 특수성 반영 곤란**, ① ─ ⓑ **상시 개정 곤란**

② ─ ⓐ **교사의 자율성, 전문성 제약**(교사 사기저하)

○ (**지역 교육과정**) 국가 교육과정을 토대로 각 시·도 교육청이 **시·도별 실정 및 여건과** 교육 방향을 고려하여 계획

※ (예시) 17개 시·도의 교육과정 편성·운영 지침, 세종 창의적 교육과정

- (특징) ① **지역 주도 개발**

② **학교에 운영상 자율권 부여**

- (장점) ① - ⓐ **지역적 교육수요 대응**, ① - ⓑ **시·도 교육청의 전문성 향상**

② - ⓐ **학교별 특색 있는 교육 운영**, ② - ⓑ **교사의 사기 앙양**

- (단점) ① - ⓐ 시·도 간 **개발인력·비용 차이**로 교육격차 발생

② - ⓐ **학교별·교사별 역량에 따른 교육격차** 심화

○ (**학교 교육과정**) 시·도의 교육과정 편성·운영 지침을 토대로 **학교의 실정에 적합한** 교육과정을 비교적 구체적으로 계획한 것

※ (예시) A학교 교육과정, A학교 3학년 교육과정, A학교 수학과 교육과정 등

- (특징) ① **학교특성 고려**

② **교사의** 교육과정 운영상 **재량권** 확대

- (장점) ① - ⓐ **단위학교의 교육적 수요** 반영, ① - ⓑ **상시 개발** 가능

② - ⓐ 교육과정 전문가로서 **교사 사기 앙양**, ② - ⓑ **다양한 교육과정** 운영

- (단점) ① - ⓐ 개발에 **많은 비용** 소요, ① - ⓑ 개발에 필요한 **인력 확보 곤란**

② - ⓐ **비체계적** 운영으로 교육의 질 저하 우려

┌─ **2022 개정 교육과정 내에서 학교가 자율성을 발휘할 수 있는 부분** ─┐

① 학교별 교육목표 + 연간 교과 중점 목표 수립
② 시수 조정[교과(군)별 및 20% 범위 내에서 조정]
③ 평가계획 수립(방법, 시기, 비율 등 결정)
④ 자유학기제 프로그램, 목표, 방법 선정
⑤ 고교학점제 운영방법, 과목편성, 타 학교 연계방안 수립
⑥ 통합 교육과정 시기 및 내용 결정(중학교 자율시간 활용)

② 구성영역에 따른 분류

○ **(총론)** 전국 학교의 **통일성·균형성**을 **유지**하기 위한 공통사항

> **2022 개정 교육과정 총론 목차**
>
> ■ **교육과정 구성의 방향**
>   - 교육과정 구성의 중점, 추구하는 인간상과 핵심역량, 학교급별 교육목표
> ■ **학교 교육과정 설계와 운영의 방향**
>   - 기본사항, 교수학습, 평가, 모든 학생을 위한 교육기회의 제공
> ■ **학교급별 교육과정 편성·운영의 기준**
>   - 기본사항, 초등학교, 중학교, 고등학교
> ■ **학교 교육과정 지원**
>   - 교육과정의 질 관리, 학습자 맞춤 교육 강화, 학교의 교육환경 조성

○ **(각론)** 총론을 이루는 하위 구성요소로서 각 부분 교육과정

- (교과 교육과정) 교과별 특정한 성격, 목표, 내용체계, 탐구방식 등을 반영한 교육과정 (형식적 교육과정)

- (창의적 체험활동 교육과정) 정규교과 외에도 학교 등에서 이루어지는 교육활동의 일체 (준 형식적 교육과정)

  ※ 자율·자치활동, 동아리활동, 진로활동, 봉사활동

③ 변화단계에 따른 분류

○ **(계획한 교육과정)** **국가·지역·학교**가 만든 문서로서의 교육과정, 교육과정을 **실행하기 위한 지침의 역할**로 교육목표와 내용, 교수학습방법, 평가 등에 관한 사항 포함

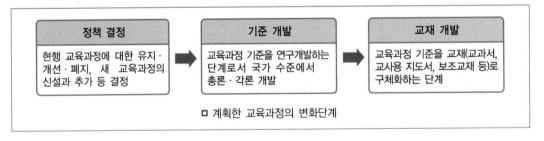

□ 계획한 교육과정의 변화단계

○ **(실행한 교육과정)** **교사가 실제로 전개**한 실천적인 수업행위로서, 문서화된 교육과정보다 학생들에게 직접적인 영향(= 전개된 교육과정)

- (교육과정 경영) 교사는 교육과정을 실천하고 학교의 장은 교육과정의 실천이 원활히 이루어지도록 경영(장학 등)

○ **(경험한 교육과정)** 교수학습의 과정을 통하여 구현됨으로써 **학생들이 결과적으로 획득한 경험**이나 성취·태도(= 실현된 교육과정)

　– **(교육과정 평가)** 목표 달성 여부를 평가하고 평가결과를 반영하여 개선안 제안

실제적 교육과정(Actual Curriculum)∶ R. Glatthorn

- **(등장배경)** 공식적 교육과정이 **실제로 전개되는 교육과정**(교수 – 학습 – 평가)을 이해하기 위하여 등장
- **(구분)** ① **가르친 교육과정**, ② **학습된 교육과정**, ③ **평가된 교육과정**
  - **(가르친)** 교사들이 교실에서 실제로 가르친 교육내용과 활동
  - **(학습된)** 학생들이 실제로 학습하고 내면화한 교육내용과 기술
  - **(평가된)** 학생들의 학습성과를 평가하기 위하여 사용되는 도구, 방법, 기준(루브릭)
- **(논의의 의의)** 교사들이 **의도한 교육내용**과 **실제 학습한 내용의 차이 이해 가능**
  - **(학습자 측면)** 학습 정도를 파악하여 **보충학습 필요 여부 진단 가능**
  - **(교사 측면)** 교사의 **교수내용 및 방법 개선 가능**

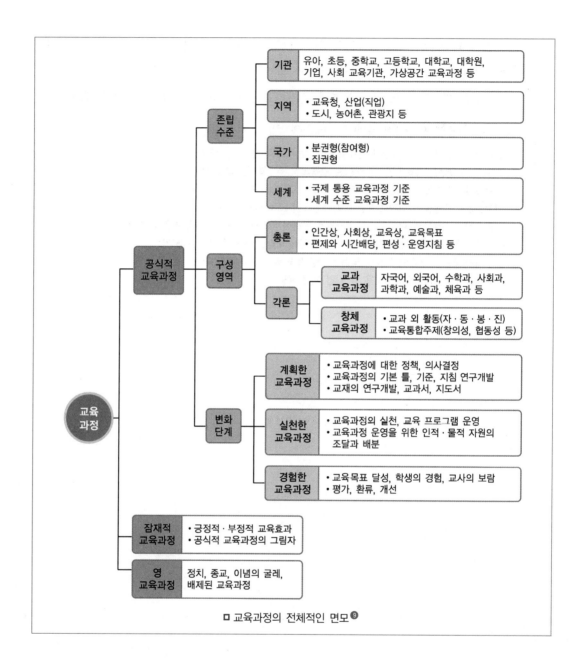

□ 교육과정의 전체적인 면모 [9]

---

[9] 홍후조, 전게서, 2016, p.47 일부 수정

02 교육과정 논의의 역사[10]

1 교육과정 논의의 시작(19 ~ 20세기 초반)

○ (등장배경) 산업혁명 이후 **지식의 팽창, 교육에 대한 요구 증대, 교육기회의 확대** 등 사회가 급변

- 상류 귀족층을 위한 **형식적 교육**과 생활과 괴리된 암기식 대입교육을 하던 **고전적 교육에 반발** (『교육론 : 지·덕·체』, Spencer, 1860.)

○ (주요내용) **교육**은 개인과 사회의 행복을 위한 준비, 즉 학생이 **온전한 생활(Complete Living)**을 누리도록 **준비**시키는 것

- 근대과학의 연구성과를 교육과정 논의에 적용, **실생활의 질을 향상**(온전한 생활)시키는 데 기여하는 지식의 우선순위 설정

    ※ 가장 중요한 지식은 과학이며, 이때 과학은 자연과학 및 사회과학을 포괄

참고 온전한 생활의 종류

① 직접적 자기보존에 기여하는 활동(건강에 관한 과학)
② 의식주에 필요한 물질 획득에 도움이 되는 간접적 자기보존에 기여하는 활동
③ 자녀의 양육과 교육에 관한 활동(생리학·심리학 등)
④ 적절한 사회적·정치적 관계 유지에 관련한 활동
⑤ 생활의 여가를 즐기는 활동

※ 온전한 생활의 연번은 <u>우선순위순</u>

- 귀족이 아닌 도시 산업사회의 **노동자, 민주시민의 대중들을 위한 지·덕·체 교육**을 주장하며 **과학적 기반**을 지닌 **지식 최우선시**

지·덕·체가 고르게 고려된 **균형교육**을 강조하고, 지식의 우선순위 설정 시 **'모든'** 사람에게 **'필요'**한 교육을 강조하면서 민주사회의 **대중교육과 공교육**의 교육과정 발전에 긍정적 영향

---

[10] 홍후조, 전게서, 2016, pp.97 ~ 167

2 교육과정 논의의 분화(20세기 초반)

1 인문주의 교육과정의 수정적 접근: NEA* 10인·15인 위원회 기출 2005. 2011

* 전미교육협회(National Education Association; NEA)

○ **(등장배경)** 1890년대 교육기회의 확대, 인구 폭증, 민주화 등 **급격한 사회변화** 속에서 고전 중심의 **전통적 교육은 대응에 한계**

- 그럼에도 인간 이성의 힘을 도야하고 문명을 수호하기 위하여 고전적 교육은 가치가 있으므로 교육 필요

교육과정의 인문주의적 접근: 고전 옹호에 관한 Yale 보고서(1828)

- **형식도야론(능력심리학)**에 근거하여 힘든 운동을 하면 육체적 근력이 단련되듯이 고전 교과를 학습하면 상상력, 이해력, 분석력 등 정신의 근력도 단련이 가능하다는 능력심리학(Faculty Psychology)에 근거
  - 기억, 추론, 의지, 상상력과 같은 우리의 마음 혹은 정신능력을 강화하는 힘을 기르는 교과가 별도로 존재하며 학교에서 해당 교과 교육 필요
- **마음의 도야(사고능력 개발)**를 강조하면서 **그리스어, 라틴어, 대수, 기하, 고전문학** 등이 이러한 기능을 실현할 수 있다고 판단

○ **(10인 위원회: C. Elliott)** **형식도야론**을 기반으로 하면서도, 전통적인 교과만이 아니라 **어떤 교과라도 잘만 가르치면 도야적 가치** 존재

10인 위원회의 권고사항(1892)

- 진로와 관계없이 **누구나 공통 교육**, 고교교육의 목적은 대학 진학이 아닌 생활의 소임(Duties of Life)을 다하기 위한 준비
- 고교에서 배울 교과목은 4가지(고전어과정, 라틴어 과학과정, 현대어과정, 영어과정)이며 **어느 과정**을 공부하더라도 **똑같은 교육가치**가 존재하므로 대입에도 반영

- (의의) **현대적 교과(외국어·영어 등)를** 고전적 교과와 **동등하게 중시**하며, 진로에 상관없이 **모든 학생을 위한 동일한 교육** 강조

  ※ 학교에서 가르칠 과목, 과목의 학년별 도입시기 및 주당 교육시수, 학년별 난이도 조절 등 학교교육의 기본 틀 제시

- (비판) 극소수의 학생만 대학에 진학하므로 **학문적 성격의 교과들은 다수 고등학생**에게 부적절, 고등학교교육에 대한 대학의 지배

○ (15인 위원회 : W. Harris) 학교 교육과정은 이성의 발달을 최우선시하여 **학생의 올바른 습관 형성과 시대의 지혜 전수 역할**(초등교육)

- (의의) **전통적 교과**를 마음 · 정신능력을 강화하기 위한 수단으로 보기보다는 **교과가 직접 제공하는 '내용'** 강조

15인 위원회, '영혼의 5개의 창'(1895)

- ① 언어의 기술적 · 과학적 연구로서 문법, ② 문학과 예술, ③ 수학과 물리학, ④ 생물학, ⑤ 일반사회 · 역사 · 지리
- 교사는 학생이 질서 · 시간 엄수, 정숙 · 근면할 수 있도록 지도 필요
---

2 교육과정의 발달주의적 접근 : J. H. Herbart의 영향

○ (등장배경) **인문주의자의 접근방법**은 특정 교과에만 집중하고 아동의 발달단계를 고려하지 않아 **실제적인 삶에 대한 고려가 부족**하다는 비판으로 시작

- 개인 · 인류발달 상응론에 따라 **아동발달**을 **인류의 역사적 발달**(진화)과 **관련**지어 교육과정을 구성할 것 강조

- 학생의 인지적 작용을 활발하게 촉진하는 것은 **사물 · 사람과 관련한 경험**과 연결된 관심이라고 보는 Herbart(1776 ~ 1841) **교육철학**에 기반

Herbart의 교육과 수업의 5단계

- **(교육)** 학교에서 가르치는 교과의 바탕은 사람에 대한 관심(동정적 · 사회적 · 종교적)과 사물에 대한 관심(경험적 · 반성적 · 심미적)
- **(수업)** 수업의 핵심은 학습에 대한 학생의 흥미와 관심을 일깨워 궁극적으로 학습의지를 불러일으켜 학습을 통해 견고한 도덕적 품성으로 도야하는 것
  - Herbart는 명료 - 연합 - 체계 - 방법의 4단계를 주장하였으며 이후 5단계로 발전

□ 수업 5단계 : Stoy, Ziller, Rein

○ (Herbart 학파) 문화사 이론*(Culture Epoch Theory)에 기반하여 **개인의 발달은 인류의 발달단계를 반복**하므로 개인의 발달단계별로 **적절한 교육과정**은 **인류의 발달과정**으로부터 **추론**하여 **제공**

* 개체 발달은 종족 발달을 반복

– 특정 교과(역사, 문학)를 중심으로 **여러 교과들을 관련지어 통일성 있는 교육과정**을 수립하는 '**상관(Correlation)***'과 '**집중(Concentration)****' 추구

* 교과 간의 상호관계

** 특정 교과(역사, 문학)를 모든 교과의 구심점으로 삼아 교육과정의 통일성 추구

○ (McMurry 형제) 아동의 선량한 시민으로의 성장을 위해 **생활중심의 학습경험 제공**, 교과 선정, 교수방법 모색, 발달단계를 고려한 학습순서 등 교육과정의 **체계적 선정·배열·조직** 강조

– 5가지 물음*에 대한 대답으로 교육과정이론 설명

* 교육의 목적, 교육적 가치가 높은 교과, 교과와 교수방법의 관계, 최선의 학습순서, 교육과정의 조직방법

○ (S. Hall) **아동의 발달연구**가 교육과정의 핵심

– **표준화된 내용지식을 부과하는 것에 반대**하고 학생들의 현재의 삶을 이해하고 그에 적절한 교육과정을 제공하는 것이 중요

※ 8세 이전에는 놀이중심, 자연적 호기심이 많은 중등학교에서는 천문학 강조

– 지성의 발달보다는 **튼튼한 건강**이나 **종족의 존속**이 중요

┌─ **10인 위원회에 대한 Hall의 비판** ──────────────────────
│ ■ 아동은 각기 다른 배경을 가지므로 공통의 교육과정 대신 타고난 능력 차이에 따른 차별화된 교육과정 제공 필요
│ ■ 교과에 담긴 내용의 가치를 무시하고 교과학습이 야기할 도야적 가치, 즉 형식만을 중시하는 오류
│ ■ 대학을 위한 교육이 삶을 위한 교육과 동일하다는 주장은 고등학교 교육과정에 대한 대학의 지배를 정당화
└──

○ (W. Kilpatrick : 프로젝트법) 교육은 미래 생활을 위한 준비가 아니라 **생활 그 자체**, 아동은 활력 있는 교육과정의 핵심(= 구안법)

– (등장배경) 20세기 초반 새로운 사회변화에 따라 시골의 삶과 관련된 특정 가치를 보존하기 위한 직업교육에 대한 관심 발생, 농업교육 프로그램의 일환으로 프로젝트법 구안

※ (Stimson의 홈 프로젝트) 학교에서 배운 것을 농장에 적용, 소에게 먹일 배급량 계산, 소젖의 표본으로 박테리아 검사 등 학교공부와 학생들에게 친숙한 일상을 연계

– (주요내용) **학생들의 실제적인 관심**에서 출발하여 **아동의 자발적이고 유목적적인 활동**이 교육과정 조직의 기초가 되어야 **학습동기와 성공 증가**

※ 교사는 권위자가 아니라 최소한으로 개입하는 안내자

– (효과) 문제해결활동보다는 **그 과정을 통하여 발달하는 이면의 심리적 능력**(독립심, 책임감, 민주적·사회적 행동방식) **강조**

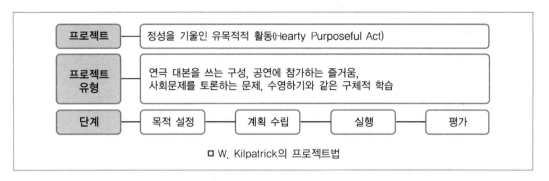

프로젝트	정성을 기울인 유목적적 활동(Hearty Purposeful Act)
프로젝트 유형	연극 대본을 쓰는 구성, 공연에 참가하는 즐거움, 사회문제를 토론하는 문제, 수영하기와 같은 구체적 학습
단계	목적 설정 → 계획 수립 → 실행 → 평가

□ W. Kilpatrick의 프로젝트법

③ 교육과정의 과학화·전문화 : 사회효율성주의(Social Efficiency) 기출 2013

○ (등장배경) 19세기 **순수과학·응용과학의 발달**에 따라 연구성과를 생활의 실제적 필요를 충족시키는 곳에 응용하고자 하는 시도 발생

– 교육분야에서도 **과학의 효율적 접근방법**을 적용하여 **표준화된 기준**을 만들고 이를 학교교육에 적용 시도

※ (과학적 관리론 : F. Taylor) 모든 육체적·사무적 작업은 구체적이고 세밀하게 분화 및 단순화(재조직)될 수 있으며, 과학적 연구결과를 기반으로 한 **하나의 최선·최적의 방법**을 통하여 **근로자의 생산성 향상 가능**

> **교육은 미래시민이 될 학생들이 성인으로서의 역할을 잘 수행할 수 있도록 준비시키는 것**이라는 데 초점을 둔 과정이라는 주장
> – **사회적 유용성**이 학교에서 **공부할 내용을 가늠하는 최고의 기준**, 쓸데없는 내용을 가르치지 않기 위하여 **분화된 교육과정을 과학적으로 관리해줄 필요**

○ (주요내용) 하나의 **전문분야**로서 교육과정 정립(J. F. Bobbit, 1918.)

– (교육관) 교육은 **성인 생활을 위한 준비**의 과정, 교과는 준비를 위한 수단 → **교육의 수단성 강조**

| 생산자 | 원자재 | 생산라인 | 소비자 | 공장 |
| 교사 | 학생 | 교육과정 | 사회 | 학교 |

□ 교육과 생산의 비교

※ 효율적인 생산을 위하여 낭비를 하면 안 되는 것처럼, 사회에서 필요로 하지 않는 지식을 학교에서 가르쳐서는 안 됨

– (교육과정 개발 : 활동분석법) ① 인간 세부활동* 목록화, ② 주요 분야 **직무 분석**, ③ **교육목표 열거**, ④ **교육목표 선정**, ⑤ 상세한 **교육계획(교육경험) 설정** → 교육과정 개발의 처방적 접근

* 시민활동, 건강활동, 여가활동, 언어활동, 양육활동, 종교활동 등 인간의 모든 활동

┌─ Bobbitt의 교육목표 설정의 원칙 ─────────────────────────────────────┐

- **(설정)** 지역사회 인사 포함, 목표는 행동으로 옮길 수 있을 만큼 세분화, 모든 학생을 위한 목표와 일반 학생만을 위한 목표 분화, 성취 정도별로 목표 분화 등
- **(제외)** 일상생활을 통하여 달성 가능한 목표, 성인이 되면서 자연스럽게 결함이 극복되는 목표, 다른 사회기관이 더 잘하는 목표 등

└──┘

🛢 사회효율성주의의 의의와 한계

의의	• 초등학교와 고등학교를 매개하는 역할로서 Junior High School 설립의 근거 • 전통적인 **학교교과의 실용주의적 활용**(사회교과 강조) • **직업교육의 강조**(실무 수학, 실무 영어교과 강조)
한계	• 교육을 사회 유지를 위한 수단으로 보아 **사회 진보·개선을 위한 교육과정의 역할 소홀** • 직업이 세분화되고 복잡한 현대사회에서 **목표의 세분화·위계서열화에는 한계**

4 교육과정의 사회적 역할 : 사회개조주의(Social Meliorism)

○ **(등장배경)** 경제 대공황시기 분배의 불평등 등 **사회문제를 해결**하기 위하여 **교육과정의 적극적 사회적 역할** 강조

○ **(G. Counts)** **사회효율성주의에 반대**하면서 과학적 방법(행동 분석, 목표 설정 등)에는 **기존 기득권 중심의 판단**이 개입되어 **교육이 사회유지를 위한 수단**으로 전락한다고 비판

  - 사회기관이 성공적으로 기능하지 못하면 학교가 이를 대신*(교육과정의 무한한 확대), 사회정의 및 사회개혁 강조

    *"학교가 감히 새로운 사회질서를 구축할 수 있는가."(Counts 선언문, 1932.)

○ **(H. Rugg)** 교육과정이 불필요하게 분화된 **기존 사회교과**를 비판하면서 **사회적 가치 측면에서** 역사, 경제, 정치, 산업, 지리를 통합한 **통합사회 제안**(『사회과 교과서 시리즈』, 1926.)

  - **사회문제의 대부분은 지나치게 학문적 교육**에 치중한 결과라고 보고 사회가 직면한 문제를 분석하여 교과서 내용의 핵심으로 반영

○ **(한계)** **반자본주의적 내용**(기업 통제 등)으로 인하여 1940년대 이후 대중의 관심으로부터 멀어짐

⑤ 교육과정 논의의 종합 · 절충 노력 : J. Dewey 아동중심 교육과정 기출 2005

○ **(등장배경)** 20세기 초반 다양한 **교육과정 이론의 종합 · 절충**을 시도하면서 교육대상인 '**아동**'에 **초점**

    – 풍부한 교과 없이는 의미 있는 학습 불가능, 인문주의자가 강조하는 교과(문법 · 문학 · 예술 · 수학 · 지리)의 가치를 인정하였으나, 교과 간 구분은 배움에 대한 흥미 저조 유발

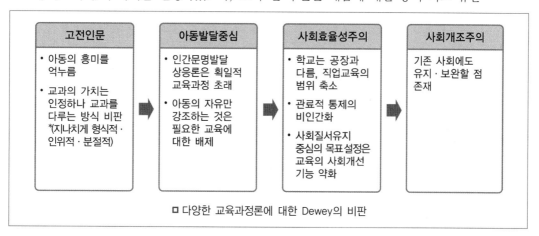

◻ 다양한 교육과정론에 대한 Dewey의 비판

* 교과 간 구분은 아동의 세계관을 인위적 · 형식적으로 제한하므로 부적절

○ **(교육관)** 교육은 **아동 개인의 본성**과 교육과정에 담긴 **사회문화의 상호작용**, 학교는 아동과 사회의 만남이 이루어지는 장소

    – 교육에서 **아동**은 **출발**이고 **중심**이자 **목적**이 되며, **아동의 발달**과 **성장**은 **교육의 이상**이며 **기준** 제공

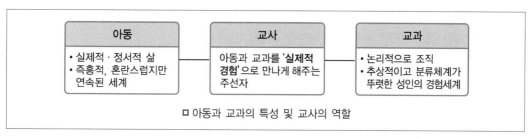

◻ 아동과 교과의 특성 및 교사의 역할

○ **(교육과정)** 참된 교과는 과학 · 수학 · 역사 · 지리보다는 **아동의 사회적 활동**, 교과는 사회활동 전반을 능동적인 아동과 공유하는 기능, **교육과정을 교실 밖에서 개발 · 실행**하는 것에 **반대**

    – (아동과 교과의 만남) **논리적으로 조직된 교과**를 학습자의 흥미, 관심, 발달단계, 일상경험에 맞추어 **심리화**(논리적 교과의 심리화) → **심리적 아동의 논리화** 추구

    ※ 교육과정은 즉각적인 경험으로부터 점차 추상화된 논리적 조직으로 접근

- (교육경험의 진보) 교과내용의 범위·수준이 확대·심화되는 것처럼 **아동의 경험**도 계속해서 **재구성**되면서 **성장 및 발전*** 필요

  * 학습자의 내면과 외부환경의 상호작용, 과거 - 현재 - 미래 경험의 연속(이전 경험은 보다 나은 경험의 수단, 목적이었던 경험은 후속 경험의 수단)

- (학습과 생활 통합) **학교는 실제적이고 긴급한 과제**를 다루어 아동들을 사회에 입문시키는 **작은 지역사회공동체**

  ※ (Dewey 실험학교) 학생들이 옷을 만들고 음식을 조리하고 집을 짓는 등 실제적 활동을 직접 실천하도록 함으로써 교과를 가르침

> **참고** 미국교육학회(NSSE) 연차보고서(1926)
>
> ■ 교육과정에 대한 **다양한 의견을 절충·종합**하려는 시도
> ■ **이상적인 교육과정**의 9가지 특징
> ① 인생의 여러 일에 초점을 둔다.
> ② 지역사회·국가·인류사회의 여러 가지 사실과 문제를 다룬다.
> ③ 학생들로 하여금 여러 가지 정부 형태에 대하여 비판적으로 생각하게 한다.
> ④ 개방적인 마음가짐과 태도가 무엇인지 알고 이를 개발하도록 한다.
> ⑤ 아이디어를 둘러싼 논쟁, 토론, 교환 기회를 제공하고 학생의 관심과 요구를 고려한다.
> ⑥ 사회의 문화적·역사적 측면과 함께 현대생활의 쟁점을 다룬다.
> ⑦ 문제해결활동과 대안을 선택하는 경험을 중시한다.
> ⑧ 학년별로 주의 깊게 조직한 문제와 연습으로 구성한다.
> ⑨ 인본주의적 주제를 다루고 유목적적·건설적인 태도와 통찰을 다룬다.

---

3 교육과정 개발 패러다임의 융성기 : 20세기

1 교사에 의한 학교·지역 수준의 교육과정 개발 : J. Newlon

- (**주요내용**) 덴버시 교육과정 개발사업(Denver Plan, 1922.) 당시 **교육과정 개발과정에 교사들이 주된 역할*** 수행(교사는 전문가)

  * 교사가 교육과정 개발위원회의 책임자 역할, 연구에 전념(대체 교원 채용)

  - 교사들이 학생들이 직면하는 '**생활상황**'을 분석하여 교수목표를 정하고, **시민생활과 사회문제를 중심**으로 **교육과정** 구성

    ※ (예시) 중·고등 상업과는 지역사회의 기업체 및 공장의 경리·서무활동을 조사하여 교수목표 및 교육과정 결정, 쓰기 수업에 쓰기에 대한 최신 연구성과 반영

- (**의의**) 교육과정 개발과정에 현장 교원의 참여를 제고하여 **교원의 전문성 향상 도모** 및 **현장중심·실생활중심교육** 추진

  ※ 교육과정 개정의 중심은 실제적 수업 개선이며, 이를 위해서는 뚜렷한 지향점을 지닌 교사의 성장 발달 필수(H. Caswell, 1930.)

02

② 고교 − 대학학습 연계를 통한 중등 교육과정 개선 : 8년(1933 ~ 1941) 연구

- ○ **(연구배경)** 프로젝트중심교육 등 진보주의교육이 활발한 초등에 비하여 **대입을 준비**하는 **중등**
  에서는 여전히 **교과중심 교육과정에 기반**

  - (연구목적) ① **중등학교**에서 **진보주의교육**의 **성공적 적용 가능 여부**, ② 진보주의 중등교육을
    받은 학생들의 **성공적인 대학학습·생활 여부**

- ○ **(주요내용)** 30개 실험학교 교육과정·졸업생 분석(R. W. Tyler)

  - (진보주의교육) 교육내용은 민주적인 생활에서 직면한 문제를 해결하는 것으로 변화, 학생은
    교사를 도와 교육과정 결정에 참여

  - (대학생활) 실험학교 출신 학생은 **학문적 성취**가 조금도 뒤처지지 않은 한편, **개인적·사회적**
    발달상태는 일반 학생에 비해 **양호**

- ○ **(성과)** 실험학교가 운영하는 **중핵 교육과정의 대중화**, 교육과정의 **행동주의적 측면** 고려*

  * 교육과정 개발 시 엄밀하고 구체적인 목표가 선행되어야 하며, 성공 여부는 목표의 달성 여부로 판단(Tyler)

③ 교육과정 논의의 거대한 디딤과 걸림 : R. W. Tyler

- ○ **(주요내용)** 『교육과정과 수업의 기본원리』(1949)를 통하여 **기존 교육과정 논의**를 **합리적**으로
  종합·정리

  - 교육과정과 수업을 하나의 과정으로 보고 이를 계획하기 위한 **4단계**(교육목표 설정 → 학습
    경험 선정 → 학습경험 조직 → 평가) **제시**

📙 Tyler 교육과정의 의의와 한계

의의	• 어떤 교과·수업에서도 **활용·적용 가능** • 수업의 방향 및 평가에 관한 **분명한 지침(목표 달성 여부)** 제공
한계	• **실제 교육과정 개발과정**은 일방향·순차적이지 않고 **복잡하며 상호 영향을 받음**(교육과정을 지나치게 단순하게 파악) • 목표의 사전 설정을 강조하여 **수업 중 생기는 부수적·확산적·생성적 목표**의 중요성 간과

4 지식의 구조와 학문중심 교육과정 : J. S. Bruner

○ **(주요내용)** 개별 교과의 '지식의 구조(Structure of Knowledge, 학문적 구조)'를 발견하고 그에 따라 교육내용을 선정·조직하며 **학습자의 지력 개발**

- **(지식의 구조)** 학문을 구성하고 있는 근본적인 개념과 원리를 구조적으로 파악하면 **학습내용 이해·기억·전이 용이**

- **(나선형 교육과정)** 학문·교과는 초보적인 데서 가장 고도의 수준에 이르기까지 **핵심적 개념과 원리를 반복**하면서 **폭과 깊이를 더해가는 나선형 조직**으로 구성

▷ Bruner 모형의 의의와 한계

의의	• 교과별 지식의 구조를 발견하여 **학문적 정체성·독립성** 확보 • 학생들의 **지력 함양** 도모
한계	• **상대적으로 우수한 교사·학생 친화적** • **교과 간 융합·통합에 걸림돌** • 학문적 권위를 강조하여 **학습자 및 사회의 요구에 둔감**

4 교육과정 이론화 시도와 교육과정 이해 패러다임 전환기(1960년대 ~)

◆ **(1950 ~ 1960년대 교육과정 논의 경향)** Tyler의 『교육과정과 수업의 기본원리』(1949) 이후 교육과정학과 설립 등 교육과정에 관한 **전문적 연구 활발**
  - 학교에서 '무엇을 가르쳐야 하는가'에 대하여 교과중심, 아동중심, 사회중심 등 다양한 입장 발생

▶ 다양한 입장을 일원화하고 어느 학교현장에서나 탈맥락적으로 사용될 수 있는 '**하나의 일반적인 교육과정 접근 방식 및 원리**' 발견 노력 → **교육과정이론 창출 시도**

◆ **(교육과정 패러다임의 전환)** 개발중심의 교육과정 이론화 시도는 지나치게 **탈맥락화**되어 있다고 비판하면서, **맥락적· 비과학적 형태의 이론화 노력**인 **이해중심의 교육과정으로 패러다임 전환**

1 교육과정의 처방적 접근 : H. Taba

○ **(등장배경)** 교육내용을 넘어 **어떤 학교든 따를 수 있는 교육과정 개발방법(이론)**의 필요성 제기 (Bobbitt, Tyler 계승)

○ **(주요내용)** 학교교육이 직면하는 **실천적인 문제(실제)**를 분석·진단하고 이에 대한 **직접적인 해결책**으로서 교육과정 개발모델 제시

02

- (교육과정 개발단계) 요구 진단 → 목표 설정 → 내용 선정 → 내용 조직 → 학습경험 선정 → 학습활동 조직 → 평가대상·방법·수단 결정 → 검증(H. Taba, 「교육과정 개발 : 이론과 실제」, 1962.)

📑 **Taba 모형의 의의와 한계**

의의	• 교육과정을 둘러싼 **여러 입장을 종합**하는 교육과정이론 창출 시도 • 학교교육의 실제를 개선하기 위하여 **어디에나 적용 가능한 탈맥락적·과학적인 교육과정 개발 모델·틀** 창출 추구
한계	• 학교에 영향을 미치는 **사회적·정치적 체제 미고려** • 이론화의 범위가 **학교교육을 위한 교육과정 개발**에 국한

2 교육과정의 서술적 접근 : J. Schwab

○ (등장배경) 교육과정의 탈맥락적·처방적 접근방식에 따른 **교육과정 개발이론**의 낮은 **현장 적합성** 비판

- 학교가 직면하는 **교육적 상황은 학교마다 복잡·다양**하므로 하나의 **최상의 교육과정 개발 방법·절차를 직접적**으로 제시 불가

  ※ "교육과정 분야는 죽어가고 있다(Schwab 선언, 1969)."라고 하며 교육과정 문제를 다룬 기존 이론들이 실제에 잘 들어맞지 않는다고 비판

○ (주요내용) 학교의 구체적 상황·문제의 특성상(개방성, 복잡성, 예측 불가능성) **교육과정은 선택·합의에 의하여 의사결정**

  ※ 교육과정 개발이란 관련 이해 당사자들의 신중한 **숙의**를 통하여, 교실에서 일어나야 할 것으로 기대되는 **실천적인 활동**을 규명하려는 노력(Schwab)

- (실천적인 것 : The Practical) 교육과정 문제는 설명·이해를 목적으로 하는 것을 넘어 **실제 어떤 것을 행하는 데 목적**이 있으므로 **현장의 교사에 의한 '실제적 탐구'** 강조(실천학으로서의 교육과정)

- (숙의 : Deliberation) 학교 구성원들이 **어떤 교육과정이 더 나은 삶을 이끌 것인지를 결정·선택**하기 위하여 **숙의 필요**

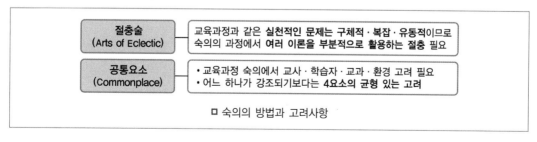

□ 숙의의 방법과 고려사항

✔ 서술적 접근의 의의와 한계

의의	• 교육과정 문제를 **실천적인 것으로 새롭게** 인식하고 문제를 다룰 수 있는 통찰 제공 • 처방적 이론화에 비하여 교육과정 개발에 좀 더 폭넓은 관점(상황, 맥락 고려)을 가짐
한계	• 주어진 **교육적 · 사회적 · 정치적 체제 당연시** • 교육과정 개발 문제에만 주목하여 **경험한 교육과정에 대한 관심 부족**

③ **교육과정의 비판적 접근 : W. Pinar, M. Apple, E. Eisner 등 재개념주의자**

○ (**등장배경**) **효율성, 경영, 사회통제**를 위한 **교육과정 개발**에 초점을 둔 이전의 접근방식은 현실의 교육과정을 제대로 이해하는 데 한계

- 교육과정 개발의 기존 입장(전통주의자)은 개인의 **경험된 교육과정을 이해하기 곤란**하고 **지배집단을 대변하는 지식 · 교육에 대한 문제의식 부족**

  ※ 1969년을 기점으로 교육과정 개발의 시대가 가고 이해의 시대 등장(W. Pinar)

○ (**주요내용**) 기존 사회구조, 학교체제, 개인적 경험에 대한 **지배적인 가정**에 의문을 가지면서 **교육과정 개념을 최대한 폭넓게 이해하기 위하여 모든 것을 새롭게 보고 탐색**

- 교육과정 개발의 관점에서 **교육과정 이해의 관점**으로 재개념화하면서 실존적(Pinar) · 구조적 (Apple) · 미학적(Eisner) 재개념화로 구분

✔ 교육과정에 대한 주요 접근방법

구분	주요 내용	주요 학자
처방적 접근	어떤 학교든지 따를 수 있는 일반적 · 보편적 교육과정 개발방법 연구	Tyler, Taba
서술적 접근	• 학교마다 직면하는 상황은 복잡 · 상이하므로 일반적 · 보편적 교육과정 개발모형 부정 • 교육과정은 선택과 합의에 의한 의사결정	Schwab
비판적 접근	• 개발 패러다임의 낮은 현실설명력 비판 • 교육과정 개념을 제대로 이해하기 위해 모든 것을 새롭게 보고 탐색	Pinar(실존), Apple(구조), Eisner(미학)

5 교육과정의 재개념주의

1 교육과정의 실존적 재개념화 : W. Pinar 기출 2007, 2012

○ **(주요내용)** 학습의 개인적 성격에 주목하여 개별 학습자의 **개인적 교육경험**에 대한 **다각적 이해**에 초점, 이를 위해 쿠레레 방법론을 제시하였고, 이후 자서전적 방법 제시

- **(쿠레레 방법론)** 학습자의 교육적 경험을 분석 · 통찰함으로써 학습자 스스로가 자기 자신에 대해 알아가는 **자아성찰 전략 → 교육과정 속 학습자의 실존적 해방 도모**

※ **(해방 · Lliberation)** 정치적 · 경제적 · 심리적 제약으로부터 자신과 타인을 자유롭게 하는 과정
 → 해방은 어떤 조건이 달성되면 한 순간에 해결되는 것이 아니라, **개인이** 자신을 구속하고 있는 거짓된 현상이나 인식을 극복하고 **진실된 모습을 이해하면서 회복**

쿠레레 방법론 : W. Pinar

■ **(의미)** 말들이 목적지를 향해 달리면서 겪은 각각의 경험은 상이 → 다양한 배경 · 특성을 지닌 개인에게 획일적인 교육경험은 부적절, **서로 달라야 함**

■ **(4단계) 회귀 → 진보 → 분석 → 종합**
 - **(회귀 : Regression)** 자신의 실존적 경험을 회상하면서 기억 확장, 자신의 경험 상세 묘사
 - **(진보 : Progression)** 아직 현실화되지 않은 미래의 모습 자유연상, 그 경험이 어떤 의미를 지닐지 상상
 - **(분석 : Analysis)** 과거 · 현재 · 미래에서 개인의 교육적 경험이 갖는 연속성 파악
 - **(종합 : Synthesis)** 내면의 목소리에 귀 기울이고 교육경험이 자신에게 주는 현재의 의미를 도출

■ **(특징)** ① 개인의 교육경험이 형성되는 사회 · 정치적 맥락 고려
 ② 과거 - 현재 - 미래를 모두 고려하면서 연속적 · 계속적 맥락 고려

- **(자서전적 방법)** 개인의 경험을 자유연상하여 이야기 형태로 제시하고, 그 이야기 속에서 자신의 행동과 사고에 작용한 가정 · 논리를 반성적으로 이해함으로써 교육과정의 실질적 의미 파악

※ **(특징)** ① 개인적 경험 강조, ② 반성적 사고 강조, ③ 서사적 접근, ④ 사회적 맥락 고려(경험 이해 시 사회 · 문화 고려)

※ **(수업)** ① 도입 : 자서전적 방법 설명, 학습목표 제시
 ② 전개 : 과거의 중요한 교육적 사건과 경험을 떠올리게 하고 이를 바탕으로 개인 자서전 작성 → 자서전에는 긍정 · 부정적 경험을 모두 포함하고 그 경험이 자신에게 어떤 영향을 미쳤는지 성찰 → 자서전 발표 및 공유 → 반성적 에세이 작성
 ③ 정리 : 자서전적 방법을 통하여 얻은 교훈과 앞으로의 학습목표 정리

쿠레레 방법론과 자서전적 방법의 차이

구분	쿠레레 방법론	자서전적 방법
탐구의 초점	과거 - 현재 - 미래의 연속선상에서 개인의 교육 경험 탐구	과거의 경험과 그 경험의 의미에 초점
구조와 과정	네 단계를 통한 구조적 접근	이야기를 중심으로 한 비구조적 접근

○ **(교사역할)** ① 교육과정에서 **학습자 개인의 중요성** 인식
 ② **교사**는 학생과의 **상호작용**을 통해 **교육과정을 비판적으로 탐구하여**야 할 공동 탐구자

2 **교육과정의 구조적 재개념화 : M. Apple**

○ **(주요내용)** 학교교육과 사회질서의 관계에 주목하면서 지배적인 사회구조에 따른 **주류 교육**
과정에 대한 비판적 분석에 초점

　※ **(Apple)** 공적인 지식이 어떻게 사회의 지배적인 관심·이데올로기를 반영하는지, 학교가 어떻게 부분적 지식을 의심의
여지가 없는 진리로 합법화하는지 탐색

－ **(학교)** **학교는** 기성세대에 유리한 권력관계와 문화를 다음 세대에 전달하면서 사회의 **불평등한**
구조를 재생산하고 **취약집단을 억압**

－ **(교육과정)** 지금까지의 교육과정은 **지배계층의 이익을 정당화**하고, 교육과정의 설계는 인간의
모든 행위를 법칙화하려는 **기술공학적 논리**를 따르므로 **이에 대한 비판적 성찰 필요**

○ **(교사관)** 주류 교육과정 내에서 **교사는** 탈숙련화와 재숙련화를 거치면서 주류 교육과정에 부합
하는 **수동적 존재로 전락**

－ **(탈숙련화: Deskilling)** 교사가 자신만의 창의적 교재를 만드는 대신 **표준화된 교육과정**에 따라
교육목표, 내용, 방법을 **그대로 실행하는 수동적 교사**로 전락하는 현상

　※ **(예시)** 원래 에듀테크 활용역량이 뛰어났던 교사가 국가가 정해준 매체, 자료를 활용하면서 기존의 에듀테크 활용역량이
감소하게 되는 상황

－ **(재숙련화: Reskilling)** **탈숙련화된 교사**가 주어진 교육과정이 잘 운영되는지 **수동적으로**
관리하는 관리자로 숙련화

　※ **(예시)** 학습관리시스템(LMS)을 배우고 사용하는 과정에서 실질적인 교육의 질 향상보다는 학생의 학습 데이터 입력
및 관리업무에 치중하게 되는 상황(데이터에 매몰되는 교사)

○ **(교사역할)** ① **지속적인 전문성 개발** : 연수 및 워크숍, 전문적 학습공동체, 동료장학
② **교육 자율성 확보** : 교육과정 개발 참여, 자율적 수업계획 수립
③ **자기성찰** : 교육철학 재확인, 에듀테크의 본질적 목표 확인

③ 교육과정의 미학적 재개념화 : E. W. Eisner

○ **(주요내용)** 교육과정은 참여자의 **교육적 상상력이 발휘**되어 **의미가 재구성되는 예술적 과정** (교육의 질적 측면 강조)

- **(교육과정)** 목적에 따른 수단 강구의 논리에 따라 사전에 계획한 대로 실천하는 것보다, 그 자체의 내재적 원리에 따라 **실제적 기예가 발휘되는 구체적 실천의 총합**(예술 그 자체)

  ※ 교육을 통해 개인이 '의미를 추구'하기 위해서는 학생의 심미적 능력을 길러주는 예술교과가 필요하며, 질적 탐구 강조

  ※ 교육과정 논의를 의미 있고 풍부하게 하기 위하여 영 교육과정(Null Curri.) 제시

- **(교육목표)** 사전에 계획되고 구체적인 **행동목표를 비판**하면서 다양한 학습결과로서 **문제해결 목표와 표출적 성과** 제시

행동목표에 대한 Eisner의 비판

- 수업은 매우 복잡하고 역동적인 것으로, 수업의 결과로 나타나는 **학생 행동의 모든 변화를 행동목표로 제시 곤란**
- 창의성을 중시하는 과목 등 **예술영역의 교과는 행동목표 진술 곤란**
- 행동목표에는 **호기심, 창의성, 독창성 반영 곤란**
- 수업이 끝난 후 교육목표가 발견될 수 있으므로 **내용의 선정·조직 전에 명세화하는 것 곤란**

- **(교육평가)** 학습성취의 미묘한 차이를 발견할 수 있는 **교육적 감식안과 교육비평**을 강조하면서 평가의 방법으로 **참평가 제안**

📌 **교육과정 재개념주의(공통)의 의의와 한계**

의의	• 교육과정에 대한 **새로운 시각과 접근방식** 제공 • 양적연구 방법론에 대한 의존을 벗어나 **새로운 연구방법**[*] 제안 [*] 사례연구, 내러티브, 자서전적 방법 등 질적연구 방법 • 교육과정의 **복잡성**을 인정하고 표준화된 교육과정에 대한 혁신 유도
한계	• 교육과정의 **실제적 개발과정 도외시** • 실증적 연구가 어려워 **이론의 타당성 검증 곤란** • 특정 **정치적 성향, 주관 등이 개입**되어 이론의 중립성에 대한 의문 제기 가능

03 교육과정의 유형

1 교과를 중심으로 한 교육과정

1 교과중심 교육과정

○ **(기본관점)** 누구나 알아야 하는 기본 사실과 지식·기능(읽기·쓰기·계산)으로서 전통적 가치, 즉 **문화유산 중 보존해야 할 가장 중요한 내용의 전달**을 통한 **이성과 합리성의 발달**을 목적으로 하는 교육과정

- **(전통적 가치)** **서양의 7자유교과**(문법·논리학·수사학·대수학·기하학·천문학·음악)와 **르네상스 인문교과**(고전·문학·역사·종교·철학) 계승

- **(형식도야론)** 힘든 운동을 하면 육체적 근력이 단련되듯이 **고전교과**를 학습하면 상상력, 이해력, 분석력 등 **정신의 근력도 단련**이 가능하다는 **능력심리학(Faculty Psychology)**에 근거

  ※ 『고전 옹호에 관한 Yale 보고서』, 1828.

  ┌─ 형식도야론 기출 2005, 2009, 2011 ─────────────────────────────┐

  - **(주요 내용)** 교과는 지각·기억·추리·감정 등과 같은 **몇 가지 기본적인 정신능력을 개발하는 수단**이며, 이러한 정신능력을 개발하는 데 **적합한 교과가 따로 있다**고 하는 이론(Formal Discipline Theory)
    ※ **(고전어·수학)** 기억력 및 추리능력 함양에 적합 **(음악)** 감정 함양에 적합
    - 교과를 통해 개발되는 **기본적인 정신기능**은 어떤 내용인지와 무관하게 **일반적으로 적용되는 '형식'**이며, 이는 다른 상황에 **일반적 전이를 가능**하게 함
  - **(의의)** ① 단순한 지식 전달에서 벗어나 **지적능력(사고력)의 강화 촉진**
    ② **고전교육의 가치 인정**
  - **(비판)** ① 전이효과에 대한 실증적 근거 부족
    ② 지나치게 교과(7자유교과)를 중시하는데 이는 새로운 산업사회의 요구에 부적합
    ③ 현실적으로 전이보다는 지식(고전) 전달에 그침

  └───┘

○ **(교육목표)** 문화·전통의 전수를 통한 **이성과 합리성의 계발**

  ※ 고전교육 → 교양 습득 → 이성과 합리성의 계발 → **자유인간으로 성장**

○ **(교육내용)** 누구나 알아야 하는 기본 사실과 지식·기능(읽기·쓰기·계산)으로서 전통적 가치, 즉 **문화유산 중 보존하여야 할 가장 중요한 내용**

○ **(교육과정)** 교과중심 교육과정의 조직유형

✒ **교과중심 교육과정의 조직유형** `기출` 2004

구분	주요 내용
분과형 (Separated Curri.)	• **(개념)** 개별 **교과 간 횡적인 연관이 전혀 없이** 분명한 종적 체계를 가지고 조직 • **(목적)** 개별 교과별 체계적·논리적 사실·지식·원리 학습 • **(예시)** 국어·영어·수학과목을 서로 연관성 없이 독립적으로 조직
상관형 (Correlated Curri.)	• **(개념) 교과내용을 무너뜨리지 않으면서도** 두 개 이상의 교과를 서로 관련된 주제를 중심으로 조직(교과의 소극적 연결) • **(목적)** 주제와 관련한 다양한 학습경험 제공을 통한 깊이 있는 이해 유도(다양한 시각) • **(예시)** ① **사실의 상관 : 개별 교과에서 다루는 사실, 정보 연관** 　※ **(예시)** 역사시간에 임진왜란 관련 문학작품 소개 ② **원리의 상관 : 공통의 원리를 통한 개별 교과의 지식 설명 및 적용** 　※ **(예시)** 뉴턴의 운동 법칙($F=ma$)을 통하여 과학과와 수학과를 연관 ③ **규범의 상관 : 공통의 가치, 규범, 윤리적 원칙을 통하여 지식 설명 및 적용** 　※ **(예시)** 사회과에서 사회정의와 인권의 개념을 바탕으로 문학작품 속 딜레마상황 설명
광역형 (Broad-Fields Curri.)	• **(개념) 전통적 교과의 경계를 넘어 사실과 원리 중심으로 통합**(교과의 적극적 연결) • **(목적)** 포괄적이고 광범위한 지식 습득 • **(예시)** 정치, 윤리, 법과 사회, 경제, 국제관계의 이해 등을 통합한 통합사회

※ 융합형 교육과정은 상관 교육과정에서 광역 교육과정으로 이행하는 과정에서 파생된 과도기적 형태의 교육과정으로, 각 교과의 성질을 유지하면서 교과 간 내용·성질에서 다수의 공통 요인을 추출하여 교과로 재조직함으로써 상관 교육과정의 일면과 광역 교육과정의 일면을 동시에 가지고 있음(이경섭, 1991.)

○ **(교육방법)** 가장 중요한 내용이 반영된 교과서를 활용한 강의식·설명식 수업

○ **(교육평가)** 가장 중요한 내용을 누가 얼마나 잘 알고 있는가를 평가하는 지필평가 및 상대평가

○ **(특징)** ① **지식 전달**과 학문적 기초 강조
　　　　② 교수설계자 주도로 전통적 교과목을 **체계적·독립적**으로 구성
　　　　③ **교사중심 수업**

○ **(장점)** ① 과거로부터 이어져 오는 **지식 습득 용이**
　　　　② 교육내용이 표준화되어 **교육의 일관성·형평성** 확보 가능(교육의 질 관리 용이)
　　　　　② - ⓐ 학습목표가 명확하고 평가 용이
　　　　③ 많은 학생들에게 **효율적으로 지식 전달** 가능

○ **(단점)** ① 지식의 변화에 유연하게 대응하거나 **실용적 지식 습득에 한계**
　　　　② 학생들의 흥미를 반영하는 데 한계가 있어 **학습동기 저하**
　　　　③ **자발적 학습태도**를 기르거나 **비판적 사고**를 함양하는 데 한계

2 **학문중심 교육과정** `기출` 2004, 2009, 2011, 2014, 2023

○ **(기본관점)** 개별 교과의 '지식의 구조'(Structure of Knowledge)를 **발견**하고 그에 따라 교육 내용을 선정·조직하여 **학습자의 지력 개발 촉진**

※ 스푸트니크호 쇼크(1957)를 계기로 교육을 통한 문제해결력·사고력 함양에 대한 관심이 커짐. 이런 상황에서 브루너 (J. S. Bruner)가 Woods Hole 회의(1959)에서 지식의 구조, 나선형 교육과정, 발견학습 등을 제안

○ **(교육목표)** **지식의 구조** 학습 및 내재적 동기유발을 통한 **학습자의 지력 및 탐구능력 배양**

※ **(핵심적 확신)** 새로운 지식을 만들어내는 학자들이 하는 일이나 초등학교 3학년 학생들이 하는 일이나 모든 지적 활동은 근본적으로 동일

○ **(교육내용)** 학습자 스스로 지식의 구조를 발견하도록 도와주는 핵심 지식, 구체적 예시

– **(지식의 구조)** 학문을 **구성하고 있는 근본적인 개념과 원리**로서, 학습자가 이를 구조적으로 파악하면 학습내용을 **이해·기억**하기 쉽고 다른 상황에 **적용(전이)**하기도 용이

▌ **지식의 구조가 갖는 특성**

구분	주요 내용
경제성	학습자는 근본적인 개념과 원리를 소유하면 충분하고, 다른 세부적인 지식을 암기하지 않아도 되므로 **소유해야 할 정보의 양이 축소(파지 측면에서 효율적)**
생성력	근본적 개념과 원리를 통해 **다른 지식을 습득하거나 새로운 지식을 창출**하는 데 **용이(전이 측면에서 효과적)**

– **(지식의 표현)** 발달단계에 관계없이 가르쳐야 할 지식의 구조를 확인하고 그것을 **발달단계에 알맞은 수준으로 표현**하여야 효과적

※ **(지식의 표현양식)** 구체적 **동작**(사물의 활동) → 반추상적 **영상**(그림, 상상) → 추상적·형식적 **상징**(언어)

※ **(대담한 가설)** 어떤 교과라도 지적으로 올바른 형식으로 표현하면 어떤 발달단계에 있는 아동이라도 효과적으로 가르칠 수 있다(J. S. Bruner, 대담한 가설).

○ **(교육과정)** 학습에서의 **인지적 과정(파지 및 전이)을 강조**하면서 교과의 핵심 개념과 원리들을 **구조적·체계적으로** 조직

▌ **학문중심 교육과정의 내용조직 유형**

구분	주요 내용
나선형 (Spiral Curri.)	기본 개념과 아이디어의 일정 부분이 반복되지만 그것이 점점 위로 올라가면서 폭과 깊이를 더해가도록 조직
학제형 (Interdisciplinary Curri.)	특정 교과의 개념이나 방법 또는 가치만으로는 해결이 어려운 문제·주제의 경우 두 개 이상의 교과영역의 개념·방법·가치를 동원하여 문제를 해결하도록 구성 ※ (예시) 교육현상 및 문제를 철학적 관점에서 이해·해결하기 위하여 교육철학교과 조직

○ (교육방법 : 발견학습) 학습자 스스로 어떤 사실로부터 근본적인 개념과 원리를 발견(직관)
하도록 안내하는 발견학습

- 교사는 학생에게 발견의 근간이 되는 **필수적·기초적 사실 및 지식, 예시(Example)를 제시**
하고 학생은 사실과 지식, 예시 간의 관계, 즉 지식의 구조를 발견할 때까지 학습

  ※ (과정) ① 문제 인식 → ② 가설 설정 → ③ 가설 검증 → ④ 결론 도출 및 일반화

○ (교육평가) 학습자의 탐구**과정 및 결과 평가**(지필+관찰평가)

○ (특징) ① **지식의 구조** 발견 강조
　　　　② 나선형 교육과정에 따른 **반복과 심화**
　　　　③ 학습자 주도의 **탐구교육 및 평가**

○ (장점) ① 교과와 학문의 **연계성 강화**
　　　　② 반복과 심화를 통한 학생들의 **이해도, 기억, 전이능력 제고**
　　　　③ 학습자의 **내재적 동기 및 자기주도적 학습능력 향상**

○ (단점) ① 지식의 구조를 학습하는 것이 어려우므로 **상대적으로 우수한 교사·학생 친화적**
　　　　　①-ⓐ 교과별 고유한 지식의 구조를 강조하여 **교과 간 통합에 걸림돌**
　　　　② **과도한 반복과 심화에 따라** 학습에 대한 흥미 감소(정의적 측면 발달 소홀)
　　　　③ 교육과 평가가 지나치게 어려울 경우 **학습동기 및 자기주도성 상실**

--- **지식의 형식론 : R. S. Peters, P. H. Hirst** 기출 2008 ---

- **(등장배경)** 20세기 초·중반 확산된 진보주의교육이 기초학문교육의 중요성을 간과하였다는 비판이 등장하면서
영국에서도 **전통적 교과의 '내재적 가치'의 중요성**을 강조하는 입장 발생
- **(교육목적)** 학생을 지식의 형식으로 입문시켜 **합리적 마음을 계발**
  - **마음의 선**을 추구하기 위하여 **지식**을 추구해야 하고, 마음은 이성을 올바르게 사용함으로써 궁극적으로 **실재하는**
것을 알게 됨(Hirst, 1965.)
- **(주요내용)** 교과는 실용적 목적만이 아닌 그 자체의 가치(내재적 가치)에 의하여 정당화(선험적 정당화)된다고
주장하면서, **전통교과의 가치를 정당화**하기 위하여 **'지식의 형식(Forms of Knowledge)'** 강조
  - (지식의 형식) 논리학, 수학, 자연과학, 인간과학, 역사, 종교, 문학, 예술, 철학, 도덕적 지식 등으로 구분되는
지식은 각 학문분야의 고유한 구조와 방법론을 포함한 체계적·논리적 구조를 가진 것
  - (내재적 가치) 어떤 목적을 위한 수단으로서가 아닌 활동 그 자체에 들어 있는 가치로서 **전통교과는 지식의**
형식으로의 입문을 가능하게 하는 가치 보유
  - (선험적 정당화) 개인이 받아들이는가 아닌가와 무관하게 정당성이 성립된다는 것으로, **전통교과**는 장구한 세월
동안 누적 발전·체계화되어 지식이 형식화된 것이므로 **이를 부정할 수 없음**
- **(의의)** **자유교육**의 정신 계승
  *그 자체가 목적으로 추구되는 교육, 인간을 기계적으로 만들지 않고 자유롭게 하는 교육, 지나치게 전문화됨 없이
  사물에 관한 폭넓은 이해를 발전시키는 교육
- **(한계)** ① **전통적 주지교과만** 내재적 가치가 있다고 보아 지식변화에 유연한 대응에 한계
　　　　　② 선험적 정당화 논의는 **학교교육의 역동적 양상을 반영하는 데 한계**

지식의 형식론에 대한 비판 : P. H. Hirst의 사회적 실제로의 입문

- **(등장배경)** 20세기 후반 급격한 사회변화 속에서 Peters의 이론이 지나치게 학문중심적이고 실생활과의 연결이 부족하다고 비판하면서 이에 대한 대안 제시
- **(주요내용)** 교육은 다양한 지식의 형식을 습득함으로써 마음을 발달시키는 일이 아니라, 이론적 지식이 생성되기 이전에 실재하는 **다양한 사회적 실제로 학생들을 입문**시키는 일(Hirst, 1992.)
  - 사회적 실제는 기본적 실제, 선택적 실제, 이차적 실제로 구분되고 이 중 **기본적 실제**[*]가 학교 교육과정의 근간
  * ① 음식 · 건강 · 안전 등 물리적 세계에 대처하는 것과 관련, ② 의사소통과 관련, ③ 개인과 가정생활과 관련, ④ 경제 · 법 등과 관련, ⑤ 예술과 관련, ⑥ 종교적 신념 · 근본 가치와 관련
  - 단, 기본적 실제는 그 자체가 교육내용이 아니고, 기본적 실제로 입문시키기 위한 **교육내용은 여전히 교과지식**
  - 즉, **교과교육**은 학문적 · 이론적 지식을 가르치는 것에 머무는 것이 아니라, 학생들로 하여금 교과지식에 대한 학습을 통해 이론적인 학문의 세계 이외의 **다양한 삶의 실제를 경험하고, 그러한 세계에서 살아갈 수 있는 역량을 기르는 데 주 목적**

지식에 대한 최근의 논의 : M. Young의 강력한 지식(Powerful Knowledge)

- **(등장배경)** 최근 많은 국가들이 교육과정에서 교과의 내용지식을 구체화하는 것보다는 **일반적 역량 · 기능을 강조**하고, **학습자중심교육 · 교사 교육과정**을 취하면서 **교육과정 지식이 격하**되고 있다고 비판
  - M. Young은 지식에 관한 기존의 입장[*]을 번복하면서 **모든 학생들에게 가르쳐야 할 강력한 지식**(학문적 지식)을 학교에서 가르칠 것을 주장(2008)
  * **(지식의 계층화)** 지식은 절대적 · 불변적이지 않으며 권력을 가지고 있는 사람들의 선별처리과정을 통하여 계층화(Knowledge of the Powerful)(Young, 1971.)
- **(주요내용)** 각 학문의 **최상의 지식은 학생들이 세상을 이해하고 설명하는 데 도움**을 주고, 일상적인 경험을 넘어설 수 있는 능력 부여
  - 지식들 간에는 차별성이 있어 더 나은 지식이 있다는 사회적 실재론에 기반하면서, 지식을 객관적 · 합리적 · 체계적인 학문적 지식과 개인적 · 경험적 · 비체계적인 일상적 지식으로 구분
  - **학교에서는 학문적 지식**을 다루어야 한다고 주장하되, 모든 학생들이 접근할 수 있도록 해야 함을 강조
- **(의의)** 전반적 학력저하와 학력격차 심화에 대한 대안으로서 **지식기반 교육과정**의 이론적 근거
  - 교과 간 구분을 강조하였지만 전통적 교과중심 교육과정과 달리 교과내용이 지속적으로 갱신된다고 보고, 내용 중심이 아닌 개념(Concept) 중심으로 교육과정을 구성할 것 강조
- **(한계)** ① 실용적 지식의 경시
  ② 지나치게 학문적이어서 학습자의 흥미와 동기 고려 불충분
  ③ 학문적 권위와 지식의 객관성을 강조하여 지식 자체에 대한 비판적 검토 무시
  ④ 공식적 교육을 중시하여 학교 외 학습환경 경시

③ 행동주의 교육과정

○ **(기본관점)** 교육과정 종료 시에 학습자가 성취할 것으로 기대하는 **학습결과(학습목표)**를 강조하는 교육과정

– **교육과정의 내용은 관찰 가능하고 측정 가능한 행동** 명세화

○ **(J. Bobbitt)** **과학적인 절차에 따라 교육과정을 편성**하여야 한다고 주장하면서 **전문분야로서의 교육과정** 정립 `기출` 2013

– **(교육관)** 교육은 **성인생활을 위한 준비**의 과정, 교과는 준비를 위한 수단 → **교육의 수단성 강조**

※ Taylor의 과학적 관리론으로부터 영향을 받음

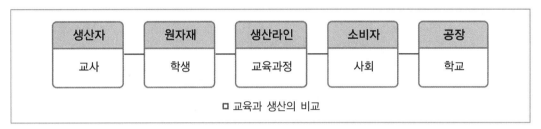

생산자	원자재	생산라인	소비자	공장
교사	학생	교육과정	사회	학교

▫ 교육과 생산의 비교

※ 효율적인 생산을 위하여 낭비를 하면 안 되는 것처럼, 사회에서 필요하지 않은 지식을 학교에서 가르쳐서는 안 됨

– **(교육과정 개발 : 활동분석법)** ① **인간 세부활동* 목록화** → ② 주요 분야 **직무 분석** → ③ 교육목표 열거 → ④ 교육목표 선정 → ⑤ 상세한 **교육계획(교육경험)** 설정

❏ 교육과정 개발의 **처방적 접근**

* 시민활동, 건강활동, 여가활동, 언어활동, 양육활동, 종교활동 등 인간의 모든 활동

┌─ Bobbitt의 교육목표 설정의 원칙

■ **(설정)** 지역사회 인사 포함, 목표는 행동으로 옮길 수 있을 만큼 세분화, 모든 학생을 위한 목표와 일반 학생만을 위한 목표 분화, 성취 정도별로 목표 분화 등
■ **(제외)** 일상생활을 통하여 달성 가능한 목표, 성인이 되면서 자연스럽게 결함이 극복되는 목표, 다른 사회기관이 더 잘하는 목표 등

– **(의의)** 과학적 방법에 근거한 교육과정 편성 최초 주장, 활동분석법을 통한 교육활동 및 목표 세분화

– **(한계)** 복잡한 현대사회에서는 과학적 방식만 적용하는 데 한계

○ **(R. W. Tyler)** **합리적 교육과정 개발**

– **(교육과정 개발)** ① 교수목표 설정 → ② 학습경험 선정 → ③ 학습경험 조직 → ④ 교육목표 달성 여부 평가라는 절차적 순서를 따르는 합리적 모형

○ (B. Bloom) 교육목표 분류학 기출 2010

- (배경) 1948년 대학시험 출제자들 간 의사소통을 촉진하기 위하여 교육목표의 체계적 정리에 대한 논의 시작

- (목적) 교수설계와 평가계획 수립 조력

  ※ 목표를 인지 · 정의 · 운동기능으로 분류하고, 그 중 인지적 기능에 가장 집중하여 연구

참고 교육목표와 유사 개념 간 비교

- (교육목적) 교육을 통하여 성취하려고 하는 궁극적인 **가치 또는 지향점**
- (교육이념) **교육목적을 도출하는 원천**으로 교육적 성과에 대한 이상적 관념
- (교육목표) **최종적 교육내용과 성과**에 초점을 맞추어 교육목적을 구체화한 것
- (수업목표) 교육과정 개발, 수업설계, 평가활동 등에 직접 활용할 수 있도록 **교육목표를 보다 상세하게 명시적으로 진술한 것**(≒평가목표)
  ※ 교육목적과 교육목표는 '무엇을 가르쳐야 하는가'에 대한 안내는 가능하지만(추상적), '무엇을 어떻게 가르쳐야 하는가'를 알기 위해서는 수업목표 또는 평가목표가 필요(구체적)

- (주요 내용) ① 인지적 영역 : **복잡성 정도**에 따라 위계화
  ② 정의적 영역 : **내면화 정도**에 따라 위계화
  ③ 심리운동적 영역 : **신체적 기술과 운동능력 발달 정도**에 따라 위계화

📝 **인지적 영역에 대한 교육목표 분류 : B. Bloom 등, 1956.**

구분	주요 내용
지식 (Knowledge)	사실, 용어, 문제해결 전략, 규칙 등을 기억하고 재생하도록 하는 목표 ※ (예시) 정의한다. 기억한다. 나열한다.
이해 (Comprehension)	읽은 내용을 자신의 언어로 설명하거나 내용 간 관계를 연결하거나 결론을 이끌어 낼 수 있도록 하는 목표 ※ (예시) 설명한다. 번역한다. 비교한다. 구별한다.
적용 (Application)	이전에 배운 개념이나 원리를 새로운 상황에 적용할 수 있도록 하는 목표 ※ (예시) 연관시킨다. 계산한다. 조직한다. 변환한다.
분석 (Analysis)	논리적 오류를 발견하거나 사실, 의견, 추측, 가설, 결론 간의 차이를 구별하도록 하는 목표 ※ (예시) 추론한다. 추출한다. 요점을 말한다.
종합 (Synthesis)	학생이 고유하고 독창적인 어떤 것을 만들어 내도록 하는 목표 ※ (예시) 창조한다. 디자인한다. 예측한다.
평가 (Evaluation)	어떤 방법, 생각, 사람, 물건에 대해 기준을 사용하여 비판이나 판단을 하게 하는 목표 ※ (예시) 지지한다. 비판한다. 정당화한다.

▮ **정의적 영역에 대한 교육목표 분류** : D. Krathwohl, B. Masia 등, 1964.

구분	주요 내용
수용 (Receiving)	어떤 현상이나 자극을 수동적으로 받아들이고 인식하는 것과 관련한 목표 ※ (예시) 자리를 움직이지 않고 모차르트 협주곡을 모두 들을 수 있다.
반응 (Responding)	어떤 자극에 대하여 반응을 하거나 기대되는 행동을 보여줄 것과 관련한 목표 ※ (예시) 교사의 지시에 따라 악기를 연주할 수 있다.
가치화 (Valuing)	특정 가치나 태도를 내면화하고 표현하는 것과 관련한 목표 ※ (예시) 국제적 이슈로 떠오른 핵무기 축소에 대한 자신의 의견을 말할 수 있다.
조직화 (Organization)	가치나 태도를 비교하고 우선순위를 정하여 체계화하는 것과 관련한 목표 ※ (예시) 사형제도 찬반론을 비교하고 자신의 신념과 맞는 의견을 결정할 수 있다.
인격화 (Characterization)	추구하는 가치에 따라 지속적이고 일관적인 태도를 보이는 것과 관련한 목표 ※ (예시) 문제에 대하여 가설을 세우고 검증하는 탐구적인 태도를 보여줄 수 있다.

▮ **심리운동적 영역에 대한 교육목표 분류** : A. Harrow, E. Simpson 등, 1972.

구분	주요 내용
반사적 운동	개인의 의지와 관계없는 단순한 반사운동과 관련한 목표 ※ (예시) 눈 깜빡임, 무릎반사 등
기초 필수운동	몇 개의 반사운동이 함께 발달하거나 통합됨으로써 이루어지는 동작기능과 관련한 목표 ※ (예시) 달리기, 목표물 따라 움직이기 등
지각 능력	감각기관을 통하여 자극을 지각하고 해석하며 그것을 토대로 환경에 대처하고 적응하는 기능과 관련한 목표 ※ (예시) 평행봉에서 걷기, 로프 타기 등
신체 능력	민첩하고 유연하게 일련의 숙달된 운동을 연속하여 수행하는 데 필요한 기초기능 ※ (예시) 턱걸이, 발끝으로 걷기, 장거리 자전거 타기 등
숙련된 운동	복잡하고 숙련성을 요구하는 운동기능 ※ (예시) 테니스, 재즈 댄스 등
정교한 신체동작 표현	신체적 운동 및 동작을 통하여 감정, 흥미, 의사, 욕구 등을 표현하고 표현을 창작하는 운동 ※ (예시) 신체언어로 기쁨, 권위, 온정, 그 밖의 다른 감정 표현하기 등

- (의의) ① 학생들의 **학습수준에 맞게 교육목표를 체계화·위계화**하는 데 직접적 도움

② 목표에 맞는 학습내용과 학습활동을 연결하는 **가이드라인**으로서 기능

③ **평가의 기준**을 명확하게 제공

- (한계) ① 단순한 위계로 인하여 학생들 **개개인이 지니고 있는 교육적 경험을 배제**할 가능성

② 위계 구분이 지나치게 일차원적이고 선형적이어서 **인지적 수준의 다양성 간과**

③ **현실적으로는 부족한 시간**으로 인하여 분류학에 근거해 수업목표를 설정하고 수업 및 평가를 진행하기 곤란

○ (R. F. Mager) 구체적 수업목표의 3요소

  – (도착점행동 : Performance) **학습결과**를 확인할 수 있는 관찰 가능한 행동, 수업을 통하여 습득하게 되는 능력

  – (상황 및 조건 : Conditions) **어떠한 상황**(어디, 누구와, 어느 도구와, 어떤 정보를 활용하여)에서 도착점행동이 나타나는가

    ※ 최종 수행행동이 직면하게 될 상황의 제약조건 (예시) 줄자를 활용하여

  – (수락기준 : Criteria) 도착점행동이 시간 내에 오류 없이 발생하였는가(시간에 따른 기준), 도착점행동에 반드시 포함되어야 할 속성이 있는가(속성에 따른 기준)

    ※ (수업목표 예시) 10문제 중 9문제를 10분 이내에(**기준**) 계산기를 사용하지 않고 암산으로(**조건**) 덧셈을 할 수 있다(**행동**).

○ (특징) ① **성취 수행목표**를 분명히 제시
       ② **교사중심의 교수법**(강의법, 암송법)
       ③ **준거 지향 평가**, 성취에 대한 보상

○ (장점) ① 교육목표를 분명히 하여 **수업의 명확한 방향 설정** 가능
       ② **빠른 시간** 안에 **목표 달성** 가능
       ③ 절대평가에 따른 **평가의 부담 완화**

○ (단점) ① 목표가 불분명한 경우 **수업도 모호**해질 우려
       ② 학생의 특성을 고려하기보다는 **목표 달성에만 치중한 수업**
       ③ 평가를 통한 **학생 선발 한계**

신 교육목표 분류학

■ (기본) 일차원적인 기존의 분류학과 달리 지식 차원(Knowledge)과 인지과정(Cognitive Process) 차원으로 구성된 **이차원적 구조**
  – 기존 6개 분류 중 지식을 '<u>명사적 측면에서 지식</u>'과 '<u>동사적 측면에서 기억하다</u>'로 분화
  – 이해, 적용, 분석은 유지하되 **동사로 변환**
  – **종합**은 '창안하다', **평가**는 '평가하다'로 변환하되 **위계서열**을 변화

■ 신 교육목표 분류학의 구조 : D. Krathwohl, 2002.

구분	기억하다	이해하다	적용하다	분석하다	평가하다	창안하다
사실적 지식						
개념적 지식						
절차적 지식						
메타인지 지식						

2 학습자를 중심으로 한 교육과정

─ 진보주의교육[11]

■ **(진보주의교육의 등장)** 아동의 자연스러운 발달과 경험에 대한 관심을 바탕으로 18세기 Rousseau, 19세기 Pestalozzi, Fröbel에 이론적 배경을 두면서 **전통적 교육을 비판하는 사조를 종합하여 일컬음. 교육을 통한 개인과 사회의 개선을** 공통으로 추구

■ **(진보주의교육의 전개)** 1919년 진보주의 교육협회(Progressive Edu. Association)를 통하여 본격 전개
　─ 연령에 의한 아동 구분, 평가를 통한 경쟁 유도에 부정적
　─ 교육과정은 기본적으로 **아동의 자발적 관심이나 흥미**로부터 출발(활동 교육과정 : Activity Curri.)

> **7대 교육원리(PEA, 1920.)**
> ① 자연적으로 발달할 자유, ② 모든 활동의 동기로서의 흥미, ③ 안내자로서의 교사, ④ 아동의 발달에 대한 과학적 연구, ⑤ 아동의 신체적 발달에 영향을 미치는 모든 것에 대한 관심, ⑥ 아동의 요구를 충족시키기 위한 학교와 가정의 협력, ⑦ 교육을 주도하는 진보주의 학교

■ **(진보주의교육 비판)** 극단적 발달주의적 입장에 대한 비판
　─ **(J. Dewey, 1928.)** 아동의 개성·자연적 발달에 대한 지나친 강조 비판, **자유가 그 자체로 목적이 될 수 없음,** 아동을 존중한다고 **교과를 버리는 것은 잘못**
　─ **(G. S. Counts, 1932.)** 사회의 부정의한 측면이나 현실의 어려운 부분에 관심을 두지 않는 사조 비판, **교육과정은 당면한 사회적 이슈를 적극적으로 다루어야 한다고** 주장
　─ **(W. Bagley, 1936.)** 활동중심 교육과정은 엄격성이 부족하여 **학습자가 알아야 할 것을 충분히 학습하지 못하게 한다고** 비판, 진보주의교육은 학문적 성취에 대한 낮은 관심과 체계적·조직적 학습에 대한 낮은 신용으로 다른 나라와 달리 형편없이 나약하고 비효과적

■ **(진보주의교육의 확대)** 비판에도 불구하고 영향력 확대
　─ **(8년 연구, 1933 ~ 1941)** 중등학교에서도 진보주의교육이 효과가 있음을 보여줌
　─ **(생활적응교육의 확대)** 제2차 세계대전 이후, 대학에 진학하지 않는 일반 학생들의 생활적응 훈련 강조
■ **(진보주의교육의 쇠퇴)** 스푸트니크 쇼크(1957) 이후 학문중심 교육과정 등장에 따라 쇠퇴

---

1 경험중심 교육과정 [기출] 2003, 2008, 2013, 2016, 2023

○ **(기본관점)** 진보주의에서 강조하는 **아동의 흥미와 관심**을 바탕으로 **개인의 계속적 성장**을 건전하게 이끄는 **경험·환경**은 무엇인가에 초점을 둔 교육과정

　─ **진보주의**의 세 집단(발달주의·사회효율성주의·사회개량주의)뿐 아니라 진보주의에서 비판한 **인문주의의 입장을 일부 종합**하고 **재해석**

　　※ **(유의점)** 아동의 흥미와 관심뿐 아니라 교과의 가치도 강조, 학습하여야 할 어떤 것(교과) 없이는 학습 자체가 불가

---

[11] 소경희, 전게서, 2017, pp.116 ~ 119

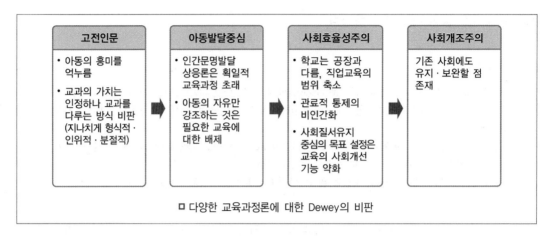

□ 다양한 교육과정론에 대한 Dewey의 비판

○ (교육목표) 아동의 흥미를 고려한 **직접적 경험**을 통하여 획득한 실제적·구체적 지식을 바탕으로 **논리적 지식체에 접근, 아동의 계속적 성장**

  − 아동은 직접적·경험적, 교과는 추상적·논리적이므로 **양자의 괴리**를 극복하기 위하여 **아동의 흥미를 고려한 교육**

○ (교육내용) 추상화·논리화된 지식체로서 교과를 처음부터 가르치는 것이 아니라, **교과가 처음 인류에 필요했던 상황부터 직접 경험**하여 **교과의 요소에 자연스럽게 진입**

  ※ 실험학교에서 화학이나 수학이라는 지식체를 이해하기 위하여 처음부터 교과를 가르치는 것이 아니라, 요리나 목공활동을 통하여 화학·수학의 요소에 접근

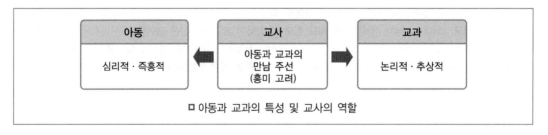

□ 아동과 교과의 특성 및 교사의 역할

Dewey의 실험학교(1896 ~ 1904)

■ (설립배경) **경험중심 교육과정이론 확립 및 검증**, 4 ~ 13세 초등학교과정
  − '**공동체의 축소판**'으로서 학교, 학교는 공부하는 곳만이 아니라 **살아갈 장소**
■ (교육목적) 아동을 둘러싼 세계를 지적으로 다룰 수 있는 능력 함양
  − 아동이 **논리적인 지식에 접근**할 수 있도록 아동의 삶과 흥미 속에서 그와 관련한 **최상의 기회(경험)**를 찾는 것
■ (교육과정) 여러 교과의 통합, 통합의 구심점으로 일(Occupation)* 강조
  * 직업교육이 아닌, 인간이 가담하는 모든 **기본적 사회활동**
  − (**공작**) 사회정신을 함양하고 아동이 사회에서 잘 살아가기 위한 동기 제공, 요리나 목공 교육
■ (기본원리) ① 공동의 목적을 위하여 협력할 기회를 제공하는 다양한 사회적 활동 도입
                ② 사회적 가치뿐 아니라 아동의 본능·충동도 추구
                ③ 사회적 삶으로부터 고립, 교과 간 분화는 낭비로 간주하고 낭비 제거 추구

○ **(교육과정)** 교육과정은 경험의 연속체로서 **아동의 즉각적 경험**으로부터 출발하여 **논리적으로 조직되고 추상화된 성인들의 경험**으로 움직이도록 구성

- 가르쳐야 할 내용 자체보다는 가르침을 받는 **아동에 초점 → 학습자중심 수업, 학습자의 개인차 인정**

  ※ 아동은 미성숙하며 즉각적이고 직접적인 경험의 세계에 머무나, 성인은 성숙하며 추상화되어 논리적으로 배열된 세계에 살고 있으므로 성인 관점의 논리적인 교과의 제시는 아동에게 부적절

  ┌─ **아동에게 유의미한 교과**

  ① **1단계**: 몸과 손의 움직임을 통한 놀이나 일
  ② **2단계**: 의사소통을 통하여 경험의 의미를 확대하는 지리와 역사
  ③ **3단계**: 논리적 체계에 따른 지식인 과학과 논리

- **학교교과**는 성인세계의 이론적 **학문과 달리 미성숙한 아동의 경험과 사고방식을 고려하여 조직**된 것이며, 학문 그 자체가 아니라 학문의 획득을 위한 통로

- 학습자의 **물리적·사회적 환경(외부조건)과 흥미·욕구·과거경험(내부조건) 간 상호작용**을 통하여 교육과정이 형성되므로 사전에 교육과정을 계획하기 곤란

  ┌─ **교육과정 선정·조직의 원칙: Dewey, 1938.**

  ■ **학교교과는 학습자의 현재 경험으로부터 추론**: 일상경험의 영역 내에 있는 소재로부터 추론
  ■ **학교교과는 이미 경험한 것을 좀 더 충분하고 풍성하며 조직된 형식으로 점차 발달시키는 방식으로 선정·조직**
  ■ **학교교과의 선정과 조직은 학교 안과 밖 삶의 사회적 성격에 초점**: 직업, 공동체적 삶, 일, 사회관계, 일상적 문제 등이 학교교과를 위한 조직원리로 고려

경험중심 교육과정 내용조직 유형

구분	주요 내용
활동형 (Activity Curri.)	학습자의 흥미나 요구에 따라 교육과정을 조직하는 유형으로 학습자의 전인적 성장 도모 ※ (예시) 1990년대 우리나라 열린교육 운동
생성형(현성형) (Emerging Curri.)	교사와 학생이 협력하여 함께 만들어가는 교육과정
중핵형 (Core Curri.)	여러 교과나 주제를 중심으로 통합하여 조직하는 유형으로, 중핵 요소에 따라 교과중심(중핵: 교과), 개인중심(중핵: 개인 흥미), 사회중심(중핵: 사회현상)으로 구분

○ **(교육방법)** 행하면서 배우는(Learning by Doing) 학습자 중심의 경험·행동적 수업

○ **(교육평가)** 실생활 문제해결능력 평가

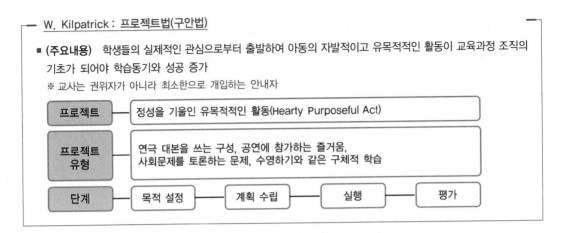

W. Kilpatrick : 프로젝트법(구안법)

■ **(주요내용)** 학생들의 실제적인 관심으로부터 출발하여 아동의 자발적이고 유목적적인 활동이 교육과정 조직의
기초가 되어야 학습동기와 성공 증가

※ 교사는 권위자가 아니라 최소한으로 개입하는 안내자

프로젝트	정성을 기울인 유목적적인 활동(Hearty Purposeful Act)
프로젝트 유형	연극 대본을 쓰는 구성, 공연에 참가하는 즐거움, 사회문제를 토론하는 문제, 수영하기와 같은 구체적 학습
단계	목적 설정 → 계획 수립 → 실행 → 평가

○ **(특징)** ① **학습자의 흥미와 필요를 고려하여 교육과정 구성**

② **실제 생활**에서 경험할 수 있는 학습내용 선정·조직

③ **사회적 상호작용**을 통한 학습

○ **(장점)** ① **학습동기** 유발 용이

① − ⓐ **개별 맞춤형** 교육 실현

② 현실세계와 학습내용의 연계를 통한 **지식의 전이** 촉진

③ 협동학습을 통한 **민주적 태도 및 생활방식 함양**

○ **(단점)** ① 흥미와 관심에 치중하여 학습내용의 **범위가 좁고 학력저하 발생 가능**

① − ⓐ **전통지식·문화유산 전달에 곤란**

② **정해진 수업시수와 교육자원**을 고려하면 실제적 학습내용을 다루기에 현실적 곤란

③ 수업설계가 상대적으로 어렵고, 개별 학습시간 축소

② **인간중심 교육과정** 기출 2010 ※ 인본주의 교육과정(Humanistic Curriculum)

○ **(등장배경)** 교과·학문·경험중심 교육과정이 지나치게 합리성을 강조하여 인간소외 현상이
나타난다고 비판하며 등장

○ **(기본관점)** 모든 학생의 **개인 잠재력을 길러주는 교육**을 통하여 **학생의 온전한 자아실현** 추구

○ **(교육목표)** 교사와 학생의 **존중·수용·공감적 이해**를 통한 **자아실현**

○ **(교육과정)** 잠재능력 계발 및 자아실현을 위하여 **공식적 교육과정과 잠재적 교육과정 고려**

목표	• 모든 학생을 **독특한 개별적 존재**로 인식 • 학생이 소유한 각자의 잠재력 발현 조력 • **인지적 · 신체적 · 정서적 욕구**를 반영하고 **표현**할 수 있는 학습환경 제공 • **다른 사람들과 효과적으로 지내는 것**을 배울 수 있는 환경 제공 • **착하고 행복하며 창조적인 사람**으로 발달

구성	• 학생들의 **자아실현**을 위해 필요로 하는 **기술 · 지식 함양**을 위한 교과 제공 • 학생 개개인의 능력과 재능을 끌어낼 수 있는 **연습과 진행 절차**에 초점 • 학생들이 **자신을 돌아볼 수 있는 계기** 마련(토론과 현장 탐구활동)

◘ 인간중심 교육과정의 목표와 구성

🏳 인간중심 교육과정 내용조직 유형

구분	주요 내용
정의형 (Affective Curri.)	지식이 정의적 · 사회적인 측면과 연관되도록 내용을 조직
개방형 (Open Curri.)	학생의 흥미와 자율적 선택에 기초하여 학습내용을 조직하고 교과목 간 통합을 강조
관련형 (Relavant Curri.)	교육내용이 학습자의 심리적 특성 및 생활과 관련되도록 하는 데 초점

○ (**교육방법**) ① 엄격하고 형식화된 교육에 반대하고 **학생에게 따뜻하고 우호적인 수업**(전인교육)

② **교사는 학생과 인간적 · 개인적 관계**를 형성하면서 자아실현 조력

③ 정보와 지식만 전달하는 것보다는 **학생의 흥미 · 동기에 초점**

④ **학습자의 개별 학습 선택권 보장**

○ (**교육평가**) 교실에서 일어나는 일에 대한 **학생 참여적 평가**(자기평가), 절대평가

○ (**특징**) ① **개별 학습자의 특성** 고려

② **다양한 학습내용**

③ **다양한 수업방식**

○ (**장점**) ① 개별 학습자의 특성을 고려한 **자아실현** 추구

② 다양한 학습내용을 통한 **전인적 발달 추구**

③ 다양한 수업방식으로 **학습자의 흥미 유발**

○ (**단점**) ① 개인의 자아실현만 강조하여 **사회와의 관계 고려 미약**

② 구체성이 결여된 학습내용, **학업성취 저하**

③ **진학이 중시되는 현실**에서 보편화되기에는 현실적으로 **한계**

③ 인지주의 교육과정

○ **(기본관점)** 학습을 통한 **이해의 확장과 인지구조의 변화** 추구

– 세계에 대한 **실질적인 이해**나 **사고활동**을 **강조**하면서 **인지적 요소(비판적 사고, 창의적 사고, 문제해결적 사고)**를 발달시키기 위한 교육과정 강조

– **아동의 발달단계**(감각운동기 – 전조작기 – 구체적 조작기 – 형식적 조작기)에 **적합한 교육 과정** 개발 및 지도

○ **(교육방법)** 이해력·사고력 함양을 위하여 **깊이 있는 주제를 다루는 학습**, 기존의 지식·경험과 새로운 것을 **연결**하는 수업, **내재적 동기 함양 수업**

○ **(교육평가)** 표준화검사보다는 **임상면접·관찰법** 선호

○ **(장점)** ① 학습내용과 학습자의 이해를 연결하는 경우 **완전학습** 가능
        ② 지식 암기력이 아닌 이해력·사고력 증진 가능

○ **(단점)** ① 깊이 있는 수업에 따른 학습의 범위 축소
        ② 내재적 동기 유발의 어려움(보상이 필요한 학생 소홀)

④ 구성주의 교육과정 `기출` 2003, 2005   ※ 교수학습 파트에서 구체화

○ **(기본관점)** 객관적 지식의 존재를 부정하는 상대주의적 인식론에 근거

– **학습**은 학습의 주체인 **학습자**가 개인적 경험과 흥미에 따라 정한 **학습내용을 '능동적으로 구성'**해 나가는 과정이며, **결과**는 그 **과정을 수행할 수 있는 능력** 확인

– **지식을 구성하는 주요 요인**으로 ① **개인의 인지적 작용**을 강조하는지, ② **사회·문화·역사적 상황을 강조**하는지에 따라 분류

📌 **지식 구성과정에 영향을 미치는 요소에 따른 구분** `기출` 2020

관 점	인지적 구성주의	사회적 구성주의
지식 구성 주요 요인	개인의 인지적 작용, 정신활동	개인이 참여하는 사회·문화·역사적 상황
주요 관심	개인이 지식을 구성해 나가는 과정	개인이 각자의 사회·문화적 지식을 형성해 나가는 과정

○ **(교육방법)** **문제중심·학습자중심**의 수업(PBL 앵커드수업 모형, 인지적 유연성 이론, 인지적 도제이론 등)으로 **교사는 학습의 조력자**

○ **(교육평가)** **수행과정에서 연속적으로 평가**, 학습자의 다양한 역량 평가

02

○ (특징) ① 지식의 절대성 부정

② 개별 학습자의 특성을 고려한 **다양한 수업방식**

③ **성장과정 중심의 평가**

○ (장점) ① 지식 변화에 **신축적·융통적 대응 가능**

② 개별 학습자의 특성에 맞는 **맞춤형 교육과정** 운영 가능

③ 학생의 **평가부담 완화**

○ (단점) ① **지식과 전통문화유산 습득에 소홀**

② 흥미중심의 수업으로 입시라는 **현실에서 낮은 적용력**

③ **평가 설계 곤란**

주요 교육과정 비교

구분	교과중심	경험중심	학문중심	인간중심
근본이론	• 형식도야론 • 능력심리학	• 실용주의 • 진보주의	• 지식의 구조 • 지식의 형식	실존주의
교육목적	문화전통의 전수를 통한 이성과 합리성의 계발	경험학습을 통한 아동의 계속적 성장	학습자의 지력 및 탐구 능력 배양	자아실현
교육과정	분과형, 상관형, 융합형, 광역형	활동형, 생성형, 중핵형	나선형	공식적 + 잠재적 교육과정
교육내용	문화유산, 전통지식	삶 자체에 대한 직접경험	지식의 구조 학습방법 (탐구)	전인교육
교육방법	• 교사중심(강의법, 암기) • 교과서중심	• Learning by Doing • 프로젝트법	발견학습	
장점	• 지식의 효율적 전달 • 통일적·논리적 교육 • 개편 용이	• 학생중심형 수업 • 맥락적 문제해결능력 함양 • 민주적 태도 함양	• 이해·기억·전이능력 제고 • 내재적 동기 유발 • 자기주도적 학습능력 향상 • 문제해결능력 향상	• 학습자 특성을 고려한 자아실현 • 교사·학생 간 인간적 관계 형성 • 다양한 수업방식 활용
단점	• 비민주적 • 폭넓은 학습 한계 • 평가부담	• 학력 저하 • 수업준비의 비경제성 • 객관적 평가 곤란 • 전통지식 및 문화유산 전달 곤란	• 우수한 학생·교사중심 • 정의적 영역 소홀 • 교과 간 융·통합 한계 • 사회요구에 둔감	• 이성보다 감성 강조 • 현실 적합성 한계로 보편화 곤란

3 사회를 중심으로 한 교육과정

1 생활적응 교육과정   ※ F. B. Stratemeyer

○ **(등장배경)** 2차 세계대전 이후 미국 중등교육이 학생들을 만족시키지 못한다는 비판에 따라 적절한 교육이 무엇인가에 대한 관심으로 시작

- 대입 입시교육을 필요로 하는 학생(20%), 직업교육을 필요로 하는 학생(20%)을 제외한 **다수 학생(60%)의 생활적응**을 위한 교육 필요

○ **(기본관점)** 성인과 학습자가 **항상 직면하고 있는 생활장면**을 **분석**하여 학습자가 **만족스럽게 생활**할 수 있도록 **준비**시키는 교육과정

- **항상적 생활사태*에 의한 교육과정**은 현대 미국사회의 특징, 문화유산 · 학습자 등 **사회문제들을 폭넓게 연구**하여 통합적으로 파악할 수 있는 **일반원리 설정**

* 개인 능력의 성장을 요구하는 사태, 사회적 참여의 성장을 요구하는 사태, 환경적 요인 및 세력들을 다루는 능력의 성장을 요구하는 사태

○ **(장점)** ① 실제 생활 속 사회질서에 적응하는 올바른 시민 육성 용이
        ② 수업이 느슨하여 학업 스트레스 및 평가의 부담 최소화

○ **(단점)** ① 생활적응 이후 학습하여야 하는 가치 및 지식과 연결하는 데 한계
        ② 수업의 깊이가 현저히 얕음(기초학력 저하 발생)

※ 스푸트니크 충격(1957) 이후 생활적응교육에 대한 관심 급격히 소멸

2 직업 교육과정

○ **(기본관점)** 교육을 직업 준비를 위하여 필요한 것으로 보고 공장모델*을 인용한 교육과정 운영 (공리주의 반영)

* 컨베이어가 조립과정을 통하여 원자재를 운반하듯, 교육과정도 학습경험을 통하여 학생을 이끎

- 사회의 직업적 요구를 대학 · 고교 학습내용에 반영

○ **(수업과 평가)** 교육은 훈련이라는 가정하에 **해당 업무와 관련된 지식 · 기능을 반복적으로 학습, 세밀한 작업지시서에 따라 학습자 훈련, 시험을 통하여 자격 · 면허 부여**

○ **(장점)** ① 교육을 통한 **사회의 생산성 · 효율성** 함양(재교육비용 절감)
        ② **현실세계(직업)와 교육의 연관성** 제고

○ **(단점)** ① **교육과 훈련의 차이** 미고려
        ② 인간의 행복을 직업을 통한 **육체적 안락과 쾌락**으로 한정

02

3 중핵 교육과정 기출 2008, 2013, 2020

○ **(등장배경)** 교과중심 교육과정은 교과내용에 집착, 경험중심 교육과정은 학습자의 흥미나 필요에만 집착한다고 비판하며 **교과 통합학습과 교육의 사회적 책무성 강조**

○ **(기본관점)** 교육과정 편성·운영에 **중핵(Core, 핵심)**을 두고 중핵을 중심으로 주변을 동심원적 **으로 조직**하는 교육과정

　※ (예시) 하천의 범람을 주제로 사회과, 과학과, 기술·가정과 교사와 협력하여 하천의 범람 원인과 지역사회의 피해 정도를 세부 주제로 설정하고, 교육과정 전체의 핵심이 되는 하나의 과정 설계

　– 시대나 학자의 강조점에 따라 중핵의 내용이 변화하나, **중핵**은 주로 **학습자의 관심을 끄는 사회문제·쟁점·생활 또는 욕구**와 관련된 내용, **주변과정**은 교과별로 조직

　　※ (1940년대 미 버지니아) 사회를 중핵으로 하고 그 이외의 교과는 주변으로 조직

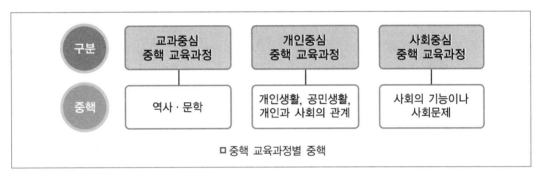

□ 중핵 교육과정별 중핵

○ **(특징)** ① **학습자의 흥미·관심, 사회문제 해결**에 도움이 되는 내용을 중핵으로 교과 간 통합
　　　　　② 실험·조사·집회·회의·토론 등 **학습자 참여중심의 다양한 수업방법 운영**

○ **(장점)** ① **지식의 상호 관련성과 문제해결력** 신장
　　　　　② **학습자의 자발적·능동적 참여**로 의미 있는 학습경험 가능

○ **(단점)** ① 교사의 역량이 낮은 경우 교과의 **체계적 학습 곤란**
　　　　　② 학습자중심의 교육만 강조하다 보면 **많은 지식 습득에 한계**

┌─ 덴버고교(8년 연구 대상)의 중핵 교육과정 : W. Aikin, 1949.
│
│　■ **4가지 삶의 영역**(개인적 삶, 개인 – 사회 관계, 사회 – 시민 관계, 경제 관계)을 중심으로 중핵 교육과정 구성·운영
│　　– 하루 6시간 중 매일 **2시간씩 중핵 교육과정**을 이수하고 나머지는 학생이 선택
│　■ 4가지 영역마다 **여러 하위학습 주제**로 구성되며, 학습주제는 **교사와 학생이 함께 계획 수립 및 최종 선정**
│　　– (예시) 경제관계 : ① 의복, 거주지, 음식, 물, 동력이 만들어지고 배분되는 경로 공부하기
│　　　　　　　　　　　　② 소비자 문제를 다루는 방법 인식 및 학습하기
│　　　　　　　　　　　　③ 기계 생산이 삶에 미치는 영향과 삶의 조건을 개선시키는 가능성 인식하기
└─

4 사회개조 교육과정

○ **(기본관점)** 학생이 사회적 불합리성과 모순을 깨달아 **사회변화의 주체, 실천가**로 성장하여 **사회의 구조적 모순을 변화**시키는 교육 강조

 - **개인은 사회정의에 대한 책임** 존재, **학교는 사회변화와 사회정의 구현**의 핵심(새로운 이상사회 실현의 근거)

 - 직접 혁명을 추구하기보다는 **미래 사회변화 추구**를 뒷받침하는 **학생들의 태도 · 신념을 기르는 도덕과 비판적 지성의 재건설** 강조

○ **(교수방법)** 학습내용은 실제적(Real)이며, 배운 것은 실천(Action)하고 옳고 그름은 포함하는 가치(Value) 내재 필요, **수업재료로서 일상생활**의 적극적 활용

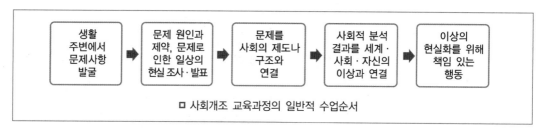

생활 주변에서 문제사항 발굴 ➡ 문제 원인과 제약, 문제로 인한 일상의 현실 조사 · 발표 ➡ 문제를 사회의 제도나 구조와 연결 ➡ 사회적 분석 결과를 세계 · 사회 · 자신의 이상과 연결 ➡ 이상의 현실화를 위해 책임 있는 행동

□ 사회개조 교육과정의 일반적 수업순서

○ **(장점)** ① **교육의 사회적 역할** 수행
　　　　 ② 교사 · 학생의 **비판적 사고** 함양
　　　　 ③ **현실문제 해결능력** 함양

○ **(단점)** ① **기본적인 지식 전달**이 어렵고 학습범위가 협소
　　　　 ② **평가가 어려움**

4 **학습자의 역량을 중심으로 한 교육과정**[12]

① OECD 교육 2030

○ (목적) 급변하는 세계에서 학생들이 성공적으로 살아가고 지속 가능한 발전에 기여할 수 있도록 돕기 위하여 **전 세계가 따라야 하는 교육적 방향성(역량 및 행위주체성 함양)** 제시

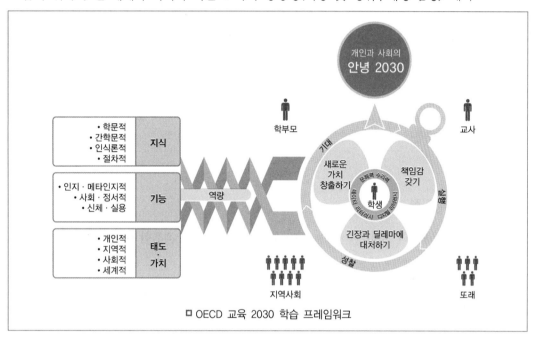

□ OECD 교육 2030 학습 프레임워크

○ (역량) 복잡한 요구를 충족하기 위하여 **지식, 기능, 태도와 가치**를 동원하는 능력

– 역량은 개인의 성공(Success)을 위해서가 아니라 **개인과 사회의 안녕(Well-Being)**을 위하여 필요한데, 여기서 웰빙은 단지 경제적 측면보다는 **건강 · 참여 · 안전 · 환경 등 삶의 질과 관련**

📌 **변혁적 역량(핵심 역량) : OECD 교육 2030**

구분	주요 내용
새로운 가치 창출	• 창의적으로 사고하고 새로운 것을 개발할 수 있는 능력 • 적응력, 창의성, 호기심, 열린 마음 등에 토대
긴장과 딜레마 조정	• 통합적 사고와 행동 • 모순적 · 양립 불가능한 입장 조정
책임감 갖기	• 자기 규제, 자기 통제 • 자기효능감과 책임감

---

[12] 소경희, 전게서, 2017, pp.144 ~ 171

○ (행위주체성) 세계에 대한 **책임의식**을 가지고 자신을 둘러싼 사람, 사건, 환경이 나아질 수 있도록 **적극적이고 능동적으로 참여**하는 능력(Student Agency)

※ (세부 요소) ① 자발적 목표 설정 및 계획(자율성), ② 자신의 학습과정 모니터링 및 수정(자기성찰), ③ 다양한 대안을 분석하고 의사결정, ④ 비판적 사고와 창의적 결과물의 생산 및 공유, ⑤ 협력적 의사소통

– (교육 방향) 학생의 직업세계 진출을 위하여 준비시키는 교육을 넘어 학생을 **사회에 적극적이고 책임감 있게 참여**하는 시민이 될 수 있도록 준비시키는 교육 강조

– (제반여건) 학생들 스스로 그들의 학습에 영향을 미치는 교사, 동료, 학부모, 지역사회와 관계를 맺는 협력적-행위주체성(Co-Agency) 필요

┌ **학생의 행위주체성 발달을 위한 교육의 방향**

■ (학습환경) 학생이 열정을 키우고, 학습경험 간 연결이 가능하며, 다른 사람과 협력할 수 있는 학습환경 구축
■ (기초소양) 문해력, 수리력 이외에 디지털 리터러시, 데이터 리터러시 강조

---

② 역량중심 교육과정

○ (등장배경) 종래의 지식교육으로는 복잡한 **21세기 사회로의 적절한 대응에 한계**가 있다는 인식 발생

– 지식의 급변성·비고정성, 미래사회에 대한 불확실성으로 인해 **기존 지식에 기반을 둔 교육과정 설계 곤란**

※ A라는 지식을 교육과정에 반영하고 가르칠 때쯤 현실에는 이미 A′, A″라는 새로운 지식이 등장하여 교육과정에서 강조하는 지식과 현실 지식 간 괴리 발생

– 지식 기반 사회에서는 내용지식을 넘어서 **막대한 양의 지식과 정보를 처리·활용하고 새로운 지식을 생성·창출**하는 것 강조

※ 무엇을 아는가뿐만 아니라 무엇을 하는 방법을 아는 것 필요

21세기에 적절히 살아갈 수 있는 사람을 육성하기 위해, '무엇을 가르쳐야 하는가'보다는 '**어떤 사람을 길러야 하는가**'에 초점
– 무엇을 아느냐가 아니라 특정 맥락의 수행과 관련하여 **무엇을 할 수 있느냐(실제적인 지식)** 강조

○ (교육목표) 지식의 급변성·비고정성, 예측 불가능성을 가진 미래사회에 적절하게 대응할 수 있는 **행위주체성을 가진 인재의 육성**

– 막대한 양의 지식과 정보를 처리·활용하고 새로운 지식을 생성·창출하는 능력의 함양

○ **(교육내용)** '교과지식'이 아닌 수행성, 총체성, 발달성을 가진 역량을 함양하는 '**실제적 지식**'

- 교과중심을 탈피하자는 것이 아니라 **사회적 삶에서 필요한 역량을 강화하는 방향으로 교육 내용 제공**

- **지식과 내용**은 그 자체로 중요하다기보다는 **역량 발달을 위한 수단**으로, 교수방법 차원에서 **교사가 고려**

   ※ 지식과 내용이 학교수준의 교육과정 계획 시 미리 결정된 과거의 교육과정과 차이

✔ 역량의 특성

구분	주요 내용	역량 함양 위한 교육방향
수행성	실제 삶에서 활용	지식의 전이를 촉진하는 문제 · 과제 제시
총체성	지식 · 기능 · 태도 포괄	전인적 교육
발달성	끊임없이 성장 · 발달	성찰의 기회 제공

핵심 역량(Key Competency)

- ■ **(개념)** 삶에 걸쳐서 반드시 필요한 역량
- ■ **(특성)** ① 삶의 다양한 분야의 요구를 충족시키는 데 필요한 수단
   ② 개인의 성공적인 삶과 잘 기능하는 사회를 이끄는 데 공헌
   ③ 모든 개인에게 필요
- ■ **(2022 개정)** ① 자기관리 역량
   ② 지식정보처리 역량
   ③ 창의적 사고 역량
   ④ 심미적 감성 역량
   ⑤ 협력적 소통 역량
   ⑥ 공동체 역량

○ **(교육과정)** 학생들의 성공적인 삶을 위해 필요한 자질과 능력에 초점을 두고 교육과정 선정 · 조직

   ※ 이론적 지식을 무시하자는 입장이 아니며, 실제로 필요한 지식과 해당 지식의 활용 강조

교육과정 내용 선정 및 조직 원리

① **학생의 행위주체성 우선**의 원리
② 도전적이고 깊은 사유와 성찰을 가능하게 하는 **엄격성의 원리**
③ 적은 수의 주제를 선택하고 집중하도록 하는 **초점의 원리**
④ 학문의 논리 및 연령 수준에 따라 계열화하는 **일관성의 원리**
⑤ 수업 및 평가의 실제에 대한 **정합성의 원리**
⑥ 여러 맥락에 적용할 수 있는 **전이 가능성의 원리**
⑦ 학생들에게 다양한 선택범위를 부여하는 **선택의 원리**

---

04 교육과정의 개발 및 설계

⚑ 교육과정 개발의 기본적 이해

○ **(개념)** 교육과정 문서와 교육용 자료 등 **교육과정 자료를 창출**하는 작업

🔖 **유사 개념과의 비교**

구분	개념
설계	교육과정 개발로 만들어질 교육과정이 어떤 모습이 되어야 할지를 계획하기 위한 틀
실행 및 운영	개발·설계된 교육과정을 학교현장에서 실행하고 운영

○ **(중앙집중형)** **국가가 통일된 교육과정을 개발**하고 지역·학교에 **동일하게 적용**하는 유형

  - **(특징)** ① **국가가 교육과정을 개발**하고 평가, 지역 및 학교는 교육과정 운영에 집중
  　　　　② **교육과정 전문가가 개발**

  - **(장점)** ① **교육의 책무성 강화**를 통해 국가 경쟁력 제고
  　　　　①-ⓐ 전국적으로 **통일된 교육과정** 운영 가능(교육의 계속성)
  　　　　② 교육과정 **개발이 효율적**(시간, 자원 절약)이며 **전문성 제고**

  - **(단점)** ① 지역·학교의 **특수성 반영 곤란**(학교교육의 획일화)
  　　　　② **교사는 수동적 기술자**로 전락(교사의 탈숙련화, 재숙련화)

○ **(분권형)** **교사 참여를 통하여 지역·학교중심으로 개발**(M. P. Skilbeck, SBCD)

  - **(특징)** ① 지역·학교의 **특수성 반영**
  　　　　② **일선 교사의 적극적 참여**

  - **(장점)** ① 현장 및 상황변화에 **유연한 대응**
  　　　　② **교사의 전문성**이 강조되어 교사의 사기 앙양

  - **(단점)** ① 교육과정 개발 시 **많은 시간과 노력 소요**
  　　　　② 교사의 역량이 낮은 경우 **질 높은 교육과정 개발 곤란**

2 전통적 교육과정 개발모형 : 교육과정 개발의 절차적 접근

1 R. W. Tyler의 합리적 교육과정 개발모형 기출 2003, 2007, 2008, 2009, 2017, 2019, 2025

◈ 교육과정은 '무엇을, 왜, 어떻게 가르치고 평가할 것인가?'에 대한 전반적인 계획을 의미한다고 가정하면서 교육
과정 개발 및 수업계획 수립 시 대답하여야 하는 **4가지 기본적 질문** 제시
 – 각 질문에 대한 구체적이고 직접적인 대답이 아닌, 각 질문에 대답을 잘 하기 위한 절차·방법 제시
◈ '교육목표 설정 → 학습경험 선정 → 학습경험 조직 → 목표 달성 여부 평가'라는 절차적 순서를 따르는 합리적·
선형적 모형

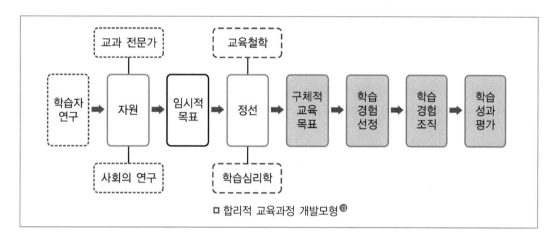

□ 합리적 교육과정 개발모형[13]

○ (기본적 질문 ① : 학교는 어떤 교육목표 달성을 위해 노력하는가?) 자원을 가지고 임시적 목표를
설정하고 정선하여 **구체적 학습목표* 설정**

  *학생이 성취하여야 할 행동, 삶의 내용 또는 영역 포함

 – (자원) ① **학습자에 대한 선행연구**, ② **교과 전문가의 견해***, ③ **사회에 대한 연구결과**를
종합하여 **임시적 목표 추출**

  *(교과전문가 대상 질문) 여러분의 교과는 여러분의 교과 분야에서 전문가가 되지 않을 일반 학생들의 교육에 무엇을
기여할 수 있습니까?

 – (정선) 가르칠 **가치가 있는 목표**이며 **학습 가능한 목표**인지를 ① **교육철학**과 ② **학습심리학**을
거름체로 하여 **구체적 목표***로 여과

  *목표의 기능(방향 설정 등) 수행, <u>내용과 행동이 동시에 포함된 행동 용어로 진술</u>

---

[13] 백영균 외, 「유비쿼터스 시대의 교육방법 및 교육공학」, 학지사, 2010, p.163

○ (기본적 질문 ② : 소정의 교육목표 달성을 위해 어떤 교육적 경험이 제공될 수 있는가?) 학습경험 선정의 **일반적 원칙(Principles)**에 따라 학습경험 선정

📘 **학습경험 선정의 일반원칙** 기출 2019

구분	내용
기회의 원칙	학생들이 실제로 경험할 수 있는 기회가 제공되어야 함
가능성의 원칙	학생들의 발달 수준, 능력을 고려하여 경험이 가능하여야 함
만족의 원칙	학생들이 경험한 결과에 대하여 만족하여야 함
경험의 원칙	하나의 목표를 달성하기 위하여 다양한 경험과정을 거칠 수 있어야 함
일 경험 다 목표의 원칙	하나의 경험이 여러 가지 목표 달성에 관련되어야 함

○ (기본적 질문 ③ : 소정의 교육적 경험을 효과적으로 조직하는 방법은 무엇인가?) 학습 효과성을 제고하기 위한 **학습순서 설정(수직적 + 수평적)**

📘 **학습경험 조직의 원칙** 기출 2017, 2022

구분		내용
수직	계속성 (Continuity)	핵심적인 교육과정의 요소가 수직적으로 **반복**되도록 조직
	계열성 (Sequence)	단순 반복이 아니라 반복될 때마다 핵심적 요소의 경험 수준과 범위가 **점점 더 깊어지고 넓어지도록** 조직
수평	통합성 (Integration)	해당 교육과정의 핵심적 요소가 여러 교과에서 다루어짐으로써 학생이 **통합적 관점을 형성**하도록 조직(수평적 관계)

※ **(연계성·Articulation)** 타 학년의 동 교과(수직), 동 학년의 타 교과(수평)의 교육과정 요소들이 계속성, 계열성, 통합성에 따라 조직된 상태 → 교육과정 조직과 관련하여 이후 Wiggins & McTighe의 백워드 모형(수직), Drake의 KDB 모형(수평) 발전

○ (기본적 질문 ④ : 의도한 교육목표가 달성되었는지 아닌지를 판단하는 방법은 무엇인가?) 교육과정 및 수업에 의한 **교육목표의 실현 정도** 결정

※ **(평가시기)** 행동 변화는 일정 기간 내 최소 2회 이상 필요 **(평가방법)** 지필검사 + 필요시 작품평가·질문지·관찰기록·면접 활용

📘 **합리적 개발모형의 장단점**

특징	• **선형적·체계적·일반적**인 교육과정 개발모형 제시 • 사전에 적시된 **구체적 행동목표를** 중심으로 교육과정 개발
장점	• 어떤 **교과·수업**에서도 활용·적용 가능 • 수업의 방향 및 평가에 관한 **분명한 지침(목표 달성 여부) 제공**
단점	• **실제 교육과정 개발과정**은 일방향·순차적이지 않고 **복잡**하며 상호 영향을 받음(교육과정 단순화) • 목표의 사전 설정을 강조하여 **수업 중 생기는 부수적·확산적·생성적 목표**의 중요성 간과

② H. Taba의 단원개발모형(귀납적 모형) 기출 2006, 2010

◈ 8년 연구의 공동 연구자로서 Taba가 보기에 기존 교육과정 연구들은 '교실에서 개발하는 교육과정'에 무관심하다고 지적
- 교육과정 자체는 죽어 있는 문서이나, **학교에서 실제로 일어나는 경험(Student Voice)**을 반영하면서 살아 있는 총체로서 실제가 된다고 주장하였고 이를 위해 '**학교에서의 내용 조직**' 강조
◈ 교사가 주도적으로 사회과 단원 수준의 교육과정 개발 강조
- 교육과정 개발이 중앙집권적·하향식으로 이루어지는 현실을 비판하면서 **교육과정 개발에서 교사의 주도적 역할 강조(교사중심, 풀뿌리모형)**
- 먼저 단원을 개발하고 이후 교과 전체의 개발로 이어짐(**귀납적**)
◈ 교육과정 개발과 실천(운영, 수업, 질 관리)을 하나의 과정으로 이해

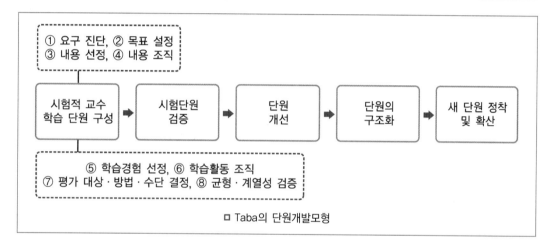

□ Taba의 단원개발모형

○ (**단원의 구성**) **이론과 실제를 연결**하는 단계로서, 학년별·교과 영역별로 **시험적 교수학습** 단원을 **교사가 작성**

- (요구 진단) **가장 바람직한 상태와 현재 상태 간의 격차 확인**

   ※ (**효과**) ① 가르칠 내용과 학생의 흥미·요구 연결, ② 교육과정 내용 조직의 방향성 명확화

- (목표 설정) 성취하여야 할 목표 구체화

- (내용 선정) 목표·내용 간 상호 연결, 내용의 타당성·중요성 판단

- (내용 조직) 학습자의 발달수준, 학업성취도, 흥미와 관심을 고려하여 계열성에 따라 조직

- (학습경험 선정) 학습에 참여하게 하는 학습방법 선정

- (학습활동 조직) 내용 조직 방식에 따라 학습경험 조직

- (평가 결정) 평가 대상, 방법, 수단 결정

- (균형·계열성 검증) 개발된 단원의 논리성·일관성 검토

○ (단원의 검증) **시험 단원을 타 학년·타 교과로 확대** 적용, 필수적으로 성취하여야 할 능력의 상·하한을 정하기 위해 파일럿 테스트 실시

※ (검증기준) ① 내용의 정확성, ② 학습자 수준과 적합성, ③ 공식적 교육과정과 부합성

○ (단원의 개선) **개발된 단원을 개정·통합**하여 모든 유형의 학급에 적용 가능한 **보편화된 교육과정 개발**

○ (단원의 구조화) 여러 개의 단원을 구조화하여 **전체 범위(횡적 범위의 적절성)와 계열성(종적 계열의 적절성)** 검증

○ (단원의 정착) **새로 개발된 단원의 적용 및 보급**, 교육행정가들은 **교사의 현직연수** 확산 필요

📗 **합리적 교육과정 개발모형과 비교되는 단원개발모형만의 특징**

구분	합리적 교육과정 개발모형	단원개발모형
접근 방식	목표중심 접근	교사중심 접근
교육과정 개발 주체	지식·기능·태도 포괄	교사가 직접 개발
개발의 출발점	구체적 목표 설정	요구 진단
목표의 변동성	한번 정해진 목표는 불변	학습과정 중에 지속적 변화 가능성 인정
내용과 경험 구분	미구분	구분

--- **학습내용 및 학습경험 선정 시 기준** ---

■ (학습내용 선정기준) 교과에서 해당 내용이 얼마나 기본적이고 중요한가(타당성 및 중요성)
■ (학습경험 선정기준) 학생을 둘러싼 사회적 실재에 얼마나 유의미한가(유의성)

📗 **단원개발모형의 장단점**

특징	• 교육과정 개발에 대한 **교사의 주도적 역할** 강조 • 단원중심의 미시적 **교육과정 개발** 강조
장점	• 교육과정 전문가로서 **교사의 역량 중시, 사기 앙양** • **교실수업 단위에서 일어나는 교육과정 개발의 모습 설명 원활**
단점	• 교사의 역량에 따라 교육과정 개발에 질적 차이 발생 • 교사는 자신의 교과 외에 **전체 교육과정을 보는 데 한계**

③ G. Wiggins & J. McTighe의 이해중심 교육과정 개발모형 : 역행설계(Backward) 기출 2012, 2015

◆ 정보전달중심의 전통적 교육과정은 학생의 비판적 사고능력을 함양하고 사회변화에 걸맞는 인재를 육성하는 데 한계
◆ 교육과정을 통하여 학습자의 심층적인 이해와 전이를 촉진하기 위한 역행설계 제안
   – '이해'는 지식을 활용하여 정확하고, 능숙하며, 유연하게 수행할 수 있는 것으로서 Bloom의 목표분류학에서 말하는 '이해'(지식·정보를 있는 그대로 회상하고 수행)와 차이
◆ 교육경험에 따른 '학습성과'가 강조됨에 따라 성취중심의 교육과정, 평가중심의 교육과정 개발 강조
   – 활동중심은 지속적 이해를 길러주지 못하고, 내용중심은 많은 내용을 가르치기에 급급하다고 비판
◆ 교육목표를 설정하고 달성 여부를 판단할 평가계획을 먼저 수립하고 이후 구체적인 교육활동을 적절하게 계획
   – 상위수준 교육목표를 하위수준까지 체계적으로 연결

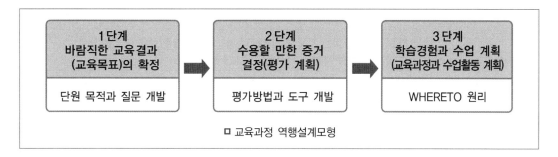

□ 교육과정 역행설계모형

○ (**1단계** 바라는 교육결과 확정) 바람직한 교육결과인 '**단원**' 수준의 학습목표로서 **영속적 이해** (Enduring Understanding ≒ 지식의 구조) 도출

  – (영속적 이해) 학습자들이 비록 아주 상세한 것들은 잊어버린 후에도 **머리에 남아 있는 큰 원리 혹은 중요한 이해**

    ※ (특성) ① 사실과 학문을 초월한 보편성
          ② 학문 중심부에 있는 핵심적 통찰력
          ③ 학습자를 몰입시킬 수 있는 매력
          ④ 누구나 오류에 빠질 수 있는 도전성

영속적 이해의 도출과정

① 의도된 학습성과(성취기준 확인)
   ※ 이해의 6가지 측면(설명, 해석, 적용, 관점, 공감, 자기인식)에서 다차원적으로 검토
② 교과나 교육과정의 중심에 놓이거나 교과의 탐구와 심층적 학습을 촉진하는 '**본질적인 질문***' 도출
   * 학생들이 탐구하고 답을 찾기 위하여 노력해야 하는 질문
③ 학습자가 학습하기를 기대하는 '**핵심 지식**'과 '**핵심 기능**' 설정(성취기준 재구조화)

※ 이해를 6가지로 분류하면서 해당 이해에 따라 성취기준 분석, 본질적 질문 도출, 평가계획 수립, 수업계획 수립 시 기준으로 폭넓게 활용

G. Wiggins & J. McTighe의 이해의 분류

구분	정의
설명 (Explanation)	사건과 아이디어들을 '왜', 그리고 '어떻게'를 중심으로 서술하는 능력 ※ (예시) 6.25 전쟁이 어떻게 발생하였는가.
해석 (Interpretation)	의미를 제공하는 서술이나 번역 ※ (예시) 이상의 시가 당시의 시대상을 반영하고 있음을 보여준다.
적용 (Application)	지식을 새로운 상황이나 다양한 맥락에 효과적으로 사용하는 능력 ※ (예시) 동아리 회장은 자신의 통계적 지식을 활용하여 동아리의 1년 예산을 정확히 산출한다.
관점 (Perspective)	비판적이고 통찰력 있는 견해 ※ (예시) 역대 대통령에 대하여 긍정·부정의 관점에서 설명한다.
공감 (Empathy)	타인의 감정과 세계관을 수용할 수 있는 능력 ※ (예시) 자신을 이순신 장군이라 생각하고 전투를 앞둔 심정을 이해한다.
자기 지식 (Self-Knowledge)	자신의 무지를 아는 지혜 혹은 자신의 사고와 행위를 반성할 수 있는 능력 ※ (예시) 내가 누구이며 무엇이 나의 관점을 결정하는가.

┌─ **이해를 6가지로 구분한 이유** ─────────────────────────────────┐

① 이해는 암기와 설명을 넘어서는 다차원적인 개념임을 가정
② 깊이 있고 지속 가능한 이해를 촉진하기 위하여 이해의 수준을 계열화
③ 다양한 평가방법을 직용하여 학습자를 평가하고 맞춤형 지도를 하기 위함
④ 시험 대비를 넘어 지속 가능한 학습성취를 강조하기 위함

└──┘

○ (**2단계 수용할 만한 증거 결정**) 영속적 이해에 대한 학습자의 도달 여부를 평가하는 수행과제 개발 및 루브릭 설계

- (수행과제 개발) 학습자의 **인지적·정의적·심동적 영역의 성장**을 촉진할 수 있는 수행과제를 개발하고, 수행과제를 판단할 때는 효과·내용·질(quality)·과정 등을 준거로 활용

  ※ (**수행과제 개발의 단서로서 GRASPS**) 수행 목표(Goal), 수행자의 역할(Role), 수행과제 실시 대상(Audience), 수행 상황(Situation), 결과물 제작(Perfomance), 수행과제 기준(Standard)

- (루브릭 설계) 수행과제에 대한 평가도구 및 준거로서의 **루브릭(Rubric)에는 이해, 빈도, 효과성, 자율성, 정확성, 명료성 등을 반영**

- (기타 증거자료 설계) 영속적 이해에 도달하게 하는 핵심 지식과 기능을 추가적으로 평가할 수 있는 '**기타 증거자료**' 설계

○ (**3단계 학습경험과 수업 계획**) **학습경험** 최종 선정 및 구체적인 **수업** 구상

- (WHERETO 요소) 학습경험과 수업 계획 시 고려하여야 하는 요소로서, 학생들이 학습목표를 달성할 수 있도록 도와주는 일련의 지침

  ※ WHERETO는 수업활동단계가 아니라, 단원 학습활동을 구성한 뒤 그 속에서 **WHERETO 각 요소가 발견되는지 검토**

⬛ WHERET의 요소와 의미

구분	내용
W	학생들에게 단원이 어디로(Where) 향하는지, 왜(Why) 그런지 이해시켜라.
H	도입에서 학생들의 흥미와 동기를 유발(Hook)하고 유지(Hold)시켜라.
E	학생들이 중요한 개념과 본질적 질문을 탐구(Explore)하도록 준비시켜라.
R	학생들에 주요 아이디어를 제공하고 그들이 이것을 다시 생각(Rethink)하고 수정(Revise)할 수 있는 기회를 제공하여라.
E	학생들에게 자기평가(Self-Evaluate)의 기회를 제공하여라.
T	개인적인 재능·흥미·필요를 반영하도록 설계(Tailor)하여라.
O	진정한 이해를 최적화하기 위하여 재조직(Organize)하여라.

⬛ 역행설계모형의 장단점

특징	• 목표 달성 여부를 확인할 **평가계획을 먼저 수립**하고 이에 맞는 수업내용 선정 • 평가계획 수립 시 **교사의 적극적 역할** 강조
장점	• **교수 목표 − 내용 − 평가의 일체화** 용이 　− 목표 달성을 강조하여 교수의 효율성과 학습의 경제성 추구 • **평가 전문가**로서 교사의 역할(책무성 확보) 설정
단점	• **교육내용을** 목표 달성·평가의 **수단으로 축소** 　− 목표로 설정되지 않는 학습경험 무시 • **평가 의존적인 수업활동**에 국한

⬛3 대안적 교육과정 개발모형

① 서술적 접근 : D. Walker의 자연주의적 개발모형 기출 2009, 2018

◆ 교육과정 개발에 참여하는 자는 실제로 무슨 일을 하는가에 초점

◆ 교육과정 개발은 계획된 절차에 따라 진행되는 것이 아니라 환경, 교과 전문가, 교사, 학습자들의 참여를 통한 숙의를 거치면서 점진적으로 최선의 대안을 창출하는 과정

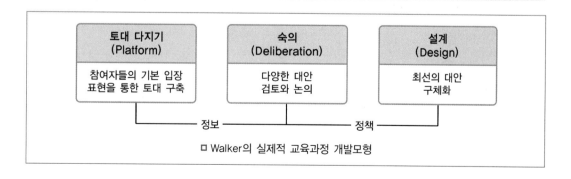

□ Walker의 실제적 교육과정 개발모형

○ **(토대 다지기)** 교육과정 개발 참여자들이 지닌 교육과정에 대한 **지식·신념체계를 밝히면서** 숙의를 위한 기초 및 합의의 발판 마련

○ **(숙의)** 더 나은 교육과정을 위한 **체계적·집단적 사고와 논의과정**

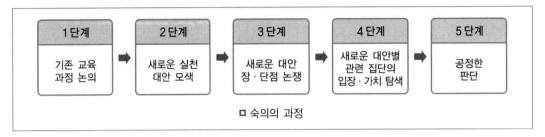

□ 숙의의 과정

○ **(설계)** 숙의를 통하여 선택된 **최선의 대안**을 **문서화**하고 **상세한 계획 수립**(교과·자료 창출)

※ 설계과정에서도 여전히 숙의가 진행되며, 여러 집단의 의견이 상시적으로 설계에 반영

🏴 **자연주의적 개발모형의 장단점**

특징	• 교육과정 개발이 **실제 이루어지는 과정을 있는 그대로 기술** • 이해관계인의 **숙의를 통한 교육과정 개발** 강조
장점	• 상황에 따라 변화하는 교육과정 개발 모습을 현실적으로 보여줌(높은 현실설명력) • 교육과정 개발과정에 관여하는 여러 집단 사이의 **이해관계를 고려하면서 교육의 민주성 확보 용이**
단점	• 일관성 있는 교육과정 개발절차를 제시하기 곤란(법칙화 곤란) • 단위학교는 전문가·시간·비용상 한계로 충분한 숙의가 곤란하여 **학교중심 교육과정 계획에는 부적절**

2 **비판적 접근 : E. W. Eisner의 예술적 교육과정 개발모형** 기출 2006, 2011, 2013

◆ 기존 교육과정 모형은 가시적이고 측정 가능한 목표에만 집중하여 수업의 복잡성·역동성 등 질적인 측면을 무시한다고 비판

◆ 교육과정은 참여자의 교육적 상상력이 발휘되어 의미가 재구성되는 예술적 과정
   – 목적에 따른 수단 강구의 논리에 따라 사전에 계획된 대로 실천하는 것보다, 그 자체의 내재적 원리에 따라 **실제적 기예가 발휘되는 구체적 실천의 총합**(예술작품 그 자체)
   – 교육을 통해 개인이 '의미를 추구'하기 위해서는 학생의 심미적 능력을 길러주는 **예술교과가 필요하며, 질적탐구** 강조

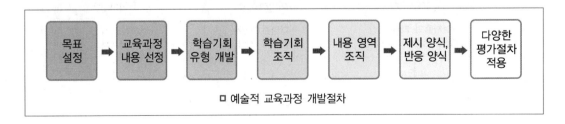

□ 예술적 교육과정 개발절차

○ **(목표 설정)** 양적으로 측정 가능한 행동목표보다는 질적판단이 요구되는 **문제해결 목표 (Problem-Solving Objectives), 표출적 성과(Expressive Outcomes)** 강조

※ **(유의점)** 교육과정 개발 시 상이한 집단의 목표가 상충하는 경우 예술적 기술과 재능을 바탕으로 협상을 통한 집단 조정 필요

– **(행동목표 비판)** **학습의 결과**는 **질적으로 다양**하고 학습자마다 의미가 다른 **예술적 특성**을 지니므로 **구체적으로 명세화 불가**

┌─ 행동목표에 대한 Eisner의 비판 ──────────────────────────────────┐

- **(타일러의 행동목표)** ① **사전에** ② **구체적 행동용어로** 진술
  – (비판 ①) **수업이 끝난 후 교육목표가 발견될 수 있으므로** 내용의 선정·조직 전에 명세화하는 것 곤란
  – (비판 ②) 창의성을 중시하는 과목 등 **예술영역의 교과**, 정의적 영역(호기심·창의성·독창성 등)은 **구체적 행동용어로 진술 곤란**

└──┘

– **(문제해결 목표)** 학습자가 **특정 문제를 해결하기 위해 필요한 지식과 기술**을 습득하도록 하는 목표로서 표출적 성과에 비해서는 구체적이고 명확

※ **(활동)** 학생들에게 다양한 실험을 제공하여 물리적 변화(물의 상태 변화)와 화학적 변화(철의 산화)를 관찰하고 구별

※ **(평가)** 학생들이 각각의 변화를 설명하고 구별하는 능력 평가

– **(표출적 성과)** 학습과정에서 학생들이 **예측하지 못한 방식으로 표현하거나 성취한 결과**

※ **(활동)** 학생들에게 주제를 제공하지 않고 자유롭게 그림을 그리도록 유도

※ **(평가)** 학생들의 작품을 통해 창의성과 개성 평가

📗 교육목표의 3가지 형태[14]

구분	특징	예시	평가방법
행동 목표	• 문제와 정답 존재 • 행동동사로 진술 • 결과 측정·평가 가능	학생들은 두 자릿수 덧셈 50문항을 20분 안에 풀 수 있다.	• 양적 평가 • 결과 평가 • 객관적 평가
문제해결 목표	• 일정 조건 내 다양한 해결책 • 다양한 해법과 해답 • 열린 정답	• 3층 종이탑 만들기 • 1만 원으로 가장 알맞은 식사 재료 구입하기	• 질적 평가 • 결과·과정 평가 • 비평과 감식안
표출적 성과	• 조건 없음 • 문제·답도 사전에 주어지지 않고 활동 중, 활동 후에 형성 가능	• 3일간 여행 다녀오기 • 끝말잇기 놀이 • 친구들과 벽화 그리기	• 질적 평가 • 결과·과정 평가 • 만족도 • 감식안

○ **(교육과정 내용 선정)** **개인·사회·교과의 세 자원**으로부터 교육과정 **내용** 추출, 이때 **영 교육과정 (Null Curri.) 고려 필요**

───────────────

[14] 홍후조, 전게서, 2016, p.198

- (영 교육과정) ① 가르칠만한 가치가 있고, ② 학교가 설정한 교육목표에도 부합하지만, ③ 공식적 교육과정에서 고의로 배제되어 학습할 기회를 가지지 못하는 교육내용

  ※ (예시) 일본의 역사 교과서에서 한국 침략 내용을 의도적으로 배제

○ (학습기회 유형 개발) 교사가 학생에게 다양한 학습기회를 제공할 수 있도록 '교육적 상상력' 강조 (교사의 교육과정 재구성 능력)

  - (교육적 상상력) 교육목표와 교육내용을 학생에게 적합한 형태로 변형하는 능력으로, 이를 통해 목표와 내용은 학생에게 유의미한 학습활동으로 변형

  ┌─ 교육적 상상력의 발현 예시
  │
  │ ■ (목표 변형) 학습자의 기존 학업성취 수준, 학습동기 등을 고려하여 기존 교육과정에서 제시한 단원학습목표를 학습자 수준에 맞게 재구성
  │ ■ (내용 변형) 교과서 내용 순서의 변경, 교과서 외 보충자료 제공, 지식 습득활동 외 학습자 참여중심활동 추가 등

○ (학습기회의 조직) 여러 종류의 과제 및 학습활동을 제공하고 학습자의 학습 참여를 활성화하는 비선형적 접근을 통한 다양한 학습결과 유도

○ (내용영역의 조직) 통합과 연계 등을 통하여 다양한 교과를 포괄하는 범교과학습 조직

  ※ (통합) 교과 내, 교과 간, 교과 · 비교과 간 통합 (연계) 가정 · 학교 · 지역사회 협력

○ (제시와 반응양식 개발) 학생들에게 충분한 교육기회 부여를 위해 다양한 의사소통 방식(동영상, 그래픽 등)을 통한 교육과정 내용 표현(시적인 진술, 은유를 통한 의사소통)

  ※ (모방적 형식) 사물의 외형을 본뜬 상형문자, 도로 표지판
  (관습적 형식) 특정 문화권과 집단에서 상통하는 표현 양식, 십자가
  (표현적 형식) 사건과 현상의 본질적 특성을 나타내는 양식

○ (다양한 평가절차 적용) '교육적 감식안'과 '교육비평'을 통해 교육과정 전반에 걸친 평가(참평가) 강조

  - (교육적 감식안 : Educational Connoisseurship) 문제해결 목표와 표현적 결과를 평가하기 위해 평가대상인 학습자 자질 간 미묘한 차이를 감식(인식)할 수 있는 능력(감상술)

  - (교육비평 : Educational Criticism) 전문가가 감식한 미묘한 차이를 비전문가가 이해할 수 있도록 공식적 언어(은유, 비유, 제안, 암시 등)로 표현하는 능력(표출술)

  - (참평가 : Authentic Assessment) 실제 상황에서의 문제해결력을 측정하는 평가로, 어떤 기술이나 지식을 제한된 교수학습의 맥락이 아닌 실제적인 맥락에 적용 요구

┌─ 참평가 시 평가과제 기준 ─────────────────────────────────┐

- 과제는 **학교 밖 세계에서 직면**할 수 있는 것 포함
- 결과뿐 아니라 **과정도 평가**
- 과제에는 **지적 공동체의 가치 반영**
- **개인별 · 집단별 평가** 사용
- 과제에 대한 해결책과 **답은 하나 이상**
- 과제는 수업시간에 배운 내용을 **새로운 상황에 적용**
- 과제는 단편적 사실과 **전체적 맥락 고려**
- 과제의 **제시형태를 다양하게 선택**할 수 있도록 허용

└──┘

📓 예술적 교육과정 개발모형의 장단점

특징	• 교육적 상상력, 교육적 감식안, 교육비평 등 **교사의 자율성 · 전문성** 강조 • 영 교육과정 고려 및 교육과정의 **다양한 표현양식** 강조 • 합리적 모형에 비하여 교육과정 **개발의 신축성 · 융통성** 강조
장점	• 교육과정 전문가로서 교사의 역할 강조, 사기 앙양 • 교육과정 영역의 확대, **학생 흥미 제고**에 도움 • 환경변화에 **적극적 대응 용이**
단점	• 교사 역량에 따라 교육과정 개발에 질적 차이 발생 • 예술교과 외 타 교과에 **일반화하는 데 한계**(대안의 비구체성) • 상상력 등 예술적 과정은 시간 · 노력이 많이 들어 **개발에 비효율적**

③ 분권적 접근 : 교육과정 재구성과 학교중심 교육과정 개발모형 기출 2013

◆ 교육과정은 학교가 직면하는 상황 및 그 구성원인 교사와 학생의 특성에 따라 다르게 재구성 필요
◆ 중앙집권적 국가 교육과정은 지역과 학교의 특수성을 반영하는 데 한계가 있다고 비판하면서 등장

○ **(교육과정 분권화)** 지역과 학교의 특수성을 반영하는 교육과정 재구성

- **(필요성 ① : 학습자 측면)** 학교별 학습자 특성에 맞는 교육 실현

- **(필요성 ② : 교과 측면)** 교과별 중요한 내용 변화에 **신속한 대응 가능**

- **(필요성 ③ : 사회 측면)** 학부모, 지역사회의 요구 및 기대에 부응

○ **(교육과정 재구성)** 교사가 국가 · 지역 · 학교 수준의 교육과정을 **자신만의 교육과정으로 재구성하는 모든 과정**으로, 교수학습 지도안 작성 등 실제로 가르치는 모든 활동을 포함

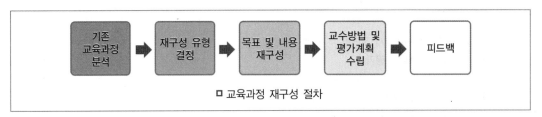

□ 교육과정 재구성 절차

- (기존 교육과정 분석) 교과 교육과정 및 성취기준 분석, 교과목표 확인, 학교여건 확인 등

- (재구성 유형 결정) 교과 내 재구성(순서 변경·내용 추가 및 대체), 교과 간 재구성(타 교과와 연계·통합), 교과와 창의적 체험활동 연계 등

- (목표 및 내용 재구성) 결정한 유형에 따라 목표(성취기준)·내용 재구성

- (교수방법 및 평가계획 수립) 재구성한 내용에 적합한 교수방법·평가계획 수립

- (피드백) 재구성한 교육과정의 효율적 실행 여부 평가 및 환류

┌─ 성취기준 재구조화 시 유의사항 ─┐

① 국가 교육과정과의 통일성·일관성 확보를 위하여 국가 교육과정상 성취기준의 **구체화·명료화 목적**에 한함
② 성취기준을 통합·압축하는 경우 **성취기준의 내용 요소가 임의 삭제되지 않도록 유의**
③ 일부 내용 요소를 추가하는 경우, 학생의 학습·평가 부담이 가중되지 않도록 **학년(군)·학교급 및 교과(군) 간 연계성을 충분히 고려**

○ (교사의 역량) **교육과정 문해력**

- (개념) **교육과정을 읽고 쓰는 능력**

  ※ (요소) ① 이해: 기존 교육과정의 목적, 성취기준, 내용, 구조, 원리 등을 명확히 이해하는 능력
  ② 해석: 기존 교육과정을 현장에 맞게 적용할 수 있는 능력
  ③ 실행: 교사가 이해하고 해석한 교육과정을 효과적으로 실행하는 능력
  ④ 평가: 자신이 운영한 교육과정을 평가하고 개선하는 능력

○ (학교중심 교육과정모형: SBCD*) 학교가 직면한 **상황에 대한 분석을 통해** 단위학교가 주체적으로 교육 프로그램을 계획·설계·실행·평가하는 모형

  * School Based Curriculum Development(M. P. Skilbeck)

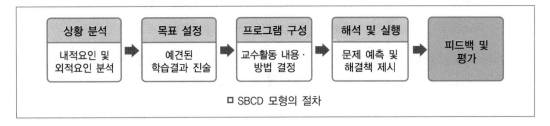

□ SBCD 모형의 절차

- (상황 분석) **학교의 내적요인과 외적요인 분석**

상황 분석 시 고려해야 할 요인

구분	주요 내용	분석 방법
내적 요인	• 학생의 적성·능력·요구 • 교사의 능력·가치관·지식 • 학교의 환경(시설, 문화) • 현 교육과정	• 학생 상담(가정환경 조사서 분석) • 교원 상담, 교원 평가내용 분석 • 학교 조사 • 전학공을 통한 교육과정 분석
외적 요인	• 교육정책 및 교사지원체제 • 학부모의 기대 • 지역사회의 기대 및 자원	• 교육정책 스터디, 연수 • 학부모 상담, 학부모회 운영 • 지역사회 연계 활동(마을교육공동체)

- (목표 설정) 상황분석에 기초하여 **예견되는 학습결과를 구체적으로** 진술

- (프로그램 구성) 교수활동의 내용과 방법을 포괄적·체계적으로 결정

- (해석 및 실행) 변화된 교육과정에 따라 발생하는 **문제 예측** 및 해결

- (피드백 및 평가) 모니터링 및 평가체제 설계(순환적 특성)

학교중심 교육과정 개발모형의 장단점

특징	• 학교가 직면하는 **상황요인에 대한 세부적 분석에 초점** • 학교별 특성에 맞는 교육과정 개발 시 **교사의 자율성 강조** • 선형적 절차가 아닌 **개방적 상호작용 모형**
장점	• 학교별 개별적 상황을 **정확하게 인식 가능** • **교원의 전문적 능력**에 대한 신뢰 및 전문성 강조 • 개발자가 판단하기에 적합한 단계에서 시작이 가능하며 **단계 간 결합 가능**
단점	• 학교별로 상황이 다르므로 교육과정 개발의 **일반화 곤란** • 교사와 학교의 능력 **과대평가** • 개방적 상호작용의 특성으로 **개발과정에서 혼란 발생**

4 교육과정의 설계모형

◆ 교육과정 설계는 교육과정 개발로 만들어질 교육과정이 어떤 모습이 되어야 할지를 계획하기 위한 틀
 - 교육과정을 구성하는 요소인 **교육목표 · 교육내용 · 학습경험 · 평가** 등의 성격과 내용을 밝히고 **체계적으로 배열**하는 방식

1 내용모형(Content Model)

○ **(주요내용)** 교육과정 설계를 '**가르쳐야 할 내용의 결정**'으로 보는 관점으로, 학생의 사회화 · 문화화를 위하여 **내재적 가치가 있는 공통의 문화유산을 가르쳐야 한다**는 입장

 - 교육과정은 **학습자들을** 이전 사회에서 성취해 온 **사회의 삶의 양식으로 입문**시키는 사회화 · 문화화의 역할 수행 필요

 - **내재적 가치**는 학습자에게 미칠 영향에 따라 달라지는 것이 아닌, **지식 그 자체에 존재하는 본질적 가치**

○ **(의의)** ① 교육과정 내용 선정에 대한 중요한 질문 제기
      ② 교육을 통한 학습자의 사회화 도모

○ **(한계)** ① 교육내용을 사회의 문화에 기반하여 결정한다고 하나, **문화의 실체가 불분명**
      ② 다원화된 사회에서 어느 문화보다 우월한 **단일한 고급문화를 특정하기 곤란**
      ③ **특정 집단의 정치적 관심사**에 따라 내재적 가치 · 문화의 개념에 영향
      ④ 학생들의 수요를 반영하기 곤란

2 목표모형(Product Model)

○ **(주요내용)** 목표를 교육과정 설계의 출발점 · 가장 중요한 요소로 보는 관점(Bobbit, Tyler 등)으로 **목표의 구체화 · 명확화** 추구

 - 목표의 명확한 설정을 통하여 **학습자의 성취수준, 교육내용이 분명**해지고 이에 대한 **평가도 용이**

○ **(의의)** ① 목표에 따라 **체계적이고 일관된 교육** 가능
      ② 목표 달성 여부에 따른 **평가 용이**

○ **(한계)** ① **인간에 대한 수동적인 관점**(공장모형)
      ② 논의의 여지가 있는 **쟁점을 다루는 교과에는 부적절**
      ③ 교육에 대한 **도구주의적 관점**
      ④ 정해진 목표와 그에 따른 행동만을 강조하여 **교사 및 학생의 자유 제한**

③ **과정모형(Process Model)**

- ○ **(주요내용)** 교육이 촉진하려는 학생의 역량을 구분하고, **역량 발달**을 위해 **교수·학습과정이 따라야 할 절차나 원리를 상세화**하는 데 초점

  - 교육과정 설계의 출발점은 **학생의 역량 발달(개인의 질적 발달)**

  - **내용지식이나 목표**는 미리 설정되기보다는 역량 발달을 위한 **교수학습과정 중 절차적 원리에 따라 선정·생성**

- ○ **(의의)** ① 교사들이 직면한 **실제상황 반영**
  - ② 매일 유동적인 교실 환경에서 **절차적 원리를 통한** 전문적 판단 유도
  - ③ 절차적 원리에 따라 자신의 수업을 구체화하는 **교사의 적극적 역할, 전문성 강조**

- ○ **(한계)** ① 교육과정의 효과는 **교사의 전문적 판단에 크게 의존**
  - ② 절차적 원리를 교수방법이라고 오해하는 경우 **교육목표·내용에 소홀할 우려**

📌 **교육과정 설계모형의 비교**

구분	내용모형	목표모형	과정모형
교육목표	내재적 가치가 있는 지식의 획득	목표가 무엇이기보다는 목표를 달성하기 위한 기제에 관심	개인의 역량 발달
교육내용 선정준거	내재적 가치, 유용성 있는 내용	교육목표 달성을 위한 내용	개인 역량의 지속적 발달을 위한 내용

5 **교육과정의 일반적 설계원리** 기출 2004, 2006, 2009, 2010, 2011, 2017, 2022

① **교육목표의 설정**

- ○ **(설정 측면 : 종합성의 원리)** '교과, 학습자, 사회' 고려

  - **(교과)** 교과에서 반드시 포함되어야 할 기본적인 내용(성취기준), 교과의 최근 동향
    ※ **(고려방법)** 교과협의회를 통한 성취기준 분석, 연구동향 파악

  - **(학습자)** 학습의 일반적 발달단계(인지 + 정의), 학습자 간의 개인차(학습양식 등)
    ※ **(고려방법)** 지필 진단평가(인지), 관찰 및 면담(정의)

  - **(사회)** 사회 전체의 이념 및 급변하는 사회의 필요·요구 반영, 사회의 인재상
    ※ **(고려방법)** 지역사회 연계활동(마을교육공동체), 학교운영위원회, 설문조사

○ **(진술 측면 : 구체성의 원리)** 교육활동 내용 및 결과의 명확화를 위해 **교육목표 진술의 구체화 필요**

- **(특징)** 수업에서 달성할 결과를 ① **사전에,** ② **구체적인 행동 용어**로 제시

  ※ (예시) 설계한다, 구분한다, 열거한다, 계산한다, 비교한다, 쓴다, 그래프를 그린다.

- **(장점)** ① 사전에 목표를 진술하여 **수업방향**을 명확하게 제시 가능

  ② **평가의 기준**을 분명하게 제시하여 평가의 신뢰도(일관성) 제고 가능

- **(단점)** ① 목표는 수업 중·후에도 생성될 수 있으므로 모든 목표를 사전에 제시 곤란

  ② 구체적인 행동 용어로 진술하기 어려운 **역량(창의성 등 고등정신기능), 교과(예술 교과)**에 적용 곤란

N. E. Gronlund의 목표진술

- **(문제의식)** 모든 목표를 Mager식으로 표현하면 너무 많은 수의 목표가 필요하고, 목표 간 위계적 관계를 파악하기 어려워 교수나 평가의 지침으로 활용하기 곤란
- **(구분)** ① 일반 교수목표 : 학습의 전반적인 방향을 나타내는 포괄적인 목표를 암시적 동사(안다, 이해한다, 믿는다)로 표현한 목표 → 단원을 포괄할 수 있는 8 ~ 12개의 일반목표 진술
  ② 구체적 교수목표 : 일반목표를 보다 구체적이고 측정 가능한 형태로 세분화하면서 명시적 동사(찾는다, 배열한다, 열거한다)로 표현한 목표
- **(요소)** ① 행동 : 학습자가 수행하여야 하는 구체적이고 관찰 가능한 행동(설명한다, 비교한다, 측정한다)
  ② 조건 : 행동이 수행되는 상황이나 조건
  ③ 기준 : 행동의 성공 여부를 판단할 수 있는 기준

▶ **(일반 교수목표)** 학생은 환경보호의 중요성을 이해한다.
(구체적 교수목표) 주어진 통계자료를 바탕으로(조건) 세 가지 이상의 구체적 예시를 포함하여(기준) 플라스틱 사용이 환경에 미치는 영향을 설명할 수 있다(행동).

---

2 교육내용, 학습경험의 선정

○ **(기본원리)** R. Tyler의 원리(기회, 가능성, 만족, 경험, 일 경험 다 성과의 원리)

◢ 학습경험 선정 기준 : J. McNeil

구분	내용
철학적 기준	내용이 학습할 가치가 있는가(학습의 교육적 가치성)
심리적 기준	학습이 가장 잘 일어날 수 있는 내용인가(학습자의 흥미, 동기 유발 가능성)
과학기술적 기준	내용이 체계성·논리성을 가지는가
정치적 기준	내용이 특정 이념, 가치에 편향되지 않았는가(공정성, 형평성)
실용적 기준	내용을 가르치고 배우는 데 발생하는 경제적 비용이 현실적인가

③ 교육내용, 학습경험의 조직

○ **(수평적·횡적 조직원리)** 동일 학년 내 내용의 배열

- **(범위 : Scope)** 교육과정에서 다룰 **내용의 폭과 깊이**로서 ① 교과(내용의 가치성·중요성), ② 학습자(학습자의 수준), ③ 사회(교육 관련 법·사회문화적 가치·이념 등)에 영향을 받음

  ※ (예시) 관악기의 종류 가운데 어떤 것까지 다룰 것인지 검토

- **(통합 : Integration)** 교육과정의 내용으로 포함될 수 있는 **모든 유형의 지식과 경험**을 서로 **연결, 서로 관련된 형태로 지식 제시(내용 간 연계)**

  ※ (예시) 통합사회, 통합과학, 초등 1·2학년의 통합교과(바른생활 등)

❚ 수평적 조직원리로서 통합의 예시

구분	예시
연결형	한 과목 안에서의 통합으로, 우리의 이웃이라는 주제로 일본과 중국을 학습
둥지형	능력과 개념을 연관시키는 것으로, 중력이라는 개념을 배우면서 발표력과 연관
계열형	여러 과목이 서로 연계되도록 설계하는 것으로, 삼일절(사회)과 유관순의 전기(국어) 연결
공유형	사회과에서 먼저 이집트에 대하여 학습하고 과학과에서 미라의 원리에 대하여 학습
거미줄형	각 교과를 주제중심으로 연결
통합형	과학·사회·수학과에서 패턴·순환이라는 공통개념 추출 및 교과내용 통합

○ **(수직적·종적 조직원리)** 교육내용을 **시간의 흐름**에 따라 구조화

- **(계속성 : Continuity)** 특정 지식이나 학습영역에서 시간의 경과에 따라 **동일한 개념이나 기능을 계속해서 반복적으로** 다루는 것

  ※ (예시) 초등학교 저학년에서 기본적인 분수를 배우고, 고학년에서 분수의 덧셈과 뺄셈을 배우며, 중학교에서는 분수의 곱셈과 나눗셈을 배우는 것(분수의 개념이 계속해서 반복)

- **(계열성 : Sequence)** 학생들이 **학습내용 및 경험을 접하는 순서를 논리적으로 배열**

  ※ (예시) 과학수업에서 기본적 물질의 성질→화학반응→화학반응에 따른 에너지 변화 순서로 학습

  ※ **(주요방법)** ① 단순한 것에서 복잡한 것으로, ② 전체에서 부분으로, ③ 사건의 연대기적 순서로, ④ 구체적 경험에서 개념의 순서로, ⑤ 나선형으로 내용 심화

○ **(총체적 조직원리)** 두 원리를 모두 포함

- **(연계 : Articulation)** **두 개의 학교급·학년**이 만나는 지점에서 특정 내용요소 간이나, **동일 학년에서** 제시되는 유사한 내용요소 간의 연결(계속성 + 계열성 + 통합성)

  ※ **(수직적 연계)** 중1 수학을 초6 수학과 연계
  (수평적 연계) 중1 환경을 주제로 과학교과 내용과 기술·가정교과 내용을 연계(수준 간 연계)

- **(균형 : Balance)** **여러 측면*의 내용을 적절한 비중으로 조화**

* 인간의 인지적·정의적·심동적 영역, 개인·사회·지적인 목표, 공통내용과 선택내용 등

6 교육과정의 통합 : 통합 교육과정

1 교육과정 통합에 대한 기본적 이해

○ **(개념)** **교과 간 구분에서 탈피하여**, 교사와 학생들이 협동적으로 결정한 **의미 있는 문제 및 쟁점 중심의 교육을 통하여 개인적이고 사회적인 통합의 가능성을 고양**시키는 교육과정

- 교육목표 달성을 위하여 교과별 중요한 내용을 학습자 수준에 맞게 통합하는 교육과정

○ **(특징)** ① (기본) **학문 간 경계를 허무는 교육과정**
② (목표) **복잡한 사회변화에 대응**하기 위한 역량(융복합 창의력 등) 함양
③ (내용) **실생활 문제와 관련한 지식과 활동을 교육과정에 포함**
④ (방법) 지식의 실제적인 적용을 강조하는 **프로젝트 활동 · 협력학습 중시**

○ **(필요성)** ① (교과) **지식 변화**에 유연한 대응
② (학습자) **인지적 경험의 확대 + 동기 유발, 전인적 발달**
③ (사회) 사회에서 필요한 복잡한 **문제 해결능력, 창의력 함양**

📋 **통합 교육과정의 원리 : S. Drake**

구분	내용
중요성의 원리	학습자의 흥미 · 관심뿐 아니라 지적능력 개발을 목표로 하므로 **각 교과의 핵심 내용 반영 필요**
일관성의 원리	통합 단원의 내용과 활동이 단원의 **목표 달성**을 위해 고안된 **수업전략 및 방법에 부합** 필요
적합성의 원리	통합 단원이 **학습자의 개성과 수준**에 맞으며 **학습자의 전인격적 성장**을 목표 필요

2 교육과정 통합모형 : S. Drake의 KDB 모형

○ **(주요내용)** 학습목표를 수립할 때 **지식(Know), 기능(Do), 인성(Be)**를 강조하면서 교육과정을 **성취기준을 중심으로** 간학문적으로 설계하는 모형

📋 **KDB 요소 : S. Drake**

구분	내용
지식 (Knowledge)	• 학습자가 알아야 하는 개념, 사실, 정보 • 전통적 교육에서 강조하는 내용지식을 포함하며 학습자의 기능과 행동의 학문적 기초
기능 (Do)	• 학습자가 할 수 있어야 하는 활동 및 기술 • 학습자가 배운 지식을 실제 상황에 적용하는 능력과 관련(지식의 전이)
행동 (Behavior)	• 학습자가 보여야 하는 태도, 가치, 행동의 변화 • 학습자가 사회적 책임감을 가지고 바람직하게 행동하는 능력과 관련

02

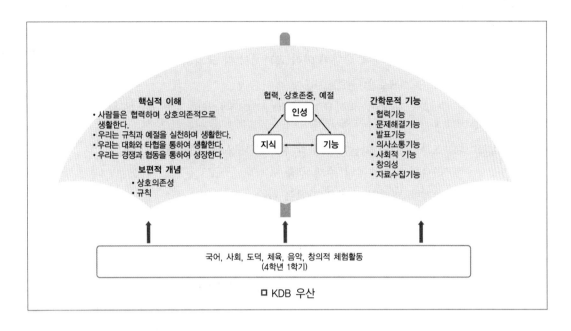

□ KDB 우산

▌ KDB 단계별 교수학습활동

단계	교수학습활동
사전 단계	국가 교육과정의 성취기준에 대한 수직적·수평적 검토(연결 가능성 검토) ※ 교육과정 SCAN
단계 1	연령에 적합하고 적절한 토픽 또는 주제 선정 ※ (예시) 우화(Fables) 선정
단계 2	서로 관련되는 성취기준 추출
단계 3	탐색망 만들기(가운데 중요 주제를 두고 각 교과의 성취기준 배열) ※ (예시) 우화를 중심으로 국어에서는 이야기 읽기, 미술에서는 색의 명도·정서 파악하기, 음악에서는 화음·배경음악 만들기 배열
단계 4	KDB 우산 만들기: 단계 2에서 추출한 성취기준을 토대로 빅 아이디어(지식), 프로그램을 통해 키워야 할 기능과 인성 결정 ※ (예시) 사람들은 세상에 대한 의미를 만들기 위하여 이야기를 한다는 빅 아이디어 형성
단계 5	큰 평가과제 만들기(백워드 모형에서의 2단계와 유사) ※ (예시) 수행과제로서 '우화를 주제로 한 전시회 개최' 제시
단계 6	큰 질문 결정(단계 4의 빅 아이디어와 관련한 질문 결정) ※ (예시) 사람들이 세상에 대하여 이야기하는 것이 왜 중요한가
단계 7	큰 질문을 다룰 소단원 개발
단계 8	소단원별 활동 및 작은 평가과제·평가도구 개발

3 **교육과정 통합 유형**

○ **(다학문적 통합)** 공통 **주제**에 대하여 여러 교과에서 각 **교과의 내용과 기능으로** 교육과정 조직

  ※ (비유) 동일 주제를 여러 교과의 렌즈로 보는 것

  ※ (예시) 환경보호라는 공통 주제에 대해 과학교과에서는 환경오염의 원인과 영향을 학습하고, 사회교과에서는 환경보호 법규와 정책을 학습하며, 영어교과에서는 환경문제에 관한 에세이를 작성

  – (절차) ① 교과를 통해 학습하여야 할 **중요한 내용과 기능 확인**
        ② 하나의 교과로부터 **주제 추출**
        ③ 주제에 대해서 **개별 교과별로 학습**

  – (특징) ① 개별 교과의 **정체성 유지**
        ② 교사들은 **자신의 교과 내에서** 해당 주제를 가르침
        ③ 교과 교사에 의한 **단독 수업**

○ **(간학문적 통합)** 여러 교과에 걸친 **공통적인 주제, 개념, 기능을 중심으로 교육과정 재조직**

  ※ (예시) 학교 자율시간에 환경보호라는 교과를 새롭게 편성하는 경우, 과학·사회·영어 교과의 교사들이 협력하여 통합 자료를 구성하고 수업을 설계(블록타임제, 팀 티칭 활용 가능)

  – (절차) ① 여러 교과에 걸쳐 학습되어야 할 **중요한 주제, 개념, 기능 선정**
        ② 선정된 주제, 개념, 기능에 대하여 **여러 교과에서 관련 내용 추출**
        ③ 추출한 내용을 주제, 개념, 기능에 맞게 수정 및 재조직

  – (특징) ① 교과의 **경계 붕괴**
        ② 교과가 아닌 학습되어야 할 **중요성이 크다고 간주된 주제, 개념, 기능 습득에 초점**
        ③ **공통 수업시간에** 여러 교과 교사들이 **팀 티칭**

○ **(탈학문적 통합)** 교과 간의 **구분 없이 문제나 쟁점중심으로** 교육과정 재조직

  ※ (예시) 학교 주변의 쓰레기문제 해결 프로젝트 활동을 수행할 경우 학생들이 지역사회와 협력하여 쓰레기문제를 조사하고, 쓰레기 감소를 위한 캠페인을 기획·실행하는 과정에서 과학·사회·수학의 교과지식을 활용

  – (절차) ① 교사의 도움을 받아 **학생들이** 실생활의 문제나 쟁점을 중심으로 **빅(Big) 아이디어 선정**
        ② 주제 선정 후 **교사와 학생들이 함께** 주제 탐구에 필요한 **개념과 활동 결정**
        ③ 주제에 대해서 **학생들이 주체적으로 탐구**

  – (특징) ① 개별 교과의 **정체성 소멸**
        ② 주제 자체를 **자유롭게 탐구**하는 데 초점을 두며, 외부 지식(교과서 등)은 주제 탐구를 위해서만 활용
        ③ 주제 선정 후 활동은 학습자에게 많은 **주도성 및 책임감**을 부여하고 교사는 활동의 촉진자 역할만 수행

교육과정 통합의 유형

구분	다학문적 통합(광역형) Multi-Disciplinary	간학문적 통합(융합형) Inter-Disciplinary	초학문적 통합(중핵형) Trans-Disciplinary
조직의 구심점	특정 교과로부터 추출된 주제	여러 교과에 걸친 중요 공통 주제·개념·기능	개인적·사회적 의미가 있는 문제·쟁점
내용 조직	• 개별 교과의 정체성 유지 • 개별 교과의 내용을 통해 선정된 주제 • 교과내용이 미리 정해진 계열에 따라 다루어짐	• 교과 간 경계 붕괴 • 선정된 주제·개념·기능 중심으로 여러 교과의 관련 내용 연결 • 미리 정해진 계열 미준수	• 교과 간 경계 소멸 • 주제를 탐색할 빅 아이디어·개념 규명 • 주제 탐구에 적절한 방식으로 계열화 • 실생활 연계(프로젝트법, PBL)
학습의 목적	개별 교과의 내용과 기능 습득	간학문적인 주제·개념·기능 습득	문제·쟁점·실생활중심의 주제 탐구
수업 시간	정해진 교과시간	블록타임 활용	주제에 따라 유동적
교사 역할	담당 교과 티칭	• 공동계획자 • 팀 티칭	• 공동계획자 • 촉진자
학생 역할	수용자/행위자	행위자	공동계획자/탐구자

4 교육과정 통합 운영

○ **(설계 시 고려사항)** 통합 교육과정을 계획하는 경우 교사가 고려하여야 할 점

- **(목표 설정)** ① (교과) 교과별 공통된 내용(성취기준)

  ② (학습자) 학습자가 학습을 통하여 달성해야 하는 지식(K), 기능(D), 태도(B)

  ③ (사회) 사회에서 중요하게 다루는 문제·쟁점

- **(내용 선정·조직)** ① 주제와 관련한 범위, 계열성

  ② 학문 간 균형

- **(평가계획)** ① 재구조화한 성취기준에 부합하는 평가기준

  ② 학습자의 활동과정을 종합적으로 판단하는 평가방법

○ **(실행전략)** 수업의 준비, 실행, 평가 측면에서의 실행전략

- **(준비)** ① 교과별 **성취기준 분석**

  ② 통합교과에서 다룰 **주제 선정**(학습자 참여 가능)

  ③ 사용 가능한 **자원 확인** 및 **수업자료 제작**

  ④ 관련 교과 교사와의 **업무 협의**(시간 조정, 팀 티칭 논의)

- (실행) ① 하나의 주제에 관한 **다양한 입장 설명 및 사고 유도**

  ② 협동학습, 프로젝트 학습 등을 통하여 학습자의 적극적 참여 유도 및 피드백

  ③ 통합적 지식을 개별 교과로 확장할 수 있는 후속 과제 제공

- (평가) ① **과정중심평가** 실시

  ② **산출물을 나타낼 수 있는 평가** 실시

┌─ 통합 교육과정 운영 사례 : 예술 이음학교

- **(준비)** ① **음악, 미술, 체육교과를 중심으로 업무 협의를 통해 주제 선정**(연간 주제, 학기별 주제, 월별 주제를 단계별로 선정)

  ② 주제를 실현한 연간 – 학기 – 월간 **수업계획서 작성**

  ③ 관련 교과를 **팀으로 조직하여 자체 연수 실시**(교과서 분석, 교육과정 분석, 외부 연수 참여)

  ④ 수업주제에 따라 블록타임제 운영 등 기존 **수업시수 수정**

- **(실행)** ① 교과별로 수업을 진행하되 필요시 **외부강사 초빙**

  ② 활동중심의 수업활동 유도 및 피드백

- **(평가)** ① 월드컵 응원가 연주하기, 월드컵 응원 포스터 만들기, 치어리딩 등 **산출물중심의 평가** 실시

  (국어과에서는 시화전 작품 전시회, 영어과에서는 영어로 문구 만들기 등 다양한 평가활동 실시)

  ② 산출물을 활용하여 **학내 전시회, 랜선 버스킹, 복도 내 미니 연주회** 개최

○ **(성공조건)** 교사, 학습, 학교, 사회제도적 요인과 지원방안

- (교사요인) 통합 교육과정 관련 **교사의 높은 전문성**

  ※ **(지원방안)** 통합 교육과정 관련 연수 참여, 통합 교육과정 우수사례 제공

- (학습요인) 통합 교육과정에 관한 **학생의 높은 선호도, 호기심**

  ※ **(지원방안)** 학생들에게 다양한 교수학습방법 샘플 제시

- (학교요인) 통합 교육과정에 적극적인 **학교 분위기 및 물적 지원**

  ※ **(지원방안)** 통합 교육과정에 적극적인 교장의 리더십, 필요 물품 지원

- (제도요인) 통합 교육과정이 활성화될 수 있는 **제도적 기반**

  ※ **(지원방안)** 교육과정 총론에 통합 교육과정의 범위와 내용 반영

교육과정의 운영 및 평가

Ⅰ 교육과정 운영

1 교육과정 운영의 기본적 이해

○ **(개념)** 개발된 교육과정을 **학교와 교실에서 실천***하는 과정

    * 계획된 교육과정의 목적을 달성하기 위하여 학교에서 교사가 실제로 수업을 전개하는 활동

○ **(원칙)** 교사는 **교육과정 개발·편성자의 의도를 정확하게 파악**하고 **학습자를 위해 재해석 및 실천**

  – 아무리 잘 계획된 교육과정이어도 실제 현장에서 학교·교사가 잘 운영하지 못한다면 교육목적 달성 불가

○ **(운영의 기본원리)** 학교에서 교육과정 운영계획 수립 및 실시 시 존중되어야 할 **행위의 규범**이자 운영과정·결과의 **평가준거**

📕 교육과정 운영 기본원리

관점	원리	주요 내용
사회 제도적 특성	합목적성의 원리	학교의 교육목표 달성을 위하여 운영
	합법성의 원리	국가가 정한 법령 및 기준의 테두리에서 운영
	민주성의 원리	민주적인 원리(참여 보장, 권한 위임·위양 등)에 따른 교육과정 운영 ※ (예시) 교장·교사의 상호 존중
교육 과정 특성	학습자 존중의 원리	학습자의 발달·능력·적성·진로를 고려한 운영
	계열성의 원리	학교급 간, 학년 간, 교과의 단원 간 교육활동 내용이 연계되는 종적 계열성 확보
	통합성의 원리	학생의 관심, 사회의 요구, 인접 교과 간 횡적 통합이 이루어지도록 운영
	균형성의 원리	교육과정의 핵심 요소(교육목표, 교육과정, 수업, 교육평가 등)를 확인하고 요소 간 조화·통일성 확보
교원의 역할	자율성의 원리	전문가 집단으로서 교사의 자주적 역할 보장
	전문성의 원리	일상의 교육활동과 다른 전문적 활동
	책무성의 원리	교육과정에서 제시된 학년별·교과별 목표, 교과의 단원목표 및 성취기준 달성

2 교육과정 운영의 관점 : 스나이더 등(J. Snyder, F. Bolin & K. Zumwalt)의 분류 기출 2021

- ○ **(충실도 관점)** 계획된 국가 교육과정의 내용을 있는 그대로 충실히 이행

  - (장점) ① 다수의 학습자에게 **동일한 교육과정 운영** 가능

    ② 국가 교육과정의 기준과 내용을 제시하여 전반적 **국가교육의 질 제고 가능**

  - (단점) ① **교사의 자율성 배제**

    ② 급변하는 학교현장에서 **교육과정의 탄력적 운영 곤란**

- ○ **(상호적응 관점)** 계획된 교육과정은 학교현장에서 **교사가 조정 가능**

  ※ (2022 개정 교육과정 설계·운영) 학교 교육과정은 모든 교원이 전문성을 발휘하여 참여하는 민주적인 절차와 과정으로 설계·운영하며, 지속적인 개선을 위하여 노력한다.

  - (장점) ① 실제 상황적 맥락에 따라 **교사에 의한 교육과정 수정 가능**

    ② **적극적인 교육과정 재구성자**로서 **교사의 역할 부각**

  - (단점) ① 교사의 역량에 따라 교육과정 운영의 **질적 차이 발생**

    ② 교사의 선입견 등에 따라 **편협한 교육과정 운영** 가능

- ○ **(형성·생성 관점)** 교육과정은 **교사와 학습자가 함께 생성**하는 교육적 경험

  ※ (2022 개정 교육과정의 성격) 학교 교육과정이 추구하는 교육목적의 실현을 위하여 학교와 시·도 교육청, 지역사회, 학생·학부모·교원이 함께 협력적으로 참여하는 데 필요한 사항을 제시한다.

  - (장점) ① 학습자를 교육의 주체로 받아들여 **학습자중심의 교육 실현 가능**

    ② **교사와 학생의 상호작용**을 통한 지식의 생성 및 학습

  - (단점) ① **무엇이 바람직한 결과**이고 어떻게 창안되는지에 대한 분명한 설명 부족

    ② 교육과정 외 요인(교사 능력, 학습자의 SES, 학교 교육환경 등)에 따라 **교육격차 발생 가능**

3 교육과정 실행과 교사 : G. E. Hall의 Concerns-Based Adoption Model(CBAM)

- ○ **(개념)** 충실도 관점에 기초하여 **새로운 교육과정**의 실행 정도는 **교사의 관심 수준**에 의존한다고 보고, 교육과정의 실행 정도를 높이는 데 중점을 둔 모형(G. E. Hall)

  - 교사들이 교육과정 개발에서 적극적 역할을 수행하지 못한 경우, 교육과정을 중요하게 생각하지 않는 '**교육과정 사소화 현상**' 발생

- ○ **(목적)** 교사의 관심 정도, 실행 수준, 실행 형태라는 3가지 도구를 사용하여 교사의 **관심과 실행 정도를 진단**하고 **필요한 지원책**을 개발하여 **변화를 촉진**하는 데 목적

- ○ **(교사의 관심)** 교육과정 실행과 관련하여 교사들이 가지는 느낌

교사의 관심 정도

관심 수준		주요 내용
교사 자신의 관심 수준	0단계 : 지각	새로운 교육과정에 대하여 관심이 없거나 관여하지 않음
	1단계 : 정보	• 새로운 교육과정의 대체적인 것을 알고 좀 더 알고 싶어 함 • 새로운 교육과정의 특징, 효과 및 실천을 위하여 반드시 해야 할 사항 등에 관심
	2단계 : 개인	• 새로운 교육과정을 실행하는 것이 자신의 주변에 어떤 영향을 끼치는지 관심 • 새로운 교육과정 실행에 있어 자신의 역할, 필요한 의사결정, 기존 조직에 야기할 갈등, 재정적 소요 등에 관심
업무 관심 수준	3단계 : 운영	• 새로운 교육과정의 운영과 관리에 관심이 있으며, 정보와 자원의 활용에 관심 • 효율성, 조직화, 관리방안, 시간계획, 이를 구현하기 위한 교재를 준비하는 데 관심
결과 관심 수준	4단계 : 결과	• 새로운 교육과정을 실행하는 것이 학생에 어떤 영향을 끼치는지에 관심 • 새로운 교육과정의 학생에 대한 적절성, 학생의 성취평가, 성취 향상방안에 관심
	5단계 : 협동	새로운 교육과정 실행에 있어 타 교사와의 협동에 관심
	6단계 : 강화	새로운 교육과정을 수정·보완하고 더 좋은 방법에 관심

○ **(교사의 실행)** 새로운 교육과정을 실행하는 동안 교사가 실제로 하는 행동

교사의 실행 수준

실행 수준		주요 내용
비실행 수준	0단계 : 비운영	새로운 교육과정을 거의 알지 못하고 미실행
	1단계 : OT	• 새로운 교육과정에 대하여 알고 있거나 정보를 얻고 있음 • 새로운 교육과정이 지향하는 바, 실행에 필요한 조건 탐색
	2단계 : 준비	새로운 교육과정의 실행을 위한 준비를 함
실행 수준	3단계 : 기계적 운영	새로운 교육과정을 단기적으로 운영 중이나, 체계적이지 못하고 피상적
	4a단계 : 일상화	새로운 교육과정을 처방된 대로 실행
	4b단계 : 정교화	새로운 교육과정이 학생에게 미치는 장·단기적 효과를 높이기 위하여 학생들에게 적합한 형태로 교육과정을 변형하여 실행
	5단계 : 통합화	학생에 미치는 효과를 극대화하기 위하여 교육과정 실행과정에서 동료 교사들과 협동
	6단계 : 갱신	교육과정을 재평가하고 학생에게 미치는 효과를 강화하기 위하여 미비점 보완 및 근본적 개정 방향 탐색

○ **(시사점)** ① 새로운 교육과정이 **현장에 바로 적용되지 않는지**(정책지연) 설명
　　　　　　② 새로운 교육과정의 효과적 적용을 위해 교사의 관심 수준과 실행 수준을 높일 수 있는 **행정적 지원**(장학, 연수)의 중요성 설명

4 교육과정 실행모형 : G. J. Posner 모형

○ **(연구·개발 확산모형)** 중앙의 연구·개발 센터에서 새로운 교육과정을 개발하고 이렇게 개발된 교육과정을 **교사에게 체계적으로 확산**시켜 나가는 접근(선형적 접근)

※ 계획한 교육과정과 실행한 교육과정이 일치하지 않는 이유에 대해 교사가 교육과정의 내용을 제대로 이해하지 못해서라고 지적

- **(특징)** ① 생산의 과정처럼 체계적 과정(전문가 참여 → 현장 적용 → 평가 → 수정)을 통한 개발·실행

② **사전에 정해둔 준거 달성 여부**를 통한 교육과정 운영 평가

- **(장점)** ① 교육과정 개발·실행에 대한 **일반적 적용** 가능(처방적 기능 수행 가능)

② 교육과정 실행결과에 대한 **평가 용이**

- **(단점)** ① **실제** 교육과정 개발과 운영은 **선형적이지 않음**(비현실성)

② **예측하지 않은 실행결과**가 나왔을 때 평가 곤란

○ **(협력적 모형)** 연구·개발자와 학교·교사는 **상호 영향**을 받으면서 교육과정을 개발·적용

※ 계획한 교육과정과 실행한 교육과정이 일치하지 않는 이유에 대하여, 개발자가 설정한 목표를 교사 자신의 의도하에 변형하였기 때문이라고 설명

- **(특징)** ① 교육과정 운영 전문가로서 **교사의 주체성 긍정**

② 교실 관찰·면담 등의 **질적 평가**를 통한 교육과정 운영 평가

- **(장점)** ① 교육과정 운영과 관련한 **교사의 전문성을 함양**하는 방안(전학공, 연수) 모색

② 교육과정 운영에 관한 **심층적 이해 가능**

- **(단점)** ① 관 주도의 현실에서 **현실 설명력이 다소 미약**

② 평가결과를 **일반화하기 곤란**

2 교육과정 평가

○ **(평가의 개념)** **교육평가는 교육목적의 달성 여부**를 판단하는 행위(R. W. Tyler, 1949.)

- **(종류)** ① 교육자(교사 및 직원)에 대한 평가

② 피교육자(학습자)에 대한 평가

③ 교육 프로그램(교육과정)에 대한 평가로 구분(Steele, 1973.)

○ **(교육과정 평가의 개념)** 교육과정 개발의 전 과정과 교육과정 운영 전반에 걸친 평가로서 **교육과정의 질 유지·개선**이 주 목적(교육 프로그램 평가)

- (종류) ① 교육과정 **계획**에 대한 평가
② 교육과정 **실행 및 운영**에 대한 평가
③ 교육과정 후의 **산출 및 성과**에 대한 평가로 구분

- (평가내용) **어떤 학년군의 교과목·활동 및 경험 구성의 적절성**(종합성, 체계성, 계열성, 연계성 등)을 평가

프로그램 평가모형의 분류[15]

구분	평가목적	평가모형
목표중심	목표의 성취 정도	• Tyler 목표달성 평가모형 • Hammond의 평가과정모형
관리중심 (의사결정모형)	의사결정에 유용한 정보 제공	• Stufflebeam의 CIPP 모형 • Alkin의 CSE 모형
수혜자중심 (판단중심모형)	구매나 채택을 위한 의사결정을 돕는 정보 제공	Scriven의 탈목표 평가모형
전문가중심 (판단중심모형)	양질의 전문가적 판단 제공	Eisner의 예술적 비평모형
참여자중심	프로그램 활동의 복잡성에 대한 이해와 묘사, 평가 관련자들의 정보에 대한 요구 응답	• Stake의 안모반응평가 • Guba & Lincoln의 자연주의적 평가

3 목표중심 평가모형 : 평가의 목표 달성적 접근 기출 2005, 2013

◆ 미리 설정해둔 **교육목표**나 교육을 위한 제도적·행정적 목표가 **달성된 정도를 평가**하는 모형

1 R. W. Tyler 목표 달성 평가모형 ※ Goal Attainment Model of Evaluation

○ (개념) **명세적으로 작성한 교육 프로그램(교육과정)의 목표 달성 여부를** 평가하는 모형

- **교육목표 달성 여부**가 평가의 핵심이며 목표를 행동적 용어로 진술하여 명확한 평가기준 제시

- 평가의 정확성·효율성 증대를 위하여 **목표의 명세화·세분화**를 강조하며 목표의 명세화·세분화를 위하여 **이원목적 분류표 작성**

---

[15] Worthen, Sanders & Fitzpatrick, 2004, 홍후조 외, 2010에서 재인용

📌 목표중심 평가모형의 평가절차

구분	주요 내용
1단계	학교의 교육목표를 설정한다.
2단계	설정된 교육목표를 분류한다.
3단계	분류된 교육목표를 행동적 용어로 진술한다.
4단계	교육목표의 달성 여부를 확인할 수 있는 장면·조건을 설정한다.
5단계	측정방법 및 도구를 선정 또는 개발한다.
6단계	측정을 통하여 자료를 수집한다.
7단계	수집된 자료를 분석하여 학생의 성취를 행동목표와 비교한다.

📌 목표중심 평가모형의 장점과 단점

장점	• 목표관리법(MBO)의 기초 • 행동적 목표진술로 평가기준이 명확하여 **평가자의 주관 개입 최소화** • 구체적 목표 달성도를 평가하므로 **평가가 용이**하며 **책무성 확보**에 장점 • **교육목표, 내용과 평가 사이의 논리적 일관성 확보** 용이
단점	• 행동적 목표로 진술하기 어려운 **정의적 특성에 대한 평가 곤란** • 이미 진술한 **목표 이외**에 대한 **평가 곤란**(잠재적 효과 고려 미흡) • 지나치게 결과를 강조하여 **과정 무시 가능성**

---

2 **M. Provus의 불일치 평가모형** ※ Discrepancy Evaluation Model

○ **(개념)** 교육 또는 경영 및 관리를 통해 **달성하여야 할 표준(Standard)*과 실제 수행성과(Performance) 간의 불일치 정도(Discrepancy)**를 평가하는 모형

  * 프로그램이 당연히 갖추어야 할 일련의 특징 또는 조건

> **불일치(Discrepancy) = 표준(Standard) − 수행(Performance)**

- **목표를 강조**한다는 측면에서 Tyler의 목표 달성 평가모형과 일치하나, 목표 달성의 정도가 아닌 **목표와 수행성과 간 불일치 정도에 초점**
- **불일치가 발견되면** 프로그램 진행자와 평가자의 **협동적 문제해결과정**을 통하여 불일치를 제거하고 프로그램의 개선·유지·종료 여부 결정

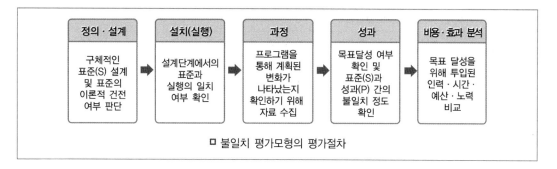

☐ 불일치 평가모형의 평가절차

🖋 불일치 평가모형의 장단점

장점	• 목표 달성 여부 확인 뿐 아니라 어떤 표준에서 목표와 성과 간 차이가 발생하였는지 분석함으로써 프로그램 개선 가능 • 불일치 해결을 위한 협동적 문제해결 강조
단점	• 정의적 측면에 대한 평가 곤란 • 이미 진술한 목표 이외에 대한 평가 곤란

3 R. Hammond 평가과정모형 ※ Model of Evaluation as a Process

○ **(개념)** 평가의 공정성과 신뢰성을 확보하기 위해서는 **평가방법과 절차가 체계적으로 구조화** 되어야 한다는 가정하에 **평가의 구조를 중시한** 모형

- **평가의 구조**를 ① **기관**(Institution · 기구), ② **행동**(Behavior), ③ **수업**(Instruction)으로 분류

  ※ **(기관)** 학교, 교사, 관리자, 교육 전문가, 학부모, 지역사회

  ※ **(행동)** 지적 · 정의적 · 심동적 영역

  ※ **(수업)** 조직, 내용, 방법, 시설, 비용

- 학업성취도만을 목표로 하는 기존 목표달성모형과 달리, **평가구조의 3요소에 따라 발생하는 상호작용 효과도 반영**하여 구체적

- 교육청 · 학교에서 **현재 실행하고 있는 프로그램의 수정, 보완에 필요한 정보를 수집하는 데 주 목적**

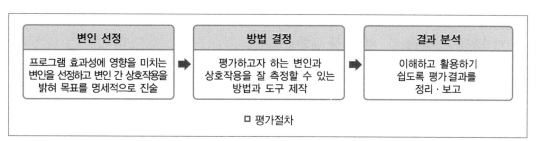

☐ 평가절차

📗 Hammond 평가과정모형의 장단점

장점	• 평가방법과 절차를 구조화하여 일선 학교에서도 활용하기 용이 • 평가과정이 구체적이고 명확
단점	• 평가 차원과 요소가 많아 평가결과를 수량화하기 곤란 • 시간과 인력이 많이 필요하여 비효율성 유발

4 의사결정 평가모형 : 평가의 관리중심적 접근

◆ 의사결정자에게 **필요한 정보를 제공**하여 교육 프로그램과 관련한 **의사결정을 돕는 평가모형**

1 D. Stufflebeam의 CIPP 모형 기출 2008

○ **(개념)** **의사결정자(교육행정가, 교사, 학부모, 학생 등)에게 의사결정에 유용한 정보를 제공**하기 위한 평가모형

- **평가자는** 최종적인 가치 판단의 주체가 아니라 **충분한 정보의 수집·제공자**

  ※ 평가자와 의사결정자 이원화

○ **(상황평가 : Context)** 목표 결정의 **합리적 기초나 이유** 제공

- 교육 프로그램 실시 시 **전반적 맥락 및 환경을 분석**하여 **목표 선정 및 우선순위 검토**에 활용하기 위한 평가, '**계획 의사결정(Planning) 단계**'에서 활용(= 맥락평가)

  ※ 체제 분석, 조사, 문헌 연구, 면접, 진단검사 등 활용

○ **(투입평가 : Input)** **의사결정의 구조화**에 도움

- 목표 달성을 위한 **전략·절차의 설계**에 **필요한 자원(인적자원, 시간, 예산)과 예상 문제점**에 대한 정보를 얻기 위하여 실시하는 평가, '**구조 의사결정(Structuring) 단계**'에서 활용(= 입력평가)

  ※ 집단토론, 문헌 연구, 설문조사, 전문가 자문 등 활용

○ **(과정평가 : Process)** **의사결정 실행**에 도움

- 교육 프로그램 실시 도중 **프로그램의 운영방법과 절차를 수정 보완**하기 위하여 정보를 수집·제공하는 평가, '**실행 의사결정(Implementing) 단계**'에서 활용

  ※ 참여관찰, 집단토의, 설문조사 등 활용

○ (산출평가 : Product) **의사결정을 순환**하는 데 도움

   – 교육 프로그램 종료 후 **프로그램의 성과를 측정**하여 **목표 달성 정도 판단 및 프로그램 지속 여부**에 대한 정보를 제공하는 평가, '**순환 의사결정(Recycling) 단계**'에서 활용

     ※ 미리 설정된 프로그램 목표 대비 성과 비교, 유사 프로그램과의 성과 비교

▮ **CIPP 모형에서 의사결정 유형과 평가 유형**

의사결정			평가		
유형	내용		유형	내용	
계획 (Planning)	목표 확인 및 선정	➡	상황평가 (Context)	전반적 맥락 및 환경 분석	
구조 (Structuring)	목표 달성을 위한 절차와 전략 설계	➡	투입평가 (Input)	전략·절차 설계에 필요한 자원 및 예상 문제점 분석	
실행 (Implementing)	설계된 절차와 전략의 실행	➡	과정평가 (Process)	프로그램 운영방법 및 절차의 수정 보완을 위한 정보 수집	
순환 (Recycling)	목표 달성 정도 판단 및 지속 여부 결정	➡	산출평가 (Product)	프로그램의 성과 측정	

▮ **CIPP 모형의 장단점**

장점	• 교육 프로그램의 **단계별 상황에 맞는 평가모형** 제공 • 의사결정과 평가의 연계를 통해 **의사결정과정에 유용한 정보를 제공하여 프로그램에 직접적 기여**
단점	• 평가결과가 정보제공에 한정**(가치평가 부재)** • 의사결정과정의 **개념과 방법 불명확** • 평가 자체가 **복잡하고 비경제적** • 평가자와 의사결정자의 구분으로 인하여 평가자는 **정보 제공이라는 소극적 역할만 수행**

2 **M. Alkin의 CSE 모형**   ※ Center for the Study Evaluation

○ (개념) 의사결정자가 여러 대안 중 **최선의 대안을 선택**하는 데 **필요한 정보**를 수집·분석하기 위한 평가모형

   – Stufflebeam의 **상황평가를 체제사정과 계획평가**로 나누고, **과정평가를 실행평가와 개선평가**로 구분

○ (체제사정평가) 특정 상황에 적합하거나 **교육목표를 선정**하기 위해 필요한 정보를 수집하는 과정

   – **교육을 통해 기대하는 사회**(학생, 학부모, 국가, 지역사회 등)**의 요구와 체제·현상의 차이** 비교

     ※ 관찰, 조사, 면담, 토의 등

○ **(계획평가)** 체제사정평가에서 확인한 교육적 요구를 충족시키는 **가장 효과적인 방안**을 찾기 위하여 **필요한 정보**를 수집하는 평가

– 프로그램을 통하여 목표가 달성될 수 있는 정도를 예견하고 다른 유사 프로그램과의 비교를 통하여 상대적 효율성 판단

※ **(내적평가 방법)** 프로그램 스타일, 구성, 실용성, 비용 평가

※ **(외적평가 방법)** 프로그램을 적용할 수 있는 일반화 범위 평가(시뮬레이션)

○ **(실행평가)** 계획에 따라 실제 프로그램을 운영하였을 때 **계획 시 결정한 사항이 어느 정도 충족**되었는지를 평가

※ 참여관찰, 면담, 토의, 조사 등

○ **(개선평가)** 프로그램 **개선에 필요한 정보를 수집**하고 즉각적으로 개입해서 **적절한 조치**를 취하여 **그 효과를 분석**하는 평가

○ **(승인평가)** 프로그램의 **지속 여부, 수정 여부, 채택·보급 여부**를 결정하기 위한 정보를 제공하는 평가

5 판단중심 평가모형

◆ **평가는 전문가의 전문적인 지식과 기술**을 바탕으로 평가대상 또는 내용의 **가치를 체계적으로 판단**하는 활동이라고 보는 평가모형

1 M. Scriven의 탈목표평가 ※ Goal-Free Evaluation 기출 2007

○ **(개념)** 프로그램의 실제적 '**가치 판단**'을 위해 목표 달성 정도뿐 아니라 **프로그램의 부수적·잠재적인 효과의 평가**를 강조한 모형

※ 목표중심평가(의도한 목표) + 탈목표평가(의도치 않은 목표)

– 의도한 목표와 **의도하지 않은 목표**(잠재적 부수 효과) 모두 고려

– 잠재적 부수 효과에 대한 평가 시 **표적집단의 요구**를 평가준거로 사용

– 프로그램 자체에 대한 평가를 내재적 준거[*]와 **외재적 준거**[**]를 통하여 평가

[*] 프로그램의 기본적 속성, 신뢰도와 객관도

[**] 프로그램의 기능적 속성, 학생에게 얼마나 도움이 되는지, 부작용이 무엇인지

– 총괄평가뿐 아니라 **형성평가 강조**

- 목표 자체의 질과 가치를 평가하는 것을 강조하므로 비교평가뿐 아니라 **비(非)비교평가** (프로그램 자체에 대한 평가) **강조**

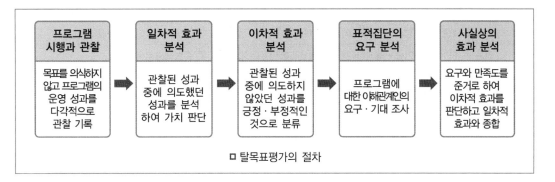

□ 탈목표평가의 절차

📌 탈목표평가 모형의 장단점

장점	• 비가시적인 잠재적 효과를 고려한 실제적 효과 평가 가능 • 표적집단의 요구를 반영한 총체적 평가 가능 • 전문가에 의한 전문적 평가 • 목표가 없는 상황에서 평가 가능
단점	• 잠재적 부수효과에 대한 정확한 평가 곤란 • 가치판단의 중립성 문제

2 E. W. Eisner의 예술적 비평모형 : 전문가중심적 접근

○ **(개념)** **예술작품을 감정·평가**할 때 전문가들이 사용하는 방법을 교육평가에 **적용**한 모형 (= 감정비평모형)

- 기존의 과학적·기술적·공학적 접근의 교육과 평가 비판

┌─ 기존 평가에 대한 비판 ──────────────────────┐

- ■ 수량화를 통한 지나친 일반화·단순화로 인하여 개개 현상의 고유성 무시
- ■ 목표는 본질적으로 미래지향적이라 목표에 대한 지나친 강조는 현재에 대한 경시로 이어짐
- ■ 무리한 객관화는 인간의 경험이 지닌 질적 측면 무시

└─────────────────────────────────────┘

- **교육적 감식안(Educational Connoisseurship)과 교육비평(Educational Criticism)**을 통하여 교육과정 개발 전반에 걸친 평가 실시

※ **(감식안)** 평가대상의 자질 간 미묘한 차이를 감식(인식)할 수 있는 능력(감상술)

※ **(교육비평)** 전문가가 감식한 미묘한 차이를 비전문가가 이해할 수 있도록 언어(은유, 비유, 제안, 암시 등)로 표현하는 능력(표출술)

📌 **교육비평의 종류**

구분	내용
기술적 측면	평가의 목적과 내용·절차·결과를 세밀하게 관찰하여 특징과 질을 **있는 그대로 기술**
해석적 측면	평가의 목적·내용·결과에서 나타난 양상에 대한 **교육적 의미와 가치를** 설명
평가적 측면	**기술·해석한 것을 기초로** 교육적 의미와 가치를 **종합적으로 판단**

📌 **예술적 비평모형의 장단점**

장점	• 전문가의 경험, 전문적 능력 강조 • 일반인들이 간과할 수 있는 교육현상의 질적 특성 인식 • 평가자료를 깊이 있게 해석 가능
단점	• 평가과정 및 절차에 대한 구체적인 지침 부족 • 전문성에 의존하여 평가의 주관성 문제

③ R. Stake의 종합실상모형 : 안면모형 ※ Countenance Evaluation Model

○ **(개념)** 교육 프로그램의 **전체적 실상(안면·Countenance)을** 평가하는 모형으로, 과학적 방법으로 객관적 판단을 내리는 **공식적 평가를 강조**

- 객관적이고 정확한 평가를 위해 직관적 규준을 근거로 주관적으로 판단하는 **비공식평가는 제외**

- 평가목적과 방법에 따라 평가활동이 달라지더라도 평가는 **충실하게 기술(Description)하고 정확하게 판단(Judgement)** 필요

○ **(기술)** 전체적 실상을 3요인(선행조건, 실행요인, 성과요인)으로 구분하고 프로그램 목표에서 설정한 **의도(Intend)와** 프로그램 실행을 통해 실제로 **관찰(Observation)된** 것을 충실하게 기술

- (전체적 실상) 선행조건, 실행요인, 성과요인

📌 **전체적 실상의 종류**

구분	내용
선행조건	프로그램 **실시 전에** 존재하는 **학습자의 특성**(출발점행동 등), **교육과정, 교육시설, 학교환경** 등
실행요인	프로그램 **실행과정에** 나타난 학생 – 교사 간, 교사 간, 학생 간의 **상호작용**(질의·설명·토론·숙제·시험 등)
성과요인	프로그램 실시가 **교사, 학교, 학부모, 지역사회에 미친 영향**

- **(자료 분석방법)** 관찰·수집된 자료를 프로그램 목표에서 설정한 **의도(Intend)와,** 프로그램 실행을 통해 실제로 **관찰(Observation)된 사항으로 구분하여 자료행렬(3×2)을** 작성하고 기술적 자료에 관해서만 연관성 분석, 합치도 분석

종합실상모형에서 자료 분석방법

구분	내용
연관성 분석	의도와 관찰로 구분하여 **선행요건, 실행요인, 성과요인** 간의 연관도 점검
합치도 분석	세 요인별로 논리적으로 탐색하여 **의도와 관찰이 일치하는 정도** 점검

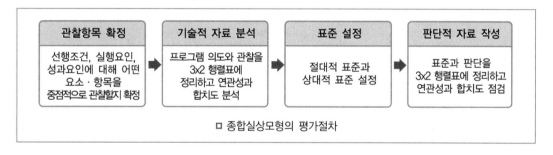

구분	기술적 측면		판단적 측면	
	의도	관찰	표준	판단
선행조건				
실행요인				
성과요인				

□ 종합실상모형의 3×2 행렬표

○ **(판단)** 기술된 내용을 표준(Standard)에 근거하여 판단

– **(표준의 종류)** 평가자가 생각하는 이상적 프로그램의 조건인 **절대적 표준**과 다른 프로그램에서 추출한 바람직한 조건인 **상대적 표준**으로 구분

관찰항목 확정	기술적 자료 분석	표준 설정	판단적 자료 작성
선행조건, 실행요인, 성과요인에 대해 어떤 요소·항목을 중점적으로 관찰할지 확정	프로그램 의도와 관찰을 3×2 행렬표에 정리하고 연관성과 합치도 분석	절대적 표준과 상대적 표준 설정	표준과 판단을 3×2 행렬표에 정리하고 연관성과 합치도 점검

□ 종합실상모형의 평가절차

6 자연주의모형 : 참여자중심적 접근

◆ 자연주의적 탐구방법을 이용하여 프로그램에 관한 정보를 수집하는 평가모형으로서 인위적 조작 없이 **현장의 실제 상황**에서 평가를 실시하고 **사례연구 형태**로 데이터를 수집·분석하여 평가결과를 질적으로 제시
   – 인간성을 단순화하는 시도를 배격하고 **총체적 관점의 역동적 이해**
   – **가치의 다양성과 개별성**을 중시하면서 표준적인 절차로부터 자유롭고 **융통적인 평가** 강조
   – 주관적 자료와 객관적 자료, 양적 자료와 질적 자료 등 **다양한 원천의 자료를 통합**
   – 사상을 다각적으로 관찰·평가하기 위하여 **여러 관점과 견해를 수용·조화**

1 R. Stake의 반응적 평가모형

○ **(개념)** 평가의 직·간접적 **이해관계인이 보이는 프로그램에 대한 반응**을 확인하는 평가모형

  – 종합실상모형은 **평가 실시 전에 세운 평가계획**에 따라 **자료를 수집하나**, 반응평가모형은 **평가 진행 중 이해관계인의 반응을 있는 그대로 기술**

    ※ 이후 Guba & Lincoln의 자연주의모형으로 발전

  – 반응을 중심으로 **평가의 내용과 절차를 수시로 수정·보완**

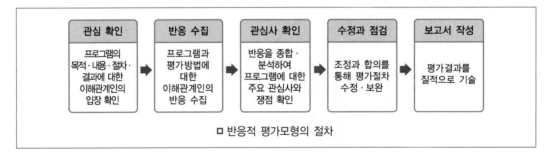

□ 반응적 평가모형의 절차

2 R. Rippey의 교류적 평가모형

○ **(개념)** 교육 프로그램의 성과보다는 프로그램 운영과정에서 발생하는 **갈등과 원인을 있는 그대로 기술**하여 의사결정자가 프로그램 개선에 활용하도록 도와주는 평가

  – 종합실상모형의 실행 요인과 본질적으로 동일

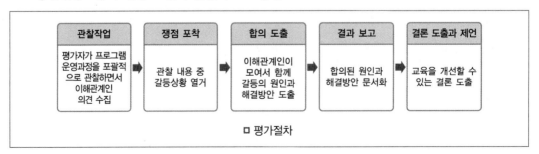

□ 평가절차

06 우리나라의 교육과정

1 과거의 교육과정

1 전근대시대

○ **(전삼국시대)** 원시시대에는 생존방법 전수가 교육, 이후 중앙집권체제로 들어서면서 상류층만을 위한 교육 강조

○ **(삼국시대)** 고구려 태학·경당, 백제의 박사제도, 신라의 화랑도·국학

○ **(고려시대)** 관료의 체계적·집단적 육성을 위한 중앙의 국자감, 사학 12도, 경전 위주 교육을 실시하는 지방의 향교, 서민을 위한 학당

○ **(조선시대)** 과거를 통한 입신양명과 지배층의 관료 양성을 위한 유학교육(성균관·향교·사학 등), 중인 이하를 대상으로 한 기술교육, 사학으로서 서원·서당

2 근대시대

○ **(개화기)** 서구화·근대화를 위한 신식교육의 도입, 고종의 교육입국조서, 최초의 관립 근대학교 **육영공원**(1886), 사립 근대학교 원산학사(1883), 기독교 계열의 선교·근대교육 활발(배재학당), 여성의 교육기회 확대(이화학당·정신여학교 등)

○ **(일제 강점기)** 무단통치기(1910 ~ 1919)에는 실용교육 위주, 문화통치기(1919 ~ 1936)에는 일본 교육과 유사, 민족 말살 통치기(1936 ~ 1945)에는 내선일체 방침에 따라 황국 신민화 교육

  - 교육을 통한 일제의 통치 합리화에 맞서 교육을 통한 구국·독립을 위해 민족사학 설립 추진, 야학 활성화

2 해방 이후의 교육과정

1 미군정기와 교수요목기(1945 ~ 1954)

○ (해방 직후) 미군정청 학무국의 통제를 받으며 **일제잔재 불식**(우리말 교육), **평화와 질서의 유지, 실제 생활에 적합한 지식 · 기능의 연마** 등을 강조하며 임시 교과목 편제와 시간 배당표 발표

※ '신조선의 조선인을 위한 교육' 방침 발표(1945. 9.)

○ (교수요목기) 교수요목 발표(1946. 11.)를 통해 ① **교과지도내용의 상세화**, ② **분과주의 채택과 체계적 지도**를 통한 지력 배양, ③ **홍익인간의 이념에 의한 애국애족 교육과 일제잔재의 제거** 추진

   – '**6-3-3-4학제**' 구축, 교사 연수, **한글로 된 교과서 개발**에 의의가 있으나 각 교과별 가르칠 주제의 단순 열거, 내용과 수준이 당시 학생들의 지적 능력에 비해 고수준이라는 한계

2 1 ~ 6차 교육과정

○ (1차 : 1954 ~ 1963) ① **교과중심 교육과정**을 기본적으로 강조하면서 특별활동을 교육과정의 영역으로 설정하여 **경험중심 교육과정** 반영, ② **도의교육(도덕)** 강조

※ 교육과정 시간배당 기준령(1954. 4.), 초 · 중 · 고 · 사범학교 교과과정(1955. 8.)

○ (2차 : 1963 ~ 1973) ① **경험중심 교육과정** 내용 적극 반영, ② 초 · 중학교에서 **반공 · 도덕**이 하나의 교육과정 영역으로 설정(교과 – 반공 · 도덕 – 특별활동), ③ 고등학교 교육과정에 **단위제 도입**, ④ 고등학교 2학년부터 **인문 – 자연 – 직업 – 예능과정으로 구분**하여 지도

※ 초등학교 교육과정 공포(1963. 2.)를 통하여 교육과정을 '학생들이 학교의 지도하에 경험하는 모든 학습활동의 총화'로 정의

○ (3차 : 1973 ~ 1981) ① **학문중심 교육과정**을 강조하여 나선형 교육과정의 내용 조직, 발견학습과 탐구학습 강조, ② 중학교에서는 도덕과 · **국사과 신설**, 고등학교는 자유선택과목 신설(유명무실)

※ 국민교육헌장(1968), 유신이념(1972)을 통하여 국민의 주체성, 국적 있는 교육 강조

○ (4차 : 1981 ~ 1987) ① **여러 사조의 교육과정 종합적 반영**, ② 초등 1 ~ 2학년 **통합교육과정**[*] 도입, ③ 중학교에 자유선택과목 신설(유명무실)

  [*] 도덕 · 국어 · 사회, 산수 · 자연, 체육 · 음악 · 미술을 묶어서 시간 배당

○ (5차 : 1987 ~ 1992) ① **교육과정의 적정화, 교육과정의 내실화, 교육과정의 지역화**를 통하여 지역에 교육과정 개발 권한 일부 부여[*], ② 초등 1 ~ 2학년 통합 교과체제 변경을 통해 5개 교과[**]로 편성, ③ 고교 **자유선택(교양선택) 교과목 실질 운영**(2단위)

  [*] 초등학교 4학년 사회과 교과목에서 처음으로 지역별(시 · 도 단위) 교과서 개발

  [**] 국어, 산수, 바른생활, 슬기로운 생활, 즐거운 생활

○ **(6차: 1992 ~ 1997)** ① **지방 분권형 교육과정**으로 전환하여 시·도 교육청과 단위학교의 **재량권 확대***, ② 초등 3 ~ 6학년 **학교 재량시간**(34시간) 배정, ③ 중학교 **선택교과제** 도입(한문·컴퓨터·환경 등)

　* **(교육부)** 교육과정 문서 고시 **(교육청)** 시·도 교육과정 편성·운영 지침 **(단위학교)** 학교 교육과정 편성 운영

③ 7차 교육과정(1997 ~ 2010)

◆ 교육 패러다임을 **수요자중심**으로 전환하면서 **학생의 다양성 고려**
◆ **단위학교의** 교육과정 편성·운영 **자율권 확대**

○ **(국민 공통 기본 교육과정)** 모든 국민에게 일정 기간(초1 ~ 고1·10년) 동안 동일한 내용 교육, 10개 교과*로 제한하여 교과목의 적정화 추진

　* 국어, 도덕, 사회, 수학, 과학, 실과(기술가정), 체육, 음악, 미술, 외국어(영어)

○ **(수준별 교육과정)** 단계형·심화보충형·과목선택형 교육과정을 최초로 도입하였으나 실제 운영의 한계로 **7차 개정**에서 **권장사항**으로 축소

○ **(재량활동)** 학교 재량시간을 전 학년으로 **확대**(주당 2시간)하면서 **교과 재량활동**과 **창의적 재량 활동**으로 구분

○ **(선택중심 교육과정)** 고2 ~ 3 **학생에게도 과목 선택권** 부여

　※ **(선택의 주체)** 교육부·교육청·단위학교(6차) → 교육부·교육청·단위학교·학생(7차)

④ 2009 개정 교육과정(2011 ~ 2016)

◆ 단위학교 차원의 유연하고 자율적인 교육과정 운영을 통하여 학생들의 학습부담 경감
◆ 지나친 암기중심의 교육에서 탈피하여 배려와 나눔을 실천하는 창의인재 양성

○ **(공통 교육과정과 선택 교육과정)** 국민 공통 기본 교육과정(10년) + 선택중심 교육과정(고2 ~ 3) → 공통 교육과정(9년) + 선택 교육과정(고1 ~ 3)

○ **(학습부담 경감)** 학년군 및 교과군 도입에 따른 교과목 집중이수를 통하여 학기당 이수 과목 수 8개로 축소

　※ **(초등)** 기존 10개 교과 → 7개 교과군 **(고교)** 총 이수단위 축소: 210단위 → 204단위

○ **(단위학교의 자율성 확대)** 학교여건 및 학생진로에 따라 교과(군)별 수업시수 20% 증감 허용, 고교의 경우 새로운 과목* 개설 가능

  * 대학 과목 선이수제(AP)의 과목, 국제적으로 공인받은 교육과정 내 과목

○ **(창의적 체험활동 도입)** 기존 특별활동과 창의적 재량활동을 통합하여 교과 외 활동을 체험중심으로 운영 추진(자 · 동 · 봉 · 진)

📍 **창의적 체험활동의 영역 및 영역별 활동**

영역	활동
자율활동	적응활동, 자치활동, 행사활동, 창의적 특색활동 등
동아리활동	학술활동, 문화 · 예술활동, 스포츠활동, 실습노작활동, 청소년단체활동
봉사활동	교내 봉사활동, 지역사회 봉사활동, 자연환경 보호활동, 캠페인활동 등
진로활동	자기이해활동, 진로정보 탐색활동, 진로계획활동, 진로체험활동 등

5 2015 개정 교육과정(2017 ~ 2022)

◆ 인문학적 상상력, 과학기술 창조력을 갖추고 바른 인성을 겸비하여 새로운 지식을 창조하고 다양한 지식을 융합하여 새로운 가치를 창출할 수 있는 '창의융합형 인재'의 육성

🔖
2015 개정 교육과정이 추구하는 인간상

가. 전인적 성장을 바탕으로 자아정체성을 확립하고 자신의 진로와 삶을 개척하는 **자주적인 사람**
나. 기초능력의 바탕 위에 다양한 발상과 도전으로 새로운 것을 창출하는 **창의적인 사람**
다. 문화적 소양과 다원적 가치에 대한 이해를 바탕으로 인류문화를 향유하고 발전시키는 **교양 있는 사람**
라. 공동체의식을 가지고 세계와 소통하는 민주시민으로서 배려와 나눔을 실천하는 **더불어 사는 사람**

○ **(기초소양교육 강조)** 인문 · 사회 · 과학기술의 기초소양을 강조하기 위해 고교의 **문 · 이과 구분 폐지, 통합사회 · 통합과학** 신설

○ **(학생의 진로 · 흥미 강조)** 학생의 적성과 진로에 따른 **선택학습을 강화**하면서 학생들의 꿈과 끼를 키울 수 있도록 중학교에서 **자유학기제 신설**

  – 중학교 과정 중 한 학기 동안 **체험중심의 자유학기활동*** 운영, 지필평가 미실시 및 과정중심 **평가 실시, 학생참여형 수업**** 실시, 진로탐색 및 설계 지원

    * 지역사회와 연계한 진로탐색활동, 주제선택활동, 동아리활동, 체육 · 예술활동 등

    ** 협동학습, 토의 · 토론학습, 프로젝트학습 등

○ **(핵심개념중심의 학습내용 구조화)** 학문의 근본적인 개념과 원리인 **핵심개념**을 중심으로 학습량을 적정화하여 학습의 질을 개선

- **학생의 발달단계에 따라** 핵심개념과 일반화된 지식 및 기능의 **폭과 깊이가 심화**될 수 있도록 수업을 체계적으로 설계

○ **(학습자중심의 수업)** 교과 특성에 맞는 **다양한 학생 참여형 수업**을 활성화하여 **자기주도적 학습 능력**을 기르고 **학습의 즐거움**을 경험

- 학습방법 자체로도 학습자에게 의미가 있도록 **자기주도적 학습(메타인지), 협동학습, 체험학습** (실험·관찰·조사·노작·견학 등) 강화

○ **(과정중심의 평가)** 학습의 과정을 중시하는 평가를 강화하여 학생이 자신의 학습을 성찰하도록 하고, 평가결과를 활용하여 교수·학습의 질을 개선

○ **(목표·내용·교수·평가 일체화)** 교과의 교육목표, 교육내용, 교수·학습 및 평가의 일관성을 강화

○ **(원격교육 근거 마련)** 필요에 따라 원격수업 가능(2020. 12. 개정)

- 학교의 여건과 교과의 특성에 따라 **실시간 쌍방향 수업, 콘텐츠 활용중심 수업, 과제중심 수업** 등 다양한 유형의 원격수업을 운영

○ **(미래 핵심역량 강조)** 교과별로 꼭 배워야 할 핵심개념과 원리를 중심으로 **학습내용 정선 및 감축**, 교수학습 평가방법의 개선

3 현재의 교육과정(2023 ~) : 2022 개정 교육과정

≪배움의 즐거움을 일깨우는 미래 교육으로의 전환≫

◆ **(비전)** 포용성과 창의성을 갖춘 주도적인 사람으로 성장 지원

◆ **(인간상)** ① 자기주도적인 사람, ② 창의적인 사람, ③ 교양 있는 사람, ④ 더불어 사는 사람

※ (기초소양) 언어·수리·디지털 기초소양

※ (핵심역량) ① 자기관리역량, ② 지식정보처리역량, ③ 창의적 사고역량, ④ 심미적 감성역량, ⑤ 협력적 소통역량,
⑥ 공동체역량

2022 개정 교육과정의 주요 방향

1. 미래사회에 대응할 수 있는 능력과 **기초소양 및 자신의 학습과 삶에 대한 주도성을** 강화
2. 학생들 개개인의 인격적 성장을 지원하고 구성원 모두의 **행복을 위하여 공동체의식을** 강화
3. 학생들이 자신의 진로와 학습을 주도적으로 설계하고, 적절한 시기에 학습할 수 있도록 **학습자 맞춤형 교육과정을** 마련
4. 학생이 주도성을 기초로 **역량을 기를 수 있도록 교과 교육과정을** 마련

1 기본사항

○ **(개정배경)** **사회변화**와 **사회적 요구**를 수렴하여 학생들이 **주도적으로 삶을 이끌어 가는 능력을 함양**시키기 위하여 개정 추진

※ **(사회변화)** 인공지능기술 발전에 따른 디지털 전환, 기후·생태환경 및 인구구조 변화

※ **(사회적 요구)** 상호 존중과 공동체의식 함양, 맞춤형 교육, 교육의 분권화

○ **(경과)** 개정 관련 정책 연구(2021. 2. ~) → 총론 주요사항 발표(2021. 11.) → 교과별 정책 연구(45개 과제) 및 현장 의견 수렴(2021. 12. ~) → 총론 시안 발표(2022. 8. 30.) → 대국민 의견 수렴*(2022. 9. ~ 2010.) → 행정예고(2022. 11.) → **국가교육위원회 심의·의결(2022. 12.)** → **최종 발표(2022. 12. 22.)**

* 처음으로 국민참여형 의견 수렴 온라인 플랫폼 「국민참여소통채널」 활용

○ **(적용)** **순차 적용**

※ **(2024)** 초1·2 → **(2025)** 초3·4, 중1, 고1 → **(2026)** 초5·6, 중2, 고2 → **(2027)** 중3, 고3

02

② 주요내용

2022 개정 교육과정의 핵심내용

- 미래 변화를 능동적으로 준비할 수 있도록 **역량 및 기초소양 함양 교육 강화**
  - ※ 모든 교과학습과 평생학습의 기반이 되는 언어·수리·디지털 기초소양 강화
  - ※ 지속 가능한 미래를 위한 **공동체역량 강화 및 환경·생태교육 확대, 디지털 기초소양 강화**(디지털 리터러시) 및 정보교육 확대

- 학생의 자기주도성, 창의력과 인성을 키워주는 **개별 맞춤형 교육 강화**
  - ※ 학교급 전환 시기에 필요한 학습과 학교생활 적응을 위한 **진로 연계교육 도입**
  - ※ 학생 맞춤형 과목 선택권 확대, 학습에 대한 성찰과 책임 강화(교육격차 완화) 등

- **학교현장의 자율적인 혁신 지원 및 유연한 교육과정**으로 개선
  - ※ 학교 자율시간으로 지역 연계 교육 및 학교와 학생의 필요에 따른 다양한 선택과목 개설 활성화
  - ※ 학점 기반의 유연한 교육과정, 진로선택 및 융합선택과목 재구조화를 통한 학생 과목 선택권 확대

- **학생의 삶과 연계한 깊이 있는 학습**을 위한 교과 교육과정 개발
  - ※ 단순 암기 위주의 교육방식에서 **탐구와 개념 기반의 깊이 있는 학습으로** 전환
  - ※ 디지털·인공지능을 기반으로 학생 참여형·주도형 수업 및 학습의 과정을 중시하는 평가로 개선

○ (방향1 **미래 대응**) **미래사회**에 **대응**할 수 있는 **능력**과 **기초소양** 및 자신의 학습과 삶에 대한 **주도성을 강화**

- (기초소양) 여러 교과학습의 기반이 되는 **언어·수리·디지털소양**을 기초소양으로 강조하고 총론과 교과에 반영

  ※ 디지털 문해력(리터러시) 및 논리력, 절차적 문제해결력 등의 함양을 위하여 교과 연계 강화 및 선택과목 신설(문학과 영상, 미디어와 영어, 음악과 미디어 등)

📑 **기초소양의 개념과 교과반영 예시**

구분	언어소양	수리소양	디지털소양
개념	언어를 중심으로 다양한 기호·양식·매체 등을 활용한 텍스트를 대상·목적·맥락에 맞게 이해하고, 생산·공유·사용하여 문제를 해결하고 공동체 구성원과 소통하고 참여하는 능력	다양한 상황에서 수리적 정보와 표현 및 사고방법을 이해·해석·사용하여 문제해결·추론·의사소통하는 능력	디지털 지식과 기술에 대한 이해와 윤리의식을 바탕으로, 정보를 수집·분석하고 비판적으로 이해·평가하여 새로운 정보와 지식을 생산·활용하는 능력
교과반영 예시	• 교과별로 관련 텍스트를 해석하고 분석, 논증적 글쓰기 • 교과별 문자·시각적 텍스트 구상, 학습을 위한 글쓰기 등 • 교과별로 자신의 생각과 감정을 효과적으로 표현하고 소통하기 등	• 통화정책·재정을 분석하고 이해하기(화폐·시간·달력 등) • 교과별로 관련 수 어림하고 계산하기 등	• 지리 정보 및 빅데이터 등을 활용, 뉴미디어 등 정보 수집 및 비판적 분석 등 • 교과 관련 정보 탐색, 데이터 수집·검증, 자료 관리 등 • 교과별로 정보윤리, 개인정보 보안 준수하기 등

- **(핵심역량)** '자기관리역량', '지식정보처리역량', '창의적 사고역량', '심미적 감성역량', '협력적 소통역량', '공동체역량'으로 체계화

2022 개정 교육과정의 핵심역량

- 자아정체성과 자신감을 가지고 자신의 삶과 진로를 스스로 설계하며 이에 필요한 기초능력과 자질을 갖추어 자기주도적으로 살아갈 수 있는 **자기관리역량**
- 문제를 합리적으로 해결하기 위하여 다양한 영역의 지식과 정보를 깊이 있게 이해하고 비판적으로 탐구하며 활용할 수 있는 **지식정보처리역량**
- 폭넓은 기초 지식을 바탕으로 다양한 전문 분야의 지식, 기술, 경험을 융합적으로 활용하여 새로운 것을 창출하는 **창의적 사고역량**
- 인간에 대한 공감적 이해와 문화적 감수성을 바탕으로 삶의 의미와 가치를 성찰하고 향유하는 **심미적 감성역량**
- 다른 사람의 관점을 존중하고 경청하는 가운데 자신의 생각과 감정을 효과적으로 표현하며 상호 협력적인 관계에서 공동의 목적을 구현하는 **협력적 소통역량**
- 지역·국가·세계 공동체의 구성원에게 요구되는 개방적·포용적 가치와 태도로 지속 가능한 인류 공동체 발전에 적극적이고 책임감 있게 참여하는 **공동체역량**

2022 개정 비전 : 포용성과 창의성을 갖춘 주도적인 사람

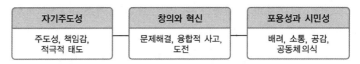

자기주도성	창의와 혁신	포용성과 시민성
주도성, 책임감, 적극적 태도	문제해결, 융합적 사고, 도전	배려, 소통, 공감, 공동체 의식

- **자기주도적인 사람** : 전인적 성장을 바탕으로 자아정체성을 확립하고 자신의 진로와 삶을 스스로 개척하는 사람
  ※ **(개선)** 학습자 주도성을 강조하여 현행 '자주적인 사람'을 '자기주도적인 사람'으로 개선
- **창의적인 사람** : 폭넓은 기초능력을 바탕으로 진취적 발상과 도전을 통하여 새로운 가치를 창출하는 사람
- **교양 있는 사람** : 문화적 소양과 다원적 가치에 대한 이해를 바탕으로 인류문화를 향유하고 발전시키는 사람
- **더불어 사는 사람** : 공동체의식을 바탕으로 다양성을 이해하고 서로 존중하며 세계와 소통하는 민주시민으로서 배려와 나눔, 협력을 실천하는 사람

○ (**방향2 학생 성장**) 학생들 **개개인의 인격적 성장**을 지원하고 구성원 **모두의 행복을 위해 공동체 의식**을 강화

- **(공동체교육)** **기후·생태환경 변화** 등에 대한 대응능력 및 **지속 가능성** 등 공동체적 가치를 함양하는 교육 강조

  ※ **(선택과목 신설)** 기후변화와 환경생태(과학), 기후변화와 지속 가능한 세계(사회)

- **(교육격차 완화)** 다양한 특성을 가진 학생이 **차별받지 않도록 지원**하고, 지역·학교 간 **교육 격차를 완화**할 수 있는 지원체제 마련

○ (**방향3 맞춤형 교육**) 학생들이 **자신의 진로와 학습을 주도적으로 설계**하고, 적절한 시기에 학습할 수 있도록 **학습자 맞춤형 교육과정 마련**

- **(학교 자율시간)** 지역 연계 및 학생의 필요를 고려한 **선택과목을 개발·운영**할 수 있도록 학교 자율시간을 도입

- **(시간)** 연간 34주를 기준으로 한 교과 및 창의적 체험활동 수업시간 중 **학기별 1주의 수업시간**을 확보
- **(운영방법)** 지역 특수성과 학생 요구를 반영하여 국가 교육과정에 제시되어 있는 교과목 외에 **학교급에 따라 새로운 과목이나 활동** 개설

- **(진로 연계교육)** 학교급 간 교과 교육과정 연계, 진로 설계 및 탐색 기회 제공, 학교 생활 적응을 지원하는 **진로 연계교육 운영**

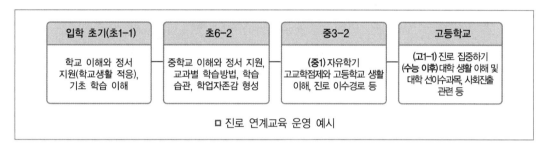

입학 초기(초1-1)	초6-2	중3-2	고등학교
학교 이해와 정서 지원(학교생활 적응), 기초 학습 이해	중학교 이해와 정서 지원, 교과별 학습방법, 학습습관, 학업자존감 형성	**(중1)** 자유학기 고교학점제와 고등학교 생활 이해, 진로 이수경로 등	**(고1-1)** 진로 집중하기 **(수능 이후)** 대학 생활 이해 및 대학 선이수과목, 사회진출 관련 등

▫ 진로 연계교육 운영 예시

- **(고교학점제 운영)** 자기주도적 학습능력과 미래 성장 잠재력을 키울 수 있도록 **고교학점제 전면 도입 및 안착 지원**

○ (**방향4** **역량중심 교육**) 학생이 주도성을 기초로 **역량을 기를 수 있도록 교과 교육과정** 마련

- **(학습량 적정화)** **교과 교육의 지향점***을 바탕으로 핵심 아이디어 중심으로 **학습내용을 엄선**하고 교과목표, 내용체계·성취기준, 교수학습·평가의 **일관성 강화**

  * ① 깊이 있는 학습, ② 교과 간 연계와 통합, ③ 삶과 연계한 학습, ④ 학습과정에 대한 성찰

- 각 교과의 본질과 얼개를 드러내는 **핵심 아이디어**를 선정
- 학생이 궁극적으로 이해하고 알아야 할 것, 교과의 사고 및 탐구과정, 교과활동을 통해서 기를 수 있는 **고유한 가치 및 태도**를 선정하고 조직
- **성취기준은** 영역별 학습의 결과로 진술하고 내용체계를 구성하는 요소별이 아닌, **세 가지 차원(지식·이해, 과정·기능, 가치·태도)의 요소를 통합**한 학생의 수행을 보여주는 문장으로 진술

- **(교수학습 개선)** 디지털 학습환경에서도 **학생 참여중심 수업**이 가능한 **맞춤형 원격수업 활성화 및 미래 역량 함양을 지원하는 평가**

교수학습	학생맞춤형 수업, 온·오프라인 연계 수업, 빅데이터·AI 등 에듀테크를 활용한 맞춤형 수업 제시
평가	학습을 지원하고 스스로 자신의 학습을 성찰할 수 있도록 과정중심평가, 서술형·논술형 평가, 개별 맞춤형 피드백 강화

3 **학교급별 핵심사항**

- (초등학교) 입학 초기[1 ~ 2학년(군)] 적응활동 개선, 한글해득교육과 실외놀이 및 신체활동 강화

  - (입학 초기) 초등학교 1학년 **통합교과**(바른 생활, 슬기로운 생활, 즐거운 생활)와 **창의적 체험활동 시간으로 내용 체계화**

  - (한글 해득) **국어과 34시간 증배**

    ※ 1 ~ 2학년 국어 시간: (2015 개정) 448시간 → (2022 개정) 482시간

  - (실외·신체) '**즐거운 생활**' 교과에 실내외 놀이 및 신체활동 확대

    * 표현, 놀이 및 활동중심으로 즐거운 생활 교과를 재구조화하되, 충분한 신체활동을 제공할 수 있도록 성취기준 및 성취기준 해설에 반영

- (중학교) 자유학기(1학년) 편성영역 및 운영시간, **학교 스포츠클럽 활동**의 의무 편성시간 적정화

  - (자유학기) **편성영역 및 운영시간을 적정화**하고 자유학기와 **진로연계교육을 연계·운영**

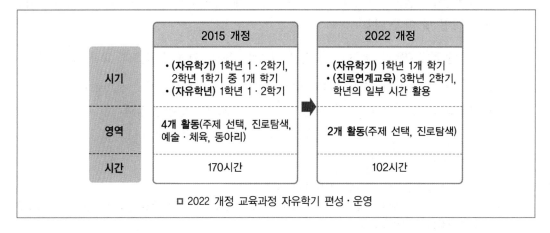

□ 2022 개정 교육과정 자유학기 편성·운영

  - (학교 스포츠) 창의적 체험활동을 **동아리활동으로 편성** 및 의무 편성시간 축소

    ※ 【현행】 연간 34 ~ 68시간(총 136시간) 운영 → 【개선】 연간 34시간(총 102시간) 운영

- (고등학교) 2025년 **고교학점제 전면 적용**에 맞추어 다양한 과목을 신설하는 등 **학점 기반 교육과정 마련**

> **고교학점제**
>
> - **(개념)** 학생이 기초소양과 기본학력을 바탕으로 진로·적성에 따라 과목을 선택하고, 이수기준에 도달한 과목에 대해 학점을 취득·누적하여 졸업하는 제도
> - **(수업량 적정화)** 50분 기준 17회(16 + 1)에서 16회로 전환, **3년 총 192학점**
> - **(교과 재구조화)** 공통소양 함양을 위한 **공통과목** 유지, 일반 선택과목, 진로 선택과목, 융합 선택과목 등 **다양한 선택과목** 운영 및 진로 선택과목 재구조화
> - **(성장중심 평가)** **성취평가제** 적용범위 확대(2025, 전체 선택과목)

- **(학점 조정)** 과목별 **기본학점 조정, 필수 이수학점 감축 및 자율 이수학점 확대**

  ※ **(기본학점)** 과목별 4학점(체육·예술·교양은 3학점) **(필수이수)** 94단위 → 84학점 **(자율이수)** 86단위 → 90학점

- **(과목구조)** 진로와 적성 중심으로 글쓰기, 주제융합수업 등 실제적 역량을 기를 수 있도록 **다양한 진로선택과 융합 선택과목**을 신설하고 **재구조화**

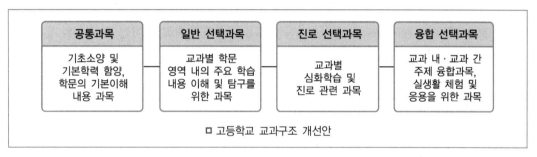

□ 고등학교 교과구조 개선안

4 학교 자율시간

1 기본 개요

○ **(개념)** 지역과 연계하거나 다양하고 특색 있는 교육과정을 운영하기 위해 **단위학교가 자유롭게 편성**한 시간(초·중학교에만 적용)

○ **(도입 배경)** 단위학교의 개별적 수요와 지역적 특수성을 고려하면서 **학습자 맞춤형 교육**을 위해 교육과정 편성·운영에 있어서 **단위학교의 자율성 확대 요구**

- 일부 시·도는 교과(군)별 **기준 수업시수의 20% 범위 내**에서 감축한 시수를 활용하여 학교 자율시간과 유사한 제도 기(旣) 운영

  ※ **(경기)** 학교자율과정 **(충북)** 학교자율탐구과정 **(경북)** 학생생성교육과정 등

○ **(시간)** 연간 34주를 기준으로 교과 및 창의적 체험활동 수업시간 중 학기별 1주의 수업시간

📌 학교 자율시간의 최대 확보 가능한 시량(단위 : 시간)

구분	총 수업시간	최대 확보 가능한 학교 자율시간 시수	정보교육 시수	활용 가능 시수
초 3 ~ 4학년	1972	학기별 29, 연간 58	–	연간 58
초 5 ~ 6학년	2176	학기별 32, 연간 64	연간 17	연간 47
중 1 ~ 3학년	3366	학기별 32, 연간 64	연간 34	연간 30

2 운영

○ (기본방향) 국가 교육과정에 제시되어 있는 교과목 외에 학교급에 따라 **새로운 과목(초·중)이나 활동(초) 개설**

   ※ 과목은 교과와 유사하고, 활동은 창의적 체험활동과 유사

○ (개설) 학교 자율시간에 개설되는 과목의 내용은 **지역과 학교의 여건 및 학생의 필요**에 따라 학교가 결정하되, **학생의 선택권을 고려**하여 다양한 과목을 개설·운영

   ※ 새로운 과목·활동을 개설하는 경우 시·도 교육감이 정하는 지침에 따라 사전에 필요한 절차를 거칠 필요

   – (과목) 자유학기제 프로그램 및 창체활동과의 구별을 위해 새로운 과목의 경우 교과처럼 **과목의 성격, 내용체계(내용 요소·성취기준), 교수·학습, 평가에 관한 사항이 구체적으로 제시**될 필요

   – (활동) 창의적 체험활동과 유사하나, 창체와 달리 **교과의 심화 및 보충**이 가능하고 국가 교육과정의 제약을 받지 않음

○ (시간편성) 학교별 과목·활동에 따라 다양하게 운영 가능

📌 학교 자율시간의 시간편성 운영방식 예시

방식	방법	예시
고정운영	한 학기 동안 매주 동일한 요일, 동일한 시간에 운영	새로운 과목이나 활동을 매주 고정 시간표에 반영
집중운영	특정 주, 월, 분기, 기간에 집중적으로 운영	고등학교 적응 프로그램을 11-12월 2달에 걸쳐 집중적으로 운영
분산운영	학기별로 자유롭게 시수를 배당	4월에는 환경생태교육, 5월에는 민주시민교육, 6월에는 정보교육 등으로 분산하여 운영

5 고교학점제

◆ **(고교학점제)** 학생이 기초소양과 기본학력을 바탕으로 **진로·적성에 따라 과목을 선택**하고, 이수기준에 도달한 과목에 대해 **학점을 취득·누적**하여 졸업하는 제도
※ 과목 이수기준을 충족하여 3년간 취득한 학점이 192학점 이상이면 졸업

1 고교학점제의 주요 내용

○ **(추진 배경)** 4차 산업혁명, 저출산에 따른 인구구조의 변화 등 새로운 시대에 대응할 수 있도록 **새로운 인재상과 교육체제** 모색

○ **(현황)** 연구·선도학교, 선도지구 운영을 통해 **기반 마련 및 단계적 적용**을 거쳐 **2025년 전면 적용**

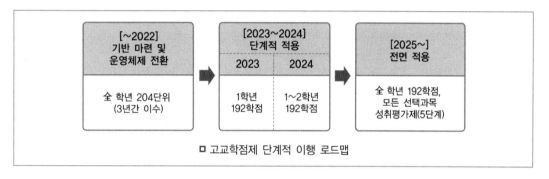

□ 고교학점제 단계적 이행 로드맵

○ **(운영 중점)** ① 선택과목 운영 및 수강신청을 통한 **학생의 수요 반영**
　　　　　　② 진로와 연계한 학업계획을 스스로 수립할 수 있도록 **진로·학업설계 지도**
　　　　　　③ 책임교육을 통한 **최소 학업성취**(기초소양·기본학력) 보장

　– **(학생 수요 반영)** ① **선택과목 안내** → ② **진로·학업설계 지도** → ③ **학생 수요조사** 실시 → ④ 수강신청 대상 과목 확정 및 **수강신청** → ⑤ **교육과정 확정** → ⑥ **개인별 시간표**에 따른 선택과목 수업

　– **(진로·학업설계 지도)** 진로와 연계한 **학업계획서 작성, 이수가 필요한 과목 안내 및 이수 지도, 진로집중학기제**(고1) 운영

　　※ **(체제)** 학교별로 학생 맞춤형 진로·학업설계를 지원할 교육과정 이수지도팀 운영

　　※ **(진로집중학기제 예시)** 진로와 직업 과목 편성, 진로연계수업, 창의적 체험활동(자율·진로·동아리활동)과 연계한 진로 탐색 및 설계 지원 프로그램, 또래 멘토링활동 등

　– **(최소 학업성취 보장)** **과정중심평가** 강화 및 **성취평가** 내실화[5단계(이수) + I(미이수)], **미도달 예상 학생**에게 **맞춤형학습 기회** 제공, **미도달 학생**에게 **보충학습 기회** 제공

　　※ **(과목 이수기준)** 과목출석률(수업 횟수의 2/3 이상 출석)과 학업성취율(최소 40% 이상)

　　* 별도 과제 수행 또는 보충과정 제공 등, 재이수 방식은 장기적 검토

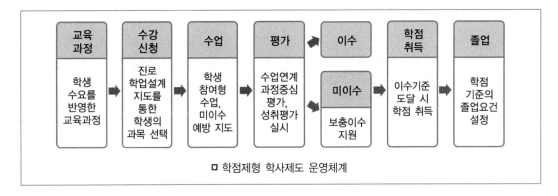

□ 학점제형 학사제도 운영체계

○ **(교사의 역할)** 학생 개인 맞춤형 **진로·학업설계 지도 강화** 및 **선택형 교육과정 운영**을 위한 교원의 역할 변화

┤ **교사의 역할 변화 예시** ├

■ **(담임교사)** 진로·적성에 따른 **학생별 학업설계 상담**(3개년 과목 이수 경로·순서·시기 등), 멘토 담임제·복수 담임제·소인수 담임제 등 **다양한 형태의 담임제** 적용
■ **(진로 전담교사)** 학교 교육과정 안내, 진로 연계 선택과목 지도 등 **교육과정과 연계한 진로교육**, 진로교육 전문가로서 담임교사 및 교과교사의 멘토 역할
■ **(교과교사)** 교육과정 과목 개설 역량, 선택과목에 대한 학생 요구 분석 및 수업 설계, 성취평가 전문성 함양 등 **교수·학습 전문가 역할**
　※ 다과목 지도교사 지원 예시: 수업시수 조정, 업무 경감, 성과급 반영 등

② 고교학점제 관련 주요 쟁점사항

○ **(교사 업무부담 가중)** 1교사 다과목 지도를 위한 지원 미비, 교사 부족 등으로 **교사의 업무부담이 증가**하여 **교육의 질 저하 우려**

　※ **(한국교총)** 고교학점제 안착하려면 교원 확충 및 학생 선택 쏠림 방지 필요(2021. 8. 2.)
　　(전교조) 다과목 지도교사 지원, 행정업무 경감, 교원단체 상설협의체 등 필요(2021. 7. 22.)

○ **(지역 간·학교 간 교육격차)** 희소·소인수 과목 운영 및 공동 교육과정 운영 시 **지역과 학교 여건에 따라 교육격차로 이어질 우려**

　※ **(현 방안)** 두 학교 이상의 **공동 교육과정 운영**(온·오프), **학교 밖 자원**(대학·기업·공공기관 등)과 연계한 교육활동, 선도지구 운영 등을 통하여 희소·소인수 과목에 대한 학생 선택권 보장 및 지역·학교 간 교육격차 최소화 추진

■ **(공동 교육과정)** 영등포고는 〈융합과학탐구〉, 당곡고는 〈정보통신〉, 수도여고는 〈세계문화와 미래사회〉, 신림고는 〈스페인어Ⅰ〉 공동 교육과정 개설, 실시간 온라인 수업으로 학생 이동문제 해결
■ **(인천 고교학점제 선도지구)** 인천 도심지역 고교학점제 연구·선도학교가 과목 개설 거점 → 강화, 연평, 백령도 등 여건이 열악한 도서지역 학생의 과목 선택 지원

6 교육과정 - 수업 - 평가 - 기록의 일체화

○ **(개념)** 교사가 **재구성한 교육과정**을 기반으로 배움중심의 철학과 가치를 반영한 **학생중심의 수업**과 **과정중심의 평가**를 통하여 **학생의 전인적 성장**을 돕는 일련의 활동

※ 경기도 교육청(2016)

┌─ **2022 개정 교육과정 교수평기 일체화** ─────────────────────┐

Ⅱ. 학교 교육과정 설계와 운영 - 3. 평가

　나. 학교와 교사는 성취기준에 근거하여 교수·학습과 평가활동이 일관성 있게 이루어지도록 한다.

　　3) 학교는 교과목별 성취기준과 평가기준에 따라 성취수준을 설정하여 교수·학습 및 평가계획에 반영한다.

○ **(주요내용)** 교육과정, 수업, 평가를 하나의 연속된 교육활동으로 바라보고 이를 유기적·통합적으로 운영하여 **학생을 교육의 중심에 두어 삶의 주체로 성장**시키는 교육활동

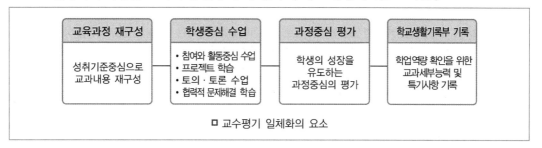

□ 교수평기 일체화의 요소

- **(교육과정 재구성)** 교사가 단원 간 연계성, 시의성 등을 고려하여 **성취기준을 중심으로 교육과정을 재구성**하는 과정

  ※ **(방법)** 교과 내 단원 순서 바꾸기, 교과 내 통합·압축하기, 교과 간 융합하기

┌─ 참고 성취기준 : 교육부 「학생평가 중앙지원단 역량 강화 워크숍 자료」, 2023. ────┐

- **(개념)** 학생들이 교과를 통해 배워야 할 내용과 이를 통해 수업 후 할 수 있거나, 할 수 있기를 기대하는 능력을 결합하여 나타낸 활동의 기준

  ※ **(예시)** 단어를 정확하게 발음하고 표기한다(9국04-03).

- **(기능)** ① 수업 설계 및 전개의 기준, ② 교육과정 재구성의 기준, ③ 구체적 평가준거로 활용

- **(학생중심의 수업)** **학생 주도적인 참여, 교사 - 학생 간, 동료 학생 간 상호작용**을 통해 핵심역량과 관련한 교과역량을 향상하는 수업

  ※ **(방법)** 프로젝트 수업, 토의·토론, 실험·실습, 협력 수업(협동학습·하브루타 수업 등)

- **(과정중심의 평가)** **성취기준에 도달**하기 위한 학습의 과정과 성장의 과정을 중시하는 평가로, **과정과 결과를 함께 평가**하며 **수업 중**에 실시

  ※ **(방법)** 교사 관찰평가, 학생 자기성찰평가, 모둠 내 동료평가, 모둠 간 동료평가

- **(성장중심의 기록)** 학생의 **학업역량에 관한 구체적 증거 제시, 다양한 활동**을 통하여 **어떤 능력과 소양**을 함양하였는지 구체적으로 기록

  ※ **(방법)** 교과학습 발달상황(교과세부능력 및 특기사항) 기록

● **지금까지의 출제경향**

1. 출제빈도
- 교육심리학 파트에서 출제되는 경우를 제외하고는 거의 매해 출제

2. 출제이론과 문제형태
- 교수설계 및 교수학습에 관한 기본이론이 직접적으로 출제됨에 따라 해당 이론을 교실현장에 적용하는 교수전략, 구체적인 방안, 교사역할 등이 출제
- 최근에는 미래 교육 대전환의 흐름 속에서 원격수업, 자원기반학습 등 교육공학과 관련한 이론이 주로 출제
  ※ 최근 출제이론 : (2024) 온라인 수업 (2022) 원격수업 (2021) 매체 활용 수업 (2020) 위키 기반 수업

● **학습전략**

1. 출제 예상 Point
- 교사가 이끄는 교실수업혁명, 질문이 살아 있는 교실 등이 강조됨에 따라 학생들의 행위주체성을 이끌 새로운 교수학습방법과 해당 방법 적용 시 고려사항, 유의점, 실행전략(도입 · 전개 · 정리) 등을 물을 가능성이 높음
- 동시에 새로운 교수방법 설계 시 교사의 역할을 기본이론(ISD 모형, Gagné 모형 등)과 관련하여 출제 가능

2. 중요 체크 이론
- **(이해)** 교수학습의 3대 변인과 일반적 교수학습과정
- **(교수학습이론)** ① 완전학습, 유의미학습, Keller ARCS
  - ② 구성주의 교수학습이론(인지적 유연성, 목표기반 시나리오)
  - ③ 프로젝트 수업과 질문하는 수업
- **(교수설계)** 교수설계의 일반적 절차와 교사의 역할(ISD)
- **(교수매체)** ASSURE 모형과 교사의 역할
- **(실행)** ① 교수방법별(강의식, 토의 · 토론식 등) 장단점과 교사의 역할
  - ② 디지털 대전환 시대 새로운 교수학습방법의 실행전략

III

교육방법

Mind Map

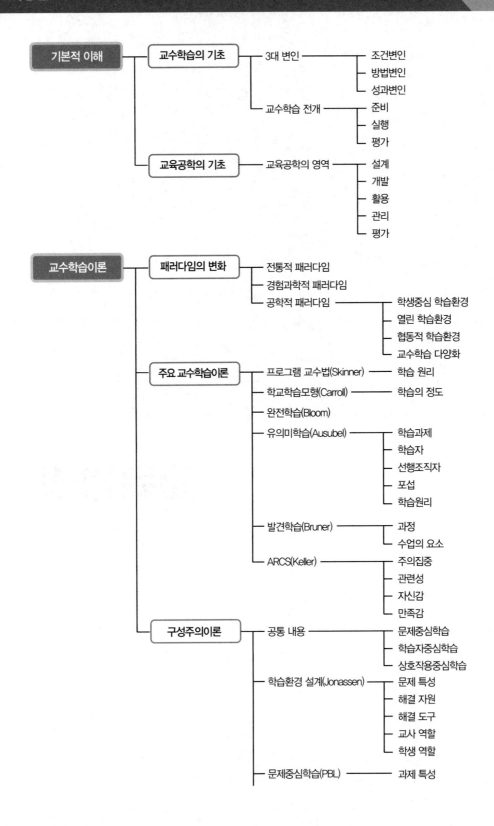

기본적 이해 — 교수학습의 기초 — 3대 변인 — 조건변인
　　　　　　　　　　　　　　　　　　　　　　방법변인
　　　　　　　　　　　　　　　　　　　　　　성과변인
　　　　　　　　　　　　 — 교수학습 전개 — 준비
　　　　　　　　　　　　　　　　　　　　　 실행
　　　　　　　　　　　　　　　　　　　　　 평가
　　　　　　 — 교육공학의 기초 — 교육공학의 영역 — 설계
　　　　　　　　　　　　　　　　　　　　　　　　 개발
　　　　　　　　　　　　　　　　　　　　　　　　 활용
　　　　　　　　　　　　　　　　　　　　　　　　 관리
　　　　　　　　　　　　　　　　　　　　　　　　 평가

교수학습이론 — 패러다임의 변화 — 전통적 패러다임
　　　　　　　　　　　　　　　　 경험과학적 패러다임
　　　　　　　　　　　　　　　　 공학적 패러다임 — 학생중심 학습환경
　　　　　　　　　　　　　　　　　　　　　　　　 열린 학습환경
　　　　　　　　　　　　　　　　　　　　　　　　 협동적 학습환경
　　　　　　　　　　　　　　　　　　　　　　　　 교수학습 다양화
　　　　　 — 주요 교수학습이론 — 프로그램 교수법(Skinner) — 학습 원리
　　　　　　　　　　　　　　　 학교학습모형(Carroll) — 학습의 정도
　　　　　　　　　　　　　　　 완전학습(Bloom)
　　　　　　　　　　　　　　　 유의미학습(Ausubel) — 학습과제
　　　　　　　　　　　　　　　　　　　　　　　　 학습자
　　　　　　　　　　　　　　　　　　　　　　　　 선행조직자
　　　　　　　　　　　　　　　　　　　　　　　　 포섭
　　　　　　　　　　　　　　　　　　　　　　　　 학습원리
　　　　　　　　　　　　　　　 발견학습(Bruner) — 과정
　　　　　　　　　　　　　　　　　　　　　　　 수업의 요소
　　　　　　　　　　　　　　　 ARCS(Keller) — 주의집중
　　　　　　　　　　　　　　　　　　　　　　 관련성
　　　　　　　　　　　　　　　　　　　　　　 자신감
　　　　　　　　　　　　　　　　　　　　　　 만족감
　　　　　 — 구성주의이론 — 공통 내용 — 문제중심학습
　　　　　　　　　　　　　　　　　　　　 학습자중심학습
　　　　　　　　　　　　　　　　　　　　 상호작용중심학습
　　　　　　　　　　　　　 — 학습환경 설계(Jonassen) — 문제 특성
　　　　　　　　　　　　　　　　　　　　　　　　　　 해결 자원
　　　　　　　　　　　　　　　　　　　　　　　　　　 해결 도구
　　　　　　　　　　　　　　　　　　　　　　　　　　 교사 역할
　　　　　　　　　　　　　　　　　　　　　　　　　　 학생 역할
　　　　　　　　　　　　　 — 문제중심학습(PBL) — 과제 특성

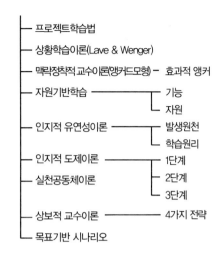

- 프로젝트학습법
- 상황학습이론(Lave & Wenger)
- 맥락정착적 교수이론(앵커드모형) ─ 효과적 앵커
- 자원기반학습 ─┬─ 기능
                └─ 자원
- 인지적 유연성이론 ─┬─ 발생원천
                    └─ 학습원리
- 인지적 도제이론 ─── 1단계
- 실천공동체이론 ─┬─ 2단계
                 └─ 3단계
- 상보적 교수이론 ─────── 4가지 전략
- 목표기반 시나리오

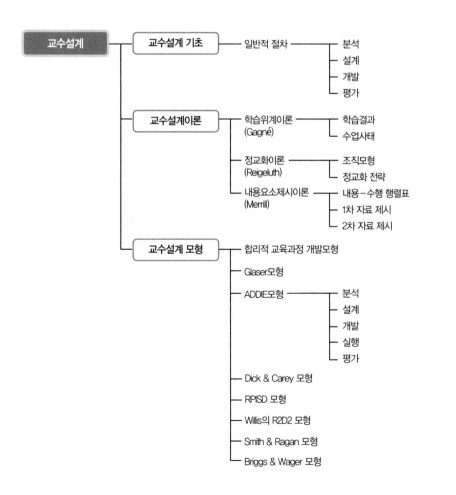

교수설계 ─┬─ **교수설계 기초** ─── 일반적 절차 ─┬─ 분석
             │   ├─ 설계
             │   ├─ 개발
             │   └─ 평가
             │
             ├─ **교수설계이론** ─┬─ 학습위계이론 ─┬─ 학습결과
             │   │ (Gagné)   └─ 수업사태
             │   │
             │   ├─ 정교화이론 ─┬─ 조직모형
             │   │ (Reigeluth) └─ 정교화 전략
             │   │
             │   └─ 내용요소제시이론 ─┬─ 내용-수행 행렬표
             │   (Merrill)   ├─ 1차 자료 제시
             │   └─ 2차 자료 제시
             │
             └─ **교수설계 모형** ─┬─ 합리적 교육과정 개발모형
                                  ├─ Glaser모형
                                  ├─ ADDIE모형 ─┬─ 분석
                                  │   ├─ 설계
                                  │   ├─ 개발
                                  │   ├─ 실행
                                  │   └─ 평가
                                  ├─ Dick & Carey 모형
                                  ├─ RPISD 모형
                                  ├─ Willis의 R2D2 모형
                                  ├─ Smith & Ragan 모형
                                  └─ Briggs & Wager 모형

Mind Map

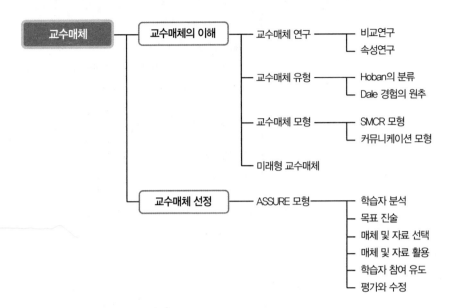

- 교수매체
  - 교수매체의 이해
    - 교수매체 연구
      - 비교연구
      - 속성연구
    - 교수매체 유형
      - Hoban의 분류
      - Dale 경험의 원추
    - 교수매체 모형
      - SMCR 모형
      - 커뮤니케이션 모형
    - 미래형 교수매체
  - 교수매체 선정
    - ASSURE 모형
      - 학습자 분석
      - 목표 진술
      - 매체 및 자료 선택
      - 매체 및 자료 활용
      - 학습자 참여 유도
      - 평가와 수정

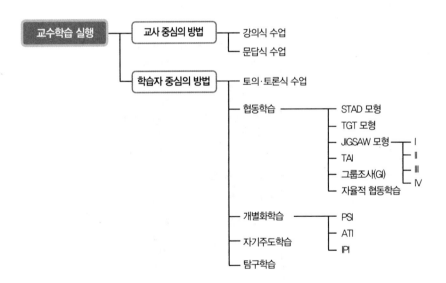

- 교수학습 실행
  - 교사 중심의 방법
    - 강의식 수업
    - 문답식 수업
  - 학습자 중심의 방법
    - 토의·토론식 수업
    - 협동학습
      - STAD 모형
      - TGT 모형
      - JIGSAW 모형
        - I
        - II
        - III
        - IV
      - TAI
      - 그룹조사(GI)
      - 자율적 협동학습
    - 개별화학습
      - PSI
      - ATI
      - IPI
    - 자기주도학습
    - 탐구학습

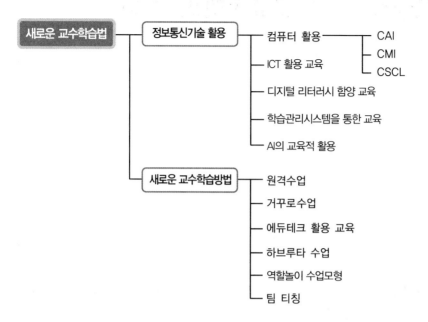

CHAPTER 01 교수학습 및 교육공학의 이해

1 교수학습의 기초

1 교수의 정의

- **(정의)** 학습자에게 **학습**이 일어나도록 내적 과정에 맞추어 **외적 조건과 상황을 설계 · 개발 · 관리**하는 과정

  - **교수(Instruction)는 수업 전 · 중 · 후의 모든 활동**을 의미하는 것으로서 교사의 수업활동만을 의미하는 Teaching과 차이

2 학습의 의의[16]

- **(학습의 정의)** **연습**이나 **경험의 결과**로 발생하는 **비교적 영속적인 행동상의 변화**(Morgan, King & Robinson, 1979.)

  - **(반복성)** 변화를 발생시킨 요인은 **연습, 훈련, 경험**

  - **(변동성)** 학습의 결과에 따른 **인지적 · 정의적 · 운동기능적 영역**에서의 **행동상 변화**

  - **(영속성)** 행동의 **변화가 장기간 지속** 필요

3 교수학습방법의 유형 : Joyce, Weil & Calhoun, 2000.

- **(사회형)** 다수가 **학습공동체를 조직**하고 시너지 효과를 얻는 방법

- **(정보처리형)** 데이터 수집 및 조직, 문제 파악 및 해결책 제시, 이를 전달하기 위한 개념과 언어 개발 등 **세계를 이해하기 위한 인간의 원초적 욕구 증진방안** 강조

- **(개인형)** **학습자**가 **스스로를 이해**하고 자신의 미래에 대한 **책임**을 통해 질 높은 삶을 살도록 하는 것이 주 목적

- **(행동체제형)** 학습자가 **자신의 학습수행**에 대한 **정보**를 바탕으로 **스스로 행동 개선** 가능

---

[16] 성태제, 전게서, 2012, pp.234 ~ 236

4 교수학습의 3대 변인 : C. Reigeluth, 1983. M. Merrill, 1978. 기출 2012, 2013, 2021

○ (조건변인 : Conditions) 교수설계자·교사가 **통제 불가한 제약조건**

- ① 교과내용의 특성, ② 교과의 목표, ③ 학습자 특성*, ④ 환경적 요인(시설 등)

  *적성, 태도, 학습동기, 지속력, 학습유형 및 성격, 선수학습의 수준 등

┌─ 원격수업 시 고려해야 할 조건변인 ─────────────────────────────────┐

- **(원격수업의 특성)** 원격수업의 경우 교사의 직접 관찰 및 즉각적 피드백이 곤란할 수 있으므로 **학생의 자기주도적 학습역량**에 따라 **교육의 질 차이 발생 가능**
  - **(학습자 특성)** 학습동기가 충분하고 목표가 구체적인지 여부, 계획성이 있는지 여부, 해당 과목에 대한 흥미가 높은지 여부
  - **(제약조건 : 학습환경)** 태블릿 등 온라인 기기 구비 여부, 부모의 조력 여부

└───┘

○ (방법변인 : Methods) 서로 다른 조건에서 의도한 **학습성과를 달성하기 위해 사용되는 다양한 교수전략**

※ 교사의 개인적 노력에 따라 무한히 발전 가능한 변인으로, 교사의 노력·역량에 따라 교육격차 발생 가능

- (조직전략) 학습내용을 어떻게 구조화하고 조직할 것인지에 대한 전략

  ※ 학습내용을 개념화, 계열화, 계층화

▎조직전략의 구분 : C. Reigeluth, 1983.

구분	미시적 전략	거시적 전략
사용 대상	하나의 주제를 가르치는 경우	복잡한 주제를 가르치는 경우
방법	• 하나의 개념이나 사례, 연습문제 제시 시 어떻게 조직하는 것이 최상인지 판단 • 단일한 개념이나 원리를 위한 정의 제시, 사례 제시, 연습문제 제시	• 여러 개의 주제를 선택하고 계열 지으며 종합하고 요약 • 개념들 사이의 관계를 학습하고 요약, 정리
대표 이론	Merrill 내용요소 제시이론(CDT)	• Reigeluth 정교화이론(Elaboration Theory) • Bruner 나선형 교육과정

- (전달전략) 학습내용을 어떻게 전달할 것인지에 대한 전략

▎전달전략의 유형과 교사의 역량

전달전략의 유형	개별화 수업방안, ICT 활용 수업, 강의법, 토론수업 등
효과적인 전달을 위하여 교사가 갖추어야 할 역량	• 다양한 교수법 및 교육매체에 대한 **기본 지식** • **상황에 맞는** 교수법 및 교육매체 **선정능력**

- (관리전략) 교수 – 학습과정을 어떻게 관리하고 조정할 것인지에 대한 전략

  ※ (예시) 메타버스 교실 수업 시 활용한 매체, 학습목표, 수업시수, 교육자료 등을 분석하고 해당 요소들이 학습자에게 어떠한 효과를 주었는지 기록·정리하여 추후 수업설계 시 활용

○ (성과변인 : Outcomes) **교수활동**의 결과로 얻어지는 **성과**(= 결과변인)

– (효과성 : Effectiveness) **교육목표의 달성 여부**, 학습자가 교수・학습과정을 통하여 습득한 지식 및 기능의 정도

– (효율성 : Efficiency) 목표 달성을 위한 **노력・비용・시간 투자 정도**

– (매력성 : Appeal) 학습활동과 학습자료에 매력을 느끼게 하여 **추가・심화학습을 촉진한 정도**, 학습자가 습득한 지식과 기능이 매력적이어서 **학습 이후 지식과 기능을 활용한 정도** → 학습동기 유발

※ Keller(1984) : 교수 매력성 증진을 위해 ARCS 제시

– (안정성 : Safety) 습득한 지식과 기능이 **물리적・정서적 안정의 저해** 요인이 되면 안 됨 → 교육의 정치적 중립성

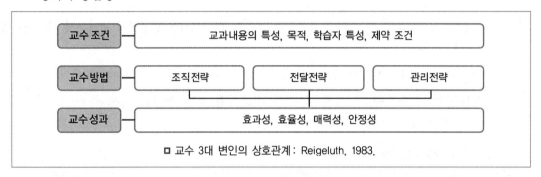

□ 교수 3대 변인의 상호관계 : Reigeluth, 1983.

5 교수학습의 전개

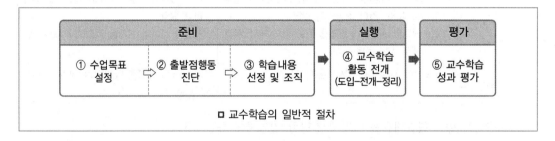

□ 교수학습의 일반적 절차

○ (**1단계** **수업목표 설정**) **수업**을 통하여 **학생**들이 **달성**하는 것(도착점행동)

– (기능) ① 일관성 확보 기능 : 국가 교육과정의 성취기준을 구체화하고, 추후 평가의 방향을 분명히 하여 교・수・평・기 일체화 달성 가능

② 수업 점검 기능 : 수업내용과 활동이 구체적 수업목표 달성 과정에 부합하는지 상시 확인하는 등, 수업 중 교수학습 활동 개선의 기준으로 활용 가능

③ 동기 유발 기능 : 학습할 내용과 학습 후에 달성할 행동을 분명히 제시하여 학생에게 수업결과에 대한 기대감을 형성하게 함으로써 동기유발 촉진

- (요구 분석 : Need Analysis) 불확실한 **문제의 본질 규명, 현재 상태**(What is ; AS-IS)**와 바람직한 상태**(What Should Be ; TO-BE, 수업목표)**의 격차 확인** 및 원인 규명, 원인을 토대로 다양한 해결방안 제시

  ※ **(분석기법)** 자원명세서 조사, 사용 분석, 설문조사, 구조화된 집단(교수설계에서 상세화)

- (목표진술 : R. W. Tyler) 수업목표는 **구체적**으로 세분되고 **명세적**으로 진술 필요, **내용과 행동으로 진술**

교수목표 진술의 원리

구분	주요 내용
구체성	구체적이고 명확한 행동적 용어로 진술, 명시적 동사 사용
포괄성	도착점행동의 폭넓은 변화 포함
일관성	진술된 목표 간에 상호 모순되지 않고 철학적 일관성이 있도록 진술
가변성	비판과 필요에 따라 변경이 가능하도록 진술
실현 가능성	교육을 통하여 목표의 성취가 가능한 목표

▶ 구체적 수업 목표의 3요소 : R. F. Mager

① 도착점행동, ② 상황 및 조건, ③ 수락기준

※ **(예시)** 10문제 중 9문제를 10분 이내에**(준거)** 계산기를 사용하지 않고 암산으로**(조건)** 덧셈을 할 수 있다**(행동)**.

목표 진술 시 유의점

- **학습내용 및 학습자행동 동시 진술**

  ※ **(예시)** 수의 덧셈**(내용)**을 계산한다**(행동)**.

- **관찰 가능한 행동, 행동이 일어나는 조건, 달성을 판단하는 준거 포함**

  ※ **(예시)** 10문제 중 9문제를 10분 이내에**(준거)** 계산기를 사용하지 않고 암산으로**(조건)** 덧셈을 할 수 있다**(행동)**.

- **교사가 하여야 할 활동을 수업목표로 진술하지 않기**
- **학습내용이나 주요 제목을 수업목표로 열거하지 않기**
- **하나의 수업목표 속에 둘 이상의 학습결과를 포함시키지 않기**

학습목표 설정 시 SMART 기법

- **(구체적 : Specific)** 무엇이고 왜 중요한지 명확하고 구체적으로 정의
- **(측정 가능 : Measurable)** 구체적인 기준이 되는 지표를 함께 제시
- **(달성 가능 : Achievable)** 학습자의 능력, 자원 등을 고려하여 설정
- **(관련성 : Relevant)** 교육과정 목표(성취기준)와 일관성을 갖거나, 학습자에게 유의미하도록 설정
- **(시간 제한 : Time-bound)** 달성의 기한을 명확히 제시

○ (**2단계** **출발점행동 진단**) 학습자가 **목표 달성**을 위한 **최소한의 기본능력**(지식, 기능, 태도)을 갖추고 있는지 **확인**

- (진단내용) ① **기본** 발달상황(가정환경, 신체발달 등)
  ② **인지적** 측면(선수학습 수준, 지능, 창의성)
  ③ **정의적** 측면(흥미, 적성, 태도)

- (진단방법) ① 가정환경 조사서, 학교 생활기록부
  ② 진단평가, 이전 연도 성적
  ③ 관찰·면담·체크리스트, 검사도구(MBTI 등)

○ (**3단계** **학습내용 선정 및 조직**) **교수목표** 달성을 위하여 **학생**에게 **제공되는 학습경험**으로서의 **학습과제를 선정·분류·계열화**하는 과정

- (선정) **교육목표**를 고려하여 **학습내용 선정**

  ※ (Tyler의 **학습경험 선정 원칙**) 기회의 원칙, 가능성의 원칙, 만족의 원칙, 경험의 원칙, 일 경험 다 목표의 원칙

- (분류) 학습내용이 포함하는 **학습요소 분석**(요소 간 관계 고려)

  ※ 5가지 학습과제(Gagné) : 언어적 정보, 지적 기능, 인지전략, 태도, 운동 기능

- (계열화) 학습요소 간의 특성을 고려하여 학습내용을 **가르칠 순서 결정**

  ※ (**주요방법**) ① 시계열 순서(역사), ② 일반적인 내용부터 구체적 내용으로(연역법), ③ 구체적 예시로부터 일반적 법칙으로(귀납법), ④ 주제 순서로(주제별 계열화), ⑤ 단순한 것에서 복잡한 것으로(나선형 계열화)

📙 **주제별 계열화와 나선형 계열화 비교**

구분	주제별 계열화	나선형 계열화
개념	하나의 주제를 완전히 학습한 후 다음 주제로 넘어가는 계열화 방법	여러 학습주제를 단순한 것에서 점진적으로 심화시키면서 학습하는 방법
예시	• 1주차 : 세포 구조와 기능 • 2주차 : 유전과 유전자 • 3주차 : 생태계와 환경 • 4주차 : 진화와 자연선택	• 기초 : 기본 연산(덧셈, 뺄셈) • 중급 : 기본 연산 응용(곱셈, 나눗셈) • 고급 : 복잡한 문제 해결(분수, 소수) • 심화 : 고급 수학개념 학습(대수, 기하)
장점	• 하나의 주제에 대하여 깊이 있는 학습 가능 • 주제중심 수업으로 흥미 유발 용이	• 여러 주제에 대한 체계적 연결 • 중요 개념에 대한 반복을 통하여 파지 용이
단점	• 다음 주제로 넘어간 후 이전 주제 망각 발생 • 주제 간 통합적 이해 곤란	• 한 주제에 대한 집중적 심화 방해, 학습자료 준비·활용에 오랜 시간 소요 • 심화로 갈수록 흥미 유발 곤란

○ (**4단계** 교수학습활동 전개) 선정·조직된 학습내용을 **실제로 가르치고 배우는 활동**, 학습과제의 **특성**과 **학습자의 특성** 고려 필요

03

- (도입) 해당 차시에 대한 **학습의 기대감 유발**

┌ 도입단계에서의 교수활동

- **(학습동기 유발)** 학습과제와 학습결과가 분명할수록, 일상과 연관될수록, 학습자에게 도움이 된다고 느낄수록 학습동기(의욕) 제고
  ※ **(방법)** 시청각자료 제시, 참신한 질문하기, 실제 생활과의 관련성 설명 등(Keller의 ARCS 참조)
- **(선수학습 확인)** 해당 학습과제를 학습하기 위하여 학습자가 반드시 알고 있어야 할 기초능력 확인
  ※ **(방법)** 이전 학습 마인드맵, 이번 시간과 연결되는 핵심 개념 간단 설명
- **(수업목표 제시)** 해당 수업 종료 시 학습자가 결과적으로 무엇을 할 수 있는가 안내
  ※ **(방법)** 구체적·명세적으로 제시, 학습자가 달성 가능하도록 수준 고려 등

- (전개) 다양한 **학습경험 제공 및 피드백**

┌ 전개단계에서의 교수활동

- **(학습과제 및 경험 제시)** **학습자의 수준에 따라** 학습자에게 제시
  ※ **(방법)** 설명식, 토의·토론식, 발견·탐구식 수업, 협동학습 등 진행
- **(질문 및 피드백 제공)** **학습 도중 질문, 형성평가** 등을 통하여 학생의 학습활동 중간 결과를 확인하고 오답 교정

- (정리) 해당 차시 **학습경험 정리** 및 다음 차시 안내

┌ 정리단계에서의 교수활동

- **(학습내용 요약·정리)** 학습내용 구조화, 당일 학습내용 회상, 교사의 요약 설명, 판서·그림 구조화 등
- **(학습성취 평가)** 수업목표 달성 여부 확인, 문답평가, 지필평가, 쪽지시험, 관찰 등
- **(파지 및 전이)** 수업을 통한 학습경험이 다른 유사한 상황이나 수업사태에 적용·일반화되기 위한 활동
- **(차시 학습과제 제시)** 다음 수업 학습내용 제시, 다음 수업과의 연관성 소개

○ (**5단계** 교수학습성과 평가) 교육과정 및 수업에 의한 결과로서 **교육목표 달성도 확인 및 환류**

※ 교육평가 파트에서 구체화

- (기능) ① 학생 측면 : 학업성취도 수준 확인(학습에 대한 평가), 학습 장애요인 확인(학습으로서 평가)
  ② 교사 측면 : 자신의 교수학습 방법의 적합성 확인(학습을 위한 평가)

- (종류) ① 시기에 따른 분류 : 진단·형성·총괄평가
  ② 평가준거에 따른 분류 : 상대평가(규준지향), 절대평가(목표지향)
  ③ 평가방법에 따른 분류 : 객관식 평가, 주관식 평가
  ④ 평가영역에 따른 분류 : 인지적 평가, 정의적 평가

6 우리나라 교수학습의 운영기준(2022 개정 교육과정 총론)

○ (준비 : 교수학습 설계) 깊이 있는 학습을 통하여 핵심역량을 함양할 수 있도록 교수학습 설계

- (핵심내용 학습) 각 교과의 핵심 아이디어를 중심으로 지식·이해·과정·기능, 가치·태도의 내용요소를 유기적으로 연계하여 학습경험의 폭과 깊이를 확장할 수 있도록 설계

- (창의성 함양) 교과 내 영역 간, 교과 간 내용 연계성을 고려하여 수업을 설계하고 지도함으로써 학생들이 융합적으로 사고하고 창의적으로 문제를 해결하는 능력 함양

- (삶과의 관련성 제고) 학습내용을 실생활 맥락 속에서 이해하고 적용하는 기회 제공

- (자기주도성 함양) 자신의 학습과정과 학습전략을 점검하며 개선하는 기회 제공

- (기초소양 함양) 깊이 있는 학습의 기반이 되는 언어·수리·디지털 기초소양을 모든 교과를 통하여 함양할 수 있도록 수업 설계

○ (실행 : 교수학습 전개) 학생들이 수업에 능동적으로 참여하고 학습의 즐거움을 경험할 수 있도록 교수학습 전개

- (참여형 수업) 문제해결학습*, 토의·토론학습, 체험활동, 소집단 협동학습활동 활성화

  *학습 주제에서 다루는 탐구 질문에 관심과 호기심을 가지고 스스로 문제를 해결하는 학생 참여형 수업

- (학생 특성 고려) 학생의 선행 경험, 선행 지식, 오개념 등 학습의 출발점을 파악하고 학생의 특성을 고려하여 학습 소재, 자료, 활동 다양화

- (매체 활용) 정보통신기술 매체를 활용하여 교수·학습방법을 다양화하고, 학생 맞춤형 학습을 위하여 지능정보기술 활용

- (학습결손 최소화) 학생 개개인의 학습상황을 확인하여 학생의 학습결손을 예방하도록 노력하며, 학습결손이 발생한 경우 보충학습 기회 제공

○ (평가 : 학습자 평가) 평가는 학생 개개인의 교육목표 도달 정도를 확인하고, 학습의 부족한 부분을 보충하며, 교수·학습의 질을 개선하는 데 주안점

- (교수학습평가 일관성) 성취기준에 근거하여 교수·학습과 평가활동의 일관성 확보

- (과정중심 평가) 학습의 결과뿐 아니라 결과에 이르기까지의 학습과정을 확인하고 환류하여, 학습자의 성공적인 학습과 사고능력 함양 지원

- (평가영역 균형화) 학생의 인지적·정의적 측면에 대한 평가가 균형 있게 이루어질 수 있도록 하며, 학생이 자신의 학습과정과 결과를 스스로 평가할 수 있는 기회 제공

- (평가방법 다양화) 수행평가를 내실화하고 서술형과 논술형 평가의 비중 확대

2 교육공학의 기초

1 교육공학의 정의

- ○ **(변천)** 초기(1940 ~ 1960) 시청각매체의 교육적 활용이라는 **매체로서의 교육공학**에서 시작하여 **과정으로서의 교육공학**을 거쳐 **과정 이상으로서의 교육공학**으로 발전

- ○ **(정의)** 교육공학(Instructional Technology)은 **학습을 위한 과정과 자원을 설계, 개발, 활용, 관리, 평가**하는 이론이자 실제(미국 교육공학회, AECT, 1994.)

  - 이후 '**적절한 공학적 과정 및 자원을 창출, 활용, 관리**함으로써 **학습을 촉진**하고 **수행을 개선**하는 **연구와 윤리적 실천**'으로 발전(AECT, 2008.)

    ※ Educational technology is the study and ethical practice of facilitating learning and improving performance by creating, using, and managing appropriate technological processes and resources

2 교육공학의 영역 기출 2008

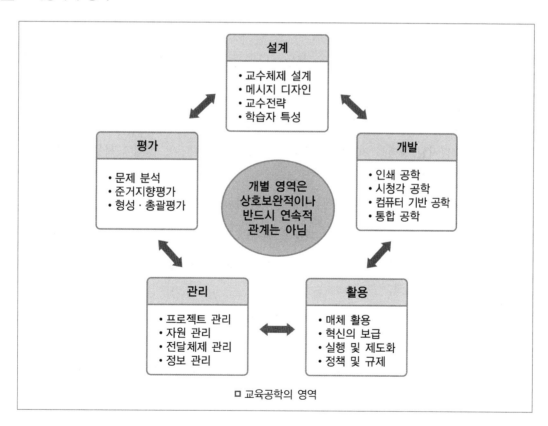

□ 교육공학의 영역

○ (설계 : Design) **학습조건을 구체화**하는 과정, 순수한 **'계획' 기능**

- (교수체제 설계 : ISD) ① 학습상황·학습자 분석, ② 교수의 범위·의도·목적 결정, ③ 교수 전략 선정 및 목표 설정, ④ 과제분석·내용분석 등 교수분석, ⑤ 평가계획안 수립 등을 하는 조직된 절차로서 **일관성과 완벽성** 필요

- (메시지 디자인) 학습효과를 제고하기 위해 **메시지의 물리적 형태를 어떻게 조직할 것인가** 계획

  ※ (예시) 학습내용을 문자·기호·그림 중 무엇으로 제시할지 결정, 활자의 크기·페이지의 편집·색상 결정 등

- (교수전략) 학습자 및 학습과제의 특성을 고려하여 **학습목표 달성**을 위한 **가장 효과적인 전략**을 선택하고 계획

- (학습자 특성) 학습에 영향을 미치는 **학습자의 일반적 특성**(연령, 지능, SES, 성격 등) 및 **선수학습 수준 고려**

○ (개발 : Development) 설계에서 구체화된 내용을 **물리적으로 완성**

- (인쇄 공학) 교재, 삽화, 사진 등 주로 **글과 정적인 시각자료**

  ※ 학습자에 의한 정보 재조직·재구성 가능

- (시청각 공학) 슬라이드, 라디오, TV, 비디오 등 **동적인 시각자료**

  ※ 자료의 활용에 관한 대부분의 결정이 교사에 의해 이루어지므로 교사중심의 수업활동에서 활발히 사용되며, 학습자와의 상호작용 정도는 매우 낮음

- (컴퓨터 기반 공학) 컴퓨터를 이용하여 디지털화된 자료를 제작하고 전달하는 방법, 모든 정보가 **디지털 형태로 저장**되고 게임 등을 통해 습득 내용을 실제에 적용 가능(CBI·CAI)

  ※ 교수자·학습자의 의도에 따라 언제나 정보 제시의 변화가 가능하며, 학습자와의 상호작용성 구현 가능

- (통합 공학) 컴퓨터의 통제하에 **여러 형태의 매체를 포괄**하는 자료 제작

○ (활용 : Utilization) 학습을 위하여 **과정을 전개**하고 **자원을 사용**

- (매체 활용) 기대하는 학습목표 달성을 위한 **최적의 자원·교수매체를 선정**하고 체계적으로 **활용하는 의사결정** ※ ASSURE 모형 참조

- (혁신의 보급) **새로운 아이디어**를 수용하도록 촉진하고 정보를 알리기 위한 **의사소통 과정** (Rogers, 1962.)

- (실행 및 제도화) 실행은 **교수자료나 전략을 실제 현장에 적용하는 것**, 제도화는 교수 혁신이 조직 내에서 **지속화·일상화**되는 것

- (정책 및 규제) 교육공학의 보급과 사용에 영향을 미치는 **사회조직의 규칙과 행위**

○ (관리 : Management) 계획, 조직, 조정, 감독 등을 통하여 **교육공학 통제**

  – (프로젝트 관리) **교수설계와 제작 프로젝트를 계획·감독·조정**(예산 설정, 협상, risk 분석 등)

  – (자원 관리) **자원(인력, 예산, 재료, 시간, 시설 등) 지원체제와 서비스를 기획·감독·조정**

  – (전달체제 관리) **교수자료 전달 시 조직하는 방법** 계획·감독·조정

  – (정보 관리) 학습자원을 제공하기 위하여 **정보의 저장·전달·처리**를 계획·감독·조정

○ (평가 : Assessment) **교수와 학습의 적절성 결정**, 교육공학적 과정 및 산물에 **가치를 부여**하는 활동

  – (문제 분석) 정보수집과 의사결정전략을 사용하여 **문제의 성질과 요소 확인**

  – (준거지향평가) 학습자의 지식, 기술, 태도가 **사전에 설정된 기준에 도달하였는지 여부 측정**(절대평가)

  – (형성·총괄평가) **형성평가는 교수자료나 교수의 지속적 개선을 위하여 정보를 수집, 총괄평가는 교수자료나 교수의 가치·적절성 측정**

■ **효과적 원격교육을 위한 교육공학 영역별 과업**

영역	현장에서의 과업(실제 사례 및 예시)
설계	•**(학교)** 교과별 협의회 등을 통하여 학년별, 교과별 교수체제 계획 　– 해당 학교가 속해 있는 지역의 특성, 학생 개인별 학습자 특성 등을 고려하여 교수 설계 　– 원격교육 역량이 높은 교사(수석교사, 정보교사 등)의 학내 지도를 통한 교수 설계 •**(정부)** 성공적인 교과별 원격교육 수업사례 보급
개발	•**(학교)** 원격교육 사이트(온라인클래스 등)에 시청각자료 탑재 　– 학교별·교과별·학습자별 특성에 맞는 원격수업 콘텐츠 개발 •**(정부)** 공통으로 활용할 수 있는 시청각자료 개발 및 보급
활용	•**(학교)** 원격교육 콘텐츠의 실제 활용 　– 중앙 차원의 원격교육 콘텐츠와 교사 제작 콘텐츠의 균형 있는 활용 유도 •**(정부)** 원격교육 활성화를 위한 법령 정비 　– 초·중등교육법 개정, 원격교육기본법 제정 등
관리	•**(학교)** 관리자, 부장·수석교사 등을 통한 학내 원격교육 질 관리 　– 원격교육 역량 개발이 필요한 교원 발굴 및 학내외 연수 실시 •**(정부)** 원활한 원격교육을 위한 인적·물적 자원 확보 　– 기기 보급(태블릿·PC 등), 국가 차원의 원격교육 플랫폼(온라인클래스 등) 　– 교사의 원격교육 수업역량을 높이기 위한 중앙 차원의 연수 실시 　– 원격교육을 위한 평가·기록(학생부) 매뉴얼 정비
평가	•**(학교)** 원격교육의 성과를 확인할 수 있는 평가·기록 실시 　– 평가의 공정성·신뢰성 확보를 위하여 원격교육하에서 직접 관찰·평가할 수 있는 방법 구인 •**(정부)** 평가의 공정성·신뢰성 확보를 위한 평가 예시 제공

교수학습이론

I 교수학습 패러다임의 변화⑰

1 전통적 패러다임

○ (주요내용) 지식과 경험을 잘 선정·조직하여 학생들이 쉽게 이해할 수 있도록 **교사의 언어**를 중심으로 **교육내용 전달**

- (관심사항) **교육목표**를 달성하기 위하여 선정·조직된 교육경험을 **어떻게 효과적**으로 **전달**하고 **평가**할 수 있는가?

○ (특성) 지식과 경험이 교사로부터 학생에게 **일방향 전달**

- (교사) 학습자의 교육목표 달성을 위한 지식과 경험을 소유하고 효과적으로 전달하는 역량을 지닌 **공급자**

- (학습자) 교사에 의하여 전달되는 지식과 경험을 수동적으로 기억·이해하는 **수용자**

2 경험·과학적 패러다임

○ (주요내용) 교사로부터 전달된 지식이 교사·학생 간, 학생과 다른 학생 간 **쌍방향 소통**을 통해 **학습 촉진**

- (관심사항) 학습을 촉진하기 위하여 **교육주체 간 상호소통**을 어떻게 **활발**하게 **이끌 수 있는가?**

○ (특성) 교육주체 간 소통 증진을 위한 **교사역할 확대**

- (교사) **지식과 경험의 전수자**뿐 아니라 수업 참여자 간의 소통을 이끌 수 있는 **수업 지도성(Instructional Leadership)**이 **풍부한 촉진자**

  ※ 전통적 패러다임과 같이 지식과 경험에 접근할 수 있는 유일한 통로는 교사

- (학습자) 교사의 지식과 경험을 수용하면서 **수업 참여자 간 소통**을 통해 교사 - 학생, 학생 - 학생 상호 간의 학습을 보완하는 **보완자**

---

⑰ 백영균 외, 전게서, 2010, pp.60 ~ 65

3 공학적 패러다임

○ **(주요내용)** **발달한 정보통신기술** 기반으로 **학습자 수요**에 따라 다양한 채널을 통하여 학습이 일어나고 **지식이 재생산됨**

- **(관심사항)** 복잡·다양해지고 급변하는 사회에 따른 **학습환경 변화**에 **어떻게 대응**하여야 할 것인가?

○ **(특성)** 정보통신기술의 발전으로 교사뿐 아니라 **학생도 지식베이스에 자유롭게 접근 가능**해져 교사의 통제·관리적 역할은 축소되고 **학생의 학습자율성은 증대**

- **(학생중심 학습환경)** 학생이 정련되지 않은 지식베이스에 자유롭게 접근 가능하므로 **학생 스스로 학습을 관리·통제하는 능력** 요구

- **(열린 학습환경)** 교사에 의해 한정된 지식과 경험의 학습에서 **시·공간적 한계를 뛰어넘은 지식과 경험의 학습**으로 확대되고, 교실 내 교사·학생 외에도 **다양한 사람과의 네트워크 구축 가능**

- **(협동적 학습환경)** 방대한 지식베이스의 특성상 **소수 특정인에 의한 지식독점이 불가**하므로 특정 문제에 대한 다양한 참여자의 의견제시 및 **협동학습 필연적**

- **(교수·학습과정의 다양화)** 교수·학습과정에 활용될 수 있는 **정보의 다양화, 신속한 정보 접근 및 변이** 등으로 인하여 **수업의 다양화** 가능

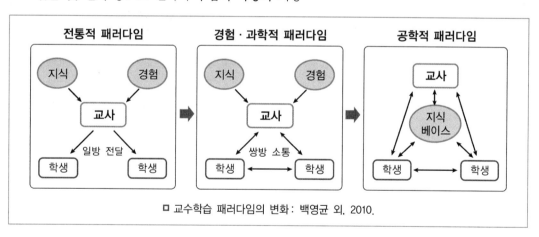

□ 교수학습 패러다임의 변화 : 백영균 외, 2010.

📌 학습자중심 교육환경에서 교사 · 학생의 역할 변화

	기존의 역할(교사중심 교육)	기대되는 역할(학습자중심 교육)
교사	• 학생들에게 정보를 제시해주는 일차적 정보원 • 학생들의 궁금증에 대한 모든 대답을 제공해주는 교과 전문가 • 학습내용을 파지하였는지 확인하는 평가자	• 학생들이 자신에게 필요한 정보를 수집하고 평가하도록 유도하는 안내자 • 학생들의 호기심을 유도하고 학생들 스스로 정답을 찾도록 방향성을 제시해주는 코치 • 스스로 부족한 부분을 발굴할 수 있도록 도와주는 조력자
학생	• 교사가 전달해주는 정보를 무비판적으로 받아들이는 수용자 • 교사의 지시를 충실히 이행하는 수동적 학습자 • 타인으로부터 평가를 기다리는 피평가자	• 정보를 비판적으로 탐색하고 필요한 경우 스스로 정보를 창출하는 전문가 • 자신이 원하는 학습목표와 경험을 스스로 결정하는 능동적 학습자 • 스스로 자신의 학업성취를 평가하고 반성하는 성찰자

참고 디지털시대 교실 변화 : 「디지털 기반 교육혁신 방안」, 교육부, 2023.

디지털시대 교실의 모습 변화

교사 1인 ⟷ 학생 다수

"1명의 교사가 다양한 학생을 가르치는 대량학습체제"

디지털 기술의 발전
Data Science의 적용

교사 ⟷ 학생
조력 / AI 조교   조력 / AI 튜터
AI 디지털 교과서

학생 : 자신의 역량과 속도에 맞는 맞춤학습

교사 : 데이터 기반 지도, 인간적 유대와 조언, 적성 발굴, 진로상담

학부모 : 학생에 대한 객관적 정보를 바탕으로 자녀 교육

① **학생**: 자기주도적 학습자로 성장

• 프로젝트 · 협력활동 · 토론 등을 통하여 타 학생들과 함께 수업을 만들어가는 **능동적 학습자**로 성장
• 자신이 가진 목표 · 역량 · 학습 속도에 따라 서로 다른 학습경로를 구축하고, 희망할 때 손쉽게 보충 · 심화 학습 가능

② **교사**: 학습 멘토 · 코치, 사회 · 정서적 지도자 역할 확대

• AI 튜터의 분석을 기반으로 학생 개인의 특성에 맞는 수업 진행
• 학생의 사회 · 정서적 변화를 관찰 · 진단하여 안정적 상담 · 멘토링 제공

③ **수업**: 토론, 프로젝트 학습, 거꾸로 학습 확대

• 지식의 습득보다는 이를 활용할 수 있는 역량을 키우는 것에 초점
• 자기 표현, 상호 존중과 협력 등 사회적 · 정서적 역량을 자연스럽게 체득

2 주요 교수학습이론

1 B. F. Skinner의 프로그램 교수법 ※ Program Instruction

○ (개념) **학습 부진아의 완전학습**을 목적으로 학습자가 달성하여야 할 **학습목표를 점진적으로 달성**하게 하는 교수법

- 행동주의 **강화이론**과 **학습내용 조직의 계열성 원리**에 기초

📘 프로그램 학습법의 학습원리

구분	주요 내용
스몰 스텝의 원리 (점진적 접근의 원리)	하나의 학습과정을 학습할 때 쉬운 것에서부터 점차 어려운 것으로, 단순한 것에서 복잡한 것으로 학습
적극적 반응의 원리	개개인의 학생이 학습내용에 능동적으로 참여하고 활동
학습자 검증의 원리	학습자 스스로 학습반응을 검증
자기 속도의 원리	학습은 개별적인 것으로 각자의 속도에 맞는 학습 수행
즉시 확인의 원리	학습의 결과에 대한 즉각적 피드백

○ (유형) **프로그램 학습법의 유형**

- (직선형 프로그램) 모든 학습내용이 **하나의 단일한 순서**로 계열화되어 있어서 모든 학습자가 같은 순서에 따라 학습

  ※ (예시) 하나를 완료하지 않고는 다음 단계로 진행 불가

- (분지형 프로그램) 각 학습과제에 대한 **학습자의 반응 정도 및 선택한 반응 종류**에 따라 각자에게 맞는 순서를 개별적으로 선택하여 학습

  ※ (예시) 문제에 대한 정·오답을 기준으로 다음 단계의 문제가 변화(AI 학습 프로그램)

○ (특징) ① **점진적**(Small-Step) 학습
        ② **개별적**으로 다른 학습과제와 학습내용
        ③ 학습 성취 정도에 대한 **즉각적 피드백**

○ (장점) ① 점진적 학습을 통한 학습자의 성장, **완전학습 도모**
        ② **학습자 맞춤형 교육** 실현
        ③ 학습내용과 방법을 **신속하게 수정 가능**

○ (단점) ① Small-Step 구성에 오랜 시간 소요
        ② 협동학습이 어려워 **협동정신 배양 곤란**
        ③ 즉각적 피드백 **시스템 구축이 어려움**(비용 과다)

2 J. Carroll의 학교학습모형 ※ Model of School Learning 기출 2012

○ **(개념)** **학습의 정도**에 작용하는 **중요 변인**을 추출하고 **변인 간 상호관계**에 기초하여 학교학습 방안을 체계화한 이론

– 학습에 필요한 시간보다 학습에 사용한 시간이 많을수록 학습의 정도가 커진다고 보아 **완전학습의 가능성 시사**

○ **(학교학습 모형도)** 학습의 정도는 학습에 필요한 시간 대비 학습에 사용된 시간에 따라 결정

$$\text{학습의 정도} = f\left(\frac{\text{학습에 사용된 시간}}{\text{학습에 필요한 시간}}\right) = f\left(\frac{\text{지속력} \cdot \text{학습기회}}{\text{적성} \cdot \text{교수 이해력} \cdot \text{교수의 질}}\right)$$

– **(학습의 정도)** 교수목표에 진술된 도달기준에 비추어 **실제로 도달한 학습 정도**

– **(학습에 필요한 시간)** 주어진 학습과제를 **완전히 학습**하여 **목표수준에 도달**하는 데 필요한 시간

※ **(학습자 변인)** 학습자의 적성, 학습자의 교수 이해력 **(교사 변인)** 교수의 질

– **(학습에 사용된 시간)** 학습자가 학습과제에 **능동적으로** 주의집중하여 **학습에 몰두**한 시간

※ 수동적으로 보낸 시간은 제외

※ **(학습사 변인)** 학습 지속력 **(교사 변인)** 학습 기회

※ **(유의점)** 학습자가 수동적으로 보낸 시간은 제외하며, 교수자는 정확한 시간 계산을 위해 학습자가 능동적으로 학습에 몰두한 시간을 계산할 수 있는 수업관찰기법 학습 필요

▮ 학교학습에 영향을 미치는 변인

구분	학습에 필요한 시간	학습에 사용된 시간
교사 변인	**(교수의 질)** 교사의 수업방법	**(학습 기회)** 학습을 하는 데 허용된 시간
학습자 변인	**(적성)** 최적의 학습조건에서 완전히 학습하는 데 필요한 시간으로, 개인의 기본 적성과 선행학습 정도에 의해서 결정	**(학습 지속력)** 학습자가 학습을 위해 사용하려는 시간(학습 태도, 의욕, 동기)
	(교수 이해력) 학습과제의 성질 및 학습절차를 이해하는 학습자 능력	

○ **(특징)** ① 학습에 영향을 미치는 **변인을 교사·학습자 측면에서 분석**

② **학습의 정도를 수치화**하여 **직관적**

○ **(장점)** ① 학습의 정도를 높이기 위한 **구체적인 방법** 제시 가능

② **완전학습의 이론적 기초** 제공

○ **(단점)** ① 교사·학습자 변인 외 **환경적 요인에 대한 고려**가 상대적으로 부족

② **변인의 명확한 정의 및 측정 곤란**(적성, 학습 지속력 등)

> **학습의 정도를 높이는 방법**
>
> - **(학습에 필요한 시간 감소) 적성을 충분히 고려, 교수의 질 개선**
>   - ① (적성 높이기) ⓐ 선수학습 관련 요약자료 제공
>   - ⓑ 선수학습과 당해 차시학습 연결
>   - ② (교수의 질 개선) ⓐ 개념도, 구조도를 통하여 수업의 명료성 제고
>   - ⓑ 비유 · 은유를 통한 설명, 시각자료 활용 등 학습과제 제시방법의 다양화
>   - ⓒ 학습내용의 계열적 제공
> - **(학습에 사용한 시간 증가) 학습 기회의 충분한 허용 및 지속력 향상**
>   - ① (학습 기회 증가) ⓐ 보충학습 기회 부여
>   - ⓑ 가정 학습과제(숙제) 부과
>   - ② (학습 지속력 증가) ⓐ 학습동기 · 흥미 유발방안 실시
>   - ⓑ 강화를 통한 학습의 지속성 강화

3 B. Bloom의 완전학습 ※ Mastery Learning

○ **(개념) 이질적 학급 내 학생의 95% 이상이 학습과제의 90% 이상을 학습하도록 유도하는 이론**

- 학습자의 **인지적 · 정의적 출발점행동을 고려**하여 **질 높은 수업**을 실시하는 경우 완전학습 가능

- 학교학습모형에 기초하여 완전학습을 위한 **구체적 교수전략(수업 전/중/후)** 제시

> **완전학습의 주요변인**
>
> - **(인지적 출발점행동) 선수학습의 수준**
> - **(정의적 출발점행동) 학습에 대한 동기화 정도**
> - **(수업의 질) 수업이 학습자에게 얼마나 적절한지의 정도**
>   - **(단서) 학습과정에서 교사가 제공하는 정보**
>   - **(강화) 학습과정에서 교사가 제공하는 보상**
>   - **(참여) 학습자가 학습과정에 참여한 정도**
>   - **(피드백 및 교정) 학습자의 수행에 대한 교사의 피드백 및 교정**

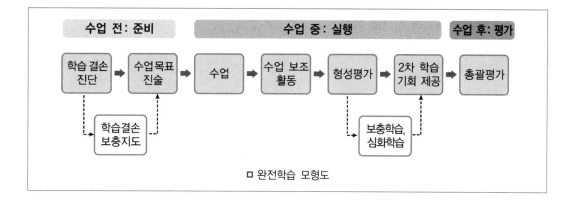

□ 완전학습 모형도

○ **(수업의 단계 및 전략)** 수업 전·중·후로 구분

- **(수업 전: 진단평가 및 결손 보충)** 학습결손 진단 및 보충지도*

  *가정학습, 참고서 및 연습문제 지정, 30 ~ 40step이 담긴 프로그램 과제 제공

- **(수업 중: 수업, 형성평가 및 피드백)** 수업목적 명시, 수업 및 수업 보조활동 전개, 형성평가, 보충·심화학습, 자발적 2차 학습기회

완전학습 모형에서의 수업활동

구분	주요 내용
수업	• 완전학습의 기준 제시, 효과적인 학습절차 안내 • 불필요한 판서는 최소화하고 시청각 교육자료 이용 • 아동의 정의적 지원책 적용(자신감, 학습의욕 향상)
수업 보조활동	본 수업에서 습득한 개념·원칙·방법을 적용하는 연습문제(실험, 실습) 제공
형성평가	• 소단원이 끝날 때 7 ~ 8분간 형성평가(쪽지시험 등) 실시 • 학생 간 상호 교환 채점
보충·심화	• (보충) 80 ~ 85% 미달 학생 대상으로 개인별 보충과제 제공 • (심화) 높은 수준의 연습문제, 창의적 활동과제 제공
2차 학습기회	• 부진학생 대상 소집단 지도 • 총정리 지도

- **(수업 후: 총합평가)** 총괄평가

○ **(특징)** ① 진단·형성평가를 통하여 **학습자 수준** 고려
② **학습결손 파악** 및 **후속조치 실행**

○ **(장점)** ① **학습자 맞춤형 교육** 실현 가능
② **대다수 학습자의 학업성취** 유도(기초학력 저하 방지)

○ **(단점)** ① 보충·심화학습에 관한 **구체성 부족**
② **기초학력 이상의 학습**에 상대적으로 소홀

4 D. Ausubel의 유의미학습 ※ Meaningful Learning 기출 2004, 2006, 2010, 2012

○ (개념) 새로운 학습과제의 내용이 학습자의 기존 인지구조*와 의미 있게 연결됨으로써 포섭이 일어나도록 유도하는 학습

* 학습자가 지닌 조직화된 개념이나 관념의 집합체

– 지식의 습득은 발견이 아니라 수용을 통해서 이루어지므로 **먼저 원리 혹은 규칙을 이해**하고 **세부적인** 학습 필요(연역적 학습)

이를 위하여 많은 양의 정보를 유의미하고 효율적으로 전달하는 방법 즉, 교사의 **설명식 수업 강조**

○ (학습의 조건) **유의미한 학습과제**에 대해 학습자가 **관련 정착지식**(기존 지식)과 **유의미한 학습태세**를 지니는 경우 학습이 이루어짐

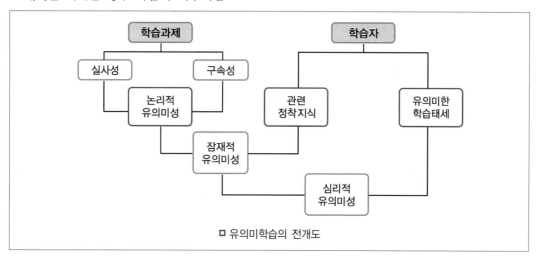

□ 유의미학습의 전개도

– (유의미한 학습과제) 논리적으로 유의미한 학습과제는 **실사성**과 **구속성**을 지님

📖 유의미한 학습과제의 특성

구분	주요 내용
실사성 (Substantiveness)	어떤 과제를 어떻게 표현하더라도 **의미와 본성이 변하지 않는 특성** ※ (예시) "정삼각형이란 세 개의 동일한 길이의 변을 갖는 삼각형이다."라는 정의를 어떤 학생이 "정삼각형이란 모든 변의 길이가 동일한 삼각형이다."라고 변형해도 정삼각형의 본질은 변하지 않음
구속성 (Non-Arbitrariness)	학습과제와 인지구조의 관계가 연결된 후에는 그 **관계가 임의적으로 변경될 수 없는 성질** ※ (예시) 4분음표와 '♩'는 어떠한 상황에서도 구속성을 띔

– (관련 정착지식 : Relavant Anchoring Idea) 학습자의 인지구조에 **이미 형성**되어 있는 것

– (유의미한 학습태세 : Learning Set) 학습과제를 인지구조에 연결하려는 **학습자의 성향, 태도**

○ (수업) **새로운 과제와 관련 정착지식과의 연계**

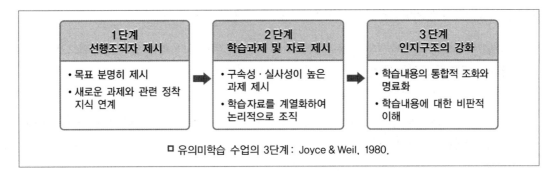

□ 유의미학습 수업의 3단계 : Joyce & Weil, 1980.

– (**1단계** 선행조직자의 제시) 새로운 과제와 관련 정착지식이 연관되도록 도와주는 **추상적·일반적·포괄적 진술**(후속자료 소개 및 요약)

선행조직자(Advanced Organizer)의 종류 및 기능

구분		주요 내용
	기능	• 학생의 주의집중 • 수업목표 명확화 • 앞으로 제시될 개념 간 **관계 부각** • 이미 알고 있는 정보 중에서 **관련 정보 상기**
종류	설명조직자	**기존 관련 정착지식과 새로운 학습내용이 전혀 관계가 없어** 새로운 학습내용보다 상위의 포괄적 설명 도입 ※ (예시) 미뉴에트와 같은 춤곡을 처음 배울 때 춤곡의 특징이 반영된 연주 동영상 감상 또는 교사가 직접 연주 및 시범
	비교조직자	**새로운 과제와 관련 정착지식 간의 유사성과 차이점을 지적**하면서 상호관계 부각(선행 지식이 있을 때) ※ (예시) 스타카토 주법을 학습해야 한다면, 주법을 지도하기 이전에 학생이 촛불을 끄는 호흡 또는 레가토 주법 등과 비교·대조

– (**2단계** 학습과제 및 자료 제시) 학습자의 인지구조에 '**포섭**'될 수 있는 **구속성·실사성이 높은 과제 제시, 학습자료를 계열화**하여 논리적으로 조직(점진적 분화의 원리 적용)

– (**3단계** 인지구조의 강화) 새로운 과제가 학습자의 인지구조에 '**포섭**'되도록 **통합적 조정 유도, 능동적 수용학습** 및 **학습내용에 대한 비판적 접근**

　※ (예시 1) 학습자가 학습자료의 내용을 다른 시각에서 살펴보거나 숨겨져 있는 가정이나 추론 등에 도전하게 함

　※ (예시 2) 학습자료에 제시된 여러 가지 개념이나 명제들 간 공통점과 차이점을 학습자의 선행학습 내용에 근거하여 비교·설명하도록 함

○ (포섭 : Subsumption) 새로운 과제가 인지구조 속에 들어올 때 인지구조에 존재하는 **기존의 개념들과 통합**되는 과정(≒ Piaget의 동화)

– (상위적 포섭: Superordinate) **기존** 인지구조에 있는 **지식을 포괄**하는 **일반적 지식 학습**

　※ (예시) 개와 고양이, 돌고래 등을 알고 있는 학생이 이를 포괄하는 '포유류'라는 개념 학습

– (하위적 포섭 : Subordinate) 기존에 가진 **일반적 지식 아래 새로운 지식 연결**(= 종속적 포섭)

📎 **하위적 포섭의 종류**

구분	주요 내용
파생적 포섭 (Derivative)	기존에 알고 있는 개념에 새로운 사례를 추가 ※ (예시) 포유류를 젖먹이 동물이라고 알고 있는 학습자가 돌고래도 포유류에 포함된다는 사실을 새롭게 학습
상관적 포섭 (Correalational)	기존에 가진 일반적 지식을 연장·정교화·수정·제한하는 새로운 지식 학습 ※ (예시) 포유류를 '대부분 육지에서 생활하는 젖먹이 동물'로 알고 있는 학습자가 돌고래도 포유류에 속한다는 사실을 배우게 되면, 포유류의 개념을 '육지뿐 아니라 물 속에서도 생활하는 젖먹이 동물'로 수정

– (병위적 포섭 : Combinational) 기존에 가진 지식과 같은 수준이지만 별개의 독립적 지식을 학습하며 서로 연결

  ※ (예시) 포유류의 세부 종류로서 개와 고양이의 특성을 알고 있는 학습자가 새롭게 돌고래를 배우는 경우, 개와 고양이·돌고래는 서로 독립된 개념이지만 포유류라는 공통점으로 연결

┌─ 유의미학습의 교수원리 ─┐

- **(선행조직자의 원리)** 새로운 학습과제 제시 전 **일반성·포괄성을 지닌 자료 제시**
- **(점진적 분화의 원리)** 학습내용 중 가장 일반적·포괄적인 의미를 먼저 제시하고 점차 세부적인 지식 제시
- **(통합적 조정의 원리)** 새로운 개념이나 의미는 이미 학습된 내용과 의도적으로 조화·통합되도록 조직
- **(선행학습의 요약·정리의 원리)** 교과의 내용을 계열적으로 요약·정리하여 제공하는 경우 후속학습 촉진
- **(내용의 체계적 조직 원리)** 학문의 내용이 체계적으로 조직되어 있으면 학습의 효과 촉진
- **(학습준비도의 원리)** 학습자의 인지구조뿐 아니라 발달수준도 고려

○ **(특징)** ① 교사의 **설명식 수업** 강조

② 선행조직자를 통하여 **기존 지식(관련 정착지식)과 새로운 학습내용의 연계** 강조

○ **(장점)** ① 교사의 지도하에 **체계적이고 조직적인 지식의 전달 가능**

② **학습의 지속성** 확보 및 **학습동기** 유발

○ **(단점)** ① 교사 위주의 수업으로 잘못 인식될 경우 **학습자의 수동적 태도 확대**

② **선행조직자의 개념 모호**

5 J. Bruner의 발견학습   ※ Discovery Learning 기출 2006

○ **(개념)** 학습자가 **능동적으로** 어떤 사실로부터 **근본적인 개념과 원리(지식의 구조)**를 발견하도록 안내하는 학습

- 처음에 교사는 학생에게 **발견의 근간이 되는 필수적·기초적 사실 및 지식을 제시**하고, 학생은 그 사실과 지식으로부터 **최종 형태 발견**

- 학습 중에는 ① **새로운 정보의 획득**, ② **지식의 변형**, ③ **지식의 검증**이라는 세 가지 과정이 동시에 일어나는데, 발견학습을 통하여 이 과정이 가장 활발하게 진행

  ※ **(획득)** 최소 필수 사실의 제시
  (변형) 획득한 사실을 새로운 문제 상황에 맞게 조직
  (점검) 지식을 다루는 방식이 현재 과제에 적절한 것인지 평가

○ **(목적)** **탐구능력·문제해결능력** 함양, **자발적 학습의욕** 신장

○ **(과정)** 구체적인 사례를 이용하여 일반적 원리를 추출하는 **귀납적 추리(Inductive Learning) 실시**

  ※ (예시) 물과 알코올을 섞는 실험을 통하여 물체의 분자구조에 따라 부피가 달라지는 현상을 깨닫게 함

- **(절차)** ① 문제 인식 → ② 가설 설정 → ③ 가설 검증 → ④ 결론 도출 및 일반화

○ **(수업의 요소)** 수업방법, 과정, 방향을 4가지 요소로 설명

- **(선행경향성)** 학습하고자 하는 **의욕, 동기, 경향성**(= 학습경향성)

  ※ **(방안)** ① 모호성을 지닌 과제를 제시하여 탐구의욕 자극
  ② 탐구할 수 있는 수업 분위기를 조성하여 탐구의욕 유지
  ③ 학습목표와 학습활동의 연관성을 알려주면서 탐구 방향성 제시

- **(지식의 구조)** **학문의 기저를 이루고 있는 핵심적인 개념과 원리**로 구조화된 지식은 **3가지 표현양식** 중 하나로 표현(EIS 이론)

> ┌─ EIS 이론 ─────────────────────────────────
> - **(행동적 표상 : Enactive)** 학습자가 행동을 직접 경험하면서 지식 획득(손가락을 활용하여 덧셈하기)
> - **(영상적 표상 : Iconic)** 이미지와 같은 시각적 자료를 통하여 지식 획득(사과 개수 그림을 통하여 덧셈 인식)
> - **(상징적 표상 : Symbolic)** 언어, 숫자, 기호 등을 통하여 지식 획득(숫자로 덧셈)
> └──

- **(계열화)** 학생들이 학습내용을 이해, 변형, 전이하는 데 도움이 될 수 있도록 **학습과제를 순서대로 조직·제시하는 것**

  ※ 모든 학습자에 적용되는 최적의 계열은 없으며, 학습자의 경험·발달단계·학습자료의 성질 등에 따라 최적의 계열 상이

- **(강화)** 학습자의 **발달단계의 특성**을 고려하고 **외적 강화와 내적 강화의 균형 및 조화** 필요

  ※ 외적 보상이 강하면 성취 자체에서 오는 보상 감소, 실패는 성공을 위한 기초, 외적 보상은 성공한 수준만 되풀이

○ (수업전략) 교사가 예시(Example)를 제시하면 학생들은 예시 간 관계, 즉 지식의 구조를 발견할 때까지 학습

📌 발견학습을 활용한 수업전략 : Woolfolk, 2007.

구분	주요 내용
예시 제공	**가르치고자 하는 개념의 예시와 그렇지 않은 예시 제공** ※ 포유류 학습 시 포유류(사람, 고래, 개)와 비포유류(닭, 물고기, 펭귄 등)의 예시 제시
직관적 추측	개념·단어를 직접적으로 말해주는 대신 **개념·단어와 관련한 단어를 생각하고 추측**하도록 유도 ※ 성급하게 답을 말해주지 않고 몇 가지 답이 나올 때까지 인내
개념 간 관계 이해	질문과 개념도 쓰기 등을 통하여 **개념 간 연결** 강조
스스로 답 발견	**질문**을 통하여 학습자가 **스스로 답을 발견**하도록 유도

  – (유의점) ① 학습동기 저하를 방지하기 위하여 **적절한 수준의 문제와 예시** 제공

            ② 잘못된 추측을 비난, 무시하는 경우 직관적 사고를 억제하므로 **개방적 태도 견지**

            ③ 충분한 추측과 자기검증이 이루어지도록 **인내**

            ④ 학습자의 자기주도성을 해치지 않도록 **교사의 설명 및 안내 최소화**

○ (특징) ① **지식의 구조** 학습 강조

       ② 학습자 **스스로 탐구하고 발견하는 수업** 강조

       ③ 지식 자체의 습득보다는 **학습하는 방법 습득** 강조

○ (장점) ① 지식의 구조에 대한 학습을 통하여 **학생들의 이해도·기억·전이능력 제고**

       ② 스스로 발견하고 전이하는 능력을 통하여 **내재적 동기 및 자기주도적 학습능력** 향상

       ③ **학습하는 방법을 학습**하여 새로운 상황에서 **창의적 문제해결능력 발휘 가능**

○ (단점) ① 지식의 구조 자체가 어려운 개념이므로 **수준이 높은 교사와 학습자에게 친화적**

       ② 학습 및 수업 준비에 많은 시간이 소요되어 **비효율적**

       ③ 기초학력 향상에 필요한 **단순 지식 습득**에는 부적절

📌 유의미발견학습과 발견학습 비교

구분	유의미학습	발견학습
목표	지식내용의 파지	지식의 전이
관심사항	지식의 습득과 보전	지식의 발견과 원리 이해
학습활동	설명을 듣고 파지 내용을 반복 연습	가설 형성과 검증
교사의 역할	교사의 설명과 안내를 중시	교사의 설명과 안내를 최소화

6 **J. Keller의 ARCS** 기출 2003, 2005, 2007, 2011, 2013, 2015

○ **(개념)** 학습자의 **학습동기를 유발**(매력성)하는 요소와 전략

📌 **학습동기 유발을 위해서 증진시켜야 할 요소 및 전략**

요소	증진 전략	내용
주의집중 (Attention)	지각적 각성	• **비일상적이고 새로운 것 제시** ※ 예시: 비유·은유, 도표·그림·그래픽 제시, 민담·비화 설명 • **중요한 내용에 밑줄 긋기**
	탐구적 각성	• 학습자의 **호기심과 탐구심 자극** ※ 예시: 고의로 내용 숨기기, 즉각적 피드백을 통한 호기심 유지 • **지적 갈등을 유발**하여 호기심 자극(반례 제시)
	변화성	• 주의집중 유지를 위하여 **수업방법을 다양하게 적용** ※ 유의사항: 교수목표 달성에 방해되지 않는 범위에서 변화 • 수업 **계열성에 변화** 부여(단원순서 바꾸기)
관련성 (Relavance)	목적 지향성	학습내용이 학습자가 설정한 **장기적 목표나 개인적 성취목표와 연결**되는 것을 강조하여 학습의 중요성을 인식하게 하는 전략(수업 도입부) ※ 예시: 이 이론을 이해하면 교사가 되었을 때 학생들을 더 잘 가르치게 될 거야.
	모티브 일치 (필요의 부합)	개별적 **동기·욕구**에 부합하는 학습활동 제시 ※ 예시: 성취동기 수준별로 다른 학습활동 제시
	친밀성	• 학습자가 가진 **기존 지식·경험에 새로운 지식을 결합**시키는 전략 ※ 예시: 반장 선출 경험을 예시로 들어 선거제 설명 • 학습자에게 **익숙한 사건, 예문, 배경지식 활용**
자신감 (Confidence)	학습요건	수업에서 기대되는 **목표·평가**를 학습자에게 이해시켜주는 것 강조 ※ 예시: 평가기준과 목표를 제시하고 달성하도록 연습의 기회 부여, 시험시간이나 문제 수 등 시험조건 안내
	성공 기회	학습자에게 학습 **성공의 기회 제공** ※ 예시: 과제 난이도를 점차 올려 가는 방법, 사전 테스트 후 수준에 맞는 시험 제시
	개인적 통제	학습자에게 **수업을 통제할 수 있는 권한** 부여 ※ 예시: 자신의 수준에 맞는 학습과제 선택권 부여
만족감 (Satisfaction)	내재적 강화	학습한 것의 **가치를 알게 하여** 목적을 달성한 **자신을 긍정적으로 생각**하도록 하는 전략(수업 종료시점) ※ 예시: 학습에 대한 긍정적 피드백, 정보적 피드백
	외재적 보상	학습의 결과에 대한 **칭찬, 상, 자격증** 등 부여 ※ 유의사항: 목적전이 방지, 내적동기 저하 방지 필요
	공정성	평가의 **일관성과 공정성** 강조 ※ 예시: 배운 내용에서만 출제, 공정한 평가기준 적용

3 구성주의 교수 · 학습이론

◆ **피교육자를 세상의 지식을 담는 물통**(행동주의, 인지주의의 가정)**이 아닌 능동적인 지식의 창조자로 가정**

◆ **피교육자는 세상을 관찰하고 조작하고 해석함으로써 지식 습득**

　※ 핵심 단어 : 맥락, 학습주체로서 학습자, 능동성, 경험, 상호작용

1 구성주의 교수 · 학습이론의 공통 내용 `기출` 2009, 2012, 2020

○ **(등장배경)** 전통적인 교수 · 학습모형에 대한 비판

- **절대불변의 지식** 강조

- 학습자의 **개별 특성을 존중하지 않고 학습에서 수동적 역할 요구**

　※ 다양한 배경, 학습경험, 사전학습의 차이 미고려

- 사람들과의 복잡한 상호작용이 일어나는 현실과 달리 **수업에서는 교사중심의 일방향 수업**

　전통적 수업은 재미없고 따분하고 어려우며 배운 것은 현실에서 적합하지 않음

○ **(학습관)** **학습**은 학습의 주체인 **학습자**가 개인적 경험과 흥미에 따라 정한 **학습내용을 '능동적으로 구성'**해 나가는 과정이며, **결과는 그 과정을 수행할 수 있는 능력** 확인

　※ **구성주의 학습방법을 통해 향상시키고자 하는 능력**(Winn, 1993) : 문제상황 이해 및 관련 정보 회상능력, 문제해결을 위한 초인지적 감지능력, 전문가가 문제해결 과정에서 경험하는 사고력

○ **(특징)** ① 지식은 **맥락, 선수지식, 경험에 따라 다르게** 학습
　　　　② 지식은 **스스로의 경험을** 바탕으로 **능동적으로 구성**
　　　　③ 지식은 **타인과의 상호작용**(사회적 협상) **속에서** 형성

　❶ 복잡한 현대사회에 걸맞은 인재 육성을 위해서는 절대불변의 지식이 아닌 **문제해결 과정을 통한 맥락적 지식, 상대적 지식의 습득** 필요성 부각 → **문제중심학습**

　❷ 개개인의 개성을 존중하면서 변화하는 환경에 능동적으로 대응하고 끊임없이 성장하는 개인을 육성하기 위해서는 **학습자의 특성을 고려한 맞춤형 교육의 필요성** 부각 → **학습자중심학습**

　❸ 지식베이스에 다양한 사람들의 접근이 쉬운 미래공학적 패러다임에 근거하여, 사람들 간의 **상호작용을 통한 지식의 재생산 · 구성을 촉진하는 교육의 필요성** 부각 → **상호작용중심학습**

○ **(수업설계)** 교수활동보다는 **학습자들의 문제해결 활동과 문제해결을 도와줄 수 있는 환경*** 설계

　*① 지식의 전달이 중심이 되지 않고, ② 실제와 같은 복합적이고 역동적인 상황과 문제가 제시되며, ③ 다양한 관점을 개발할 수 있는 기회와 학습에 대한 인내가 주어지는 것

- **(수업목표)** 수업 설계자 · 교사가 **미리 정하는 것이 아닌,** 학생이 과제를 풀어가는 **과정 중에 도출**되어 **학생 스스로 수립**

- **(학습내용)** 학생들의 **삶과 관련성 · 구체성**이 있으면서 실제 상황을 고려한 **실제성 · 맥락성**을 갖춤과 동시에, 학습자 간 **활발한 의미협상(상호작용)**이 일어날 수 있는 학습과제

  ※ **(Duffy & Jonassen)** 구성적 과정이 학교 · 교실의 훈련을 넘어 발생하고 전이되기 위하여 **학습은 반드시 실세계의 맥락 반영 필요**

  ※ **(Resnick)** 학교에서 배운 지식을 실세계에 적용하는 데 실패하는 가장 중요한 요인은, 학교에서 제공된 경험과 실세계에서 접하는 경험이 매우 다르기 때문

  ※ **(실제적인 과제 : Authentic Task)** 학교 밖 상황에서 직면하게 되는 문제, 문제를 해결하는 사람들이 보여주는 인지적 요구(사고의 논리과정)가 드러날 수 있는 과제

- **(학습방법)** 자기주도적 학습, 협동학습 등 학습자의 특성을 고려한 **개별적 학습방법**이면서 **상호작용을 촉진하는 학습방법**

- **(평가)** 과제의 **수행과정에서 연속적으로 평가**

  ※ **(평가대상)** 학습자가 문제를 해결하고 지식과 기능을 새로운 상황에 전이할 수 있는 능력 평가

- **(교사와 학생의 역할)** 학생은 지식을 구성하는 **학습의 능동적 주체, 교사는** 학습자의 학습을 돕는 **조력자 · 안내자 · 동료 학습자**

📌 **객관주의와 구성주의의 차이 비교 : 박성익 외, 2015.** 기출 2009

구분	객관주의	구성주의
철학	세계는 우리의 경험과는 별도로 외부에 객관적으로 존재	세계는 인간의 해석, 우리가 경험하는 세계는 존재하나 그 의미는 **인간에 의해 부여**되고 구성
교수	교사에 의해 기존의 진리가 전달되는 것	• 학습자가 세상에 대한 의미를 구성하도록 **보조 · 지원**하는 것 • 세계에 대한 의미 구성방법을 보여주는 것
학습	외부의 절대적 진리가 학습자의 내부 세계로 전이되는 것	개인적인 경험에 근거하여 의미를 개발하는 **능동적 과정**
교수설계	결정된 내용을 효과적으로 전달하는 것	학습이 일어날 수 있는 **환경 설계** – **절충과 의미 만들기**를 위한 학습환경 설계
학습조건	절대적 진리 자체는 상황과 분리되어 가르칠 수 있음	어떤 사실과 기술도 그것이 사용되는 문제상황과 독립적으로 해석될 수 없으므로 **풍부하고 실세계를 반영하는 상황 제공**
학습결과	모든 사람이 같은 이해에 도달	구성된 실제의 모습이나 의미는 **개인에 따라 다름**
수업의 중심	교사	**학습자**
교사의 역할	진리 전달자, 지식 전수자	**학습 보조자, 학습 촉진자, 코치**
주된 교수방법	강의식	문제중심, 토의식, 발견학습, 협동학습

○ (구성주의 접근방법) 지식을 구성하는 주요 요인으로 개인의 인지적 작용을 강조하는지 사회·문화·역사적 상황을 강조하는지에 따라 분류

📎 지식 구성과정에 영향을 미치는 요소에 따른 구분 기출 2020

관점	인지적 구성주의	사회적 구성주의
공통점	• 지식은 개인적 구성의 과정 • 상황이나 문화 속에서 상호작용을 관찰하지 않고는 개인의 인지구조 이해 불가(Fosnot, 1992.)	
지식 구성 주요 요인	개인의 인지적 작용, 정신활동	개인이 참여하는 사회·문화·역사적 상황
주요 관심	개인이 지식을 구성해 나가는 과정	개인에 의해 형성된 의미의 사회·문화적 지식 형성과정
이론 기반	피아제(Piaget)의 인지발달이론	비고츠키(Vygotsky)의 심리발달이론
학습	학습은 동화(Assimilation)와 조절(Accomodation)을 통한 적극적인 인지구조의 재편성, 평형(Equilibrium)	학습은 사회적 상호작용의 결과, 사회적으로 맥락화된 지식을 자신의 시각에 의하여 내면화하는 과정
학습 방법	• 인지적 갈등이나 모순을 유발하여 동화와 조절 촉진 • 깨진 인지적 평형상태의 복구	• 전문가, 더 능력 있는 동료들과의 상호작용을 통해 ZPD 학습 • 구조화를 위한 단서제공(Scaffolding), 꾸준한 학습을 위한 격려·도움
역할	• 교사 : 인지적 갈등·모순 유발자 • 학생 : 자신의 세계를 스스로 구조화하고 이해하는 능동 학습자	• 교사 : 조력자, 안내자, 동료 학습자 • 학생 : 사회적 맥락에서 지식을 구조화하는 능동 학습자

※ 인지적 구성주의와 사회적 구성주의는 결국 학습을 문화적인 실제에 참여하면서 타인과의 빈번한 상호작용을 통해 일어나는 문화화의 과정, 자기 조직의 과정이라고 보므로 상호보완적

2 구성주의 학습환경 설계 [기출] 2012, 2017, 2025

※ Constructivist Learning Environments ; CLE, D. Jonassen

○ **(주요내용)** **실제적 문제**를 해결하기 위한 **자원**과 **도구**를 계획하는 것

- 구성주의 환경에서는 '교수' 설계보다는 학습자중심의 **'학습환경' 설계 강조**

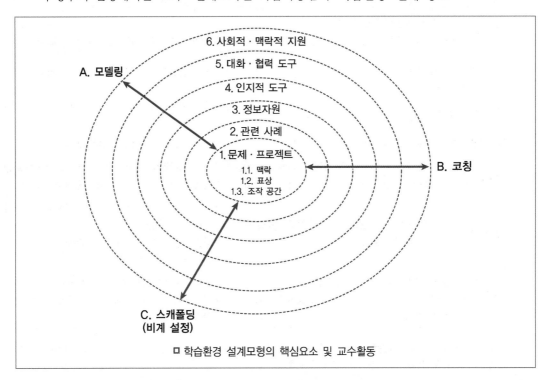

□ 학습환경 설계모형의 핵심요소 및 교수활동

> **(핵심)** 학습환경 설계(교수설계)를 위해서 ① **문제중심으로 설계**하고 이를 이해하기 위하여 ② **다양한 사례와** ③ **정보자원**을 활용한다. 문제를 해결하기 위해서는 ④ **개인의 인지적 도구**, ⑤ **타인과의 대화·협력 도구**, ⑥ **사회적·맥락적 지원을 폭넓게 활용**한다.

○ **(핵심요소)** 학습환경 설계에서 고려해야 하는 요소

- **(문제·프로젝트)** 학습자가 **해결하여야 할 문제**로서 **새로운 학습을 유발하는 성격**을 지님

  ※ **(맥락)** 문제 및 프로젝트는 실제 문제상황
  (표상) 학습자의 관심을 이끌어 낼 수 있도록 실제적으로 제시
  (조작 공간) 학습자가 문제를 조작할 수 있도록 제시

- **(관련 사례)** **문제해결을 위한 관련 사례 및 경험**으로서 문제를 명확하게 파악하는 데 도움

- **(정보자원)** **문제해결을 위해 활용 가능한 정보**로서 텍스트, 그래픽, 비디오 등 **다양한 형태로 제공** 필요

- (인지적 도구)　**인지과정을 지원하고 촉진**하기 위해 제공되는 시각화·수행지원·정보 수집 도구

- (대화·협력 도구)　**학습자 상호 간에 소통하고 협력**할 수 있는 도구

- (사회적·맥락적 지원)　학습을 위한 물리적·문화적 지원

○ (**교수활동**)　학습환경 설계에서 교수자의 역할

- (모델링)　학습자에게 **문제해결 사례를 제시**(행동 모델링)하고 문제해결과정의 **추론과정을 설명**(인지 모델링)

- (코칭)　**학습수행 모니터링 및 피드백**

- (스캐폴딩)　**자기 능력 이상의 것(근접발달영역)을 학습·수행**할 수 있도록 임시적 틀 제공

○ (**학습활동**)　학습환경 설계에서 학습자의 역할

- (탐색)　**문제해결을 위한 정보·지식 탐색**

- (명료화)　자신이 인지하고 있는 것을 **명확화**

- (반추)　자신의 학습과정 **성찰**

---

3 **문제중심학습** 기출 2002, 2005, 2008, 2013, 2018　※ Problem Based Learning(PBL·문제기반 학습) : H. Barrows, 1993.

○ (**등장배경**)　의과대학 교육의 문제점*을 지적하고 **의사들이 직면하는 실제적인 문제**를 **해결**하기 위한 **능력**을 **향상**시키고자 개발

  * 환자 진단을 위해서는 지식뿐 아니라 복잡한 문제의 해결을 위한 추론능력·자기주도적 학습능력이 필요하나, 의과대학은 지식 획득만 교육

○ (**주요내용**)　**실제적 문제를 학습자 주도**로 해결하는 학습

- (실제적 문제)　**실생활**에서 **경험 가능**한 '**비구조화된 문제(Non-Structured)**', 학습의 필요성을 유발할 수 있는 **유의미**하고 **포괄적인 문제**, **지식 간 복잡**하게 연결, **다양한 접근** 가능

  ┌─ 문제중심 학습과제의 성격 ─────────────────────────────────────
  │ ▪ (**복잡성**)　문제의 개념·아이디어에 대한 구성원 간의 활발한 토의가 필요하고 공통의 합의를 통하여 다양한 해결책이
  │   고안되는 과제
  │ ▪ (**실제성**)　실생활에서 경험 가능한 실제 문제
  │ ▪ (**비구조화성**)　문제상황 및 요소가 분명하게 정의되어 있지 않아 학습자가 문제를 스스로 이해하고 정의 필요
  │ ▪ (**관련성**)　학습자의 발달단계에 적합하고 삶에 관련성을 가지므로 중요한 문제로 인식할 수 있는 과제
  └──

- (학습자중심 환경)　**학습자가 스스로 주도**하여 문제해결과정에 참여하고 자신의 학습에 대한 책임, '**소그룹 협동학습**'과 '**자기주도적 학습**' 병행

– **(학습 촉진자로서 교사)** 교사는 학습을 설계·보조·촉진하는 **촉진자**, 비판적 사고를 경험할
수 있도록 **문제해결에 관한 질문**을 하는 **메타인지적 코치**

※ 평가를 전혀 담당하지 않는 것은 아니며 형성평가를 통한 피드백 제공, 전문가로서 지식의 중요성을 밝혀 학생들이
균형을 유지할 수 있도록 조력

○ **(절차)** 실제적인 문제가 주어지고 문제의 원인과 해결방안 탐구

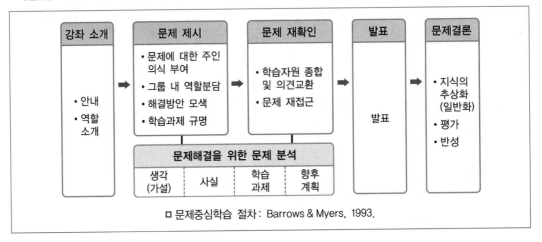

□ 문제중심학습 절차 : Barrows & Myers, 1993.

참고 의대 PBL 수업과정 : Duffy & Cunningham, 1995.

■ **(학습)** ① 학생을 그룹화하여 그룹별 촉진자 배정 → ② 그룹별 환자 배정 → ③ 환자의 문제에 대해 그룹 내
토론, 가설 설정, 학습목표 설정, 진단 → ④ 도서관·DB 자료 탐색, 교수의 조언 등을 얻어 진단 및
해결 보완 → ⑤ 새로운 수준의 이해도를 통하여 문제 재진단 및 해결 → ⑥ 해결될 때까지 반복
■ **(평가)** 별도 시험은 없으며 동료평가 및 자기평가(자기주도성, 문제해결, 그룹구성원으로서의 기능 평가)

○ **(특징)** ① **실생활과 관련**한 문제와 자료
　　　　② 문제 이해와 해결방안 마련에서 **학습자의 주도성** 강조
　　　　③ **협동학습**을 통한 문제 해결방안 도출 및 점검

○ **(장점)** ① **실세계와의 관련성이 높은 학습과제로 학습자의 흥미 유발**
　　　　② **자기조절 학습능력** 및 **창의적 문제해결역량 신장**
　　　　③ 소집단활동을 통한 **협동심** 배양

○ **(단점)** ① **문제가 비구체적·포괄적인 경우** 학습자는 문제 분석 및 해결 도출과정에서 혼란
　　　　② 학습자의 **자기주도성 격차**에 따른 **교육격차 심화 발생** 우려(기초학력 저하)
　　　　③ **수업이 지연**되고 학습자끼리 잘못된 해결책을 도출할 우려

4 **프로젝트 학습법** `기출` 2006   ※ Project Based Learning

○ (주요내용) 교육 실제에 있어서 **일의 계획과 수행능력을 기르는 교육방법**

○ (절차) 목적 설정 → 주제 선택 → 계획 수립 → 실행(결과물 제작 및 발표) → 평가(성찰)

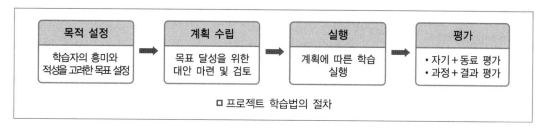

□ 프로젝트 학습법의 절차

○ (특징) ① 실제적 문제해결을 위한 **계획 수립**에 초점
　　　　　② 중장기에 걸친 계획의 이행과 **수시 점검**

○ (장점) ① 메타인지의 자극, 실제적 문제를 해결하는 과정에서 지식의 전이 촉진
　　　　　② 자기평가를 통한 **행위주체성** 및 **자기관리역량 함양**

○ (단점) ① **기초지식 습득**에는 상대적 무관심
　　　　　② 수업 자체에 오랜 시간이 소요되어 비효율적

○ (성공조건) ① 학습자 수준에 맞는 주제 및 과제
　　　　　② 학습자의 높은 이해도 : 계획과 점검을 위한 샘플 제공 필요
　　　　　③ 교사의 인내와 충분한 시간 : 사전에 교육과정 계열성 검토 필요

5 **상황학습이론** `기출` 2007   ※ Situated Learning : Lave & Wenger

○ (주요내용) 실제 상황 속에서 과제를 해결하면서 **지식이 일상생활에 쉽게 전이될 수 있도록 학습과 실생활을 연계**하려는 학습법

－ **전통 학습이론**을 통해 **학교에서 배운 지식**은 맥락·상황과 분리되어 실생활에는 거의 쓰이지 않는 **비활성화 지식이라고 비판**

　　※ 비활성 지식(Inert Knowledge) : 실생활에서 활용되지 못하는 죽은 지식

○ (특징) ① **실제적 과제** 제시
　　　　　② 지식이나 기능을 **실제 사용되는 상황 및 맥락과 함께 제시**
　　　　　③ **구체적이고 다양한 사례 제시**
　　　　　④ **실제적 평가**
　　　　　⑤ 교사는 **학습 촉진자 및 코치**

6 맥락정착적 교수이론 기출 2020 ※ Anchored Instruction

○ **(주요내용)** 상황학습이론(Situated Learning Theory)*을 구체화한 이론으로, **지식을 실제생활에 연결**(정착·Anchoring)하게 하는 학습

* 실제상황 속에서 과제를 해결하면서 얻게 된 지식을 다른 일상생활에 쉽게 적용할 수 있도록 **학습과 실생활을 연계하려는 학습법**

  – **(맥락 : Context)** 교사·학생이 놓이게 되는(Situated) 환경적 맥락을 **미시적 맥락**(Micro Context)과 **거시적 맥락**(Macro Context)으로 구분하고 **거시적 맥락을 앵커(Anchor)로 사용**

  ┌─ **참고** 효과적 앵커의 구성원리 : 거시적 맥락의 특성 ─────────────┐
  │ ① 실생활과 관련, ② 학습자 수준에 부합, ③ 선·후 과제와 연관 │
  │ ▶ 스토리텔링 기반의 영상으로 맥락 제공 │
  └───┘

  – **(실재성 : Authenticity)** 제시된 정보나 자료가 실제 일상적인 정보와 유사(자료의 실재성)하고, 학습자에게 요구된 과제가 실제 상황과 유사(문제 상황의 실재성)해야 학습이 효과적으로 이뤄짐

  ┌─ Jasper Series : Vanderbilt Univ 학습공학센터(CTGV), 1992. ──────────┐
  │ ■ 미국 5 ~ 8학년 수학교과 학습을 위해 개발, 재스퍼라는 가공의 인물이 겪게 되는 6가지 모험 이야기로 구성 │
  │ ■ 개별 에피소드는 교실학습과 실세계 간의 간격을 좁혀 학생들이 복잡한 문제를 풀 수 있도록 지원, 비디오에서 제시된 문제를 해결하기 위해 학생들은 팀을 구성하고 최종 문제를 해결하기 위해 여러 하위단계의 문제 해결 │
  │ ■ **(이야기 예시)** 재스퍼 친구 래리가 캠핑 도중 부상당한 독수리를 발견하고, 래리는 부상당한 독수리에게 갈 수 있는 방법을 모색하려 한다. 비디오에서는 가능한 교통수단, 거리, 연료 등 여러 가지 단서를 제공하고 학습자는 문제해결을 위하여 다양한 수학적 지식을 적용한다. │
  └───┘

○ **(특징)** ① **실제 문제상황**을 **교수매체(비디오, 컴퓨터 등)**를 활용하여 제시
         ② **팀을 구성**하여 문제를 해결하면서 학습

○ **(장점)** ① **실생활에서 활용 가능한 지식 획득** 가능(학습내용의 전이)
         ② **협동을 통한 문제해결능력** 증진

○ **(단점)** ① **현실의 복잡성, 통제 불가능한 돌발상황**의 불충분한 고려
         ② 팀 학습 시 **무임승차효과** 발생 가능

7 자원기반학습 기출 2011 ※ Resource Based Learning

○ **(등장배경)** 디지털시대에 **지식과 정보가 폭발적으로 증가**하고 **매체 및 공학기술 발달**에 따라 **지식베이스에 접근이 용이**해지면서 다양한 자원을 활용한 학습의 필요성 대두

○ **(주요내용)** 학습자 스스로 **다양한 자원을 선택·활용**하는 학습

- **(학습목표)** **자원활용능력, 문제해결력, 자기주도적 학습능력의 향상**

※ **(2022 개정 교육과정 핵심역량)** 문제를 합리적으로 해결하기 위하여 다양한 영역의 지식과 정보를 깊이 있게 이해하고 비판적으로 탐구하며 활용할 수 있는 지식정보 처리역량

📌 **자원기반학습을 통해 획득하는 기능 : 백영균 외, 2010.**

구분	주요 내용
위치 확인 기능	자원을 찾아내고 자원에 포함된 정보를 발견하는 기능
분석 기능	다루고자 하는 주제와 목적에 관련된 정보의 가치를 분석하는 기능
이해 기능	정보 이해, 정보와 주제 간 관련성을 알아내고 추론과 결론을 이끌어 내는 기능
보고 및 제시 기능	다른 사람과 정보를 공유하는 것과 관련된 기능

- **(학습설계)** **자원, 학습경험, 대상, 과제결과 발표**의 4가지 변인을 중심으로 다차원적 설계 필요 (Bleakley & Carrigan)

📌 **자원기반학습 설계 시 고려사항**

구분	주요 내용
자원	**전통적 자원과 전자적 형태**의 자원을 모두 고려하여 설계 ※ (전통적 자원) 백과사전, 참고문헌, 도서, 잡지, 학술지, 신문, 인터뷰, 오디오 테이프, 영화, TV 등 ※ (전자적 자원) 온라인 DB, 인터넷, 각종 SW 등
학습경험	**사고의 차원**(비판적 사고·문제해결능력·메타인지 등), **학습환경과의 상호작용방법**(자기주도적 학습·협동학습·개인의 학습양식), **여러 교과내용의 통합방법**(간학문적·다학문적 통합) 고려
대상	학습자가 수행한 결과물의 발표 대상은 교사만이 아니라 **문제와 관련된 모든 사람**
과제결과 발표	**결과물의 유형**은 구두 발표, 보고서 작성, 다양한 시청각적 표현 등 **학습자가 자유롭게 선택 가능**

┌─ 교육에서 활용 가능한 지역자원과 활용방법 ─┐

■ **(자연환경 및 문화유산)** 지역 내 자연환경(산·바다·논·밭), 문화유산(국보·보물·사적 등)
 → **(활용법)** 견학, 탐방, 교과활동, 범교과 주제학습
■ **(물적, 시설 자원)** 지역기관(박물관·미술관·교육관 등), 대학
 → **(활용법)** 견학, 탐방, 진로체험, 자유학기활동, 창의적 체험활동
■ **(인적 자원)** 지역 내 전문가(문인, 예술가, 과학자, 교수 등) 관련 인적 네트워크
 → **(활용법)** 마을 교육공동체 참여, 학교 특강 강사, 방과 후 강사 활용
■ **(온라인 자원)** 교육청 소관 사이트 내 원격교육 지원 자료, 기관별 홈페이지 등
 → **(활용법)** 교과 수업시간 활용, 과제 제시

○ (교사의 역할) 교사는 단순한 정보 제공자가 아니라 **학습의 조언자, 촉진자 역할 수행** 필요

　－ 자원을 활용하여 달성할 **분명한 목표 제시**(문제해결, 새로운 자원 창출, 자원의 비판적 접근 등)

　－ 학습에 필요한 모든 자원을 제시하는 것이 아니라 **학습에 기초가 되는 초기 자원을 제시**하고
　　자원을 탐색하는 방법에 대하여 안내

　－ 학습자의 올바른 자원 및 매체 활용을 위한 **정보소양 교육**(정보 리터러시 교육) **필요**

○ (특징) ① 교과서 외 **다양한 자원**(정보, 지식 등)의 활용
　　　　② **학습자 주도**의 정보 탐색과 정보 재가공
　　　　③ **디지털 교육매체**(인터넷 등) 활용

○ (장점) ① 교과서 밖으로의 **학습내용 범위가 확대됨**에 따라 학습자의 인지경험 확대
　　　　② 학습자의 **자기주도성** 함양
　　　　③ 디지털시대에 **적합한 역량**(정보처리역량 등) 함양 가능

○ (단점) ① **부정확하고 비윤리적 정보**에 노출 우려
　　　　② **기본정보 접근·활용 능력 차이**가 성취도에 큰 영향
　　　　③ 디지털 교육매체에 **교육이 종속**될 우려

Big 6모형(정보 리터러시 모형) : Eisenberg & Berkowitz, 1990.

■ **(주요내용)** 문제해결과정에서 요구되는 정보활용기술을 인간의 인지단계에 따라 6단계로 제시
　※ (정보 리터러시) ① 정보에 효율적이고 효과적으로 **접근**하는 역량
　　　　　　　　　 ② 정보를 비판적이고 능숙하게 **평가**하는 역량
　　　　　　　　　 ③ 정보를 정확하고 창조적으로 **사용**하는 역량

인지	단계	능력
지식	1. 과제 정의	1.1. 해결할 과제의 요점 파악 1.2. 과제해결에 필요한 정보의 유형 파악
이해	2. 정보탐색 전략	2.1. 사용 가능한 정보원 파악 2.2. 최적의 정보원 선택
적용	3. 소재 파악과 접근	3.1. 정보원의 소재 파악 3.2. 정보원에서 정보 찾기
분석	4. 정보 활용	4.1. 찾아낸 정보를 읽고, 보고, 듣기 4.2. 적합한 정보 가려내기
종합	5. 통합 정리	5.1. 가려낸 정보들의 체계적 정리 5.2. 최종 결과물 만들기
평가	6. 평가	6.1. 결과의 유효성 평가 6.2. 과정의 효율성 평가

8 인지적 유연성이론 `기출` 2003, 2009 ※ Cognitive Flexibility : R. J. Spiro, 1987.

○ (등장배경) **급변하는 상황** 속에서 복잡한 문제를 효과적으로 해결하기 위해서는 상황에 맞는 **유연한 대처능력**(응용, 적응 등) 함양 필요

○ (주요내용) **미디어**를 활용하여 실제적 문제에 관한 **다양한 관점을 학습**하는 것

- (인지적 유연성) 급변하는 상황적 요구에 대응하기 위하여 **융통성 있게 지식을 활용하는 능력**으로, 비구조적 과제를 해결하면서 형성된 **상황 의존적 스키마의 연합체***로부터 발생

  *학습자가 여러 개념이나 지식 등이 복잡하게 얽힌 문제를 해결하면서 생기는 유연한 지식구조

- (학습방법) 매체를 활용하여 **동일한 내용을 다양한 관점으로 제시***

  *동일한 내용을 동일한 목적을 위하여 단순 반복하는 재학습이 아니라, 상황에 맞게 알고 있는 내용을 응용 · 활용

- (학습내용) **구체적 맥락 속에서 지식 활용**을 위해 지식을 단순화 · 일반화하는 것을 지양하고 **복잡한 문제를 학습내용으로 제시**

인지적 유연성이론의 학습원리

- **(주제중심의 학습)** 상황 의존적 스키마의 연합체 형성을 위한 주제중심학습
- **(과제의 세분화)** 학습자가 충분히 다룰 수 있는 정도의 복잡성을 지닌 과제로 세분화
- **(소규모 사례 제시)** 상황 · 문맥에 따라 유연하게 대처할 수 있는 인지구조 획득을 위하여 사례 소규모화

○ (특징) ① 실생활과 관련한 **복잡한 사회문제** 제시
② 매체를 활용하면서 사회문제의 **다양한 관점과 입장** 제시

○ (장점) ① (인지) **다양한 지식 습득**(인지적 경험 확대) + 지식의 전이 촉진
② (정의) 매체 활용으로 인한 **학습동기 유발** + 다양한 관점 이해(포용성 습득)

○ (단점) ① 인지적 작용과정에 초점을 두어 **지식구성의 사회적 측면 소홀**
② 시간이 오래 걸릴 수 있고 **기초지식 습득에서는 부적절**

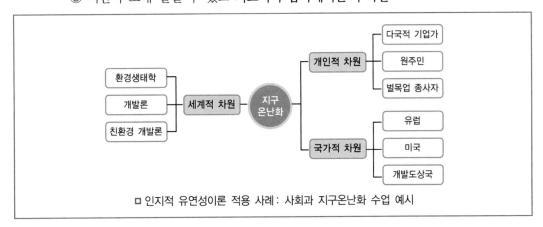

□ 인지적 유연성이론 적용 사례 : 사회과 지구온난화 수업 예시

9 인지적 도제이론 기출 2009   ※ Cognitive Apprenticeship : Collins, Brown & Newman

○ **(등장배경)** 전통적 학교교육은 많은 개념적·사실적 지식의 전달에서는 성공적이었으나, 전문가들이 **그 지식을 어떻게 획득·사용하는지와 관련된 과정은 보여주지 못함 → 지식의 실생활 적용 곤란**

　– 전통적 도제방법*을 교수방법의 형태로 적용·변화

　　* 도자기 견습공이 유약을 바르는 방법을 배우기 위하여 스승을 관찰하고, 질문하는 단계 모방

○ **(주요내용)** 전문가와 초심자 간 **상호작용**을 통하여 지식을 습득하고 **스스로 활용**하는 학습

　– **실생활에서 전문가의 수행을 관찰**하고 이를 모방하여 **실제로 수행**하는 과정에서 연속적으로 **자아성찰***하고 **자신의 지식상태의 변화**를 경험

　　* 실제 과제에 참여하면서 자신의 행동 관찰 → 자신과 전문가 행동 비교 → 자신의 제한된 시각 확장

○ **(절차) 3단계 6가지 방법으로 구분**

　– **(모델링 : Modeling)** 교사·전문가의 과제 수행과정 **관찰**

　　※ (예시) 교사의 수학문제 풀이과정 관찰

　– **(코칭 : Coaching)** 학습자가 과제를 수행하는 동안 학습을 촉진하기 위한 교사·전문가의 **관찰 및 모든 조력방안** 제시(광의의 조력)

　　※ (예시) 학습자 주의 환기, 힌트·피드백 제공, 학습활동 구조화, 도전감 제시 등

　– **(인지적 기반 구축 : Scaffolding)** 전문가(교사)의 방향·힌트 제시, 피드백(협의의 조력)

　– **(명료화 : Articulation)** 학습자가 **자신의 지식·사고·문제해결과정**을 **명백하게 진술**

　　※ (예시) 교사의 질문으로 학습자는 자신의 이해도와 생각을 명확하게 설명

　– **(성찰 : Reflection)** 자신의 사고와 행동을 **타인·전문가와 비교하면서 성찰**

　– **(탐색 : Exploration)** 학습자가 **자신의 문제해결** 방법을 **스스로 고안**하도록 안내

　　※ (예시) 교사의 질문으로 학습자는 자신의 이해도, 생각을 명확하게 설명

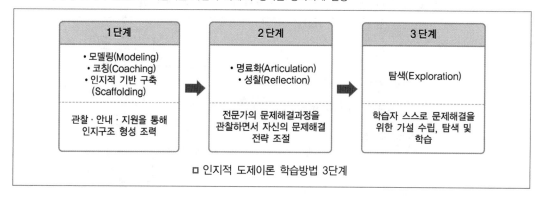

□ 인지적 도제이론 학습방법 3단계

※ 단계를 거치면서 교사의 역할은 축소되고 학습자의 역할은 확대

○ **(특징)** ① 교사(전문가) · 학생(초심자) 간 **상호작용 강조**

② **관찰과 모방**을 통한 전문 지식의 습득

③ **성찰**을 바탕으로 새로운 지식 창출

○ **(장점)** ① 적극적 상호작용을 통한 **긍정적 유대감 형성**

② **초보자라도** 손쉽게 **전문가의 문제해결과정을 학습 가능**

③ 성찰과정을 통하여 **반성적 사고 함양** 가능

○ **(단점)** ① **교수자 · 전문가의 역량에** 따라 교육 효과성이 **크게 좌우됨**

② **잘못된 것을 모방**하거나 전문가의 문제해결과정 **단순 모방**에 그칠 가능성

③ 현실을 고려하였을 때 지식의 창출로까지 이어지는 경우는 제한적

10 실천공동체　※ Community of Practice : Lave & Wenger, 1991.

○ **(등장배경)** 기존의 **학습이론**은 학습의 근본이 되는 **사회적 맥락과 역동성 · 상황성을 무시**하고 인간을 **단순히 인식론적으로 설명**한다고 비판

– **학습**은 개인적인 경험을 통해 지식을 특정한 형태로 획득하는 과정이 아니라 **사람들과의 사회적 관계**에서 **발생**

○ **(특징)** **초보자**(New Comer)가 **장인**(Mentor)으로 성장하기 위해서는 **실천공동체**에 **합법적 주변 참여**(Legitimate Peripheral Participation)로 공동체의 중심 구성원이 될 필요

– **(실천공동체)** 자신의 일에 대한 관심 · 열정을 공유하고 정기적으로 상호작용함으로써 **그것을 더 잘하는 방법을 배우려는 사람들의 모임**

※ **(예시)** 새로운 형태의 표현을 추구하는 예술가 모임, 유사한 문제를 해결하려는 기술자 모임, 회사 경영을 돕기 위한 관리자 모임

– **(합법적 주변 참여)** 한 공동체의 **초보자**가 단순한 관찰자, 주변인의 위치에서 **실천가 또는 전문가의 위치**로 **이동**하는 과정

※ **(참여의 의미)** 공동체와 관련된 정체성 형성을 위하여 사회공동체의 실천에 능동적으로 참여하는 과정

– **(상호 성장)** 변화의 주체는 **초보자뿐 아니라 기존 장인도 포함**, 장인 스스로 노력하면서 궁극적으로 장인 · 초보자가 속해 있는 **실천공동체의 변화** 초래

○ **(시사점)** ① **학습은 사람들과의 관계** 속에서 발생

② 교육자는 학습자가 실천공동체의 참여자가 될 수 있도록 교육

③ 지식과 활동 간에는 밀접한 관계 존재

[11] **상보적 교수이론** _{기출} 2005, 2008, 2010   ※ Reciprocal Teaching : A. Palincsar & A. Brown

○ (**주요내용**)   교사와 학습자 또는 학습자들끼리 서로 역할을 바꾸어 가면서 **대화를 통하여** 교재 내용에 대한 **이해력과 독해력을 증진**시키는 교수전략

- (과정) ① 소집단(4 ~ 15명) 구분, **교사 역할을 맡을 학생**(학생 교사) 선정

② 학생들은 교재를 읽고 **학생 교사의 주도하에 대화** 시작

③ 소집단 내 대화는 자유롭게 진행하되, **4가지 전략** 반드시 사용

④ 다른 학생들과의 **대화에 참여**하는 과정을 통하여 **글의 의미를 구성**

┌─ 상보적 교수이론의 4가지 전략 ─────────────────────────────────┐

■ (**예견하기**) 제목, 사진, 머리말 등을 통하여 내용 예측

■ (**질문하기**) 글을 읽어 나가면서 중요한 내용 질문

■ (**명료화하기**) 글 속의 어려운 단어를 이해하기 위하여 글을 다시 읽어보면서 명료화

■ (**요약하기**) 중요한 내용을 요약

└───┘

- (원리) ① 상호작용적 학습 : 교사와 학생, 학생 간의 상호작용 강조

② 점진적 책임 이양 : 처음에는 교사가 전략을 시범 보이다가 이후 학생이 교사와 함께 연습하고, 최종적으로 학생이 독립적으로 전략을 사용

③ 메타인지적 전략 활용 : 4가지 전략을 통하여 학습자들은 스스로 전략을 점검

○ (**특징**) ① **우수한 동료**와의 상호작용을 통한 학습

② 학습에서의 **대화·소통** 강조

③ **텍스트**를 읽고 이해하고 요약하는 것에 중점

○ (**장점**) ① 우수한 동료와의 학습을 통하여 **근접발달영역 학습 가능**

② 소통을 통한 **긍정적인 교실 분위기 형성**(소속감, 협동심 형성)

③ 텍스트 **이해력·문해력** 향상

○ (**단점**) ① 우수한 **학생 교사 선정의 어려움**

② 소통 및 대화가 수업과 상관없이 이루어지면 목표 달성 곤란

③ 텍스트 외 다른 수업으로의 **일반화에 한계**

12 목표기반 시나리오 기출 2013 ※ Goal-Based Scenario

○ **(주요내용)** 학습자들에게 **특정 역할**을 부여하고 실제적 과제와 관련한 **미션(임무)**을 수행하게 함으로써 **능동적으로 지식과 기술을 습득**해 가는 시뮬레이션 교수학습 모형

목표기반 시나리오 학습의 설계요소

구분	주요 내용
학습목표	학습자들이 습득하여야 하는 내용, 과정지식과 기능
미션(임무)	• 목표 달성을 위하여 실제 수행하여야 하는 과제 • 흥미롭고 명확해야 하며 다양한 활동을 포괄
표지 이야기 (Cover Story)	미션과 함께 제공하는 맥락(학생의 역할, 활동 장소, 시나리오 세부사항 등)
역할	학습자가 표지 이야기 내에서 맡게 되는 인물
시나리오 활동	학습자들이 실제 수행하는 활동
학습 자원	미션 달성을 위해 필요한 정보, 도구, 자료
피드백	활동에 대한 코치나 교정

목표기반 시나리오 학습 예시

- **(학습목표)** 지구촌 평화와 발전을 위하여 자신이 할 수 있는 일을 탐구할 수 있다.
- **(미션)** 미얀마 친구 알리를 돕는 방법을 찾아라.
- **(표지 이야기)** 세연이는 5년 전 가족들과 미얀마 여행을 간 적이 있습니다. 그곳에 도착해서 유명한 불교 유적지 등을 방문하고, 따뜻한 미소를 가진 사람들과 알리라는 친구를 만났습니다. 세연이는 이후에도 알리와 가끔 이메일 등으로 연락을 주고받았는데, 최근 알리가 큰 어려움을 겪고 있다는 소식을 전했습니다. 그곳에서 일어난 쿠데타 때문에 수천여 명의 시민들이 죽고 다치는 상황에 놓여, 알리도 살던 곳을 떠나야 할지 걱정된다는 내용이었습니다. 세연이는 알리에게 조금이라도 도움이 되고 싶었습니다. 하지만 자신의 힘만으로는 한계가 있을 것 같아서 뜻이 비슷한 친구들을 모아보기로 결심했습니다. 그래서 알리의 소식을 SNS로 전하고 이 문제의 해결에 참여하고 싶은 친구 3-4명을 모아 함께 행동하기로 했습니다. 그렇게 이 문제에 관심을 갖고 있는 친구들이 3명 정도 모였고 함께 행동해보기로 했습니다. 이제부터 어떻게 하는 것이 좋을까요?
  → 학습자의 주의집중을 높이기 위해 PPT 슬라이드나 영상으로 제시
- **(역할)** 미얀마 문제의 해결을 위한 비정부기구, 정부기구, 국가, 개인의 실천사례를 찾고 직접 할 수 있는 역할 탐구
- **(시나리오 활동)** 실제 실천하고 싶은 사례를 바탕으로 해결방안 제시
- **(학습자원)** 미얀마 쿠데타 발생과 관련한 인터넷 뉴스 등
- **(피드백)** 수업 전개 시 교사의 적절한 피드백 + 수업 정리 시 마무리 소감 제시

03 교수설계

1 교수설계의 기초[18]

1 교수설계의 기본적 이해

- **(개념)** 기대되는 학습성과를 달성하기 위하여 **최적의 수업과정(Process of Instruction)**을 **처방**하는 것

  - **(교수설계의 요소)** ① 교수활동에 대한 **창의적인 아이디어**, ② 프로그램의 **실현 가능성**, ③ 프로그램 계획의 **논리적 체계성과 합리성**

- **(체제적 접근)** **수업의 과정**은 **체제적 과정**(Systems Approach)

  - **(개념)** **체제***를 구성하는 **모든 구성요소의 관계**를 **검토**하고 **목표**를 명세화한 후 **과업**을 수행하고 그 **결과**를 목표에 비추어 **평가**하고 **수정**하는 방법(Heinich 외, 1996.)

    ※ 공동 목적 달성을 위하여 협력하는 상호 관련된 구성요소들의 집합체(Dick & Carey, 1996.)

  - **(특징)** **모든 구성요소**가 목표 달성을 위하여 유기적으로 **상호작용(비선형적·비순차적·역동적)** ↔ 체계적 접근(단계적·순차적·직선적)

  - **(절차)** 체제의 **현재 상태(What Is ; As-Is)**와 바람직한 상태(What Should Do ; To-Be) 간 차이를 문제로 설정 → 문제해결을 위한 **대안 고려** → **최적의 대안** 선택 → **평가** → **수정·보완**

  교수설계에서 체제적 접근의 효과성 : Dick & Carey, 1996.

  - 교수설계의 **초기부터 명확한 목표 진술**에 초점을 두기 때문에 후속 계획 및 실행단계를 효과적으로 이끌 수 있음
  - 교수설계의 **각 단계들을 연관**시키므로 목표에 따라 **가장 적절하고 효과적인 교수전략 혹은 학습조건** 고안 가능
  - **실험적·반복적**이기 때문에 초기 설계과정에서의 오류를 **지속 수정·보완**하여 효과적인 교수 프로그램 완성 가능

---

[18] 백영균 외, 전게서, 2010, pp.143 ~ 149

2 **교수설계의 일반적 절차 : ISD 모형** 기출 2007 ※ Instructional Systems Design

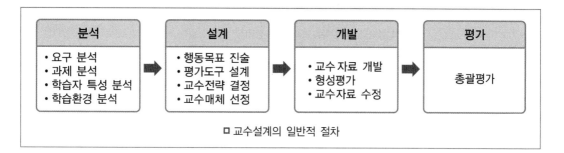

□ 교수설계의 일반적 절차

○ **(분석)** **수업목표 선정** 및 목표 달성을 위한 다양한 해결방안 모색

 - **(요구 분석)** 불확실한 **문제의 본질 규명, 현재 상태**(What Is ; AS-IS)와 **바람직한 상태** (What Should Be ; TO-BE, 수업목표)**의 격차 확인** 및 원인 규명, 원인을 토대로 다양한 해결방안 제시

  ◐ 요구 분석 결과를 토대로 요구를 우선순위대로 분류

📌 **요구 분석 기법**

기법	특징
자원명세서 조사 (Resource Inventory)	학습자들에게 제공할 수 있는 교육자원, 사용 가능한 프로그램, 교수법 조사 ※ 예시 : 교육학 강의를 위해 활용할 수 있는 자원(교과서 · 기본서 · 문제집 · 모고) 조사, 활용 가능한 교수법(강의식 · 스터디 · 유튜브 등) 확인
사용 분석 (Use Analysis)	자원과 프로그램을 얼마나 사용하고 있는지 조사 ※ 예시 : 교육학 강사 대상 설문조사 · 상담 등을 통하여 자원 · 프로그램의 사용 빈도 조사
설문조사 (Survey)	교육 프로그램 관련 이해관계인(교사, 학생 등) 대상 정보수집 ※ 예시 : 강사 · 수강생들이 생각하는 교육학 강의의 목적, 시기별 수요, 원하는 강의내용 등을 파악
구조화된 집단	요구를 파악하고자 하는 집단을 구조적으로 설정하고 집단의 활동을 관찰, 상담, 의견수렴 진행 ※ 예시 : 초수 · 재수 · 삼수 이상 수강생을 구분하고 공부 패턴 관찰, 전문가(합격생 · 박사 · 평가원 등) 대상으로 공부방법 관련 전문의견 수렴

 - **(과제 분석)** 목표 달성을 위해 필요한 지식, 기능, 태도 파악 및 이들 간의 관계와 계열성 확인, 학습과제의 특성과 하위 **구성요소** 파악

■ 과제 분석 방법

구분	주요 내용
군집 분석	**언어적 정보**와 같이 학습과제 간에 논리적 구조가 없는 과제 분석, 교수목표와 관련된 정보를 범주별로 묶어서 제시 ※ 예시: 운동 종목을 구분할 때 공을 사용하는 종목(구기)과 그렇지 않은 종목(육상, 유도, 수영 등) 구분
위계 분석	**지적기능** 분석, 수업목표 달성을 위한 수행과제를 단계별로 구분하고 단계별 필수능력을 최하위 수준까지 추적·분석하여 기능 간 위계적 구조 형성
절차 분석	**운동기능** 분석, 학습과제가 절차적 순서의 관계인 경우 수행과제의 순서 결정
통합 분석	군집, 위계, 절차 분석 방법의 통합적 적용

- (학습자 특성 분석) 인지적 측면(선수학습 수준, 지능)과 정의적 측면(성격, 태도 등) 분석

■ 학습자 특성 분석 방법

구분	주요 내용
인지	이전 연도 학교생활기록부 확인, 지필 진단평가, 지능검사 등
정의	이전 연도 담임·교과교사와의 면담, 학생 및 학부모 상담, 가정환경 조사서 확인

- (학습환경 분석) **교수매체**의 보유 여부, 학교의 **교육시설·공간** 구축 여부, 지역의 **학습자원** (도서관·박물관) 구비 여부 등(체크리스트 활용 가능)

○ (**설계**) 해결방안을 구체화하면서 문서화

- (행동목표 진술) 학습 이후 습득할 학습성과를 구체적이고 행동적인 용어로 진술

- (평가도구 설계) 목표 달성 여부를 확인할 평가도구(사전·사후 학습증진도 검사) 개발

- (교수전략 및 매체 선정) 구체적 운영방법* 결정 및 매체 선정

  * 수업 전 활동, 정보제시활동, 학습자 참여활동, 각종 검사활동, 교정 및 심화·보충활동

○ (**개발**) 설계결과를 바탕으로 **교수자료***·**매체·프로그램 수정 및 개발**, 형성평가**를 통하여 **프로그램 점검 및 수정**

  * 교과서, 교사용 지침서, 학습자 지침서, 교수 프로그램, 검사지 등

  ** 개발된 교수학습자료의 효과성, 효율성, 매력성을 종합적으로 점검

○ (**평가**) 교수자료 및 프로그램의 적절성 평가(총괄평가)

  ※ 학습자에 대한 평가뿐 아니라 교수 프로그램 자체에 대한 평가 진행(교육과정 평가 부분에서 확인, 목표중심모형, CIPP 등)

2 교수설계이론

1 R. M. Gagné의 학습위계이론 기출 2003, 2004, 2006, 2007, 2008, 2009, 2010, 2011, 2013 ※ Learning Hierarchy Theory

○ **(주요내용)** 추구하는 **학습결과(수업목표)에 따라 학습의 조건(수업방법)을 다르게 설계**하여야 한다는 이론(= 목표별 수업이론)

- 학습자의 학습을 촉진하기 위하여 학습자가 갖는 ① **내적 조건(학습과정 : Learning Process)을 이해**하고 이에 맞는 ② **외적 조건(수업사태 : Instructional Events)을 제공** 필요

  ※ 인지주의와 행동주의 원리의 절충적인 입장을 취하면서 정보처리이론의 학습과정 수용

- **인간의 학습**은 단순한 것에서 복잡한 것으로, 저차원에서 고차원으로 발전하는 **위계**를 이루고 있으며 **한 단계의 학습은 다음 단계의 학습에 필수적** 선행요건

○ **(학습결과)** 학습의 결과 **형성된 능력(학습목표)**을 5가지로 분류, 이 중 **지적기능을 가장 강조**

- **(언어적 정보 : Verbal Information)** **사실 · 사태를 언어로 표현**할 수 있는 능력, 고차원 학습을 계속하기 위한 보조도구

  ※ (예시) 영단어를 외우고 말함, 삼각형의 넓이를 구하는 공식을 회상하여 진술

- **(지적기능 : Intellectual Skills)** 상징적 **기호를 사용하여 환경과 상호작용**하는 능력, 학교학습에서 가장 중요하게 다루는 능력으로 **위계성**을 가짐(상위기능의 선수학습 요소)

  ※ (예시) 수학기호를 활용하여 수학문제를 이해하고 풀이, 부모님에 대한 고마움을 적절한 비유를 사용하여 글로 표현

✔ 지적기능학습의 종류 및 위계

구분	주요내용
신호학습	고전적 조건형성 과정을 통하여 수동적으로 행동 획득 ※ 특정 동물에 대한 공포반응 등 감정적 반응
자극반응학습	조작적 조건형성 과정을 통하여 자극과 반응이 연결되는 학습
운동연쇄학습	여러 운동기능을 정해진 순서에 따라 동시에 연결하여 사용할 수 있는 능력 학습 ※ 현미경으로 관찰하기, 농구공 드리블하기 등
언어연합학습	언어를 연결하여 사용할 수 있는 능력 학습 ※ 화학기호 암기, 영단어 암기
변별학습	여러 대상의 차이점에 따라 특성을 구별하는 능력 학습, 개념학습의 바탕
개념학습	어떤 대상의 특성에 따른 집합을 이해하고 다른 특성을 지닌 대상(집합)과 구별하는 능력 ※ 구체적 개념학습(책상, 컴퓨터) vs 추상적 개념학습(평화, 자유)
규칙학습	수학적 계산처럼 어떤 규칙을 적용할 수 있는 능력 ※ 10 곱하기 2는 20
고차원규칙학습	한 가지 이상의 규칙을 조합하여 다양한 문제상황에 적용하고 해결방안 모색, 문제해결학습 ※ 사다리꼴의 넓이를 계산할 때 사각형과 삼각형의 넓이 공식 활용

- **(인지전략 : Cognitive Strategies)** 자신만의 독특한 방식으로 **기억·사고하는 능력**, 자신의 사고과정을 통제·관리하는 상위 인지기능

인지전략의 유형

구분	주요 내용
리허설(Rehearsal)	암기하여야 할 것을 반복 연습
정교화(Elaboration)	새로운 정보를 기존 정보와 연관
조직화(Organization)	학습할 내용을 마인드맵처럼 특정 기준으로 구조화
정의적 전략(Anxiety)	학습에 방해되는 시험불안, 주의집중 문제 등 정의적 특성 통제

- **(운동기능 : Psycho-Motor Skills)** **인지활동을 수반**하는 **동작 수행능력**

  ※ (예시) 피아노 연주, 글씨 쓰기, 공 차기 등

- **(태도 : Attitude)** 반응에 영향을 미치는 **정신적 경향성**

  ※ **(인지적 속성)** 어떤 대상에 대한 아이디어
  (정의적 속성) 인지적 속성에 수반하는 감정
  (행동적 속성) 대상에 대하여 어떤 행위를 하려는 의도

참고 Gagné(1985)의 교수목표 진술

요소	내용
성취 상황	학습행동을 수행하게 될 환경적 조건 ※ (예시) '운동장에서', '계산기를 활용하여'
학습된 능력	Gagné의 학습목표 유형(언어정보, 지적기능, 인지전략 등) ※ (예시) 지적기능 중 변별학습 : '구별한다', 운동기능 : '실행한다'
성취내용	학생이 학습하게 되는 내용 ※ (예시) 민주주의 이념(성취내용)을 열거할 수 있다.
성취행동	학습된 능력을 관찰할 수 있는 행동 동사 ※ (예시) 민주주의 이념을 열거(성취행동)할 수 있다.
성취도구 제한점, 조건	성취행동이 수행될 상황에서의 성취 정도와 범위 ※ (예시) 줄자를 사용하여(도구), 10초 이내(제한점), 지도를 주면(조건)

○ **(내적 조건)** 학습자의 **선수학습능력**과 정보를 처리하는 **인지과정**

  ※ 선행학습능력, 학습동기 및 자세, 자아개념, 주의집중력 등

○ **(외적 조건)** 학습자의 내적 인지과정을 돕는 **환경적 자극(수업사태)**

  ※ **(강화의 원리)** 행동에 강화가 제공되면 학습이 잘 이루어짐
  (접근의 원리) 즉각적 피드백이 있으면 학습이 잘 이루어짐
  (연습의 원리) 충분한 연습, 체계적인 평가와 복습 기회가 제공되면 학습이 잘 이루어짐

📌 내적 학습과정과 9가지 외적 수업사태 : Gagné

단계	내적 학습과정	외적 수업사태	구체적 활동
도입	주의집중	주의 획득	시청각자료를 통한 학습주제 안내 ※ (예시) 탈세 관련 TV 다큐 시청
	동기화	수업목표 제시	구체적 행동목표 제시 ※ (예시) '국세와 지방세를 구분할 수 있다.', '직접세와 간접세의 특징을 설명할 수 있다.' 등 제시
	작동기억 재생	선수학습 확인	이전 차시에 배운 내용을 마인드맵, PPT 등으로 제시 ※ (예시) 이전 시간의 학습내용(조세의 기능) 질문하기
전개	선택적 지각	자극자료 제시	학습내용을 설명하거나 사례 제시 ※ (예시) 재산세, 소득세, 법인세 등의 영수증이 복사된 자료를 제시하고 표에 세금명, 과세기관, 세금 종류 작성하게 하기
	의미적 부호화, 장기기억 저장	학습 안내 제시	장기기억에 저장될 수 있는 구조화 자료(표, 마인드맵)를 제시하거나 청킹 등의 암기법 제공 ※ (예시) 학생이 완성한 표와 교사가 완성한 표를 비교하면서 설명하기
	반응	학습 수행 유도 (연습기회 제공)	학습활동(빈칸 채우기, 자료 만들기, 토의·토론) 실시 ※ (예시) 새로운 통계자료를 제시하면서 우리나라 조세 체제의 특성에 대한 토론 유도
	강화	피드백 제공	학습활동에 대한 칭찬, 보상
정리	재생단서	성취행동 평가	해당 차시를 정리하는 퀴즈
	일반화	파지 및 전이 증진	후속 과제 제공, 실생활 관련 과제 제공 ※ (예시) 과세기관의 종류·부과방법 등에 따른 세금의 종류와 특성을 다시 한번 정리하고, 새로운 과제(감세 논쟁에 대한 자신의 의견 업로드) 제시

○ (시사점) ① 효과적 수업을 위한 **구체적인 처방**을 제시하여 실제 활용도가 높음
　　　　　② 수업 위계화를 통한 **지적기능의 점진적 함양** 도모

○ (한계) ① 실제 수업에서 **학습의 위계가 분명하게 나타나지 않는 경우**가 많음
　　　　② 학습이론에 대한 충분한 지식을 **교사가 숙지하지 못한 경우** 현장 적용 곤란

2 **C. M. Reigeluth 정교화이론** 기출 2002, 2008, 2009   ※ Elaboration Theory

○ **(주요내용)** 복잡한 내용을 가르치기 위하여, **가장 단순**하면서도 **대표성이 높은 과제(정수; Epitome)를 먼저 가르치고 이후 세분화·구체화된 내용을 가르치면** 학습자에게 **의미적 정교화가 발생**한다는 **거시적 교수설계이론**

> ─ 줌 렌즈의 비유 ─
>
> ▪ **정수를 시작으로 점차 과제를 상세하고 정교하게 다루는 계열화 전략**이 카메라 렌즈의 줌인, 줌아웃과 유사하다고 비유
> ▪ 학습대상 관찰(광각렌즈) → 주요 하위부분 파악(한 수준 줌인) → 전체 맥락에서 하위부분 이해(한 수준 줌아웃) → 줌인·줌아웃 반복 → 상세 하위부분 파악(두 수준 줌인) → 원하는 상세수준에 이를 때까지 줌인·줌아웃 반복

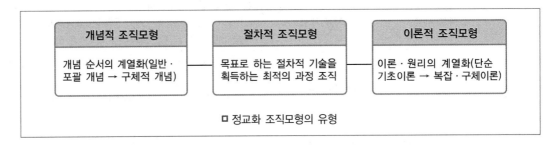

개념적 조직모형	절차적 조직모형	이론적 조직모형
개념 순서의 계열화(일반·포괄 개념 → 구체적 개념)	목표로 하는 절차적 기술을 획득하는 최적의 과정 조직	이론·원리의 계열화(단순 기초이론 → 복잡·구체이론)

□ 정교화 조직모형의 유형

○ **(정교화 전략)** 교수내용이 개념적 과제(What), 절차적 과제(How), 원리적 과제(Why)인지에 따라 적용할 수 있는 **7가지 전략** 제시

- **(정교화된 계열화)** 학습내용을 조직할 때 **단순 → 복잡, 일반성 → 구체성** 순서로 계열화하는 전략

- **(선수학습능력 계열화)** 새로운 학습내용을 학습하기 전에 **어떤 내용을 먼저 학습해야 할지** 밝혀주는 전략

- **(요약자)** 이미 학습한 내용을 다시 **검토·복습**하게 하는 전략

- **(종합자)** 학습내용 요소를 **사전지식에 유의미하게 동화**시키는 전략

- **(비유)** 새로운 학습내용 요소를 학습자에게 **이미 친숙한 내용 요소와 관련**짓게 하는 전략

- **(인지전략 활성자)** 학습자가 학습자료를 적절하게 처리하는 데 **필요한 단서, 다이어그램, 암기법 등의 인지전략을 활용**하는 전략

- **(학습자 통제)** 학습자가 자신의 학습내용과 학습전략을 모두 **스스로 통제**할 수 있도록 하는 전략

Reigeluth의 개념학습 기출 2008

- **(주요내용)** 미시적 조직전략으로서 **단일 아이디어(개념, 원리, 절차)를 가르치는 교수설계이론**
- **(종류) 개념 획득, 개념 적용, 개념 이해**
  - **(개념 획득)** 개념의 정의와 사례를 통하여 개념의 특성을 파악
    - ※ **(예시)** 태풍의 주요 특성 인식
  - **(개념 적용)** 새로운 사태가 획득한 개념의 사례인지 여부를 구분
    - ※ **(예시)** 현재 비바람이 태풍에 해당하는지 확인
  - **(개념 이해)** 해당 개념과 관련한 다른 여러 개념 등의 지식과 종합적인 연관성을 파악
    - ※ **(예시)** 태풍, 장마, 스콜 등과 비교
- **(교수원리) 전형, 변별, 일반화**
  - **(전형)** 개념을 대표하는 **가장 본질적인 특성** 학습
  - **(변별)** 한 가지 개념의 사례들이 **공통적으로 가진 속성·특성(결정적 속성)** 학습, 결정적 속성을 지닌 것과 그렇지 않은 것을 비교
  - **(일반화)** 개념이 가진 **가변적 특성을** 개념 대상에 속하는 모든 것에 적용
- **(원리의 적용) 제시, 연습, 피드백**
  - **(제시) 결정적 속성을 제시**하면서 **변별**하게 함, 가장 쉽고 **전형적인 예**를 제시, 다양화 사례를 통해 **일반화**
  - **(연습)** 개념을 이해하였는지 확인하기 위해 **다양한 사례에 적용하도록 발산적 사례 제시**
  - **(피드백)** 칭찬과 격려를 통한 **피드백, 정답 유도를 통하여 동기화**

---

3 **M. D. Merrill 내용요소제시이론**[19] 기출 2003, 2008   ※ Component Display Theory ; CDT

○ **(주요내용)** 사실, 개념, 절차, 원리와 같은 **인지적 영역의 내용 요소를 하나씩 교수할 때** 적용할 수 있는 **미시적 교수설계이론**

  - **(내용 – 수행 행렬표)** 학습결과(학습목표)를 내용과 수행으로 이원화

내용 – 수행 행렬표

수행 수준		사실(Fact)	개념(Concpet)	절차(Procedure)	원리(Principle)
	발견하기	X	능력, 성별, SES에 따라 교실 학생을 몇 개의 집단으로 나눌 수 있는가?	색인을 만들고 그 색인을 재생시킬 수 있는 프로그램을 작성하시오.	지하수의 생성원리를 설명할 수 있는 모형을 만들어 제시할 수 있다.
	활용하기	X	이 사진에 나타난 산 중 단층으로 된 산의 모습은?	과일 나무에 접붙이기를 하시오.	피타고라스의 원리를 이용하여 건물의 높이를 측정할 수 있다.
	기억하기	임진왜란의 발생 연도는 언제인가?	정적 강화의 정의를 제시하라.	교수설계의 일반적인 절차를 기술하라.	물이 끓는 원리를 설명하시오.

내용수준

---

[19] 양일호 외, 「내용요소제시이론에 대한 소개」, 한국과학교육학회, 1994.

- (내용수준) 수업에서 다루고 있는 **과제의 유형**

🔖 **내용수준의 구분**

구분	내용
사실	사건, 사물, 장소와 같은 정보의 조각
개념	공통적인 속성을 가지는 사물, 사건, 기호의 집합
절차	문제를 해결하는 데 필요한 단계들의 계열
원리	사건·현상을 해석하고 이해하는 데 사용된 인과관계·상관관계, 현상에 대한 해설 및 예측을 할 수 있게 하는 법칙

- (수행수준) 수업에서 다루는 과제에 대한 **학습자의 수행내용**

🔖 **수행수준의 구분**

구분	내용
기억하기	저장된 정보들을 재생하기
활용하기	추상성을 구체적인 상황에 적용하기
발견하기	새로운 추상성을 도출하거나 창안해내기

○ (자료 제시) 교수목표를 달성하기 위하여 교수내용이 **학습자에게 제시되는 형태 및 방법**

- (1차 자료 제시형) 목표 달성을 위한 **기본적인 자료 제시형**

🔖 **1차 자료 제시형의 유형과 내용**

구분	설명식(Expository) : 교사가 설명·시범을 통하여 내용 제시	탐구식(Inquisitory) : 교사가 질문하고 학습자가 교수내용 수행
일반성(Generality) : 교수 내용이 일반적·보편적	설명식 일반화(EG) : 규칙(Rules)을 설명 및 시범	탐구식 일반화(IG) : 내용을 회상(Recall) 하도록 질문
사례(Instance) : 교수내용이 구체적 사례 및 예시	설명식 사례(Eeg) : 일반성이 적용된 특정 사례(Examples) 설명 및 시범	탐구식 사례(Ieg) : 특정 사례에 일반성을 적용하는 연습(Practice) 및 평가

– (2차 자료 제시형)　교수의 질 제고를 위한 **부가적 자료 제시형**으로, 1차 자료 제시형 정교화 목적

📌 **2차 자료 제시형의 유형과 내용**

구분		주요 내용	설명식 일반화(EG) 및 사례(Eeg)	탐구식 일반화(IG) 및 사례(Ieg)
정교화의 유형	맥락 (context)	교수내용에 맥락이나 역사적 배경 제시	EG'c / Eeg'c	IG'c / Ieg'c
	선수학습 (prerequisite)	새로운 학습을 위해 알아야 할 선수지식 제시	EG'p / Eeg'p	×
	기억술 (mnemonic)	기억을 촉진·유지하기 위하여 법칙이나 공식 암기법 제시	EG'mn / Eeg'mn	×
	의미 정교화의 도움 (focusing helps)	화살표, 다양한 색상, 굵은 활자 등을 제시하여 주의집중	EG'h / Eeg'h	IG'h / Ieg'h
	표상법 (representation)	일반적 내용을 다이어그램, 공식, 차트 등으로 표현	EG'r / Eeg'r	IG'r / Ieg'r
	피드백 (feedback)	도움을 주거나(h), 정답에 대한 정보 제공 (ca), 활용에 대한 정보 제공(u)	×	FB/h, FB/ca, FB/u

┌─ **2차 자료 제시형의 적용**

- **힘은 질량과 가속도의 곱과 같다.**
  - EG'c : 법칙이 나오게 된 배경 설명
  - EG'p : 질량과 가속도의 단위, 어원 등을 설명
  - EG'mn : 법칙을 외우는 방법을 설명
  - EG'h : 힘, 질량, 가속도 세 단어에 동그라미 치기, 밑줄 긋기
  - EG'r : 법칙을 F = ma 공식으로 표현하기, 실제 사례 계산하기
- **지구가 속한 태양계의 크기와 모습**
  - Eeg'c : 코페르니쿠스 지동설, 케플러의 행성운동법칙 등 지구의 크기와 모습을 설명하기 위한 연구의 역사적 과정 설명
  - Eeg'p : 지구와 태양계의 크기를 잴 수 있는 방법 등을 설명
  - Eeg'mn : '수금지화목토천해' 등 암기법 제시
  - Eeg'h : 행성별 크기에 따라 글자 크기를 다르게 함
  - Eeg'r : 태양계를 그림으로 제시
- **조작적 조건화란 무엇인가?**
  - Ieg'c : 조작적 조건화를 묻게 된 맥락 설명, 고전적 조건화의 한계 등
  - Ieg'h : 조작적 조건화의 정의에 대하여 답할 수 있도록 힌트를 줌
  - Ieg'r : 스키너 상자 그림을 보여줌
  - FB/h : 강화의 사례를 제시(힌트)하면서 다시 한번 답할 수 있도록 도움을 줌
  - FB/ca : 조작적 조건화의 정의에 대한 답을 줌
  - FB/u : 다시 한번 답해보라고 시킴

3 다양한 교수설계 모형

1 R. Glaser 수업모형

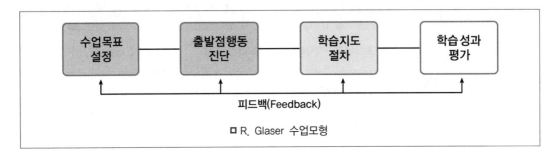

□ R. Glaser 수업모형

○ (수업목표* 설정) **전반적 교수학습**의 **지침**으로서 수업활동의 방향 제시, 수업내용 및 학습지도 절차 선정, 성과평가의 기준 안내

　*수업의 결과로 학생들이 알아야 하는 개념이나 기술에 대한 진술

　– (원칙) 수업목표는 구체적으로 **세분화**되고 **명세적**으로 진술 필요

　　→ 지침의 기능을 충실히 수행하고 **대안적 해석 방지**

○ (**출발점행동 진단**) 새로운 학습과제의 **학습 이전**에 학습과제와 관련된 기본적인 능력 습득 여부 확인(진단평가)

　– (요소) **인지적 요소**(선행학습 정도·적성·지능)와 **정의적 요소**(동기·흥미·학습습관), **신체적 요소** 모두 고려

　– (효과) **수업 개별화** → **모든 학생**에 **학습효과** 최대한 발휘

○ (학습지도 절차) **학생의 특성에 맞는** 학습지도 수행

　– (도입) 동기 유발, 학습목표 이해하기, 선수학습 내용과의 연결 등

　– (전개) 학습과제 및 내용 제시, 학습활동 안내 및 피드백

　　※ 형성평가를 통하여 학생이 수업을 제대로 이해하고 있는지 확인

　– (정리) 학습내용 반복·정리, 학습내용 점검·확인, 다음 차시 대비

○ (학습성과 평가) 그동안의 **학습성과**를 **총괄 평가**하여 수업의 효율성 최종적으로 확인

2 ADDIE 모형[20] 기출 2010, 2012, 2015

○ (분석 : Analysis) 교수설계를 위한 **조직적인 계획 결정**

  – 요구 분석, 학습자 분석, 환경 분석, 직무 및 과제 분석, 설계를 위한 임무·비전·가능성 결정

○ (설계 : Design) 효과적·효율적인 **프로그램 개발**을 위하여 **분석과정에서 나온 산출물을 창조적으로 종합**

  – 수행목표 명세화, 평가도구 개발·계열화, 교수전략 및 매체 선정

○ (개발 : Development) 분석·설계에 따라 **교수자료 실제 개발 및 제작**

○ (실행 : Implementation) 개발 프로그램의 **현장 적용**, 교육과정 반영

○ (평가 : Evaluation) **교수설계 과정의 효율성 평가**, 교수내용의 효과적 전달 여부 평가, 형성평가와 총괄평가 실시

  ※ 형성평가 및 파일럿 테스트를 실시하고 교수 프로그램 수정

♪ ADDIE 모형의 단계별 특징

구분	역할(기능)	세부 단계(활동)	산출 결과
분석 A	학습내용 정의(What)	요구, 학습자, 환경, 과제, 직무 분석	요구, 교육목적, 제한점, 학습과제
설계 D	교수방법 구체화(How)	성취행동 목표 진술, 평가도구 개발, 학습내용 계열화, 교수전략 및 매체 선정	성취행동 목표, 교수전략 등을 포함한 설계명세서(청사진)
개발 D	교수자료 제작	교수자료 제작, 형성평가 실시 및 교수자료 수정	완성된 교수자료
실행 I	교수자료 실제 상황 적용	교수자료 사용 및 관리	실행된 교수자료
평가 E	교수자료 효율성·효과성 평가	총괄평가	프로그램 가치·평가 보고서

---

[20] 박성익 외, 「교육방법의 교육공학적 이해」, 교육과학사, 2015, pp.104 ~ 105

3 Dick & Carey 모형 기출 2006, 2007, 2009, 2010, 2011, 2012, 2013, 2022

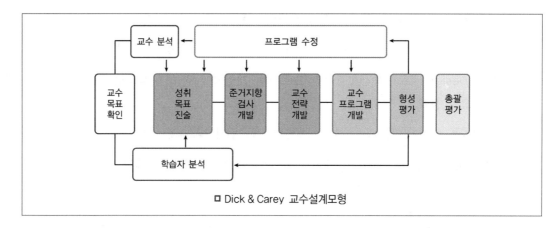

□ Dick & Carey 교수설계모형

○ (교수목표 확인단계) 학습자가 수업을 통해 성취하여야 하는 **최종목표를 정의**

※ (구체화 과정) ① 목표 기록
② 목표 달성 시 학습자의 행동 브레인스토밍
③ 학습자 행동 중 목표를 가장 잘 반영한 행동 선정
④ 선정된 행동을 최초의 목표와 통합
⑤ 목표 검토 및 학습자가 해당 행동 시 최초 목표 달성 여부 판단

○ (교수 분석단계) 설정한 학습목표를 달성하기 위하여 필요한 **지식과 기술 세분화**

- (목표유형 분석) 학습목표를 **구체적으로 정의**하고 이를 달성하기 위한 **지식·기술 분석**

- (학습과제 분석) 학습목표를 달성하기 위하여 필요한 하위 지식, 기술 등을 **계열화(가르칠 순서 확인)**

    ※ (분석방법) 군집 분석, 위계 분석, 절차 분석, 통합 분석

- (하위기능 분석) 목표와 관련된 학습자의 **하위기능과 지식을 세분화**

○ (학습자 분석단계) 선수학습 기능과 학습자 특성 분석

- (선수학습 기능) 교수 분석단계에서 수행한 교수목표의 하위기능 구조상에서 **학습자의 현재 도달수준 확인**

- (학습자 특성 분석) 학습자의 적성, 학습양식, 지능, 동기, 태도 분석

    ※ 가르치고자 하는 내용영역에 대한 **사전 지식의 정도**가 교수 프로그램 성공 여부를 예측하는 **가장 중요한 요인**

○ (성취목표 진술단계) **학습이 끝났을 때** 학습자가 할 수 있을 것으로 **기대되는 목표를 구체적으로 진술**

- (요소) **성취행동(기능)**, 성취행동이 실행될 **조건**, 행동의 성공 여부 **판단 준거**로 구성

○ **(준거지향검사 개발단계)** 성취목표 도달 여부를 확인하는 **평가도구(검사문항) 개발**

※ 문항에서 측정하고 있는 것과 성취목표 행동은 반드시 일치 필요

○ **(교수전략 개발단계)** 최종목표를 성취하기 위한 **수업 운영방법 결정**

- **(전략영역)** **교수 전 활동, 정보제시활동, 학습자 참여활동, 검사활동, 사후활동**의 영역에서 전략 제시 필요

- **(고려사항)** **학습이론 및 연구결과, 교수매체 특성, 학습내용 특성, 학습자 특성** 고려

○ **(교수 프로그램 개발단계)** 교수전략 개발단계에서 결정된 전략에 의거하여 실제로 가르칠 **수업 자료 선택 및 개발(수정)**

※ **(수업자료)** 학습자 매뉴얼, 멀티미디어, 각종 검사도구, 교사용 지침서 등

○ **(형성평가 설계 및 실시단계)** **교수 프로그램을 교육 현장에 투입하기 전에 시범적으로 적용** (파일럿 테스트), 자료 수집 및 프로그램 개선

※ **(형성평가 방법)** 일대일평가, 소집단평가, 현장평가(필드평가) 등 활용

○ **(프로그램 수정단계)** 형성평가 결과를 통하여 **교수 프로그램 수정·보완**

※ **(검토내용)** 교수 분석의 타당성, 학습자의 출발점행동 및 특성 분석의 정확성, 성취목표 진술의 적절성, 검사문항의 타당성 등

○ **(총괄평가 설계 및 실행단계)** 실제 수업에 활용한 이후 교수 프로그램의 **총체적 가치 평가**

- 개발된 수업 프로그램의 **계속적 사용 여부 결정**

※ 일반적으로 별도의 외부 평가자에게 의뢰

4 RPISD 모형 ※ Rapid Prototyping Instructional Systems Design

○ **(등장배경)** 기존 ISD 모형은 체계적이라는 장점은 있지만 설계과정에서 시간과 비용이 지나치게 많이 소요되고, 고정된 단계별 접근으로 인하여 상황변화에 유연하게 대응하기 곤란하다는 한계

○ **(주요내용)** ① 교수설계의 각 단계는 선형적이지 않고 **동시적·중첩적**으로 발생 *

* 과제분석이 분석단계뿐 아니라 설계단계에서도 지속적 발생

② 초기에 **원형(Prototype)을 빠르게 설계**한 후 학습자와 함께 테스트하며 피드백을 받아 **설계를 수정·보완**

○ **(장점)** ① ISD 모형에 비해 효율적이고, 상황변화에 신속·유연한 대응 가능

② 반복적 피드백을 통하여 학습자의 요구를 반영하기 용이

○ **(단점)** ① **초기 완성도가 낮아** 사용자가 학습하는 데 불편함 인식

② 반복적인 테스트와 피드백에 따른 **피로감** 발생

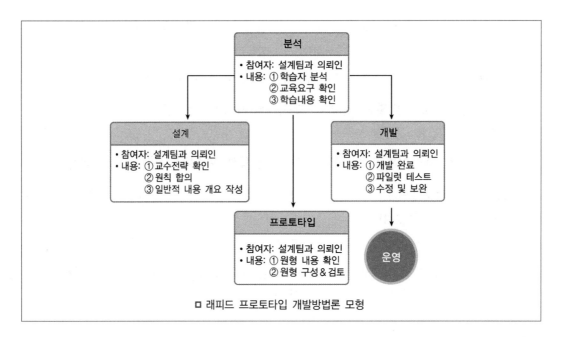

□ 래피드 프로토타입 개발방법론 모형

📕 ISD 모형과 RPISD 모형의 비교

구분	ISD 모형	RPISD 모형
주요 절차	분석, 설계, 개발, 평가	프로토타입 개발, 테스트, 반복 수정
개발 속도	비교적 느림	신속함
유연성	유연성 낮음	유연성 높음
학습자 참여	제한적 참여	설계 초기부터 적극적 참여
적합한 상황	안정적인 환경에서 체계적 설계가 필요할 때	빠른 개발과 반복적 수정이 필요할 때

5 **J. Willis의 R2D2 모형** ※ Recursive, Reflective, Design and Development

○ (**등장배경**) 기존 교수설계모형이 **지나치게 선형적이고 단계적**이라고 비판하며 등장

○ (**주요내용**) 구성주의에 기초하여 교수설계를 순환적·반성적으로 설계·개발

　- (순환적 과정 : Recursive) **설계와 개발·평가 등이 반복적으로** 이루어지는 순환적 과정을 통하여 설계과정 지속적으로 개선

　- (반성적 사고 : Reflective) 학습자와 설계자는 학습과정에서 반성적 사고를 통해 **끊임없이 목표와 설계방식 조정**

○ (**수업설계**) 정의·설계와 개발·확산이라는 3가지 주요 **초점 간의 상호작용**을 통해 설계 진행

📗 R2D2 모형의 3가지 초점

구분	주요내용
정의	요구 분석, 학습자 분석, 과제 분석을 하는 단계로 설계과정에 교수자와 학습자의 참여 강조
설계와 개발	매체와 형태를 선정하고 원형(Prototype)을 개발하여 형성평가를 진행하는 단계로, 이 단계에서 목표가 자연스럽게 형성
확산	최종 산출물을 보급 · 채택, 총괄평가는 배제

○ (장점) ① 학습자가 설계와 개발과정에 참여함으로써 **학습에 대한 동기와 몰입 유발**

② 학습자의 피드백을 바탕으로 설계가 수정되므로 **상황변화에 유연하게 대응 가능**

○ (단점) ① 반복성으로 인하여 피드백 및 수정과정에서 **많은 시간과 자원 소요**

② **학습자의 참여가 부족한 경우** 모형의 효과 감소

6 Smith & Ragan 모형

○ (분석단계) 학습환경 분석, 학습자 분석, 학습과제 분석, 평가문항 작성

– (학습환경 분석) 교수 프로그램 **실행 환경**(주변 여건, 교사, 교육과정, 교수매체, 학생조직 등)에 대한 **기술** 및 **요구분석** 실시

┌─ 요구분석모형
│
│ ■ (불일치기반 요구분석) 현행 교수 프로그램 목표 기술 → 현 목표성취 정도 기술 → 현 상태와 바람직한 상태 간 격차 기술 → 목표 우선순위 설정 → 어떤 요구가 교수적 요구인지 판단하여 교수설계 · 개발이 그에 대한 해결책이 되는가 판단
│ ■ (문제기반 요구분석) 해결해야 할 문제와 학습자 지식 사이 관계 규명 → 문제가 학습과 관련된 문제인가 분석 → 교수 프로그램으로 해결 가능한가 규명
│ ■ (혁신기반 요구분석) 혁신의 본질에 대하여 고찰하고 혁신과 관련 있는 교수목표 규명
└

– (학습자 분석) 학습자의 **인지적 · 신체적 · 정서적 · 사회적 특성** 분석

📗 학습자 특성의 4가지 범주

구분	유사점	차이점
고정적	• 시간에 따라 상대적으로 변화하지 않는 사람들 사이의 유사점 • 감각기능, 정보처리능력	• 시간에 따라 상대적으로 변화하지 않는 사람들 사이의 차이점 • 지능, 인지양식, 사회심리적 특성, 성 · 민족성 · 인종
변동적	• 시간에 따라 변화하는 사람들 사이의 유사점 • 지적 발달과정, 언어적 발달과정, 사회심리적 능력, 도덕적 발달과정	• 시간에 따라 변화하는 사람들 사이의 차이점 • 지적 발달상태, 기타 발달상태, 일반적 선수학습, 세부적 선수학습

    – (학습과제 분석) 프로그램에서 다루어야 할 **학습내용**이 **어떤 유형**인가 분석

        ※ Gagné의 학습유형 분류방식 적용

    – (평가문항 작성) 수업결과에 대한 평가문항 작성

○ (**전략개발단계**) 효과적인 수업을 위한 전략 결정 및 수업 개발

    – (전략 결정) 교수목표 및 학습유형 등에 따라 조직·전달·관리전략 결정

    – (수업 개발) 실제 수업자료 및 프로그램 개발

○ (**평가단계**) 형성평가 실시 및 결과에 따라 수업 수정

    – 개발된 수업자료 및 프로그램의 **적합성, 작동의 적절성** 평가

        ※ 내용 전문가, 설계 전문가, 교수자, 학습자 등 참여

7 Briggs & Wager 모형

○ 학습자들의 출발점능력이나 사전검사 등을 통해 확인된 **능력 편차**를 **고려**하여 다양한 프로그램을 **설계**할 때 **유용**

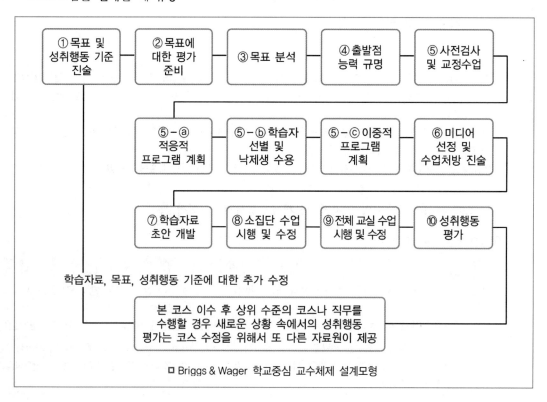

□ Briggs & Wager 학교중심 교수체제 설계모형

04 교수매체에 대한 이해

1 교수매체의 이해

1 교수매체의 의의

○ **(정의)** **교육목표**가 **효과적·효율적**으로 **달성**될 수 있도록 교수자와 학습자, 학습자와 학습자 사이에 **필요한 의사소통을 도와주는 다양한 형태의 매개 수단**

○ **(기능)** ① 동기 유발 : 시청각자료를 제시함으로써 주의집중 유발(ARCS 中 A)

　　　　　② 교육적 상호작용 활성화 : 교사의 일방향 설명방식에서 탈피

　　　　　③ 인지경험 확대 : 교과서 외의 교육자료에 대한 직·간접적 경험

○ **(한계)** ① 매체에만 집중하고 수업내용에는 무관심 : **목적 전치현상** 발생

　　　　　② 새로운 학습격차 발생 : 교사·학생의 매체활용능력 차이가 학습격차로 연결

　　　　　③ 매체의 **기술적 문제**에 따른 수업 지연

　　　　　④ **과도한 의존**에 따른 창의력·사고력 저하

　　　　　⑤ 과도한 정보량으로 **인지적 과부하 발생** 가능

○ **(이론적 논의)** 교수매체 활용수업의 효과성에 관한 연구

- **(교수매체 비교연구)** 전통적인 수업방식과 매체를 사용한 수업방식의 상대적 효과성 비교

  ※ **(한계)** ① 수업의 효과 차이 발생의 원인이 교수매체인지, 교수매체 변화에 따른 교수법인지 모호
  　　　　 ② 신기성 효과(Novelty Effect)를 구별하기 곤란(학습자가 매체에 익숙해지면 영향력 감소)

- **(교수매체 속성연구)** 비교연구의 한계를 극복하고자 교수매체의 고유한 속성·특징 연구

  ※ **(한계)** ① 매체 각각이 가지고 있는 고유의 속성 자체를 분석하기 곤란
  　　　　 ② 몇몇 특성이 인지적 능력을 향상시킬 수는 있지만, 한 매체만의 고유한 특성은 아님

- **(교수매체 선호연구)** ① 매체에 대한 학습자의 태도가 학습에 어떤 영향을 미치는가 연구

  　　　　　　　　　　② 특정 매체가 학습자의 태도에 어떤 영향을 미치는가 연구

- **(교수매체 경제성연구)** 매체 활용이 경제적 효과를 산출할 수 있는지 연구

  ※ **(분석내용)** 매체를 활용한 교수 프로그램을 개발하고 수정하는 데 소요되는 시간의 양과 자원의 비용, 매체 활용 수업으로
  　　　　　 학습자가 성취수준에 도달하기까지 걸리는 시간의 양

② 교수매체의 유형

○ **(Hoban의 분류)** **구체성·사실성의 정도**에 따라 시청각자료 구별, **사실(실물·견학)에 가까울 수록 정확한 메시지** 전달

- 추상적인 내용을 사실적·구체적으로 제시하여 학생들의 이해를 돕기 위한 방안으로 **교육 과정의 시각화(Visualizing Curriculum)** 주장

  ※ Hoban의 분류도는 매체의 구체성에 대한 절대적 관점이 아닌 상대적 관점

○ **(Dale의 경험의 원추)** 학습경험을 ① **직접경험(행동적)**, ② 매체를 통한 **간접경험(영상적)**, ③ **언어와 시각기호를 통한 학습(상징, 추상적)**으로 구분

구체성이 높은 매체를 먼저 사용하고 조금 더 **추상적인 매체를 사용**하면 **수업의 효과 향상** 가능

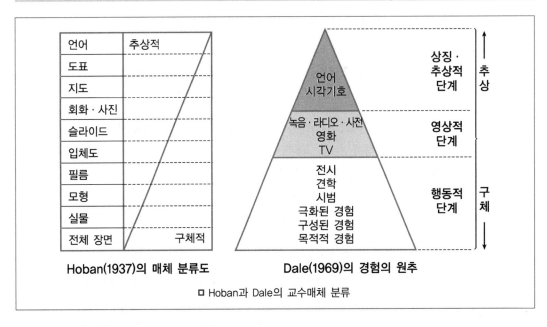

□ Hoban과 Dale의 교수매체 분류

○ **(상징체계에 따른 분류)** 매체가 내용을 전달하기 위하여 주로 **의존하는 상징체계가 무엇이냐**에 따른 분류

- **시각매체**(투사매체 : 슬라이드·OHP, 비투사매체 : 실물·모형·그림), **청각매체**(라디오· 녹음 테이프), **시청각매체**(TV·영화), **상호작용매체**(컴퓨터)

○ **(데이터 속성에 따른 분류)** 매체가 전달하는 **데이터의 성질**에 따른 분류

- **아날로그 매체**(TV·라디오·슬라이드·녹음기 등 전통적 시청각매체), **디지털 매체**(컴퓨터· 디지털 TV·DVD 등 컴퓨터 기반의 모든 매체)

참고 그 외 교수매체의 분류

분류의 기준	내용
전달도구 및 표현 대상	• **(표현매체)** 전달매체에 의하여 제시되는 콘텐츠적인 요소, SW적 성격(문자·그림·기호·소리·음성) • **(전달매체)** 물질적이고 객관적인 요소, HW적 성격(방송·통신·미디어)
정보의 밀도 (McLuhan)	• **(핫 매체)** 정보의 양이 많아 수용자의 참여의지가 낮은 매체(라디오·영화·인쇄물·사진 등) • **(쿨 매체)** 정보의 양이 적어 수용자가 적극적으로 참여하는 매체(전화·TV·만화 등)
세대별 구분 (Schramm)	시대적 발전과정에 따라 **1세대**(칠판·전시·차트·그림), **2세대**(교과서·인쇄물 등 인쇄매체), **3세대**(슬라이드·영화·라디오·TV 등 대량매체), **4세대**(프로그램 학습·티칭머신·CAT 등 교육 자동화매체)로 구분

03

3 **교수매체와 커뮤니케이션 모형** 기출 2004, 2012

○ **(SMCR 모형 : Berlo)** 의사소통과정에서 필요한 요소를 **송신자(Sender), 메시지(Message), 경로(Channel), 수신자(Receiver)**로 구분

– 송신자가 당초 의도한 메시지(M)는 송·수신자의 기술·태도·지식·사회·문화 차이로 인하여 수신자가 받아들인 메시지(M')와 불일치 가능(M ≠ M')

  ◉ **메시지(M)**는 **주관적** 요소에 영향을 받는 한편, **경로(C)**는 **중립적·객관적**

◈ Berlo의 SMCR 모형

송신자(Sender)	메시지(Message)	경로(Channel)	수신자(Receiver)
통신기술	내용	시각	통신기술
태도	요소	청각	태도
지식수준	처리	촉각	지식수준
사회체계	구조	후각	사회체계
문화양식	코드	미각	문화양식

※ (메시지 예시) 야구에서 심판의 수신호를 가르친다고 할 때(내용), 심판의 수신호를 세분화하고(요소), 세분화한 수신호를 강의식이나 체험식으로 가르칠지 결정하고(처리), 수신호의 제시 순서를 결정하며(구조), 이를 언어적인 방법으로 가르칠지, 비언어적인 방법으로 가르칠지 결정(코드)

○ **(커뮤니케이션 모형 : Shannon & Schramm)** 송·수신자가 **공통으로 경험하는 장이 많을수록,** **소음이 적을수록 의사소통 원활**

– 메시지의 전달과정(수신자의 해석과정)에서 **소음·잡음(Noise)의 영향으로 메시지가 왜곡될** 수 있으므로 **지속적인 피드백** 필요

※ **(소음)** 교실 환경, 집단 크기, 물리적 소음뿐 아니라 메시지·매체의 정확성과 적절성, 경험의 장의 불일치, 편견, 오해 등 정신적·심리적·생리적 제반 요인 포함

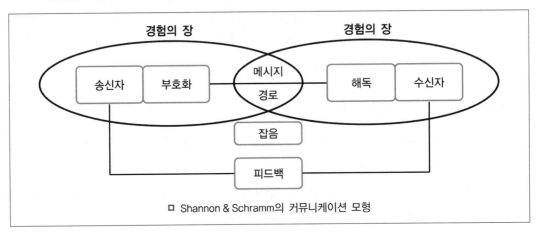

□ Shannon & Schramm의 커뮤니케이션 모형

---

4 **미래형 교수매체**

○ **(피교수자(Tutee)로서 교수매체)** 스스로 학습의 방향을 결정짓고 수행해 나가는 하나의 학습환경, 사고의 대상, 반영(Reflection)의 도구 역할

※ Tool(OHP, 슬라이드, VTR) → Tutor(교육용 SW) → Tutee(VR, 하이퍼미디어)

미래의 교수매체는 ① **탐구활동 중심적**이고 ② **학습자에게 통제권이 많이 부여되어야** 하고 ③ **교육목표 달성을 위한** **방법과 활동을 다양하게 지원** 필요

┌─ 매체 활용에 대한 교사의 준비

- **(인식)** ① 매체 활용의 주인공은 교사가 아니라 **학습자**이며, ② 매체는 **학습자 사고의 도구이자 반영의 도구**
- **(노력)** 새로운 교수매체 등장 시 교수매체의 특성을 확인해보고 이를 수업에 활용하려는 노력과 올바르고 효율적인 활용방법 고민

2 교수매체의 선정 : ASSURE 모형 기출 2004, 2008 　※ R. Heinich

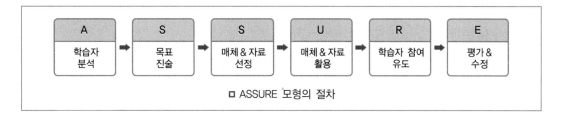

□ ASSURE 모형의 절차

○ (**1단계 학습자 분석 : Analyze Learners**)　학습자의 기본적 · 인지적 · 정의적 특성 분석

- (**일반적 특성 분석**)　학습자의 연령, 학년, 직업 · 지위, 부모의 사회경제적 지위(SES) 확인

　※ (**분석방법**) 기본 신상 조사, 가정환경 조사서 확인

- (**출발점능력 분석**)　학습자의 선수학습 지식 및 기능 확인

　※ (**분석방법**) 진단평가

- (**학습양식**)　학습자의 불안수준, 적성, 시각적 · 청각적 선호도, 동기, 정보처리 습관 등 심리적 요소 고려

　※ (**분석방법**) 학생 상담, 검사(MBTI 등)

┌─ 학습자 분석 예시[21]

- (**일반적 특성**)　○○시 ○○중학교 1학년 학생 30명, 교육환경이 열악한 지역으로 일반적인 상식과 지식이 타 지역 · 타 학교 학생에 비하여 낮은 수준
- (**출발점능력**)　도시오염 등 환경에 대한 기본적인 지식이 전반적으로 낮고, 최상위권 학생 1 ~ 2명만 환경에 대한 기본 지식을 갖춤
- (**학습양식**)　다수 학생들의 학습동기는 낮은 편이고, 오감을 통한 지식 획득과 역동적인 학습환경을 선호

○ (**2단계 목표 진술 : State Objectives**)　학습자의 특성을 고려하여 학습목표를 구체적으로 진술

- (**진술방식**)　수업목표는 가능한 **구체적 · 명세적**으로 진술 필요

　※ (**올바르게 진술된 목표**) 분명한 대상, 행동적 용어, 수행이 관찰되어야 할 조건 포함, 수행을 판단할 표준 · 준거 지적

┌─ 목표 진술 예시

- **단원의 학습 목표** : 도시의 환경문제에 대해서 이해하고 해소방안을 만드는 것
  - 도시의 공기오염 문제를 이해하고 해결방안을 설명할 수 있다
  - 도시의 환경문제에 대하여 글을 쓰고 발표할 수 있다.

---

[21] 이하의 ASSURE 모형 예시는 백영균 외, 전게서, 2010, p.190 일부 수정

○ (**3단계** 매체와 자료 선정 : Select Media and Materials) 목표 달성에 적합한 매체와 자료 선정

- (매체 선정) 우수 수업사례, 교과연구회 자료, 수업지도안 등을 참고하여 매체 선정

  ※ (선정기준) ① (타당성) 교육목표 달성에 적합한지 여부
  ② (확보 가능성) 매체 구입비용 등을 고려한 확보 가능 여부
  ③ (이용 가능성) 교수자 및 학습자의 매체 이용능력

- (자료 선정) 이용 가능한 기존 자료의 선택 및 수정, 새 자료 설계를 통한 교수자료 획득

  ※ (선정기준) ① (일치성) 국가 교육과정(성취기준)과의 일치 여부
  ② (정확성) 자료가 최신의 정확한 자료인지 여부
  ③ (매력성) 자료가 학습자의 흥미와 참여를 유발하는지 여부
  ④ (교육성) 편견이나 상업광고적 성격이 미포함되었는지 여부

매체 선정기준 : T. Bates의 ACTIONS 모형

- (Accessibility : **접근성**) 학습자들이 매체나 기술에 쉽게 접근하고 사용할 수 있는지 여부
- (Cost : **비용**) 매체를 도입하고 운영하는 데 소요되는 비용이 합리적인지 여부
- (Teaching and Learning : **교수 · 학습효과**) 목적 달성에 얼마나 부합한지 여부
- (Interactivity : **상호작용성**) 학습자 간, 학습자와 교사 간 상호작용을 얼마나 촉진하는지 여부
- (Organizational Issues : **조직적 문제**) 조직 내 기술적 지원(기술 연수)이나 인프라 지원이 가능한지 여부
- (Novelty : **참신함**) 새롭고 흥미로운지 여부
- (Speed : **속도**) 학교에 빠르게 적용될 수 있는지 여부

○ (**4단계** 매체와 자료 활용 : Utilize Media and Materials) 매체 · 자료 활용 직전의 사항 검토 및 수업에서의 활용

- (자료 사전검토) 수업자료 미리 확인(내용 및 형식 확인)

  ※ (내용) 비교육적 요소(폭력, 음란, 상업광고 등)의 포함 여부

  ※ (형식) 그래픽 또는 화면상 오류 여부

- (자료 준비) 교사 · 학습자에 필요한 모든 매체와 자료를 구비하고, 자료를 제공 · 활용할 순서와 방법 결정

  ※ (예시) 자료 최종 확인, 수업 지도안 등을 통하여 자료 제공계획 설정

- (환경 준비) 수업 공간(교실, 시청각실 등)이 매체 · 자료를 활용하기에 적합한지 확인 및 개선

  ※ (확인사항 예시) 책상 형태 및 배치, 컴퓨터 · 스마트기기 구비 여부, 온라인 환경 구축 여부(와이파이 등), 적절한 조도

- (학습자 준비) 학습자에게 수업에 대한 기대감 형성 및 동기부여

  ※ (예시) 수업 도입부에서 금일 매체활용 수업방법 안내

- (학습경험 제공) 매체 · 자료를 활용하여 수업

  ※ (교사중심) 교사는 전문가, 강의식 (학습자중심) 교사는 촉진자, 토론식

─ 매체 및 자료활용 예시 ─

- **(자료 검토)** 환경오염 관련 영상자료를 확인하면서 영상 화질이 적합한지 또는 영상자료 전후로 지나친 광고가 나오지 않는지 확인
- **(자료 및 환경 준비)** 강의식에서는 처음에 인터넷 영상을 제공하고 이후 문제중심학습을 위한 유인물을 제공, 강의 후 바로 모둠학습이 가능하도록 교실을 모둠 대형으로 설정하고 인터넷이 연결되어 있는지 확인, 야외에서는 환경오염 상황이 주로 일어나는 장소를 미리 확인
- **(학습자 준비)** 학생들에게 미리 이번 시간에 야외수업이 병행될 것이라 설명

○ (**5단계** **학습자의 참여 유도 : Require Learner Participation**) 매체 활용 수업 중 학습자의 수업 참여 활성화

  - **(피드백)** 교사는 피드백을 미리 설계하고 학습자의 학습과정 중 학습자와 상호작용

  - **(연습)** 학습자가 학습내용을 충분히 숙지하도록 연습기회 부여

─ 학습자 참여 유도 예시 ─

- **(피드백)** 환경오염 관련 자료를 충분히 탐색할 수 있도록 유도, 조별활동 시 조별로 활동을 확인하면서 문제해결을 위한 가설 설정에 오류가 없는지 지도
- **(연습)** 실외활동 시 환경오염 사례를 모든 학생이 촬영할 수 있도록 유도하고, 조별활동의 결과를 발표할 때 최대한 많은 학생이 발표하도록 기회 부여

○ (**6단계** **평가와 수정 : Evaluate and Revise Materials**) 학습자와 수업 자체에 대한 평가 실시

  - **(학습자 성취평가)** 학습자가 학습목표를 달성하였는지 평가

  - **(수업평가)** 방법과 매체, 자료 등이 수업목표 달성에 도움을 주었는지 평가하고 평가결과를 바탕으로 방법·매체·자료 수정

─ 평가와 수정 예시 ─

- **(학습자 성취평가)** 집단별로 환경오염문제 해결방안을 모색하고 발표, 집단별 발표를 들으면서 자신이 속한 집단과의 내용을 비교하고 동료평가 실시, 교사는 평가를 위한 체크리스트 부여
- **(수업평가)** 수업 종료 이후 수업의 적절성과 효과성에 관한 유인물을 학생에게 제공하고, 이를 취합하여 해당 수업이 적절하게 이루어졌는지 교사 스스로 평가한 후 다음 차시 수업 계획 시 활용

- Gagné의 수업사태에 기초하여 **매체의 활용을 전체 수업설계의 한 요소로** 파악
- 실제 교실수업에 활용하기 위한 계획에 초점을 두어 단계에 따른 **교사의 역할을 명확히** 한다는 점에서 **현장 중심적**이고 **교사중심적 접근**
- 학습자의 학습 성취뿐 아니라 해당 **수업을 평가**하고 이를 **환류**하는 과정을 통하여 **교수의 질 제고 가능**

▮ 원격수업 시 ASSURE 모형의 활용

단계	활동	주요 내용(교사의 고려사항 및 활동 등)
학습자 분석 A	일반적 특성 분석	원격수업 중 학습을 옆에서 관리해줄 부모·조력자가 있는지, 기기를 조정할 수 있는지 확인
	출발점능력 분석	해당 수업에 대한 선수학습능력이 있는지 확인
	학습양식	콘텐츠활용중심 수업에서 학습 집중력이 유지되는지, 실시간 쌍방향 수업 시 자신의 의견을 적극 개진할 수 있는지 확인
목표 진술 S	구체적 목표 진술	원격수업의 방식(과제중심, 콘텐츠활용중심, 실시간 쌍방향 수업 등)에 따른 수업 목표의 구체적 진술
매체와 자료 선정 S	방법 선택	교과연구회, 우수사례 등을 종합하여 해당 학습내용에 적합한 원격수업의 방식(과제중심, 콘텐츠활용중심, 실시간 쌍방향 수업 등) 선택
	매체 선택	교수자가 매체를 보유하고 있는지, 학습자가 매체를 보유하고 있는지 등을 고려하여 원격수업 플랫폼 결정
	자료 선택	영상, 시각자료, PPT 등 원격환경에서도 제공 가능한 자료 선택
매체와 자료 활용 U	자료 사전검토	교사가 보는 자료와 학생이 보는 자료 간 해상도 및 색상 일치 여부, 비교육적인 요소는 없는지 확인
	자료 준비	스마트패드가 없는 학생, 데이터 비용이 없는 학생 등을 발견하고 기기 및 비용 지원 강구
	환경 준비	수업 촬영 공간 설정(조명, 카메라 등)
	학습자 준비	온라인 학급방 등을 통하여 금일 수업방식과 내용을 안내하고 학습목표 제시
학습자의 참여 유도 R	피드백 및 연습	실시간 쌍방향 수업 시 발표기회 부여, 단방향 수업 시 수업 이후 게시판 활용하여 연습
평가와 수정 E	학습자 성취 평가	직접 관찰이 가능한 활동과 불가능한 활동으로 나누어 평가·기록
	수업 평가	수업 촬영본과 수업자료를 되돌려 보면서 보완점 발굴

05 교수학습 실행

■ 1 교사중심의 교수학습방법

1 강의식 수업

- ○ (개념) 교수자의 **주도**하에 **일방적 설명을 통하여** 학습자에게 많은 학습정보를 **전달**

- ○ (필요 상황) ① 다수를 상대로 **단시간에 많은 내용을 전달**하여야 하는 상황
  ② **기초학력 함양**을 위하여 기초 내용을 전달하여야 하는 상황
  ③ **지필평가에 대비**하여야 하는 상황
  ④ **활동중심 수업의 기반**이 되는 내용을 전달하여야 하는 상황(거꾸로 수업)

- ○ (특징) ① **교사중심의 일방향 설명식 수업**
  ② 지식 전달을 통한 **인지적 역량**에 초점
  ③ **표준화된 교육내용(교과서)** 활용

- ○ (장점) ① **교수자의 상황**에 따라 학습과정 조절 가능
  ② **많은 지식을 효율적**으로 **전달** 가능
  ③ 학습자 누구에게나 **통일된 교육** 가능

- ○ (단점) ① 학습자의 **수동적 학습 참여**(학습의 개인차 고려 곤란)
  ② **고등정신능력**(문제해결능력, 창의적 사고능력, 협동심 등) 함양 곤란
  ③ 학습자의 **흥미 고려 미흡**(동기부여 곤란)

- ○ (교사의 역할) 학습자의 지식 습득을 위하여 학습내용을 **정확하게 전달** 필요

  - − (준비) ① 교육목표를 달성하고 학습내용을 전달하는 데 **강의식 수업이 적절한지 파악**
    ② **강의력을 높이기 위한 노력**(연수, 자기 장학 등) 필요

  - − (실행) ① 적절한 질문, 시각자료 활용 등 **학습자의 주의력 제고**
    ② **유추, 구체적 사례 제시** 등 내용지식 설명 보완

  - − (평가) ① **강의내용**에 **충실**한 학습자 **평가 실시**(교·수·평·기 일체화)
    ② **자기반성**을 통하여 강의내용 보완

② 문답식 수업 기출 2010

○ **(개념)** 교사의 **질문**과 학생의 **대답**으로 학습활동이 전개되는 형태(소크라테스의 산파술)

📌 질문의 유형㉒

구분	질문 형태	사례
제한형 질문 (폐쇄적 질문)	**인지·기억 수준**을 다루는 질문(사실, 개념, 정보 재생)	• 산업혁명은 언제 발생하였는가? • 채소와 과일의 차이점은?
	수렴적 수준을 다루는 질문(특정 관계 기술·설명)	왜 이러한 관계는 함수 관계가 아닌가?
확장형 질문 (개방형 질문)	**발산적 사고**를 다루는 질문(상황에 대한 이해, 추론)	환경오염을 방지하기 위해 국가와 지자체는 어떠한 노력을 하였어야 하는가?
	평가적 사고를 다루는 질문(인지·기억, 수렴, 발산 사고를 종합하여 자신의 판단·가치 선택)	정보화사회가 도래하면 학교교육의 목적을 어떻게 재설정하여야 하는가?

┌─── 질문의 원칙 ───────────────────────────────────┐

① **(타당성의 원칙)** 질문의 목적에 부합하는 질문방식(제한/확장) 선택

② **(경청의 원칙)** 대답을 위한 충분한 시간 부여 및 학습자의 대답 존중(비판적 태도 최소화)

③ **(다양성의 원칙)** 학습자의 폭넓은 학습 참여를 위하여 다양한 학생에게 질문

④ **(적절성의 원칙)** 과도한 질문은 학습자로 하여금 학습에 소극적·방어적 태도를 갖게 하므로 질문의 빈도는 학습자 수준과 수업상황에 맞게 적절히 조정

└──┘

○ **(특징)** ① 수업 중 **학습내용**에 대하여 **교사가 질문**

② 교사의 질문에 대한 **학습자의 대답(발표)**

○ **(장점)** ① 학습에 자극을 주어 **활기차고 적극적인 학습 가능**

② 학습자의 주체적 학습을 가능하게 하며, **사고력과 발표력 함양**

○ **(단점)** ① 수업 중 **사고의 통일과 연속을 방해**할 위험성

② 과도한 질문에 따른 **학습자의 부정적 태도 형성** 가능

②-ⓐ 특정 학생만 대답하는 경우 **소극적인 학생은 학습에서 배제**

참고 질문이 살아 있는 교실 관련 새로운 질문수업의 유형과 기능

유형	기능
학습자에 대한 교사의 질문	내용 숙지 확인, 수업 참여도 제고
학습자 간 질문	상호 이해도 제고, 교우관계 개선, ZPD 영역 내 학습
교사에 대한 학습자의 질문	관심사 확인, 부족한 부분 확인, 동기부여 등

㉒ 박성익 외, 전게서, 2015, pp.257 일부 수정

2 학습자 중심의 교수학습방법

1 토의 · 토론식 수업 _{기출} 2003, 2007, 2011, 2020

○ **(개념)** 교육목적 달성을 위해 **학습자가 타인(교사, 학습자)과 상호작용**하며 학습하는 형태

○ **(유형)** 토론 주제, 목적, 학급 크기, 학생의 능력에 따라 구분되어 활용

📗 **토의 · 토론식 수업의 유형**

구분	주요 내용
소집단토론	성숙한 학생 대상, 학급을 좀 더 작은 집단으로 구분
원탁토론 (Round Table Discussion)	5 ~ 10명이 적합, 참가자 전원이 상호 대등한 관계 속에서 의견 교환
공개토론 (Forum)	1 ~ 3명 정도의 전문가가 공개연설 후 참가자와 질의응답
배심토론 (Panel Discussion)	연사로 선출된 4 ~ 5명의 학습자가 주제에 대한 상반된 의견을 5분간 발언한 후 전체 학습자와 자유롭게 토론, 이후 배심원 판단
단상토론 (Symposium)	전문가 몇 명이 주제에 대한 다른 의견을 발표하고 사회자의 진행으로 토론 진행
버즈토론 (Buzz Discussion)	3 ~ 6명으로 편성된 집단이 주어진 주제에 대하여 6분가량 토론

○ **(성공 조건)** ① 토의 · 토론 주제와 관련하여 **학생들의 선수학습지식** 필요(거꾸로 수업 필요)
   　　　　　　 ② 학생들의 **적극적 태도**
   　　　　　　 ③ 학생들의 참여를 유발하는 **흥미롭고 경험 가능한 주제 선정**
   　　　　　　 ④ 공정한 수업운영을 위하여 **명확한 토의 · 토론 규칙 마련**

○ **(특징)** ① 다양한 지식의 공유, 주제에 대한 다양한 입장 학습
   　　　 ② 집단을 구성하고 **집단 내 활동**을 통한 학습
   　　　 ③ 구성원 간 **의사소통, 협력**을 통한 **문제해결**

○ **(장점)** ① **자신이 가진 생각의** 타당성과 합리성 **검증**
   　　　 ② 협력을 통한 **협동심, 포용성** 함양
   　　　 ③ 문제해결과정에서의 **문제해결능력** 함양

○ **(단점)** ① 수업 준비 및 시행에 많은 시간 소요(비효율적)
   　　　 ② **내성적 학습자**는 토의 · 토론에서 **배제 가능**(학습이탈)
   　　　 ③ 의사소통 시 **갈등 발생**

○ (교사의 역할) 교수자는 **토론의 촉진자** 또는 **토론의 중개자**

- (도입) ① **목적과 내용**을 분명하게 밝히고 **설명**

② 토의 **규칙과 방법**을 분명하게 **제시**

③ **집단 구성** 및 역할 부여

④ **과정중심평가** 또는 동료평가 안내

- (전개) ① 토의가 **목적**대로 진행되는지 **확인**(관찰)

② **질문**하거나 질문에 응답(피드백)

③ **소수의 참여**만 있는지 **확인**(순회)

- (정리) ① 목적 **달성 여부 확인** 및 평가

② 토의내용 정리 유도

③ **동료평가** 실시

┌─ **참고** 비실시간 온라인 토의·토론 수업

■ **(특징)** ① 학습자들의 상황에 맞게 각자 시스템에 접속하여 자신의 의견 표현

② 입장문 작성 및 의견 피력에 충분한 시간 부여

■ **(장점)** ① 상대방의 질의나 반론에 즉시 반응하지 않아도 되어 학습자 부담감 최소화

② 사고력 촉진 가능

■ **(단점)** ① 학습자의 긴장감·연속성이 떨어져 사고의 흐름을 놓치거나 적절한 의견·반론 제시 시간 도과

② 토의·토론 수업이 글쓰기 수업으로 변질될 우려

---

2 **협동학습** 기출 2005, 2007, 2010, 2011, 2014

○ (개념) 집단을 조직하고 **공동의 목표를 달성**하기 위하여 공동으로 노력하고 **구성원끼리 도움을 주고받는 학습방법**

- 구성원 간 ① **긍정적인 상호의존**과 ② **개별 책무성**, ③ **동등한 성공기회**라는 측면에서 **단순 소집단학습과 구별**

┌─ **참고** 성공적 협동학습의 요소 : Johnson & Johnson, 1994.

■ **긍정적 상호의존성** : 집단 내 구성원의 수행이 다른 구성원에게 도움이 된다는 인식

■ **면대면을 통한 상호작용** : 면대면을 통하여 상호 신뢰·격려하며, 즉각적 의사소통을 통하여 학습과제를 신속·정확하게 수행

■ **개별적 책무감** : 집단 내 구성원의 수행이 전체 수행결과에 영향

■ **사회적 기술(의사소통, 원만한 인간관계)** : 공동의 목표 달성을 위하여 사회적 기술을 활용하고 향상

■ **집단의 과정화** : 집단 내 구성원은 협동학습의 원칙과 기술을 익히고 상호 피드백을 제공하며 적절한 보상체계 사용

전통적 소집단학습과 협동학습의 차이

구분	전통적 소집단학습	협동학습
상호의존성	거의 비존재	존재
책무성	자신의 과업에 대해서만 책무성	개별적 상호책무성 강조
성공 기회	동등하지 않은 성공 기회	동등한 성공 기회
집단 구성	주로 동질적	이질적
상호작용	한정된 상호작용	적극적 상호작용
피드백	학습자 간 피드백 비존재	학습자 간 피드백 강조
지도력	특정 학습자에 지도력 편중	구성원 간 지도력의 공유
사회적 기능[*]	무시	강조

* 리더십, 의사소통기술, 갈등의 조정 등

○ (팀 성취 분배보상 기법 : STAD[*]) **기본 기능의 습득과 이해**를 촉진하기 위하여 고안한 방법

  * STAD · Student Teams Achievement Division : Slavin, 1990.

  - (특징) ① 개인의 향상점수를 팀 점수로 환산하여 **집단보상**
           ② 개인의 성취가 팀 점수에 영향을 미치므로 **개별 책무성 확보** 및 학습능력이 낮은 학습자의 **학습동기 유발**
           ③ 성취결과의 **균등한 분배**

    ※ A(50점 → 80점), B(80점 → 90점)인 경우 A의 기여도를 높게 평가

  - (절차) ① 학급 전체에 학습과제 제시(교수자의 설명)
           ② 구성원 모두 학습내용을 완전히 이해할 때까지 소집단활동
           ③ 쪽지시험(퀴즈)을 통한 개인별 성취 측정
           ④ 개별 학생 성취정도 점검(지난 개인점수와 향상점수 비교) 및 개인별 향상점수 부여
           ⑤ 향상점수를 팀 점수로 환산하여 이를 근거로 우수팀 선정

○ (팀 토너먼트식 게임 : TGT[*]) STAD와 유사하나, 쪽지시험 대신 **게임으로 팀 간의 경쟁을 유도하여 학습**

  * TGT ; Teams Games Tournaments

  - (특징) ① **게임을 통한 경쟁** 유도
           ② **학습은 집단 내**에서 이루어지고, 집단 밖에서 경쟁

  - (절차) ① 학습 단원에 대하여 강의중심수업 실시
           ② 소집단 구성(이질적 구성) 후 집단별로 배포한 학습지 연습문제 해결
           ③ 집단별로 학업성취도가 비슷한 학생들로 구성된 토너먼트 테이블(동질적 구성)로 이동하여 문제해결 게임에 참여

④ 다시 원래 소집단으로 돌아와 각자가 받아온 점수를 합산하고 평균 산출

⑤ 집단 평균점수를 기준으로 소집단별 보상

○ **(JIGSAW I 학습법)** 학습자별로 전문성을 기르고 집단 내에서 이를 발휘하여 **상호협력**함으로써 학습하는 방법

- (특징) ① 집단 내 구성원은 **특정 분야**(일부 학습내용)의 **전문성 함양**

② 경쟁보다는 **협력을 통한 학습**

- (절차) ① **모집단 구성** 및 주제 세분화

② 세분화된 주제에 따라 모집단 내 **개인별 전문 과제** 제시

③ **전문가집단 구성** 및 전문 과제 학습

④ **모집단으로 돌아가** 개별 전문 과제 코칭 및 질의응답

⑤ **개별평가 및 개별보상**(보상의 상호의존성 비존재)

○ **(JIGSAW II 학습법)** JIGSAW I + **집단평가 및 집단보상**

- (절차) ① 모집단 구성 ~ ⑤ 학습 종료 후 개별평가

⑥ **개인별 향상점수**의 합이 집단점수

⑦ **집단보상**(보상의 상호의존성 존재)

○ **(JIGSAW III 학습법)** JIGSAW II + **평가 전 학습정리**

- (절차) ① 모집단 구성 ~ ④ 모집단으로 돌아가 학습

⑤ 개별 **평가 전 학습정리**(전체 학급단위의 정리와 요약)

⑥ **개별평가**

⑦ **개인별 향상점수**의 합이 집단점수

⑧ **집단보상**(보상의 상호의존성 존재)

○ **(JIGSAW IV 학습법)** JIGSAW III + **전문가 활동 평가**

○ **(팀 보조 개별학습 : TAI*)** 협동학습과 개별학습이 결합된 모형

* TAI ; Team Assisted Individualization

- (절차) ① 소집단 구성

② 진단검사 결과에 따라 **수준에 맞는 단원을 개별적 학습**

③ 개별학습 이후 **단원평가**를 실시하면서 그룹 내 두 명씩 짝을 지어 **상호 채점**

④ 80% 이상 성취하면 **단원의 최종적 개별 시험**

⑤ 개별 시험 점수의 평균을 팀 점수로 하고, 미리 설정한 목표 **팀 점수를 초과** 달성하면 **팀 보상**

○ (그룹조사: GI*) **분담·협력하여 공동탐구**를 진행하는 학습

  * GI·Group Investigation : Sharan & Hertz-Lazarowitz, 1980.

- (특징) ① 전 과정이 학습자의 자발적인 협동과 논의로 결정
  ② 경쟁이 없음

- (절차) ① 주제 선정 및 주제별 소집단 구성
  ② 주제별 세부 학습과제 설정 및 팀원 배당
  ③ 세부 학습과제 관련 조사 실시 및 보고서 작성
  ④ 조사내용 보고
  ⑤ 보고의 기여도 및 팀 평가

○ (자율적 협동학습*) 학습자가 **스스로 학습과제를 선택**하고 **자기평가와 동료평가**를 허용하는 모형

  * Co-op Co-op : Kagan, 1985.

- (특징) ① 모둠 간 협력 + 모둠 내 협력
  ② 동료평가
  ③ 경쟁이 없음

- (절차) ① 주어진 학습주제에 대하여 학생끼리 토론
  ② 토론 후 소규모 팀 구성
  ③ 각 팀은 여러 학습주제(Topic) 중 하나씩 선택
  ④ 학습주제를 세부주제(Sub-Topic)로 나눈 뒤 각 팀의 구성원이 분담해서 세부
  주제의 전문가로서 정보 수집
  ⑤ 팀으로 복귀하여 세부주제에 관한 정보를 구성원에게 제시하고, 보고서를 만들어
  전체 학급에 제시
  ⑥ 팀 동료에 의한 기여도 평가, 교사에 의한 기여도 평가, 전체 학급동료에 의한
  보고서 평가 실시

○ (특징) ① 하나의 문제(과제)에 대해서 **학습자 간 협력**
  ② 교사의 역할은 최소화하고 **학습자의 주도적 참여**
  ③ 토론과 토의를 통하여 **다양한 관점·지식 고려**

○ (장점) ① **협력·협동의 가치, 타인을 배려**(사회성·포용성)하는 태도 습득
  ② 교사의 통제에서 벗어나 **독립심 배양**
  ③ 습득하는 **지식의 범위·내용 확대**
    ③ - ⓐ 토론과 논쟁을 통한 **고등정신 사고능력 발달**

○ (단점) ① 소수의 우수한 학습자만 주도하는 경우 **부정적 효과** 발생

② 학습자끼리 **잘못 이해한 것을 정답으로 오인할** 우려

③ 학습능력·정도의 차이에 따른 **집단 분쟁 위험**

협동학습에서 발생할 수 있는 부정적 효과

- **부익부 빈익빈 현상**: 학습능력이 높은 학습자가 더 적극적으로 학습에 참여하면서 더 높은 학업성취를 보이고 소집단을 장악
- **무임승차 효과**: 학습능력이 낮은 학습자가 학습에 소극적 참여
- **봉 효과**: 우수한 학습자가 자신의 노력에 따른 성과를 학습능력이 낮은 학습자와 공유하는 것에 불만을 가져 협동학습에 소극적 참여
- **링겔만 효과**: 소극적 학생이 집단에 가려져 눈에 잘 띄지 않는 경우

○ (교사의 역할) 공동의 목적 달성을 위하여 **협력을 촉진**하고 **방향 설정**

- (도입) ① **학습주제와 협력방법·규칙 안내**

② 협력을 통한 **문제해결 사례 안내**

③ **집단 구성** 및 **역할 부여**

- (전개) ① 수업 중 학습자들끼리 **잘못된 내용을 학습하지 않는지** 확인

② **교사 관찰평가 실시 및 상시 피드백**

③ **소수의 참여**만 있는지 **확인**(순회)

- (정리) ① 목적 **달성 여부 확인** 및 평가

② 토의내용 정리 유도

③ **동료평가(기여도 평가)** 실시

③ 개별화학습 ※ Individualized Instruction [기출] 2010

○ **(개념)** 학습자의 특성(인지적·정의적 특성)을 고려하여 **개별 학습자에게 가장 효과적인 학습환경을 조성**하는 방법

○ **(개별화 교수체제: PSI[*])** 각자의 **학습속도에 맞추어 자율적**으로 학습하도록 하는 교수법(Keller plan)

　　[*] Personalized System of Instruction, Keller

－ **(절차)** ① 한 과목을 15 ~ 30개 단원으로 나누고 단원마다 구체적 학습목표 및 학습지침 제공
　　　　　② 학습지침을 바탕으로 다양한 학습자료를 통하여 스스로 학습
　　　　　③ 보조관리자(교사 또는 동료학습자)와의 토의를 통하여 학습
　　　　　④ 학습자 스스로 학습하였다고 판단하면 시험을 치르고, 시험에서 80 ~ 90% 이상 성취하면 다음 단원으로 넘어감

－ **(특징)** ① **단원을 세분화**하고 개인마다 **다른 학습속도로** 학습
　　　　　② 학습을 도와주는 보조관리자(우수한 동료학습자) 활용
　　　　　③ **동기유발 및 전이를 촉진하는 경우에만 강의식** 활용(짧은 시간)

○ **(개별 처방교수 방법: ATI[*])** **학습자의 적성과 수업방법인 처치의 상호작용 결과가 수업의 질** 결정

　　[*] Aptitude Treatment Interaction : Cronbach & Snow

　※ **(적성: Aptitude)** 학습자 개인의 학업적인 특성
　　(처치: Treatment) 어떤 수업방법을 사용할 것인지 고려

－ **(특징)** 개별 학습자마다 각기 다른 적성을 가지므로 이를 반영한 **차별적 수업방법(처치)을 통하여 학업성취 극대화** 가능

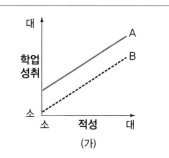 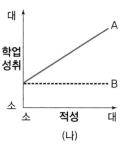 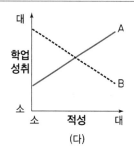

　　※ A: 교사중심 설명식 수업, B: 학생중심 토의·토론식 수업

　　□ 적성 － 처치 상호작용의 세 가지 유형[28]

－ (가) 적성수준과 상관없이 A 수업방식이 효과적(현실적 형태)
－ (나) 적성수준이 높을 때에만 A 수업방식이 효과적
－ (다) 적성수준이 낮으면 B가 효과적, 적성수준이 높으면 A가 효과적(이상적 형태)

[28] 신명희 외, 「교육심리학」, 학지사, 2010, p.274

○ **(개별 처방교수방법 : IPI*)** 단원학습에 대한 **개별 검사결과를 바탕으로 개별적인 처방**을 내리는 교수방법

* Individually Prescribed Instruction : Glaser

- **(절차)** ① 학기 초 매치 검사를 실시하고 그 결과에 따라 학습자별 필요한 학습활동 제시
② 학습단원에 대한 사전검사를 통하여 단원별 학습목표 확인
③ 단원별 학습목표에 따라 다양한 교수·학습자료를 제공하고 개별적으로 학습
④ 학습 종료 후 진도 확인 검사를 하고 실패 시 다른 방법을 처방받고 재학습
⑤ 단원이 끝날 때마다 사후검사를 받고 다음 단원 시작 전 사전검사를 받음

- **(특징)** ① **교사는** 강의자라기보다는 **처방자**
② **도움이 필요한 학생만 지도,** 나머지는 자율학습

○ **(특징)** ① 학습자의 **개별적 특성 고려**
② **교사와 학습자 간 활발한 상호작용**

○ **(장점)** ① 학습의 개인차를 고려하여 **완전학습 지향**
② 교사와 학습자 간 **긍정적 관계 도모**
② - ⓐ 교사의 지도를 통하여 근접발달영역 학습 가능

○ **(단점)** ① 수업 준비, 전개 등에 **많은 시간과 노력** 소요(비효율)
② 학습자 간 **협동심 발현 곤란**

○ **(교사의 역할)** ① **학습자의 특성 파악**(인지적·정의적)
② 학습자의 특성별 **맞춤형 교수·학습방법 제공**
③ **상시 피드백 및 교수·학습방법 수정**

4 자기주도학습 ※ Self-Regulated Learning : M. Knowles 기출 2005

○ **(개념)** **학습자 스스로가** 학습 참여 여부부터 목표 설정 및 교육 프로그램의 선정과 교육평가에 이르기까지 **교육의 전 과정을 자발적 의사에 따라 선택하고 결정하여 행하게 되는 학습형태**

○ **(절차)** ① 자신의 **학습필요와 욕구**를 정확하게 **파악 및 진단**
② 학습 **참여 여부와 참여 시기**의 자율적 결정
③ 자신의 학습욕구와 필요에 따라 **학습목표 선정**
④ 목표 달성을 위하여 **학습내용과 방법 자율적 결정** 및 실행
⑤ 자율적 **자기판단과 자기평가**

○ (특징) ① **학습자는 학습의 주도권** 보유

② **학습의 개인차** 중시

③ 학습결과에 대한 **학습자의 책임 강조**

○ (장점) ① 학습환경 변화에 **능동적으로 대응** 가능

② 학습의 개인차를 고려하여 **완전학습 지향**

③ **자율과 책임의 조화**를 통하여 **성숙한 인간**으로 성장

○ (단점) ① 단지 **혼자 하는 학습**으로 변질되는 경우 고립

①－ⓐ 지식의 **편중적 습득 우려**

② 학습자 간 **협동심 발현 곤란**

③ 자율과 책임을 동시에 발휘할 수 있는 **학습자는 극소수에 불과**하여 **일반화하기 곤란**

자기주도학습 과정 및 교사 역할

구분	학습 과정(학습자 역할)	교사 역할
수업 전	• 학습 필요와 욕구 진단(자가진단) • 학습 참여 여부 및 시기 결정(계획 수립) • 학습목표 선정	• 자가진단 샘플 제공 • 계획 수립방법 안내 • 수준별 다양한 학습목표 제공
수업 중	• 스스로 과제를 선택하고 활동 • 계획에 맞는지 수시 점검	• 계획에 어긋나지 않는지 피드백 • 요청이 있는 경우에만 개입
수업 후	• 자기평가 또는 동료평가 • 후속계획 수립	• 자기평가의 기준 제공 • 성찰용 과제 또는 후속과제 제공

자기주도학습을 유도하는 방법

- 적절한 모델링(사례 제시, 교사 시범)
- 성취동기의 자극
- 메타인지 활용방법 교수

5 탐구학습 ※ Inquiry Learning : B. Massialas의 사회탐구모형 [기출] 2003

○ (개념) 학습자 **스스로**가 문제를 제기하고, 가설을 형성하고, 실험을 설계하고, 데이터를 수집하고, 가설을 검정하고, 결론을 내리는 과정(실험)을 거치는 학습

－ J. Dewey의 **반성적 사고과정***에 **기초**하여 학습자가 **능동적으로 탐구과정**을 거쳐 학습하는 모형

*문제를 인식하고 문제의 원인과 결과의 관계를 파악하고 탐색해 나가는 정신활동

┌─ **J. Dewey의 반성적 사고과정과 문제해결학습** ──────────────────────────

- ■ **(개념)** 생활 속에서 접하는 문제를 해결하는 과정에서 지식·기술·태도 등을 획득하는 학습방법
- ■ **(목적)** 문제해결을 위한 반성적 사고 함양
- ■ **(반성적 사고과정)** ① **문제 확인**: 생활환경에서 새로운 문제를 발견
  - ② **문제 명료화**: 해결방안 추측을 위하여 자료 수집 및 관찰
  - ③ **가설 설정**: 수집·관찰 사실 분석을 통한 가설 설정
  - ④ **추리**: 시행과 수정을 통하여 해결방안 도출
  - ⑤ **가설 검증**: 가설 채택 및 기각
- ■ **(문제해결학습)** 문제 제기 → 문제해결 계획 수립 → 자료 수집 및 분석 → 학습활동 전개 → 결과 검토

○ **(절차)** 구체적 수업과정은 **연속적인 행동형태**

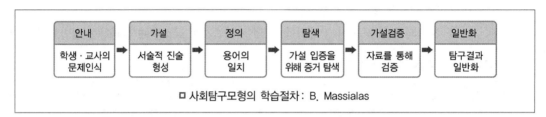

□ 사회탐구모형의 학습절차 : B. Massialas

○ **(교사의 역할)** ① **탐구학습의 안내자·촉진자**
　　　　　　　 ② 정답이 없는 **열린 과제 제시**
　　　　　　　 ③ 탐구에 친화적인 **적절한 수업환경 조성**

○ **(장점)** ① 학습자 스스로 가설을 설정·검증하면서 **탐구능력 형성**
　　　　 ② 능동적 태도, **자기주도적 학습능력** 향상
　　　　 ③ **실생활문제 해결능력** 향상

○ **(단점)** ① **학습시간이 길어** 비경제적
　　　　　 ① – ⓐ 학습의 방향성을 잃기 쉬움
　　　　 ② **높은 지적 수준** 요구
　　　　 ③ **많은 양의 지식을 전달하기에 부적절**

┌─ **참고** 개념기반 탐구학습 ──────────────────────────────────

- ■ **(개념)** 학생이 학습주제에서 다루는 **탐구질문에 관심과 호기심을 가지고 스스로 문제를 해결**하도록 하는 학습방법
  ※ (예시) 프로젝트 학습, 토론, 거꾸로 수업, IB 수업방식 등
  - (개념기반) 교과 내 및 교과 간의 전이가 가능한 **아이디어(지식의 구조)에 초점**
  - (탐구학습) 교사와 학생 모두 적극적으로 **질문을 쏟아내고 그에 대한 해답을 찾는 학습**
- ■ **(수업 설계)** 교육과정이 지향하는 **핵심역량을 반영**하고 수업과정에서 학생의 역량 성장을 **평가·성찰**하며 수업을 지속적으로 개선(환류)
  - 학교가 경쟁의 장이 아니라, 학생의 '**강점**'을 발굴하고, '**성공 경험**'을 제공하며, '**성장형 사고방식**'을 키워주는 장으로 변화하는 교육의 패러다임 전환

06 디지털 대전환 시대 새로운 교수학습방법

Ⅰ 정보통신기술의 발전과 교육적 활용

① 컴퓨터의 교육적 활용

○ (**컴퓨터 보조학습: CAI***) 컴퓨터를 활용하여 학습자를 가르치는 수업방식

  * Computer Assisted Instruction

◢ CAI의 유형

구분	주요 내용
반복연습형	학습자가 반복적으로 문제를 풀게 하여 학습내용을 숙달시키는 수업
개인교수형	새로운 내용을 단계적으로 설명하고 단계별로 문제를 제시하는 수업
게임형	게임을 통하여 문제를 해결하게 하여 자연스럽게 학습내용을 습득시키는 수업
시뮬레이션형	비용이나 위험부담이 높은 학습과제의 경우, 컴퓨터로 최대한 유사한 환경을 개발하여 제공하는 형태
문제해결형	학습자가 주어진 복잡한 문제를 해결해 나가도록 만든 형태

- (장점) ① 실제와 유사한 **간접경험의 기회** 제공
  ② **풍부한 학습자료** 제공
  ③ **학습의 개별화** 촉진
  ④ **동기 및 흥미 유발**과 자신감 발현

- (단점) ① **비싼 초기비용**(SW 구입비, 기자재 구입비 등)
  ② 새로운 기술 습득을 위한 **재교육**(연수 등)
  ③ **사회적 상호작용의 부족**

○ (**컴퓨터 관리 수업: CMI***) 개인에 맞는 학습을 위하여 **학습지도과정 설계·실시·평가 등 각 단계에 필요한 데이터**를 컴퓨터로 **수집·축적·가공·검색·활용**하는 교육방법

  * Computer Managed Instruction

○ (**컴퓨터 지원 협력학습: CSCL***) 원격지에 떨어져 있는 학습자들이 **컴퓨터를 기반으로 상호작용**함으로써 정보를 공유하고 **협력적으로 문제를 해결**하는 학습

  * Computer-Supported Collaboration Learning

> **위키 기반 협력학습(Wiki-Based Collaboration Learning)**
> - **(위키)** 타인이 작성한 글에 직접 다른 내용을 덧붙여 쓰거나 수정할 수 있게 만든 **인터넷 협력 프로그램**
> - **(위키교육)** 누구든지(Anybody), 어디에서건(Anywhere), 어떤 것이든(Anything), 언제든지(Anytime) 글을 수정·보완할 수 있도록 개발된 인터넷 협업프로그램을 활용하여 **여러 명이 공동으로 협력적 작업을 수행하는 학습형태**
> - **(특징)** 개방형 편집, 공동저작권, 학습자중심의 적극적 상호작용, 집단지성을 통한 새로운 지식 창출
> - **(장점)** ① 시공간의 제약 없이 협력과제 수행 가능
>   ② 비대면 방식으로 참여에 대한 적극적 태도 확보 가능

② ICT* 활용 교육 기출 2005, 2006

* Information and Communication Technology Education

○ **(개념)** 교과목표를 가장 효과적으로 달성하기 위하여 **교수·학습에 정보통신기술을 활용하는 것**

※ 교육용 CD-ROM 타이틀이나 인터넷 등을 통한 웹 자료 활용

ICT 활용 교수 - 학습활동의 유형

구분	주요 내용
정보 탐색	인터넷을 활용하여 과제해결을 위한 정보 획득
정보 분석	수집된 자료를 문서편집기 등을 통하여 비교·분류·조합
정보 안내	교사 주도로 인터넷, PPT 등을 활용하여 정보 제공
웹 토론	채팅, 게시판, 이메일 등의 수단으로 특정 주제에 대하여 토론
협력연구	공동 주제에 관하여 각자 자료를 검색·취합, 결과물 산출·공유
전문가 교류	웹을 통하여 특정 분야의 전문가와 의사소통
웹 펜팔	이메일을 통하여 타 지역, 타 국가 학습자와 교류
정보 제작	문제해결과정을 통하여 산출한 결과물 제작

○ **(유의점)** ① 기술이 아닌 **내용중심의 교수·학습 설계**
          ② **교사는** 필수적 정보를 제공하기는 하지만 정보의 단독 소유자가 아닌 **학습지원자**
          ③ 올바른 정보 활용 및 재생산을 위해 **정보소양(Information Literacy)의 함양 필요**

> **e-Learning**
> - **(개념)** 학습자가 **인터넷 네트워크 기술을 바탕으로** 다양한 매체를 활용하여, 시간과 장소·수준의 제약 없이 다른 학습자·교수자·학습내용과 활발한 상호작용을 하면서 다양한 학습경험을 할 수 있도록 지원하는 체제
> - **(특징)** ① 네트워크 바탕
>   ② 컴퓨터 등을 활용하여 수업, 정보 제공
>   ③ 전통적인 교육, 훈련, 연수 이상의 폭넓은 학습에 대한 관점 포함

③ 디지털 리터러시 함양 교육

○ **(개념)** 디지털 기술, 데이터, 정보, 콘텐츠, 미디어를 **읽고 분석하고 쓸 줄 아는 능력**과 소양을 길러주는 교육(서울특별시교육청, 2022.)

- (디지털 리터러시의 세부 요소) 디지털 정보에 대한 접근 + 평가 + 활용

📋 **디지털 리터러시의 세부 요소별 교육방법**

접근	평가	활용
디지털 기기와 소프트웨어의 활용	디지털 윤리와 정보 보호	디지털 정보의 활용과 생성
• 디지털 기기의 활용 • 소프트웨어의 활용 • 인공지능의 활용	• 디지털 윤리 • 디지털 정보 보호	• 정보의 분석과 표현 • 디지털 콘텐츠 생성
• 클라우드의 활용방법 학습 • AI 학습 프로그램(파파고, 챗GPT) 활용 방법 학습	• 디지털 프로필 관리 • 사이버 범죄 관련 역할극 • 정보 출처 비교 • 가짜뉴스 판별(사례 분석, 가짜뉴스 제작 실습)	• 엑셀을 활용하여 데이터 분석결과 판단 • 유튜브에 프로젝트 결과물 탑재 • 실시간 쌍방향 채널을 통한 협업

④ 학습관리시스템(LMS*)을 통한 교육

* Learning Management System

○ **(개념)** **교육 전 과정을 계획, 실행, 관리, 평가**하는 데 사용되는 **통합 소프트웨어 플랫폼**

　※ 예시 : EBS 온라인 클래스, 구글 클래스룸, Moodle, Canvs, Blackboard

○ **(기능)** ① 콘텐츠 관리 : 교육자료를 중앙에서 관리하고 업로드

　　　　　② 성적 및 평가 관리 : 학습자가 과제를 제출하고 교사가 평가, 자동채점 평가도 가능

　　　　　③ 교사 – 학생 상호작용 : 토론 게시판, 화상회의 실시 가능

　　　　　④ 학습자 추적 및 분석 : 로그인 시간, 학습 진행도 · 참여도를 추적하고 데이터 분석

○ **(교육적 효과)** ① 학습과정을 스스로 관찰 · 점검하여 메타인지 및 자기주도학습 촉진

　　　　　　　② 자동 채점 등으로 즉각적 피드백 제공

　　　　　　　③ 학습 데이터 분석을 통한 체계적 지원

　　　　　　　④ 실시간 상호작용 채널을 통하여 학습자 간 협력 강화

○ **(유의점)** ① 기술에 지나치게 의존하면 **면대면 상호작용이 감소**할 수 있으므로 적절한 용도로만 활용

　　　　　② 기기활용능력에 따라 **LMS 접근도가 달라지고 학습격차** 발생 가능

　　　　　③ 학습 데이터의 오용 및 잘못된 해석이 발생하지 않도록 **윤리적 가이드라인** 필요

5 인공지능(AI)의 교육적 활용

AI의 교육적 활용 유형

구분		주요 내용
AI 활용 교육		교육목적 달성을 위한 도구로서 AI를 활용하는 교육
	AI 교과 활용 교육	AI를 활용하여 교과의 목표를 달성하도록 하는 교육 ※ (예시) 인공지능 스피커를 활용한 영어회화 수업
	AI 융합 교육	사회문제를 해결하기 위하여 학문 혹은 산업 분야에 인공지능을 적용 ※ (예시) STEAM 교육, 메이커 교육
	AI 기반 교육	교수학습과정에 인공지능을 도구로 활용 ※ (예시) 수업 중 챗GPT 활용
	AI 기반 교육 시스템	학교관리를 위한 AI 시스템 활용 ※ (예시) 인공지능 얼굴인식을 통한 자동 출결 시스템 도입
AI 이해 교육		AI가 무엇인지에 관한 기초적 소양 교육(AI 역사, 기능 등) ※ (예시) AI 기초 강의, 실습
AI 가치 교육		AI를 왜 배워야 하는지에 대한 교육(AI 윤리) ※ (예시) 윤리적 토론

생성형 AI를 활용한 수업

- **(개념)** 자동적으로 새로운 내용을 생성하는 GPT 기술을 활용하는 수업
- **(장점)** ① 온라인상에서 다양한 상호작용(교사–학생, 학생–학생, 학생–콘텐츠) 촉진
  ② 반복적인 교수 업무(단순 질의응답)를 대체하여 효율성 향상
  ③ 학습자 수준에 맞는 교육을 제공하여 학습자 동기유발 제고(ARCS 활용)
  ④ 학습자 스스로 새로운 데이터 창출 가능(구성주의)
- **(유의점)** ① AI가 생성하는 정보의 정확성에 대한 의심
  ② 비윤리적 활용이 없도록 관련 규범이나 윤리 교육
  ③ 학생들의 창의성과 주체성이 유지될 수 있는 기제 마련(지나친 의존 방지)
  ④ 개인정보나 민감한 데이터를 입력하지 않도록 주의
  ⑤ 저작권 및 표절 이슈가 발생하지 않도록 출처를 분명히 하는 교육 실시

교사에게 필요한 디지털 역량

① **디지털 기기 활용역량** : LMS 활용능력, 에듀테크 도구 활용능력
② **디지털 정보 분석 및 평가역량** : 정보출처 분석능력, 디지털 자료 검증, 데이터 분석능력
③ **디지털 콘텐츠 제작역량** : 서책형 자료 변환능력, 디자인 능력
④ **디지털 윤리문제 대응역량** : 프라이버시 보호, 저작권 준수, 디지털 리터러시 교육능력

2 새로운 교수학습방법

1 원격수업 기출 2021, 2024

○ **(개념)** 교수자와 학습자가 **직접 대면하지 않고** 인쇄매체, 방송매체, 오디오나 비디오 매체 등을 활용하여 교수·학습이 이루어지는 활동

 ‒ **(유형)** ① 실시간 쌍방향 수업, ② 콘텐츠 활용중심 수업, ③ 과제중심 수업 등

▐ **원격수업의 유형 : 교육부, 2020.**

구분	주요 내용	기능
실시간 쌍방향 수업	화상 매체를 활용한 실시간 쌍방향 수업	• 즉각적 피드백 • 상호작용 활성화
콘텐츠 활용중심 수업	기존에 제작한 영상이나 PPT 등을 활용한 수업	• 학습내용의 신속한 전달 • 수업시간의 효율적 사용
과제중심 수업	과제를 제시하고 웹을 통하여 과제의 이행 여부를 확인하는 수업	• 수준별 맞춤형 과제 제시 • 학습내용 숙지 확인

○ **(특징)** ① 교수자와 학습자 간 **물리적 격리**

 ② **다양한 교수매체**의 활용

 ③ **쌍방향 의사소통**

 ④ 다수 대상의 **개별화 수업**

○ **(장점)** ① **시공간적 제약을 벗어나 학습 가능**

 ② 다양한 교수매체의 활용을 통하여 **학습자의 흥미·동기 유발**

 ③ 비대면성을 통한 **적극적 의사소통 가능**

 ④ 스스로 학습 속도를 조절하여 자기주도적 학습능력 향상

○ **(단점)** ① 대면수업에 비하여 **즉각적 피드백·관리** 부족

 ② 교사의 **교수매체 활용역량에 따라 교수의 질적 차이** 발생

 ③ **소극적 참여자에 대한 가시적 확인 및 지도** 곤란

 ④ 학습자의 학습동기나 자기주도성이 낮은 경우 **학습자 간 학습격차 심화**

2 온 · 오프라인 블렌디드 수업 : 거꾸로 수업 (Flipped Learning)

○ (개념) **온라인** 및 디지털 콘텐츠를 활용하여 **사전**에 개별적으로 교수자의 **강의(디딤수업)를 듣고,** 교실에서는 과제를 포함한 **다양한 학습활동**을 수행하는 교수방법

- 원격수업과 오프라인 수업을 혼합한 **블렌디드 러닝의 사례**

┌── 블렌디드 러닝(Blended Learning)

- **(개념)** 학습효과를 극대화하기 위하여 온라인 교육과 오프라인 교육, 그리고 다양한 학습방법을 혼합하는 학습방법
- **(등장 배경)** 온라인 교육의 장점을 통하여 오프라인 교육의 단점 보완
- **(장점)** ① 학습의 지속성 확보
  ② 학습 공간과 기회의 확대
  ③ 교육의 효과 극대화
  ④ 비용 절감

📑 **전통적인 교수 · 학습방법과 거꾸로 수업의 특징 비교**

구분	전통적인 교수 · 학습방법	거꾸로 수업
학습 진행 순서	본시(교실 안) → 사후(교실 밖)	사전(교실 밖) → 본시(교실 안)
운영방법	• 교실 내 교수자 강의 • 과제해결활동 • 필요시 온 · 오프라인을 통해 보충 · 심화학습 제공	• 온라인 동영상 강의 • 교실 내 다양한 학습활동
교실 내 교수자의 역할	강의자	조언자 및 촉진자
교실 내 학습자의 역할	교수자의 지도에 따라 학습하는 수동적 학습자	주체적 학습자

○ (특징) ① **사전 설명식 원격수업**을 통하여 **지식 습득**
  ② **사후 참여형 대면수업**을 통하여 **지식 적용 및 활용**

○ (장점) ① 학습자 개인 수준에 맞는 원격수업 강의속도 조절 및 반복학습으로 **개인차를 고려한 지식 습득 가능**
  ① - ⓐ 단순 설명강의는 온라인으로 대체하여 **수업시간의 효율적 활용 가능**
  ② **다양한 학습활동**을 통한 사고력 · 탐구력 · 문제해결능력 증진

○ (단점) ① **학습동기 및 의욕이 낮은 학생**은 사전학습을 듣지 않을 수 있어 **본시 수업의 효과성이 크게 저하**될 우려
  ② 교수자의 역량, 학습환경 등에 의해 원격수업과 **본시 학습 간 연계성 부족 시 수업의 질 저하 우려**

○ **(성공 요소)** 온라인 학습내용과 면대면 학습활동의 연계

🔖 **거꾸로 수업의 성공전략**

구분	설계전략
온라인 질문의 면대면 학습 반영	• 면대면 학습활동 이전에 학습자가 학습한 내용에 대한 도전적인 질문 1개 이상 하도록 지시 • 학습자의 질문을 분석하여 학습의 현재 상태를 파악한 후 면대면 학습활동에 반영
실시간 응답 애플리케이션 활용	교육용 애플리케이션을 활용하여 온라인 학습내용에 대한 퀴즈 실시
온라인 학습내용과 오프라인 활동의 관련성	교수자는 면대면 활동 중 온라인 학습내용이 해당 활동과 어떤 관련이 있는지 학습자에 질문
다음 차시와의 연계성	수업 종료시점에 해당 차시의 수업내용과 활동이 다음 온라인 학습내용과 어떻게 연관되는지 예고
성찰	성찰을 통하여 온·오프라인 학습내용을 연계 및 조합

> **참고** 본시학습 도입단계에서의 교수전략
>
> ① 디딤수업 요약 설명
> ② 디딤수업 관련 질의응답(사전에 받은 질문지 활용 가능)
> ③ 디딤수업 내용에 관한 사전학습 평가(쪽지시험)
> ※수업 전 실시 가능
> ④ 본시학습 안내(학습 안내, 학습목표 제시)

3 에듀테크 활용 교육

○ **(개념)** 에듀테크의 정보기술을 결합한 학습을 통하여 경험학습과 액티브 러닝이 가능하고, **많은 상상력과 문제해결력을 기계에 담아 경험을 공유**하게 하는 교육

○ **(유형)** ① **메타버스 교실**
      ② 지능형 로봇 블록 수업
      ③ 온라인형 백과사전에 창의적 의견 개진(위키 기반 교육)
      ④ VR을 통한 진로 체험 교육

> **메타버스의 교육적 활용**
>
> ■ **(개념)** 초월·가상을 의미하는 '메타(Meta)'와 세계·우주를 뜻하는 '유니버스(Universe)'의 합성어로, 현실세계와 같은 사회·경제·문화활동이 이뤄지는 3차원의 가상세계
> ■ **(유형)** – **증강현실(Augmented Reality)** : 포켓몬 Go
>   – **라이프로깅(Lifelogging)** : 모바일 헬스케어
>   – **거울세계(Mirror World)** : 네이버 지도
>   – **가상세계(Virtual World)** : 로블록스, 세컨드 라이프

○ **(특징)** ① 교육상황 확대

② 시청각자료 활용

③ 자기주도적 체험활동 실시

○ **(장점)** ① 교육의 장 확대를 통한 **다양한 교육경험**

② 학습자의 **호기심 및 동기 자극**

③ **자기주도성** 함양 가능

○ **(단점)** ① 교육장소에 대한 통제 부재 시 **잘못된 정보**에 노출 위험

② 자극적인 자료 제시에만 치중, **하드웨어 위주의 교육** 우려

③ **학습능력이 낮은 학생**에게는 부적절

📌 **온라인 학습환경에서 교사의 역할 : Z. Berge**

구분	주요 내용
교육적 역할 (Pedagogical Role)	학습자가 학습목표를 성취할 수 있도록 학습과정에서 내용 안내
사회적 역할 (Social Role)	학습자 간 사회적 상호작용을 촉진하고, 학습공동체 내에서 친밀한 관계와 협력적 학습환경 조성
관리적 역할 (Managerial Role)	수업운영과 관련된 계획, 조직, 관리기능을 담당하면서 학습 일정, 과제 제출기한, 평가기준 등을 명확히 제시
기술적 역할 (Technical Role)	온라인 학습에 필요한 기술적 지원을 받을 수 있도록 돕고, 기술도구와 자원을 효과적으로 활용할 수 있도록 안내

┌─ 게이미피케이션 교육

- **(개념)** 게임의 요소나 게임의 디자인적 사고를 적용하는 교수학습법
- **(원칙)** ① 명확한 목표와 규칙 : 목적과 수단 전치 방지

② 맥락을 반영한 이야기 제공 : 흥미 유발

③ 지속적인 활동 과제 제시 : 도전의식 부여

④ 즉각적 피드백
- **(교수학습 전략)** ① (운영 측면) 아바타, 포인트, 관리, 배지 등 게임을 유지·관리하게 하는 요소

② (수행 측면) 목표, 이야기, 과제, 장애물 등 게임을 통하여 수행하고자 하는 활동 요소

4 **하브루타(Havruta) 수업**　　※ 친구를 의미하는 히브리어인 '하베르'에서 유래

○ **(개념)** 학생들끼리 **짝**을 이루어 서로 **질문**을 주고받으며 **논쟁**하는 토론 교육방법

- **(유형)** ① **질문중심** 하브루타 수업

　　　　　② **친구 가르치기** 하브루타 수업

📌 **하브루타 수업의 유형별 과정**

유형	과정
질문중심	① 교재 읽고 질문 만들기 → ② 짝 토론 및 최고 질문 선정 → ③ 최고 질문으로 모둠별 토론 및 최고 질문 선정 → ④ 질문으로 모둠 토론 → ⑤ 모둠 발표 및 쉬우르*
친구 가르치기	① 내용 학습 → ② 친구 가르치기 → ③ 배우면서 질문하기 → ④ 입장 바꾸기 → ⑤ 쉬우르

* (쉬우르) 교사와 학생 전체가 질문하고 대화, 토론, 논쟁하는 전체 토론 시간

○ **(교사 역할)** 질문과 논쟁의 **촉진자, 조력자**

- **(준비)** ① 흥미를 유발하는 **가벼운 주제** 선정

　　　　　② 하브루타 수업 및 활동 **예시 제공**

- **(실행)** ① 모든 질문에 대한 **수용적 태도**(부정적 피드백 최소화)

　　　　　② **설명** 및 학생의 질문에 대한 **응답 최소화**

　　　　　③ 짝, 모둠별 토론을 **관찰**하며 **피드백**(소외 방지)

- **(평가)** **평가기준 제공**

　　※ **(자기성찰평가)** 내용 이해력(인지) + 참여도(정의)

　　※ **(동료평가)** 문제해결력(인지) + 책임감 & 협동력(정의)

○ **(효용성)** ① 짝, 모둠활동을 통하여 **ZPD 학습 가능**(인지적 측면)

　　　　　　② 논쟁을 통하여 주제에 관한 **다양한 입장 파악**(정의적 측면)

5 역할놀이 수업모형(Role-Playing) ※ F. R. Shaftel & G. Shaftel

○ **(개념)** 문제해결과정의 하나로, 학생들에게 **가상의 문제상황**을 주고 주어진 상황 속에서 **역할을 수행**해 보도록 한 후 그 **결과를 평가**함으로써 **문제해결책에 스스로 다다를 수 있도록 하는 수업**

   – **(절차)** ① 상황 및 문제 선정 : 목표를 바탕으로 상황 선정, 주요 인물 선정

           ② 역할놀이 설계 : 역할과 관련한 개념, 시나리오 개발, 공간 준비

           ③ 역할 선정 : 학습자가 몰입하여야 할 역할 선정 및 안내

           ④ 오리엔테이션 : 학습목표 안내, 평가기준 안내

           ⑤ 경험 : 역할 연기 및 모니터링

           ⑥ 중간평가 : 동료학습자와 토의

           ⑦ 재실연 : **역할 변경 및 평가**

           ⑧ 분석 : 최종 평가

○ **(목적)** 자신과 다른 사람들의 역할을 실연하는 과정에서 **인간행동의 다양성과 유사성**을 배우고 이것을 실제 장면에 적용

○ **(효과)** ① 역할에 대한 구체적 표현의 기회를 제공함으로써 **표현력** 함양

         ② 문제상황에 대한 협력적 해결을 통하여 **가치판단능력** 함양

         ③ 다양한 역할 수행을 통하여 **자기중심주의 극복**(포용성 함양)

         ④ 체험을 통하여 지식에 대한 **이해 · 기억 증진**

○ **(유의점)** ① **역할 배정의 공정성**

          ② **상황 설정의 명확성**

6 팀 티칭

○ **(개념)** 전문성을 지닌 **2인 이상의 교사**가 협력해서 **동일 학생집단**을 대상으로 **수업**하는 방식

○ **(방법)** ① 대규모 일제수업에서 교사별로 나누어 수업(전반부, 후반부)

         ② 능력별 · 내용별로 그룹을 나누어 수업(동질집단)

         ③ 소그룹으로 나누어 수업(이질집단)

○ **(장점)** ① **경력 – 저경력 교사의 연계**를 통한 교사역량 강화

         ② 교사 간 비교 및 협력을 통한 **교사의 동기부여**

         ③ 다양한 집단 규모 · 특성 반영으로 **다양한 수업 가능**

● ── **지금까지의 출제경향**

1. 출제빈도

 – 2015학년도 이후로 거의 매해 출제

2. 출제이론과 문제형태

 – 교육평가의 유형 · 평가의 양호도가 핵심 출제영역이나, 최근에는 시대적으로 강조되는 평가유형을 중심으로 출제

 ※ 최근 출제이론 : (2025) 준거참조평가(성취평가) (2024) CAT, 능력참조평가 (2023) 형성평가, 타당도 (2022) 진단평가, 총평관 (2021) 자기평가

● ── **학습전략**

1. 출제 예상 Point

 – 논술형 전환 이후 중요 교육평가이론이 한 번씩은 다루어졌기 때문에, 기출이론이 심화되어 출제될 가능성이 가장 높은 파트

 – 특히, 시대가 요구하는 평가방식이 그대로 출제되는 경우가 있어 해마다 강조되는 평가유형 · 관점 등을 지속적으로 확인할 필요

2. 중요 체크 이론

 – **(이해)** ① 교육평가의 기능(AoL, AfL, AaL)

 　　　　② 평가의 오류와 극복방안

 – **(유형)** ① 진단평가 · 형성평가 시 유의점

 　　　　② 규준참조평가와 준거참조평가의 장단점

 　　　　③ 정의적 영역에 대한 평가

 　　　　④ 학생이 주체가 되는 평가의 종류와 교사역할

 – **(방법 선정)** ① 문항 제작 시 고려사항

 　　　　　② 신뢰도 확보방안(Rubric)

 – **(새로운 평가)** ① 컴퓨터화 능력적응검사(CAT)

 　　　　　② 과정중심평가, 포트폴리오 평가

 – **(연구방법론)** ① 사회성 측정법의 종류와 활용 시 유의점

 　　　　　② 연구의 타당도 확보방안

IV

교육평가

Mind Map

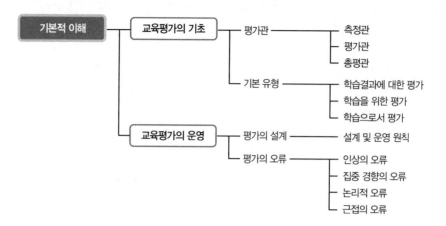

- 기본적 이해
  - 교육평가의 기초
    - 평가관
      - 측정관
      - 평가관
      - 총평관
    - 기본 유형
      - 학습결과에 대한 평가
      - 학습을 위한 평가
      - 학습으로서 평가
  - 교육평가의 운영
    - 평가의 설계 ── 설계 및 운영 원칙
    - 평가의 오류
      - 인상의 오류
      - 집중 경향의 오류
      - 논리적 오류
      - 근접의 오류

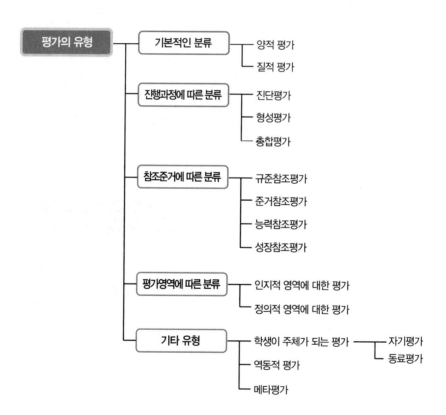

- 평가의 유형
  - 기본적인 분류
    - 양적 평가
    - 질적 평가
  - 진행과정에 따른 분류
    - 진단평가
    - 형성평가
    - 총합평가
  - 참조준거에 따른 분류
    - 규준참조평가
    - 준거참조평가
    - 능력참조평가
    - 성장참조평가
  - 평가영역에 따른 분류
    - 인지적 영역에 대한 평가
    - 정의적 영역에 대한 평가
  - 기타 유형
    - 학생이 주체가 되는 평가
      - 자기평가
      - 동료평가
    - 역동적 평가
    - 메타평가

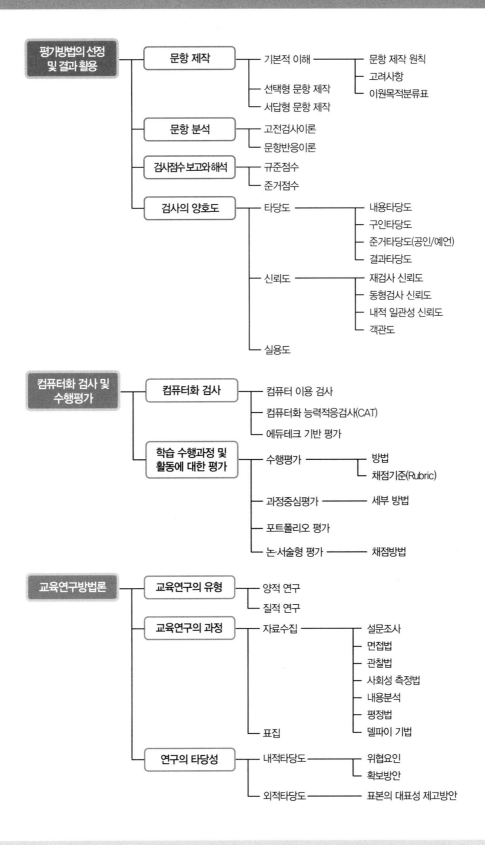

평가방법의 선정 및 결과 활용

문항 제작
- 기본적 이해
  - 문항 제작 원칙
  - 고려사항
  - 이원목적분류표
- 선택형 문항 제작
- 서답형 문항 제작

문항 분석
- 고전검사이론
- 문항반응이론

검사점수 보고와 해석
- 규준점수
- 준거점수

검사의 양호도
- 타당도
  - 내용타당도
  - 구인타당도
  - 준거타당도(공인/예언)
  - 결과타당도
- 신뢰도
  - 재검사 신뢰도
  - 동형검사 신뢰도
  - 내적 일관성 신뢰도
  - 객관도
- 실용도

컴퓨터화 검사 및 수행평가

컴퓨터화 검사
- 컴퓨터 이용 검사
- 컴퓨터화 능력적응검사(CAT)
- 에듀테크 기반 평가

학습 수행과정 및 활동에 대한 평가
- 수행평가
  - 방법
  - 채점기준(Rubric)
- 과정중심평가 ─ 세부 방법
- 포트폴리오 평가
- 논·서술형 평가 ─ 채점방법

교육연구방법론

교육연구의 유형
- 양적 연구
- 질적 연구

교육연구의 과정
- 자료수집
  - 설문조사
  - 면접법
  - 관찰법
  - 사회성 측정법
  - 내용분석
  - 평정법
  - 델파이 기법
- 표집

연구의 타당성
- 내적타당도
  - 위협요인
  - 확보방안
- 외적타당도 ─ 표본의 대표성 제고방안

교육평가의 기본적 이해

교육평가의 기초[24]

1 교육평가의 개념 기출 2025

○ **(개념)** **교육과 관련한 모든 것을 체계적으로 측정하여 판단**하는 주관적 행위

- **(기본가정)** ① 학습자의 **잠재능력 개발 가능성**, ② 교육평가 대상과 자료의 **무한성**, ③ 평가의 **지속성·연속성**, ④ 평가의 **종합성**

○ **(관점)** 교육평가를 바라보는 관점

- **(측정관: Measurement)** 모든 것은 **양적으로 측정** 가능하다는 전제하에 어떤 대상의 정보를 수집해 척도(Scale)에 따라 '**수치화**'하는 것을 강조한 관점으로, **서열화 및 개인차 변별**에 초점

  ※ 선발적 교육관, 규준참조평가, 신뢰도·객관도 중시

📍 척도의 종류 : S. Stevens의 분류

구분	주요 내용
명명척도	사물을 구분·분류하기 위하여 대상에 숫자를 **임의로 부여한 척도** ※ (예시) 운동선수들의 등 번호, 주민등록번호
서열척도	**순서·순위**와 같은 상대적 중요성을 나타내는 척도 ※ (예시) 키 순서로 학급 번호 매기기
동간척도	일정한 간격을 가지는 척도, **두 값 사이의 간격이 동일함**을 보장(절대영점은 없음) ※ (예시) 시험점수, 온도
비율척도	명명·서열·동간척도의 조건을 만족하면서 절대영점을 가지고 있어 비율성 가정 ※ (예시) 길이, 무게, 시간을 나타내는 척도

- **(총평관: Assessment)** 학습자를 **종합·전체적**으로 평가, 수량화되지 않는 정보까지 포함한 **전인적 평가**, 학습자의 **자아실현 목적**

  ※ 인본주의, 준거참조평가, 수행평가, 구인타당도

---

[24] 성태제, 『교육평가의 기초』, 학지사, 2010.

- (평가관 : Evaluation) 결과(수량화 + 비수량화 결과)에 대한 **가치판단**을 통하여 **학습자의 변화를 세밀하게 파악**, 교육을 통한 **인간행동의 변화 가능성**에 초점

  ※ 발달적 교육관, 준거참조평가, 형성평가

교육평가에 대한 관점

구분	측정관	총평관	평가관
목적	어떤 대상의 정보를 수집하여 수치화	학습자를 종합·전체적으로 평가	결과에 대한 가치판단을 통한 학습자의 변화 파악
교육관	선발적 교육관	인본주의	발달적 교육관
중점사항	신뢰도·객관도	구인타당도	내용타당도

┌─ 교육관의 차이

- **(선발적 교육관)** 인간의 능력은 타고난 것, **교육을 통한 변화에 부정적**
  - 개인차 변별에 초점, 선발을 위한 평가, 규준참조평가, 신뢰도 강조
- **(발달적 교육관)** 교육을 통하여 **누구나 의도한 교육목표 달성 가능**
  - 교육목표 달성에 초점, 목표참조평가, 내용타당도 강조
- **(인본주의 교육관)** 교육은 환경과의 상호작용을 통한 **자아실현의 과정**
  - 자아실현에 초점, 구인타당도 강조

○ **(기본 유형)** 평가의 목적·기능에 따라 3가지로 분류

평가의 기본 유형별 목적 : L. Earl, 2013.

유형	평가의 목적	기능
학습결과에 대한 평가 (Assessment Of Learning)	배치, 진급, 자격 부여 등의 판단을 위한 정보 제공	총괄적 기능
학습을 위한 평가 (Assessment For Learning)	교사의 교수학습 개선을 위한 정보 제공	형성적 기능(처방적 기능)
학습으로서의 평가 (Assessment As Learning)	학생의 자기점검, 자기평가를 위한 정보 제공	형성적 기능(교육적 기능)

┌─ 학습으로서의 평가(AaL, Assessment As Learning)

- **(지향점)** 학습자가 **스스로 평가할 때 평가는 학습으로서의 기능**을 수행하므로, 학생을 평가자로 성장하도록 조력하는 것이 필요
- **(핵심 개념)** 자기 모니터링, 자기조절, 자기평가
  - 학습결과에 대한 평가와 학습을 위한 평가에서도 자기평가가 가능하나, 그때 평가의 기준은 외적인 기준인 데 비해, **학습으로서의 평가에서 자기평가는 학생 스스로 설정한 기준에 근거한 평가**라는 점에서 차이

○ **(평가의 대상)** **인적**(학생·교사·학교행정가 등), **물적**(교육과정·교수학습 프로그램·하드웨어), **평가**(메타평가)

2 교육평가 패러다임의 변화

○ **(변화)** 학습결과에 대한 평가에서 **학습을 위한 평가, 학습으로서의 평가**로 변화

  – **(평가대상)** 개별 학생의 학습과정·결과를 모두 평가 + 인지적·정의적 영역을 모두 평가

  – **(평가운영)** 학생 참여형 수업과 연계하여 정규 교육과정 내에서 평가(과정중심 평가)

  – **(평가활용)** 교수·학습의 질 개선 및 학생의 성장과 발달 지원

🔖 **평가 패러다임의 변화 : 교육부, 2023.**

학습결과에 대한 평가		• 학습을 위한 평가 • 학습으로서의 평가
학기 말/학년 말에 시행되는 평가 (등급, 성적표 제공을 위한 평가)	➡	교수·학습 중 지속적으로 시행되는 평가 (학습에 도움을 주기 위한 평가)
총합적 평가	➡	진단적·형성적 평가
결과중심평가	➡	결과 및 과정중심평가
교사평가	➡	교사평가 + 자기평가 + 동료평가

2022 개정 교육과정에서의 평가

가. 평가는 학생 개개인의 **교육목표 도달 정도**를 확인하고, 학습의 **부족한 부분**을 보충하며, **교수·학습의 질을 개선**하는 데 주안점을 둔다.

  1) 학교는 학생에게 평가결과에 대한 적절한 정보를 제공하고 추수 지도를 실시하여 학생이 **자신의 학습을 지속적으로 성찰**하고 **개선**할 수 있도록 한다.

  2) 학교와 교사는 학생 평가결과를 활용하여 **수업의 질을 지속적으로 개선**한다.

나. 학교와 교사는 **성취기준에 근거**하여 **교수·학습과 평가활동**이 **일관성** 있게 이루어지도록 한다.

  1) 학습의 결과만이 아니라 결과에 이르기까지의 **학습과정을 확인**하고 **환류**하여, 학습자의 성공적인 학습과 사고능력 함양을 지원한다.

  2) 학교는 학생의 **인지적·정의적 측면에 대한 평가가 균형** 있게 이루어질 수 있도록 하며, 학생이 자신의 학습 과정과 결과를 **스스로 평가**할 수 있는 기회를 제공한다.

  3) 학교는 교과목별 성취기준과 평가기준에 따라 성취수준을 설정하여 교수·학습 및 평가계획에 반영한다.

  4) 학생에게 배울 기회를 주지 않은 내용과 기능은 평가하지 않는다.

다. 학교는 **교과목의 성격**과 **학습자 특성을 고려**하여 적합한 평가방법을 활용한다.

  1) **수행평가**를 내실화하고 **서술형과 논술형 평가**의 비중을 확대한다.

  2) 정의적·기능적 측면이나 실험·실습이 중시되는 평가에서는 교과목의 성격을 고려하여 타당하고 합리적인 기준과 척도를 마련하여 평가를 실시한다.

  3) 학교의 여건과 교육활동의 특성을 고려하여 다양한 **지능정보기술을 활용**함으로써 **학생 맞춤형 평가**를 활성화한다.

  4) 개별 학생의 발달 수준 및 특성을 고려하여 평가계획을 조정할 수 있으며, 특수학급 및 일반학급에 재학하고 있는 특수교육대상학생을 위해 필요한 경우 평가방법을 조정할 수 있다.

  5) 창의적 체험활동은 내용과 특성을 고려하여 평가의 주안점을 학교에서 결정하여 평가한다.

3 **교육평가 관련 주요개념** ※ 2024년 교육부 학생평가 중앙지원단 역량 강화 워크숍 자료

○ **(성취기준)** 학생들이 교과를 통하여 배워야 할 **내용**과 이를 통해 수업 후 할 수 있거나, 할 수 있기를 기대하는 **능력**을 결합하여 나타낸 **활동의 기준**

　－ 교사가 무엇을 가르치고 평가해야 하는지, 학생이 무엇을 학습하고 성취해야 하는지에 관한 실질적 지침으로 기능

○ **(평가기준)** 학생이 **성취기준에 도달한 정도***를 **단계로 구분**하고, 각 단계별 학생의 행동 특성과 행동 가능성을 **구체적으로 기술**

　　＊ 중학교에서는 기본 3단계(상/중/하)로 구분하나, 교과 및 성취기준의 특성에 따라 변동 가능

○ **(평가준거 성취기준)** 학교 내 구체적 평가상황을 고려하여 **교육과정의 성취기준을 구체적으로 재구성한** 기준

○ **(평가요소)** 학생들이 보여주기를 기대하는 핵심내용을 구체적으로 기술한 **평가내용**

○ **(성취수준)** 교수 · 학습 종료시점에 학생의 지식 · 기능 · 태도 등이 **도달한 정도**

📙 **성취기준, 평가기준, 평가요소 예시(국어과)**

성취기준	평가기준		
[9국04-03] 단어를 정확하게 발음하고 표기한다.	상	단어의 발음원리와 표기원리를 이해하고 이에 따라 단어를 정확하게 발음하고 표기할 수 있다.	
	중	단어를 정확하게 발음하고 표기할 수 있다.	
	하	자주 사용하는 단어를 정확하게 발음하고 표기할 수 있다.	
	평가요소		평가방법
	• 올바른 발음과 표기의 필요성 이해하기 • 올바른 발음과 표기의 원리 이해하기		• 선택형 • 서 · 논술형

2 교육평가의 운영

1 평가의 기본적 설계 및 운영

○ **(개념)** 평가의 목적, 방법, 대상, 내용 및 활용에 대한 **계획 수립**

※ **(수행과제 개발의 단서로서 GRASPS)** 수행목표(Goal), 수행자의 역할(Role), 수행과제 실시 대상(Audience), 수행상황(Situation), 결과물 제작(Performance), 수행과제 기준(Standard)

○ **(필요성)** 체계적인 평가를 통한 평가의 **타당도 및 신뢰도 확보**

○ **(단계)** 평가의 준비, 실행, 평가 측면에서의 실행전략

- **(준비)** ① 평가의 **목적** 및 평가하고자 하는 **역량** 결정
  ② 평가방법 및 평가**기준** 설정
  ③ 평가 **대상자의 수준** 파악
  ④ 문항 **제작 및 검증**(파일럿 테스트)

- **(실행)** ① 평가과정에서 발생하는 **잠재적·부수적 효과** 확인
  ② **평가의 목적**에 부합하는지 상시 확인

- **(활용)** ① **평가결과 취합 및 명세화**
  ② **목적에 맞게 평가결과 활용**(서열화, 목표 달성 정도 확인, 교수의 질 개선)
  ③ **평가에 대한 평가**를 통하여 피드백 및 추후 평가를 위한 개선

평가의 설계·운영 원칙(2022 개정 총론)

- **(일관성의 원칙)** 성취기준에 근거하여 학교에서 중요하게 지도한 **내용과 기능을 평가**하고, 학생에게 배울 기회를 주지 않은 내용과 기능은 평가 제한
- **(과정중심의 원칙)** 학습의 결과뿐만 아니라 **학습의 과정**을 평가하여 모든 학습자의 **성공적인 학습과 사고능력 함양**을 지원
- **(균형의 원칙)** 학교는 학생의 **인지적 능력과 정의적 능력**에 대한 **균형** 있는 평가 실시
- **(다양성의 원칙)** 교과목의 성격과 학습자 특성을 고려하여 수행평가, 서·논술형 평가 등 적합한 평가방법 활용

---

2 평가의 오류와 방지 _{기출} 2008

○ **(평가의 오류)** 평가를 **진행**하면서 또는 **평가결과를 해석**하면서 발생할 수 있는 평가자의 오류

- **(인상의 오류: 후광효과) 피평가자의 전반적 인상·품성·배경**에 대한 **선입견**이 평가에 영향을 미치는 오류(Halo Effect)

  ※ **(예시)** A는 반장이니까 이번 과제 역시 잘 수행했을 거야.

  ※ **(참고: Horn 효과)** 피평가자의 어느 요소가 부족하다는 인상을 갖게 되면 다른 요소도 부족하다고 평가하는 것 (선입견으로 인한 과소평가)

  ① 피평가자의 이름·수험번호 등을 가리고 평가**(블라인드 평가)**
  ② **집단평정법** 활용

- **(집중 경향의 오류)** 실제 성취와는 다르게 평균적인 점수로 집중되는 오류

  ※ **(예시)** 5점 척도에서 대부분이 보통(3점)으로 집중

  ① **강제배분법** 활용
  ② 평가 특성을 이해하기 위한 **평가자 훈련**

- **(논리적 오류)** 두 평정요소 간에 **논리적 상관관계**가 있다고 판단하여 **한 요소에 대한 평가가 다른 요소에 대한 평가에 영향**을 미치는 것

  ※ **(예시)** 기억력이 좋은 A는 문제해결력을 측정하는 이번 시험도 잘 보았을 거야.

  ① 평정요소에 대한 정확한 이해를 돕기 위한 **평가자 훈련**
  ② 유사 평정요소에 대하여 **시간차를 두고 평가**

- **(근접의 오류)** 평가자가 기억하기 쉬운 **최근의 성취만을 평가**

  ※ **(예시)** 학생부 기록 시 최근의 일만 기록

  ① **형성평가를** 적절히 시행
  ② 학생의 특성에 대하여 **수시로 기록**

02 교육평가의 유형

ⅠＸ 기본적인 분류

1 양적 평가

- ○ (개념) 평가대상을 **수량화**하는 평가

- ○ (방법) 학업성취도 검사, 질문지법에 의한 **자료 수치화**

- ○ (특징) ① 경험적·실증적 탐구를 통한 **객관성** 강조
　　　　② **결과중심평가**

- ○ (장점) ① **과학적·체계적 평가를 통하여 신뢰도 확보 용이**
　　　　② 결과를 통하여 피평가자의 **목표달성도와 상대적 위치를 가시적으로 파악 가능**

- ○ (단점) ① **신뢰도를 확보하기 용이한 영역중심으로 평가하여 평가대상에 대한 심층적 이해 곤란**
　　　　② **과정**에 대한 **평가 부족**

2 질적 평가

- ○ (개념) 평가대상을 **이해·분석·판단**하는 평가

- ○ (방법) **참여관찰, 상담(심층면접)**을 통한 심층적 평가

- ○ (특징) ① 현상적·해석 탐구를 통한 **평가자의 주관성** 강조
　　　　② **과정중심평가**

- ○ (장점) ① **평가목적에 맞게 평가대상에 대한 심층적 이해 가능**
　　　　② **평가대상이 변화하는 과정 확인 가능**

- ○ (단점) ① 평가의 주관성 개입에 따른 **객관성·신뢰성** 저하
　　　　② 양적 평가에 비해 **평가기간이 길어 비효율적**

🔖 양적 평가와 질적 평가의 비교

	양적 평가	질적 평가
이론적 기반	경험주의, 실증주의	현상학, 해석주의
강조점	자료의 수량화	개인차에 대한 심층적 이해
목적	수량화를 통한 일반화, 법칙 발견	개별적 특성 이해
방법	검사, 설문조사, 델파이조사 등을 통한 통계 분석	문헌 분석, 관찰, 방문, 면담, 사례연구 등을 통한 내용 분석
양호도	신뢰도, 객관도 강조	타당도 강조

04

2 교수학습 진행과정에 따른 분류

1 진단평가 기출 2002, 2022

○ **(개념)** 학습이 **시작되기 전에 학생이 소유하고 있는 특성**을 체계적으로 관찰·측정하는 평가

○ **(목적)** ① 학습자의 특성을 고려하여 **적절한 수업전략 투입**
② 학습자의 수준을 고려한 **배치·분류**

○ **(영역)** ① **인지적** 특성(선수학습 수준, 학습결손 정도, 지능 등)
② **정의적** 특성(학습자의 적성, 흥미, 동기 등)

○ **(방법)** 학습자의 변별 측면에서 규준참조평가도 가능하나, 기본적으로 **수업 전 학습수준**을 **진단**하는 것이므로 **준거참조평가 실시**

※ **(형식평가)** 배치고사 등의 지필평가 **(비형식평가)** 전년도 성적 분석, 학생부 확인

○ **(유의점)** ① 학생이 과도한 부담을 느끼지 않도록 **평가의 목적을 분명히** 설명
② 기대가 학업성취 격차로 이어지지 않도록 **과도한 기대나 편견을 갖는 것 유의**
③ 위화감을 조성하지 않도록 진단평가 결과는 **최소한으로 공개하거나 미공개**
④ 종합적 진단을 위하여 지필평가, 관찰, 면담 등 **다양한 평가방법 활용**

┌─ 인지 진단평가(Cognitive Diagnostic Assessment)

- **(개념)** 인지 요소(지식·기능)를 세분화하고 요소별 학생의 강점과 약점을 진단하는 평가
- **(목적)** 학업적 강·약점에 대한 정보를 통하여 학습자에게 실질적인 도움이 되는 교육적 피드백 가능
- **(특징)** ① 인지적 능력을 **세분화(위계화)**
  ② 인지**과정**에서 보여주는 **오개념 파악**에 초점
  ③ 검증화된 **객관적 평가도구** 사용

---

2 형성평가 기출 2007, 2014, 2016, 2023

○ **(개념)** 교수학습이 **진행되는** 도중에 학생에게 **피드백**을 주고 **교육과정 및 수업방법을 개선하기** 위한 평가

○ **(목적)** ① 학습의 **개별화** 추구

　　　② **피드백**

　　　③ **학습 곤란 확인**

　　　④ **학습동기 유발 및 능력 향상**

　　　⑤ 교사 입장에서 **교수 · 학습내용 · 방법 점검**

○ **(영역)** **주로 인지적 영역**(현재 수업에 대한 이해 정도)

　　※ 질의를 통해서 수업에 대한 흥미와 동기를 파악 가능

○ **(방법)** ① **(공식)** 글쓰기, 구술발표, 그룹별 활동, 퀴즈

　　　② **(비공식)** 학습자의 표정, 눈맞춤, 신체언어, 음성신호 등 언어적 행위를 읽는 것

　　※ 점수를 내고 서열화하는 것이 아니라 학습자의 중간 점검 목적이므로 준거참조평가 실시

○ **(활용)** ① 질문을 통하여 호기심 · 탐구심 자극, 성공경험 생성 → 수업 참여 유도

　　　② 퀴즈 등을 통하여 스스로 부족한 부분 인식 → 학습으로서 평가, 학습을 위한 평가

○ **(유의점)** **과도하게 실시하는 경우 수업이 평가에 종속되고 학습자의 평가 피로감(평가 불안)**이 발생할 수 있으므로 적정한 수준에서 형성평가 계획 및 운영 필요

피드백(Feedback)

- **(개념)** 학습자의 학습수행 결과에 대하여 교사 · 동료 등이 제공해주는 결과해석, 조언, 수정지시
- **(효과)** ① 학습자가 잘못 알고 있는 오개념의 즉각적 수정
　　　② 추후 학습자별 맞춤형 학습방향 및 전략 수립에 도움
　　　③ 무엇을 잘 알고 모르는지를 확인하면서 내재적 동기 유발 가능
　　　④ 칭찬과 벌이 함께 제공되는 경우 외재적 동기 유발 가능
- **(유형)** ① 수행 피드백: 과제의 정확성에 대한 피드백(맞았어요.)
　　　② 동기 피드백: 학생의 향상과 능력에 대한 정보 제공(예전보다 나아졌어요.)
　　　③ 귀인 피드백: 수행결과와 원인을 연계(모둠원끼리 서로 협력한 결과 좋은 결과가 나왔어요.)
　　　④ 전략 피드백: 수행결과와 전략을 연계(시기별 계획을 세우는 전략으로 좋은 결과가 나왔어요.)
- **(실행방안)** ① 오답 · 오개념을 즉시 인식하고 수정하기 위하여 즉각적 피드백이 효과적
　　　② 동기유발을 위하여 정답에 대해서는 강화물 제공(칭찬 등), 오답에 대해서는 채점기준 등을 참고하여 오답의 이유를 구체적으로 제시
　　　③ 학생의 학습전략을 수정할 수 있도록 학습자 수준에 맞는 정보 제공
　　　④ 피드백을 반영할 수 있는 후속과제 부여

3 총합평가

○ (개념) 교수·학습이 **완료된 시점**에 **교육목표의 달성 여부**를 종합적으로 판정하는 평가

○ (목적) ① 성취수준의 **도달 여부** 판정(자격증 부여)
② 학습자 및 학습집단의 **서열화 및 비교**
③ 교수·학습 **프로그램의 효과성** 판정(추후 시행 여부 결정)
④ 교수자와 학습자에게 **책무성 부여**

○ (방법) **준거참조평가**(절대평가)와 **규준참조평가**(상대평가) 혼용

○ (유의점) ① 평가의 **타당도** 및 **신뢰도** 확보
② 가르친 것 외에는 **평가 제한**
③ **다양한 평가방법**의 활용(지필, 수행, 과정중심 등)
④ **인지적 영역**과 **정의적 영역**의 **균형** 있는 평가

📌 진단·형성·총합평가의 비교[25]

	진단평가	형성평가	총합평가
시기	교수학습 시작 전	교수학습 진행 중	교수학습 완료 후
목적	적절한 교수 투입	• 진행의 적절성 • 교수법 개선	목표 달성 여부 확인
방법	• 비형식적 평가 • 형식적 평가	• 수시평가 • 비형식적·형식적 평가	형식적 평가
기준	준거 참조	준거 참조	규준·준거 참조
문항	준거에 부합하는 문항	준거에 부합하는 문항	• 규준: 다양한 난이도 • 준거: 준거에 부합하는 문항

---

[25] 성태제, 전게서, 2010, p.64

3 참조준거에 따른 분류 ^{기출} 2004

1 규준참조평가(상대평가) ※ Norm–Referenced Evaluation ^{기출} 2006, 2012

○ **(개념)** 개인이 얻은 점수를 **비교집단의 규준(Norm)**에 비추어 **상대적인 위치를 파악하는 평가**

- **(규준)** 원점수의 상대적 위치를 설명하기 위해 쓰이는 것으로서, 모집단을 대표하는 **표본에서 얻은 점수를 기초로 하여** 형성

  ※ **(예시)** 전국 단위 시험에서 1만 명의 모집단을 선정하여 평균 70점, 표준편차 10점이라는 결과(규준)를 바탕으로 개인 점수(80점)의 상대적 위치를 파악(표준 편차 1, 상위 15.87%)

- **(정상분포 지향)** **정상분포*를 가정(좌우대칭)**하므로 정상분포상에서 제시된 점수 해석

  * 평균값, 중앙값, 최빈값이 곡선상 가운데 위치

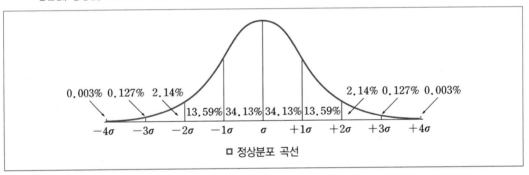

□ 정상분포 곡선

○ **(특징)** ① 목표 달성 여부(개인의 수행수준)가 아니라 집단에서 **학생의 '상대적 위치'에** 관심

  ② **경쟁적 평가**

○ **(장점)** ① 개인차 변별 및 **학생선발 용이**

  ② 경쟁을 통한 **학습동기** 유발(외적 동기)

○ **(단점)** ① **목표 달성 여부 확인 곤란**

  ② 과도한 경쟁으로 인한 **스트레스** 발생 및 **협동학습 곤란**

2 준거참조평가(절대평가) ※ Criterion–Referenced Evaluation ^{기출} 2004, 2006, 2015, 2018, 2025

○ **(개념)** 학습자 또는 개인이 **무엇을 얼마만큼 알고 있는지를** 준거(Criterion)에 비추어 재는 평가 (≒목표참조평가, 영역참조검사, 숙달검사)

- **(준거)** 교육목표를 설정할 때 도달하여야 하는 **최저 기준**

- **(부적편포 지향)** 오른쪽으로 치우친 부적편포*를 지향하여 누구나 목표를 달성하도록 기대

  * 평균값보다 중앙값, 최빈값이 우측에 존재

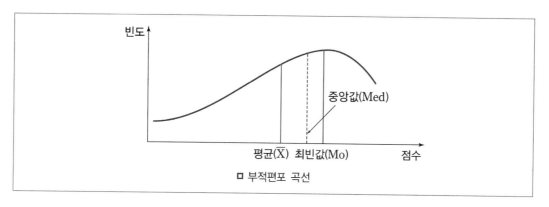

□ 부적편포 곡선

○ (특징) ① 특정 기준에 비추어 **무엇을 얼마만큼 알고 있는가**에 관심

② **비경쟁적 평가**

③ 평가의 **형성적 기능** 강조

○ (장점) ① 무엇을 알고 모르는가에 대한 **직접적인 정보** 제공

② **협동학습** 가능, 비경쟁성에 따라 **정신건강**에 도움

③ 제공된 정보를 통하여 **교육과정 및 교수학습 개선** 가능

○ (단점) ① **준거 설정의 어려움**

② **동기유발**이 상대적으로 **곤란**

③ 평이하게 문제를 출제하여 **적당한 수준에서 교육과정과 교수학습을 운영**할 가능성

💠 **규준참조평가와 준거참조평가의 비교**

구분	규준참조평가	준거참조평가
가정	선발적 교육관	발달적 교육관
목적	개인차 변별, 상대적 위치 파악	개인의 교육목표 도달 정도 확인
동기 유발	외재적 동기 유발	내재적 동기 유발
결과 활용	학생 선발	자격 부여, 교수학습 개선
양호도	신뢰도 강조	내용타당도 강조

──── **참고** 성취평가제 ────

- **(개념)** 학생점수의 상대적 서열에 따라 '누가 더 잘했는가'를 평가하는 것이 아니라 '**학생이 무엇을 어느 정도 성취하였는가**'를 평가하는 제도
- **(학기단위 성취수준)** 학생이 한 학기 동안 학습한 성취기준에 도달한 정도를 종합하여 나타내는 지표로 5개 수준(A-B-C-D-E), 3개 수준(A-B-C), 2개 수준(P-F)으로 구분
- **(성취수준 기술)** 학기단위 성취수준에서 각 수준에 해당하는 학생들에게 기대되는 전형적인 특성을 기술한 것 (A가 어떤 수준인지 구체적으로 기술)

참고 준거점수 설정방법 : 앵고프 방법(Angoff) **기출** 2025

- ■ **(개념)** 최소능력 보유 완전학습자들로 구성된 가상집단을 설정하고, 각 문항별 가상집단의 예상정답률의 합을 준거점수로 선정
  - **(필요성)** 고등학교는 학교마다 학교의 유형, 교육과정 특성, 학생수준이 다양하기 때문에 모든 학교, 모든 교과에 성취수준별 고정 분할점수(90점/80점/70점/60점)를 일괄 적용하는 것은 부적합
- ■ **(절차)** ① 학기단위 성취수준의 특성 확인
  - ② 성취수준별 최소 능력특성 합의 : 기준성취율(90%, 80%~)에 도달한 **최소 능력자((Minimum Competency Person; MCP)**의 행동특성, 수행능력 개념화
  - ③ 문항 검토(문항별 성취기준, 평가기준, 내용, 난이도, 배점) 및 범주화
  - ④ **문항범주별 MCP의 예상 정답률을 교사가 주관적으로 추정**
  - ⑤ 각 문항의 정답률을 합산하여 총점으로 환산(해당 평가의 분할점수 설정)
  - ⑥ 전문가들이 여러 명인 경우 분할점수를 평균내어 해당 평가의 분할점수 확정
- ■ **(장점)** ① 적용이 간단하여 **효율적**
  - ② 선다형, 주관식, 논술형 등 **다양한 유형의 문항에도 적용 가능**
- ■ **(단점)** 평가자의 주관에 의존하므로 **객관성이 떨어짐**

---

3 **능력참조평가** ※ Ability-Referenced Evaluation **기출** 2018, 2024

○ **(개념)** 학생이 가진 **능력에 비추어 얼마나 최선을 다하였느냐**에 초점을 두는 평가

○ **(특징)** ① **개인별 수준**(능력, 노력)을 기준으로 평가
         ② **노력**에 의한 결과 평가에 초점

○ **(장점)** ① 개별화 평가를 통한 **학습자 개별 맞춤형교육의 실현**
         ② 노력을 중시하여 **자기주도적 학습동기 유발**

   ※ (예시) 100점의 능력을 갖춘 A학생이 90점, 70점의 능력을 갖춘 B학생이 80점을 받았을 때 B를 높게 평가할 경우 A에게는 경각심을 주어 학습동기 유발, B에게는 노력에 대한 보상을 주어 학습동기 유발

○ **(단점)** ① 학생의 능력과 노력에 대한 판단에 **평가자의 주관 개입**
         ② **노력 외 목표 달성**에는 상대적으로 소홀

4 **성장참조평가** ※ Growth-Referenced Evaluation **기출** 2018

○ **(개념)** 교육을 통해 학습자가 **초기 능력수준에 비하여 얼마만큼의 능력 향상**을 보였는지 평가

   ※ (조건 : Oosterhof) 사전 측정치 및 현재 측정지의 신뢰성 확보, 사전 측정치와 현재 측정치 간 낮은 상관도

○ **(특징)** ① 학업 성취 여부가 아닌 **학생의 성장 정도**에 초점
         ② **개인별 수준**을 기준으로 평가

○ **(장점)** ① **지속적 성장** 도모 및 **성장에 대한 자기효능감 형성**

② 개별 성장을 고려한 **학업 증진의 기회 부여**

○ **(단점)** ① **목표 달성 여부 확인**에 한계(완전학습과 상충)

② **다른 요인에 의해 성장**할 가능성 배제 곤란

4 평가영역에 따른 유형

1 인지적 영역에 대한 평가

○ **(개념)** 지식의 습득, 이해, 적용, 분석, 종합, 평가 등 학습자의 **인지적 영역**에 관하여 평가하는 방식

○ **(목적)** **지식의 습득 및 활용 여부** 파악

○ **(방법)** 지필평가, 구술평가 등

2 정의적 영역에 대한 평가 `기출` 2019

○ **(개념)** 학습자의 자아개념, 학습태도, 학습동기, 적성, 불안, 자기효능감 등 **정의적 특성을 평가함으로써 학생을 심층적으로 이해**하고자 하는 평가

※ **(심동적 영역 평가)** 예체능·직업 교과에서 운동기능 및 조작과 관련한 평가로, 실기평가·관찰법·수행평가 등

○ **(목적)** ① 전인교육의 관점에서 **개인의 성장을 돕기 위한** 이해 증진

② **교수학습의 개선을 위한 정보로** 활용

③ 학업성취에 **영향을 미치는 다양한 요인** 고려

○ **(방법)** ① 질문법, ② 평정법(Likert 척도), ③ 관찰법, ④ 체크리스트법, ⑤ 의미분석법(개념의 의미를 양극의 뜻을 갖는 형용사로 제시), ⑥ 투사법(그림검사 등), ⑦ 사회성 측정법 (학습자가 동료들에게 어떻게 수용되고 있는지 스스로 평가)

○ **(고려사항)** ① 특성과 관련한 **잠재적 특성** 고려

② 반응의 경향성으로서 **중립화와 허위반응** 고려

③ 바람직한 행동은 발전시키고 **잘못된 행동은 수정**한다는 전제

④ 행동특성이 발현되는 **환경적 조건** 고려

5 기타 평가유형

1 학생이 주체가 되는 평가 기출 2021

○ **(등장배경)** 미래사회의 핵심역량으로서 자기주도성이 강조되는 현실에서, **평가를 통하여 자기주도성 함양**이 가능하다는 인식하에 등장

  ※ **(2022 개정 핵심역량)** 자아정체성과 자신감을 가지고 자신의 삶과 진로를 스스로 설계하며, 이에 필요한 기초능력과 자질을 갖추어 자기주도적으로 살아갈 수 있는 <u>자기관리역량</u>

  ※ **(2022 개정)** 학교는 학생의 인지적·정의적 측면에 대한 평가가 균형 있게 이루어질 수 있도록 하며, <u>학생이 자신의 학습 과정과 결과를 스스로 평가할 수 있는 기회를 제공한다.</u>

○ **(개념)** 교사 관찰 등 교사중심의 평가에서 벗어나 학습자 <u>스스로</u> **학습자 자신 또는 동료학습자의 학습 정도를 평가**하는 방식

○ **(방법)** ① **자기평가**: 학습 후 자기평가 보고서 작성, 체크리스트 작성
            ② **동료평가**: 집단 내 평가, 집단 간 평가

○ **(특징)** ① 학습자 **스스로 목표 설정 및 평가 실시**
            ② 학습자마다 **다른 평가기준과 결과**(비경쟁성)

○ **(장점)** ① 개별 학습자 **맞춤형 학습 가능**
              ① - ⓐ **자기주도성 향상 및 학습에 대한 내재적 동기 유발**
            ② 평가에 따른 서열화 등 **평가부담 완화**

○ **(단점)** ① 주관이 개입되어 평가의 **타당도, 신뢰도 등이 저하**될 우려
            ② 학습자에 따라 **평가의 질적 차이** 발생 우려

○ **(교사의 역할)** ① 평가의 신뢰도 제고를 위하여 **학습자의 참여를 통한 루브릭** 설정
                   ② 평가 전 **우수 사례, 샘플, 안내자료**를 제시하여 평가에 대한 학습자의 이해도 제고
                   ③ 평가 중 **지속적 피드백**(관찰, 질의응답)을 통하여 평가의 방향 유지

2 역동적 평가   ※ Dynamic Assessment   기출 2018

○ **(등장배경)** **전통적 평가**는 고정적 평가로서 **결과만 중시하고 개인에 대한 피드백이 부족**하다는 비판하에 등장

○ **(개념)** 평가자와 피험자 간의 **역동적 상호작용**을 통하여 피험자의 **'발달잠재력'을 확인**하기 위한 평가

  ※ Vygotsky의 인지발달이론에 근거

- 역동적 상호작용을 통해 평가자는 피험자의 **실제 능력을 발휘하는 데 장애가 되는 요인**을 제거
 (ZPD, 비계 설정)

 ※ (예시) 연산능력 과제 1 ~ 5번까지 문제를 수행하다가 3번 문제에서 막힌 학생을 위해 교사가 힌트를 주어 무리 없이
  5번까지 과제를 수행한 경우, 전통적 평가에서는 2번까지만 정답(40점), 역동적 평가에서는 5번까지 정답(100점) 처리

📌 **고정적 평가와 역동적 평가의 비교**

구분	고정적 평가	역동적 평가
평가목적	교육목표 달성도 확인	학습 향상
평가내용	학습결과 평가	결과 + 과정
평가방법	일회적 · 단편적 평가	지속적 · 종합적 평가
평가시기	주로 학습 완료 시점	학습의 전 과정
결과활용	선발 · 분류	피드백
교수학습활동	교수학습과 평가 분리	교수학습과 평가 연계

○ **(유형)** 교수활동과 연계하여 평가 실시

📌 **역동적 평가의 주된 형태**

구분	주요 내용
샌드위치형	• 사전 · 사후검사 사이에 교사가 중재(교수)를 하는 형태 • 개별평가/집단평가
케이크형	• 학습자가 각 문항을 어떻게 해결하는가에 따라 중재하는 형태 • 개별평가

┌─ **역동적 평가의 접근방법** ─────────────────────

■ **(표준화 접근)** 검사 – 표준화 훈련 – 재검사를 거치며, 이때 아동과 검사자 간의 상호작용은 표준화 · 구조화
 – 아동이 특정 과제를 성공하는 데 요구하는 도움의 양을 기록(양적 접근)
 – 훈련을 통한 성취수준의 향상 도모
■ **(임상적 접근)** 검사 – 중재 – 검사를 거치지만, 아동과 검사자 간 상호작용이 비표준화되고 예측 불허
 – 개별 아동과 평가상황의 역동성에 근거하여 도움의 질이 다름(질적 접근)
 – 중재를 통하여 인지구조의 변화 도모

○ **(특징)** ① 교사 · 학생 간 지속적 **상호작용**에 관심
   ② 인지 · 정의 · 가능성 등 **다양한 요소 평가**

○ **(장점)** ① 상호작용을 통하여 **평가의 교육적 효과** 극대화(ZPD 학습)
   ② 학생의 지속적인 성장, **잠재 가능성 계발**에 도움

○ **(단점)** ① **교사의 역량**에 따라 평가수준의 **질적 차이** 발생

② 평가설계 자체가 곤란하고 오랜 시간이 소요되어 현실상황에서 구체적 적용 곤란

② - ⓐ 구인타당도 확보 곤란

○ **(교사의 역할)** ① 진단평가를 통하여 **학습자 수준 파악**

② 학습자 수준별 평가과정 설계(문항 난이도 조정)

③ 평가과정에서 **지속적으로 학습자 관찰 및 피드백**

④ 평가의 과정과 결과를 **종합하여 총괄평가**

3 **메타평가**

○ **(개념)** 평가의 질적 수준 향상을 위하여 실시하는, **평가에 대한 평가**

○ **(필요성)** ① 평가**방법의 개선**

② 평가 시 **고려할 사항(윤리적 문제, 평가의 부정적 효과 등) 확인**

– **(평가기준)** 유용성, 실천 가능성, 정당성, 정확성

📌 **메타평가의 단계**

진단적 메타평가	형성적 메타평가	총괄적 메타평가
평가계획에 대한 평가	평가를 계획·수행·해석·보고하는 **평가자에 대한 피드백**[*]	**평가의 가치**(효용성, 실행 가능성, 윤리성, 적합성) 판단 및 정보 제공

[*] 평가를 수행할 것인지 여부, 평가문제에 대한 규정, 평가고객에 대한 명료화, 평가목적에 대한 명시화, 평가를 위한 계약, 예산, 연구진, 자료수집과 분석의 절차 등에 대한 의사결정에 도움을 주는 안내지침

4 (참고) 원격수업 학생평가 및 학생부 기재 원칙

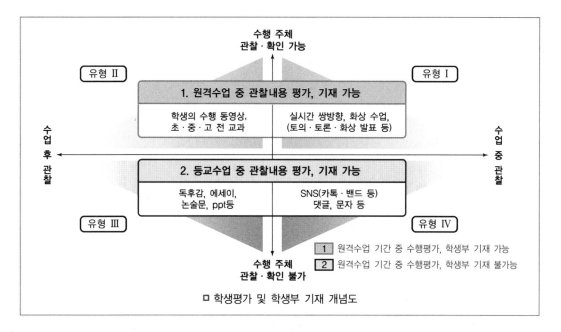

□ 학생평가 및 학생부 기재 개념도

○ 원격수업에서 학생의 수행과정 및 결과를 **직접 관찰·확인하여 평가하고 학생부에 기재 가능**

　– **실시간 쌍방향 화상수업**을 통한 토의·토론·화상발표 등(유형Ⅰ), **학생이 제출한 수행 동영상**(유형Ⅱ)으로 평가·기재 가능

○ 원격수업에서 학생의 수행과정 및 결과를 **직접 관찰·확인하지 못할 경우 등교수업에서 평가하고 학생부에 기재 가능**

　– 원격수업에서의 학생활동을 등교수업과 연계하여 교사가 직접 관찰·확인한 내용을 평가·기재 가능(유형Ⅲ·Ⅳ)

　　※ 원격수업에서 교사가 직접 관찰·확인하지 못한 학생활동은 평가·기재할 수 없음

┌─ 학생평가 및 학생부 기재 예시

- 실시간 쌍방향 화상수업 시 실시한 토의·토론에서 교사가 직접 관찰한 사항을 바탕으로 평가하거나 학생부에 기재
- 학생이 수행·제출한 생활체조 영상을 교사가 직접 관찰·확인하여 자세 및 순서·정확성 등을 평가하거나 학생부에 기재
- 등교수업에서 '비평의 기법'에 대해 지도하고, 원격수업 중 작성한 독후감을 수정·작성 및 발표하게 하여 교사가 관찰·확인한 이해도·태도 등을 평가하거나 학생부에 기재
- 원격수업 시 댓글을 활용하여 창작한 모둠별 단편극을 바탕으로 등교수업에서 실시한 모둠별 단편소설 창작활동에서 교사가 관찰한 창의성, 협동성 등을 평가하거나 학생부에 기재

03 평가방법의 선정과 활용

Ⅰ 문항 제작

1 문항 제작의 기본적 이해

○ **(개념)** 학습자를 평가할 **문항을 작성**하는 것

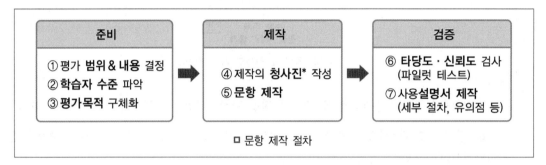

준비	제작	검증
① 평가 **범위 & 내용** 결정 ② **학습자 수준** 파악 ③ **평가목적** 구체화	④ 제작의 **청사진*** 작성 ⑤ **문항 제작**	⑥ **타당도 · 신뢰도** 검사 (파일럿 테스트) ⑦ **사용설명서** 제작 (세부 절차, 유의점 등)

□ 문항 제작 절차

* 이원목적 분류표, 검사 소요시간, 문항 수, 문항 유형, 문항 난이도 수준, 채점방법 등

○ **(원칙)** ① 타당성 : 문항 **내용**과 평가 **목적**의 **일치성**

② 적절성 : **학습자 수준**에 맞는 난이도, 동기 유발

③ 다양성 : 목적 · 수준을 고려하여 **참신하고 다양하게** 제작

④ 명확성 : 다양한 해석의 여지가 없는 **구체적 서술**

⑤ 윤리성 : **비윤리적 · 비도덕적 문제 배제**, 특정 집단에 유 · 불리하지 않은 서술

○ **(고려사항)** ① 교육과정상 **교육목표와 교육내용**에 대한 **정확한 이해**

② 피평가자의 **독해력과 어휘력** 수준 고려

③ **문항 유형**에 따른 **특징, 장단점, 복잡성** 고려

④ 관점에 따라 **다르게 읽힐 수 있는지** 고려(문항 교차점검)

⑤ 피평가자에 미칠 수 있는 **부정적 효과** 고려

※ **(좋은 문항 제작에 장애가 되는 요인)** 필요 이상으로 어려운 단어, 복잡한 문장구조, 모호한 문장, 두서 없는 문장, **불분명한 그림**, 혼란스러운 지시문, 인종과 성별의 편파성(Gronlund, 1988.)

○ **(이원목적분류표)** 어떤 내용을 어느 정신능력 수준까지 측정할 것인가를 나타낸 표, 내용소와 행동소로 구분

- **(내용소)** 측정하고자 하는 내용으로서 각 문항의 내용

- **(행동소)** 측정하려는 인지능력 수준, Bloom의 교육목표 분류학 중 인지적 영역(지식·이해·적용·분석·종합·평가)에 근거

▌ 이원목적분류표 예시: 중1 영어[26]

내용소 ＼ 행동소	지식	이해	적용	분석	종합	평가	문항 수
강세 위치	1						1
발음과 절차	1						1
억양			1				1
Be동사 의문문		1			1		2
who 의문사					1		1
What 의문사, 용법					1		1
선택 의문문				1	1		2
문항 수	2	1	1	1	4		9

○ **(문항정보표)** 제작된 문항의 내용 및 특성 등을 기록한 용지(=문항카드)

※ 교과목, 교과 단원, 교과 내용, 측정 내용, 측정 기능, 예상 난이도 등 포함

▌ 문항정보표 예시

교과목			
교과 단원			
단원 내용			
측정 내용		지적 기능	
제작자		제작 일시	
문제 및 답지			
예상 난이도			

---

[26] 성태제 외, 전게서, 2009, p.152

2 선택형 문항 제작 ⓐ 기출 2003, 2006

◆ 주어진 답지 중에서 정답을 선택하는 문항

○ **(진위형)** 제시된 진술문이 맞는지 틀린지 피험자가 응답하는 형태

※ (예시) 1인치는 2.54mm이다.(o, x) 조선을 세운 사람은 이방원이다.(o, x)

- **(장점)** ① **문항 제작 용이**
  ② 채점의 **객관성** 확보
  ③ 정해진 시간 내 **많은 교과내용** 측정 가능

- **(단점)** ① 추측에 의한 정답 가능
  ② **고등정신능력 측정** 곤란
  ③ **학습동기** 감소(운에 의지)

┌─ 진위형 문항의 제작원리 ──────────────────────────────────┐
│
│ ■ 진술문에 중요한 내용 포함
│ ■ 일반화되지 않은 주장이나 이론의 옳고 그름은 묻지 않음
│ ■ 하나의 질문에 하나의 내용만 포함
│ ■ 가능한 간단명료하게 단문으로 질문
│ ■ 교과서에 있는 문장을 그대로 내지 않음
│ ■ 답의 단서가 되는 부사어('절대', '항상', '전혀', '오직' 등)를 사용하지 않음
│ ■ O, X의 비율을 비슷하게 하고 무선적이게 함(OXOXOX → OXXOOX)
│
└──┘

○ **(선다형)** **두 개 이상의 답지 중 맞는 답지나 혹은 가장 알맞은 답지**를 선택하는 문항

※ **(정답형)** 옳은 답 선택 **(최선답형)** 가장 알맞은 답 선택

- **(장점)** ① 모든 문항유형 중 **학습영역의 많은 내용 측정** 가능
  ② 넓은 내용을 다룰 수 있어 **내용타당도** 증진
  ③ 채점의 **객관성**

- **(단점)** ① 창의성·분석력·문제해결능력 등 **복잡한 인지구조의 발달 제한**
  ② 매력적인 오답 제작 시 **많은 시간 소요**
  ③ **추측에 의한 정답** 가능

───────────────────

ⓐ 성태제 외, 전게서, 2009, pp.164 ~ 197

선다형 문항의 제작원리

- 문항에는 중요한 학습내용을 하나씩 포함
- 그럴듯하고 매력적인 오답 포함
- 답지들의 형태(길이 등)는 유사하게 제작
- 답지만으로 옳은 답을 선택하거나 틀린 답을 제거하는 단서를 제공하지 말 것
- 답지 간의 순서는 연도순, 가나다순, ABC순 등 일관적 규칙으로 진술
- 정답의 번호가 일정 번호에 치우치거나 일정 형태로 되지 않도록 하기

○ **(연결형)** 일련의 문제군과 답지군을 배열하여 **문제군의 질문에 대한 정답을 답지군에서 찾아 연결**하는 형태(≒배합형)

※ (예시) 문제군(한국 문학작품), 답지군(작자명)

- (장점) ① **채점하기가 용이**
         ② 유사한 사실을 **비교 · 구분 · 판단하는 능력** 측정

- (단점) ① 문항 제작에 **오랜 시간** 소요
         ② 단순한 사실 질문 시 **고등정신능력 측정 곤란**(암기 위주)

연결형 문항의 제작원리

- 문제군과 답지군에 각각 동질성 유지
- 답지군의 답지 수는 문제군의 문제 수보다 많아야 함
- 문제군과 답지군의 순서는 각각 문자순, 연대순

○ **(배열형)** **주어진 문장들을 배열하여 문단을 구성하거나 논리적 순서에 의해 배열하는 형태**

※ (예시) 다음을 읽고 실험 순서대로 나열하시오.

- (장점) ① 추측에 의한 정답 방지
         ② 다양한 정신능력 측정 가능

- (단점) **문항 제작 곤란**

3 서답형 문항 제작 기출 2001, 2008

◆ 질문을 보고 답을 피험자가 직접 써 내는 문항

○ **(논술형)** 주어진 질문에 **제한 없이 여러 개의 문장**으로 **응답**하는 문항

※ **(제한형 논술문항)** 논술의 범위를 축소하거나 글자 수를 제한하는 문항

※ **(확장형 논술문항)** 시간, 글자 수에 제한 없는 문항

- **(장점)** ① **다양한 정신능력** 측정 가능

② 선다형·단답형에 비하여 **문항 제작 용이**

③ **추측에 의한 정답 방지**

- **(단점)** ① 많은 문제 출제가 곤란하여 **넓은 범위의 교과영역 측정 곤란**

② **문장력**이 채점에 작용

③ **채점의 일관성·객관성** 저하[*]

[*] **(후광효과 : halo effect)** 피험자의 인상, 느낌에 따라 채점
(문항 간 시행효과 : carry over effect) 앞 문항의 응답결과가 다음 문항 채점에 영향

논술형 문항의 제작원리

- 복잡한 학습내용의 인지 여부는 물론, 분석·종합 등의 고등정신능력 측정
- 지시문은 "비교·분석하라," "이유를 설명하라," "견해를 논하라." 등으로 함
- 논쟁을 다루는 문항에서는 한쪽 편을 드는 지시를 하지 않음
- 제한형 논술은 응답의 길이를 제한하는 것이 바람직
- 여러 논술형 문항 중 하나를 선택하는 것 지양
- 채점기준 마련

- **(유의점)** ① **채점기준(루브릭)**에 의한 채점

② **블라인드 평가**(후광효과 제거)

③ 답안지별 채점에서 **문항별 채점**(문항 간의 시행효과 제거)

④ **2명 이상의 채점자**

※ **(분석적 채점방법)** 응답 내용을 개별 요소로 구분하여 점수 부여

※ **(총괄적 채점방법)** 전반적으로 읽은 후 느낌에 의하여 점수 부여

○ **(단답형)** 간단한 단어·구·절 혹은 수나 기호로 **응답**하는 문항형태로, 용어의 정의나 의미·계산문제를 풀 때 사용

  – **(장점)** ① **문항 제작** 용이

        ② **넓은 범위의 다양한 내용** 측정 가능

        ③ **추측에 의한 정답 배제**

        ④ 논술형보다 채점의 **객관성** 확보

  – **(단점)** ① 단순 지식, 개념, 사실의 **기억 여부만 측정**

        ② **오타인 경우** 정답의 인정 여부

        ③ 의도치 않은 **여러 개의 정답** 발생 가능[*]

    [*] "다음 제시문 속에서 대화가 일어나는 장소는?"이라는 질문에 채점자는 Hotel을 의도했으나, Motel·Inn·Condominium 등 다양한 숙박업소가 제시될 가능성 존재

┌─ **단답형 문항의 제작원리**

  ■ 가능한 간단한 형태의 응답

  ■ 채점하기 전에 정답이 될 수 있는 답 준비

  ■ 정답이 수로 표기될 때 단위 표기

○ **(괄호형·완성형)** 질문을 위한 **문장에 여백**을 두어 응답을 유도하는 문항

※ (예시) 곤충을 3부분으로 나누면 머리, 가슴, (   )이다.

  – **(장점)** ① **문항 제작** 용이

        ② **넓은 범위의 내용** 측정 가능

        ③ **추측에 의한 정답 배제**

        ④ 채점의 객관성 확보

  – **(단점)** ① 단순 지식, 개념, 사실의 **기억 여부만 측정**

        ② 의도치 않은 여러 개의 정답 발생 가능

┌─ **괄호형 문항의 제작원리**

  ■ 중요한 내용을 여백으로 함

  ■ 정답은 가능한 단어나 기호로 응답하도록 질문

  ■ 질문 여백 뒤의 조사가 정답을 암시하지 않게 함

  ■ 여백에 들어갈 모든 정답을 열거

2 ◆ 문항 분석

1 고전검사이론   ※ Classical Test Theory   기출 2002~2007, 2010, 2011

○ **(개념)** 문항과 검사의 질을 검사 총점에 의하여 **분석**하는 이론

> **기본가정: 관찰점수(X) = 진점수(T) + 오차점수(e)**

– **(문항 난이도 : Item Difficulty)** **문항의 쉽고 어려운 정도**를 나타내는 지수, 총 피험자 중 **답을 맞힌 피험자의 비율**

※ (예시) 피험자 500명, 오답자 80명인 경우 난이도 0.84

<table>
<tr><td rowspan="5">$P = \dfrac{R}{N}$

N : 총 피험자 수
R : 문항의 답을 맞힌 피험자 수</td><td>문항 난이도</td><td>문항 평가</td></tr>
<tr><td>0.00 ~ 0.20 미만</td><td>매우 어려움</td></tr>
<tr><td>0.20 이상 ~ 0.40 미만</td><td>어려움</td></tr>
<tr><td>0.40 이상 ~ 0.60 미만</td><td>중간</td></tr>
<tr><td>0.60 이상 ~ 0.80 미만</td><td>쉬움</td></tr>
<tr><td>0.80 이상 ~ 1.00 미만</td><td>매우 쉬움</td></tr>
</table>

– **(문항 변별도 : Item Discrimination)** **문항이 피험자를 변별하는 정도**를 나타내는 지수, **문항 점수와 피험자의 총점 간 상관계수**에 의하여 추정

※ 능력이 높은 피험자가 정답, 능력이 낮은 피험자가 오답이면 변별도가 높음

※ 일반적으로 변별도가 0.3보다 낮을 경우 변별도가 만족스럽지 않다고 판정하여 재검토 또는 삭제

<table>
<tr><td rowspan="5">$r = \dfrac{N\sum XY - \sum X \sum Y}{\sqrt{N\sum X^2 - (\sum X)^2}\ \sqrt{N\sum Y^2 - (\sum Y)^2}}$

N : 총 피험자 수
X : 각 피험자의 문항점수
Y : 각 피험자의 총점</td><td>문항 난이도</td><td>문항 평가</td></tr>
<tr><td>0.10 미만</td><td>변별력이 없음</td></tr>
<tr><td>0.10 이상 ~ 0.20 미만</td><td>변별력이 매우 낮음</td></tr>
<tr><td>0.20 이상 ~ 0.30 미만</td><td>변별력이 낮음</td></tr>
<tr><td>0.30 이상 ~ 0.40 미만</td><td>변별력이 있음</td></tr>
<tr><td>0.40 이상</td><td>변별력이 높음</td></tr>
</table>

- (문항 추측도 : Item Guessing) 진위형 문항이나 선다형 문항에서 **답을 알지 못하고 추측하여 문항의 답을 맞힌 피험자 수**의 비율

※ (예시) 피험자 500명, 오답자 80명인 5지 선다형 문항인 경우

$$G = \frac{w \times Q}{Q - 1}$$

$$G_R = G \times \frac{1}{Q}$$

G : 추측한 피험자 수
w : 추측하여 오답한 피험자 수
Q : 문항 내 답지 수

➡️

$$G = \frac{80 \times 5}{4} = 100$$

$$G_R = 100 \times \frac{1}{5} = 20$$

$$P_{G_R} = \frac{G_R}{N} = \frac{20}{500} = 0.04$$

- (문항의 교정 난이도) 문항 난이도에서 문항 추측도를 **제거**한 난이도($P_C = P - P_{G_R}$)

※ (예시) 피험자 500명, 오답자 80명인 5지 선다형 문항인 경우 $0.84 - 0.04 = 0.80$

- (오답지 매력도) 각 오답지에 대한 **균등한 응답비율**과 **실제 응답비율** 간의 비교

※ (예시) 피험자 500명, 오답자 80명인 5지 선다형 문항인 경우 $P_O = 0.04$

$$P_O = \frac{1 - P}{Q - 1}$$

P : 문항 난이도
Q : 문항 내 답지 수

내용 답지	응답자	비율	평가
①	30	0.06	매력적 오답
②	420	0.84	정답
③	10	0.02	매력적이지 않은 오답
④	20	0.04	매력적 오답
⑤	20	0.04	매력적 오답

○ **(장점)** ① **절차가 간단**하여 적용 용이
② **명확한 기준**에 의한 판단

○ **(단점)** ① **피험자의 특성**에 따라 **문항 특성이 달리 분석**(문항모수의 불변성 유지 곤란)
② **검사도구의 특성**에 따라 **피험자 능력이 달리 추정**(피험자 능력의 불변성 유지 곤란)
③ 피험자의 능력 비교 시 **총점에 근거**하여 **정확성 결여**[*]

[*] 다른 문제를 맞혔으면 다른 능력인데도, 총점만 같으면 같은 능력으로 추정

2 **문항반응이론** ※ Item Response Theory 기출 2007, 2008

○ **(개념)** 총점을 바탕으로 문항 분석 및 피험자 능력을 추정하는 고전검사이론과 달리, **문항 하나 하나에 근거하여 문항 분석 및 피험자의 능력 추정**

– **(문항특성곡선)** 피험자의 **능력에 따라 문항의 답을 맞힐 확률**을 나타낸 곡선

※ Item Characteristic Curve(ICC), L. Tucker, 1946.

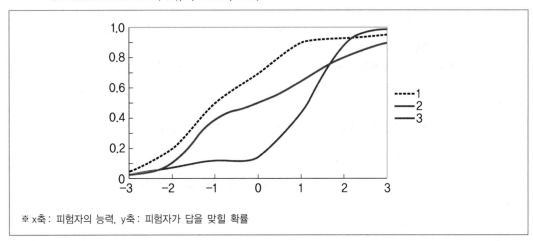

※ x축 : 피험자의 능력, y축 : 피험자가 답을 맞힐 확률

– **(문항 난이도)** 문항특성곡선이 어디에 위치하여 기능하는가와 관련, 확률 0.5에 해당하는 능력 수준의 점

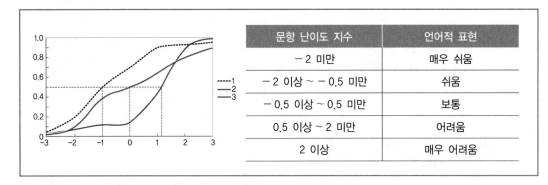

문항 난이도 지수	언어적 표현
− 2 미만	매우 쉬움
− 2 이상 ~ − 0.5 미만	쉬움
− 0.5 이상 ~ 0.5 미만	보통
0.5 이상 ~ 2 미만	어려움
2 이상	매우 어려움

– **(문항 변별도)** 문항이 피험자의 능력 수준을 변별하는 정도, 문항 난이도를 나타내는 점에서 **문항특성곡선의 기울기**

※ 1 ~ 3번의 난이도는 같으나, 3번은 능력 수준이 증가하여도 답을 맞힐 확률의 변화가 심하지 않아 변별도가 약함

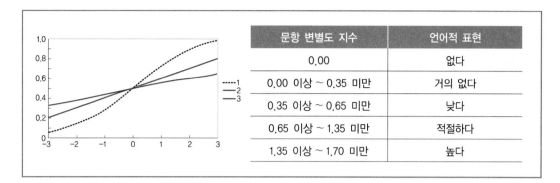

문항 변별도 지수	언어적 표현
0.00	없다
0.00 이상 ~ 0.35 미만	거의 없다
0.35 이상 ~ 0.65 미만	낮다
0.65 이상 ~ 1.35 미만	적절하다
1.35 이상 ~ 1.70 미만	높다

- (문항 추측도) 능력이 전혀 없는 학생이 답을 맞힐 확률

   ※ x축에서 피험자의 능력이 −∞인 경우, c점이라고 표기하며 일반적으로 0.2 이하

○ (장점) ① 피험자 집단의 특성에도 불구하고 **문항의 난이도, 변별도, 추측도가 일관성 있게 추정**(문항 특성의 불변성 고려 가능)
        ② **검사의 난이도와 상관없이 피험자의 능력 측정** 가능(피험자 능력의 불변성 고려 가능)

○ (단점) 수학적으로 **난해**하고 계산하기 **복잡**

고전검사이론과 문항반응이론의 비교

	고전검사이론	문항반응이론
판단 근거	문항 전체에 대한 총점	문항별 문항특성곡선
문항 난이도	총 피험자 중 답을 맞힌 비율	정답률 0.5에서 능력 수준
문항 변별도	문항점수와 피험자의 총점 간 상관계수	정답률 0.5에서 곡선의 기울기
문항 특성 추정	피험자의 특성(능력 수준)에 따라 변화	피험자의 특성(능력 수준)에 따라 불변
피험자 능력 추정	검사도구의 특성(난이도)에 따라 변화	검사도구의 특성(난이도)에 따라 불변

3 검사점수 보고와 해석

1 규준점수

○ **(개념)** 규준(Norm)에 비추어 피험자의 **원점수에 대한 상대서열**을 나타내는 점수

- **(퍼센타일: Percentile)** 얻어진 자료를 100등분한 값

※ 원점수가 50점인 학생의 규준점수가 40퍼센타일이라면 40% 수준

$$\text{평균 } \overline{X} = \frac{\sum X}{N} \qquad\qquad \text{표준편차 } S_X = \sqrt{\frac{\sum (X - \overline{X})^2}{N}}$$

X : 피험자의 점수

N : 피험자의 수

※ 400점 만점, 평균 200, 표준편차 50일 때 300점이면 2표준편차 위에 있으므로 정규분포표에서 97.72퍼센타일, 상위 2.28 퍼센타일

- **(표준점수: Standard Score)** **Z점수와 T점수**

$$\text{Z점수} = \frac{(X - \overline{X})}{S_X} \qquad\qquad \text{T점수} = 50 + 10Z = 50 + 10\frac{(X - \overline{X})}{S_X}$$

※ 400점 만점, 평균 200, 표준편차 50일 때 300점이면   ※ 400점 만점, 평균 200, 표준편차 50일 때 300점이면
Z점수 = 2   T점수 = 70

※ **스테나인 점수(Stanine Score)**: 원점수 분포를 **정규분포로 가정**하고 가장 낮은 점수부터 높은 점수로 배열하여 4%까지 1, 11%까지 2, 23%까지 3, 40%까지 4, 60%까지 5, 77%까지 6, 89%까지 7, 96%까지 8, 100%까지 9 부여

- **(변환점수)** **Z점수가** 특정한 평균과 표준편차를 갖도록 **선형 변환**

※ SAT, GRE, Wechsler 지능검사, Stanford-binet IQ 검사 등

○ **(장점)** ① **서열 파악을 통한 선발 용이**
② 경쟁을 통한 **학습동기 유발**

○ **(단점)** ① 모집단 **표본의 대표성**이 없으면 부정확
② 무엇을 얼마만큼 아는지 직접적인 정보를 제공하지 못하여 **교수학습 개선에 비효과적**

2 **준거점수**

○ **(개념)** 피험자가 **어떤 일을 수행할 수 있다고** 대중이 확신하는 **지식 혹은 기술 수준**을 나타낸 점수

- **(규준적 방법)** 검사를 택한 피험자들의 **상대적 서열**이나 피험자 **집단의 일정 비율**에 의하여 준거 설정

   ※ (예시) 피험자 집단의 상위 20%에게 자격증을 부여한다면 20%가 준거

- **(피험자 특성평가에 근거)** 피험자를 특성에 따라 집단으로 구분하고 **집단의 상대적 정보**에 의하여 준거 설정

┌─ 피험자 특성평가에 따른 준거 설정 ─┐

■ **(집단비교방법)** 전문가가 피험자집단 개개인을 주관적으로 완전학습자/불완전학습자로 구분하여 검사를 실시한 후, **완전학습자와 불완전학습자의 점수 분포가 교차되는 점**을 준거로 설정
   - **(단점)** 집단 분류에 따라 준거점수 변화, 집단분류가 자의적(준거점수에 도달하지 못하여도 완전학습자로 분류될 가능성)
■ **(경계선방법)** 완전학습자로 분류할 수 있는 **확실한 최저점**과 불완전학습자로 분류할 수 있는 **확실한 최고점**을 설정하고, **그 사이에 있는** 피험자들의 **검사점수의 중앙값**을 준거로 설정
   - **(단점)** 최고점과 최저점의 선정이 자의적

- **(검사도구 내용분석평가에 근거)** 피험자 특성이 아닌 **문항 하나하나에 대한 분석과 평가**를 통하여 준거 설정

4 **검사의 양호도 분석**

1 **타당도** ※ Validity 기출 2004, 2008, 2011, 2017, 2023

○ **(개념)** 검사가 측정하고자 하는 것을 얼마나 제대로 측정하고 있는지를 나타내는 것으로, '**검사 목적에 대한 적합성**'을 의미

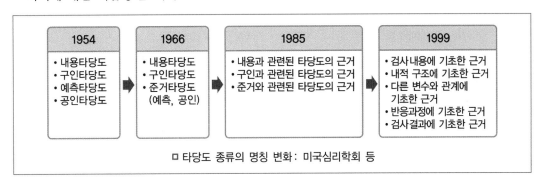

1954	1966	1985	1999
• 내용타당도 • 구인타당도 • 예측타당도 • 공인타당도	• 내용타당도 • 구인타당도 • 준거타당도 (예측, 공인)	• 내용과 관련된 타당도의 근거 • 구인과 관련된 타당도의 근거 • 준거와 관련된 타당도의 근거	• 검사내용에 기초한 근거 • 내적 구조에 기초한 근거 • 다른 변수와 관계에 기초한 근거 • 반응과정에 기초한 근거 • 검사결과에 기초한 근거

□ 타당도 종류의 명칭 변화 : 미국심리학회 등

○ **(검사내용에 기초한 근거 : 내용타당도)** 검사가 **측정하고자 하는 속성을 제대로 측정하였는지**를 판단하는 주관적 타당도

- 측정하고자 하는 **속성에 대한 분명한 정의**가 필요하며, **이원목적 분류표**를 통하여 학습목표가 평가도구에 잘 반영되었는지 판단

  ※ (예시) 학기 말 시험 출제 시 이원목적 분류표에 근거하여 수업목표 및 교수학습과정에서 중요하게 다룬 내용 확인

  ※ (교수타당도) 검사가 교수학습 중에 가르치고 배운 내용을 얼마나 잘 포함하는가
  (교과타당도) 검사가 교육과정 내용을 얼마나 잘 포함하는가

○ **(내적 구조에 기초한 근거 : 구인타당도)** 조작적으로 정의되지 않은 **인간의 심리적 특성 · 성질**을 심리적 구인으로 분석해 **조작적으로 정의**하고, 검사가 **심리적 구인을 제대로 측정**하였는가를 검증

※ (예시) 창의력 측정 시 창의력이 민감성, 이해성, 도전성, 개방성, 자발성, 자신감의 구인으로 구성되어 있다고 조작적 정의 후 검사도구가 그 구인을 측정하는지 판별

- **(절차)** ① 측정하고자 하는 심리적 특성을 **조작적으로 정의**(by 연구문헌 분석, 전문가 패널)

  ※ 창의성을 '복잡한 문제를 해결하기 위하여 다양하고 참신한 해결책을 적극적으로 제시하는 특성'으로 정의

  ② 정의된 특성과 관련한 **다양한 변수들 간의 상호관계를 파악**하고 이를 몇 가지 잠재적 요인으로 축약(by **요인 분석법 : Factor Analysis**)

  ※ 창의싱의 개념을 통해 유창성, 융통성, 독창성, 도전적 태노라는 요소로 축약하고 해당 요소를 구체화

  ③ 평가결과를 바탕으로 요소(변수) 간 **상관관계를 분석**(by **상관계수 분석**)

  ※ 점수가 창의성의 요소와 관련이 있는지, 요소 간에 어떤 상관관계가 있는지 분석

○ **(다른 변수와의 관계에 기초한 근거)** 검사점수와 **외적 변수의 관계를 분석**하여 검사의 타당도 검증

- **(수렴 및 판별 근거)** 타 검사와의 비교를 통해 **검사점수의 의미를 명료화**하고 **구체적으로 해석**

  ※ 어떤 검사와 유사한 구인을 측정하는 검사의 측정치는 수렴 근거를, 다른 구인을 측정하는 검사의 측정치는 판별 근거를 제공

  ※ (예시) 학생들의 독해력을 알아보기 위하여 선택형 검사를 한 경우, 동일한 능력을 측정하는 논술형 검사 점수와의 비교를 통하여 관련성이 높으면 수렴 근거로, 그렇지 않으면 판별 근거로 활용

- **(검사 – 준거 관련성 : 준거타당도)** 검사 점수가 얼마나 정확하게 **다른 준거와 관계**가 있는가 (공인타당도), 얼마나 정확하게 **준거 수행을 예측**하는가 판별(예측타당도)

▌검사준거 관련성의 유형

구분	주요 내용
공인타당도	새로운 평가도구와 기존의 타당성이 입증된 평가도구(기준도구)가 동일한 특성이나 능력을 측정한다고 가정할 때, **두 평가결과 간 상관관계를** 통하여 구해지는 새로운 평가도구의 타당도 ※ (예시) 새로운 교직적성능력 평가(Teacher Aptitude Test; TAT)를 개발하였다고 가정할 때, 해당 평가와 기존 임용시험의 점수를 비교하여 상관계수 분석(일반적으로 상관계수가 0.7 이상이면 공인 타당도가 높다고 가정) • **(장점)** ① 평가도구를 동일한 시점에 사용하고 상관계수 분석이 간편하여 효율적 　　　　② 이미 검증된 도구를 비교 준거로 사용하므로 객관성 확보 용이 • **(단점)** ① **기준 평가도구의 한계** : 기준 평가도구가 타당하지 않거나, 타당한 기준 평가도구를 구하기 어려운 경우 공인타당도 검증 자체가 곤란 　　　　② **동시 측정의 한계** : 피험자들의 상태나 환경에 따라 평가도구별 평가결과 왜곡 가능 　　　　③ **평가 피로감 발생** : 두 개 이상의 평가를 동일한 피험자에게 적용함에 따라 평가 피로감 발생
예측타당도	실시한 검사가 **미래의 행동**이나 **수행을 어느 정도 예측**하는가 ※ (예시) 비행사 적성검사 점수가 높은 사람의 안전운행 기록이 높다면 비행사 적성검사의 예측타당도가 높음 • **(장점)** 예측타당도가 높으면 선발, 채용, 배치 등의 목적으로 검사 사용 용이 • **(단점)** 타당성 검증을 위해 시간적 여유 필요, 시간의 변화에 따른 인간의 능력 변화 고려 곤란

- **(타당도 일반화)** 교육이나 고용 상황에서 검사 − 준거 관련성에 기초한 타당도의 근거를 **새로운 상황에 일반화**할 수 있는 정도

　※ 공인타당도와 예측타당도를 일반화할 수 있는 정도

○ **(검사결과에 기초한 근거 : 결과타당도)** 검사가 **의도한 결과를 얼마나 달성**하고 **의도하지 않은 결과**를 얼마나 초래하였는지에 대한 가치판단

※ 검사의 의도한 결과 · 의도하지 않은 결과, 긍정적 · 부정적 결과, 실제적 · 잠재적 결과 분석(성태제, 1999.)

▌결과타당도의 구분

구분	주요 내용
결과타당도가 높은 경우	평가가 학습자에게 향후 학습방향에 대한 피드백을 제공하고, 평가결과가 학습자의 성취도를 정확히 반영하여 더 나은 학습기회를 제공할 경우 ※ (예시) 진단평가를 통하여 학습자의 약점을 파악하고, 이를 바탕으로 보충학습을 제공하여 학습 성취도를 높이는 경우
결과타당도가 낮은 경우	평가결과가 학습자에게 부정적인 영향을 미치는 경우 ※ (예시) 평가결과가 잘못 해석되어 학습자에게 불필요한 낙인을 찍거나, 성적에 따라 차별적인 대우를 받을 경우

- **(측정방법)** ① 설문조사 및 인터뷰 : 평가가 학습자에게 미친 심리적 · 정서적 · 교육적 영향 파악
　　　　　　② 데이터 분석 : 평가결과와 이후의 학업 성취도 및 학습태도 간 상관계수 분석

- (측정요소) ① 평가가 피평가자에게 미치는 심리적·정서적 영향

② 평가의 공정한 적용 여부

③ 기타 사회·환경에 미친 영향(특히 입시제도)

④ 평가가 이후 학업성취나 학습태도에 미친 영향

2 **신뢰도** ※ Reliability 기출 2002, 2003, 2005, 2010, 2019

○ (개념) 측정하려는 것을 얼마나 **안정적으로 일관성 있게 측정**하였는지를 나타내는 것(안정성, 일관성)

○ (타당도와의 관계) 신뢰도는 **타당도를 위한 필요조건**

※ 신뢰도가 높다고 타당도가 높은 것은 아니나, 신뢰도가 높아야 타당도가 높을 수 있음

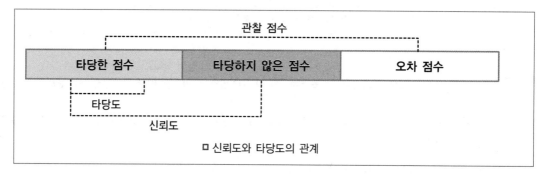

□ 신뢰도와 타당도의 관계

○ (재검사 신뢰도) **동일한 피험자 집단**에 동일한 검사를 일정 시간 간격을 두고* **두 번 실시**하여 얻은 **점수의 상관관계**를 바탕으로 추정

* 기억효과 배제

- **두 번의 검사결과가 안정적·일관적**이면 높은 신뢰도

🔖 **재검사 신뢰도 추정방법의 장단점**

구분	주요 내용
장점	• 추정방법이 간단하고 계산 용이 • 검사도구를 한 번만 제작하면 되므로 동형검사 신뢰도에 비하여 효율적
단점	• 시간 간격으로 인하여 피험자의 성장·성숙이 검사에 반영(신뢰도 과대 추정) • 두 번의 검사가 동일한 검사환경, 검사태도 및 동기하에 이루어지지 않을 가능성(연습효과)

○ (동형검사 신뢰도) **두 개의 동형검사***를 동일 **피험자 집단**에 실시하여 얻은 상관계수를 바탕으로 추정

* (조건) 문항의 형태, 문항 수, 시험 범위, 난이도, 변별도, 점수 평균

📌 **동형검사 신뢰도 추정방법의 장단점**

구분	주요 내용
장점	• 시간 간격을 두지 않아 피험자의 성장 · 성숙요소 배제 가능 • 계산 용이
단점	• 동형검사 제작의 곤란성 • 두 번의 검사가 동일한 검사환경, 검사태도 및 동기하에 이루어지지 않을 가능성(시험에 대한 피험자의 피로도)

○ **(내적 일관성 신뢰도)** 기출 2008, 2019 검사를 **부분검사(문항)로 나누어** 부분검사(문항) **각각을 하나의 독립된 검사로 간주**하여 부분검사(문항) 간의 상관계수로 추정

- **(반분검사 신뢰도)** **한 번 실시한 검사를 두 부분으로 나누어** 두 부분검사 점수의 상관계수를 계산하여 추정(Spearman-Brown)

  ※ **(방법)** 기우법(홀짝), 전후법(순서), 단순 무작위법, 문항 특성에 의한 반분법

📌 **반분검사 신뢰도 추정방법의 장단점**

구분	주요 내용
장점	• 한 번만 하면 되므로 **효율적** • **기억 · 연습효과 배제 가능**
단점	**양분하는 방법에 따라 신뢰도가 달리 추정될 가능성** ▶ 신뢰도를 높이기 위해 문항 특성에 의한 반분법을 사용하되, 문항 난이도와 변별도 고려 필요

- **(문항 내적 일관성 신뢰도)** **문항 하나하나를 하나의 검사로 간주**하여 이들의 **유사성과 일관성** 검정(Cronbach's α)

📌 **문항 내적 일관성 신뢰도 추정방법의 장단점**

구분	주요 내용
장점	• 검사를 양분하지 않아도 됨 • 문항 간의 일관성에 의하여 단일한 신뢰도 추정결과 계산 가능
단점	신뢰도의 과소 추정 경향

┌── 신뢰도에 영향을 미치는 요인과 제고방안

- **(문항 수)** 문항 수를 늘리면 전체적으로 추측에 의한 정답이 줄고 평균의 안정성이 높아져 신뢰도 향상 (분산 감소, 표준편차 감소, 오차의 균형화)
- **(문항 난이도)** 문항 난이도를 적정수준으로 하면 추측에 의한 정답이 줄어(오차점수 감소) 신뢰도 향상
- **(시간)** 검사시간이 충분하면 추측에 의한 정답이 줄어 신뢰도 향상
- **(피험자)** 피평가자의 수를 늘리면 이질적 피평가자의 증가로 개별 평가자의 편향이 줄어들고 평균의 안정성이 높아져 신뢰도 향상

○ **(객관도)** 채점자가 **얼마나 주관적 판단을 배제**하고 일관성을 유지하며 평가하였는가(수행평가의 신뢰도)

- **(채점자 내 신뢰도)** **동일한 채점자가 동일한 대상**을 **두 번 이상 평가**하여 평가결과 간 일관성이 있는지 여부

- **(채점자 간 신뢰도)** **두 명 이상의 채점자가 동일한 대상**을 평가하여 평가결과 간 일관성이 있는지 여부

┌── **객관도 확보방안** ──┐
- **평가기준과 도구를 객관화**(루브릭)
- 평가자의 **역량 · 자질 함양**(연수)
- 여러 사람이 **공동평가**
- **문항별 채점**
- **블라인드 평가**(응시자 이름, 수험번호 제거)
└───┘

3 **실용도**　　※ Practicability

○ **(개념)** 검사의 실시가 **편리한 정도**

○ **(고려사항)** ① 실시방법의 용이성, ② 소요시간의 적절성, ③ 채점방법의 용이성, ④ 결과 해석 및 활용의 용이성, ⑤ 비용의 현실성

04 컴퓨터화 검사와 수행평가

Ⅰ 컴퓨터를 활용한 평가

1 컴퓨터 이용 검사 ※ Computer Based Test

○ **(개념)** 전통적 지필검사를 **컴퓨터를 이용**하여 실시하는 검사

   ※ (예시) 워드프로세서 시험, 운전면허 필기시험, 컴퓨터활용능력시험 등

▍ 컴퓨터 이용 검사의 장단점

구분	주요 내용
장점	• 채점 및 결과 통보에 걸리는 인력·시간·경비 절감 • 그래프, 영상, 음성 등 다양한 형태의 문항을 통하여 다양한 능력 측정 가능 • 시공간의 제약 극복 • 정보 저장 및 관리 용이
단점	• 초기 하드웨어 및 소프트웨어 구축에 많은 비용 • 컴퓨터 문제(네트워크 오류 등)에 따른 부정적 효과 발생 가능 • 문제은행 방식을 사용할 경우 연습효과 발생 가능

2 컴퓨터화 능력적응검사 ※ Computerized Adaptive Test 기출 2024

○ **(개념)** **개별 피험자의 능력에 맞는 문항**을 **제시**하는 검사로, 문제를 맞히면 더 어려운 문제를, 틀리면 더 쉬운 문제를 제시하는 검사

   ※ (예시) 미 육군의 CAST, 일반대학원 입학시험 GRE 등

▍ 컴퓨터화 능력적응검사의 장단점

구분	주요 내용
장점	• 개별 피험자의 특성을 고려한 맞춤형 평가를 통하여 동기 유발 및 피드백 효과 극대화 • 누구에게나 공정하고 정확한 평가 • 검사에 소요되는 시간과 비용 절감 • 개인마다 평가가 다르므로 부정행위 발생 방지
단점	• 검사 알고리즘 제작이 어려움 • 문제은행 방식을 사용할 경우 연습효과 발생 가능 • 문제 뛰어넘기가 불가하여 피험자에게 검사불안 발생

3 **에듀테크 기반 평가**

○ **(개념)** 디지털 도구와 기술을 활용하여 학습자의 지식, 기술, 태도를 다양한 방법으로 평가하는 방식

○ **(방법)** ① **자동화 평가** : 자동으로 채점하고 피드백 제공
② **적응형 평가** : 학습자의 반응 수준에 따라 문제의 난이도 조정(CAT)
③ **디지털 포트폴리오 평가** : 수행 과제를 디지털 포트폴리오로 축적하고 이를 평가
④ **시뮬레이션 기반 평가** : VR, AR을 통하여 주어진 과제를 수행하는 과정 평가
⑤ **학습분석기반 평가** : LMS에 데이터를 저장하고 평가

🔖 **에듀테크 기반의 미래 교육평가 : 미국 교육부, 2016.**

구분	전통적 평가	에듀테크 기반 평가
평가 시점 (Timing)	학습 완료 시점	학습 도중 수시
접근성 (Accessibility)	교실 내 제한적 실시	언제 어디서든 활용 가능
평가 절차 (Pathways)	진도에 따라 정해진 문항을 제시	학생의 반응에 따라 적응적으로 제시
피드백 (Feedback)	지연적 피드백	즉각적 실시간 피드백
형태 (Item types)	정형화된 지필검사 형태	멀티미디어 요소를 포함하고 응시자가 다양하게 조작 가능

2 학습 수행과정 및 활동에 대한 평가

1 수행평가 기출 2001 ~ 2007, 2009

○ **(등장배경)** **전통적 평가방식으로는** 인간의 **인지적 · 정의적 · 심동적 특성을 평가**하는 데 **한계,** 현대사회에서 **복잡한 문제 해결능력을 함양**하기 위하여 **대안적 평가방법** 강조

📌 **전통적 평가방법과 대안적 평가방법**[29]

구분	전통적 평가방법	대안적 평가방법
학습관	학습결과에 관심	학습과정과 결과에 관심
학습자관	• 수동적 관점 • 분리된 지식과 기술을 평가	• 능동적 관점 • 통합된 지식과 기술을 평가 • 메타인지적 관점
평가형태	지필검사	수행평가, 참평가, 포트폴리오
평가실시	일회적 평가	지속적 평가
평가내용	단일 속성	다원적 속성
평가대상	개인평가 강조	집단평가 강조(협동)

○ **(개념)** **학생 스스로** 자신의 지식 및 기술을 나타낼 수 있는 **산출물을 만들거나, 답을 서술하거나 행동으로 나타내도록** 하는 평가

  - 학습의 결과만을 판단하는 게 아니라 교수 · 학습활동을 조력(AfL, AaL)

📌 **수행평가와 관련된 용어 정의**

구분	주요 내용
참평가	실제 상황에서 수행 정도를 측정하는 평가
포트폴리오	개인의 작업이나 작품을 모아둔 자료집이나 서류철
직접평가	표출되는 행위에 대한 직접 관찰을 통하여 실시하는 평가
대안적 평가	기존의 평가방법을 대치할 수 있는 평가를 총칭

---

[29] 성태제, 전게서, 2009, p.363

┌─ 참평가

- **(개념)** 실제 상황에서의 문제해결력을 측정하는 평가로, 어떤 기술이나 지식을 제한된 교수학습의 맥락이 아닌 **실제적인 맥락에 적용 요구**

  ※ (예시) 에세이, 성찰일지, 사례 연구, 역할극, 토론, 팀 프로젝트 등 평가

- **(장점)** ① 학습한 **지식 · 기술의 실제적 적용** 여부 확인 가능
  ② **과정평가** 가능
  ③ **학습자 주도성** 강조
- **(단점)** ① **평가도구 개발** 곤란
  ② **신뢰도 확보** 곤란
  ③ 낮은 **효율성**(비용 · 시간 과다)

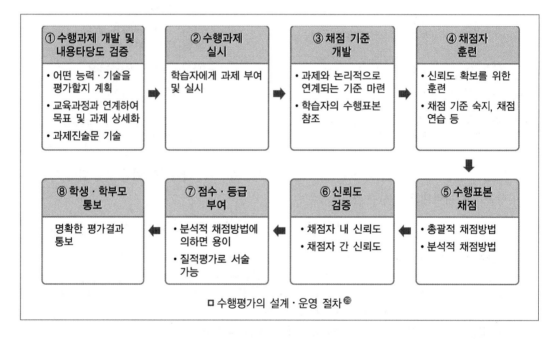

□ 수행평가의 설계 · 운영 절차 [29]

○ **(방법)** 지필 · 구술 · 실기 등 학습의 **과정과 결과를 확인**할 수 있는 다양한 방법 활용

📌 **수행평가의 유형**

구분	주요 내용
지필형	서술형(주관식) 검사, 논술형 검사
활동형	구술 · 면접, 토의 · 토론, 실기, 실험 · 실습
창출형	프로젝트 결과물 평가(연구 보고서), 포트폴리오 평가
학생평가형	자기 · 동료평가 보고서

㉙ 성태제, 전게서, 2009, p.373

○ **(채점 기준)** 신뢰도와 객관도를 높이기 위하여 **루브릭*(Rubric) 활용**

*평가 준거를 묘사하여 작성한 채점 척도

- **(루브릭 효과)** ① 평가의 **객관도와 신뢰도** 제고

② 학습목표의 구체화를 통하여 **학습의 방향성** 제시

③ 목표에 맞는 학습을 안내하여 **자기조절 학습태도** 함양

- **(유의점)** ① 해석상 논란의 여지가 없도록 **학생의 행동과 성취를 명확하게 제시**

② 학생들의 스트레스 유발을 최소화하기 위하여 **실현 가능한 수준**으로 작성

③ 채점의 일관성이 떨어지지 않게 **루브릭의 일관적 적용** 필요

④ 단순 변별에만 그치지 않고 추후 학습에 도움이 되도록 **피드백 관련 내용 추가**

○ **(특징)** 과정중심, 학생중심평가, 다양한 역량 평가, 다양한 방법

- **(과정중심)** **충분한 시간**을 부여하면서 결과뿐 아니라 **과정 평가**

- **(학생중심)** 개방형 과제에 대한 **학생들의 주체적 활동** 강조

- **(다양한 역량)** 실제 상황에서의 **판단력, 문제해결력, 고등사고능력, 의사소통능력** 요구

- **(다양한 방법)** 개인수행과 **집단수행 병행, 포트폴리오 평가**

- **(교사의 전문성)** 평가과제 설정, 도구 선정, 기준 개발에 **교사의 자율성·전문성 강조**

┌─ **수행평가의 실행전략**

- ■ **(설계)** 학습목표와 평가기준의 명확화 및 학습자와의 공유, 수업내용 반영
- ■ **(시행)** 학습에 대한 증거 수집, 학습자 스스로 활동에 참여
- ■ **(결과 활용)** 구체적 피드백 제공(스캐폴딩)

○ **(장점)** ① 결과뿐 아니라 **과정 평가** 가능

② **학습동기와 흥미** 유발, 시험불안이 낮음

③ 학습자의 인지적·정의적·심동적 특성의 **총체적 평가 가능 및 다양한 사고능력** 함양

④ 협동평가를 통한 **협동심 배양**

⑤ 평가 전문가로서 **교사의 역할 강화**

○ **(단점)** ① 점수**결과 활용**에 어려움

② 평가**도구 개발** 곤란

③ 채점**기준 설정** 곤란, **신뢰도(객관도)** 확보 곤란

④ 평가 설계 및 시행에 많은 **시간과 비용** 소요

⑤ 교사의 역량에 따라 **평가의 질적 수준 차이** 발생

🔖 기존의 평가체제와 수행평가의 비교

구분	기존의 평가	수행평가
진리관	절대주의적 진리관	상대주의적 진리관
기본 철학	합리론, 경험론	구성주의, 현상학, 해석학
지식관	객관적 사실, 일반적 법칙	해석적 지식, 맥락적 지식
학습관	• 추상적 · 객관적 상황 중시 • 학습자의 기억 · 재생산 중시	• 구체적 · 주관적 상황 중시 • 학습자의 이해 · 성장 중시
평가 체제	• 규준참조평가(상대평가) • 양적평가	• 준거참조평가(절대평가) • 질적평가
평가 목적	선발 · 분류 · 배치	지도 · 조언 · 개선
평가 내용	내용적 지식의 습득 여부	절차적(방법적) 지식의 습득 · 표출 여부
평가 방법	• 지필평가(선택형 평가) 위주 • 표준화 검사 • 대규모평가 • 일회적 · 부분적 평가	• 행동적 평가 위주 • 비표준화검사 • 소규모평가 • 지속적 · 종합적 평가
평가 시기	주로 학습활동 종료 시점	학습활동의 모든 과정
교사	지식의 전달자	학습의 안내자 · 촉진자
학생	수동적 학습자	능동적 학습자
교과서	교수 · 학습 · 평가의 핵심	교수 · 학습 · 평가의 보조자료
교수학습활동	• 교사중심 • 인지적 영역중심 • 암기 위주 • 기본 학습능력(지능) 강조	• 학생중심 • 인지적 · 정의적 · 심동적 영역중심 • 탐구 위주 • 고등사고기능(창의성) 강조

2 과정중심평가

○ **(개념)** **성취기준**에 **도달**하기 위한 학습·성장의 과정을 중시하는 평가로, **과정과 결과를 함께 평가**하며 **수업 중**에 실시

※ **(방법)** 교사 관찰평가, 학생 자기성찰평가, 모둠 내 동료평가, 모둠 간 동료평가

○ **(목적)** 학습의 과정을 중시하는 평가를 강화하여 학생이 **자신의 학습을 성찰**

○ **(기능)** 평가대상의 수준(인지·정의·심동적 영역)을 정확하게 이해하여 **교수·학습과정을 개선**하기 위한 평가(평가의 형성적 기능)

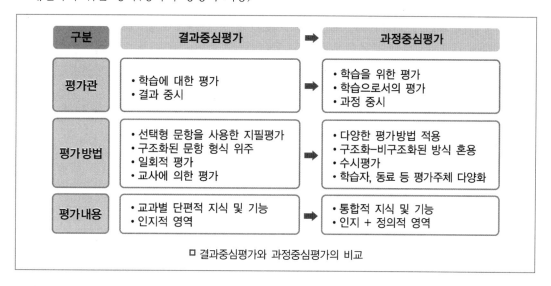

구분	결과중심평가	➡	과정중심평가
평가관	• 학습에 대한 평가 • 결과 중시	➡	• 학습을 위한 평가 • 학습으로서의 평가 • 과정 중시
평가방법	• 선택형 문항을 사용한 지필평가 • 구조화된 문항 형식 위주 • 일회적 평가 • 교사에 의한 평가	➡	• 다양한 평가방법 적용 • 구조화-비구조화된 방식 혼용 • 수시평가 • 학습자, 동료 등 평가주체 다양화
평가내용	• 교과별 단편적 지식 및 기능 • 인지적 영역	➡	• 통합적 지식 및 기능 • 인지 + 정의적 영역

□ 결과중심평가와 과정중심평가의 비교

○ **(특징)** ① **성취기준**에 기반한 평가
② 수업 중 **학생의 수행과정**에 대한 평가
③ 학생 자기평가, 동료평가 등 **학생중심의 평가** 실시
④ **인지적 - 정의적 영역** 평가

○ **(장점)** ① **성취기준(교과목표) - 수업**과의 **일관성** 확보
② 성장의 정도 확인, 학생에게 **피드백 제공** 가능
③ 학생의 **학습동기 및 수업 참여도** 제고
④ 학생의 **전인적 성장**을 위한 기초자료 활용 가능

○ **(단점)** ① 성취기준 **설정 곤란**
② 평가 준비 및 실행에 **많은 노력과 시간** 소요
③ 학생의 개인차에 따른 **평가의 질적 차이** 발생
④ 정의적 영역에 대한 **평가의 신뢰성 확보** 곤란

참고 과정중심평가의 평가요소 및 기준

	평가영역	평가요소	평가기준	평점				
교사 평가	인지적 영역	비판적 사고력	후보의 공약을 분석하고 훌륭한 후보를 선출할 수 있다.	5	4	3	2	1
	정의적 영역	협동력	모둠의 대표를 당선시키기 위하여 모의선거 준비에 협력하였다.	5	4	3	2	1
	교과 역량	공동체역량	후보 유세에서 선거공약을 설득력 있게 잘 발표하고 경청하였다.	5	4	3	2	1

구분	항목	평가요소	평가기준	평점				
학생 평가	자기성찰 평가	책임감	분담한 역할에 책임을 다하였다	5	4	3	2	1
		협동력	모둠활동에 적극적으로 참여하였다.	5	4	3	2	1
		의사소통	동료의 의견을 경청하였다.	5	4	3	2	1
	모둠 내 동료평가	참여도	가장 적극적으로 참여한 친구는?	이름 : ( )				
		기여도	가장 효과적인 대안을 제시한 친구는?	이름 : ( )				
	모둠 간 동료평가	내용 충실도	교사가 제시한 자료가 발표내용에 충실히 반영되어 있는지 여부	상		중		하
		문제해결력	고교학점제의 문제점과 해결방안이 적절한지 여부	상		중		하
		발표	내용을 조리 있게 전달하였다.	상		중		하

③ 포트폴리오 평가

○ **(개념)** 개인의 작업이나 작품을 모아둔 **자료집이나 서류철**

※ (예시) 작문표본집, 미술작품집, 과학 실험기록, 수학 문제풀이 연습장 등

○ **(특징)** ① 결과보다는 **가시적인 성장의 과정** 중시

② 수업과정 중 학습자가 **직접 만든 산출물 평가**

○ **(장점)** ① 학습자 스스로 **자기반성** 가능

② 학습자가 **직접 참여**함으로써 학습상 **주체적 · 능동적 태도** 함양 가능

② − ⓐ 학습자별 개별적 · **구체적인 수업목표 설정** 가능

② − ⓑ **수업과 평가의 일관성** 확보(통합)

○ **(단점)** ① **장시간 소요**

② 산출물에 대한 과정 평가 시 **채점과 평가가 곤란**하며, 특히 신뢰도 결여

4 논·서술형 평가

○ **(개념)** 서답형 문항을 통한 평가방식으로서 **학생이 직접 작성한 답안을 평가**하는 방식

※ 선택형(진위형, 배합형, 선다형) vs 서답형(완성형, 단답형, 서술형, 논술형)

- **(서술형)** 지식이나 개념, 원리, 의견 등을 **간략하게 설명**하여 작성한 것에 대한 평가

※ **(문항 유형)** 설명하기, 요약하기, 과정 나열하기, 분석하기, 비교·대조하기 등

- **(논술형)** 자신의 주장과 근거를 논리적이고 **설득력 있게 조직하여 작성**한 것에 대한 평가

※ **(문항 유형)** 평가하기, 해석하기, 근거를 들어 주장하기, 해결책 제시하기 등

○ **(평가 요소)** ① 내용의 충실성 : 주제에 대하여 얼마나 풍부하고 정확한 지식을 제시하였는지 여부

② 논리적 전개 : 주장과 근거가 명확하고 논리적인지 여부

③ 표현력 : 문법·어휘 사용, 문장의 명확성 여부

④ 구조화 : 서·본·결론이 체계적으로 연결되었는지 여부

○ **(채점)** 다양한 답이 존재하므로 **이분법적(옳고 그름)으로 미평가**

- **(총괄적 채점방법)** 다양한 영역으로 구분하지 않고 종합적으로 판단하여 점수 부여

※ **(장점)** 채점 용이, 시간 절약 **(단점)** 전체적 인상에 근거하므로 비일관적, 낮은 신뢰도

- **(분석적 채점방법)** 구성요소를 세분화하여 구성요소별 채점

※ **(장점)** 학생들의 강·약점 판단 용이, 채점의 일관성 **(단점)** 채점자 훈련과 채점 시간이 오래 걸림

○ **(장점)** ① 고차원적 사고력 평가 가능 : 학습에 대한 평가

② 창의적으로 사고하게 함으로써 심층적 학습 촉진 : 학습으로서 평가

③ 학습자의 다양한 측면을 파악하고 수업 개선 : 학습을 위한 평가

④ 찍기를 방지하여 타당도 높은 평가 실시 가능

○ **(유의점)** ① 채점 시 **채점자의 주관이 개입**되어 신뢰도가 낮아질 수 있으므로 **명확한 채점기준** 필요

② 시간이 촉박한 경우 타당도가 떨어질 수 있으므로 **시간과 문항 길이를** 적정화

③ 어휘력 테스트로 변하지 않도록 **학습자의 어휘 수준에** 맞게 문제 구성

○ **(변별력 확보)** ① **조건을 수준별로 다양화**하되, 분명하게 작성

② 채점 척도와 **채점 기준 세분화**

05 교육연구방법론

1 교육연구의 유형

1 양적 연구(실증주의적 연구)

- ○ **(개념)** 미래 예측 및 현상의 통제를 위하여 현상을 **수량화·객관화**하는 **실증적 연구방법**(규칙성 파악 및 일반화)

  - – **(기본 전제)** 세계는 모든 사람에게 동일한 객관적 실체이며, 이는 수량화·객관화를 통하여 **경험적으로 검증 가능**

- ○ **(목적)** 보편타당한 **일반적 법칙의 발견**

- ○ **(절차)** 가설 설정 → 자료 수집 → 가설 검증 → 일반화

- ○ **(종류)** 실험연구와 비실험연구

  - – **(실험연구)** **통제된 상황**에서 **독립변인을 조작**하고 **종속변인에 어떠한 영향을 미치는가**를 객관적인 방법으로 측정하고 분석

    ※ **(진실험설계)** 조건 통제가 완벽한 상태에서의 연구
    (준실험설계) 자연적 상태 또는 조건을 충분히 통제하지 못한 상태에서의 연구(교육 현장)

  - – **(비실험연구)** 요인에 대한 **통제·조작이 불가능한 상황**에서 연구

    ※ 조사연구, 상관관계연구, 발생연구(횡단 – 종단), 사후연구 등

양적 연구의 장단점

구분	주요 내용
장점	• 계량적 통계 분석을 통한 **연구결과의 객관성** 확보 • 연구결과의 **일반화 가능**
단점	• **피상적 연구결과** • **계량화하기 어려운 현상**은 연구 곤란 • 실제 연구에서 불가능한 객관성과 가치중립성 가정 • 연구주제가 자료 수집이 용이한 것으로 제한

2 **질적 연구(문화기술적 연구)** 기출 2004, 2007

○ **(개념)** 현상에 대한 행위자의 동기 및 주관적 의미 등을 **심충적으로 이해**하기 위한 연구

  – **(기본전제)** 개인이 경험하는 세계는 있는 그대로 의미가 존재하며, 가치 있게 이해 필요

○ **(목적)** 현상에 대한 총체적 이해, 해석

○ **(절차)** **문제 인식 → 연구 설계 → 자료 수집 → 자료 해석 → 결론 도출**

○ **(종류)** 문화기술적 연구, 사례연구, 분석연구 등

  – **(문화기술적 연구)** 참여관찰, 면접을 통하여 특정 문화 서술

  – **(사례연구)** **특정한 개인이나 집단**을 심층적·종합적으로 조사·분석하고 진단·기술

  – **(분석연구)** **문서, 구전, 유물 등을 분석**하여 의미를 찾는 연구

◾ 질적 연구의 장단점

구분	주요 내용
장점	• **심도 있는 연구** 결과 • 사회·문화현상 **이면에 담긴 의미** 이해
단점	• 연구자의 주관적 판단에 따른 **연구결과의 객관성** 결여 • **부정확한 관찰**의 가능성

◾ 양적 연구와 질적 연구의 비교

구분	양적 연구	질적 연구
연구목표	일반적 원리·법칙 발견	현상에 대한 이해
연구대상	대규모 표본, 무작위 표집	소수의 연구 대상, 비확률적 표집
연구설계	안정적 연구설계	탄력적 연구설계
자료수집	구조화된 양적 자료 수집	비구조화된 질적 자료 수집
자료분석	통계적 방법	이해적 방법
주관성	가치중립적	가치개입적

2 교육연구의 과정

1 자료 수집

○ **(설문조사방법)** 조사 항목을 체계적으로 배열하여 문서화한 후 **특정인에게 배부하고 회신을 얻는 자료 수집방법**(= 질문지법)

※ **(전통적 방법)** 전화면접, 우편조사 **(인터넷)** 전자우편, 웹 기반 방식

– **(방법의 유형)** 자유반응형, 선택형, 체크리스트형, 등위법 등

※ **(자유반응형)** 설문에 대하여 자유롭게 자신의 생각·느낌·의견 작성
(선택형) 설문에 대하여 예상되는 반응을 선택지로 제시하여 응답자가 선택
(체크리스트형) 설문에 대한 응답 중 자신에게 해당하는 사항 체크
(등위법) 중요성이나 기호·가치에 따라 순위를 정함
(평정척도법) 설문에 대한 응답자의 태도나 특성을 척도로 나타내어 선택

– **(질문의 종류)** 개방형 질문과 폐쇄형 질문

※ **(개방형)** 응답자가 자유롭게 자신의 의견을 기재하는 형식의 질문
(폐쇄형) 응답자가 문항의 보기 중 하나를 선택할 수 있도록 내용 및 범주 설정

📌 **설문조사의 장단점**

구분	주요 내용	
장점	• **대량 정보 파악에 용이** • **시간과 비용** 절감(효율적)	• **통계화 · 계량화** 용이 • 조사자의 **가치개입** 낮음
단점	• 표본의 대표성 • 피상적 결과	• 낮은 회수율

○ **(면접법)** 연구자와 응답자 간의 **언어적 상호작용**을 통하여 필요한 자료를 수집하는 방법

– **(유형)** 구조화, 비구조화, 반구조화 면접

※ **(구조화)** 표준화된 면접조사표(질문 항목 및 형식, 언어구사방법 등 구체화)를 기반으로 모든 응답자에게 동일한 방법으로 면접을 수행하는 방법
(비구조화) 면접상황에 따라 자유롭게 면접을 수행하는 방법
(반구조화) 중요한 질문만 구조화하고 나머지는 면접자가 재량에 따라 면접 수행

📌 **면접법의 장단점**

구분	주요 내용
장점	• **문해력이 없는 사람들**로부터 정보 획득 • **반응의 진실성 확인** 가능 • **다양한 정보의** 획득
단점	• 면접 준비에 **비용과 시간** 과다 사용 • 면접자의 **주관성** 개입 • **조사의 표준화**가 상대적으로 곤란

○ **(관찰법)** 연구대상의 행동을 **관찰하여 자료를 수집**하는 방법

   – **(유형) 참여관찰과 비참여관찰**

     ※ **(참여관찰)** 피관찰자의 상황 속에 직접 들어가 행동 관찰
       (비참여관찰) 제삼자의 입장에서 행동 관찰(연구수업 관찰)

◢ 관찰법의 장단점

구분	주요 내용
장점	• 행동 즉시 **포착** 가능 • 예측하지 않았던 **부차적 행동 및 자료 수집** 가능 • **언어나 문자의 제약**으로 확인하기 어려웠던 자료 수집 가능
단점	• **관찰이 불가능한 행동** 존재(비윤리적 · 불법적) • **관찰상황을 의식**한 피관찰자의 행동 변화 • 관찰 해석에 대한 **주관성**

○ **(사회성 측정법)** 집단 내에서 **개인 간 상호관계**(수용, 배척, 대인관계 유형 등)를 발견 · 설명 · 평가하는 방법(J. Moreno) ※ 교우도(Sociogram)

   – **(유의점)** ① 실제 **현실과의 괴리**(실제가 아닌 선호 반영)

              ② **비고정성**(상황에 따라 응답 변화)

              ③ 관계에는 **이유, 원인 미반영**

              ④ **결과는 비밀 보장**

              ⑤ **부정적 표현 최소화**

◢ 사회성 측정법의 장단점

구분	주요 내용
장점	• 개인의 사회적 적응 개선, 집단의 사회적 구조 개선, 집단 재조직에 도움 • 전문적 훈련 없이도 실시할 수 있어 일선 교사에게 유용
단점	• 질문의 내용에 따라 학생들의 관계에 악영향 • 한 번의 측정결과를 가지고 관계를 고정적으로 보는 오류

○ **(내용 분석)** **커뮤니케이션의 명백한 내용**을 **객관적 · 체계적 · 계량적으로 기술**하는 데 필요한 연구기법

   ※ **(내용 분석의 대상)** 역사적 기록, 전기, 연설문, 편지, 교과서 등

   ※ (예시) 대통령 연설문에서 나타난 정책 우선도

❚ 내용 분석법의 장단점

구분	주요 내용
장점	• 커뮤니케이션 자료 해석 시 **계량화된 근거** 제시 가능 • 공식 기록물 분석을 통하여 **자료의 객관성** 제고
단점	• 계량화에 초점을 두어 자료의 **질적 분석에 한계** • 자료의 **복합적 의미** 해석 곤란 • 기술적 통계에 초점을 맞추어 **인과관계 분석** 곤란

○ **(평정법) 어떤 특성의 정도나 수준을 변별**하는 방법(Scale)

※ 상/중/하로 구분(유목평정척), 숫자로 평정(숫자평정척), 순위로 평정(등위법) 등

– **(Likert 척도)** 개인, 대상, 관념, 현상 등에 대한 개인의 태도나 성향의 강도를 측정하는 기법으로, **5점 척도**가 일반적 `기출` 2019

❚ Likert 척도법의 장단점

구분	주요 내용
장점	• 간편하게 구성할 수 있어 **높은 활용도** • 평가자의 **주관적 판단 개입 여지가 적음**
단점	• 척도에 대한 응답자의 **태도와 강도가 정확히 일치하기 곤란**(3점과 보통이 같은가) • **총점이 뜻하는 바**가 개념적으로 불분명 • 응답자가 중간 값을 선택하여 실제 태도를 파악하기 곤란

– **(Thurstone 척도)** 평가자들이 특정 연구주제에 관한 문장들을 분류하고, 그 분류값에 동일한 간격의 척도치를 대입하여 평가하는 방식

※ (예시) ① 연구주제(사형)에 대한 100개 내외의 문장 제작
② 문장을 11개 정도의 범주로 분류(비우호적 ~ 우호적)
③ 평가자가 문장 100개를 범주에 따라 분류
④ 평가자들의 분류결과를 토대로 등급과 동의 정도 계산
⑤ 동의 정도가 큰 문장을 추려 질문서를 만들고, 연구대상에게 문항에 동의하는지 아닌지 판단 요구

❚ Thurstone 척도법의 장단점

구분	주요 내용
장점	태도의 강도를 세밀하게 표현하여 응답자의 미묘한 태도 차이 반영 가능
단점	• 문항의 개발과 평가과정이 복잡하여 시간과 비용이 많이 소요 • 주관이 크게 개입될 우려

– **(Guttman 척도)** 척도에 포함된 개별 문항들을 서열화하여 누적

※ (예시) 문항 1: 혐오시설이 우리 집 옆에 설치되는 것에 반대
문항 2: 혐오시설이 우리 동에 설치되는 것에 반대
문항 5: 혐오시설이 우리나라에 설치되는 것에 반대

📍 **Guttman 척도의 장단점**

구분	주요 내용
장점	• **관측과 모델의 부합도를** 검토할 수 있어 이론적으로 Likert 척도보다 우월 • 응답자 개인을 서열화하여 **개인차 연구 수행** 시 유리
단점	• 다양한 특성을 포함하는 **다차원적 조사 수행을 위한 척도 구성 불가** • 내용 강도에 따라 일정한 순서로 배열하는 것이 어려워 **많은 문항을 척도화하기 곤란**

- (의미분화 척도) 형용사 쌍을 사용하여 측정대상에 대한 주관적 느낌을 측정하는 방식(=의미변별 척도, 어의차별 척도)

※ (예시) "이혼에 대하여 어떤 느낌을 갖습니까?"라는 문항에 대한 답변으로 좋음 ~ 나쁨을 7단계로 구분

📍 **의미분화 척도법의 장단점**

구분	주요 내용
장점	• 감정, 인상 등 정서적 반응을 효과적으로 측정 • 다양한 특성을 동시에 측정하여, 평가대상을 종합적으로 파악
단점	• 양극적 형용사가 적절하게 선택되지 않으면 응답의 신뢰성 저하 • 주관이 크게 개입될 우려

○ (델파이 기법) 여러 **전문가들의 의견을 종합·조정**하여 **합의**에 이르는 조사기법

- 익명성을 보장받은 전문가들에게 특정 사회현상에 대한 의견을 받고, 그것을 집계한 결과를 다시 보내 의견을 집계하는 과정을 여러 번 반복함으로써 여러 사람의 의견 종합·조정

📍 **델파이 기법의 장단점**

구분	주요 내용
장점	• **전문가들의 상호작용을** 통한 합의(수용도가 높음) • **다양한 전문가의** 의견 반영 가능 • **다양한 주제에** 대한 논의 가능
단점	• 전문가 선정의 **대표성** • 합의가 원만치 않을 경우 **시간이 오래 걸릴 가능성** • **회수율이 높지 않음**

2 **표집**

○ (**표본조사**) 모집단의 일부를 **선정**하여 조사하는 방법

- (고려사항) **모집단의 크기, 표본의 크기, 표본과 모집단의 동질성, 표집방법에 대한 이해**

○ (**유형**) 확률적 표집과 비확률적 표집

- (확률적 표집) 단순 무선표집, 체계적 표집*, 유층표집**, 다단계표집(1차 표본 → 1차 표본 내 2차 표본), 군집표집

  *모집단에 일련번호를 붙이고 일정 간격에 따라 표집(홀짝)

  **모집단을 동질적인 하위집단으로 나누고 하위집단 내에서 표집

- (비확률적 표집) 의도적 표집(연구자의 주관), 할당표집(하위집단에서 주관에 따라 표집), 우연적 표집

📕 표집법의 장단점

구분	주요 내용
장점	• 시간과 경비 절감 • 표본에 대한 정밀 조사
단점	표본의 대표성

3 연구의 타당성

1 내적타당도

○ (개념) **독립변인이 종속변인에 영향**을 미친 정도, 인과관계에 대한 추론이 명확한 정도

📕 내적타당도의 위협요인과 통제방안 [30]

요인	의미	통제방안
성숙	시간의 경과에 따른 집단 특성 변화	• 빠른 성숙을 보이는 표본 회피 • 실험기간의 제한
역사	실험기간 중 일어난 사건에 의한 대상집단의 특성 변화	실험기간의 제한
선발	실험집단과 통제집단의 특성 차이	무작위 배정
상실	실험기간 중 실험대상의 중도 포기·탈락	무작위 배정
회귀	실험대상이 극단적 값인 경우 재측정 시 평균으로 회귀	극단적 측정값을 지니는 집단 회피
검사	사전검사에 대한 친숙도가 사후검사에 영향	• 사전검사를 하지 않는 통제집단 • 사전검사의 위장
측정수단	측정기준과 도구가 변화함에 따라 결과에 영향	표준화된 측정도구 사용

---

[30] 남궁근, 『행정조사방법론』, 법문사, 2011, p.225

2 외적타당도

○ **(개념)**　표본을 통하여 얻은 **연구결과의 일반화 정도**

◪ 외적타당도의 위협요인과 통제방안 [31]

요인	의미	통제방안
상황과 맥락	• 관찰된 X의 효과는 실험상황의 배열 요소(사전검사)와 결합되어 발생 　- 사전검사를 받은 표본집단의 결과를 사전검사를 받지 않은 모집단으로의 일반화 문제 • 관찰된 X의 효과는 사회적·물리적 환경의 요소와 결합하여 발생 　- 실험실 연구를 실생활에 일반화할 수 있는 문제	• 복수의 집단을 실험에 포함 • 다른 유형의 상황에 대한 반복 연구
시기	관찰된 X의 효과는 최근의 특정 사건 또는 시기와 결합하여 발생	다른 시기에 반복 연구
모집단의 범위	관찰된 X의 효과는 특정 연구대상 표본의 특성과 결합하여 발생	표본의 대표성 제고

◪ 표본의 대표성 제고방안

구분		주요 내용
확률표집	단순 무작위표집	전체 모집단에서 무작위로 표본 추출
	층화표집	모집단을 서로 다른 하위집단으로 나누고, 각 하위집단에서 무작위로 표본 추출 (성별, 연령대로 구분하여 무작위표집)
	군집표집	모집단을 여러 소집단으로 나누고 일부 군집을 무작위로 선택하여 그 군집 내 모든 구성원을 표본으로 포함(일부 학교를 무작위로 선택하여 그 학교의 모든 학생을 표본으로 추출)
비확률표집	할당표집	모집단의 특성에 따라 비율을 정하고 그 비율에 맞추어 표본을 할당(실제 남녀 비율에 맞게 표본도 남녀 비율 맞추기)
	의도적 표집	모집단의 중요한 특성을 가진 사람을 의도적으로 표집

---

[31] 남궁근, 전게서, 2011, p.241

● **지금까지의 출제경향**

1. 출제빈도

　- 3년에 한 번 정도 출제

2. 출제이론과 문제형태

　- 교육심리학은 학습자를 이해하는 학문으로서 학습자의 지능, 자기효능감, 발달이론이 출제

　- 이전에는 교육심리이론의 기본적 내용을 중심으로 출제되었으나, 최근에는 변화한 출제 트렌드에 맞게 해당 이론의 적용방안을 묻고 있으며 교수학습이론과 연계하여 출제

　※ (2023학년도 문제) 자기효능감 형성에 영향을 미치는 요인과 자기조절과정에서 목표설정 및 계획단계 이후의 지원방안

● **학습전략**

1. 출제 예상 Point

　- 2022 개정 교육과정의 인재상에서 강조하는 포용성, 창의성, 자기주도성을 함양하는 구체적인 방법 출제 가능

　- 교육심리학은 교실현장과 직접적으로 관련된 학문이므로 이론의 거시적 내용중심보다는 이론 관련 사례나 예시 등 미시적 내용 출제 가능

2. 중요 체크 이론

　- **(학습자 이해)** ① 지능 측정 및 활용 시 유의점

　　　　　　　　　　② 창의성 함양방법과 교사의 역할

　　　　　　　　　　③ 자기주도성 함양방법

　- **(학습동기)** ① 동기이론별 동기 유발 전략

　　　　　　　　② 자기결정성이론, 목표지향이론, 성취동기이론

　- **(학습자 발달)** Marcia의 정체성 지위이론과 진로지도

　- **(교수학습)** ① 강화와 벌의 사용방법과 유의점

　　　　　　　　② 정보처리이론

　　　　　　　　③ 메타인지 향상방안과 전이 촉진방안

V

교육심리학

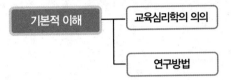

교육심리학

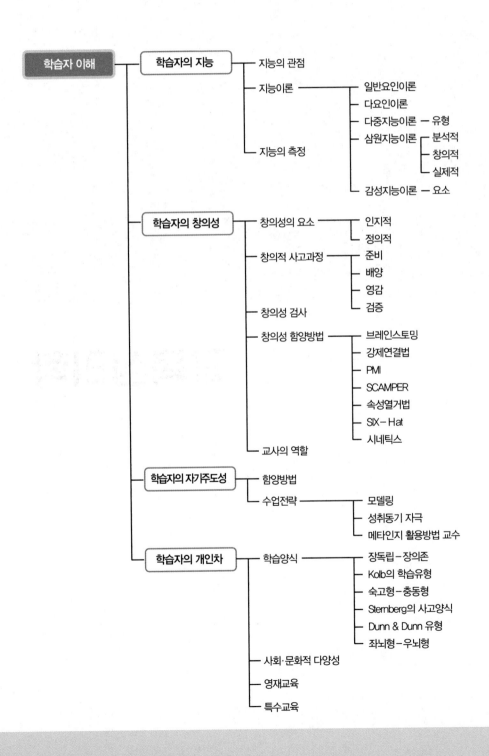

기본적 이해
- 교육심리학의 의의
- 연구방법

학습자 이해
- 학습자의 지능
  - 지능의 관점
  - 지능이론
    - 일반요인이론
    - 다요인이론
    - 다중지능이론 ─ 유형
    - 삼원지능이론 ┬ 분석적
      - 창의적
      - 실제적
    - 감성지능이론 ─ 요소
  - 지능의 측정
- 학습자의 창의성
  - 창의성의 요소
    - 인지적
    - 정의적
  - 창의적 사고과정
    - 준비
    - 배양
    - 영감
    - 검증
  - 창의성 검사
  - 창의성 함양방법
    - 브레인스토밍
    - 강제연결법
    - PMI
    - SCAMPER
    - 속성열거법
    - SIX-Hat
    - 시네틱스
  - 교사의 역할
- 학습자의 자기주도성
  - 함양방법
  - 수업전략
    - 모델링
    - 성취동기 자극
    - 메타인지 활용방법 교수
- 학습자의 개인차
  - 학습양식
    - 장독립-장의존
    - Kolb의 학습유형
    - 숙고형-충동형
    - Sternberg의 사고양식
    - Dunn & Dunn 유형
    - 좌뇌형-우뇌형
  - 사회·문화적 다양성
  - 영재교육
  - 특수교육

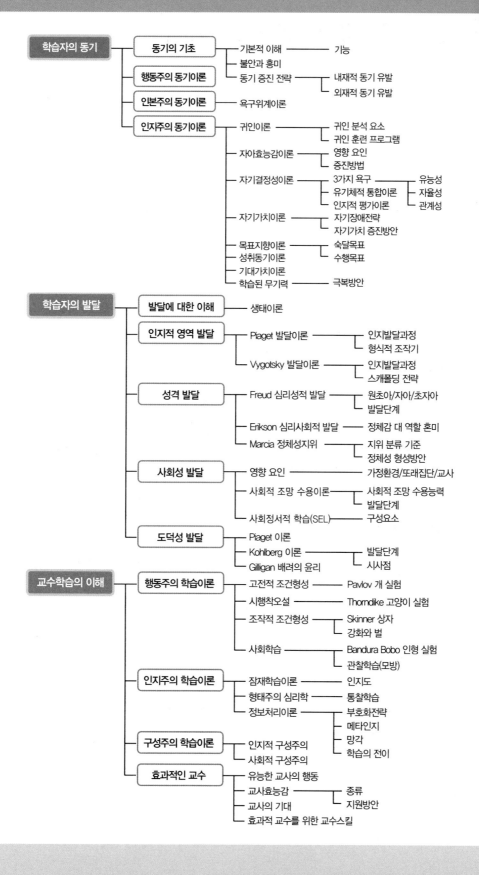

교육심리학의 기본적 이해

CHAPTER 01

1 교육심리학의 의의[32]

○ **(개념)** **교육 목표의 효과적 달성**을 위해 **교육의 과정(Process)에 관련된 현상**을 연구대상으로 삼아 필요한 **이론과 실천적 방법**을 연구하는 학문

- **(기능)** 교육 전문가로서 교사를 위한 효율적인 도구 제공

> **교육 전문가로서의 교사[33]**
>
> - **(전공에 관한 지식)** **내용지식**, 전공영역에 대한 풍부한 지식
> - **(교육에 관한 지식)** **교수내용지식**, 교수방법에 관한 지식, 학생의 특성을 이해하는 방법에 관한 지식, 학생을 관리하는 방법에 관한 지식, 평가에 관한 지식
> - **(학습자에 대한 헌신적 소명감)** 가르치는 일과 학생에 대한 끊임없는 열정과 소명의식

○ **(필요성)** ① 학습지 맞춤형교육을 위하여 **학습자를 이해**하고,

② 학습참여를 높이기 위하여 **학습동기를 유발**하고,

③ 학습자를 바람직한 인간으로 성장시키기 위하여 **인지·정의적 발달을 촉진**하고,

④ 이 모든 것을 위한 **교수학습이론**을 모색하는 학문

2 교육심리학의 연구방법

○ **(기술연구)** 관심 있는 **현상 및 사건을 관찰**하고, **있는 그대로 정확하게 조사·기술**

※ **참여관찰**(교사 교실에서 같이 참여), **민속지학**(한 집단을 장기간 관찰), **사례연구**(상황에 대한 집중적 연구)

○ **(상관연구)** 자연적 상황에서 **변수 간에 발생하는 관계**에 관한 연구

※ 정적상관, 부적상관, 상관계수(-1 ~ +1)

- **(장점)** ① 인위적인 상황을 만들지 않고 **변수 있는 그대로 연구 가능**

② 한 변수의 정보를 통해 **다른 변수 예측 가능**

- **(단점)** 어떤 변수가 다른 변수의 원인이 되는지 **인과관계 증명 곤란**

○ **(실험연구)** 상황을 통제하여 **연구자가 어떤 변화(처치)를 주고 그것의 결과(영향)를 분석**하는 연구

---

[32] 임규혁 외, 『학교학습 효과를 위한 교육심리학』, 2010, 학지사
[33] 신명희 외, 『교육심리학』, 2010, 학지사

02 학습자에 대한 이해

1 학습자의 지능

1 지능의 기본

○ **(개념)** 문제해결의 특성을 지니고 인지과정과 조작으로 조종되는 **개인의 적응적 행동**

  - **(요소)** ① 추상적 사고 혹은 추리, ② 문제해결능력, ③ 지식획득의 역량, ④ 기억력 등

    ※ Snydermen & Rothman(1987)의 설문조사

○ **(기본관점)** 증가적 관점 vs 고정적 관점(C. Dweck의 암묵적 지능이론)

지능에 대한 양대 관점

구분	주요 내용
증가적 관점 (증가이론)	• 지능이 노력을 통하여 변화한다고 믿음 • 실패 시 노력 귀인 → 학습동기 향상 • 숙달목표(학습목표) 지향적 • 외부평가를 활용하여 자기발전의 기회로 삼음
고정적 관점 (정체이론)	• 지능은 고정되어 있다고 믿음 • 실패 시 능력 귀인 → 학습동기 하락 • 수행목표 지향적 • 외부의 평가로부터 자신을 보호하는 데 초점

증가적 관점으로의 전환방법

① 노력을 통하여 실패를 극복한 사례 제시(모델링)
② 실패에 대하여 노력으로 귀인할 수 있는 피드백 제공
③ 학습자 스스로 강·약점을 파악하고 강점을 개발하고 약점을 보완할 수 있는 후속과제 제공
④ 틀린 것을 알려주는 피드백보다 발전의 방향을 알려주는 피드백 제공

---

[2] **지능이론** 기출 2001, 2003, 2007, 2009, 2011, 2019

○ **(일반요인이론)** 지능은 **g요인(일반지능요인)과 s요인(특수지능요인)**으로 구성(C. Spearman)

  – **(g요인 : general factor)** 모든 지능을 군림하는 **단일 능력**으로 <u>언어, 수, 정신 속도, 주의, 상상</u>

    ※ (예시) 음악 전공 학생들은 모두 음정·박자에 대한 예민한 자각능력을 갖춤

  – **(s요인 : specific factor)** 각 지능검사에서 요구하는 **특수한 능력**

    ※ (예시) 성악 전공 학생들은 성량·호흡에서, 기악 전공 학생들은 악기별로 적합한 능력을 갖춤

○ **(다요인이론)** 지능은 한 개가 아닌 **몇 개의 기본정신능력**[*](Primary Mental Ability : PMA)으로 구성, 각 능력은 내적 상관관계가 있는 동시에 독립적(L. Thurstone)

  * 언어이해, 기억, 추리, 공간관계 시각화, 수, 단어 유창성, 지각 속도

  – **(지능 구조모형)** **세 가지 차원(내용, 조작, 산출)의 상호조합**을 통하여 180개(5×6×6)의 상이한 정신능력 형성(J. Guilford)

    * (SOI) Structure Of Intellect model

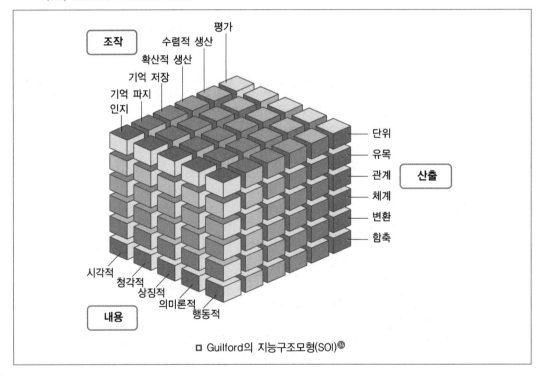

□ Guilford의 지능구조모형(SOI)[34]

---

[34] 신명희 외, 전게서, 2010, p.105

- (R. Cattell의 분류) **지능의 일반요인을 유동적 지능과 결정적 지능**으로 구분

🖋 **지능에 대한 Cattell의 분류**

구분	주요 내용
유동적 지능	**유전적·신경생리적 영향**에 의하여 발달하는 지능으로, **성인기 이후 감퇴**(Fluid Intelligence) ※ 개인의 지각, 일반적 추리, 암기 속도
결정적 지능	**환경 및 경험, 문화적 영향**에 의하여 발달하는 지능으로, **성인기 이후에도 꾸준히 발달** (Crystallized Intelligence) ※ 논리적 추리력, 언어능력, 문제해결능력, 상식 등

○ (H. Gardner의 다중지능이론) 인간 두뇌의 해부학적 구조와 **개인이 속한 문화의 관점**에서 지능을 분석하고 이론화

- (지능) 문화적으로 가치 있는 물건을 창조하거나 문제를 해결하는 데 필요한, **그 문화에서 유용하게 쓰일 수 있는 정보**를 처리하는 생물·심리학적인 잠재력(문화적·시대적 맥락 강조)

- (종류) 언어지능, 논리수학지능, 공간지각지능, 신체운동지능, 음악지능, 대인관계지능, 개인 내 지능, 자연지능(후속)

  ※ 각각의 지능은 상호 독립적이며, 단순한 테스트형 IQ 검사로는 정확한 측정 곤란

  ※ 대인관계지능, 개인 내 지능은 인간의 정서적 능력과 관련한 개인적 지능에 해당

🖋 **다중지능이론에 따른 지능의 유형**

구분	핵심 성분	예시
언어지능	말하기, 읽기, 작문, 듣기 영역에 대한 민감성, 언어학습·언어활용능력	작가, 시인, 교사
논리수학지능	문제의 논리적 분석, 수학적 사고, 과학적 방법을 통한 문제해결	수학자, 과학자
공간지각지능	시공간 세계에 대한 예민한 지각	조각가, 건축가
신체운동지능	몸의 움직임을 통제하고 사물을 능숙하게 다루는 능력	운동선수, 무용가
음악지능	연주, 노래, 음정과 리듬에 대한 민감성	연주가, 성악가, 지휘자
대인관계지능	타인의 욕구·동기·의도를 이해하고 협동하며 일할 수 있는 능력	교사, 상담가, 종교인
개인 내 지능	자신을 이해하고, 욕구·불안·두려움 통제	심리학자, 종교인
자연지능	자연에 존재하는 종(species)을 구분하고 종 사이의 관계성 인식	생물학자, 농부

- (의의) ① 지능의 **영역 확대 → 다양한 교육과정·교수 전략의 필요성**
        ② **지속적인 지능의 향상** 가능성 인정

- (한계) ① 과학적 추론과정이 모호하여 **지능과 재능의 구분 불명확**
        ② 학생 수가 많은 교실 현실에서 **실용성 저조**

▌ **다중지능에 따른 교수전략**[35]

구분	교수활동	학습목표
언어지능	강의, 토론, 낱말 게임, 다 같이 읽기, 이야기하기	읽으라, 쓰라, 말하라
논리수학지능	문제 풀기, 과학실험, 퍼즐, 수 게임, 비판적 사고	측정하라, 비판적으로 생각하라, 개념화하라
공간지각지능	그래프·지도·사진 등 시각적 자료 제시, 미술활동, 상상하기	보라, 그리라, 시각화하라, 색칠하라
신체운동지능	체험학습, 드라마, 춤, 스포츠, 촉각활동	제작하라, 실연하라, 표현하라
음악지능	노래, 연주, 힙합	노래하라, 랩으로 노래하라
대인관계지능	협동학습, 공동체 참여	협력하라, 상호작용하라
개인 내 지능	개별화 수업, 자율학습(자서전 쓰기, 학업계획서 쓰기)	개인 생활과 관련지으라, 선택하라
자연지능	식물 채집, 애완동물 돌보기, 자연 체험	자연을 직접 느끼고 체험하라

○ **(R. Sternberg의 삼원지능이론)** 인간이 어떤 문제를 해결하고 지적으로 행동하기 위한 **정보를 어떻게 모으고 사용**하는지에 초점(지능의 정보처리적 접근)

  − **(지능의 삼원론)** 모든 사람에게 공통적으로 나타나는 인지과정을 강조, **지능의 전통적 개념에 창의적·실제적 측면을 강조**하여 **현실세계에서 효과적으로 기능**하는 것이 지적행위라 지적

> 🔖
> **3가지 지능이 통합**되어 **균형이 유지될 때 성공지능(Successful Intelligence)이 발현**

  − **(분석적 지능)** 문제를 해결하기 위한 전략을 계획하고 **개념이나 정보를 이해·분석·대조·평가하는 사고능력**으로, 메타−수행−지식습득요소로 구분

▌ **분석적 지능의 요소**

구분	내용	예시
메타요소	• 인간의 고등정신과정 • 과제해결을 위해 계획·점검·평가	보고서를 쓰기 위하여 사전에 계획하고 점검
수행요소	메타요소를 이행하는 하위 수준의 과정	보고서를 실제로 작성
지식습득요소	새로운 것을 학습할 때 유용한 정보를 골라내고 기존 정보와 관련	보고서 작성을 위하여 자료를 수집하고 정련화

---

[35] 신명희 외, 전게서, 2010, p.119 일부 수정

- (창의적 지능) 문제를 새로운 상황에 적용하여 이미 알고 있는 것 이상으로 나아가고자 스스로 생각을 확장하는 사고능력(= 경험적 지능)

▮ 창의적 지능의 내용

구분	주요 내용
신기성을 다루는 능력	새로운 상황을 효과적으로 다루는 통찰력과 창의력
정보처리 자동화 능력	새로운 해결책을 신속하게 일상적인 과정으로 바꾸어 적용하는 능력

- (실제적 지능) 자신의 주변 환경과 맥락을 자신에게 맞도록 선택·조성하여 **정보를 일상생활에 적용하도록 돕는 사고능력**으로, 인간이 성공할 수 있는 **환경을 선택·적응·조성**(환경을 바꾸는 것)하는 능력

※ 선택·적응·조성을 결정하는 중요한 요소는 우리 사회의 문화

▮ 삼원지능이론에 따른 수업 ㊱

구분	분석적 지능	창의적 지능	실제적 지능
주요 활동	비교, 비평, 대조, 판단, 평가	발견, 상상, 고안	해결점을 찾고 적용·활용
국어	〈금도끼 은도끼〉와 창작동화 〈제키의 지구 여행〉 비교하기	〈금도끼 은도끼〉 결말 부분 새롭게 써보기	〈금도끼 은도끼〉를 연극으로 실행하기 위한 각본 쓰기
음악	판소리와 창극의 특성 분석하기	'지구온난화'를 주제로 3분짜리 창극 만들기	창극 공연을 위한 포스터 제작하기

○ (P. Salovey & J. Mayer의 감성지능이론) 정서를 정확하게 지각·평가·표현하는 능력

▮ 감성지능의 구성요소 : D. Goleman

구분	주요 내용
자기인식	자신의 감정을 돌아보고 자신의 내면에 지속적으로 주의를 기울이는 것
자기조절	자신이 느낀 감정을 즉각적으로 표현하지 않고 상황에 따라 적절하게 조절하는 것
자기동기화	목표를 달성하기 위하여 자신에게 닥치는 어려움을 견디고 이겨내고자 노력하는 것
감정이입	타인의 감정을 자신의 감정처럼 느끼는 것
대인관계기술	타인의 감정에 효과적으로 대처하여 원활한 대인관계를 생성하고 유지하는 것

㊱ 신명희 외, 전게서, 2010, p.119 일부 수정

③ 지능의 측정 기출 2007

o **(Binet-Simon 검사)** 정신연령의 개념을 도입하여 **연령집단을 기준으로 점수를 표준화**

※ (예시) 7세 문항을 성공적으로 수행한 아동은 실제 연령과 관계없이 7세 아동의 정신연령을 지녔다고 판정

o **(Stanford-Binet 검사)** 생활연령에 대한 정신연령의 비율에 100을 곱하여 계산(Terman)

※ (예시) 정신연령 10세, 실제연령 8세면 10/8 × 100 = 125

o **(Wechsler 검사)** 나이에 따라 3가지 검사*를 실시하며 검사별로 **언어영역과 동작영역**을 측정

* WPPSI(4 ~ 7세), WISC(7 ~ 16세), WAIS(성인)

 – **(언어)** 일반지식, 일반이해, 산수, 유사성, 어휘, 문장 등

 – **(동작)** 그림 완성, 그림 배열, 나무토막 조립, 물건퍼즐, 부호 기입, 미로 찾기 등

o **(편차지능지수)** 어떤 사람이 같은 연령의 집단 내에서 다른 사람과 비교하여 얼마나 위 혹은 아래에 있는지 나타내는 수치

※ 지능지수의 평균은 100, 표준편차는 15(웩슬러지수) 또는 16(편차비네지수)

o **(문화적·경제적 차이를 고려한 검사)** 문화적·경제적 요인이 지능검사에 반영되는 경우 정확한 측정이 어렵다는 비판하에 **문화적·경제적 요인을 제거한 검사 실시**

 – **(SOMPA)** 의료적 요소(아동의 건강상태)를 고려하여 다양한 사회적·문화적·인종적 배경을 지닌 아동에 대한 포괄적 이해 도모

 – **(아동용 카우프만 검사)** 비언어적 척도를 포함

지능지수에 대한 올바른 이해
- IQ는 **학습에 대한 일반적성평가**일 뿐임을 명심
- 학생의 선천적인 지적능력을 **완벽하게 측정하는 것이 아님**
- 언어나 논리수학 같은 **협소한 능력과 관련된 평가**
---

2 학습자의 창의성

1 창의성의 의의

○ **(개념)** 새롭고(Novel) 적정한 것(Appropriate)을 생성해 내는 능력

- **(구성요소)** 해당 분야의 **전문적 기술** + **창의적인 사고** + **창의적 행동기술** + **창의적 활동**에 대한 **내적 동기**

    ※ T. Amabile, 1989.

창의성의 요소

구분		주요 내용
인지적 측면	유창성	아이디어의 양
	융통성	아이디어의 다양성
	독창성	아이디어의 참신함
	정교성	아이디어의 세부화 : 아이디어를 구체적으로 발전시키고, 세부적인 부분까지 치밀하게 계획하는 능력
정의적 측면	도전적 태도	어려움에 직면하였을 때 극복하려는 의지 : 실패를 두려워하지 않고 새로운 시도와 도전을 지속하려는 태도
	호기심	새로운 것에 대한 관심 : 다양한 분야에 대해 궁금해하고, 알고자 하는 열망을 가지는 태도
	인내심	지속적인 노력과 끈기 : 실패나 어려움에도 포기하지 않고, 목표를 달성하기 위하여 지속적으로 노력하는 태도
	개방성	새로운 경험과 아이디어에 대한 수용성 : 타인의 의견이나 새로운 시도를 열린 마음으로 받아들이고, 다양한 가능성을 탐색하는 태도

○ **(필요성)** 창의성은 **지식 습득 및 활용, 복잡한 문제 해결, 인성발달** 측면에서 중요한 역할을 하고 **미래 사회발전**을 위한 원동력

    ※ 인류의 생존은 창의성에 달려 있다.(M. Csikszentmihalyi, 1996.)

○ **(연구방법)** **심리측정학적 접근**(상관적 설계), **실험적 접근**(실험적 조작을 통한 인과관계 규명), **전기적 접근**(창의적 인물사례 연구), **역사측정적 접근**(역사적 고증을 통한 질적 연구), **생물측정학적 접근**(창의적 사람의 유전적 구조·신경체계 연구)

2 창의성에 관한 연구

○ **(창의적 인물)** 창의적인 개인들의 **특성**에 초점을 두고 그들의 **공통적 성격·태도**에 주목

- **(주된 공통특성)** 개방적·직관적·도전적·모험적·비관습적 사고

- **(P. Torrance)** 창의적 인물은 자신의 꿈과 원하는 미래상에 대하여 끊임없는 열정을 지니고 몰입하며, 선택의 일관성 유지

- **(M. Csikszentmihalyi)** 창의적 인물은 **양면성**을 조화롭게 활용

   ※ (예시) 내성적 vs 외향적, 이상적 vs 현실적, 진보적 vs 보수적

○ **(창의적 사고과정)** **준비 − 배양 − 영감 − 검증**의 4단계로 구분(G. Wallas)

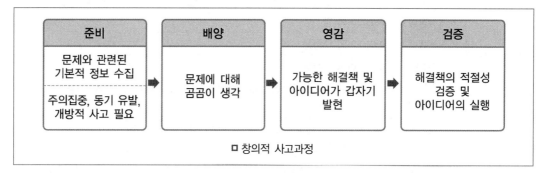

□ 창의적 사고과정

○ **(창의성과 지능의 관계)** **지능은 창의성의 필요조건**이기는 하지만 충분조건은 아님

📌 창의성과 지능의 관계에 대한 다양한 관점: Sternberg & O'Hara, 1999.

관점	주요 내용
창의성은 지능에 종속	• Guilford의 SOI의 조작 차원(확산적 생산)에 창의성이 포함 • Gardner의 다중지능들의 기능 속에 창의성 포함
지능이 창의성에 종속	Sternberg & Lubart의 창의성 발현에 기여하는 6요인으로 지능, 지식, 사고양식, 성격, 동기, 환경 언급
창의성과 지능은 중첩	• Anderson의 식역이론(문턱이론, Threshold Theory)은 일정 수준의 IQ 이상에서는 창의성과 지능의 상관관계가 낮다고 주장 • Renzulli의 세 개의 고리모델은 영재성의 정의로 평균 이상의 지적 능력, 창의성, 과제 집착력 제시
창의성과 지능은 동일	Haensly & Reynolds는 창의성과 지능을 동일한 현상으로 간주하고 창의성이 지능의 다른 이름이라 주장
창의성과 지능은 독립적	Torrance는 부단한 연습의 결과로 창의성 향상 가능 주장

○ **(통합적 접근)** 창의성 연구 시 창의적 개인·사고과정뿐 아니라 **창의적 환경과 영역을 고려**하는 **창의성 체계모델 제시**(M. Csikszentmihalyi)

- 창의적 결과물이 세상에서 인정받기 위해서는 일련의 절차, 경험 등을 통해 인류 전체가 공유하는 상징적인 지식으로 인정 필요

   ※ 에디슨의 발견은 그 이전의 지식(영역)이 없었다면, 그의 사고를 자극한 지적·사회적 조직망이 없었다면, 그것을 공표해주는 제도(활동현장)가 없었다면 불인정

창의성 체계 모델

요소	내용
영역(Domain)	인류가 공유하는 상징적 지식, 규칙, 절차
활동현장(Field)	새로운 아이디어·창작물을 영역에 포함할지 여부 결정
개인(Person)	영역에 대한 유전적 소질을 가지고 물질적·환경적 혜택을 경험

── **몰입(Flow) 이론 : M. Csikszentmihalyi**

- **(몰입의 개념)** 시간이 흐르는 줄 모르고 **완전히 몰두**하는 경험
- **(효과)** 몰입상태에 있을 때의 **활동 자체가 보상**이라 인식. 이 상태에서는 **집중력·창의성·학습능력 등이 최고 수준**이며, 외부의 방해요소는 미인지
- **(발현 요소)** ① 명확한 목표
  ② 즉각적인 피드백
  ③ 기술과 도전의 균형 : 과제의 수준과 자신의 능력·기술이 일치
  ④ 행동과 인식의 통합
  ⑤ 주변 환경에 대한 의식 상실 : 외부평가에 대한 걱정이 사라짐
  ⑥ 시간감각 왜곡 : 시간의 흐름을 미인지
  ⑦ 자기목적적 경험 : 활동 자체가 목적
  ⑧ 통제감 : 자신의 통제력

3 **창의성 검사**

○ **(검사방법)** 창의적 인물(Person), 창의적 과정(Process), 창의적 산물(Product), 창의적 환경(Press)에 따라 다양한 창의성 검사 실시

📍 **창의성 검사영역 및 주요 검사방법**

검사영역	주요 검사방법
개인	• 과거의 창의적 활동을 근거로 개인을 평가(전기적 접근) • 개인을 관찰하거나 자기보고식 척도를 통한 검사
과정	하나의 정답을 요구하지 않고 일정한 기준을 충족시키며 여러 개의 반응을 생산해 내는 능력에 초점
산물	새로움, 현실적 적용성, 완결된 재조직성, 심미성 등을 평가
환경	창의적 산물에 영향을 미치는 환경요인 분석, 기업환경 분석, 작업환경 질문지 등

○ **(Torrance 검사)** 창의적 과정에 초점을 둔 확산적·발산적 사고에 대한 검사로, 언어검사와 도형검사 실시

※ TTCT : Torrance Tests of Creative Thinking

- **(언어검사)** 질문하고 추측하기, 작품 향상, 색다른 용도, 색다른 질문, 가상하기 등의 7개 하위검사 실시

   ※ (예시) 아동이 다음 곰인형과 비용에 상관없이 더 재미있게 놀 수 있는 방법 생각

- **(도형검사)** 불완전한 그림을 제시하고 유의미하게 완성하는 것으로 그림 구성, 도형 완성, 반복적인 닫힌 도형 검사 등의 3개 하위검사 실시

○ **(창의성 산출물 검사)** 산출물이 창의적인지 여부 검사

- **(합의사정기법 : CAT*)** 창작물에 대한 **전문가집단(3명 이상)의 전문적 평가**로 수행의 여러 가지 측면을 구분하여 채점하지 않고 하나의 점수만을 제시(**총체적 채점**)

   * Consensual Assessment Technique, Amabile

   ※ **(유의점)** 전문가는 편견을 없애기 위하여 사전교육을 받지 않고 평가기준도 없으며 상호합의도 불가능

- **(CPSS*)** **새로움·해결성·정교성과 종합성**을 평가, 창의성을 하나의 점수로 내지 않고 하위요소의 점수를 내고 총합(**분석적 채점**)

   * Creative Product Semantic Scale, Besemer 등

4 창의성 함양방법 [기출] 2003, 2005, 2008

○ **(Brainstorming)** 개인의 창의적인 아이디어 산출을 위하여 **자유로운 집단토의방법 사용**

※ A. Osborn, 1938.

- **(기본원칙)** ① 평가는 마지막에 하며 **비판적 평가 금지**

② 어떠한 **아이디어도 수용**

③ 아이디어의 질보다 **양 중시**

④ 아이디어의 **결합과 개선**을 통한 발전

- **(집단의 구성)** **성·연령·경험이 다양한 구성원** 6 ~ 7명, 30 ~ 40분 토의

○ **(강제연결법)** 개발하여야 할 산출물과 무작위로 선정한 주변의 물건을 강제로 연결하면서 새로운 아이디어 창출

※ (예시) 커피머신 + 시계 = 일정한 시간이 되면 나오는 커피머신
커피머신 + 계산기 = 칼로리를 계산해주는 커피머신

○ **(PMI*)** 어떤 아이디어의 **긍정적·부정적인 면**을 살펴보고, 마지막으로 중립적이지만 주목할 만한 가치가 있다고 생각되는 점을 살펴보도록 하여 사고의 방향 안내

* Plus Minus Interest, E. de Bono

○ **(SCAMPER)** 질문목록에 따라 새로운 아이디어를 자극하는 방법

※ Eberle, 1971.

📗 **SCAMPER 기법 적용 예시**

구분	기존 물건	새로운 아이디어
Substitute (대체)	플라스틱 빨대	종이 빨대
Combine (결합)	냉장고, 정수기	정수기가 달린 냉장고
Adapt (적용)	옷에 붙는 씨앗	벨크로(찍찍이)
Modify, Magnify, Minify (수정, 확대, 축소)	노트북 축소	태블릿
Put to other use (다른 용도로 사용)	오래된 호텔	청년임대주택
Eliminate (제거)	선풍기	날개 없는 선풍기
Rearrange, Reverse (재배열, 반전)	강의식 수업 + 온라인 복습	거꾸로 수업

○ **(속성열거법)** 문제의 대상이나 아이디어의 **다양한 속성을 목록으로 작성**하여 **세분된 각각의 속성에 주의를 기울이는 것**

- **(속성)** **명사적 속성**(전체·부품·재료·제조법), **형용사적 속성**(성질), **동사적 속성**(기능)

  ※ 우산은 천과 쇠, 플라스틱으로 구성되어 있고(명사적 속성), 끝은 뾰족하고 손잡이는 차갑다(형용사적 속성). 그리고 비를 막아준다(동사적 속성).

- **(절차)** ① 1단계 : 문제를 명확하게 기술

  ② 2단계 : 문제의 속성을 자세하게 나열

  ③ 3단계 : 나열한 항목을 검토하여 아이디어 도출

  ④ 4단계 : 아이디어 평가 및 종합

○ **(Six-Hat)** 서로 다른 사고의 유형을 상징하는 6가지 색깔의 모자를 쓰고 각 색깔에 맞는 사고유형을 표현하는 창의력 기법

- **(특징)** 모자별로 한정된 역할을 제시하여 **자아에 대한 손상 없이 자유롭게 사고 및 표현 가능**

♪ 6가지 사고모자별 사고방식

구분	주요 내용
흰색 모자	사실적 사고(객관적 정보와 사실에 집중)
빨간색 모자	감정적 사고(감정, 영감에 의존)
노란색 모자	긍정적 사고
검은색 모자	부정적 사고
초록색 모자	새로운 아이디어 발상(창의적 아이디어)
파란색 모자	사회자

○ **(Synectics)** **유추를 통해 친숙한 것으로 새로운 것을 창안**하거나, **친숙하지 않은 것을 친숙한 것으로 보게 함**으로써 창의적 사고 발현 ※ W. Gordon, 1944. [기출] 2004

  ※ **(직접 유추)** 동식물이 스스로를 보호하는 방법을 통하여 신변 안전장치를 생각해보자.
  (의인 유추) 내가 만일 새롭게 고안된 병따개라면 어떤 모양이 되고 싶은가?
  (상징 유추) 부드럽지만 강한 것이 무엇일까?
  (공상적 유추) 하늘을 나는 자동차를 생각해보자.

┌─ **창의성 향상을 위한 프로그램**[37]
│
│ ■ **(생산적 사고 프로그램)** Covington, 만화식 책자로 구성하여 만화에서 제공하는 다양한 정보를 이용하여 문제 해결, 평범하지 않은 아이디어 산출 중요시
│ ■ **(창의적 사고 프로그램)** Feldhusen, 창의적 문제해결의 원리 소개, 역사적으로 유명한 사람·사건에 대한 정보 청취(오디오 테이프를 통한 상상력 제시), 토의

---

[37] 임규혁 외, 전게서, 2010.

5 창의성 함양을 위한 교사의 역할

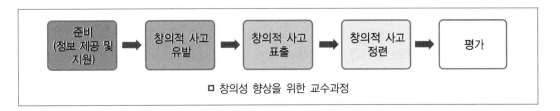

□ 창의성 향상을 위한 교수과정

○ **(정보 제공 및 지원)** ① 창의적 사고의 원천이 되는 **기본지식 제공**

② 창의적 **사고과정**에 대한 안내

③ 창의적 사고 및 표현을 위한 **자원(수업자료, 기자재 등) 지원**

④ 창의적 문제해결 **사례 제시**

○ **(창의적 사고 유발)** ① 창의적 사고를 가치 있게 여기도록 교수

② 새로운 질문하기

③ 충분한 사고를 위한 시간 부여

○ **(창의적 사고 표출)** ① 누구나 창의적 사고를 **이야기할 수 있는 기회** 부여

② **평가를 최대한 뒤로 미루고 황당한 아이디어도 수용**

③ **타인의 생각을 수용**할 수 있는 학급 분위기 조성

○ **(창의적 사고 정련)** ① 피상적 비판이 아닌 **정보적·건설적 비판을 통하여 아이디어 정련**

② 창의적 사고를 **구체화하는 방법** 유도

③ 아이디어 정련을 위한 **기준 마련**

○ **(평가)** ① 결과뿐 아니라 **창의적 사고과정을 가치 있게 평가**

② 기존 평가방법이 아닌 **새로운 평가방법 고안 및 실시**

3 학습자의 자기주도성

1 자기주도성의 의의

○ **(개념)** 학습자 스스로가 학습 참여 여부부터 목표 설정 및 교육 프로그램의 선정과 교육평가에 이르기까지 **교육의 전 과정을 자발적 의사에 따라 선택하고 결정하는 능력**

※ **(2022 개정 총론)** 자아정체성과 자신감을 가지고 자신의 삶과 진로를 스스로 설계하며, 이에 필요한 기초능력과 자질을 갖추어 자기주도적으로 살아갈 수 있는 자기관리역량

○ **(필요성)** ① 개인적 측면 : 학습자의 **지속적인 성장**
　　　　　　 ② 사회적 측면 : 환경변화에 **능동적으로 대응**하는 인재 육성

2 자기주도성 함양

○ **(함양방법)** ① 교수 설계 : **학습자 스스로 목표 설정 및 내용 선정**
　　　　　　　 (고려 요소 : 학습자의 수준과 흥미 고려)
　　　　　　 ② 교수 방법 : **학습자의 주체적 참여를 확대하는 수업**
　　　　　　　 (방법 예시 : 프로젝트 학습법, 협동학습, 하브루타 수업 등)
　　　　　　 ③ 평가 : **학습자가 스스로 목표 달성도 확인**
　　　　　　　 [방법 예시 : 자기성찰평가, 동료평가(모둠 내·모둠 간) 등]

○ **(수업전략)** ① **적절한 모델링**(사례 제시, 교사의 시범)
　　　　　　 ② **성취동기 자극**(적절히 도전적인 과제 제시)
　　　　　　 ③ **메타인지 활용방법 교수**(설명과 시범, 체크리스트, 연습의 기회)

┌─ <u>2022 개정 교육과정 총론</u>
│ ■ **(설계원칙 4)** 학교 교육기간을 포함한 **평생학습에 필요한 기초소양과 자기주도 학습능력**을 갖출 수 있도록 지원하며 학습격차를 줄이도록 노력한다.
│ ■ **(교수학습 가-4)** 학생이 여러 교과의 고유한 탐구방법을 익히고 **자신의 학습과정과 학습전략을 점검**하며 개선하는 기회를 제공하여 **스스로 탐구하고 학습할 수 있는 자기주도 학습능력**을 함양할 수 있도록 한다.

┌─ **참고** 그릿(GRIT)
│ ■ **(개념)** 개인이 장기적인 목표를 달성하기 위하여 끝까지 끈기 있게 노력하는 성향(A. Duckworth)
│ ■ **(요소)** ① **열정(Passion)** : 특정한 목표에 대하여 지속적인 관심을 가지고 일관된 방향으로 나아가는 마음가짐
│ 　　　　　 ② **끈기(Perseverance)** : 도전과 실패를 겪더라도 포기하지 않고 목표를 향해 나아가는 지속적인 노력
│ ■ **(교수방법)** ① **성장 마인드셋 강조** : **도전적인 과제 제공 및 과정에 대한 긍정적 피드백**
│ 　　　　　　 ② **장기목표 설정 및 이행 지원** : **목표달성 과정을 시각화**하고 단계별 목표점검 시간 제공
│ 　　　　　　 ③ **회복탄력성 훈련** : 실패를 딛고 일어선 **우수사례 제공** + 실패 이후 자기성찰의 시간 부여

4 학습자의 개인차에 대한 이해

1 학습자의 학습양식 기출 2006

○ (개념) 제시된 **정보를 처리하는 방법**과 주어진 **과제를 해결하고자 할 때 사용하는 다양한 전략** (= 인지양식)

○ (의의) ① 학생들의 다양한 학습양식 및 인지양식을 고려하여 **교수양식 다양화**
② **학습자 스스로 자신의 학습양식과 인지양식에 맞는 학습방법**을 생각하고 행동하게 하여 자의식 개발 필요

○ (H. A. Witkin의 장독립 – 장의존) 인지과정에서 정보나 자극에 대한 심리적 분화 정도를 나타내는 지표인 **장(Field, 배경)**에 따라 인지양식 구분

※ 잠입도형검사(EET ; Embedded Figure Test)에서 높은 점수를 얻으면 장독립형

📌 **장독립형과 장의존형의 차이 : Ramirez, 1974.**

구분	장독립형	장의존형
전체적 특징	• 전체보다 부분에 초점 • 개별 요소의 분석에 중점	• 부분보다 전체에 초점 • 사회적 요소나 관계를 중요시
동료와의 관계	• 독립적으로 학습하는 것 선호 • 학습 시 과제 지향적	• 동료와 함께 학습하는 것 선호 • 학습 시 타인의 감정과 의견에 민감
교수자와 개인적 관계	교수자와 학습 외의 물리적 접촉 비선호	교수자에게 교수학습 외적으로 의존
교수자와 학습적 관계	• 교수자의 도움 없이 과제 수행 선호 • 비사회적인 보상 선호(도전 및 성장 기회 제공, 자율권 부여 등)	• 교수자로부터의 가이드 · 시범 선호 • 교수자와의 관계가 강화될 수 있는 보상 선호 (언어적 칭찬)

○ (D. Kolb의 학습유형) 학습자가 사용하는 **정보지각방식**과 **정보처리방식**에 의해서 학습유형 결정

– (정보지각) **구체적 경험**을 통한 지각 vs **추상적 개념화**를 통한 지각

※ (구체적 경험) 직접경험학습, 사람들과의 관계 중시

※ (추상적 개념화) 계획 수립, 이론 개발, 정확하고 논리적인 사고 중시

– (정보처리) **반성적 관찰** vs **활동적 실험**

※ (반성적 관찰) 판단 전에 주의 깊게 관찰, 정보 수집, 다양한 관점 고려

※ (활동적 실험) 실험 시도, 문제해결, 기술적 과제 선호

<table>
<tr><td colspan="2" align="center">구체적 경험</td></tr>
</table>

조절형 Accommodator	**발산형 Diverger**
계획실행이 뛰어나고 새로운 상황에 잘 적응, 모험적 · 감각적으로 행동, 문제해결 시 타인에 의존	상상력이 뛰어나고 여러 아이디어 창출, 동료와의 좋은 인간관계 유지
수렴형 Converger	**동화형 Assimilator**
의사결정 및 문제해결능력 탁월, 사회적 관계는 미숙하나 기술적 과제를 잘 다룸	논리성과 치밀함이 뛰어나고 이론화를 잘함, 과학적이며 체계적 사고

활동적 실험 (좌), 반성적 관찰 (우)

추상적 개념화

□ Kolb의 학습유형(1979)

○ **(J. Kagan 숙고형 – 충동형)** 과제에 대한 **반응 속도**에 따라 구분

　– **(숙고형)** 대답은 느리나 오답이 적음, 행동 전에 정보 수집 및 분석

　　※ **(지도방안)** 어렵고 까다로운 문제는 건너뛰도록 교수

　– **(충동형)** 대답은 빠르나 오답이 많음, 최소한의 정보를 통하여 행동

　　※ **(지도방안)** 문제해결과정을 말로 표현하도록 충동성을 줄임, 신중하게 사고하는 연습

○ **(R. Sternberg의 사고양식)** 지능과 성격을 매개하는 지적 양식인 정신자치제이론을 통하여 **사람들이 선호하는 다양한 사고양식** 제시

▌사고양식 : Sternberg 등

구분	사고양식	특징
사고의 기능	입법적	창의적인 전략을 요구하는 과제에 몰두
	행정적	뚜렷한 지시, 규칙이 부여된 과업 선호
	사법적	타인의 활동을 평가하는 과업 선호
사고의 형식	군주제적	한 번에 한 가지 일에만 몰두
	계급제적	과업에 우선순위를 두어 개입
	과두제적	동시에 여러 일 수행하나 우선순위 미부여
	무정부제적	형식 · 절차에 얽매이지 않고 융통성 있게 과업 수행
사고의 수준	전체적	추상적 아이디어, 주제에 관한 전반적 그림에 집중
	지엽적	구체적 세부사항에 집중
사고의 범위	내부지향적	타인과 독립적으로 과업에 몰두
	외부지향적	타인과의 상호작용을 통하여 과제 수행
사고의 경향성	자유주의적	새로움과 모호성을 포함하는 과제 선호
	보수주의적	규칙과 절차가 주어지는 과제 선호

○ **(R. Dunn & K. Dunn의 학습유형)** 학습에 영향을 미치는 환경적 요인, 정서적 요인, 사회적 요인, 생리적 요인, 심리적 요인 제시

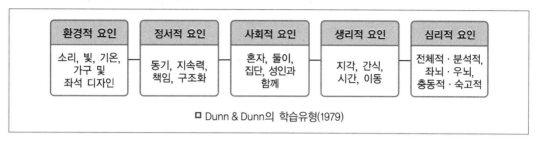

환경적 요인	정서적 요인	사회적 요인	생리적 요인	심리적 요인
소리, 빛, 기온, 가구 및 좌석 디자인	동기, 지속력, 책임, 구조화	혼자, 둘이, 집단, 성인과 함께	지각, 간식, 시간, 이동	전체적·분석적, 좌뇌·우뇌, 충동적·숙고적

☐ Dunn & Dunn의 학습유형(1979)

○ **(좌뇌형 – 우뇌형)** 주로 쓰는 뇌에 따라 학습유형과 인지양식에 차이

– **(좌뇌형)** 계열적·분석적 정보 처리, 논리·읽기·쓰기·말하기·추상적 개념과 같은 영역과 관련

– **(우뇌형)** 전체적·직관적 정보 처리, 정서·창의성·음악성·직감·공간적 관계와 관련

2 사회·문화적 다양성

○ **(사회경제적 지위) 사회에서 부모의 수입, 직업, 교육수준** 등에 의하여 결정되는 가족의 상대적인 위치(Socio-Economic Status ; SES)

– SES에 따라 **학습경험의 차이, 가정 내 상호작용 양식의 차이**가 나타나고 이로 인해 **학습성취에** 영향 발생

※ **(Hess & McDevitt)** SES가 낮은 부모는 높은 부모에 비하여 상황을 자세히 설명해주는 경우가 드물며 언어는 비정교, 지시는 비명료, 함께 공부하는 일에 인색

(교수전략) 교사는 학생의 SES를 확인하고 ① **그에 맞는 학습경험 제공**, ② **언어 선택에 유의**하여 교수 진행

○ **(성차)** 생물학적·문화환경적 차이가 존재, **성에 대한 고정관념·편견** 등에 따른 **학습경험의 차이**가 남녀 학습성취에 영향

※ (예시) 여자를 주부로, 남자를 가장으로 묘사하는 교과서, 교사·간호사·사회봉사자는 여자, 기술자·의사·변호사는 남자인 삽화가 포함된 교재

(교수전략) 교사는 성역할 고정관념을 피하기 위하여 ① **교재 선택 시 고정관념의 반영 여부 검토**, ② **모든 학생에 공평한 기회 부여**, ③ **역할모델 부여**

○ **(다문화교육) 다양한 인종, 민족, 계층, 문화집단의 학생들에게 균등한 교육적 기회를 보장**하는 것을 목표로 하는 교육

(교수전략) 교사는 올바른 다문화교육을 위하여 ① 다양한 문화·집단에서의 사례·정보를 통한 **내용 통합**, ② **지식이 어떻게 만들어지고 그것이 다양한 문화에 어떤 영향을 미치는지** 학생들에게 설명, ③ **편견 제거**, ④ **공평한 교수법** 실시

③ **영재교육**

○ **(영재성)** ① **평균 이상의 높은 능력**과 ② **창의성**, ③ **강한 과제집착력**이 서로 복합적으로 상호
작용하는 심리학적 특성(Renzulli, 1978.)

－ 영재성은 단지 높은 지능만을 의미하지 않고 동기와 같은 **비인지적 요소를 포함**하며, **하나의
측정방법만으로 평가 불가**

📖 **영재의 유형 : Betts & Neihart**

구분	주요 내용
성공적 유형	영재로 판별 영재교육을 받고 있는 학생, 어린 시절부터 성인의 칭찬에 익숙, 자율성 · 도전의식 결여 우려
발산적 유형	창의성이 높은 영재, 학교 · 교사의 권위에 도전적이라 칭찬경험 부족, 영재로 판별되지 않아 부정적 자아개념 지닐 우려
잠복 유형	또래집단과의 관계를 위하여 잠재능력을 스스로 퇴보
중도 탈락 유형	자신의 요구가 학교 · 부모로부터 거부 · 무시받아 학교에 대한 적개심이 높은 영재, 낮은 자아존중감
중복 낙인 유형	지능은 높으나 학업성취는 낮은 영재, 무기력감 · 좌절 · 낙담 · 실패 회피 욕구
자율적 학습자 유형	지능 · 창의성이 높은 영재로, 자아존중감이 매우 높고 자기조절 학습능력이 탁월

○ **(영재 판별)** **J. Renzulli의 삼부심화학습모형**

－ **(유형 1 : 일반탐색)** 지원자 중 15 ~ 20%를 선발하여 전공 구분 없는 **통합수업**(다양한 주제,
사건, 장소, 관심분야 등에 노출)

－ **(유형 2 : 집단훈련)** 유형 1을 거친 학생을 대상으로 **집단별 수업**

※ 다양한 사고과정, 학습전략, 대인관계기술, 연구방법 등을 발전

－ **(유형 3 : 현실문제에 대한 개인 · 소집단 조사활동)** 유형 1, 2를 거친 학생을 대상으로 **전공영역에
대한 심도 있는 수업**

－ **(평가)** 영재 선정의 범위를 넓히고(20%) 일회적 · 단선적 판별을 지양하였다는 의의, 판별기간이
너무 길고 재정적 부담이 크다는 한계

┌─ **영재 판별의 기준 및 원칙** ─────────────────────────┐

■ **(판별기준)** 지능(IQ 130 이상), **성취 수준**(90% 이상), **창의성**, **과제 지속성**

※ Borich & Tombari, 1995

■ **(판별원칙)** ① 판별시기는 **어릴수록**, ② 지능이라는 단일 기준보다는 **다양한 도구 · 절차 활용**, ③ 일회적이기보다는
지속적 판별, ④ 어린 학생은 판별의 정확도 문제로 높은 비율의 아동 선발

└──┘

○ **(영재를 위한 교육)** 속진학습(Acceleration)과 심화학습(Enrichment)

📌 **속진학습과 심화학습 비교**[38]

구분	장점	단점
속진학습	• 월반 • 경제적 • 영재에게 지적 호기심 제공	• 중요한 기술을 놓칠 우려 • 폭넓은 학습경험 미제공 우려 • 과정보다 내용지식 경험에 치중
심화학습	• 학습자의 관심·흥미 고려 • 생활 속 문제중심의 학습을 통해 학습자 동기 유발 • 고차원적 사고기술 개발	• 정규 교육과정과의 연속성 결여 • 심화과정을 교육할 전문 교사의 부족 • 프로그램 개발 곤란

- **(영재 교수법)** Borich & Tombari, 1995.

① **도전적 문제** 제시

② **실생활 문제**에 대한 해결

③ **지식과 이해의 도출**(단순 암기가 아닌 대답의 이유 도출)

4 특수교육

○ **(지적장애)** 지적기능과 적응행동상의 어려움이 함께 존재하여 교육적 성취에 어려움이 있는 사람 (「특수교육법 시행령」 별표)

※ **(판단)** IQ 검사를 통해 판별(70 이하)하며 경도(50 ~ 69), 중등도(35 ~ 49), 최중도(20 미만)로 세분화

- **(특성)** 주의집중 곤란 및 일시적·낮은 기억력, 새로운 상황에 대한 낮은 적응력, 낮은 전이, 낮은 행동통제력, 의존성

📌 **지적장애 지원의 종류**

구분	주요 특성
간헐적	필요한 경우에만 일시적 지원, 인생의 특별한 상황(실업·질병)에서만 지원 필요
제한적	일정 시간 동안 지속적 지원, 소수의 요원이 필요하며 비용이 적게 듦
확장적	학교나 직장 등 몇몇 환경에서 정규적·장기간 지원, 시간제한이 없음
전반적	전반적 환경에서 일관성이 있게 높은 강도로 지원, 가능한 전 생활환경에서 지원, 많은 요원과 중재 요구

- **(교육방법)** ① 지적장애 수준에 맞게 **학습전략** 교수

② 명확하게 **수업을 단계화**

③ 특수아동의 **자기조절능력과 자아존중감** 함양

④ 일상생활에 적용 가능한 **실제적 수업 내용**

---

[38] 신명희 외, 전게서, 2010, p.154

○ **(학습장애)** 개인의 내적 요인으로 인하여 듣기, 말하기, 주의집중, 지각, 기억, 문제해결 등의 학습기능이나 읽기, 쓰기, 수학 등 학업성취 영역에서 현저하게 어려움이 있는 사람

— **(특성)** 주의력 결핍, 목적 없고 산만한 행동, 과제에 대한 낮은 지속성, 영역별로 현저히 차이 나는 학습 정도

※ (예시) 난독증, 서툰 글자 쓰기, 한 줄로 쓰는 데 어려움, 서툰 받아쓰기, 맞춤법 틀림, 계산할 때 자릿수 혼동 등

— **(교육방법)** 학습자 연령에 맞는 전략 실시(Woolfolk, 2007.)

학습장애학생 교수전략

시기	교수전략
학령 전기	• 언어적 지시는 짧고 단순하게 • 의미를 분명하게 하기 위하여 복수의 예제 제시 • 새로운 학습의 경우 평소보다 많은 연습기회 부여
초등학교 시기	• 언어적 지시를 이해하였는지 반복 확인 • 기억술(두음법 등) 활용 • 핵심내용 반복 • 학습과 연습을 위한 추가시간 부여
중등학교 이후	• 주의집중을 하고 있었는지 스스로 질문하고 확인하게 하는 자기감독전략 실시 • 새로운 학습내용은 이미 가지고 있는 지식과 연계 • 외적 기억전략이나 장치(녹음, 노트필기 등)를 사용하도록 교수

학습부진학생을 위한 학습전략 : Gearheart, 1978.

- **(학습부진학생)** 학습장애학생과 마찬가지로 **능력에 비하여 학업성취가 떨어지는 학생**, 다만 저성취의 원인(읽기, 쓰기, 셈하기 미숙)이 비교적 뚜렷한 학습장애학생에 비해, **학습부진학생은 원인과 관계없이 학습성취가 떨어짐**
- **(적응수업전략)** 학업성취를 증진시키기 위하여 **특정 요소나 학습환경 변화**
  - 학습자가 이해할 수 있는 수준의 학습목표 제시
  - 단원별·차시별 수업개요 제시를 통한 수업진행 안내
  - 적절한 가정학습 과제 제공 및 특별교재·학습자료 활용
  - 기억술, 학업계획서 작성 등 학습기술 지도
- **(교정수업전략)** 학습을 방해하는 **결함과 약점 제거**, 학습자 개인별 진단에 따른 **학습과제 및 프로그램** 제시
  - 기초학습 기능형 : 읽기, 쓰기 등 기초학습 향상을 위한 프로그램
  - 교과 개별 지도형 : 학습자 수준과 흥미에 맞게 교육과정을 보충하는 프로그램
  - 직업 프로그램 : 학습자의 흥미와 능력에 맞는 직업 탐색·준비
  - 학습전략형 : 공부기술을 가르치는 프로그램
  - 심리치료형 : 인간관계 개선 동기양식을 통한 수준의 변화, 자아개념 형성 등

○ **(주의력결핍 과잉행동장애 : ADHD)**　지속적으로 주의력이 부족하여 산만하고 과다활동, 충동성을 보이는 상태

- **(특성)**　주의력결핍과 과잉행동

  ※ **(주의력결핍)** 낮은 주의집중력, 타인의 이야기 무시, 지시에 대한 부정확한 이해, 잦은 물건분실, 과업과 약속 망각

  ※ **(과잉행동)** 계속 움직이기, 지나치게 많은 말, 생각하기 전에 행동, 질문이 끝나기 전에 대답, 조용히 놀지 못하기, 참고 기다리지 못하기

- **(교육방법)**　**행동적 기법**으로 ① 좌석을 교사 가까이 배치, ② 충분히 활동할 기회 부여, ③ 체벌이나 위협 미사용, ④ 자기 행동을 관리하는 법 교수, ⑤ 학급의 규칙과 절차를 분명히 이해시키기

○ **(정서 · 행동장애)**　장기간에 걸친 지적 · 감각적 · 건강상의 이유로 대인관계에 어려움, 불행감 · 우울증 · 신체적 통증이나 공포 등의 이유로 학습상에 어려움이 있는 사람(「특수교육법」 시행령)

- **(특성)**　문제행동이 **불안 · 우울 · 사회적 고립** 등으로 나타나는 **내현화** 형태와, **학습방해 · 불복종 · 기물파손**으로 나타나는 **외현화** 형태*로 구분

  *품행장애(Conduct Disorder) : 다른 사람의 권리를 침해하는 두드러진 반사회적 행동유형(규칙 미준수, 타 아동 폭행, 범죄로 확산)

- **(교육방법)**　① **명확한 지시와 진술**, ② 일관성 있게 **강제되는 규칙**, ③ **구조화된 환경** 제공 필요, ④ 수업참여를 통한 **성취감 경험** 필요

○ **(특수학습자와 통합교육)**　**학습자의 상황 및 요구, 담당교사의 역량, 학교의 학습여건(기자재 · 시설 등)**을 **고려**하여 통합교육 실시

- **(정상화)**　장애학습자를 비장애학습자와 동등한 사회구성원으로 존중

- **(주류화)**　특수교육 요구아동이 일반학급에서 활동하면서 비장애아동과 상호작용할 수 있는 경험 부여

- **(최소 제한환경)**　가능하면 장애아동을 비장애아동과 함께 정상적인 환경에 배치

03 학습자의 동기

▮ 동기의 기초

1 동기에 대한 기본적 이해

○ **(개념)** 유기체가 **특정 방향**으로 **행동**하도록 만드는 요소

○ **(기능)** ① **발생**적 기능, ② **방향**적 기능, ③ **강화**적 기능

○ **(유형)** 동기의 범주에 따라 **내재적 동기와 외재적 동기**로 구분

- (내재적 동기) 주어진 과제를 하거나 **활동하는 그 자체가 보상**이 되는 동기(성취감, 자율성)

- (외재적 동기) 경쟁에서의 우위, **외부로부터 보상**을 얻으려는 것과 관련한 동기

◤ 내재적 동기와 외재적 동기의 특성

내재적 동기	외재적 동기
• 개인의 욕구, 흥미, 호기심, 즐거움과 같은 **심리적 요인에** 의한 동기화 • **참여 자체가 목표인 동기화** • 인간 유기체를 자신의 능력을 발달시키고 자신의 성취를 즐기도록 동기가 유발되는 존재로 이해하는 **인본주의 · 인지주의 심리학자**들이 주로 강조	• 사회적 압력, 보상 및 처벌과 같은 **환경적 요인**에 의한 동기화 • 어떤 상황에의 참여가 **목표 달성을 위한 도구** • 인간 유기체를 외부의 보상이나 처벌에 의하여 동기화되는 존재로 이해하는 **행동주의 심리학자**들이 주로 강조

(유의점) 무조건 내재적 동기가 바람직하고 외재적 동기가 나쁜 것이 아니라 **학습자 특성에 맞게 내 · 외재적 동기를 균형 있게 자극할 필요**
※ (예시) 학업성취 수준이 낮은 학습자의 경우 내재적 동기를 자극하기 곤란

┌─ 내재적 동기 유발전략

① **학습자에게 통제권을 주는 정보적인 피드백 실시**
  ※ (조정적 피드백) 봐, 선생님이 시키는 대로 하니까 성적이 오르네.
  ※ (정보적 피드백) 그동안 공부를 열심히 했더니 실력이 늘었네! 그래서 성적이 올라간 거야.
② 적절한 도전감을 느낄 수 있는 과제 제시(**성공경험**을 통한 내재적 동기 유발)
③ **과제 선택의 기회**를 주어 자기주도적 학습환경 제공

2 동기에 영향을 미치는 불안과 흥미

○ **(불안)** 불확실한 결과에 대한 **불편한 감정 및 염려**로, **걱정**(능력 불신)과 **정서성**(근육 긴장·심장 박동 수 증가)을 포함

– **(상태불안 : State Anxiety)** 특정 자극에 대한 **일시적 불안**

※ (예시) 특정 과목·파트에 대한 시험에 불안을 느끼는 것

– **(특성불안 : Trait Anxiety)** 일반적인 **만성 불안**

※ (예시) 모든 시험에 대하여 불안을 느끼는 것

불안을 겪는 학생을 돕기 위한 지침 : Woolfolk

- 경쟁은 조심스럽게 사용
- 불안이 높은 학생에게는 많은 사람 앞에서 과제 수행 지시 지양
- 명확한 지시
- 과제수행에 충분한 시간 부여
- 시험에 대한 압박요소 제거(한 번만 시험 보는 것 피하기, 가산점 부여 등)
- 지필검사에 대한 대안 마련

(유의점) 적절한 수준의 불안 유발을 통하여 학습 촉진 가능

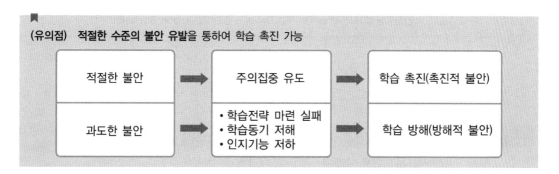

○ **(흥미)** **내적 동기**의 한 형태로, 어떤 것에 대한 관심 또는 하고자 하는 **의지**

– **(개인적 흥미)** 개인마다 가지는 **고유의 흥미**로, **안정적·일관적**이므로 장기적 학습에 도움

– **(상황적 흥미)** 새롭고 독특한 것, 놀라운 것과 같은 특별한 상황*에 의해서 유발되므로 특정 상황에 주의집중하는 데 도움

* 인간 본성(죽음, 파괴, 사랑)과 관련한 주제와 연관

2 행동주의 동기이론

○ (행동주의) **직접 관찰 가능한 행동과 결과**에 집중하여, 인간의 행동은 특별한 사고과정 없이 **외부에 의하여 주어진 조건**(보상 및 처벌)**에 따라 힘과 방향을 결정**한다고 주장

- 학습결과에 대한 보상 및 처벌을 통하여 학생들을 동기화

○ (신행동주의) C. Hull의 **추동감소이론**(Drive Reduction Theory)

- (행동의 발생) 모든 행동은 욕구의 결핍으로 인하여 발생한, **욕구를 충족하기 위한 심리적 긴장(추동)을 감소시키려는 목적으로 발생**

📍 **추동의 종류**

구분	주요 내용
일차적 추동	배고픔, 목마름과 같은 생물학적 욕구에 의하여 자극되는 것
이차적 추동	애정욕, 표현욕, 창작욕 등 일차적 추동과의 연합과정에서 발생

- (행동의 강도) **추동과 습관 강도**의 상호작용으로 결정

반응경향성(Motivation) = 추동(Drive) × 습관 강도(Habit Strength)

※ (예시 1) 행동의 결과로 돈이 주어지는 경우 A는 금전욕구에 따른 추동이 있어 보상에 따른 추동 감소가 있으나, B는 명예욕구에 따른 추동이 있어 보상에 따른 추동 감소가 없음

※ (예시 2) 동일하게 금전욕구를 가진 C와 D는 돈 획득에 따라 즐거웠던 기억의 차이, 돈을 가치 있게 여기는 정도의 차이에 따라 반응경향성이 다름

○ (시사점) ① 내적 동기가 약한 **저학년 학생들의 동기유발**에 효과적
　　　　　 ② **특정 목표행동 수행**을 위한 교수설계 용이

○ (한계) ① 지나친 외재적 보상은 **학습자 내부의 흥미와 동기 저하**
　　　　 ② 외재적 보상에 대한 집착으로 **학습자는 쉬운 과제만 수행**

3 인본주의 동기이론 기출 2015

○ **(등장배경)** 동물을 통해 연구하는 **행동주의**, 비정상인을 대상으로 한 **정신분석학**은 **인간의 성장 가능성, 잠재 가능성을 무시하고 인간을 수동적으로 판단**하였다는 문제의식에서 발생

  – 동기의 내재적 근원을 **자아실현과 같은 개인의 욕구**로 보고 **잠재 가능성 계발**을 위하여 교사의 격려 등이 중요

○ **(주요내용)** **인간의 욕구**는 중요도에 따라 **단계**로 구분되며, 하나의 욕구가 충족되면 다음 단계의 욕구 등장(욕구의 계층화)

  – **(욕구의 단계)** 처음에는 5단계로 구분하였다가 **성장욕구(자아실현욕구)를 3단계로 분화**하여 **총 7단계**의 욕구위계론 제시

  – **(결핍욕구 : Deficiency Needs)** 우선적으로 충족되어야 하는 욕구로서 **완전한 충족이 가능**한 욕구, 외부로부터의 **타율적 충족** 요구

  – **(성장욕구 : Growth Needs)** 결핍욕구가 충족되어야만 발현되는 욕구로, **완전한 충족이 불가능**하며 계속적으로 추구하는 욕구, 자신으로부터의 **자율적 충족** 요구

Maslow의 욕구단계별 주요 내용

구분		주요 내용
성장욕구	자아실현욕구	자신의 타고난 능력, 성장 잠재력을 실행하려는 욕구
	심미적 욕구	아름다움, 질서, 조화, 완성 등을 추구하는 욕구
	지적 욕구	새로운 것을 알고 이해하고자 하는 욕구
결핍욕구	존재욕구	• 자신·타인으로부터 존경받고 싶은 욕구 • 독립심·자유·자신감·성취에 관한 욕구
	사회적 욕구	애정욕구, 친교욕구, 소속욕구, 사회적 상호작용에 관한 욕구
	안전의 욕구	• 위협·공포·위험으로부터의 해방욕구 • 신체적·직업적·재정적·심리적 안전에 관한 욕구
	생리적 욕구	생존에 관한 욕구, 음식·물·공기·수면·성·안락에 관한 욕구

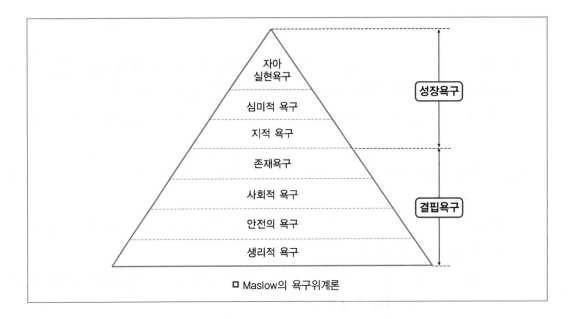

□ Maslow의 욕구위계론

○ **(시사점)** ① 학습자의 **기본적 욕구의 결핍에 대한 사전진단**의 필요성 인식

② **성장욕구를 끊임없이 자극**할 수 있는 전략 필요

③ 자아실현을 할 수 있도록 안전한 학교 만들기

※ (예시) 왕따를 당해 사회적 욕구가 충족되지 않은 학생, 가정형편이 어려워 생리적 욕구가 충족되지 않은 학생에게 학습을 통한 자아실현욕구 충족을 강요할 수 없음

○ **(한계)** ① **여러 단계의 욕구 동시 발생** 가능성

② 개인의 특성에 따라 **하위단계가 충족되지 않았는데 상위욕구가 발현될** 가능성

※ (예시) 식사를 거르면서도 공부를 하면서 높은 성적을 받고자 하는 학생

4 인지주의 동기이론

1 B. Weiner의 귀인이론 기출 2003, 2005

○ **(주요내용)** 성공과 실패의 원인을 무엇으로 **귀속**하는지에 따라 **후속 행동**에 미치는 영향 설명

- **(원인의 소재)** 성공과 실패의 원인이 **학습자 내부** 요인인지 **외부** 요인인지 여부

  ※ 내적 요인(능력, 노력) vs 외적 요인(난이도, 행운)

- **(안정성)** 시간의 변동과 과제에 따른 **원인의 변동 여부**

  ※ 안정(능력, 난이도) vs 불안정(노력, 운)

- **(통제 가능성)** 학습자의 의지에 따른 **학습상황의 제어** 정도

  ※ 통제 가능(노력) vs 통제 불가능(능력, 난이도, 운)

📍 **시험 실패에 대한 귀인이론 적용**

구분		원인의 소재	안정성	통제 가능성
능력	나는 언어에 대한 자질이 부족해.	내적	안정	불가능
노력	내가 게을러서 공부를 안 했어.	내적	불안정	가능
운	찍은 것들이 다 틀렸어.	외적	불안정	불가능
과제 난이도	문제가 너무 어려웠어.	외적	안정	불가능

▶ 성공과 실패의 원인을 내적 요인, 불안정적 요인, 통제 가능한 요인, 즉 **노력으로 귀인할 때 동기 증가**(Ames, 1992.)

▶ **성공은 내적 요인, 실패는 외적 요인으로 귀인**하는 경우 **긍정적 자아개념** 형성(Johnson, 1981.)

┌─ 귀인 훈련 프로그램 : 신명희 외, 2010.

- **(노력귀인)** 실패의 원인을 **노력**으로 귀인
  - 충분한 노력을 하고 있음에도 노력으로 귀인하면 좌절감("나는 해도 안 되는구나.") 발생 → 전략으로 귀인
- **(전략귀인)** 실패의 원인을 **학습방법이나 전략**으로 귀인
- **(포기귀인)** 노력·전략에도 불구하고 실패하면 학습자의 **기대 자체 수정 또는 새로운 길 모색**

2 A. Bandura의 자아효능감 이론

○ **(주요내용)** 자아효능감(Self-Efficacy)이 높은 경우 **과업에 집중하고 높은 학업성취** 달성

- **(자아효능감)** 어떤 과제를 **성공적으로 조직·실행하는 자신의 능력**을 지각하는 특성

- **(영향을 미치는 요인)** ① **과거의 성공경험**, ② **모델 관찰**, ③ **언어적 설득***, ④ **개인의 심리상태** (정서적 상태)에 따라 자아효능감 변화

  *특정 개인에 대한 타인의 평가

◀ **자아효능감의 영향**: Eggen & Kauchak, 2004.

구분	높은 자아효능감	낮은 자아효능감
과제 지향	도전감 있는 과제 선택	도전감 있는 과제 회피
노력	도전적 과제를 수행할 때 더 노력	도전적 과제를 수행할 때 덜 노력
인내심	포기하지 않음	쉽게 포기
믿음	• 성공에 대한 믿음 • 목표 미도달에 따른 불안감 통제	• 성공 불가능성에 집착 • 목표 미도달에 따른 불안감에 집착
전략 사용	비생산적 전략으로 판단되면 즉시 미사용	비생산적 전략으로 판단되어도 불안감에 계속 사용

┌─ **자아효능감을 높이는 방법**

- **충분한 성공경험**: 학습자의 능력수준보다 조금 낮은 과제를 제시하여 성공을 경험하게 하고, 점차 과제수준을 높이면서 자아효능감 증진 추구
- **성공모델 관찰**: 학습자와 비슷한 타인 중 성공을 경험한 타인을 모델로 제시
- **권위자의 설득**: 교사나 부모의 긍정적 피드백
- **부정적 정서 처리**: 학습 실패를 경험하거나 어려운 과제에 직면하였을 때 생기는 불안을 처리하는 기술 훈련

③ E. Deci & R. Ryan의 자기결정성이론 기출 2013

○ (주요내용) 인간에게는 세 가지 기본욕구(유능감·자율성·관계성)가 있으며, 이 욕구가 충족되어 **자기결정력***(Self-Determination)을 가질 때 **과제에 집중**하고 유의미하고 **창의적 사고 수행**, **높은 학업성취** 달성

* 자기 자신의 행동과 운명을 자율적으로 선택할 수 있다는 믿음(Deci & Ryan, 1987.)

◀ **자기결정에 영향을 미치는 요인**

구분	주요 내용
선택	자신의 행동을 정당한 한계 내에서 선택할 수 있을 때 자기결정력 증가
위협과 마감시간	자신이 통제받고 있다는 느낌을 받으면 자기결정력 감소
감독과 평가	자신이 평가받고 있다는 것을 느끼면 자기결정력 감소
외적 보상	행동 통제나 조종의 수단으로 인식할 때 자기결정력 감소
통제적 표현	나의 행동을 다른 사람이 통제하는 언급은 자기결정력 감소

- (유능성: Competence) **자신이 유능한 사람이라고 믿는 지각**

- (자율성: Autonomy) **스스로 결정하고 행동**하려는 욕구

- (관계성: Relatedness) **타인과 좋은 관계**를 맺고자 하는 욕구

3가지 욕구와 욕구충족 방안

구분	욕구충족 방안
유능성욕구	• **성공경험** 제공 • 적당한 **도전적 과제** 제공 • 결과에 대한 **즉각적 피드백** • **학생 요청 시에만 도움** 제공
자율성욕구	• **참여에 의한 규칙 · 절차** 만들기 • **자율적 학습목표** 설정 • **참여중심의 수업**
관계성욕구	• **협력적이고 배려하는 학습환경** 조성 • **협동학습** 실시

○ (하위이론 ① : 유기체적 통합이론) 외적 동기가 점차 내면화되어 자율적인 형태로 변형되는 과정 설명

동기의 구분

구분		주요 내용
무동기		동기 없음
외재적 동기	외적 규제	외적 보상을 얻거나 벌을 회피하기 위한 동기 ※ (예시) 부모님이 시켜서 공부
	부과된 규제 (내사된)	수치심, 죄책감을 피하기 위한 동기 ※ (예시) 나의 이미지 개선을 위하여 공부
	확인된 규제 (동일시된)	진로 · 진학에 도움되는 행동을 하는 동기 ※ (예시) 좋은 성적을 얻어서 목표를 달성하려고 공부
	통합된 규제	사회에서 필요로 하는 사람이 되기 위한 동기(행동과 자신의 일치) ※ (예시) 학문의 성취가 나의 장기적 삶의 목표와 일치하여 공부
내재적 동기		활동 그 자체에 만족감 ※ (예시) 공부 자체가 즐거워서 공부

– (시사점) ① 학생들의 **자율성** 존중

② **학습활동의 의미** 부여

③ **유능감**을 느낄 수 있는 **과제** 부여

○ (하위이론 ② : 인지적 평가이론) 외적 보상이 개인의 내적 동기에 어떤 영향을 미치는지 설명

보상의 두 가지 측면

구분	주요 내용	효과
정보적 측면의 보상	정보적 피드백(학습자의 노력 귀인)	자율성 · 유능감 자극
통제적 측면의 보상	강화, 칭찬	자율성 억제

4 M. Covington의 자기가치이론

○ (주요내용) 인간은 자신을 가치 있는 존재로 파악하면서 누구나 **자기가치 보존의 욕구**가 있으므로 **자기가치를 보존하기 위하여 행동**

- (자기가치 : Self-Worth) 자아에 관련된 하나의 구인으로서 자신에 대한 가치

- (자기장애 전략 : Self-Handicapping) 실패가 예견되거나 실패한 상황에서 자기가치를 보호하기 위해 **핑계거리를 만드는 전략**

▮ 자기장애 전략의 종류와 주요 내용

구분	주요 내용
언어적 자기장애 전략	실패의 원인을 다양한 핑계를 들어 변명하기 ※ (예시) 실제로는 밤 새워 공부했으면서, 아파서 시험공부를 못 했다고 변명(통제 불가능한 요인으로 귀인)
행동적 자기장애 전략	• 비현실적 목표 설정하기 ※ (예시) 반 10등을 하면서 전교 3등을 목표로 함(실패 시 외적 요인으로 귀인) • 지연전략(자해전략) 사용 ※ (예시) 시험공부를 최대한 미루기(실패 시 노력 귀인)

자기가치 증진방안

- **올바른 귀인 설정 안내** : 노력으로 귀인하고, 노력을 통하여 능력이 향상될 수 있음을 인지
- **평가에 대한 환류** : 시험 실패가 단지 능력에 대한 낙인이 아니라 향상을 위한 과정임을 알려주기
- **적절한 도움** : 도움을 받는 것의 중요성을 인지시키고 수준에 맞게 도움

---

5 목표지향이론 기출 2012 ※ C. Dweck, A. Elliott(접근과 회피 개념 도입)

○ (주요내용) 어떤 목표를 설정하느냐에 따라 동기에 영향

- (숙달목표 : 학습목표, Mastery Goal Orientation) 학습자 **스스로 더 알기 위하여 설정한 목표**로, 과제의 숙달 및 향상 · 이해 증진에 중점

  ※ (예시) 이 과제가 내게 얼마나 도움이 되는가?

- (수행목표 : Performance Goal Orientation) 자신의 유능함과 능력이 **다른 사람의 능력과 어떻게 비교되느냐**에 초점

  ※ **(수행접근목표)** 타인보다 유능하고 지적으로 보이기를 원하는 목표

  ※ **(수행회피목표)** 타인보다 무능하게 보이는 것을 원하지 않는 목표

- (과제회피목표) 최소한의 노력으로 과제를 피해 가려고 하는 정도의 목표, 도전적 과제에 불평

▮ **목표유형이 학습자의 동기와 성취에 미치는 영향**

목표유형	예시	학습자의 동기와 성취에 미치는 영향
숙달목표	은유법을 이해·응용하고 나만의 동시를 창작하기	• 과제에 대하여 지속적으로 노력 • 높은 자기효능감, 도전의식, 높은 성취
수행접근목표	우리 반에서 은유법을 활용한 동시를 가장 잘 쓰기	• 성공하면 높은 자기효능감이 있으나 도전의식은 약함 • 실패 시 수치심에 따라 낮은 성취
수행회피목표	교사와 다른 학생 앞에서 능력 없어 보이는 것을 피하기	• 동기와 성취 저해 • 자신감이 부족한 학생의 경우 동기와 성취 더욱 저조
과제회피목표	그저 최소한의 노력으로 과제 마치기	저조한 노력, 낮은 자기효능감, 낮은 성취

┌─ **효과적 목표 설정 및 이행방안** ─────────────────────┐

- **적당한 도전적 목표 설정**: 학생과 논의하고 스스로 설정(학습지 10장 풀기)
- **학습자 스스로 목표 점검**: 수행을 중간점검하고 필요시 목표 수정(학습지 8장 풀기)
- **목표 달성을 위한 효과적 전략 사용**: 세부적 수행기술 이행(매일 한 장씩 풀기)
- **메타인지전략 사용**: 전 과정 스스로 계획, 점검, 수행

└──┘

---

6 **성취동기이론** ※ Murray, McClelland, Atkinson 등

○ **(성취동기)** 도전적이고 **어려운 과제**를 **성공적**으로 **수행**하려는 욕구(Atkinson, 1980.)

○ **(성취동기에 따른 학습자 특성)** 성취동기의 고저에 따라 **학습자의 관심사**, 선택하는 **과제 난이도**, 성공과 실패에 대한 **귀인**에 차이

  - **(성취동기 높은 사람)** 과업 성공에 자신감, 노력에 귀인하므로 **실패하더라도 동기 증가**

    ※ (특성) 과업지향성, 모험심, 자신감, 책임감, 미래지향성

  - **(성취동기 낮은 사람*)** 과업 실패에 수치심, 능력·과제 난이도에 귀인하므로 **실패하는 경우 동기 감소**

    * 실패회피 학습자, 실패수용 학습자

▮ **성취동기에 따른 학습자 특성**

구분	관심사	과제 선택	귀인
성취동기 높은 사람	성공과 자부심	보통보다 약간 어려운 과제	노력
성취동기 낮은 사람	실패에 따른 수치심	쉽거나 아주 어려운 과제	능력, 난이도

○ **(특성별 학습형태 및 교수전략)** 학습자의 성취동기 수준에 따라 **학습자가 선택하는 학습형태가 달라지므로** 이에 맞는 교수전략 필요

- **(성공추구 학습자)** **성취하려는 욕구**가 강하며 실패를 **노력으로 귀인**하여, 실패하더라도 **다른 전략을 찾으려고 노력(적응전략)**

▌ **(교수전략)** 적당히 **어려운 과제를** 제시하여 실패하더라도 **전략의 수정을** 통하여 성취욕을 달성하도록 유도

- **(실패회피 학습자)** 실패를 회피하려 하며, 실패를 **능력·난이도에 귀인**하고 실패하는 경우 **변명을 통해 자신을 방어(자아파기전략)**

  ※ (예시) 나는 새로운 과제를 선택하기가 두렵고 내가 공부하는 것은 좋은 점수를 얻거나 남에게 인정받기 위함이야.

▌ **(교수전략)** **외적 보상에 민감하므로** 성공에 대해 **지속적 강화,** 새로운 과제에 **도전하는 경우 더 큰 보상 및 칭찬**

- **(실패수용 학습자)** 학습목표가 없으며 실패를 **능력에 귀인**하여 학습을 위한 **어떠한 시도도 하지 않음(학습된 무기력전략)**

  ※ (예시) 나는 실패하는 게 당연해, 전 아무것도 몰라요, 공부하면 뭐해.

▌ **(교수전략)** **수준을 고려한 적절한 과제를** 제시하여 **성공경험을** 통한 자신감 획득, **학급에서 특정한 책임을** 부여하여 학급 내 학생의 위상을 높여줌

📗 **학습자 특성에 따른 전략**[39]

구분	성공추구 학습자	실패회피 학습자	실패수용 학습자
욕구	성취욕구	실패회피욕구	실패수용욕구
목표 설정	학습목표 설정	수행목표 설정	목표 없음
실패귀인	• 노력으로 귀인 • 능력은 개선 가능	• 능력·과제로 귀인 • 능력은 개선 불가	• 능력으로 귀인 • 능력은 개선 불가
사용전략	적응전략	자아파기전략	학습된 무기력전략

---

[39] 신명희 외, 전게서, 2010, p.254

7 J. Eccles & A. Wigfield의 기대가치이론 기출 2011, 2012, 2013, 2014

○ **(주요내용)** 과제를 성공적으로 수행할 수 있다는 믿음인 **기대(Expectancy)**와, 행동의 결과물에서 찾을 수 있는 **가치(Values)**에 따라 행동의 정도가 달라짐을 설명

> **동기 = 기대(Expectancies) × 가치(Values)**

- **(기대 : Expectancy)** 성공에 대한 기대, "내가 이 **과제를 해결할 수 있을까?**"에 대한 주관적 판단

  ※ **(판단요소)** ① 목표의 구체성, ② 적정한 난이도, ③ 자기도식(자신의 능력에 대한 믿음), ④ 정서적 기억(성공경험)에 따라 기대가 변화

- **(가치 : Values)** 과제의 가치, "내가 왜 이 과제를 해야 하지?"에 대한 주관적 판단

  ※ **(판단요소)** ① 내재적 가치(과제 흥미도), ② 달성가치(과제의 중요성), ③ 효용가치(미래 목표 충족에 대한 도움도), ④ 비용(시간·노력)에 따라 변화

8 M. Seligman의 학습된 무기력

○ **(주요내용)** 극복할 수 없는 환경에 반복적으로 노출된 경험으로 인하여, 실제로 **자신의 노력으로 피할 수 있거나 극복할 수 있음에도** 불구하고 **스스로 그러한 상황에서 자포자기**하는 것

- 학습된 무기력을 지닌 학생은 ① 낮은 자아효능감, ② 동기 저조, ③ 정서적 문제(우울증·불안)를 보임

┌─ 학습된 무기력의 극복방안 ─────────────────────────────────┐

- **귀인 훈련 프로그램** : 노력귀인 → 전략귀인 → 포기귀인
- **적절한 수준의 과제를 통한 성공경험** : 능력보다 조금 낮은 수준의 과제 부여(완전학습 지향)
- **구체적 피드백** : 결과에 대한 구체적 피드백 및 실패의 원인 분석
- **절대평가 실시**

└──┘

04 학습자의 발달

I 발달에 대한 이해

○ **(개념)** 발달(Development)이란 인간 삶의 과정에서 나타나는 **행동, 정신의 성장과 변화**

- **(구분)** 태아부터 사춘기까지의 인간성장을 나타내는 **아동발달**과, 인간의 전 생애에 걸쳐 경험하는 변화를 나타내는 **인간발달(생애발달)**로 구분(Berk, 1994.)

○ **(발달에 대한 주요논쟁)** ① 유전 vs 환경, ② 연속성 vs 불연속성, ③ 결정적 시기*(Critical Period)의 존재

 * 특정한 시기에 형성된 특정한 특성은 이후에 변화 불가하다는 견해

○ **(발달연구의 역사)** 20세기에 들어와서 과학적 연구 본격화

- **(발달 표준화 : 20세기 초)** 아동의 발달은 **유전적·보편적**이며 연령차에 따라 구분, **전형적인 발달**에 대한 기술적 정보 수집 및 행동 표준화(G. S. Hall)

- **(발달연구 이론화 : 20세기 중)** 정신분석학과 행동주의 연구 심화, 발달의 기술에서 벗어나 **이론화 추구**

- **(발달이론의 심화 : 1960년대 ~)** Piaget 발달이론, 정보처리이론 등 발달연구의 심화

○ **(발달연구의 최근동향)** **인간과 환경의 상호작용**을 통한 발달 강조

- **(행동생물학)** 아동 초기의 특정한 시기(**결정적 시기**)에 습득되어야 할 인지적·사회적 행동에 관심, 개인이 환경의 영향에 반응

 ※ (Lorenz, Tinbergen 오리 각인실험) 실험자에 의해 부화된 청둥오리 새끼가 실험자를 어미로 각인하고 계속 따라다님 (발달의 결정적 시기)

- **(생태이론)** 아동에게 영향을 주는 **환경의 개념 확장**, 환경과 영향을 주고받는 **능동적 상호작용의 주체로서 아동**(U. Bronfenbrenner)

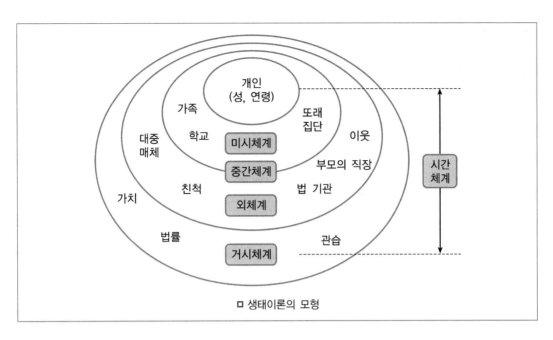

□ 생태이론의 모형

🔖 생태이론에서의 환경

구분	주요 내용
미시체계	**아동과 직접적으로 상호작용**하는 환경 ※ (예시) 친절하고 예의 바른 아동은 부모에 의하여 긍정적이고 인내하는 반응 유도, 강압적인 부모는 아동의 폭력적 반응 유도
중간체계	**미시체계들 사이의 상호작용** ※ (예시) 아동의 학업성취는 부모의 학교참여와 가정학습에 의해서 더욱 향상
외체계	아동이 **직접 접촉하지는 않지만** 아동에게 **간접적으로 영향**을 주는 환경 ※ (예시) 아동이 아플 때 부모의 직장에서 신축성 있게 시간을 조정하면 아동과 부모의 긍정적 상호관계
거시체계	아동이 속해 있는 **사회의 가치, 법률, 관습** ※ (예시) 아동보호에 관한 법률이 강하면 아동이 안전하게 성장
시간체계	아동의 환경에서 발생하는 **시간의 흐름, 사건의 발생, 사회 · 역사적인 변화** ※ (예시) 부모의 이혼 후 1년 동안 아동이 겪게 되는 효과(2년 후부터 혼란이 감소)

- (사회문화이론) 문화적으로 의미 있는 행동을 습득하는 데 **아동과 성인 간의 상호작용(의사소통)** 강조

  ※ 학교를 거의 다니지 않은 사탕 파는 아이들이 복잡한 산수능력을 갖고 있는데, 이는 성인(도매상 · 동업자)과의 상호작용을 통해 학습(Saxe, 1988.)

2 인지적 영역의 발달

1 J. Piaget의 인지발달이론 [기출] 2003, 2005, 2008, 2010, 2011, 2013

◆ 기존 인지구조와 새로운 환경이 불일치하는 경우, 적응(동화 + 조절)과 조직을 통해 기존 인지구조를 변화시키면서 평형화 상태를 달성 → 그 과정에서 인지 발달

○ (도식: Schema) 인간의 머릿속에 저장된 **외부세계에 대한 정신적 표상·지식 또는 행동유형**으로, 적응과 조직을 통하여 형성

– (적응: Adaptation) 새로운 환경에 노출되면서 인지적 갈등이 발생하는 불평형 상태에서 **동화와 조절을 통하여 평형화(Equilibrium)* 상태**를 이루고자 하는 것

   *현재의 인지구조와 새로운 정보 간의 균형을 회복하는 과정

📍 동화와 조절

구분	주요 내용
동화 (Assimilation)	**자신이 이미 가지고 있는 도식 속에 새로운 대상을 받아들이는 인지과정** ※ (예시) (기존 도식) "네 발로 다니는 동물은 멍멍이다." 　　　　(새로운 대상) 치와와 만남 　　　　(동화) 치와와를 보며 "멍멍이다!"라고 외침
조절 (Accommodation)	**새로운 대상에 맞도록 이미 가진 도식을 바꾸는 인지과정** ※ (예시) (새로운 대상) 고양이 만남 　　　　(불평형) 고양이를 보며 "멍멍이다!"라고 외쳤으나, 엄마가 "저건 고양이다."라고 이야기해줌 　　　　(조절) "네 발로 다니고 멍멍 짖는 동물은 멍멍이다."로 수정

– (조직: Organization) 유기체가 일관성 있는 체계를 형성하도록 **물리적 또는 심리적인 구조를 높은 수준의 체계로 통합**하는 기능

   ※ (예시) 물건을 잡는 도식, 시각 초점을 맞추는 도식이 처음에는 독립적으로 나타나다가, 어느 정도 발달하면 물건을 보고 잡는 보다 높은 수준의 도식 형성

○ (발달단계) **조작(Operation)의 발달 정도**에 따라 인지발달단계 구분

– (전제) ① 발달단계의 **순서성**, ② 발달순서의 **보편성**, ③ 발달속도의 **개인차**

○ (감각운동기: 0 ~ 2세) **감각운동적 도식** 발달(영아의 입은 성인의 눈)

– (목표지향행동) 반사적 행동에서 목적이 있는 행동으로 변화

   ※ (신생아) 입 근처에 있는 것이면 빨기 → (변화) 배고플 때만 손 빨기

– (대상 영속성) 대상이 시야에서 사라지더라도 계속 존재한다는 것을 인식하는 능력

   ※ 까꿍놀이

○ **(전조작기 : 2 ~ 7세)** 언어·상징과 같이 마음속의 어떤 것을 그릴 수 있는 정신능력인 **표상적 사고능력** 발달

- **(직관적 사고)** 현저한 지각적 특성으로 대상을 파악하는 사고, 겉모습과 실재를 구별하지 못하고 겉모습이 곧 실재라고 생각

  ※ 귀신 가면을 쓴 엄마를 보고 진짜 귀신인 줄 알고 울기

- **(중심화)** 사물의 한 가지 차원에만 초점을 두고 다른 중요한 특성을 간과하는 경향성

  ※ 똑같은 양의 주스를 높고 좁은 컵과 낮고 넓은 컵에 부었는데, 아이는 주스의 높이에만 주목하여 높고 좁은 컵의 주스가 많다고 생각

- **(보존개념 미획득)** 가역성, 동일성, 상보성 미획득

  ※ **(가역성)** 처음의 상태로 돌아갈 수 있는 능력, 컵에 담긴 주스를 원래 컵으로 다시 부을 수 있다는 생각을 못함

  ※ **(동일성)** 아무거나 더하거나 빼지 않았으므로 그 양은 같다는 논리, 처음 주스를 다른 두 컵에 부었을 때 주스를 추가하거나 빼지 않았는데도 같다는 생각을 못함

  ※ **(상보성)** 여러 특성의 관계를 상호 비교하고 통합하는 조작능력, 컵의 모양이 달라졌지만 물질의 양이 보존된다는 원리를 이해하지 못함

- **(자아중심성)** 타인의 생각, 감정 등이 자신과 동일하다고 믿고 타인의 관점을 이해하지 못하는 경향

  ※ 아빠의 생일선물로 자신이 제일 좋아하는 펭귄 인형을 준비함

  ※ **집단독백(Collective Monologue)** : 아동이 모여서 대화하는 것 같지만, 실제적 상호작용이나 대화 없이 각자 자신의 말만 열심히 함

┌─ 세 산 모형

- ■ 아동을 A에 앉히고 인형을 C에 앉힌 다음 아동에게 인형이 보는 산의 모습은 어떠한지 물어봄 → A처럼 보인다고 함

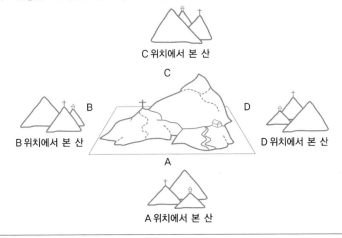

C 위치에서 본 산

B 위치에서 본 산

D 위치에서 본 산

A 위치에서 본 산

- (전인과적 사고) 원인과 결과에 대한 논리적 추론능력이 부족하여 나타나는 비논리적이고 주관적인 인과적 사고

  ※ 공동묘지에 가면 죽는다고 생각하여 묘지에 가는 것을 두려워함

- (인공론) 세상 모든 것이 사람을 위하여, 사람의 필요에 의하여 만들어졌다고 믿는 사고

  ※ 사람들이 길을 찾을 수 있도록 해와 달이 만들어졌다고 믿음

- (물활론) 생명이 없는 대상에게 생명과 감정을 부여하는 사고

  ※ 해님도 깜깜한 밤이 되면 졸려서 자러 가야 한다고 믿음

○ (구체적 조작기: 7 ~ 11세) 구체적 상황에서의 **논리적 사고 발달**. 단, **논리적 사고**는 개인의 경험과 밀접하게 관련되어 있어 **자신과 친숙한 경우에만 가능**하고, 추상적 상황에서는 논리적 오류

- (탈중심화) 타인의 감정과 사고에 관심을 가지는 사회 지향적 특성

  ※ 아빠의 생신선물로 펭귄 인형을 주어도 좋아하지 않는다는 것을 인식

- (보존개념 발달) 가역성·동일성·상보성이 획득되나, 과제의 형태에 따라 습득되는 시기가 상이(수평적 격차)

  ※ 수 – 질량 – 길이 – 면적 – 무게 – 부피 순서로 보존개념 습득

- (유목화) 부분과 전체의 논리적 관계, 상하의 위계적 관계를 이해

  ※ 5명의 남아, 2명의 여아가 놀고 있는 상황에서 "아이가 많니? 남자아이가 많니?"라고 물어보면 아이가 상위개념임을 알고 아이가 많다고 응답

- (서열화) 크기나 무게와 같은 하나의 기준에 따라 대상을 순서대로 배열할 수 있는 능력

  ※ 연필을 길이에 따라 차례대로 나열

○ (형식적 조작기: 11세 이후) 추상적인 개념을 활용한 **논리적 사고** 가능, 융통성 있는 사고 가능

- (추상적 사고) 눈에 보이지 않는 추상적인 개념뿐 아니라, 추상적 관련성을 이해하는 것

  ※ "소 잃고 외양간 고친다."라는 속담의 속뜻을 이해

- (가설연역적 추리) 현상에 대해 연역적·체계적으로 여러 가설을 세우고, 이를 검증하는 자료를 수집하여 문제해결에 도달하는 전략

- (조합적 추리) 문제해결에 필요한 요인들을 골라내 체계적으로 구성하는 전략

- (반성적 추상화) 구체적 경험과 관찰의 한계를 넘어 제시된 **정보에 기초해 내적으로 추리, 사고에 대한 사고(메타사고)**

○ (시사점) ① 지식의 양을 늘려주는 교육이 아니라 **발달단계에 맞는 사고능력을 길러주는 교육**

　　　　　② 발달단계를 뛰어넘는 **선행학습 비판**(눈높이교육)

　　　　　③ 의도적으로 인지적 불평등 상태를 유발하는 **대립전략 활용**

○ (한계) ① 감각운동기 및 전조작기 유아에 대한 **과소평가**

② **발달단계의 실재성**에 대한 의문

③ **문화의 영향력 미고려**

2 **L. Vygotsky의 인지발달이론** 기출 2003 ~ 2007, 2012, 2013, 2020

◆ 인간은 부모·친구·교사와의 상호작용, 즉 **사회적 관계 속에서 상호작용을 통하여 인지발달**

◆ 인지발달에 있어서 **사회·문화적 영향력 중시**

○ (**근접발달영역***) 혼자서는 문제를 해결할 수 없지만 **성인의 안내 또는 친구와 협동**을 통해 **성공적으로 문제를 해결**할 수 있는 영역

* Zone of Proximal Development ; ZPD

– 아동이 주변의 도움 없이 스스로 문제를 해결할 수 있는 **실제적 발달수준**과, 주변의 도움을 받아 문제를 해결할 수 있는 **잠재적 발달수준 사이에 존재하는 영역**

– ZPD는 **학습자의 개인차, 교수의 질에 따라 변화 가능**

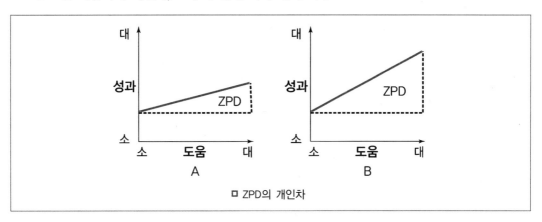

□ ZPD의 개인차

○ (비계 설정 : Scaffolding) 개인의 **잠재적 발달수준을 달성**할 수 있도록 도와주는 **지원체계**(교사의 힌트 또는 친구와의 협동학습)

– (유의점) 실제로 학습하는 주체는 학습자 자신이므로 비계 설정은 **스스로 문제를 해결할 수 있도록 지원해주는 것으로 국한**

※ 초기에는 많은 도움을 제공하다가 점점 지원을 줄여서 스스로 학습하도록 유도

✔ 교수과정에서 비계 설정의 유형

유형	예시
모델링	교사의 시범
소리 내어 생각하기	문제를 해결하면서 해결하는 과정을 말로 설명
질문하기	학생의 이해도 확인 및 피드백
수업자료 조정하기	난이도 조정
길잡이와 힌트	기억하는 방법, 힌트 제공

○ **(언어)** 혼잣말인 **사적 언어(Private Speech)**를 통하여 공유된 지식을 개인적 지식으로 변환시키며 **자신의 생각 조절 및 반영**(언어가 사고로 내면화)

– 어려운 과제에 직면하였을 때 **사적 언어**를 더 많이 사용, **2세경**이 되면 **사고와 언어가 결합**되어 언어는 점차 **합리적으로 표현**

　※ 사적 언어를 사용한 아동이 복잡한 과제를 더 효과적으로 학습(Emerson 외, 2003.)

○ **(시사점)** ① **수업이 발달에 선행 : 수업에 있어서 ZPD 고려**
　　　　　　② **협동학습***의 적극적 활용

　　　*집단 구성 시 아동의 능력수준을 서로 다르게 하면 더 효과적(이질적)

　　　　　　③ 문제해결을 위한 **사적 언어**의 **활용**
　　　　　　④ **비계 설정**의 활용

○ **(한계)** ① 다른 문화에 비하여 **유럽의 문화적 도구와 정신기능이 우월**하다고 인식
　　　　　② **생물학적 인지발달에 무관심**
　　　　　③ 아동의 발달은 환경의 산물이므로 **개체의 능동적 발달이 일어나기 어렵다고 주장**

✔ Piaget와 Vygotsky 인지발달이론의 비교

구분	Piaget	Vygotsky
공통점	• 학습자는 적극적으로 지식을 구성해 나가는 존재 • 환경과의 역동적 상호작용을 통하여 발달이 이루어짐	
아동관	꼬마 과학자	사회적 존재
지식형성과정	개인 내적 지식이 사회적 지식으로 확대 또는 외면화	사회적 지식이 개인 내적 지식으로 내면화
환경	물리적 환경 중시	사회문화·역사적 환경 중시
학습과 발달의 관계	발달이 학습에 선행	학습이 발달에 선행
인지발달과 언어	언어는 인지발달의 부산물, 인지발달 후 언어발달	인지발달과 언어발달은 상호 독립적, 언어는 학습과 발달을 매개하는 역할
혼잣말	미성숙하고 자기중심적인 성향을 대변하는 표상	문제해결을 위한 사고의 도구

3 정의적 영역의 발달 : 성격발달

1 S. Freud의 심리성적 발달이론 기출 2002, 2006

◆ 인간의 정신세계는 의식과 무의식의 두 부분으로 구성되어 있으며, **무의식**에서 인간의 심리현상과 행동 표출

◆ 무의식을 주된 구성요인으로 삼고, 특히 **성적 욕구** 중시

◆ 성격발달에서 **초기 아동기 경험의 중요성** 강조

○ (정신의 구조) 의식(Consciousness), 전의식(Pre-Consciousness), 무의식(Un-Consciousness)으로 구성

- (의식) 항상 지각하고 있는 사고, 지각, 정서경험을 포괄

- (전의식) **현재는 의식되지 않지만**, 생각하고자 하면 **약간의 노력으로 떠올릴 수 있는** 지식이나 정서·심상과 같은 정신의 범위

- (무의식) 지각하려고 노력을 하여도 쉽게 의식되지 않는 다양한 심리적 경험 포함

   ※ 억압된 원시적 충동이나 욕구, 기억, 원망 따위를 포함하는 정신 영역

○ (성격의 구조) 원초아(id : 본능), 자아(ego), 초자아(super-ego)로 구성

- (원초아) 태어날 때부터 가지고 있는 정신에너지의 원천적 저장고, 성욕이나 공격욕과 같은 **본능적 충동을 주관, 쾌락원리 추종**

- (자아) 원초아의 욕구가 현실적으로 **합당한 방법으로 만족을 얻을 수 있는 방도**를 모색하고 계획(욕구 통제)

- (초자아) **사회적 가치와 도덕이 내면화**된 것으로, 무엇이 옳고 그른가를 판단하는 원천(도덕과 양심)

   ※ "나(자아)와 초자아에게는 독한 양주를, 운전할 원초아에게는 물 한 잔을 주게."
   → 초자아는 이상이 높아서 괴롭고 자아는 현실과 이상 사이에서 갈등하여 괴로우므로 독한 양주를 주고, 본능으로 운전할 수 있는 원초아에게 물을 주라는 것

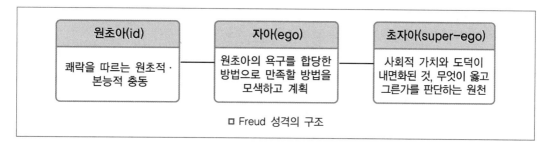

원초아(id)	자아(ego)	초자아(super-ego)
쾌락을 따르는 원초적·본능적 충동	원초아의 욕구를 합당한 방법으로 만족할 방법을 모색하고 계획	사회적 가치와 도덕이 내면화된 것, 무엇이 옳고 그른가를 판단하는 원천

□ Freud 성격의 구조

> 인간의 행동은 **성적 에너지(Libido)**에 따라 형성되고 움직이는 **세 구조의 상호작용**을 통하여 발생

○ **(성격의 발달)** Libido가 정해진 순서에 따라 구강·항문·성기 등에 집중되며, 각 단계에서 **아동의 욕구불만 또는 과잉충족이 발생**하면 고착(Fixation)현상으로 인하여 **성격적 결함 발생**

Freud의 성격발달단계

단계	주요 내용	성격적 결함
구강기 (0 ~ 18개월)	입으로 빠는 것을 통한 성적 쾌감, 자아중심적, 자신의 욕구중심적	과흡연, 과음, 손가락 깨물기, 험담
항문기 (18개월 ~ 3세)	배변훈련을 통한 항문의 통제를 통한 쾌감, 처음으로 외부 통제 (훈련·보상) 경험	결벽증, 통제 지향적, 불청결, 물건 낭비
남근기 (3 ~ 5세)	오이디푸스 콤플렉스(거세 불안), 엘렉트라 콤플렉스(남근 선망)	성 불감증, 이상성애
잠복기 (6 ~ 11세)	성적 욕구가 억압, 심리적으로 평온, 사회적 관계 확장에 관심, 동성친구와의 관계 중시	성욕 억압에서 오는 수치감, 혐오감
성기기 (11세 이상)	진정한 사랑의 대상 탐색, 이성과 친밀한 관계 형성 노력	이성에 대한 불안, 성숙한 사랑 곤란

○ **(시사점)** ① 인간발달에 있어서 **유아교육의 중요성** 인식
　　　　　② 건전한 성격발달을 위한 **비가시적인 무의식과 욕구 충족을 강조해 연구영역 확대**

○ **(한계)** ① 가설적 실험검증이 아닌 정신병환자 치료결과를 통한 추론으로 **비과학적**
　　　　　② **성인기 이후의 성격변화·발달에 무관심**

2 E. Erikson의 심리사회적 발달이론 기출 2003, 2004

◆ 인간 발달과 관련하여 **가장 중요한 것은 자아**이며 자아는 **자율적인 성격구조**
◆ 신체적·심리적으로 성장하는 유기체로서 인간은 **사회적 영향과 상호작용**하므로 성격을 이해하기 위하여 **생애주기, 사회적·역사적 요인 고려**
◆ 점진적 분화의 원리[*]에 의하여 심리사회적 발달
　* 일반적이고 포괄적인 발달이 먼저 이루어지고 점차 세부적으로 분화됨

○ **(성격발달)** 인간은 생애주기에서 각 단계별로 직면하는 **심리사회적 위기(Psychosocial Crisis)**를 해결하는 과정에서 **성격 발달**

○ (기본적 신뢰감 대 불신감: 0 ~ 1세) 최초의 사회적 관계인 **어머니와의 관계**를 통해 신뢰감과 불신감 형성

- 어머니가 아동의 욕구에 일관되게 대응해주면 신뢰감 형성, 비일관된 태도는 주변세계에 대한 불신감 형성

  ※ 영아가 오줌을 쌌거나 배가 고플 때 어머니가 잘 대응해주면 이런 경험에 비추어 다른 비슷한 상황에 부딪혔을 때 어머니가 자신의 필요를 충족시켜줄 것이라고 신뢰

- 신뢰감 형성은 후에 맺게 되는 모든 사회적 관계에서의 성공 여부와 관련되므로 가장 중요

○ (자율성 대 수치심: 2 ~ 3세) 여러 개의 충동 가운데서 어떤 것을 **스스로 선택**하고자 하고 **자신의 의지**를 나타내려는 자율성 형성

- 신체적 기술이 발달되도록 격려하면 자율성 형성, 조력 부족 및 과잉보호는 수치심 형성

  ※ "나", "내 것"이라는 말을 많이 함, "안 해", "싫어" 등과 같은 자기주장 표현, 엄격한 배변훈련을 하는 경우 수치심 형성

○ (주도성 대 죄책감: 4 ~ 5세) 언어능력과 운동기능이 성숙해지면서 매우 **공격적으로 환경**을 탐색하고 **성인의 활동에 열정**을 보이며, 성인의 일에서 **자신의 능력을 평가**

- 도전적인 탐색·행동을 격려하면 주도성 형성, 비난하고 혼내면 죄책감 형성

○ (근면성 대 열등감: 6 ~ 11세) **인지적 기술과 사회적 기술**을 습득하고 이것을 **숙달시키려는 근면성 형성**

- 학교에서의 성공과 성취는 근면성 형성, 성공경험 및 기회의 부족은 열등감 형성

○ (정체감 대 역할 혼미: 12 ~ 18세) 정신적 성장이 급격한 신체변화를 따라가지 못하는 변화의 시기, **내가 누구인가에 대한 의문과 탐색**을 통하여 **심리적 정체감 재규정**

- 적절한 제한 속에서 **스스로 독립적으로 행동하려는 시도**를 하게 될 때 긍정적 자아정체감이 확립되고, 이를 통하여 이후의 심리적 위기를 극복할 가능성

- **이전의 발달적 위기들이 다시 반복**되는데, 이때 심리적 과거·현재·미래를 통합하지 못하는 경우 **역할 혼미 발생**

▮ **정체감 대 역할 혼미 시기 위기의 반복**

구분	주요 내용	교사의 역할
1단계	믿고 따를 우상 탐색	성공 모델 제시
2단계	독립적으로 자신의 미래를 선택하려고 하고 통제 거부	자율적 이행과제 제공
3단계	자신의 미래에 대하여 공격적으로 역할 탐색	주도적 학습방법 활용
4단계	자신이 잘할 수 있는 직업 탐색	성공 가능 과제 제공

○ **(친밀성 대 고립감 : 19 ~ 24세)** 부모로부터 **독립하면서 직업을 선택**하고 배우자를 만나게 됨

　– 타인과 친밀한 관계를 유지하면 친밀성 형성, 그렇지 않으면 고립감 형성

○ **(생산성 대 침체감 : 25 ~ 54세)** 자녀를 낳아 키우고 교육하며 **다음 세대 양성에 관심 및 노력**

　– 자녀 양육·생산활동에 참여하면 생산성 향상, 그렇지 않으면 침체감 발생

○ **(통합성 대 절망감 : 54세 이상)** 삶을 돌아보고 **마지막 정체감 위기를 해결**하는 시기

　– 지난 인생을 가치 있게 여기고 죽음에 수용적이면 통합성 형성, 인생에 대한 후회와 죽음에 대한 공포를 느끼면 절망감 형성

⚑ Erikson의 성격발달단계

단계	생애주기	주요 내용
기본적 신뢰감 대 불신감	0 ~ 1세	• 아동의 욕구에 일관되게 대응해주면 신뢰감 형성 • 비일관된 태도는 주변세계에 대한 불신감 형성
자율성 대 수치심	2 ~ 3세	• 신체적 기술이 발달되도록 격려하면 자율성 형성 • 조력 부족 및 과잉보호는 수치심 형성
주도성 대 죄책감	4 ~ 5세	• 도전적인 탐색·행동을 격려하면 주도성 형성 • 그것을 비난하고 혼내면 죄책감 형성
근면성 대 열등감	6 ~ 11세	• 학교에서의 성공과 성취는 근면성 형성 • 성공경험 및 기회의 부족은 열등감 형성
정체감 대 역할 혼미	청소년기 12 ~ 18세	자신의 존재, 가치에 대한 정체감이 형성되면서 성역할·직업 선택의 혼란이 역할 혼미로 이어짐
친밀성 대 고립감	성인 전기 19 ~ 24세	• 타인과 친밀한 관계를 유지하면 친밀성 형성 • 그렇지 않으면 고립감 형성
생산성 대 침체감	성인 중기 25 ~ 54세	• 자녀 양육, 생산활동에 참여하면 생산성 향상 • 그렇지 않으면 침체감 발생
통합성 대 절망감	노년기 54세 이상	• 지난 인생을 가치 있게 여기고 죽음에 수용적이면 통합성 형성 • 인생에 후회와 죽음에 대한 공포를 느끼면 절망감 형성

※ 사람마다 경험하는 위기의 시기에 차이가 있으며, 위기를 해결하지 못하여도 다음 단계로 이동

Erikson의 성격발달단계에 따른 교사의 역할

■ **(초등학생)** 학생의 **주도성, 근면성 향상**을 위한 지원
　– 주도적으로 행동하되, 자신의 행동에 책임을 질 수 있도록 지도
　– 수준에 맞는 과제 제공, 실패는 성공의 과정에서 충분히 일어날 수 있음을 설명해주어 죄책감·열등감 방지

■ **(중·고등학생)** 학생의 **정체감 향상**을 위한 지원
　– 자신이 누구인지, 왜 가치가 있는지 탐색할 수 있는 기회 부여
　– 직업선택과 성인의 역할에 대한 다양한 모델 제공
　– 진로선택을 위한 충분한 정보 제공
　– 질문과 적절한 대답을 통하여 학생 스스로 정체감을 형성할 수 있도록 지원

3 J. Marcia의 정체성 지위이론 기출 2009

◆ Erikson의 이론을 발전시켜 개인의 정체감 형성과정뿐 아니라 **정체감 형성 수준의 개인차 진단**

○ **(정체성: Identity)** **자신이 누구이며** 어디로 나아가고 있고, 자신에게 맞는 집단이나 사회는 어디인가 또는 어떻게 적응할 것인가에 대한 확고한 인식

○ **(정체성 지위)** **과업에 대한 전념 여부**(무엇에 전념하고 있는가), **정체성 위기 경험 여부**(정체감을 갖기 위하여 노력하는가)에 따라 4가지로 분류

		정체성 위기 경험 여부	
		O	X
과업에 대한 전념 여부	O	정체성 확립	정체성 상실
	X	정체성 유예	정체성 혼미

□ Marcia의 정체성 지위

– **(정체성 확립: Identity Achievement)** 삶의 가치, 목표, 직업 등에 있어서 **자신의 정체감을 확립하고 과업에 충실한** 상태

– **(정체성 유예: Identity Moratorium)** 적극적 정체감 확립을 위해 노력·탐색하나, **아직 역할과 과업에 집중하지 못한 상태**

※ 대학을 휴학하거나 취업을 미룬 후 자신의 진로·직업에 대하여 탐색

– **(정체성 상실: Identity Foreclosure)** 주체적 고민 없이 **외부에서 주어지는 지시·가치 수용**

※ 부모가 기대하거나 선택해 준 인생을 그대로 수용

– **(정체성 혼미: Identity Diffusion)** **고민·탐색도 없고 어떤 일을 하지도 않는 상태**, 방향성 결여, 낮은 자아존중감, 타인이 하는 일과 내가 해야 하는 일에 대하여 무관심

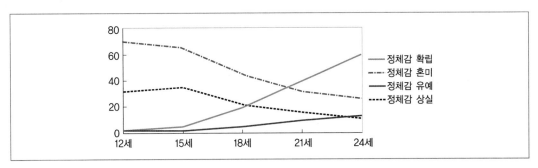

○ **(교사의 역할)** 학생이 **위기를 경험하고 과업에 전념할 수 있도록 유도**

  – **(위기 경험)** ① **위기를 경험하지 않은 학생**에게는 질문·과제 등을 통해 **고민할 거리 부여**

                ② **지속적인 자기평가**를 통하여 자신을 돌아볼 수 있도록 조력

  – **(과업 전념)** ① 각 분야에 **전념하여 성공한 사례**를 제시함으로써 전념할 동기 부여

                ② **수준에 맞는 활동**을 알려주고 해당 활동에 전념할 수 있도록 기회 부여

4 정의적 영역의 발달 : 사회성 발달

1 사회성에 대한 기본적 이해

○ **(사회화의 개념)** 사회의 구성원으로 기능할 수 있도록 **문화, 지식, 기술 등을 습득하는 과정**

○ **(사회성의 개념)** 사회에서 타인과의 공동생활에 **잘 적응하는 개인의 소질이나 능력**

2 사회성 발달에 영향을 주는 요인

○ **(가정환경)** 인간이 탄생한 후 **처음으로 맞이하는 사회**, 가족과의 애착관계를 통해 사회성 발달

  ※ Harlow & Zimmermann의 원숭이 대리모 실험 : 접촉 위안이 애착 형성에 중요

📌 사회성 발달에 영향을 미치는 부모의 양육방식 : Baumrind

구분	양육방식	아동의 태도
권위적	세심하면서도 일관성 있는 지시, 부드러우면서도 엄격한 통제 ➡	안정적·도전적
독재적	엄격하고 절대적인 기준에 따라 통제, 무조건적 순응 요구 ➡	위축·반항적
허용적	무통제, 무처벌, 무제한 자유 허용 ➡	방종·충동적
무관심	자녀에 대한 무기대, 무반응 ➡	쉽게 좌절, 자기통제 부족

○ **(또래집단)** 아동 소속감의 원천, 또래활동을 통하여 협동심·규칙에 대한 개념 형성

○ **(교사)** 교사는 단순 전문적 기술의 전수자가 아니라 **사회적 규범을 보여주는 아동의 역할모델이자 동일시 대상**

  – 교사의 전문적 지식보다는 그가 보여주는 **인격과 아동을 대하는 태도가 아동의 사회성 발달에 큰 영향력**

3 사회성 발달이론 : R. Selman의 사회적 조망 수용이론

○ **(사회적 조망 수용능력)** 자신과 타인을 객체로 이해하고, 타인의 관점에서 자신의 행동을 인지함으로써 **타인의 의도 · 태도 · 감정을 추론**할 수 있는 능력

※ Soical Perspective Taking Ability

– 사회적 조망 수용능력이 발달한 아동은 **감정이입, 동정심**이 발달하며 어려운 사회문제를 해결하는 **사회적 문제해결능력**도 보유

※ (사례) 나무에 떨어져서 크게 다친 이후 다시는 나무에 오르지 않기로 아버지와 약속한 학생이 나무에 위험하게 매달려 있는 고양이를 보게 된 경우의 행동

▌Selman의 사회적 조망수용능력 발달단계

단계	연령	주요 내용
자기중심적 관점 수용단계	3 ~ 6세	다른 사람도 자신과 동일한 견해를 갖는다고 생각 ※ (예시) 아버지도 고양이가 다치지 않기를 바랄 것이므로 나무에 올라간다.
주관적 조망 수용단계	6 ~ 8세	타인의 조망이 자신과 다를 수 있음을 인정하나, 아직도 자신의 입장에서 이해 ※ (예시) 아버지가 화내시겠지만 그래도 고양이를 보여주면 좋아하실 것이므로 나무에 올라간다.
자기반성적 조망 수용단계	8 ~ 10세	타인의 조망을 고려할 수 있고 타인도 자신의 조망을 고려할 수 있다고 인식하나, 그 과정이 비동시상호적 ※ (예시) 아버지와의 약속을 어기는 것이므로 나무에 올라가면 혼이 난다.
상호적 조망 수용단계	10 ~ 12세	자신과 타인의 조망을 동시상호적으로 각각 이해, 제삼자의 입장에서 객관적으로 생각 ※ (예시) 아버지와의 약속을 어긴 것은 잘못이지만, 나무에 올라간 이유를 이해시키면 벌을 받지 않을 것이므로 나무에 올라간다.
사회적 조망 수용단계	12 ~ 15세	사회구성원이 갖는 일반화된 조망 이해, 사회적 합의나 타인의 견해 등에 관심 ※ (예시) 동물을 보호하고 사랑해야 한다는 일반적 조망을 아버지도 가지고 계시므로 나무에 올라가더라도 혼나지 않는다.

4 사회정서 발달지원 : 사회정서적 학습(Social Emotional Learning)

○ (개념) **자신과 타인의 감정**을 인식하고 조절하며, **긍정적 관계**를 형성하고, **책임감 있는 의사결정**을 내릴 수 있는 능력을 기르는 교육적 접근

✓ 사회정서적 학습의 구성요소와 학습활동

구분	주요내용	학습활동
자기 인식 (Self-Awareness)	자신의 감정을 인식하고, 그 감정이 자신에게 미치는 영향을 이해하는 능력	감정일지, 감정 카드
자기 관리 (Self-Management)	스트레스를 관리하고 감정을 조절하며, 목표를 설정하고 그 목표를 성취하기 위한 계획을 세우는 능력	학업계획서, 성찰문, 자기평가
사회적 인식 (Social Awareness)	타인의 관점을 이해하고 공감하는 능력. 다른 사람의 감정과 요구를 이해하고, 문화적 차이를 존중하며 협력하는 것	역할 연기
관계 기술 (Relationship Skills)	협력적 의사소통을 기반으로 갈등을 해결하며, 팀워크를 발휘하는 능력	협동학습, 팀 프로젝트 학습
책임감 있는 의사결정 (Responsible Decision-Making)	윤리적 기준과 사회적 규범에 기반하여 문제를 해결하고, 장기적인 결과를 고려하여 올바른 결정을 내리는 능력	자치활동, 모의재판

┌─ 마음챙김교육
│
│ ■ **(개념)** 감정·충동 조절 및 스트레스 관리법 교육
│ ■ **(요소)** ① 긍정태도(수용·친절·감사·용서)
│   ② 자기관리(감정 알아차리기 및 조절, 이완·스트레스 대처, 치유, 회복)
│   ③ 대인관계(관점·균형, 소통기술) 등 교육
└─

┌─ 하이터치로서의 교사
│
│ ■ **(개념)** 교육 디지털 대전환과 학교의 변화 방향을 이해하고, **디지털 기술을 기반으로 인간적 지도**를 통하여 **수업을 혁신**하는 교사
│   ※ (참고) 교육부 T.O.U.C.H(터치, Teachers who Upgrade Class with High-tech) 교사단
│ ■ **(특징)** ① 높은 **하이테크 활용능력** : 단순 업무는 인공지능에게 맡기고 교사는 학생과 정서적 교류 촉진
│   ② 학습자의 **주체적 활동을 촉진**하는 수업능력
│   ③ 학습자의 **사회·정서적 발달**을 지원하는 능력
└─

5 정의적 영역의 발달 : 도덕성 발달 기출 2006, 2007, 2012

1 J. Piaget의 도덕성 발달이론

> ◆ 아동이 성장함에 따라 **규칙을 이해하는 방식의 변화**를 3단계로 구분
> ※ 문을 열다가 실수로 유리컵 15개를 깬 존, 엄마 몰래 과자를 꺼내려다가 유리컵 1개를 깬 헨리 중 누가 더 나쁜 행동을 하였는가?

○ **(도덕성 발달)**   아동의 도덕성은 기계적인 절대주의에서 자율적이고 추상적인 상대주의로 진행

▷ J. Piaget의 도덕성 발달단계

단계	연령	주요 내용
전도덕성 단계	0 ~ 4세	옳고 그름의 규칙을 이해하지 못하며 놀이를 할 때 같은 행동을 되풀이하는 **반복적 행동방식(운동신경적 규칙)**을 보임
타율성과 도덕적 절대주의	5 ~ 8세	권위 있는 외부에서 정한 **규칙·법칙은 절대적**이며 **수정 불가**, 행동의 결과에 따라 선악을 판단하는 **구속의 도덕성** 발달 ※ 15개를 깬 존이 더 나쁨
자율성과 도덕적 상대주의	8세 이상	규칙은 사람에 의해 만들어졌으므로 **타인과의 상호작용을 통해 수정 가능**하다는 **협력의 도덕성** 발달, 행위의 의도로 선악을 판단 ※ 1개를 깬 헨리가 더 나쁨

○ **(시사점)** ① 구속의 도덕성 단계인 학생들에게는 **도덕적·합법적 규칙 안내** 필요
　　　　　　② 타인과의 상호작용을 통한 **규칙 재설정의 기회 부여**(모의재판, 모의법령재정 등)

○ **(평가)** ① **4세 이하 아동의 도덕성**에 대한 **과소평가**[*]
　　　　　② 선악 판단에 대한 **문화의 영향력** 간과[**]
　　　　　③ 권위자에 대한 무조건적 복종의 한계

[*] 3세 아동이 다른 사람을 돕는 것은 결과와 상관없이 바람직하다고 인식

[**] 선의의 거짓말에 대해 우호적인 아동의 비율은 캐나다보다 중국이 높음

② L. Kohlberg의 도덕성 발달이론 [기출] 2013

◆ **도덕적 딜레마 상황**을 제시하고 '어떻게, 왜 그렇게 생각하는지'에 따라 발달순서를 **3수준, 6단계로 구분**

※ (Heinz씨 딜레마) 부인이 암에 걸려 죽어가는 상황에서 약 값 2000달러(원가 200달러)보다 모자란 1000달러밖에 없는 Heinz씨가 약사에게 약을 부탁하였으나 거절하자 몰래 약을 훔쳤다. Heinz 씨는 정당한 일을 하였는가? 정당하다면 왜 그러한가?

○ **(1수준 : 전 인습수준)** **외적**이고 **물리적인 결과**(보상, 처벌)에 따라 도덕적 가치 판단

- (**1단계** 복종과 처벌 지향) **처벌**을 **회피**하려 하고 권력을 가진 사람에게 순종

  ※ 약을 훔치면 감옥에 가거나 벌을 받게 되므로 나쁜 행동이다.

- (**2단계** 개인적 쾌락주의) **자신과 타인의 욕구 충족**이 도덕적 판단 기준, 개인적·주관적 관점에서 도덕성을 판단하는 **도덕적 상대주의** 발현

  ※ 아내를 살리기 위해 훔칠 수밖에 없다. 약사가 돈을 받지 못했으므로 훔치면 안 된다.

○ **(2수준 : 인습수준)** 자신의 **가족·집단·국가의 기준과 기대**에 따라 도덕적 가치 판단, 사회적 관습의 무비판적 수용

- (**3단계** 착한 아이 지향) **권위 있는 사람에게서 칭찬**을 받는 행위가 도덕적 행위, 결과가 아닌 의도에 근거하여 도덕적 판단

  ※ 아내를 살린 것은 사람들로부터 인정받을 것이므로 훔쳐도 된다.

- (**4단계** 사회질서와 권위 지향) **법·질서**를 기준으로 도덕적 판단

  ※ 어떠한 경우라도 법은 지켜져야 하므로 절도는 안 된다.

○ **(3수준 : 후 인습수준)** 사회 규칙에 제한되지 않으며 **보편적인 원리와 윤리**에 따라 도덕적 가치 판단

- (**5단계** 사회적 계약 지향) 법은 사람들이 **합의**하여 만든 것이므로 **융통성 있게 수정 가능**

  ※ 약을 훔친 것은 잘못이나, 사람을 구한 것이므로 정당화될 수 있다.

- (**6단계** 보편적 원리 지향) 스스로의 도덕원리(정의·평등·생명의 가치), 수준 높은 양심에 따라 도덕적 가치 판단

  ※ 생명의 가치라는 관점에서 약을 훔치는 것이 옳을 수 있다.

🔖 Kohlberg의 도덕성 발달단계

단계			판단기준
전 인습 수준	1단계 복종과 처벌 지향	3 ~ 7세	어떻게 처벌을 면할 수 있을까?
	2단계 개인적 쾌락주의	8 ~ 11세	나에게 무엇이 좋을까?
인습 수준	3단계 착한 아이 지향	12 ~ 17세	타인을 기쁘게 해주는 행위가 무엇일까?
	4단계 사회질서와 권위 지향	18 ~ 25세	절대적인 법·질서에 맞는 행위가 무엇일까?
후 인습 수준	5단계 사회적 계약 지향	25세 이후	법은 바뀔 수 있다. 사회적 합의에 따라 인정받을 수 있는 행위는 무엇일까?
	6단계 보편적 원리 지향		나의 양심과 기준에 따라 맞는 행위는 무엇일까?

※ 한 수준에 도달하면 이전 단계로의 퇴행은 없음

○ **(시사점)** ① **학생의 연령과 수준에 맞는 도덕교육**의 구체적 지침 제공(도덕성 발달이론 체계화)
　② 딜레마 상황에 따른 도덕적 사고 및 상호작용을 통한 **토론식 도덕교육법(토론, 역할놀이)** 제시
　③ 학생의 **도덕성 수준 점검 및 발전을 위한 지침** 제공

○ **(한계)** ① 도덕성 발달에 영향을 미치는 **사회적·문화적 영향력 간과**
　② 한 학생이 **여러 단계에 걸쳐 있는 경우** 발생
　③ 상황에 대한 도덕적 사고를 평가한 것(인터뷰 방식)으로, **실제 도덕적 행위와의 불일치**
　④ 후 인습수준은 개인주의를 강조하는 **서구문화에서 유의미**하고 타 문화권에서는 일반화 곤란
　⑤ **여성이** 남성보다 도덕성이 낮다고 **비하**
　⑥ 상황에 따라 **이전 단계로의 퇴보 발생**

③ C. Gilligan의 배려의 윤리

◆ 기존 윤리관을 남성중심의 성차별적 윤리관으로 규정하고, 이에 대한 대안으로서 **배려의 윤리** 주장

※ **(Kohlberg 비판)** 추상적인 도덕원리 강조, 백인 남성과 소년만을 대상으로 단계 설정, 남성은 4 ~ 5단계, 여성은 3단계
라는 의견 비판

◆ 낙태 여부에 대한 응답을 기준으로 여성의 도덕성 발달단계를 **3단계, 2전환기**로 구분

○ **(배려의 윤리)** 도덕성을 정의하는 데 있어 **타인에 대한 배려, 연민, 책임감, 동정심, 유대감** 등을
포괄적으로 중시

  – 소년은 독립적 · 추상적 사고 위주의 교육을 받지만, **소녀는 양육자로서의 성장을 강조하는
  교육을 받으므로 남녀는 다른 유형의 도덕적 추론**을 할 수밖에 없음

○ **(수준 1: 자기지향)** 자신의 이익과 생존에 몰두

  – 상황 · 문제가 자신의 욕구와 충돌될 때 도덕적 사고 · 추론을 시작, **판단의 기준은 자신에게
  더 중요한 것**

(전환기 1: 이기심에서 책임감으로) 타인과의 애착, 관계 형성이 중요해지면서 **도덕적 판단기준이 타인과의 관계 ·
책임감**으로 전환

○ **(수준 2: 자기희생으로서의 선)** 자신의 욕구 억제, 타인에 대한 배려 · 책임감 · 자기희생 지향

  – 타인과의 관계를 위해 **자신의 주장을 포기**하고 **자기희생과 타인에 대한 배려**를 선한 것으로
  간주

(전환기 2: 선에서 진실로) 타인을 위한 자신의 희생에 의문을 가지면서 **도덕적 판단기준이 보다 넓은 범위의
타인의 욕구와의 통합**으로 발전, **자아개념**과 관련

○ **(수준 3: 비폭력 도덕성)** 개인의 권리주장과 타인에 대한 책임 조화, 자신에 대한 이해, 도덕성
재정의(비폭력 · 평화 · 박애 등)

05 교수학습의 이해

1 행동주의 학습이론

1 행동주의 학습이론의 기본 내용

○ (학습관) 학습은 경험의 결과로 나타나는 행동의 비교적 영속적인 변화, 관찰 가능한 행동변화에 초점

> 학습은 학습자에게 제시되는 모든 환경인 **자극(Stimulation)과**, 자극에 의하여 발생하는 학습자의 행동인 **변화 (Response) 간의 연합**

○ (기본 가정) ① 학습원리는 **인간과 동물에 모두 적용** 가능(대응 가능성)
② 인간의 행동은 복잡하지만 **예측 가능**(유기체·복잡한 기계로서 인간)
③ 인간의 행동은 **선행조건**에 의하여 결정
④ 인간의 행동은 **자연법칙**에 의하여 지배
⑤ 인간의 행동은 **환경의 조절**에 따라 변화·수정 가능

※ **행동주의 심리학자 선언(J. B. Watson)** : "나에게 건강한 유아 12명을 주시오. 그들의 재능, 기호, 버릇, 적성, 인종에 상관없이 의사·변호사·예술가 등 원하는 어떠한 전문가로도 키울 수 있습니다."

2 고전적 조건형성이론 ※ Classical Conditioning Theory 기출 2006

○ (주요내용) **파블로프(I. Pavlov)의 개 실험**

① 중립자극(Neutral Stimulus ; NS)은 학습된 바 없으므로 무반응

② 무조건자극(UnConditional Stimulus ; UCS)으로 선천적인 무조건반응(UnConditional Response ; UCR) 발생

③ 중립자극과 무조건자극을 결합·반복 제공하여 무조건반응 발생

④ 중립자극은 무조건반응과 조건화(조건형성)

※ 중립자극의 조건자극화, 무조건반응의 조건반응화

⑤ 이후 조건자극(CS)만으로도 조건반응(CR)이 나타남

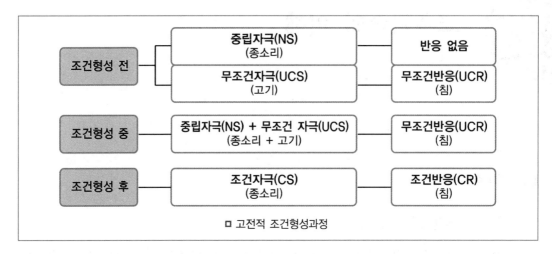

□ 고전적 조건형성과정

- **(조건형성의 순서와 시간)** **지연 조건형성**이 **가장 효과적**, **역행 조건형성**은 예측성 결여로 **비효과적**

📎 **조건자극과 반응의 시간적 관계**

구분	결합 순서	효과성
지연 조건형성	조건자극(CS)이 먼저 제시되고 바로 무조건자극(UCS) 제시	효과적
흔적 조건형성	조건자극(CS)이 먼저 제시되고 시간이 지난 후 무조건자극(UCS) 제시	비교적 효과적
동시 조건형성	조건자극(CS)과 무조건자극(UCS) 동시 제시	비교적 효과적
역행 조건형성	무조건자극(UCS) 먼저 제시되고 이후 조건자극(CS) 제시	비효과적

○ **(의의)** 학습은 **체계적·과학적인 방법**으로 외부사건에 의해 유도, 학습 결과는 **예측 가능**, 환경 변화를 통하여 **학습의 양과 가능성 변화**

┌─ 고전적 조건화이론 학습원리 ─┐

- **(강화의 원리)** 조건자극과 무조건자극이 반복 제시될 때 무조건자극은 조건자극에 대한 강화의 기능 수행
- **(간격의 원리)** 지연 조건형성이 가장 효과적, 무조건자극이 조건자극에 선행하는 경우 조건반응 미성립 (역행성 조건화)
- **(일반화 및 변별의 원리)** 조건자극과 유사한 자극에 대하여 조건반응 발생(자극 일반화), 서로 다른 자극(짧은 종소리, 긴 종소리)을 구별하고 자극에 대하여 다르게 반응(변별)
- **(소거와 자발적 회복의 원리)** 조건형성 후 조건자극만 제시하고 무조건자극을 제시하지 않는 경우 조건자극의 조건 소거, 소거 이후 일정 시간이 지나고 조건자극만 제시하면 기존보다 약하지만 조건반응 형성(자발적 회복)

3 시행착오설 : 자극 - 반응 결합설 ※ Trial and Error Learning

○ **(주요내용)** 손다이크(E. Thorndike)의 고양이 실험(Puzzle Box)

① 상자 안에 있는 고양이가 페달을 밟으면 상자 문이 열려 먹이를 먹을 수 있도록 설계

② 실험 초기 창살문을 할퀴다가 우연히 페달을 밟아서 문이 열림

③ 실험을 반복하자 페달을 밟고 상자를 탈출하는 시간이 빨라짐

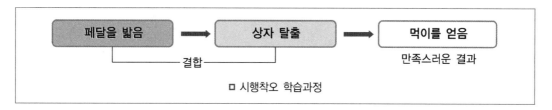

□ 시행착오 학습과정

○ **(의의)** 교육목표 달성이 초기에 실패하더라도 **반복과 교정**을 통하여 **달성 가능**

┌─ 시행착오설 학습원리 ──────────────────────────

- **(효과의 원리)** 행동의 결과가 만족스러울 때 행동을 지속·반복하려는 욕구 발생(만족의 법칙, 결합의 강도 증가)
- **(연습의 원리)** 모든 학습은 꾸준한 반복적 연습의 결과로 목표에 도달·성공하고, 연습을 통하여 바람직한 행동의 변화를 가져옴
- **(준비성의 원리)** 사전에 충분히 준비된 학습활동은 만족스러운 결과를 발생

4 조작적 조건형성이론 ※ Operant Conditioning Theory `기출` 2006, 2007

○ **(기존 이론 확장)** 인간을 수동적인 존재로 가정하고 행동을 반드시 본능적 자극과 연결짓는 **고전적 조건형성이론**을 보완·확장

- **(행동의 구분)** **외부자극**에 대해 **수동적**으로 반응하는 **대응적 행동**(Response Behavior)과 '**행동의 결과**'에 따라 **자발적**이고 **능동적**으로 반응하는 **조작적 행동**(Operant Behavior)으로 구분

'행동의 결과'를 통하여 어떤 반응을 증가시키거나 감소시키는 것이 조작적 조건화

▌고전적 조건형성이론과의 비교

구분	고전적 조건형성	조작적 조건형성
자극 – 반응 계열	자극이 반응 앞	반응이 효과나 보상 앞
자극의 역할	반응은 추출(Elicited)	반응은 방출(Emitted)
자극의 자명성	특수자극으로 특수반응 발생	특수반응을 발생시키는 특수자극 없음
조건형성과정	한 자극이 다른 자극을 대치	자극의 대치 미발생
내용	정서적·불수의적 행동 학습	목적지향적·의도적 행동 학습

○ (주요내용) 스키너(Skinner) 상자

① 상자 안의 쥐가 지렛대를 누르면 먹이가 나오도록 설계

② 쥐가 지렛대를 탐색만 하다가 우연히 지렛대를 눌러 먹이를 얻음

③ 지렛대를 누르는 것(조작적 행동)과 먹이가 떨어지는 것(강화) 사이의 연관성을 학습(조작적 조건화)하여 반복적으로 지렛대를 누름

□ 조작적 조건화의 과정

○ (강화와 처벌) 행동을 증가시키려는 강화(Reinforcement)와 행동을 감소시키려는 처벌(Punishment)로 구분

▌강화와 처벌의 유형

구분	자극 제시	자극 소멸		효과
강화	정적 강화	부적 강화	➡	행동 증가
처벌	정적 처벌 (수여성 벌)	부적 처벌 (제거성 벌)	➡	행동 감소

– (정적 강화) 어떤 행동에 대해 **좋은 결과**를 제공하여 **행동 증가**

　※ (예시) 공부를 하면 칭찬하거나 상을 주는 것

– (부적 강화) **싫어하는 것**을 제거하여 **행동 증가**

　※ (예시) 공부를 하면 청소를 면제하는 것

🔖 강화물의 종류

구분	주요 내용	예시
일차적 강화물	그 자체로 강화능력을 가지고 있어 생리적 욕구를 만족시켜 주는 것	음식물, 물
이차적 강화물	중립자극이 강화능력을 가지고 있는 자극과 결합하여 강화의 속성을 갖는 것	돈, 토큰(별·도장·스티커 등)

강화 시 고려사항 ① : Premack의 원리 기출 2006, 2012

- **(개념)** 학습자에게 빈번하게 발생하는 행동이 상대적으로 덜 빈번하게 일어나는 행동의 빈도를 증가시키기 위한 강화물로 사용될 수 있다는 원리
- **(예시)** 제자리에서 밥을 다 먹는 것을 싫어하고 시크릿쥬쥬 애니메이션 보는 것을 좋아하는 아동에게 밥만 다 먹으면 애니메이션 1개, 반찬까지 다 먹으면 애니메이션 2개를 보여주는 것
- **(유의점)** ① 강화물이 개인마다 상이(시크릿쥬쥬를 좋아하지 않는 아이), ② 상황에 따라 강화물 변경(더 이상 시크릿쥬쥬를 좋아하지 않고 캐치티니핑을 좋아하는 아이)

강화 시 고려사항 ② : 강화계획의 사용 기출 2002, 2004, 2012

- **(강화의 빈도)** 정확한 반응마다 매번 강화가 주어지는 **완전강화**와, 정확한 반응의 일정 간격·횟수에만 강화가 주어지는 **부분강화**로 구분
  - 부분강화가 완전강화에 비하여 소거가 느리게 나타나므로 학습의 지속을 위하여 **부분강화를 효과적으로 계획하고 사용하는 것** 중요
- **(부분 강화계획의 분류)** 시간에 따른 분류인 **간격계획(Interval Schedule)**과, 반응의 **횟수**에 따른 분류인 **비율계획(Ratio Schedule)**으로 구분
  - 고정비율 vs 변동비율, 고정간격 vs 변동간격
- **(강화계획의 효과)** 비율강화가 간격강화보다 학생의 **반응률 제고**에 도움, 고정강화는 강화가 주어진 **직후 반응률 낮아짐**
  - 변동 강화계획은 강화가 주어지지 않는 기간에도 **학습을 지속시키나**, 높은 수준의 불안감 유발
- **(유의점)** 교실·학습자 상황에 따라 **어느 강화계획이 더 효과적일지 파악**하고 강화의 **비영구성 이해**
  - 긍정적 반응 **초기에는** 즉각적·지속적 **완전강화** 제시 → 반응 향상 후에는 간헐적인 **부분강화**가 효과적
  - 고정적이든 변동적이든 **점차적으로 강화 제시 횟수를 감소**시키고 **간격을 늘려야 함**

- **(정적 처벌)** 어떤 행동에 대해 **좋지 않은 결과**를 제공하여 **행동 감소**

  ※ (예시) 성적이 낮으면 체벌·꾸중하는 것, 학생이 친구들을 때리면 교사도 해당 학생을 체벌하는 것

- **(부적 처벌)** **좋아하는 것**을 **제거**하여 **행동 감소**

  ※ (예시) 수업시간에 떠들면 쉬는 시간에 못 놀게 하는 것, 벽 보고 서 있게 하기(TIME-OUT)

처벌 시 유의점

- **(교사의 의도)** 체벌·꾸중 시 교사의 감정이 개입될 우려가 있으므로 유의
- **(부정적 효과 인지)** 벌 자체가 수치감, 두려움, 반발심, 공격심, 폭력에 대한 무감각으로 이어질 우려가 있음을 인지
- **(처벌의 즉각성)** 부정적 행동이 나타난 직후에 하는 것이 효과적
- **(대안의 제시)** 처벌 이후 벌을 받지 않을 행동이나 대안적 행동 제시
- **(일관성)** 규칙에 따라 일관되게 처벌

○ **(행동수정)** **목표하는 행동**을 선택하고 **변별자극**과 **변별강화**를 사용하여 **행동**을 **증가시키거나 감소시키는 것**

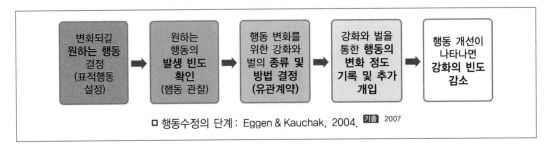

□ 행동수정의 단계: Eggen & Kauchak, 2004. 기출 2007

– **(암시: Prompting)** 강화를 받을 수 있는 **행동에 대한 단서**(변별 자극: Discriminative Stimulus, S^D)를 **안내ㆍ제공**하는 행동

※ 변별자극은 행동의 원인이 되는 것이 아니라 행동을 하도록 안내ㆍ지시하는 것

– **(연쇄: Chaning)** 한 번에 학습하기 곤란한 **복잡한 반응**을 **형성**하기 위하여 **단순한 행동**을 **순서적으로 연결**하는 기술

※ (과학실험 준비) "과학책을 꺼내세요." → 꺼내면 칭찬 → "실험실로 가세요." → 가면 칭찬 → "자리에 앉아서 실험 준비하세요." → 칭찬

– **(조형: Shaping)** **목표반응을 학습자가 곧바로 수행할 수 없거나** 반응을 **촉진할 수 있는 방법**이 **없는 경우** 사용

※ (비둘기 실험) 비둘기가 특정 부분을 부리로 찍는 행동(목표반응)을 유발하기 위하여 ① 고개를 돌릴 때 먹이 주기(고개를 돌리는 것이 먹이의 획득을 가져온다는 수반성 획득), ② 고개를 더 큰 각도로 돌릴 때 먹이 주기, ③ 중간지점 도달 시 먹이 주기, ④ 목표지점 도달 시 먹이 주기, ⑤ 목표지점을 부리로 찍을 때 먹이 주기(수반성 확대)

○ **(의의)** **긍정적 결과가 뒤따르는 행동**은 발생 가능성과 빈도가 증가하며 **학습되고 반복 가능** → 인간의 어떤 행동도 통제 가능

조작적 조건화이론의 학습원리

- **(강화의 원리)** 행동의 결과가 만족스러운 경우(보상) 그 행동은 반복
- **(소거의 원리)** 일정한 반응 뒤에 강화가 주어지지 않으면 반응 소멸
- **(조형의 원리)** 원하는 방향 안에서 원하는 반응만을 강화하여 원하는 행동 습득
- **(자발적 회복의 원리)** 일단 습득된 행동은 보상이 주어지지 않더라도 똑같은 상황에 직면하게 되면 다시 나타남
- **(변별의 원리)** 유사한 자극에서 나타나는 조그만 차이에 따라 다른 반응이 나타남
- **(강화계획)** 소거에 대한 저항을 높이기 위하여 **적합한 반응의 일정 비율만을 강화**하는 부분강화계획(Partial Reinforcement Schedule) 제시

---

5 사회학습이론 ※ Social Learning Theory `기출` 2005, 2006, 2007

○ **(주요내용)** 반두라(A. Bandura)의 Bobo 인형 실험

① Bobo라는 공기주입 인형을 때리는 영화 제작

② 아동을 세 그룹으로 나눈 후 Bobo를 때린 상황에서 1그룹에는 상을 주는 영화, 2그룹에는 벌을 주는 영화, 3그룹에는 아무것도 하지 않는 영화를 보여줌

③ 그룹별로 Bobo를 주고 행동을 관찰한 결과, 1그룹이 가장 공격적 행동

④ 단, 세 그룹 모두에게 Bobo를 때리면 상을 주겠다고 말한 경우 모두 영화 속 행동을 모방 (Modeling)

○ **(관찰학습)** 강화와 벌 없이 관찰을 통하여 모델의 행동을 모방하는 **모델링(Modeling)**과 **대리적 조건형성(Vicarious Conditioning)**[*]을 통하여 학습 달성(= 대리학습)

[*] 타인의 행동에 제공되는 강화와 벌을 관찰함으로써 그 행동의 빈도 결정

– **(관찰학습의 과정)** **주의집중, 파지, 재생산, 동기화 단계**

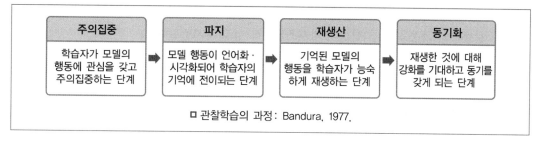

주의집중	파지	재생산	동기화
학습자가 모델의 행동에 관심을 갖고 주의집중하는 단계	모델 행동이 언어화·시각화되어 학습자의 기억에 전이되는 단계	기억된 모델의 행동을 학습자가 능숙하게 재생하는 단계	재생한 것에 대해 강화를 기대하고 동기를 갖게 되는 단계

☐ 관찰학습의 과정: Bandura, 1977.

– **(모방에 영향을 주는 요인)** ① **학습자와 모델 간의 유사점**[*]이 높을수록, ② **모델이 높은 능력과 지위**를 가질수록 모방의 가능성 상승

[*] 학습자와 모델의 성별, 연령, 피부색, 살아온 문화 간 유사성

┌─ 사회인지이론의 또 다른 학습 : 실행학습(Enactive Learning)

▪ **(개념)** 무엇인가 실제로 실행하고, 그 실행결과에 대한 경험에 의하여 학습 형성
▪ **(조작적 조건화와의 차이)** 조작적 조건화이론에서는 **행동의 결과가 그 자체로 후속행동을 강화·약화**하지만, 실행학습에서의 행동결과는 후속행동의 빈도를 결정하는 정보 제공 → **행동의 빈도**를 결정하는 것은 **결과에 대한 개인의 해석**

– **(강화)** **대리강화**를 통하여 대리적 조건형성 가능

참고 강화의 종류

직접강화 (Direct Reinforcement)	대리강화 (Vicarious Reinforcement)	자기강화 (Self-Reinforcement)
조작적 조건화이론과 같이 행동에 대해 행위자에게 직접강화 제시 ※ (예시) 발표를 잘한 학생을 칭찬하여 그 학생이 발표를 더 잘 하려고 하는 것	타인의 행동 결과에 영향을 받는 간접적 강화 ※ (예시) 발표를 잘해 칭찬을 받은 학생을 보고 발표를 잘 하려고 하는 것	자신의 행동 결과에 스스로 강화를 주는 것 ※ (예시) 발표를 잘한 자신에게 만족하여 스스로 발표를 더 잘 하려고 하는 것

○ (의의) 학습은 강화작용 없이 **단순히 모델을 관찰**하는 것만으로 가능

– 보이지 않는 기대·신념과 같은 **정신작용**을 통한 **학습**이 **가능함**을 증명하여 기존 행동주의의 한계 극복

– 조건화의 중요성뿐만 아니라 한 개인을 둘러싸고 있는 **사회환경과의 상호작용**을 학습에 포함시켜 **학습의 과정에 대한 시각 확장**

– 교사는 올바른 모델링을 위하여 **강화와 벌의 일관된 사용** 필요

– 교사는 **의도하지 않은 행동에 대한 학습자의 모방**이 나타날 수 있음을 인지하고 행동에 주의

– 모델링의 과정을 거친 학생의 **자기조절능력 향상**(자기조절학습)

6 **행동주의 학습이론의 시사점**

○ (수업설계) 분명하고 관찰 가능한 수업목표를 제공하고 행동변화를 이끌 수 있는 **적절한 환경변화** (강화 등) 제시

– (수업목표) 학습 초기에 **학습목표를 정확히 제시**(암시)하고 수업 종료 시 학습자가 성취하여야 할 결과를 **관찰 가능한 행동목표**로 진술

– (수업계열) 수업내용은 **쉬운 것부터** 어려운 것으로 **점진적으로** 제시하고, **복잡하고 어려운 문제**를 단순화·세분화 제시

※ (체계적 둔감법) 학습자가 부정적 정서를 가지게 된 원인을 찾아 위계적으로 나누어 가장 낮은 단계부터 경험하게 하고, 성공·성취경험을 통하여 부정적 정서를 극복하도록 하는 법

– (학습방법) 올바른 행동에는 긍정적 결과(칭찬, 미소, 상 등)를 제시하고 잘못된 행동은 무시 (부정적·혐오적 통제보다는 긍정적 강화가 효과적)

○ (교사역할) 학습자의 행동변화(수업목표 달성)를 위한 시의적절한 **강화물의 제공자, 모방의 대상자**(학습 모델)

○ (평가) 수업목표에서 나타난 행동의 **계속적 평가와 피드백** 제공, 행동은 **관찰 가능**하므로 **정확한 평가** 가능

2 인지주의 학습이론

1 인지주의 학습이론의 기본 내용

○ (학습관) 외적 행동을 불러일으키는 **내적 과정**[*]

> [*] 외부 감각적 자극의 변형, 기호화 또는 부호화(Encoding), 파지(Retention), 재생 또는 인출(Recall) 등의 정보처리과정

> 🚩 학습은 상황에 대한 반응이 아닌 사고나 문제해결과 같은 방법으로 정보를 조직하고 재정비하는 과정

○ (기본가정) ① **인간은 외부의 반응을 능동적 · 적극적으로 지각 · 해석 · 판단하는 존재**(동물과의 대응 불가능성)

② 자극과 반응의 중간과정인 인간의 **내적과정**(인지과정) 연구

③ 인간은 낱개의 부분이 아니라 **요소 간의 관계를 지각**(전체는 부분의 합 이상)

🔖 **행동주의와 인지주의 학습이론의 비교**

구분	행동주의	인지주의
인간관	백지설, 수동적 존재	백지설 거부, 능동적 존재
학습과정	자극과 반응의 연합을 통한 점진적 행동 변화	갑작스러운 통찰을 포함한 인간의 인지구조 변화
강화물의 역할	연합을 강화시키는 학습의 필요조건	인지구조의 변화를 행동으로 나타나게 만드는 유인책
학습의 범위	직접경험에 근거한 행동의 변화	직접경험을 뛰어넘는 행동잠재력의 변화

2 **잠재학습이론**   ※ Latent Learning(E. Tolman)

○ (주요내용) 쥐 미로실험

① 미로찾기 성공 시마다 강화를 받는 1집단, 강화를 받지 않는 2집단, 11일째부터 강화를 받는 3집단으로 구분

② 1집단은 꾸준히 실수 감소, 2집단은 실수 미감소, 3집단은 11일째부터 실수가 급격히 감소하면서 12일째부터 1집단과 비슷한 수준

○ (잠재학습) 학습이 실제로 일어났지만 직접 관찰할 수 있는 행동으로 나타나지 않은 학습

– (인지도 : Cognitive Map) 환경의 여러 특성과 위치에 관한 정보를 그림 또는 지도로 형태화한 정신적 표상

> ※ (쥐 미로실험) 3집단의 쥐는 강화물 없이도 10일 동안 성공과 실수를 반복하며 머릿속에 미로에 대한 지도 형성

- (목적적 행동주의) 학습은 단순히 자극과 반응의 연합이 아니라 특정 행동을 하면 특정 결과를 얻을 것이라는 **기대를 학습**하는 과정이며, 학습자는 **특정 결과를 얻기 위하여 행동**

> **잠재학습 : 자극(S) → 유기체*(O) → 반응(R)**
>
> *유기체의 기대, 목적, 인지도 등

③ 형태주의 심리학   ※ Gestalt Psychology

○ (주요내용) **학습**은 점진적인 연합에 의해 일어나는 것이 아니라, **문제상황 속 사물의 관계구조를 어느 순간 파악**하게 됨으로써 발생(**통찰**)

  - 학습자는 상황을 여러 부분이 연결된 **조직된 형태(Gestalt*)**로 지각

    * 어떤 부분은 다른 부분과 관련되어 전체를 이루며, 전체는 부분의 총합 이상(환원주의 반대)

  - **행동**은 작은 단계들로 구성되는 것이 아니라 **지각적 과정과 인지적 조직**에 의해 **한번에 발생**

○ (Wertheimer 이론) **모든 정신활동**의 **기초**로서 **체제화** 강조, 인간은 자신이 지각하는 장을 하나의 형태로 체제화하려는 보편적·생득적 경향성을 가짐(**지각의 법칙 : Law of Perception**)

  ※ 파이현상(Phi)

지각의 법칙

- **(완결성의 법칙)** 불완전하거나 떨어져 있는 부분을 연결시켜 완전한 것으로 지각하는 현상
  ※ (예시) 한 면이 끊어진 불완전한 사각형 모양을 완전한 사각형으로 지각
- **(근접성의 법칙)** 개개의 부분을 서로 근접하여 있는 것끼리 하나의 의미 있는 형태를 이루고 있는 것으로 지각
- **(연속성의 법칙)** 처음 시작한 것을 동일한 형태로 계속해서 완성해 가는 현상, 뇌는 선의 갑작스럽거나 급격한 움직임의 변화를 선호하지 않음
- **(유사성의 법칙)** 사람은 집중하기 위하여 가장 간단하고 안정적인 형태를 선택
  ※ (예시) 성질이 유사한 것은 그렇지 않은 것에 비하여 쉽게 학습된다.
- **(욕구의 작용)** 사물에 대한 어떤 기대나 마음이 동일한 사물을 다른 각도로는 볼 수 없게 한다.
- **(의미부여에 따른 지각)** 사물 자체는 무의미하더라도 보는 사람이 어떤 의미를 가지고 사물을 봄으로써 생각한 바와 같이 지각하게 되는 현상

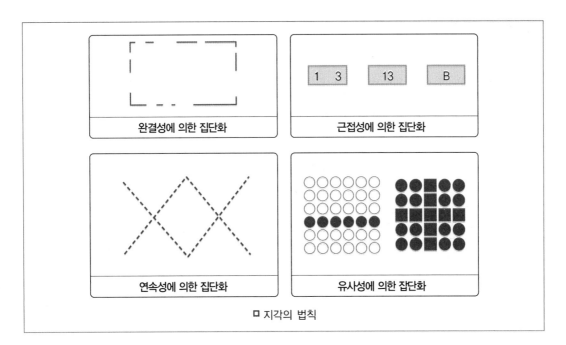

□ 지각의 법칙

○ **(W. Köhler의 통찰학습)** 문제상황에서 서로 관련 없던 여러 요인이 **갑자기 완전한 형태로 재구성되어 문제 해결**(아하 현상)

① 침팬지를 놀이터에 놔둔 후 침팬지의 손이 닿지 않는 곳에 바나나를 둠

② 바나나를 얻기 위하여 손을 뻗거나 뛰어오르는 행동을 하며, 주변을 주의 깊게 살핌

③ 갑자기 상자를 쌓고 그 위에 올라가 막대기를 이용하여 바나나 획득(통찰 발생, Insight)

※ 행동주의 문제점 지적: 시행착오 없이, 상자를 쌓은 것에 대한 강화 없이 갑자기 행동

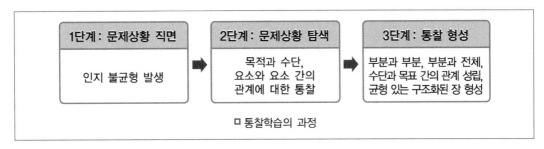

□ 통찰학습의 과정

4 정보처리이론 기출 2003, 2004, 2007, 2009, 2010, 2012

※ Information Processing Theory : R. Atkinson & R. Shiffrin

○ **(주요내용)** 인간이 외부세계에서 획득한 **정보를 어떻게 지각**하고 **이해**하고 **기억**하는가 설명

– 인간의 기억과정을 컴퓨터의 '정보 투입 → 정보 처리 → 결과 산출' 과정에 비유

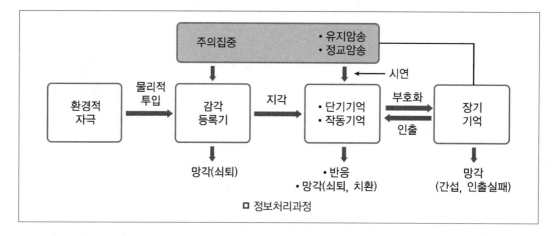

□ 정보처리과정

○ **(감각등록기 : Sensory Register)** **감각 수용기관**을 통하여 **정보를 최초로 저장**하는 곳(4초 이내의 짧은 시간 동안 아주 정확하게 기억, 감각기억)

– **(주의집중 : Attention)** **특정한 자극에만 신경**을 쓰고 **관심**을 기울이는 과정, 주의를 통해 감각등록기의 자극이 단기기억으로 이동

※ (예시) 집중하여 인강을 듣는 상황에서 누가 자신을 불러도 인지하지 못하는 경우(칵테일파티 효과)

– **(지각 : Perception)** 과거 경험, 지식, 동기 등의 요인을 토대로 **자극을 해석하고 의미 부여**

※ (예시) 소설 〈어린 왕자〉에서 나오는 모자 속 코끼리

○ **(작업기억 : Working Memory)** 새로운 정보를 조작하여 **저장하거나 행동적 반응**을 하는 곳(10 ~ 20초 정도, 약 7±2개 정보 저장 가능, 단기기억)

– **(시연 : Rehearsal)** 작업기억에 들어온 정보를 있는 그대로 **지속적으로 반복처리**하는 과정

※ 시연을 통하여 장기기억으로 전이되기도 하지만, 주로 작업기억에 머물다가 정보가 활용된 후 소멸

※ **(단순 반복전략)** 정보를 계속해서 반복, 전화번호 외우기 **(누적 반복전략)** 처음 몇 개를 시연하고 이후의 정보를 시연, 노래가사 외우기

– **(부호화 : Encoding)** 새로운 정보를 **장기기억에 표상**하는 과정

※ **(부호화 촉진 수단 : Eggen & Kauchak)** 능동성, 정교화, 조직화, 기억술

✔ 부호화를 촉진하는 방법

구분	주요 내용	예시
정교화	**자신의 사전경험**에 근거하여 새로운 정보를 장기기억에 저장된 정보와 연결	국화 학습 시 가을에 식물원을 갔던 경험, 상갓집에 갔던 경험 떠올리기
조직화	**공통 범주나 유형**을 기준으로 새로운 정보를 장기기억에 저장된 정보와 연결	국화 학습 시 국화를 식물의 하위개념, 꽃의 하위개념으로 인식
심상	새로운 정보를 마음속에 **그림으로 만드는 과정**	국화 학습 시 마음속으로 국화를 그려보고 색칠하는 것

--- 작업기업의 기능적 한계(용량, 지속시간)를 극복하는 방법 ---

- **(청킹 : Chunking)** 서로 관련된 여러 자극을 하나의 정보 또는 묶음으로 인식하는 전략(저장용량의 한계 극복)
  ※ (예시) ㄱㅇㅅㄱㄷㅈㄴㅁㅁㅎㅇㅁㅂㅂㄱㅎㅁㅈㅇ → 대통령 이름 순서로 묶기
- **(자동화 : Automaticity)** 의식적 노력 없이 정신적인 조직을 수행하는 능력
  ※ (예시) 블루투스 전화 통화하면서 운전하기, 보지 않고 타자 치기
- **(이중부호화 : Dual-Coding)** 언어 설명(어문부호) + 시각적 정보(시각부호) 제공
  ※ (예시) 뿌리의 종류를 언어로 설명하고 배추와 마늘의 뿌리를 사진으로 보여줌

--- 작업기억학습에 영향을 미치는 요소 ---

- **(유의미화 : Meaningfulness)** **정보가 유의미할수록 기억**하기 쉬워지며, 학습자가 가진 지식의 구조·경험·준비도와 연결할 때 더욱 효과적 학습
- **(순서적 위치 : Serial Position)** 정보목록에서 해당 **정보가 놓인 위치**에 따라 기억에 차등
  ※ (예시) 다른 정보의 간섭을 덜 받는 처음과 끝 항목을 더 기억
- **(연습 : Practice)** 연습을 많이 할수록 더 많이 기억, 밀집된 연습(쉼 없는 연습·벼락치기)보다 **분산된 연습(시간 간격을 둔 연습)**이 효과적
- **(정보의 조직 : Organization)** **여러 조각의 정보**를 정보분할(Chunking)과 같은 방법으로 **하나의 단위로 조직**할 수 있으면 더 많이 기억 가능
- **(전이와 간섭 : Transfer & Interference)** 이전의 학습이 새로운 학습에 영향을 주는 **전이(정적 전이 vs 부정적 전이)**, 새로운 것이 이전의 것을 기억하는 데 영향을 주는 **간섭(역행적 간섭 vs 순행적 간섭)** → 부정적 전이와 간섭을 최소화하기 위하여 **간헐적 연습, 유의미학습, 기억술 필요**
- **(기억술 : Mnemonic Devices)** 의미가 없는 자료를 기억하기 쉬운 이미지나 단어·어구 등과 연결
  ※ (예시) 태정태세문단세

○ **(장기기억 : Long-Term Memory)** 정보가 최종적으로 저장되는 저장고로, 무한한 정보를 **영구적 기억** 가능

▌ 장기기억의 종류

구분	주요 내용	예시
일화기억	인생에서 있었던 사건의 의식적 기억	수영하였던 기억
의미기억	사실에 관한 지식 기억	수영의 역사, 수영의 영법
절차기억	어떤 것을 하는 방법에 관한 기억	수영하는 방법에 대한 기억

– **(인출 : Retrieval)** **장기기억에 저장된 정보**를 **작업기억**으로 이동시키는 과정, 인출 시 설단현상 발생 가능

※ **(설단현상 : tip of the tongue)** 정보가 어렴풋이 생각만 나고 정확하게 기억이 나지 않는 현상
(예시) 아 그거 뭐더라? 아 그거 있잖아.

▌ 인출의 종류

구분	주요 내용
회상 (Recall)	어떠한 단서나 도움이 제공되지 않은 상태에서 인출하는 것 ※ (예시) 주관식 시험
재인 (Recognition)	단서나 도움이 제공되는 상황에서 인출하는 것 ※ (예시) 객관식 시험

--- 인출연습 전략(PQ4R) : Thomas & Robinson, 1972. ---

- **(Preview : 사전검토)** 제목·소제목·전체적 구조를 빠르게 훑어봄, 소제목을 이용하여 개요 작성
- **(Question : 질문)** 내용을 읽기 전에 스스로에게 질문(육하원칙)
- **(Read : 읽기)** 앞에서 한 질문을 생각하며 읽기
- **(Reflect : 숙고)** 질문과 관련된 중요 내용 정리, 조직화·심상전략 활용
- **(Recite : 암송)** 책을 보지 않고 스스로 질의응답
- **(Review : 복습)** 암송 시 헷갈렸던 부분 다시 읽기

– **(메타인지 : Metacognition)** 인지에 대한 인지로서 인지과정 전체를 계획·점검·조절·평가 하는 능력

※ **(중요성)** ① 스스로 효과적인 학습환경 창조 가능
② 정확하고 확실한 학습 가능 : 모르는 부분을 인식하고 도움 요청
③ 효과적 기억전략의 사용을 통한 작업기억 용량 한계 극복
④ 맥락에 맞는 전략 사용

메타인지의 과정

구분	주요 내용
계획	목표 달성을 위하여 전략, 시간배분, 과제수행과 관련한 계획 수립
점검·조절	과제를 수행하면서 계획대로 수행이 잘 이루어지는지 점검
평가	학습을 마무리한 후 목표 달성 여부 확인, 계획의 효과성 파악

메타인지의 요소

- **(발췌 : Abstracting)** 학습내용의 핵심을 추출하여 요약하는 방법(정보 감소)
- **(정교화 : Elaborating)** 학습내용을 학습자가 이해하기 쉽도록 비유적으로 표현·구체화·실재화·친근화하여 첨가·부연하는 것(정보 증가)
- **(도식화 : Schematizing)** 학습내용을 이해하고 기억하기 쉽도록 정보를 정신적 이미지·부호 등으로 조직·구조화하는 것
- **(조직화 : Organizing)** 자료에 구조를 부과하려는 노력(목차화)
- **(모니터링 : Monitoring)** 학습을 하고 있는지, 이해하고 있는지, 바람직한 전략을 사용하고 있는지 등을 **학습자 스스로 점검하여 학습을 통제**하는 것

메타인지를 향상시키는 교수방법

구분	주요 내용
설명과 시범	메타인지의 중요성에 대해 설명해주고 계획·점검·평가과정에 대한 직접적 시범·사례 제시
체크리스트	메타인지전략 사용에 관한 체크리스트를 부여하고 학습자가 자신의 전략을 확인할 수 있도록 조력
연습	시험 등을 통하여 메타인지 활용방법을 연습해보고 그 결과에 대하여 자발적으로 피드백하도록 지원

○ **(망각)** 이전에 경험하였거나 학습한 것에 대한 기억을 일시적 또는 **영속적으로 떠올리지 못하는 것**으로, 각 정보처리 단계에서 모두 발생

- **(쇠퇴 : Decay)** 시간이 지남에 따라 **기억의 흔적이 사라지는 것**으로, 감각등록기 및 작업기억에서 발생

- **(치환 : Displacement)** 기억용량의 한계 때문에 **새로운 정보가 이전의 정보를 밀어내고 대신 자리**를 차지하는 것으로, 작업기억에서 발생

- **(간섭 : Interference)** 과거에 학습하였거나 최근에 학습한 지식이 **기억하고자 하는 정보의 인출을 방해**하는 것으로, 장기기억에서 발생

  ※ **(역행간섭)** 새로운 정보가 기존의 정보의 기억을 방해, 새 집주소를 외우면 기존 집주소가 기억이 안 남

  ※ **(순행간섭)** 기존의 정보가 새로운 정보의 기억을 방해, 예전 비밀번호만 기억나고 새로운 비밀번호가 기억이 안 남

- **(인출실패 : Retrieval Failure)** 장기기억에 저장된 정보를 **작업기억으로 이동시키지 못하는 것**으로, 장기기억에서 발생

─ 망각의 발생 예방을 위한 교수학습법

- **(발생시기)** 학습 1시간 경과 후 **50%**, 2일 후 70%, 31일 후 80% 망각(Ebbinghaus 망각곡선, 1885.)
- **(교수학습법)** ─ **학습한 직후 바로 복습**(쇠퇴 예방)
  - 비슷한 개념을 함께 가르치는 것을 지양하되, 함께 가르치는 경우 두 개념 간 차이점 부각(간섭 예방)
  - **초두효과·최신효과***를 고려하여 **수업 첫 부분에 새로운 개념 제시**, 수업 중간에는 연습·토론, 수업 종료시점에 정리
    - * 처음과 마지막에 배운 것을 잘 기억하고 중간에 배운 것을 잘 기억하지 못함

○ **(학습의 전이 : Transfer)** **선행학습이 새로운 학습에 영향**을 미치는 것, 새로운 학습을 미래의 **다른 상황에 적용**하는 것

- **(영향요소)** ① 선행학습 수준, ② 학습시간의 정도, ③ 학습 간 유사성 정도, ④ 학습 간 시간 격차에 따라 영향

▌ 전이의 종류와 교수법

구분		주요 내용
선행 학습의 영향	긍정적 전이	이전 학습이 이후 학습을 촉진시키는 것 ※ 바이올린 연주자가 피아니스트보다 비올라를 더 쉽게 배우는 것 ◐ **(교수법) 선행학습에 대한 회상**
	부정적 전이	이전 학습이 이후 학습을 방해하는 것 ※ 예전에 학습하였던 영어 단어는 불어 단어를 학습하는 데 혼란 유발 ◐ **(교수법) 유사한 개념 설명 시 차이점 부각**
새로운 상황 적용	수평적 전이	이전에 배운 내용을 다른 분야, 실생활에 적용 ※ 수학공부가 물리공부에 영향 ◐ **(교수법) 배운 지식과 관련한 뉴스기사·실제 사례 찾기, 여러 교과를 아우르는 통합 수업**
	수직적 전이	기본학습이 고차원학습에 영향 ※ 가감승제 학습이 방정식 학습에 영향 ◐ **(교수법) 심화학습 시 기본학습 요약 설명**

─ 참고 전이와 관련한 이론

- **(형식도야설)** 인간의 마음을 구성하는 기본능력(기억·추리·주의 등)은 연습을 통해 강화되며, 그 효과는 여러 분야에 전이
- **(동일요소설)** 이전의 학습과 새로운 학습 간 과제나 상황에 동일 요소가 많으면 전이 촉진
- **(일반화설)** 학습의 기저에 있는 일반 원리나 법칙을 학습하면 전이 촉진
- **(형태이조설)** 상황을 구성하는 요소들 간의 관계를 파악하거나 문제의 구조적 성질을 이해하였을 때 전이 촉진

---

5 인지주의 학습이론의 시사점

○ **(수업 설계)** 학습자의 **사고과정**을 중시하고 **탐구기능 증진**을 위한 수업 설계

- (수업목표) **학습목표는 학습자 스스로 설정**, 교사는 학습자가 현재 수준보다 높지만 도달 가능한 목표를 설정할 수 있도록 조력

- (수업계열) **학습자의 인지발달 수준에 맞는 학습내용 조직 필요**

- (교수방법) 학습자 스스로 새로운 정보를 처리할 수 있도록 **발견식 · 탐구식 · 문제중심의 교수 방법** 강조

○ **(교사 역할)** **학습자의 내재적 동기유발**에 초점, 학습자의 **주의집중*** 유도, 선행지식 **활성화**, **기억의 기능적 한계**를 극복하는 교수법

  * **(주의집중 유도 유형)** 물리적 유형, 흥미유발적 유형, 감정적 유형, 강조적 유형

○ **(평가)** 행동의 결과가 아닌 **인지과정**에 관심을 두므로 기억력이나 학습결과가 아닌 **탐구력 · 학습 과정 평가**

> **참고** 학습에 대한 인지주의이론의 두 가지 관점
>
> - **(전달적 관점 : Transmission View)** 교사는 잘 조직화된 지식내용을 학습자에게 잘 전달 · 강조(Ausubel)
> - **(구성적 관점 : Constructive View)** 학습자가 새로운 지식을 학습할 때 기존 지식과의 관계성을 파악하여 능동적으로 지식을 구성하는 과정 강조, 단순 암기는 인출을 어렵게 함(Bruner)

3 효과적인 교수

1 유능한 교사의 행동특성

○ **(교사에게 필요한 전문성)** ① **교과 내용지식**, ② **교수 내용지식**, ③ 학생의 심리와 정서에 대한 **공감과 배려**, ④ 수업과 학생에 대한 **효과적인 관리 및 통제**

2 교사 효능감

○ **(개념)** 교사에게 부여된 업무를 수행하기 위하여 필요한 **다양한 능력(교수학습능력, 학생 생활 지도능력, 학급 경영능력 등)에 대한 스스로의 판단 혹은 신념**

- (일반적 교사 효능감) **가르치는 행위에 대한 효능감**으로, 학생들을 가르쳐 학업성취를 변화 시킬 수 있다는 능력에 대한 지각

  ※ 일반적 교사 효능감이 낮은 교사는 학생 실패의 원인을 학생의 지능, 불우한 가정환경, 비협조적 행정 등 외부적 요소로 판단

- (개인적 교사 효능감) 자기 **자신의 가르치는 능력**에 대한 지각

  ※ 개인적 교사 효능감이 낮은 교사는 학생 실패의 원인을 자신의 능력 부족 등 교사 내부적 요소로 판단

○ **(행동특성)** ① 자신의 역할에 대한 **강한 신념**

② 긍정적인 **학생성취 기대**

③ 교수방법의 **유연성**

④ 도전적 상황에 대한 높은 **대처능력**

⑤ 지속적인 **자기개발**

○ **(지원방안)** ① **전문성 개발 프로그램**을 통하여 최신 교육이론과 교수전략을 배울 기회 제공

② 전학공 등 **교사 간 협력 및 네트워크**를 구축하여 성공 사례 공유

③ 수업과 평가의 **자율성 부여**를 통하여 교육활동에 대한 자신감·책무성 제고

④ **긍정적 피드백** 및 성과에 대한 보상

⑤ **업무 경감 및 행정적 지원** : 행정업무 없는 날 지원, 보조인력 지원

⑥ 교육활동 침해에 대한 **보호조치 강화**

---

3 **교사의 기대**

○ **(자기충족적 예언)** 사실이 아닌 것을 기대함으로써 **기대한 바가 실제로 실현되는** 것(Rosenthal & Jacobson, 1968.)

※ 무작위로 추출된 학생 20%가 향후 놀라운 지적 성장을 보일 것이라고 교사에게 알려준 8개월 뒤 지능검사에서 명단에 포함된 학생이 실제로 지적 성장

○ **(기대유지 효과)** 학생의 향상을 인정하지 않고 항상 그 수준일 것이라는 교사의 생각이 실제로 **학생의 수행을 그 수준에 머물게 하는 것**

> **교사기대의 부정적 효과를 피하는 전략**
>
> - 이전 학년 학생부, 타 교사의 평가, 이전 시험성적을 조심스럽게 사용
> - 집단 편성 시 융통성을 지님(다양한 능력 고려)
> - 모든 학생이 도전받고 있음을 확인
> - 토론 중 학업성취도가 낮은 학생의 반응에 관심
> - 공정한 평가와 훈육
> - 모든 학생이 학습과제에 참여하도록 유도
> - 교사의 비언어적 행동 점검

④ 효과적 교수를 위한 교수기술

○ **(교수기술)** 수업계획, 태도, 조직화, 의사소통, 집중, 피드백, 모니터링, 점검과 정리, 질문

- **(수업계획)** 수업계획 수립 시 학생의 **인지적 · 정의적 · 행동적 영역을 고려**하면서 학습과정에서 직면할 수 있는 **문제점 예상 및 해결방안 도모**

- **(태도)** 교수에 **적극적이고 능동적 태도**

- **(조직화)** 정해진 수업시간을 어떻게 활용하는가

  ※ **(관리상 조직화)** 교실관리 측면에서 학생 문제행동 예방 및 학습 향상

  ※ **(개념상 조직화)** 학생들에게 분명하고 논리적인 유형으로 개념 제시

- **(의사소통)** 정확한 술어 사용, 전환신호* 사용, 중요한 정보 강조

  * 가르치고 있는 하나의 주제에서 새로운 주제로 넘어갈 때 사용

- **(집중)** 수업 전반에 걸쳐 학습자의 주의집중을 끌어내고 유지

  ※ **(도입부 집중)** 수업 시작 부분에서 활용, 교사의 유머 등

  ※ **(감각 집중)** 그림, 자료, 영상, 판서 등을 구체적이고 흥미로운 자극으로 제시

  ※ **(학문 집중)** 중요하게 다루는 주제에 지속적으로 관심이 머물게 하는 것

- **(피드백)** 수행을 향상시키기 위하여 현재 행동에 관한 정보 제공

  ※ **(문어적 피드백)** 보고서, 평론, 서면 등 활용 **(구어적 피드백)** 질문에 대한 대답

- **(모니터링)** 학습자의 언어적 · 비언어적 행동 관찰

- **(점검과 정리)** 이전의 학습을 요약하고 향후 학습과 연결

- **(질문하기)** 학생의 사고를 자극하고 학습내용의 습득 강화, 학습자의 참여 유도, 주의집중 유도

  ※ **(수렴적 질문)** 한 가지 정답 요구 **(발산적 질문)** 여러 가지 답 인정

● **지금까지의 출제경향**

1. 출제빈도
- 2014학년도 상반기 시험 이후로 미출제

2. 출제이론과 문제형태
- 객관식 시기에는 행동중심 상담이론, 인간중심 상담이론, 엘리스의 REBT 등 생활지도 및 상담이론에서 잘 알려진 이론의 기본적인 내용이 출제

● **학습전략**

1. 출제 예상 Point
- 전문 상담교원을 별도로 선발하는 시험 특성상 임용시험에 나올 가능성은 높지 않으나, 최근 학생에 대한 종합적인 지도를 강조하는 현실에서 학생 생활지도에 관한 고시의 내용과 관련지어 출제 가능
- 다만, 출제된다 하더라도 교육학개론서 수준의 가장 기본적이고 보편적인 이론과 내용이 출제될 것으로 예상
- 진로지도의 경우 특정 이론보다는 최근 강조되는 교과 연계 진로지도의 구체적 방법 등이 출제될 가능성

2. 중요 체크 이론
- (생활지도) ① 생활지도의 원리와 주요 활동
② 학생 생활지도에 관한 고시 세부내용
③ 교과 연계 진로지도
④ Holland의 진로선택이론, Krumboltz의 우연이론

- (상담) ① 상담의 원리와 방법
② Ellis의 REBT의 구체적 논박의 기법
③ Rogers의 인간중심 상담이론 기초

VI

생활지도 및 상담

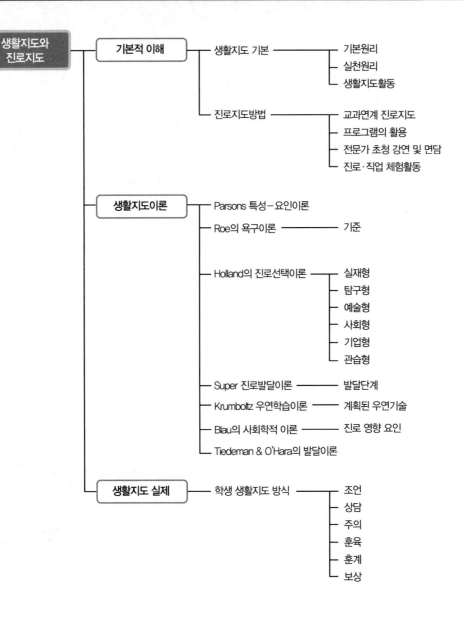

생활지도와 진로지도
- 기본적 이해
  - 생활지도 기본
    - 기본원리
    - 실천원리
    - 생활지도활동
  - 진로지도방법
    - 교과연계 진로지도
    - 프로그램의 활용
    - 전문가 초청 강연 및 면담
    - 진로·직업 체험활동
- 생활지도이론
  - Parsons 특성－요인이론
  - Roe의 욕구이론
    - 기준
  - Holland의 진로선택이론
    - 실재형
    - 탐구형
    - 예술형
    - 사회형
    - 기업형
    - 관습형
  - Super 진로발달이론
    - 발달단계
  - Krumboltz 우연학습이론
    - 계획된 우연기술
  - Blau의 사회학적 이론
    - 진로 영향 요인
  - Tiedeman & O'Hara의 발달이론
- 생활지도 실제
  - 학생 생활지도 방식
    - 조언
    - 상담
    - 주의
    - 훈육
    - 훈계
    - 보상

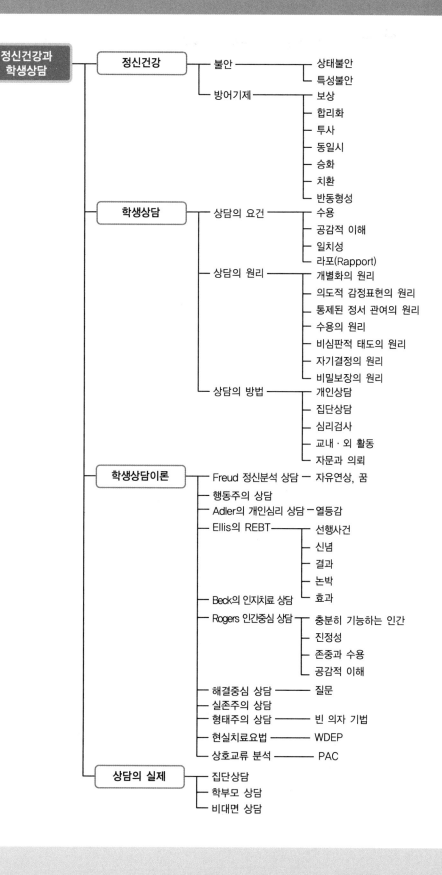

정신건강과 학생상담

- 정신건강
  - 불안
    - 상태불안
    - 특성불안
  - 방어기제
    - 보상
    - 합리화
    - 투사
    - 동일시
    - 승화
    - 치환
    - 반동형성
- 학생상담
  - 상담의 요건
    - 수용
    - 공감적 이해
    - 일치성
    - 라포(Rapport)
  - 상담의 원리
    - 개별화의 원리
    - 의도적 감정표현의 원리
    - 통제된 정서 관여의 원리
    - 수용의 원리
    - 비심판적 태도의 원리
    - 자기결정의 원리
    - 비밀보장의 원리
  - 상담의 방법
    - 개인상담
    - 집단상담
    - 심리검사
    - 교내·외 활동
    - 자문과 의뢰
- 학생상담이론
  - Freud 정신분석 상담 — 자유연상, 꿈
  - 행동주의 상담
  - Adler의 개인심리 상담 — 열등감
  - Ellis의 REBT
    - 선행사건
    - 신념
    - 결과
    - 논박
    - 효과
  - Beck의 인지치료 상담
  - Rogers 인간중심 상담
    - 충분히 기능하는 인간
    - 진정성
    - 존중과 수용
    - 공감적 이해
  - 해결중심 상담 ——— 질문
  - 실존주의 상담
  - 형태주의 상담 ——— 빈 의자 기법
  - 현실치료요법 ——— WDEP
  - 상호교류 분석 ——— PAC
- 상담의 실제
  - 집단상담
  - 학부모 상담
  - 비대면 상담

생활지도와 진로지도

Ⅰ 생활지도와 진로지도의 기본적 이해

1 생활지도의 개념과 원리 기출 2005

○ **(개념)** 삶에서 직면하는 **문제를 학생 스스로 해결하고 극복할 수 있도록 지원**하는 과정

○ **(목적)** ① 학생의 잠재 가능성을 발견하고 **자아실현**

② 학생 자신에 대한 **올바른 이해**

③ 환경변화에 대한 적절한 대응

○ **(기본원리)** ① 개별성 존중과 수용의 원리 : 모든 인간을 존중하고 수용

② 자율성 존중의 원리 : 학생 스스로 문제를 해결하도록 조력

③ 적응의 원리 : 학생이 생활에 잘 적응하도록 조력

④ 인간관계의 원리 : 교사와 학생 간 진실한 관계 형성

⑤ 자아실현의 원리 : 생활지도의 궁극적 목적

생활지도의 실천원리

- **(계속성의 원리)** 단발성으로 끝나는 것이 아니라 추수활동 등의 과정까지 지속적으로 실시
- **(전인적 발달의 원리)** 지·덕·체 등 전인적 영역의 고른 발달에 목적
- **(균등성의 원리)** 모든 학생을 대상으로 함
- **(과학성의 원리)** 과학적 근거에 기초하여 지도
- **(적극적 예방의 원리)** 처벌이나 치료보다는 예방에 중점
- **(협동의 원리)** 학교·가정·지역사회의 협동을 통하여 조력

📌 **생활지도의 주요 활동 : 신명희 외, 2010.**

구분	주요 내용
학생조사활동	학생을 정확히 이해하고 지원하는 데 필요한 각종 자료 수집
정보제공활동	학생, 교사, 학부모 등에게 필요한 정보를 수집하여 제공
상담활동	학생의 문제해결능력을 신장시키고 정신건강을 증진시키며 적응을 도와주기 위한 활동
배치(정치)활동	학생의 능력이나 흥미에 맞게 직업, 진학, 학업선택 지도 등 적절하게 학생을 배치하는 활동
추수활동	학생의 추후 적응상태를 지속적으로 관찰하여 더욱 효과적으로 적응하도록 도와주는 활동

2 진로지도의 기본적 이해 기출 2008

○ **(개념)** 학생들의 진로발달을 촉진하고 단계별로 진로를 선택하여 **미래 유능한 직업인으로 성장할 수 있도록 지도·안내**하는 활동

○ **(목표)** ① 개인 특성의 이해
　　　　　② 직업 및 직업세계의 이해
　　　　　③ 일과 직업에 대한 올바른 태도 및 가치관 함양
　　　　　④ 진로 의사결정의 과정과 방법 습득

○ **(방법)** 교과 내외 활동을 통한 다양한 진로지도방법 적용

　– **(심리검사)** 개인의 고유한 특성을 파악하는 데 용이

　　※ 스트롱검사, 홀랜드 진로적성검사, 진로성숙도검사 등

┌─ **심리검사 시 유의점**
│
│　■ 검사에 대한 심리적 거부감을 방지하기 위하여 검사의 목적·시기 명확화
│　■ 검사결과에 대한 오해가 없도록 과학적 근거하에 정확한 해석
│　■ 검사가 일회성으로 끝나지 않도록 검사결과와 진로탐색 – 학습동기 간의 유기적 연계
└─

　– **(프로그램 활용)** 기관·연구 등을 통하여 제작된 프로그램 활용

　　※ (예시) 한국직업능력개발원의 진로교육 프로그램

　– **(전문가 초청 강연 및 면담)** 특정 분야의 종사자를 통하여 롤모델 확립 및 대리경험

　– **(진로·직업 체험활동)** 외부 기관·직업현장 체험시설 방문

　– **(교과 연계 진로지도)** 교과지도와 진로지도의 유기적 연계

┌───┐

— 교과 연계 진로지도

■ **(개념)** 학교 교육과정에서 운영하고 있는 교과 수업시간과 학교 진로교육 성취기준을 자연스럽게 연계한 것으로, **진로교육 관련 내용이 반영된 교과수업**(한국직업능력개발원, 2018.)(= 교과 통합 진로지도)

■ **(절차)** ① 진로교육 **성취기준** 분석 → ② 요구분석, 학습자분석, 환경분석 등을 바탕으로 **단원 결정** → ③ 교과 성취기준과 진로교육 **성취기준 연계·통합** → ④ 성취기준에 부합하는 **학습과제, 학습목표, 평가내용 구체화** → ⑤ **수업지도안** 작성 → ⑥ 수업 실시 → ⑥ 수업 평가(만족도조사 등) 및 환류

■ **(예시)** - (미술) 미래 직업 매거진 만들기
 - (국어) 직업을 주제로 글짓기
 - (역사) 특정 직업이 탄생하게 된 사회적 배경과 직업의 역사
 - (도덕) 직업별 지켜야 하는 직업윤리헌장 만들기
 - (음악) 음악과 관련한 직업 조사 및 가상 인터뷰
 - (수학) 무게중심과 관련한 직업 찾기
 - (지구과학) 기후변화와 새로운 직업군의 탄생 예측하기

└───┘

2 생활지도이론

1 F. Parsons의 특성 - 요인이론 [기출] 2010

○ **(주요내용)** 과학적 검사를 통해 개인마다 고유한 특성과 직업의 요인을 파악하고 이를 **합리적으로 연결할 때 직업적 성공** 가능성 상승

- (특성 : Traits) **적성, 흥미, 가치, 성격 등 개인이 가진 고유의 특징**

- (요인 : Factors) **직무에서 요구하는 조건, 직무내용의 특징**

2 A. Roe의 욕구이론 [기출] 2005, 2011, 2012

○ **(주요내용)** Maslow의 욕구위계이론에 기초, **유아기 부모와의 관계**에서 형성된 **개인의 욕구**에 따라 **직업군 선택·결정**

- 부모 - 자녀 관계의 유형에 따라 선택하는 직업군을 8가지로 분류

▮ **진로선택이론의 성격에 따른 직업환경**

부모 – 자녀 관계 유형	따뜻한 부모 – 자녀 관계	차가운 부모 – 자녀 관계
세부 유형	• 과보호형 • 요구과잉형 • 애정형	• 무시형 • 거부형 • 무관심형
직업군	• 서비스직 • 비즈니스직 • 단체직 • 문화직 • 예술과 예능직	• 기술직 • 옥외직 • 과학직

3 **J. Holland의 RIASEC** 기출 2008, 2009, 2010, 2012, 2013

○ (주요내용) **개인과 직업환경의 유형을 구분**하고 유사한 유형 간 **매칭을 통하여** 진로 선택

  – (유형 구분) 개인의 성격유형에 따른 진로선택

▮ **진로선택이론의 성격에 따른 직업환경**

성격유형	주요 특징	직업환경
실재형	실용적인 과목 선호, 구체적인 사물·현장·도구·기계를 활용하는 일 선호	농·축산업, 기계 제작 및 수리
탐구형	지적 능력 사용 활동 선호, 원리와 법칙 탐구, 분석적·추상적·논리적 사고 활용	연구개발
예술형	심미적 감각과 능력 우수, 창의적·미적 표현 중시, 도전과 혁신 선호	예술가
사회형	사물보다 사람과 함께 일하는 것 선호, 가르치거나 봉사에 관심	교사, 사회복지사
기업형	사회적 부와 명예에 가치를 두고 타인을 설득하고 이끄는 데 관심, 사람 관리 및 통솔	경영자, 사업가
관습형	체계적이고 관습적인 규칙·규범이 정해진 일 선호, 지침·규칙·체계를 갖춘 구조환경 선호	법조인, 사무직

  – (6각형 모형) 6유형에 대해 5가지 구성개념으로 설명

▮ **진로선택이론의 구성개념**

구분	주요 내용
일치성	개인의 성격과 직업환경의 유사성이 높을수록 일치성 상승
변별성	어떤 유형에 분명하게 속하는지, 다른 유형과 구분되는 정도
일관성	인접해 있는 두 유형이 일관성이 높음(실재형은 탐구형과 높은 상관, 사회형과 낮은 상관)
정체성	현재와 미래의 진로목표를 분명하고 안정적으로 나타내는 정도
계측성	개인의 직업적 흥미들 간 관계, 직업환경들 간 관계 계산 가능

4 **D. Super의 진로발달이론** 기출 2010, 2012

○ **(주요내용)** 개인은 성격, 흥미, 적성, 가치, 욕구, 지능 등의 **개인적 요인**과 자신이 속한 가족, 학교, 또래집단, 노동시장 상황 등의 **환경적 요인**이 **상호작용**하는 과정을 통하여 진로발달

- **(자아개념)** **각 단계별 발달과업**을 성공적으로 수행하면 해당 단계에서 주어진 역할을 잘 해낼 수 있게 되고, 그렇게 다음 단계로 넘어가면서 **성숙하고 적응하는 사람**으로 성장

- **(진로성숙)** 단계별로 성취하여야 할 직업적 발달과업으로, **진로계획 · 직업탐색 · 의사결정 · 직업세계에 대한 지식 · 선호하는 직업군에 대한 지식**으로 구성

📌 **진로 발달단계별 주요 특징**

구분	주요 내용		
성장기(0 ~ 14세)	(과업) 자신과 직업세계에 대한 기본적 이해 ※ 초기에는 욕구와 환상에 따라 직업을 선택하고(환상기), 점차 사회에 참여하면서 흥미(흥미기)와 능력(능력기)과 같은 개인적 요인 중시		
탐색기(15 ~ 24세)	(과업) 학교활동 · 여가활동 · 아르바이트를 통해 자아를 검증하고 진로에 대하여 구체적으로 탐색하면서 학업 지속 여부 · 구직 여부 등을 결정		
	세부 단계	**잠정기(15 ~ 17)** : 욕구 · 흥미 · 능력 · 가치 · 직업적 기회 등을 고려하면서 토론 또는 아르바이트 등을 통하여 잠정적으로 진로 선택	
		전환기(18 ~ 21) : 앞으로의 취업을 위해 교육 · 훈련을 받으며 자신의 자아개념을 확립하고 직업선택의 현실적 요인 고려	
		시행기(22 ~ 24) : 적합해 보이는 직업을 선택하여 직장생활 시작	
확립기(25 ~ 44세)	(과업) 직업세계에 진입하고 직업역할 속에서 자아개념 확립 ※ 시행기, 안정기로 구분		
유지기(45 ~ 65세)	(과업) 직업적 역할을 수행하면서 직업적 위치 유지		
쇠퇴기(65세 이후)	(과업) 생산성이 떨어지면서 직업에서의 능력 · 속도 감소		

┌─ **생애진로 무지개(the Life-Career Rainbow; LCR)** ─┐

- **(주요 내용)** 개인이 생애에 걸쳐 수행하였던 다양한 역할들이 서로 상호작용하면서 진로성숙도에 영향
- **(역할)** 아동, 학생, 여가를 즐기는 자, 시민, 노동자, 부모, 배우자, 가정주부, 연금 수령자
- **(교육활동)** 현재 수행하고 있는 역할, 역할 수행 시 경험하였던 어려움, 활동과정에서 알게 된 점 등을 그림으로 그리거나(비주얼씽킹수업) 토의토론, 설문 등 진행
  → **(효과)** 긍정적 자기인식, 자기 객관화, 역할 점검, 부족한 부분 인식, 부정적 감정 처리 등

5 J. Krumboltz의 우연학습이론

○ **(주요내용)** 삶에서 맞닥뜨리게 되는 예기치 않은 우연(사건)들을 개인의 노력을 통하여 기회로 전환시키고, 이렇게 발생한 기회가 진로에 긍정적 영향을 미치는 경우 이를 '계획된 우연'이라 개념화

　– **(우연의 형태)** ① 사람과의 **관계** 경험(타인의 도움·조언, 롤모델과의 만남)

　　　　　　　　　 ② **관계 이외**의 경험(직업환경의 변화, 예기치 못한 사건, 정보나 기회의 우연한 획득)

　– **(계획된 우연의 요소)** 탐색(Exploration)과 기술(Skills)

○ **(진로지도)** 특정 직업을 선택하도록 유도하는 것보다는 **학생 스스로 만족스러운 직업 및 개인생활을 이룰 수 있는 방법을 배우는 것을 목표**로 진로지도

　– **(방법)** 계획하지 않은 사건에서 자신에게 유익한 기회를 찾도록 유도(탐색)하고 **계획된 우연 기술을 함양·적용**할 수 있는 과제 부여

　　※ (예시) 삶에 나타난 우연경험 찾기(그림그리기·글쓰기), 우연의 성공적 활용경험 공유 게시판 운영, 미래 시나리오 작성 활동, 실패경험 나누기 및 성찰

◪ 계획된 우연기술(Skill)의 행동특성

구분	주요 내용
호기심	새로운 상황이나 사건에 대해서 탐색
인내심	예상치 못한 실패나 어려움에도 포기하지 않는 것
유연성	한번 정한 목표와 계획에 너무 집착하지 않고 다양한 상황에 개방된 태도를 가지는 것
낙관성	예기치 못한 사건이 발생하여도 그 사건을 기회로 받아들일 수 있는 긍정적인 관점의 태도
위험 감수	불확실한 결과에도 변화를 두려워하지 않는 행동

◪ 진로결정에 영향을 주는 요인

구분	주요 내용
선천적 요인과 특별한 능력	인종, 성별, 신체적 특징, 지능 등 개인의 유전적 요인과 능력
환경적 조건과 사건	사회적·경제적 여건, 취업 및 훈련의 기회, 사회정책, 취업구조, 교육제도 등 개인이 속한 사회의 다양한 여건
학습경험	• 도구적 학습경험: 어떤 행동에 대하여 강화를 받을 때 발생 • 연상적 학습경험: 중립적 사건과 자극이 연결될 때 발생 • 대리적 학습경험: 타인의 행동을 관찰하거나 모방할 때 발생
과제접근기술	개인이 환경을 이해하고 미래를 예견하는 능력으로, 선천적 요인·환경적 조건·학습경험과의 상호작용을 통하여 발달

6 P. Blau의 사회학적 이론 기출 2010

○ **(주요내용)** 직업 선택에 있어서 **개인이 통제할 수 없는 가정 · 학교 · 지역사회 등의 사회적 요인 (사회계층)이 큰 영향**

– 개인을 둘러싼 사회 · 문화적 환경이 개인의 행동에 영향을 미친다는 사회학적 관점을 진로 이론에 적용

진로결정에 영향을 주는 요인

구분	주요 내용
가정	자녀에 대한 부모의 기대, 가족의 가치관, 부모의 SES · 교육 정도 · 경제적 수준 등
학교	교사 및 동료 학생과의 관계, 학교에 대한 태도 등
지역사회	개인이 속한 지역사회에서 개인이 하는 일, 지역사회의 목적 및 가치관 등

7 D. Tiedeman과 R. O'Hara의 발달이론 기출 2012

○ **(주요내용) 연령과 관계없이 직업발달단계를 구분**

– 직업발달은 직업적 자아정체감을 형성하여 나가는 계속적 과정으로, 일생 동안 여러 번 반복 가능

진로의사결정의 단계

진로발달단계	하위단계	주요 내용
예상기	탐색기	자신의 진로목표를 설정하고 대안을 탐색해보며 진로목표를 성취할 수 있는 능력과 여건이 갖추어져 있는지 예비평가
	구체화기	자신의 가치관과 목표, 주어지는 보상 등을 고려하여 진로 방향 구체화
	선택기	자신이 하고 싶어 하는 일과 그렇지 않은 일을 확실하게 알게 되며 구체적으로 의사결정
	명료화기	이미 내린 의사결정을 신중하게 분석 · 검토하고 결정
실천기	적응기	자신이 선택한 새로운 상황에 들어가서 인정을 받고자 노력
	개혁기	개인이 수용적인 자세로 새로운 상황에 임한 후 인정을 받으면 확신을 가지고 조직의 목표에 자신의 목표를 부함
	통합기	조직의 욕구와 자신의 욕구를 균형 있게 조절

3 생활지도의 실제 : 교원의 학생생활지도에 관한 고시(2023. 8. 제정)

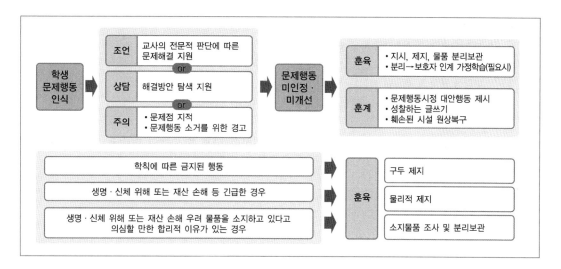

학생생활지도 방식

구분	주요 내용
조언	말과 글로 정보를 제공하거나 권고하는 지도행위로, 당사자와 대면하여 전하는 말과 글뿐 아니라 전화, 인터넷 등 정보통신망을 이용한 형태를 모두 포함
상담	학생 생활지도로서의 상담은 학생의 인권을 보호하고 교원의 교육활동을 보장하기 위하여 학생의 문제를 해결해 나가는 일체의 소통활동
주의	학생 행동의 결과로 위험 및 위해나 법령 및 학칙의 위반이 예견되는 경우 그 행동에 대한 위험성 및 위해성, 법령 및 학칙 위반 가능성을 지적하여 경고하는 것, 말과 글을 포함한 다양한 방식으로 행해질 수 있음
훈육	학생의 바람직한 행동을 위하여 학생 행동을 중재하는 적극적인 지도행위로서 지시·제지·분리·소지물품 조사·물품 분리보관 등의 방식으로 이루어지는 생활지도의 한 방법
훈계	학생의 문제행동을 지적하여 잘못을 깨닫게 하는 지도행위로, 말과 글을 이용하거나 훈계 사유와 관련된 과제를 부여하여 학생이 자신의 잘못된 언행을 깨닫고 바람직한 행동을 하도록 유도
보상	학생의 바람직한 행동을 장려할 목적으로 유형·무형의 방법으로 동기를 부여하는 지도 행위로, 칭찬·상점·상장·상품 등 다양한 방법으로 이루어질 수 있음

○ **(훈육으로서의 제지)** 학생이 **법령과 학칙에 위반**되는 문제행동을 하거나 **자신 또는 타인의 안전을 위협**하는 등의 상황에서 구두 제지 및 물리적 제지 가능

※ 물리적 제지에는 길을 가로막는 행위 등 소극적 수준의 행위, 학생의 신체 일부를 붙잡는 등 적극적인 행위가 포함되며, 대표적으로 자해·학교폭력·안전사고·교육활동 침해·특수교육대상자의 문제행동 등 긴급한 상황에서 인명보호를 위해 학생에 대한 물리적 제지를 실시할 수 있음

```
┌─ 제지상황 예시
│
│  ① 복도 및 계단 난간 등 위험한 장소에 올라가거나 뛰는 경우
│  ② 도구 등을 활용하여 자해를 하는 경우
│  ③ 공구(실습실), 화학물품(과학실 등), 흉기 등 위험한 물건을 소지하고 휘두르는 경우
│  ④ 인화성 물질과 화기를 이용한 사고가 예상되는 경우
│  ⑤ 마약성 물질 등 위험한 물질을 흡입하는 경우
│  ⑥ 타인에게 정서적·신체적 폭력을 가할 것으로 예상되거나 가하는 경우 등
│
└
```

○ **(훈육으로서의 제분리)** 학생이 교육활동을 방해하여 **다른 학생들의 학습권 보호가 필요**하다고 판단되는 경우 실시

※ (예시) 학생이 수업 중 잡담, 장난, 고성, 수업 거부, 기타 돌발행동 등으로 다른 학생의 학습을 방해하는 경우, 교사의 정당한 생활지도를 거부하거나 타인의 안전에 위해를 끼치는 경우

- **(유형)** ① 수업시간 중 교실 내 다른 좌석으로의 이동
  ② 수업시간 중 교실 내 지정한 위치로의 분리
  ③ 수업시간 중 교실 밖 지정된 장소로의 분리(복도, 교무실 등)
  ④ 정규수업 외의 시간에 특정 장소로의 분리(쉬는 시간, 점심시간 때 분리)

- **(유의점)** ① 고의로 분리되는 것을 방지하기 위하여 학생들의 선호 장소는 제외
  ② 분리 공간의 **환경과 안전(시설, 위험 도구 등) 확인**
  ③ 학칙으로 적절한 분리 시간과 장소 결정하고 일관되게 운영
  ④ 분리 장소에서 할 수 있는 **과제 부여(교과서 요약, 행동성찰문 작성)**
  ⑤ 학생 혼자만 방치하는 것 금지(관리 감독 필요)

○ **(훈계)** 학생 생활지도에 따른 조언, 상담, 주의, 훈육 등에도 불구하고 **자신의 잘못을 인정하지 않거나 언행의 개선이 없는 경우** 실시

- **(유형)** ① 문제행동을 시정하기 위한 대안행동
  ② **성찰하는 글쓰기(반성문은 안 됨)**
  ③ 훼손된 시설·물품 원상복구(청소 포함)

※ **(반성문과 성찰문의 차이)** 반성문은 어떤 행위에 대한 외부적 판단에 근거하여 학생에게 그 판단을 인정하고 맞추도록 하는 성격이 강한 반면, 성찰문은 학생 스스로 자기 내면의 생각이나 감정을 깊이 있게 생각하여 돌아보도록 함으로써 자신의 행동에 대한 개선점을 찾도록 도와주는 것이라 할 수 있음

CHAPTER 02

정신건강과 학생상담

Ⅰ 정신건강

1 정신건강의 기본적 이해

○ **(개념)** 정신적 질병에 걸려 있지 않은 상태뿐 아니라 **만족스러운 인간관계를 형성·유지**해 나갈 수 있는 능력(미국 정신위생위원회)

> ─ 정신건강 정의 시 고려요소 : Wolman, 1985.
>
> - **(성취동기화)** 주어진 과제를 수행하도록 동기화된 상태
> - **(정서적 균형)** 외부 자극에 대하여 정서적으로 균형 잡힌 반응, 자신의 감정 통제
> - **(인지적 기능)** 외부세계에서 일어나는 내용이나 자신의 신경상태에 대한 올바른 인지
> - **(사회적 적응)** 타인에 대한 이성적 행동, 자기방어적·상호적 관계와 박애적 신념
> - **(자아존중감)** 자신의 가치에 대한 인정

○ **(요인)** 신체, 인간발달, 가정환경, 학교환경, 스트레스에 영향을 받음

2 학교에서의 정신건강

○ **(학교환경과 정신건강)** 학교의 물리적 환경, 교사와 학생 간 관계, 교우관계, 학업성취의 누적적 경험, 학습집단*

> * 집단의 크기, 집단 내 구성원의 성향·수준, 집단에 대한 통제 등

○ **(불안과 정신건강)** 불확실한 결과에 대한 **불편한 감정 및 염려**로 걱정과 **정서성**(생리적 반응, 심장박동 증가)을 포함

🔖 불안의 종류

구분	주요 내용
상태불안 (State Anxiety)	특정 자극에 대한 **일시적 불안** ※ (예시) 특정 과목, 특정 파트에 대한 시험에 불안을 느끼는 것
특성불안 (Trait Anxiety)	일반적인 **만성 불안** ※ (예시) 모든 시험에 대하여 불안을 느끼는 것

- (불안과 학업성취) 적절한 불안은 학습을 촉진시키는 반면(촉진적 불안), 높은 수준의 불안은 학습동기를 떨어뜨리고 학습을 방해(방해적 불안)

시험불안과 수행 : Kim, 1993.

- **(주의집중모델)** 주의집중능력이 무한하지 않은 상황에서, 불안이 높아지면 불안에 주의집중능력을 사용하게 되므로 과제처리를 위한 주의집중이 분산되고 과제수행능력 저조
- **(학습결손모델)** 불안이 높은 학생들은 잘못된 학습전략과 습관을 갖고 있어 학습결손 발생
- **(인지과정 결손모델)** 불안이 높은 학생들은 정보처리의 깊이가 얕으며, 정보의 의미나 인지적 측면보다는 피상적이고 감각적인 모습에 초점

- (교사의 역할) ① **경쟁은 조심스럽게** 사용
  ② 불안이 높은 학생에게는 **많은 사람 앞**에서 과제 수행하는 것 지시 **지양**
  ③ 명확한 **지시**
  ④ 과제수행에 **충분한 시간** 부여
  ⑤ 시험에 대한 **압박요소 제거***
  ⑥ **지필검사에 대한 대안** 마련

  > * 한 번의 시험으로 학기말 성적을 내는 것 피하기, 지필평가 외 가산점을 받을 수 있는 과제 부여, 여러 유형의 문제 출제

○ **(학교 스트레스 대처)** 학교에서 발생하는 문제 때문에 개인의 균형이 깨질 때 불균형한 상태를 회복시키고 일상에 적응

- (방어적 대처) 상황 자체를 변화시키기보다 스트레스로 인한 정서적 고통 감소

- (문제중심 대처) 스트레스를 일으키는 **상황을 평가하고 변화**시키기 위하여 노력

  ※ **(환경지향적 전략)** 환경의 압력, 장애물, 자원, 절차 변화시키기

  ※ **(내부지향적 전략)** 열망 수준의 변화, 대안적 만족 구하기, 새로운 행동기준 개발

방어기제의 종류

구분	주요 내용
보상	자신의 열등감과 무력감을 극복하기 위하여 다른 행동 선택 ※ (예시) 시험에 떨어진 학생이 돈을 벌기 위하여 모든 일을 하는 것
합리화	자신의 행동에 적당한 이유를 제시하여 인정을 받으려는 것 ※ (예시) 지원한 대학에 떨어진 경우, "원래 그 대학에 가고 싶지 않았어."라고 변명
투사	자신이 용납할 수 없는 욕망이나 충동을 외부세계나 타인의 탓으로 돌리는 것 ※ (예시) 모두를 사랑하고 좋아하는 사람이 되고자 하는 사람이 누군가를 싫어하게 된 경우, 그 사람이 나를 싫어하기 때문이라고 하는 것
동일시	자신에게 중요한 인물들의 태도나 행동을 똑같이 따라하는 것 ※ (예시) 공부도 잘하고 운동도 잘하는 A를 따라하면서 나도 그렇다고 생각
승화	성 에너지, 공격 에너지를 좋은 방향으로 전환하는 것 ※ (예시) 폭력적인 사람이 격투기 선수가 되는 것
치환	원래의 대상이나 사람을 상대로 충동을 해결할 수 없는 경우 비교적 손쉬운 대상과 사람에게 감정을 풀어내는 것 ※ (예시) 가정불화가 있는 교사가 학교에서 학생에게 푸는 것
반동형성	위협적 충동을 느끼면 적극적으로 극단적인 반대의 충동을 표현 ※ (예시) 미운 놈 떡 하나 더 준다.
억압	위협적이거나 고통스러운 생각이나 감정을 무의식 속으로 밀어 넣어 버리는 것 ※ (예시) 유년시절 학대 경험을 전혀 기억하지 못하는 것
부인	견디기 힘든 상황·현실을 왜곡하는 것 ※ (예시) 사랑하는 사람이 죽었지만 계속 살아있다고 믿는 것
퇴행	심각한 스트레스 상황에서 요구가 적은 발달 초기 단계로 되돌아가 미성숙하고 부적절한 행동을 하는 것 ※ (예시) 동생이 태어났을 때 수유를 요구하는 첫째
주지화	스트레스 상황에서 자신의 정서적인 감정에 초점을 맞추기보다 추상적인 사고과정을 통해 스트레스를 간접적으로 처리하는 것 ※ (예시) 이성과의 이별 시 감정적으로 대하기보다는 이별에 대하여 마치 책을 읽듯 논리적으로 설명 하는 것
백일몽	공상의 세계에서 만족감을 구함 ※ (예시) 원하는 대학에 떨어진 경우 그 대학을 다니는 자신을 상상

2 학생상담 기출 2002, 2005

1 상담의 개념과 원리

○ **(개념)** 도움을 필요로 하는 사람(내담자)과 전문적인 훈련을 받은 사람(상담자) 간의 관계 속에서 일어나며, **내담자의 생활과제를 해결**하거나 사고·행동 및 감정 측면의 **인간적 성장을 위하여 노력하는 학습과정**

○ **(기본 요건)** 수용, 공감적 이해, 일치성, 라포(Rapport)

🔖 상담의 기본 요건

구분	주요 내용
수용	내담자에게 어떤 문제·결점이 있든 그를 한 인간으로 존중하면서 그의 상황·특성·행동을 있는 그대로 수용
공감적 이해	상담자가 내담자의 입장에서 내담자를 이해
일치성	• 상담자의 내적 경험과 그에 관한 인식의 합일 • 상담자의 진실되고 솔직한 자세로, 상담자의 내적 경험과 외적 행동의 일치
라포	상담사와 내담자 상호 간에 신뢰하며, 감정적으로 친근감을 느끼는 인간관계

○ **(상담의 원리)** ① 개별화의 원리
② 의도적 감정표현의 원리
③ 통제된 정서 관여의 원리
④ 수용의 원리
⑤ 비심판적 태도의 원리
⑥ 자기결정의 원리
⑦ 비밀보장의 원리

┌─ 비밀보장의 원리 적용 예외 사유

- 『아동·청소년의 성보호에 관한 법률』 제34조 제2항
  - 학교의 장과 종사자는 아동과 청소년 대상 성범죄의 **발생 사실을 알게 된 때**에는 즉시 수사기관에 신고하여야 한다.
- 『아동학대범죄의 처벌 등에 관한 특례법』 제10조 제2항
  - 학교의 장과 종사자는 아동학대범죄를 **알게 된 경우나 의심이 있는 경우**에는 수사기관에 즉시 신고하여야 한다.

2 상담의 방법

○ **(개인상담)** 개인이나 학교 및 학부모의 요청(학폭 등) 등으로 이루어지는 상담으로, **개인의 문제에 대한 집중적 · 심층적** 상담

○ **(집단상담)** 8 ~ 15명 정도의 학생이 하나의 소집단을 구성하여 필요한 주제로 상담, 전문 상담교사나 진로진학 상담교사가 운영

  – **(구조화방식 운영)** 큰 주제, 각 회차의 소주제, 진행방식 등이 사전에 구체적으로 구성된 프로그램 형식

    ※ 분노조절 집단상담, 자기주장훈련 집단상담, 진로탐색 집단상담

○ **(심리검사)** 학생들의 학업적 · 심리적 · 행동적 측면의 다양한 특성을 이해하고 문제 조기 발견 등의 목적으로 활용

  ※ 학습전략검사, 진로발달검사, 인터넷 과다사용 검사, 성격검사(MBTI)

  – **(유의점)** ① 검사결과 활용 시 **전체 교육과정과 연계**, ② 전문적인 지식과 임상경험을 갖춘 **전문가에 의한 심리검사의 실시 및 해석**, ③ 검사결과에 대한 **절대적 의미부여 지양**

○ **(교내 · 외 활동)** 교과 지도활동 · 창의적 체험활동 등에서 이루어지는 공식 · 비공식적 활동

  ※ (예시) 국어수업 중 언어의 사회적 의미를 가르치면서 이를 바른 언어습관, 의사소통, 대인관계 등의 영역과 연계

○ **(자문과 의뢰)** 학교 내외의 전문 인력 및 기관과 협력

  ※ (예시) Wee센터와 연계, 여성가족부 산하 기관과의 연계 등

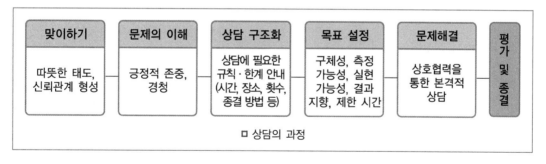

☐ 상담의 과정

상담의 기법

구분	주요 내용
경청	내담자 말의 높낮이와 함께 내담자가 보이는 일반화, 빠뜨린 내용, 왜곡을 경청
반영	내담자가 자신의 감정을 다시 한번 탐색할 수 있도록 내담자의 이야기에 담긴 내용과 감정 되돌려주기
명료화	어떤 문제의 밑바닥에 깔려 있는 혼란스러운 감정과 갈등을 가려내 분명히 해주는 것
질문	내담자가 자신의 문제를 분명히 이해할 수 있도록 질문
요약하기	내담자가 전달하는 이야기의 표면적 의미를 다른 말로 바꾸어 말하는 방법
재진술	내담자가 했던 말을 다시 표현
직면	내담자가 자신을 반성해볼 수 있도록 내담자 행동의 모순, 불합리함, 말과 행동의 불일치 등을 알려주는 것
해석	내담자가 직접 진술하지 않은 내용이나 개념을 그의 과거경험이나 진술을 토대로 추론하여 말하는 것
자기개방	상담자가 자신의 경험이나 감정을 내담자에게 노출하며 진실하고 솔직한 태도로 상담에 임하고 있음을 알려줌
즉시성	상담자가 자신의 바람은 물론 내담자의 느낌, 인상, 기대 등을 이해하고 이를 상담과정의 주제로 삼는 것
구조화	상담의 방향과 방법을 내담자에게 알려주고 상담의 방법과 한계에 대해 분명히 이해시키는 것

3 학생상담이론

1 S. Freud의 정신분석 상담이론 기출 2003, 2005, 2006, 2007, 2010

○ **(주요내용)** ① **무의식의 의식화**를 통하여 무의식에 존재하는 갈등 해소, ② **자아의 기능 강화**

- 현재를 바꾸기 위해 과거를 변화시켜야 하므로 이를 위해 아동기 때 억압하였던 **무의식을 의식화**시켜 자유로운 삶 영위 가능

○ **(상담과정)** 내담자의 **아동기 경험을 재구성**함으로써 문제 원인 발견 및 제거

- **(초기단계)** **자유연상**과 **꿈 분석**을 통한 심리적 문제의 심층적 접근

- **(전이단계)** 아동기 자신에게 중요했던 사람에게 느낀 **감정을 상담자에게 투사**하면서 억압된 욕구 충족 시도

  ※ 상담자는 중립적 태도를 통하여 전이욕구 좌절 유도

- (통찰단계) 내담자의 자료에 담긴 **무의식적 의미 설명** 및 내담자가 겪는 **문제·갈등과의 관계성 명료화**[*]

  [*]**(해석)** 정신분석 상담의 핵심 기법으로서, 해석을 통해 내담자는 과거경험이 현재 생활에 미친 영향에 대하여 새로운 통찰을 얻고 긍정적 삶의 방향 설정

- (훈습단계) 내담자가 통찰한 것을 **일상생활에 적용**하여 변화 도모

📍 **정신분석적 접근의 상담기법**

구분	주요내용
자유연상	내담자로 하여금 마음속에 떠오르는 것이면 무엇이든지 이야기하도록 하는 방법
저항 분석	충동·감정을 드러내는 것에 불안을 느껴 상담에 비협조적인 태도인 저항의 원인을 분석
꿈의 분석	욕망·갈등이 표현되는 꿈의 분석을 통하여 내담자의 무의식 통찰
전이 분석	내담자가 특정 인물에게 느낀 감정을 상담자에게 투사하는 전이를 해석
해석	자유연상, 저항, 꿈, 전이 등을 분석한 결과를 내담자에게 설명

2 **행동주의 상담이론** 기출 2003, 2011, 2012, 2014

○ (인간관) ① 인간의 **본성은 중립적**, ② 인간은 **외부 자극에 반응**하는 존재, ③ 인간의 **행동은** 조건화된 결과로서 **학습의 산물**

○ (주요내용) 관찰 가능한 외현적 행동의 변화에 초점을 두어 학습을 통하여 **적응적 행동**을 **강화** 하고 **부적응적 행동 소거**

○ (상담기법) 상담목표에 따라 상담과정 및 기법이 달라지므로 **상담목표를 구체화**하여 **표적 행동**을 정하고 그 **행동을 변화**

📍 **개인 심리상담이론의 상담기법**

구분	주요내용
행동조성법	목표행동까지의 행동을 세분화하여 소단계 목표를 설정하고 강화를 통하여 최종 목표행동을 습득하도록 하는 단계적 방법 ※ (예시) 사람들 앞에서 발표를 어려워하는 학생에게, 손을 들었을 때/자리에서 일어났을 때/선택지에 대한 답을 얘기할 때/자유롭게 답할 때로 행동을 구분하여 강화
토큰강화 (유관계약)	원래 강화의 힘이 없는 자극(토큰)을 다른 강화물들과 적절히 연합하여 제시 ※ (예시) 칭찬 스티커, 도장을 일정 부분 모으면 원하는 강화물(청소 면제 등) 제공
타임아웃	부적절한 행동을 감소시키기 위하여, 부적절한 행동 시 정적 강화의 기회 차단 ※ (예시) 수업시간에 떠드는 경우 다른 장소로 격리시켜 수업시간에 얻을 수 있었던 강화(칭찬 스티커 등)를 받지 못하게 하는 것
체계적 둔감법	불안 위계목록을 만들고 근육 이완훈련을 통하여 가장 낮은 단계의 불안부터 높은 단계의 불안에까지 단계적으로 이완반응하도록 조건형성 ※ (예시) 고소공포증이 있는 학생에게 1미터 → 3미터 → 10미터 순서로 강화
홍수법	불안유발 자극에 단시간 동안 집중적으로 노출시켜 불안 제거

3 A. Adler의 개인심리 상담이론 기출 2004

○ **(인간관)** 인간은 불완전한 존재로, **완전을 향해 끊임없이 노력**하는 과정에서 **필연적으로 열등감** 발생. 열등감은 행동의 **동기를 부여하는 추진력**이자 모든 노력의 원천

 ※ **(개인심리학에서의 개인)** 인간의 성격을 원초아 – 자아 – 초자아로 구분한 정신분석학과 달리, 개인의 분리 불가능성에 초점(전체성). 따라서 인간은 전체적 존재(사람의 행동·사고·감정을 하나의 일관된 전체로 봄), 사회적 존재(인간의 행동을 이해하려면 사회적 맥락 속에서 해석)라고 가정

○ **(주요내용)** **열등감을 극복**하고, **잘못된 생의 목표와 생활양식을 수정**하고, 사회에서 다른 사람과 상호작용할 수 있도록 타인과 동등한 감정을 가지고 **공동체감을 증진**시키는 것

 – **(열등감 : Inferiority)** 신체적·심리적·사회적 또는 그 밖의 상태나 조건이 **다른 사람보다 약하거나 낮거나 부족**하다고 **느끼고 생각**하는 심리적 상태

  ◉ 열등감을 **자기완성을 위한 우월성 추구를 위하여 사용하면 건설적 생활양식**을 갖게 되나, 열등감에 사로잡히면 열등감 콤플렉스 발생(부모의 영향 大)

 – **(우월성 : Superiority)** 자신이 **다른 사람보다 훌륭하며 월등**히 낫다고 느끼고 생각하는 것으로, **열등감에 대한 방어 또는 반동**현상

 – **(가상적 목적 추구)** 실재하는 것이 아닌 **현실에서 검증되지 않은 가상의 목표**로, **미래에 대한 기대·이상**, 가상적 목표가 **동기 및 행동에 영향**

 – **(생활양식)** 개인이 인생의 장애물을 어떻게 극복하고 문제의 해결점을 찾아내며, 어떤 방법으로 목표를 추구하는지에 대한 방식을 결정해주는 **무의식적 신념체계**

  ※ 열등감에 대한 보상으로 우월성을 추구하는 과정에서 형성되며, 대부분 4 ~ 5세에 형성되어 이후로는 불변

✎ **생활양식의 유형**

구분	주요 내용
지배형	부모가 지배하고 통제하는 독재형, 자녀들은 사회적 자각이나 관심이 부족한 반면 활동성은 높은 편
기생형	자녀에 대한 부모의 과잉보호형, 자녀들은 타인으로부터 모든 것을 얻고자 하는 의존적인 삶
회피형	매사에 소극적이고 부정적, 문제의식 결여, 협업능력 미숙
사회형	긍정적 태도를 가진 성숙한 사람으로서 심리적으로 건강한 사람의 표본

 – **(공동체감 – 사회적 관심)** 타인에 대한 관심, 소속감 등 이상적 **공동사회 추구**를 위하여 **달성하고자 하는 목표**

○ **(상담과정)** 열등감을 극복하고 생활양식을 수정하도록 조력

- (**1단계** 관계 형성) 내담자가 상담자에게 이해받고, 받아들여진다고 느끼도록 **내담자와 공감적 관계 형성**

- (**2단계** 생활양식 탐색) 내담자가 생활양식을 결정하는 **동기나 목표, 신념과 정서를 이해**하도록 조력

- (**3단계** 통찰) 내담자의 **잘못된 목표와 자기패배적 행동을 자각**하도록 조력

- (**4단계** 재정향) 내담자가 문제행동이나 문제상황에 대하여 **대안을 고려해 변화를 실행**하도록 조력

📋 **개인심리 상담이론의 상담기법**

구분	주요 내용
격려하기	격려를 통해 변화를 위한 자신감 불어넣기
단추 누르기 (초인종 누르기)	긍정 단추(초인종)와 부정 단추(초인종)를 누른다고 상상하며 내담자가 감정의 희생자가 아니라 감정의 창조자임을 알게 하기
타인을 즐겁게 하기	타인을 위하여 행동함으로써 사회적 관심을 증진
역설적 의도	잘못된 행동을 해봄으로써 그 행동이 잘못되었음을 자각
마치 ~인 것처럼 행동하기	목표를 이룬 것처럼 행동함으로써 자신감 불어넣기

4 인지행동 상담이론 : A. Ellis의 REBT 기출 2002, 2003, 2010, 2011

※ A. Ellis(1955), Rational Emotive Behavior Therapy

○ **(인간관)** **인간의 행동**은 무의식이나 환경에 의해 결정되는 것이 아니라, **개인의 의식적이고 주관적인 사고과정**에 의해 영향

○ **(주요내용)** 상담자는 내담자의 **비합리적 신념**을 **논박**을 통하여 **합리적 신념**으로 전환(ABCDE 모델)

┌─ 비합리적 신념의 개념 및 예시 ─┐

- **(개념) 자신, 타인, 세상에 대한 비현실적인 기대와 요구**
  - 자신에 대한 당위성, 타인에 대한 당위성, 세상에 대한 당위성
- **(예시)** "반드시 해야 한다."라는 절대적·완벽주의적 당위성, 과장성, 자기비하·타인비하, 일에 대한 회피, 욕구 좌절에 대한 낮은 인내심

- (선행사건 : Activating Events) 내담자에게 부정적 감정을 유발한 선행사건 탐색

  ※ (예시) 시험 불합격, 성적 하락, 교사·부모님의 꾸중, 친구와의 이별

- (신념 : Belief) 선행사건에 대한 내담자의 신념 탐색

    ※ (예시) 시험에 불합격하면 내 인생은 끝난 것

- (결과 : Consequence) 비합리적 신념의 결과로 나타난 부정적 감정과 행동 탐색

    ※ (예시) 시험에 불합격해서 죽을 것 같은 감정, 방에만 틀어박혀 있음

- (논박 : Disputing) 내담자가 갖고 있는 비합리적 신념을 논리적·실용적·현실적인 조언과 설득 등을 통하여 합리적 신념으로 변화

    ※ (예시) 시험에 떨어지고도 다시 재기한 사례 제시

- (효과 : Effect) 논박의 결과로 나타나는 효과적이고 합리적인 결과물

    ※ (예시) 전략을 바꾸어 시험을 다시 준비하거나 다른 일을 알아봄

논박의 기법

구분	주요 내용
기능적 논박	비합리적 신념이 실제 유용한가를 살펴보게 하는 전략 ※ (예시) 너가 그런 생각을 가지고 있으면 어떤 결과가 나올 것 같니?
경험적 논박	비합리적 신념의 실제적 근거를 묻거나 신념과 다른 사례를 제시 ※ (예시) 너의 생각을 뒷받침하는 사례는 무엇이니? 실제 사례가 있니?
논리적 논박	비합리적 신념이 논리적으로 일관성이 없음을 지적 ※ (예시) 너가 그렇게 생각하는 이유가 무엇이니?
철학적 논박	비합리적 신념이 삶의 가치나 철학에 부합하는지 점검 ※ (예시) 너가 그렇게 생각하는 것이 진정한 만족과 행복을 줄까?

5 인지행동 상담이론 : A. Beck의 인지치료 상담이론

○ (주요내용) 핵심 신념과 중간 신념을 통하여 발생한 **내담자의 자동적 사고와 부적응적 인지 도식을 재구성**하여 **적응적 신념체계로 변화**

    ※ (REBT와의 차이점) ① Beck의 경우 신념은 그 당시에는 적절하였으나 현재에 이르러서 문제가 있는 것이므로 비합리적 이라기보다는 오류, ② REBT는 비합리적 신념을 유발하는 당위적 사고가 존재한다고 하였으나 Beck은 당위적 사고가 아닌 개인적 특수성에 따라 오류가 발생한다고 가정

- (인지도식) 개인의 삶의 과정에서 **삶에 대하여 형성한 이해의 틀**

- (핵심 신념) **가장 근원적이고 깊은 수준의 믿음**으로 자신과 세상에 대해 가지고 있는 신념, **어린 시절 중요 인물과의 상호작용**을 통하여 형성

    ※ (예시) 나는 무능력하다.

- (중간 신념) **삶에 대한 태도·규범·가정**으로 구성되며, 핵심 신념과 자동적 사고를 매개

    ※ (예시) 내가 이 내용을 완전히 이해할 수 없다면 우둔한 것이다.

- (자동적 사고) 어떤 환경적 사건에 대하여 자기도 인식하지 못하는 사이에 **자동적으로 떠오르는 생각**

  ※ (예시) 시험지를 받아드는 순간 '이것은 어렵다.' '나는 실패할 것이다.'라고 생각

- (인지적 오류) 생활사건의 의미를 해석하는 정보처리과정에서 나타나는 **체계적 잘못**

인지적 오류의 종류 및 예시

구분	주요 내용
흑백논리적 사고	이분법적 사고 ※ (예시) 1등 못하면 실패나 마찬가지
과잉일반화	특수한 상황의 경험에서 일반적 결론을 내리고 다른 상황에도 적용 ※ (예시) 한두 번 실연한 사람이 "난 평생 연애를 못 할 거야."라고 생각
정신적 여과	일부 정보만 선택적으로 받아들여 전체를 의미하는 것으로 잘못 해석 ※ (예시) 발표를 들은 많은 친구들의 칭찬을 받았으나, 한두 명의 부정적 반응으로 발표에 실패하였다고 생각
의미확대와 축소	사건의 의미나 중요성을 실제보다 지나치게 확대하거나 축소 ※ (예시) 친구의 칭찬을 듣기 좋은 말이라고 치부
개인화	자신과 무관한 사건을 자신과 관련된 것으로 잘못 해석 ※ (예시) 지나가는 사람이 웃고 있는데 나를 비웃은 것이라 생각

인지치료 상담이론의 상담기법

구분	주요 내용
언어적 기법	소크라테스식 질문을 통하여 내담자로 하여금 자신의 자동적 사고가 타당한지 평가
정서적 기법	정서경험을 구체적으로 이야기하기, 역할연기 등을 통하여 내담자의 자동적 사고 확인
행동적 기법	내담자의 인지변화를 목적으로 행동실험을 적용

6 C. Rogers의 인간중심 상담이론 [기출] 2003, 2004, 2009, 2010, 2013, 2014

○ (인간관) 인본주의에 바탕을 두어 인간을 **성장욕구와 자아실현욕구**를 가지면서 **삶을 주도하고 의미 있게 살아가는 긍정적 존재**로 봄

- 문제해결과정에서 내담자의 수동성을 강조하는 지시적 상담이론과 달리 내담자의 능동성·주체성 강조

  ※ (인간에 대한 가정) ① 인간은 가치를 지니는 독특하고 유일한 존재
  ② 인간은 자기확충을 위한 적극적 성장력을 보유
  ③ 인간은 근본적으로 선하고 이성적이며 신뢰 가능
  ④ 인간은 의사결정을 내릴 권리와 장래에 대한 선택권 보유

○ **(주요내용)** **충분히 기능하는 인간(Fully-Functioning Person)** *으로 성장

  * 자신의 잠재력, 자원, 능력을 충분히 활용하여 끊임없이 성장하고 변화하는 인간

  – **(유기체)** 개인의 사상, 행동 및 신체적 존재 모두를 포함하는 **전체로서의 한 개인**, 유기체의 생각과 행동은 **주관적 세계에서 모두 타당**하므로 상담에서는 유기체의 주관적 생각을 이해하는 것이 중요

  – **(자기개념)** 유기체가 **자신에 대하여 갖는 지속적 인식체계**로서 타인과의 상호작용을 통해 형성·발달, 상담에서 내담자의 자기개념이 어떻게 형성되었고 어떤지 이해

  – **(가치의 조건화)** 자신이 원하는 미래를 위하여 타인의 기대에 따라 행동함으로써 **칭찬과 인정을 받는 것**을 가치로 하는 것

  – **(자기실현 경향성)** 자신을 유지시키고 **더 나은 방향**으로 가고자 하는 욕구

▮ 지시적 상담이론과 비지시적 상담이론 비교

구분	지시적 상담이론	비지시적 상담이론
학자	E. Williamson	C. Rogers
인간관	• 인간은 선하고 악한 존재 • 수동적 인간 • 스스로 문제를 해결할 수 없는 존재	• 인간은 선한 존재 • 능동적 인간 • 자아실현의 주체
목표	상담자의 적극 개입을 통한 내담자의 문제해결	내담자 스스로 문제 인식 및 해결
상담기법	지시, 충고, 암시	진정성, 수용, 공감
상담자의 역할	적극적 문제해결의 주체	보조자

○ **(상담기법)** 내담자를 **존중**하고 의견을 **수용**하면서 상담자와의 **원만한 관계**를 통하여 **내담자가 책임을 지고** 자신의 문제를 **주체적으로 해결**할 수 있도록 조력

▮ 인간중심 상담이론의 상담태도와 기법

구분	주요 내용
진정성	내담자에 대한 상담자의 진솔한 태도 → 내담자에게 안정감을 주고 상담관계에 대한 신뢰 형성
무조건적 존중과 수용	유기체로서 내담자의 주관적 경험, 감정, 생각을 조건 없이 이해하고 수용 ※ 긍정적 감정뿐 아니라 부정적 감정(불안, 고통, 불안 등)도 존중하고 수용
공감적 이해	상담자가 내담자의 주관적 경험세계에 들어가 내담자가 경험하고 느끼는 것과 같이 정확하고 깊게 공유

7 해결중심 상담이론 기출 2008 ※ De Shazer

○ (인간관) 인간은 **누구나 건강하게 자신의 문제를 해결**할 수 있는 능력을 가진 존재

○ (주요내용) 내담자가 겪는 **문제의 해결**

- (초점) 문제의 종류 및 원인을 분석하기보다는 내담자가 **상담을 통해 얻고자 하는 것, 경험하고자 하는 구체적인 변화**가 무엇인지에 초점

- (전략) **단기 상담전략**으로서 **내담자가** 자신의 자원과 장점을 활용하여 **스스로 해결방법을 찾아 가도록** 조력

○ (기본원칙 및 실천원리) 내담자가 원하는 것을 존중하여 스스로 목표를 설정하고, 자원을 활용하여 **스스로 문제를 해결하도록 조력**

- (기본원칙) ① 내담자가 상담목표 결정*
  ② 내담자에게 긍정적인 결과를 가져오는 행동 반복 유도
  ③ 효과가 없는 행동은 중단하고 새로운 행동 유도
  * 내담자가 문제가 아니라고 생각하는 것은 문제로 다루지 않기

- (실천원리) ① 병리적인 것이 아닌 **건강한 것**에 초점
  ② 내담자의 **자원(강점, 성공경험, 변화욕구)과 건강한 특성** 발견
  ③ 내담자만의 **독특한 견해** 존중
  ④ 달성할 수 있는 **작은 변화**부터 고려
  ⑤ **변화의 불가피성** 인정
  ⑥ **현재와 미래** 지향
  ⑦ 상담자와 내담자의 **협조관계** 중시

📍 내담자와 상담자의 관계 유형

구분	주요 내용
고객형 관계	내담자가 자신의 문제를 정확히 알고 자신이 원해서 도움을 요청, 상담을 통하여 무엇을 얻기를 원하는지와 이를 위하여 어떤 노력이 필요한지 인지 → 질의응답을 통하여 신뢰관계 형성
불평형 관계	내담자가 자신의 문제를 알지만 해결책은 자신의 통제범위 밖에 있다고 판단 → 문제해결을 위한 내담자의 주도적 역할의 필요성을 인지시키기 위하여 새로운 관점과 해석 제시
방문형 관계	내담자가 자신의 문제를 인식하지 못하고 타인에게 문제가 있다고 판단 → 내담자 편에서 이야기 청취, 내담자의 자원 활용, 문제와 관련 없는 이야기, 내담자를 조력할 수 있는 사람 활용 등을 통하여 신뢰관계 형성

○ (상담과정) 5단계로 구분

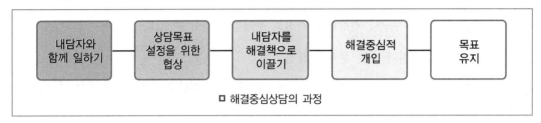

□ 해결중심상담의 과정

- (내담자와 함께 일하기) 내담자에게 권한 부여, 내담자가 자신의 문제를 어떻게 지각하는지 **질문 및 경청**

- (상담목표 설정을 위한 협상) **내담자가 바라는 목표**를 명확하게 설정

  ※ 내담자가 원하는 목표, 실현 가능한 작은 목표, 구체적이고 행동적인 목표, 없는 것보다 있는 것에 관심, 목표는 종식이 아니라 시작

- (내담자를 해결책으로 이끌기) 내담자가 문제해결을 위하여 자신의 자원을 활용할 수 있도록 **유용한 질문하기**

- (해결중심적 개입) 문제해결을 위한 내담자의 노력을 **긍정적으로 평가**, 문제를 해결하는 데 도움이 되는 **적절한 과제 부과**

- (목표 유지) **작은 변화**(예외)가 나타난 과정, 작은 변화의 강점에 대한 강화를 통하여 목표 유지

해결중심 상담이론의 상담기법

구분	주요 내용
상담 전 변화 질문	상담을 받기로 결정한 순간부터 지금까지 변화한 것, 그것을 위한 내담자의 노력 인정 등
예외 질문	성공경험, 긍정적 경험에 대한 질문을 통하여 자아존중감 강화
기적 질문	문제가 해결된 상황을 상상하도록 하여 내담자가 해결하기를 원하는 것을 구체화 · 명료화
척도 질문	문제의 심각한 정도, 상담목표, 성취수준 등을 수치로 표현하도록 요구
대처 질문	어려운 상황을 견뎌내고 더 나빠지지 않은 것을 강조

8 V. Frankl의 실존주의 상담이론

○ (인간관) 인간은 **선택의 자유**를 가지며 **스스로 삶의 의미를 찾고 정체성을 확립하는 주체**임과 동시에 **타인과 의미 있는 관계**를 맺는 존재

○ (**주요내용**) 인간에 대한 실존주의 철학의 기본 가정을 현상학적 방법과 결합시켜 내담자가 **자신의 내면세계를 있는 그대로 자각하고 이해**하도록 하며, **지금 − 여기의 자기 자신을 신뢰**하도록 하는 데 목표를 두는 상담접근법

  ※ (**궁극적 관심사, Yalom**) 죽음, 자유와 책임, 존재론적 고독, 무의미성

> **참고** 실존주의의 기본가정
>
> ■ 불안은 시간의 유한성과 죽음에 대한 두려움에서 비롯된다.
> ■ 문제해결 방법은 인간 존재의 참된 의미를 발견하는 것이다.
> ■ 정서적 장애는 삶에서 보람을 찾지 못하는 실존적 신경증에서 비롯된다.
> ■ 실존적 신경증은 상담자와 인간관계의 참만남을 통하여 상담할 수 있다.
> ■ 책임, 존재 의미, 가치에 대하여 스스로 선택할 수 있다.

○ (상담과정) 증상 확인 → 의미 자각 → 태도 수정 → 증상 통제 → 삶의 의미 발견

실존주의 상담이론의 상담기법

구분	주요 내용
직면	내담자의 행동, 사고, 감정에 불일치나 모순이 있을 때 이를 지적하여 문제를 극복하도록 유도
역설적 의도	내담자의 증상을 과장하여 문제를 극복하도록 유도
탈숙고	증상으로부터 벗어나 외부로 관심을 전환하게 하여 문제를 극복하도록 유도

06

⑨ **F. Perls의 형태주의(게슈탈트) 상담이론** 기출 2007, 2010, 2011

○ (인간관) 인간은 하나의 전체를 이루는 유기체

- (게슈탈트 : Gestalt) **전체는 구성요소의 단순 합 이상**의 통합된 전제, 인간은 특정 자극을 부분으로 인식하지 않고 의미 있는 전체나 형태, 즉 게슈탈트로 지각

○ (주요내용) 상담의 초점을 '**지금 여기와 현재**'에 두고, 내담자 자신이 무엇을 하고 있고 그것을 어떻게 하고 있는지를 자각하도록 함과 동시에 자신을 수용하고 존중하게 하는 상담접근법

- (자각 : 알아차림) 지금 여기에서 **자신의 감정 · 지각 · 사고 · 욕구의 모든 부분을 각성**하고 깨닫는 것으로, **성숙과 통합을 위한 핵심**

- (전경과 배경) 자신에게 중요한 의미를 가지는 부분(전경)과 그렇지 않은 부분(배경)을 분리하여 인지

  ※ 꽃병과 마주본 얼굴 그림, 귀족 부인과 할머니의 얼굴

- (미해결 과제) 상담 및 치료과정에서 자신의 욕구나 감정을 게슈탈트로 형성하지 못했거나 형성된 게슈탈트가 어떤 요소의 방해로 **해소되지 못한 것**

형태주의 상담이론의 상담기법

구분	주요 내용
빈 의자 기법	빈 의자에 상호작용할 사람이 있다고 생각하고 감정 표현
반대로 하기	평소와 반대로 행동하여 억압된 욕구를 표출
신체 자각	행동 및 언어를 과장하여 감정 자각
감정에 머무르기	자신의 미해결 감정을 회피하지 않고 직면하여 견뎌내기
꿈작업	꿈과의 접촉을 통하여 분열된 자아의 많은 부분과 만나고 통합을 이루어 가는 기법(꿈의 분석이 아닌 삶과의 통합)

10 W. Glasser의 현실치료요법 상담이론 기출 2005, 2006, 2013

○ **(인간관)** 인간은 **자신의 기본욕구**를 **충족**시키기 위해 자신의 **환경을 통제**하고 **행동을 선택**하고 **책임**지는 존재

○ **(주요내용)** 내담자가 일상적 활동에서 **남의 욕구를 침범하지 않는 범위에서 자기의 욕구충족을** 위한 자신의 행동을 선택·책임지도록 조력하는 접근방법

 – **(기본욕구)** 생존의 욕구, 사랑과 소속의 욕구, 힘과 성취의 욕구, 자유의 욕구, 즐거움의 욕구

○ **(상담과정)** WDEP, Wubbolding

현실치료요법의 상담과정 : Wubbolding

구분	주요 내용
바람 탐색하기 (Wants)	내담자가 원하는 것과 원하지 않는 것을 탐색하고, 원하지 않는 것 중에 지금 현재 가지고 있는 것을 탐색
활동하기 (Doing)	내담자가 지금 어디로 가고 있는지를 스스로 확인할 수 있도록 조력
평가하기 (Evaluation)	행동이나 지각된 것이 현실적인지, 그리고 자신과 타인에게 도움이 되는지를 확인
계획하기 (Planning)	행동변화에 대한 책임 있는 계획은 상담과정의 핵심이며 일종의 교수단계

11 **E. Berne의 의사교류 상담이론(상호교류분석)**

○ **(인간관)** 인간은 누구나 **자율적**이고 **선택**할 수 있고 **책임**질 수 있는 존재

※ 인간은 누구나 OK다.

○ **(주요내용)** 인본주의적 인간관에 기반을 두어 인간이 삶에 대한 자율성·책임성을 가지고 긍정적 방향으로 성장할 수 있도록 조력하려는 접근방법

- **(자아분석)** PAC

의사교류 상담이론의 성격·자아구조

구분	주요 내용
부모자아 (Parent)	부모로부터 받은 영향을 비판 없이 재현시키는 자아상태
성인자아 (Adult)	현실을 합리적·이성적으로 판단하여 해결책을 찾는 자아상태
아동자아 (Child)	어린아이처럼 행동하거나 감정을 그대로 표현하는 자아상태

- **(교류분석)** 인간은 타인으로부터 **애정이나 인정을 받기 위해** 스트로크(Stroke)를 주고받음

※ **(Stroke)** 피부 접촉, 표정, 태도, 감정, 언어, 기타 여러 형태의 행동을 통하여 상대방에 대한 반응을 알리는 인간 인식의 기본단위

※ **(라켓감정)** 성인으로부터 스트로크를 받기 위하여 발달시킨 감정습관

※ **(교류분석의 종류)** 교차교류(방향이 어긋남), 상보교육(서로 보완적), 이면교류(대화 속에 의미가 숨어 있음)

4 상담의 실제

1 **집단상담**

○ **(개념)** 비슷한 문제상황에 처해 있는 여러 사람을 대상으로 하여 그들의 상태를 파악하고 심리가 안정될 수 있도록 **적절하게 조언하는 상담활동**

○ **(종류)** **집단의 종류**

- **(지도집단)** 객관적 정보 제공의 목적으로 구성
- **(상담집단)** 집단구성원의 자기이해, 자기수용을 돕기 위하여 구성
- **(치료집단)** 정신적·성격적 장애를 가진 내담자의 치료를 위하여 구성

○ **(활동유형)** Tolbert의 **집단상담의 활동유형**

📍 **집단상담의 활동유형**

구분	주요 내용
자기탐색	수용적인 분위기 속에서 자신의 가치, 감정, 태도를 탐색
상호작용	참가자들이 서로 직업계획과 목표를 이야기하고 피드백
개인적 정보의 검토	자기탐색 · 상호작용으로 확보한 정보를 검토
직업적 · 교육적 정보의 검토	직업에 관한 최신 정보와 교육적 자료를 검토
의사결정	개인적 · 직업적 · 교육적 정보를 토대로 가장 합리적인 의사결정

📍 **집단상담의 장단점**

장점	• 내담자가 쉽고 편하게 받아들임 • 다양한 학습경험 공유	• 시간과 경제적인 측면에서 효율적 • 사회성 함양 가능
단점	• 심층상담 곤란 • 집단 구성 곤란	• 비밀유지가 어려움 • 모든 사람 만족 곤란

2 학부모상담

○ **(준비)** ① 학부모의 마음 이해하기, ② 학생행동에 대한 자료 준비, ③ 학부모의 요구 분석, ④ 학부모상담 장소 준비

○ **(상담전략)** ① 진전과 성장 논의, ② 구체적 예를 들어 설명, ③ 질문하고 적극적 경청, ④ 학습을 지원하기 위한 아이디어 공유, ⑤ 협력적으로 해결책 도모, ⑥ 지속적 의사소통 라인 구축

○ **(방해요인)** ① 타 학생과 비교, ② 가족 문제에 초점을 두고 부모 비난, ③ 학생과 부모를 심리적으로 분석, ④ 다른 교사들의 이야기 전하기

3 비대면상담(유선 · 사이버)

○ **(개념)** 상담자와 내담자가 얼굴을 접촉하지 않고 서로 다른 공간에서 음성으로 상담하거나 사이버 공간에서 상담하는 방법

📍 **비대면상담의 장단점**

장점	• 익명성 보장으로 내담자가 진솔하게 표현 가능 • 언제 어디서나 상담 가능 • 비용 절감
단점	• 라포 형성이 상대적으로 곤란 • 일회성으로 끝나기 쉬움 • 상담자와 내담자 간 책임과 의무가 상대적으로 곤란

ME
MO

●── **지금까지의 출제경향**

1. 출제빈도

− 논술형 도입 이후 한 번도 빠지지 않고 매해 출제

2. 출제이론과 문제형태

− 도입 초기 조직론 중심으로 출제되다가 최근에는 다양한 영역에서 고루 출제

※ 영역별 출제빈도 : 조직(5), 장학 · 연수(3), 지도성(3), 의사결정(1), 기획(1), 학교경영(1)

※ 최근 출제이론 : (2025) Katz 지도성 (2024) 학교운영위원회 (2023) 관료제 (2022) 학교중심 연수 (2021) 의사결정모형

− 해당 이론의 장단점 중심으로 출제되면서 활성화방안, 학교 차원의 지원방안 등 이론과 개념의 현장 적용 시 조력방안도 함께 출제

●── **학습전략**

1. 출제 예상 Point

− 교사가 실제로 맞닥뜨리게 되는 환경적 측면에서 조직은 여전히 중요하며, 조직론에서는 이론의 기본적 내용 (장단점)이 출제 유력

− 최근 교사의 자율성 · 전문성이 강조되면서 이를 활성화하기 위한 지도성 · 전문성 향상방안, 학급경영 등이 부각됨에 따라 이 영역에서는 활성화방안, 지원방안이 출제 가능

2. 중요 체크 이론

− **(동기이론)** 이론별 교사의 직무동기 유발방안

− **(지도성)** ① 학교상황에 맞는 최적의 지도성(Hersey & Blanchard)

② 변혁적 리더십, 슈퍼리더십의 함양방법

− **(조직론)** ① 학교조직의 특성

② 교사학습공동체의 주요 내용

③ 학교조직의 갈등유형과 예방 · 해소방안

− **(실제)** ① 국가와 지역이 함께하는 교육의 실현방법

② 수업장학, 동료장학의 성공조건

− **(학급경영)** 학급경영의 과정과 교사의 역할

VII

교육행정학

Mind Map

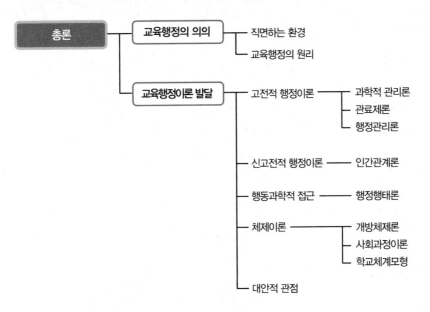

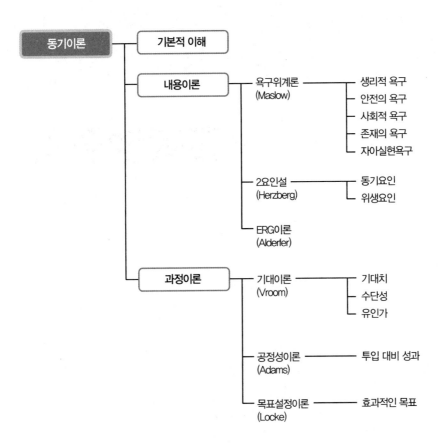

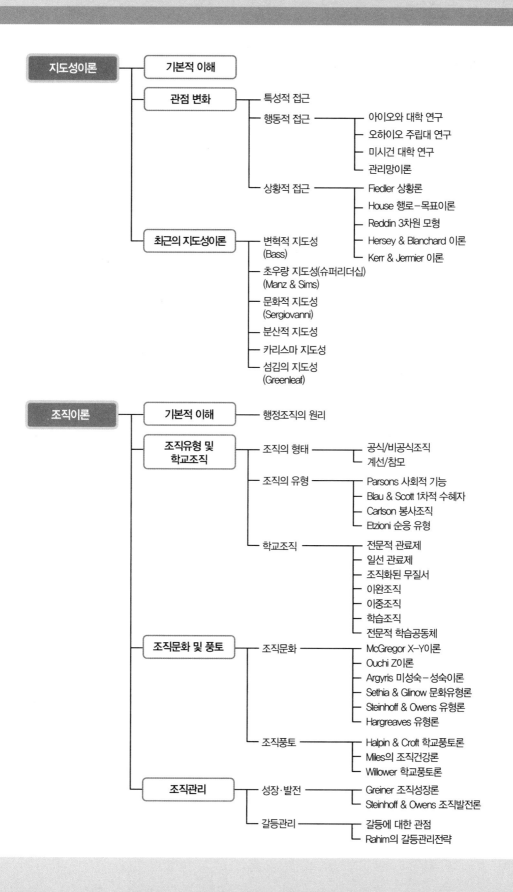

지도성이론 ── 기본적 이해

관점 변화 ── 특성적 접근

행동적 접근 ── 아이오와 대학 연구
오하이오 주립대 연구
미시건 대학 연구
관리망이론

상황적 접근 ── Fiedler 상황론
House 행로−목표이론
Reddin 3차원 모형
Hersey & Blanchard 이론
Kerr & Jermier 이론

최근의 지도성이론 ── 변혁적 지도성
(Bass)
초우량 지도성(슈퍼리더십)
(Manz & Sims)
문화적 지도성
(Sergiovanni)
분산적 지도성
카리스마 지도성
섬김의 지도성
(Greenleaf)

조직이론 ── 기본적 이해 ── 행정조직의 원리

조직유형 및
학교조직 ── 조직의 형태 ── 공식/비공식조직
계선/참모

조직의 유형 ── Parsons 사회적 기능
Blau & Scott 1차적 수혜자
Carlson 봉사조직
Etzioni 순응 유형

학교조직 ── 전문적 관료제
일선 관료제
조직화된 무질서
이완조직
이중조직
학습조직
전문적 학습공동체

조직문화 및 풍토 ── 조직문화 ── McGregor X−Y이론
Ouchi Z이론
Argyris 미성숙−성숙이론
Sethia & Glinow 문화유형론
Steinhoff & Owens 유형론
Hargreaves 유형론

조직풍토 ── Halpin & Croft 학교풍토론
Miles의 조직건강론
Willower 학교풍토론

조직관리 ── 성장·발전 ── Greiner 조직성장론
Steinhoff & Owens 조직발전론

갈등관리 ── 갈등에 대한 관점
Rahim의 갈등관리전략

Mind Map

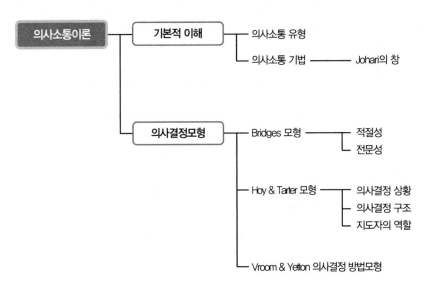

- 의사소통이론
  - 기본적 이해
    - 의사소통 유형
    - 의사소통 기법 ——— Johari의 창
  - 의사결정모형
    - Bridges 모형
      - 적절성
      - 전문성
    - Hoy & Tarter 모형
      - 의사결정 상황
      - 의사결정 구조
      - 지도자의 역할
    - Vroom & Yetton 의사결정 방법모형

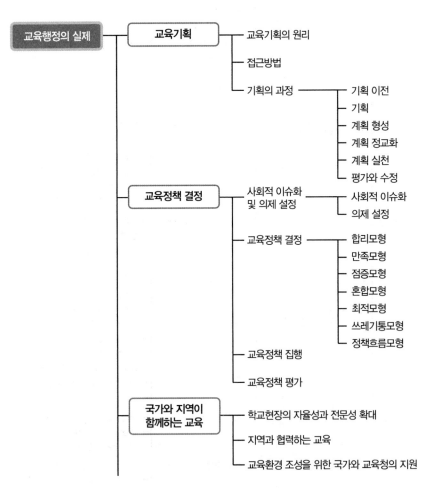

- 교육행정의 실제
  - 교육기획
    - 교육기획의 원리
    - 접근방법
    - 기획의 과정
      - 기획 이전
      - 기획
      - 계획 형성
      - 계획 정교화
      - 계획 실천
      - 평가와 수정
  - 교육정책 결정
    - 사회적 이슈화 및 의제 설정
      - 사회적 이슈화
      - 의제 설정
    - 교육정책 결정
      - 합리모형
      - 만족모형
      - 점증모형
      - 혼합모형
      - 최적모형
      - 쓰레기통모형
      - 정책흐름모형
    - 교육정책 집행
    - 교육정책 평가
  - 국가와 지역이 함께하는 교육
    - 학교현장의 자율성과 전문성 확대
    - 지역과 협력하는 교육
    - 교육환경 조성을 위한 국가와 교육청의 지원

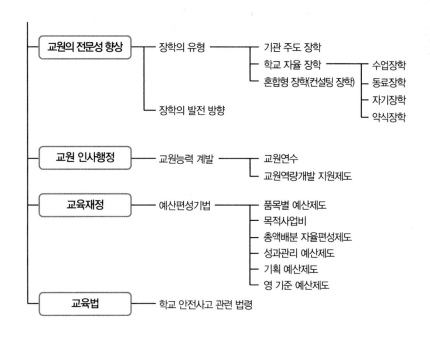

01 교육행정의 기본적 이해 : 교육행정 총론

▌ 교육행정의 의의

1 교육행정의 개념 및 대두 배경

○ **(행정의 개념)** 행정(Public Administration)이란 하나의 집단활동으로서 **공통의 목표**를 **달성**하기 위한 사람들의 **협동적 행위**[40]

- (Public) 공공가치(목표), 민주성, 사회적 가치의 배분

- (Admin.) 관리적 활동(수단), 효율성, 내부 관리의 효율화

> **(교육행정)** 공공적 가치를 지닌 **교육목표**를 **달성**하기 위하여 **인적·물적·재정적으로 지원**하는 이해관계인들의 협동행위
> ─ 19세기 산업화의 확대에 따른 공교육의 필요성 증대, 학생 수 폭증에 따른 교육에 대한 공적 지원 확대의 필요성 증가 등으로 교육행정에 관심 증대

2 현대 교육행정이 직면하는 환경

○ **(세계화)** 국가 간 개방·경쟁 촉진, 글로벌 수준에 맞는 교육경쟁력 제고 필요 ※ PISA, TIMSS 등

○ **(지식정보화)** 지식·정보가 가장 중요한 자원·권력의 원천, 정보통신기술을 활용한 행정의 관리혁신 강조 ※ NEIS

○ **(민주화·지방화)** 시민의식의 성장·참여기회의 확대 등에 따른 민주화, 지역적 특수성을 반영한 교육행정 강조 ※ 학운위, 지방 교육자치

○ **(저출산·고령화)** 저출산(2023년 기준 0.72명)에 따른 학령인구의 감소, 고령화에 따른 평생 교육의 강조

---

[40] 박경효, 「재미있는 행정학」, 윌비스, 2013.

3 교육행정의 성격

○ **(수단적·기술적 성격)** 교육목표를 효과적으로 달성할 수 있도록 교수·학습활동을 위한 수단과 기술 중요시

○ **(민주적 성격)** 조직, 인사, 내용, 운영 등에서의 자율성과 민주성 중요시

○ **(정치적 성격)** 교육과 정치의 관계성을 인식하고 정책의 수립과 집행 등 정치적 측면을 일반행정 보다는 주목

○ **(조성적·봉사적 성격)** 교수·학습활동을 지원하기 위한 조성적·봉사적 성격 중요시

○ **(중립적 성격)** 교육 본래의 목적에 충실하기 위하여 일반행정으로부터 분리·독립, 특정 정당이나 정파로부터의 중립성 확보 필요

○ **(전문적 성격)** 교육 및 훈련을 거친 전문가가 담당하여야 목적 달성

4 교육행정의 원리

○ **(민주성의 원리)** 다양한 배경을 지닌 구성원들의 의사를 최대한 존중하여 교육행정에 반영

○ **(효율성의 원리)** 효과성 + 능률성, 목표 달성 정도와 함께 최소의 노력과 비용으로 목표 달성 고려

○ **(합법성의 원리)** 헌법, 교육기본법, 교육공무원법, 초·중등교육법 등 교육에 관한 각종 법규를 준수하여 운영(=책무성의 원리)

○ **(자주성·자율성의 원리)** 교육행정의 중립성

○ **(기회균등의 원리)** 헌법 제31조 제1항

※ 모든 국민은 능력에 따라 균등하게 교육을 받을 권리를 가진다.

○ **(권한의 적정 집중 원리)** 집권과 분권의 적절한 균형

2 교육행정이론의 발달

◆ **행정이론이란** 행정현상을 체계적으로 이해하고 공무원들이 효과적으로 행정을 수행하는 데 도움을 주는 **하나의 통합적인 사고 틀**(박경효, 2013.)

▮ 행정이론의 시대적 분류[41]

구분	고전적 이론	신고전적 이론	전환기적 이론	현대적 이론
시기	1887 ~ 1930년대	1930 ~ 1950년대	1950 ~ 1960년대	1960년대 후반 ~
주요 이론	• Wilson 정치행정이원론 • Taylor 과학적 관리론 • Weber 관료제론 • Gulick 행정관리학파	• 정치행정일원론 • 초기 인간관계론 • 관료제 역기능론 • Simon 행정행태론	• 비교행정론 • 발전행정론 • 발전적 관료제론 • 행정과학(조직행태, 조직발전, 관리과학)	• 신행정론 • 정책연구 • Ostrom & Ostrom 공공선택론 • 포스트모더니즘 이론 • NPM • 뉴거버넌스 • 신제도주의
특징	• 능률지상주의 • 공사행정일원론 • 형식적 과학성 • 공식적 조직구조 · 절차 • 경제적 · 합리적 인간관 • 폐쇄체제	• 능률성 • 공사행정일원론 • 실질적 과학성 • 개인행태(비공식조직) • 경제적 · 합리적 인간관 • 폐쇄체제	• 행정학 정체성 상실 • 행정문화 강조 • 개방체제와 변화 • 실증주의 확산	• 이론적 다양성 • 행정접근 다양화 • 행정이념 다원화 • 개방체제

▌**교육행정학은 행정학의 변천과 흐름을 같이 하면서 발전**
  — 교육행정학의 독자적 학문화는 Mort의『학교행정의 원리』(1946)를 기점으로 본격화

1 고전적 행정이론 기출 2011, 2023

○ **(과학적 관리론)** Taylor의『과학적 관리의 원칙*』(1911)에 따라 **관리의 과학화**를 통한 **하나의 최선의 방법(One-Best Way)**를 개발 · 적용하여 목적의 효율적 달성 추구

  * 조직의 능률성 제고를 위하여 행정관리에서의 과학적 원칙 모색

  — 학교를 공장으로 비유하여 교육의 표준화, 교사 훈련, 성과급제 등 **과학적 관리방법 도입을 통한 비효율 제거 추구**(Spaulding, Bobbit)

---

[41] 박경효, 전게서, 2013, p.48

○ (관료제론) 합법적 권위를 바탕으로 하는 **이상적 행정체계**

- (이념형 관료제) 경험적·기술적·규범적·처방적인 것이 아닌 가장 능률적인 조직에서 나타나는 **전형적인 행정적 요소들을 확인하여** 사고를 통하여 논리적으로 재구성한 관료제

- (특징) **분업, 계층제, 문서화, 비정의적 행동, 효율성, 전문성, 안정성, 법규에 의한 지배와 권한의 명확성**이라는 특징을 지닌 조직의 유형 또는 관리운영의 체계(M. Weber)

관료제의 순기능과 역기능

구분	순기능	역기능
분업	전문성 향상	본인의 업무 외에는 무지, 권태감
계층제	통솔 원활	의사소통 및 결정장애
문서화	공식화	융통성 부족
비정의적 행동	합리성 증진	감정 등 정의적 요소 고려 미흡
법규	계속성과 통일성	경직성

(학교의 특성) 학교는 분업(교무부·연구부 등), 계층제(장-감-부장), 전문성(교원자격), 법규(교육공무원법·학칙 등) 등 관료제적 특성 존재
- 학교는 교육에 대한 **교사의 자유재량권·의사결정권, 교사·학생 간의 인간적 관계**라는 특성으로 **구조적으로 느슨하게 결합된 특수한 조직**(Bidwell, 1965.)

○ (행정관리론) 공사 구별 없이 모든 조직에 적용될 수 있는 **일반적 조직설계의 원칙** 개발 강조, 이에 따라 ① **업무의 분업화**와 ② **적절한 조정 및 통제수단 개발 추구**(Fayol, Gulick & Urwick)

※ 관리자의 핵심기능 POSDCoRB : 기획(Planning), 조직(Organization), 인사(Staffing), 지휘(Directing), 조정(Coordinating), 보고(Reporting), 예산(Budgeting)

- 교육행정의 과정을 기획, 조직, 지휘, 조정, 통제로 구분(J. Sears, 1950.)

┌─ 고전적 행정이론의 특징 : 박경효, 2013.

- **(정치행정이원론)** 행정에 있어 관리가 중요하며 관리는 공·사조직 유사성
- **(행정이념으로서 능률성)** 효율적으로 목표 달성 추구
- **(형식적 과학성)** 행정의 과학화를 지향하지만 규범적·경험적으로 엄격하지 못함
- **(공식적 구조 및 절차에 초점)** 조직의 구성요소 중 개인·환경에 상대적 무관심
- **(경제적·합리적 인간관 강조)** 조직의 개인은 목적 달성을 위한 수단, 경제적 유인으로 사기 진작 가능

2 신고전적 행정이론 기출 2010, 2012

○ (인간관계론) 조직의 구성원이 능률의 논리보다는 **감정의 논리와 대인관계에 따라 움직인다고** 파악

– 과학적 관리론에 따른 관리는 인간 소외현상을 불러일으킨다고 비판하면서 **조직 내의 인간성 회복**을 목적으로, **개인을 분석단위**로 하는 미시이론 등장

┌─ Hawthorne 실험 : Mayo & Roethlisberger ─┐
- 미국 서부 전기회사의 생산성 향상과 관련하여, 과학적 관리론에 근거하여 **물리적 조건(조명·온도·습도·휴식 시간)과 조직의 생산성 간의 관계를 규명**하고자 시작
- **통제집단의 경우 조명 상태를 전혀 변화시키지 않았음에도 실험집단의 경우처럼 현저하게 생산성 증가**
- 이후 실험과 면접을 통하여 근로자의 **동기부여에 영향을 미치는 비공식적·사회심리적 요인(집단의 소속감, 상관의 인정, 업무 성취감)의 중요성** 발견

– 1930년대 진보주의 교육운동과 결합되어 개성 존중, 사기 앙양, 학생과 교원의 상호신뢰감 강조 등 **민주적 교육행정, 인간주의적 장학을 위한 방법적 원리**로 부각(Koopman, Yauch, Moehlman* 등)

* (봉사활동으로서 교육행정) 학교에서는 권력적·강압적 요소보다는 민주적·봉사적 요소가 더 중요

┌─ 인간관계론에 입각한 교육행정의 특징 ─┐
- **교육행정의 민주화**
- **비공식집단의 중요성** 강조(교사 친목회, 교사 동호회의 의견 중시)
- 인간은 경제적 유인보다는 **사회적·심리적 요인으로 동기 유발**(교사의 개인적 사정 배려)

3 행동과학적 접근 : 행정행태론

○ (등장배경) 과거의 행정원칙론은 추상성, 지나친 단순화 등으로 **현실감각이 결여**되었다고 비판

※ (H. Simon, 1946.) 행정의 원리라는 것은 경험적으로 검증되지 않는 하나의 격언에 불과

○ (주요내용) ① 행정의 과학화를 위하여 **논리실증주의*** 입장 견지

* 명제는 당위에 관한 가치적 명제와 존재에 관한 사실적 명제로 구분(가치와 사실의 논리적 분리)되며, 과학자는 행태의 관찰과 거기에서 논리적으로 추론되는 사실적 명제의 검토에만 관여

② 조직 내 인간행태, 특히 **의사결정에 초점**

③ 개인은 인간의 제한된 능력으로 인하여 **제한적 합리성**을 가지므로, 조직에 참여함으로써 합리적 목표달성 추구

④ 시간·정보상의 한계로 의사결정에 있어서 **합리적 모형보다는 만족모형** 견지

※ (합리성) 모든 대안 중 순편익이 가장 큰 것 선택(완전한 합리성 – 합리모형), 만족할 만한 혹은 그 정도면 괜찮다는 수준에서 선택(제한된 합리성 – 만족모형)

○ **(교육행정에의 적용)** 행동과학적 접근을 통하여 **1950년대부터** 사회과학적 관점에서 교육행정 현상을 연구하는 **교육행정의 이론화** 본격화

※ 교육행정학의 이론화(1950 ~ 1960) → 발전기(1970 ~ 1980) → 다원화(1990 ~)

4 **체제이론**　　※ 실증주의, 객관적·합리적 지식 강조

○ **(개방체제론)** 단절된 사고를 지양하고 **체계적·총체적인 사고**가 특징, 조직을 복합적이고 역동적인 개방체제로 전제

－ 학교는 상위체제인 **사회와 순환적 상호작용**을 하는 개방체제이며, **투입–과정–산출**의 과정을 통하여 결과물 산출

※ Cohen(조직화된 무질서조직으로서 학교), Weick(이완조직으로서 학교) 등

○ **(사회과정이론)** 사회체제는 개인들의 집합으로 이루어진 사회적 단위, **사회체제 속에서 인간이 어떠한 행동**을 보이는지 연구(Getzels & Guba, Thelen)

－ **(역할·인성 상호작용모형)** 개인의 행동(Behavior)은 인성(Personality)과 역할(Role)의 상호작용을 통하여 발생, $B = f(P \cdot R)$　　※ Lewin의 집단역동이론, $B = f(P \cdot E)$

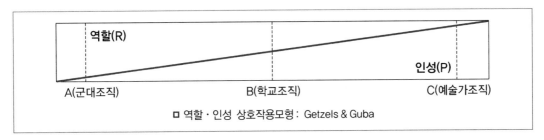

□ 역할·인성 상호작용모형 : Getzels & Guba

※ 학교조직의 특성 : 공교육이라는 특성을 강조하면 R의 영향이 크나, 교사의 전문성을 강조하면 P의 영향이 크다고 볼 수 있어 복합적인 특성을 지님

－ **(사회과정모형)** 개인의 행동은 사회적 조건들로 이루어진 **규범적 차원**과 개인의 심리적 특성으로 이루어진 **개인적 차원의 상호작용 결과**

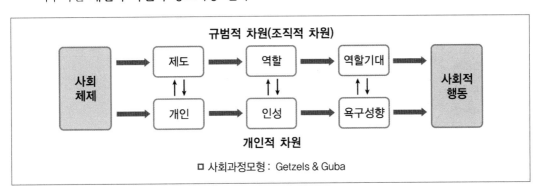

□ 사회과정모형 : Getzels & Guba

- (수정모형) **현대의 복잡한 사회를 설명**하기 위해서는 조직·개인적 차원뿐 아니라 **인류학적·조직풍토적·생물학적 차원 고려** 필요

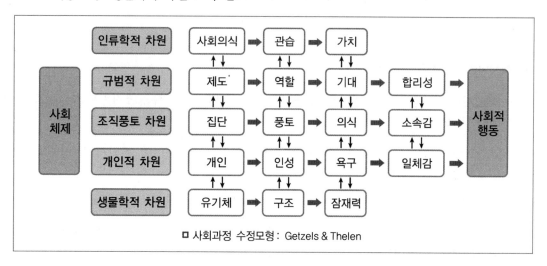

□ 사회과정 수정모형: Getzels & Thelen

○ (**학교체계모형**) Hoy & Miskel

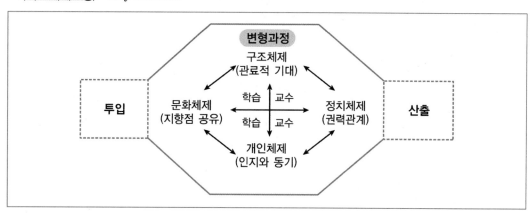

📌 학교체제 분석을 위한 지표

구분	주요 내용
투입	• 인적자원: 학생의 능력, 교직원의 능력 • 물적자원: 학교 예산, 시설, 외부 지원
구조체제	교직원 부서조직 및 학생회조직, 학교 내 학생 생활규정
문화체제	교직원 문화, 학생 문화, 학부모 문화
정치체제	교장과 교사의 관계, 교사와 학생의 관계, 교원과 학부모의 관계
개인체제	교원의 기대, 학생의 기대, 학부모의 기대
산출	학생 성취도 결과, 학생·학부모 만족도조사, 교원능력개발평가

5 대안적 관점　　※ 실증주의 비판, 주관성·불확정성·비합리성 강조

○ **(해석적 관점)**　질적 연구방법을 통하여 **행정현상을 해석하고 이해**하려는 관점(Greenfield)

　– 조직은 객관적 실체가 아니며 인간에 의하여 창조되고 의미가 부여된 것으로 파악

○ **(급진적 관점)**　**조직의 비합리적·특수한 측면**, 주변적이고 소외된 측면에 초점, **해석적 관점보다는 객관적 탐구** 추구

　– **포스트모더니즘**[*], 비판이론, 페미니즘이 대표적 이론

　　* 이성·진리성·합리성·절대성 비판, 기존 것의 해체·상대성·다양성·탈정당성 강조

┌─ 급진적 관점의 특징 : Clark, 1994. ──────────────────
│
│　■ 인간은 자신의 세계를 스스로 구성하는 적극적 행위자
│　■ 지식과 권력은 필연적으로 관련
│　■ 사실(facts)은 사회적 맥락에 구속되어 있으므로 사회적·가치개입적 과정을 통하여 해석 가능
│　■ 사회구조와 공식적 위계는 노출된 만큼 은폐
└──

07

교육행정의 구체적 이해 ① : 동기이론

■ 동기의 기본적 이해

○ **(개념)** 어떤 행동을 일으키게 하는 내적인 요인 또는 마음의 상태[42] (진동섭 외, 2017.)

○ **(특성)** 인간의 행동을 ① **유발,** ② **방향 결정,** ③ **지속**

  ※ Campbell : 동기란 행동의 방향, 반응의 강도, 행동의 지속 내포

○ **(관점)** 무엇이 동기를 유발하는지에 초점을 둔 **내용이론과, 어떻게** 동기가 유발되는지에 초점을 둔 **과정이론**으로 구분

② 내용이론

① Maslow의 욕구위계론

○ **(주요내용)** 인간의 **욕구**는 중요도에 따라 **단계**로 구분되며, 하나의 욕구가 충족되면 다음 단계의 욕구 등장(욕구의 계층화)

♟ Maslow의 욕구단계별 주요내용

구분		주요내용
성장욕구	자아실현욕구	자신의 타고난 능력, 성장 잠재력을 실행하려는 욕구
	심미적 욕구	아름다움, 질서, 조화, 완성 등을 추구하는 욕구
	지적 욕구	새로운 것을 알고 이해하고자 하는 욕구
결핍욕구	존재의 욕구	• 자신 · 타인으로부터 존경받고 싶은 욕구 • 독립심 · 자유 · 자신감 · 성취에 관한 욕구
	사회적 욕구	• 애정욕구　　　　　　• 친교욕구 • 소속욕구　　　　　　• 사회적 상호작용에 관한 욕구
	안전의 욕구	• 위협 · 공포 · 위험으로부터의 해방욕구 • 신체적 · 직업적 · 재정적 · 심리적 안전에 관한 욕구
	생리적 욕구	• 생존에 관한 욕구 • 음식 · 물 · 공기 · 수면 · 성 · 안락에 관한 욕구

---

[42] 진동섭, 「교육행정 및 학교경영의 이해」, 교육과학사, 2017.

○ (교육현장에 적용) 교장은 개별 교사가 어떠한 문제를 겪는지, 어떤 욕구가 불충분한지 파악하고 그에 맞는 지원 필요

※ (예시) 가정폭력에 노출된 교사는 생리적 욕구가 불충족되어 있으므로 학교 내 멘토 교사와의 상담 유도, 교사학습동아리가 불충분하여 사회적 욕구가 불충족된 경우 인근 학교와의 협력을 통한 공동학습동아리 추진

○ (평가) ① 여러 단계의 욕구 동시 발생 가능성

② 개인의 특성에 따라 하위욕구가 충족되지 않았는데 상위욕구가 발현될 가능성

※ (예시) 가정 형편이 극히 안 좋아 생존의 욕구가 위협받고 있음에도 형편이 어려운 학생을 도와주는 교사

2 F. I. Herzberg의 2요인설(동기 − 위생이론) 기출 2002, 2012

○ (주요내용) 직무수행에 만족을 주는 요인(동기요인)과 불만족을 주는 요인(위생요인)이 별개의 차원으로 존재(독립적)

− (동기요인) 충족되지 않아도 불만이 발생하지는 않으나, 충족되면 높은 만족 + 적극적 직무 태도 발생(내재적 동기와 관련)

※ 성취, 인정, 학생의 존경, 직무 자체, 책임, 승진(수석교사제), 성장 가능성 등

− (위생요인) 일 자체에 관한 것이 아니라 직무환경·조건과 관련, 위생요인은 불만족을 감소·제거시킬 뿐 만족을 발생시키지 않음(외재적 동기와 관련)

※ 감독, 보수, 상사와의 관계, 하급자와의 관계, 작업조건, 직무 안정성 등

○ (교육현장에 적용) 교사의 직무만족도를 향상시키기 위하여 교장 − 교사와의 관계, 교무실 환경을 개선하는 것으로는 한계가 있으므로 교사의 전문성 향상을 위한 연수, 교사동아리 활성화 등 다양한 방법 필요

※ (예시) 연휴기간에 재량휴업일을 더 포함한다고 교사의 직무만족도가 향상되지는 않음

○ (평가) 피고용인의 감정에 대한 고려 측면에서 의의가 있으나, 연구방법 및 개인차에 따라서 동기·위생요인이 다르게 발생(보수·승진체제)

※ (예시) 교원성과급이 사람에 따라 동기요인이거나 위생요인일 가능성

07

3 C. Alderfer의 생존 − 관계 − 성장이론 : ERG

○ **(주요내용)** Maslow의 욕구 5가지를 **생존욕구(Existence Needs), 관계욕구(Relatedness Needs), 성장욕구(Growth Needs)**로 통합 제시

- Maslow이론과 달리 ① **여러 가지 욕구 동시 발생 가능성** 인정, ② **상위욕구 불충족 시 하위 욕구로의 퇴행** 발생 가능, ③ **하위욕구 불충족 시에도 상위욕구 발생** 가능

  ※ **(욕구좌절)** 고차욕구 충족이 좌절되면 저차욕구 충족을 통한 보상욕구 커짐
  (욕구강도) 저차욕구 충족되면 고차욕구 충족에 대한 바람 커짐
  (욕구만족) 욕구 충족이 안 될수록 욕구에 대한 바람은 더욱 커짐

▌ERG이론의 욕구

구분	주요내용
생존욕구	신체적 생존을 위한 음식, 물, 수면 등에 관한 욕구와 조직에서의 보수, 직업안정성, 근무조건 등에 관한 욕구
관계욕구	다른 사람과 만족스러운 인간관계를 맺으려는 욕구, 사회적 욕구(소속과 애정의 욕구), 자존심
성장욕구	성장 · 발전하며 자신의 특성이나 잠재력을 최대한 발휘하려는 욕구

○ **(교육현장에 적용)** 교사의 직무동기를 향상시키기 위해 **교사를 둘러싼 다양한 환경(가정환경, 조직 내 환경, 학교의 연수 시스템 등) 고려**

○ **(평가)** Maslow이론의 한계를 보완하였으나, **욕구의 퇴행에 대한 구체적 설명 부족**

	Herzberg 이요인	Maslow 욕구위계	Alderfer ERG	
상위욕구		자아실현욕구	성장욕구	내적동기
	동기요인	존재욕구		
		사회적 욕구	관계욕구	
	위생요인	안전의 욕구	생존욕구	
하위욕구		생리적 욕구		외적동기

□ 내용이론의 관련성

3 과정이론

1 V. Vroom의 기대이론

○ **(주요내용)** 개인의 동기는 ① **노력이 업무성과**를 가져올 것이라고 믿는 **기대치**(Expentacy), ② **업무성과가 바람직한 보상**을 가져올 것이라고 믿는 **수단성**(Instrumentality), ③ **보상**이 개인의 **욕구나 목표**를 충족시켜주는 **유인가**(Valence)의 정도에 따라 결정

※ 교원성과급제의 경우 개인의 노력이 업무성과로 이어지고 업무성과와 성과급이 잘 연계되어 성과급이 개인에게 의미 있는 가치로 인식될 때 동기부여

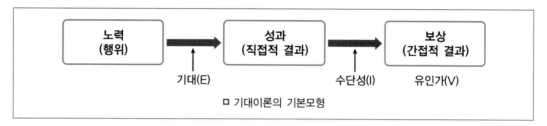

□ 기대이론의 기본모형

▮ **Vroom의 기대이론의 주요개념**

구분	주요내용
기대치	• **노력과 성과의 연계(성과기대)** • 과업에 관련된 노력이 어떤 수준의 성과를 가져올 것인가에 대한 신념의 강도
수단성	• **성과와 보상의 연계(보상기대)** • 좋은 과업수행(성공)은 주목을 받고, 그에 따라 보상을 받을 것이라고 지각된 정도
유인가	• **보상의 매력 혹은 인지된 가치** • 노력에 대한 결과로서 받게 될 보상이 무엇인가에 대한 주관적 인식 혹은 만족 정도

○ **(교육현장에 적용)** 교사의 직무동기 향상을 위해 교사 직무수행의 결과에 따라 **교사가 기대하는 것**에 대한 **적절한 보상** 고려

※ (예시) 교사와의 상담을 통하여 그가 올해는 연구학교를 담당하는 대신 내년엔 비담임을 원하고 있음을 파악하고, 올해 성공적으로 연구학교 업무를 마무리하면 차년도에 비담임 역할 부여

○ **(평가)** ① 개인의 **주관적 인지과정**을 지나치게 강조하여 인간의 인지능력 과대평가
② 개인의 행위를 **세 요소로만 단순화**하여 설명

② J. Adams의 공정성이론 기출 2008

○ **(주요내용)** 자신이 **타인에 비해 얼마나 공정한 대우**를 받고 있다고 느끼는가에 따라 행동 결정 (형평의 욕구 강조)

– 개인은 자신의 성과·투입의 비율과 타인의 성과·투입의 비율을 비교

※ **(성과)** 과업을 수행한 결과, 보수·승진·직업 안정·부가적 혜택·근무조건·인정
(투입) 과업 수행을 위하여 특정인이 기여하는 모든 것, 지위·교육·경험·능력·훈련·개인적 특성·노력·태도

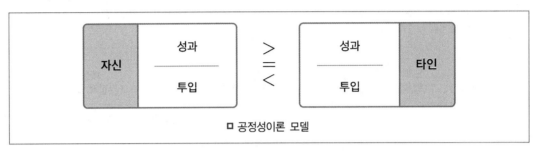

□ 공정성이론 모델

공정성 회복을 위한 개인의 행동

- **투입의 조정**: 보상을 더 받을 수 없으면 노력을 조정
- **성과의 조정**: 노력이나 투입의 증가 없이 보수, 근무조건, 노동시간 개선 요구
- **투입·성과의 인지적 왜곡**: 개인의 인지를 바꿈, 비교 대상이 받은 보상이 더 큰 것에 대하여 비교 대상의 직무 능력·지식이 높은 것으로 판단
- **비교 대상의 변경**: 기존 비교 대상이 아닌 타인으로 변경
- **조직 이탈(퇴직)**: 전보를 요청하여 부서를 옮기거나 조직 이탈
- **비교 대상의 투입과 성과 변경**: 비교 대상인 동료에게 투입을 감소시키거나 조직을 떠나도록 압력

○ **(교육현장에 적용)** 교사가 공정하게 대우받을 수 있도록 교원평가 시 **공정한 기준·객관적 근거 적용**, 신뢰성과 타당성 보장

○ **(평가)** ① 공정성에 대한 **판단은 주관적**
　　　　　② 개인들은 다른 사람들과 비교하여 **더 많이 받는 것보다 더 적게 받는 것에 민감**

3 E. Locke의 목표설정이론

○ **(주요내용)** **목표를 성취하려는 의도**가 동기를 형성하는 가장 중요한 요인으로서 **목표의 내용, 목표의 강도**가 동기유발의 기제

- **(목표의 내용)** 달성하려는 **대상이나 결과**

- **(목표의 강도)** 목표를 달성하기 위하여 **요구되는 노력**, 개인이 목표에 부과한 중요성·애착, **목표에 대한 헌신**

┌ 성공적인 목표의 조건 : Locke & Latham ─────────────────┐

■ 목표는 구체적이어야 함
■ 목표는 도전적인 것이어야 함
■ 목표는 달성 가능한 것이어야 함
■ 목표는 개인들에게 수용적인 것이어야 함

└───┘

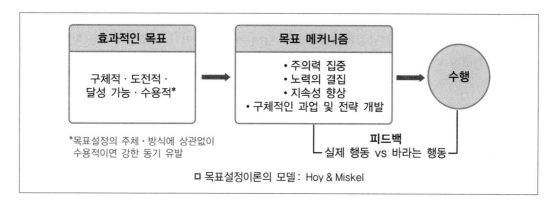

□ 목표설정이론의 모델 : Hoy & Miskel

○ **(교육현장에 적용)** 교사에게 **한 학기 또는 한 해의 수용적인 목표를** 제시하면 **직무동기 향상**

※ (예시) 교과협의회를 통해 해당 교과교사의 연도별 목표를 수용 가능한 형태로 제시하여 업무에 대한 동기 유발

○ **(평가)** ① 목표가 어떤 속성을 가져야 하는가에 대한 **체계적인 해답 미비**
② 어떠한 요인이 개인으로 하여금 목표를 수용하고 헌신하게 하는가에 대한 **구체적 제시 부족**

CHAPTER 03

교육행정의 구체적 이해 ② : 지도성이론

1 지도성의 기본적 이해

○ **(개념)** 조직의 **바람직한 목표 달성을 위해** 개인이나 집단에 **영향력을 행사**하는 과정(R. Stogdill)

※ L = f(l, f, s) : leader, follower, situation

○ **(중요성)** 좋은 지도성을 지닌 지도자와 함께하는 구성원들은 사기와 조직만족도가 높아지고, 이는 곧 **조직 생산성의 증대로 연결**

– 학교에서는 교육목적 달성을 위해 교장·감의 지도성뿐 아니라 **교실 구성원(학생)에 직접적 영향력을 미치는 교사의 지도성이 중요**

2 지도성에 대한 관점 변화

1 특성적 접근방법(Traits) 기출 2025 ※ 1940 ~ 1950년대

○ **(주요내용)** 평범한 사람들과 구별되는 **훌륭한 지도자의 좋은 특성이 무엇인가**에 관심을 둔 입장 (위인이론)

– 지도자의 특성이 독립변인, 지도자가 속한 상황은 매개변인, 집단이 달성하는 성과(집단효과, 목표 달성)가 결과변인

▶ **효과적 지도성과 관련된 특성 : Hoy & Miskel, 2001.**

인성적 특성	동기적 특성	기술적 특성
• 자신감 • 스트레스에 대한 인내 • 정서적 성숙 • 성실	• 과업과 대인관계욕구 • 성취 지향성 • 권력욕구 • 성과에 대한 기대	• 업무적 기술 • 대인관계 기술 • 개념적 기술 • 행정적 기술

* R. Katz의 분류(기술적 기술, 개념적 기술, 인간적 기술) 변형

○ **(평가)** 지도자의 ① **일반적 특성 발견 곤란**, ② **상황에 따라 특성 변화**, ③ 리더와 구성원 간의 **상호작용 소홀**

2 행동적 접근방법(Behavior)   ※ 1950 ~ 1960년대

○ **(주요내용)** 성공적인 지도자가 어떻게 행동하는가에 초점을 두고 효과적인 지도자와 비효과적인 지도자를 비교

○ **(아이오와 대학 연구)** 지도자 행위의 유형을 분류(권위적·민주적·자유방임적)하고 각 유형이 집단의 태도와 생산성에 미치는 영향 분석

- 학생들은 **민주적 〉 자유방임적 〉 권위적** 순서로 선호

📎 **지도자 행동유형의 차이 : Lippitt & White**

행위	권위적 지도자	민주적 지도자	자유방임적 지도자
정책 결정	단독 결정	집단적 결정	정책 없음
계획 수립	단독 수행	계획 수립을 위한 충분한 정보 제공	개인에 일임
분업과 과업 할당	지도자의 명령	집단적 결정	지도자 비관여
평가	지도자 개인의 칭찬·비판	객관적 기준으로 평가	평가 없음

○ **(오하이오 주립대학 연구)** 효과적 지도자의 행위를 판단하기 위하여 **지도자 행동 기술척도 (LBDQ ; Leader Behavior Description Questionnaire)** 개발

- 지도자 행위를 **구조중심(Initiating Structure)** 행동과 **배려중심(Consideration)** 행동으로 구분(Halpin, 1966.)

※ **(구조중심)** 과업 부여, 절차 지시, 일정 안내, 보고체계 및 의사소통경로 체계화
   (배려중심) 상호 신뢰·존경·온정과 편안한 분위기 조성, 의사소통 참여, 하의상달

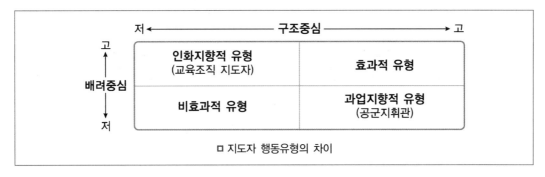

□ 지도자 행동유형의 차이

○ (미시건 대학 연구) 효과적 지도자와 비효과적 지도자를 식별할 수 있는 **일관된 행동양태** 발견 시도

- 지도성을 **직무중심(Job-Centered)과 종업원중심(Employee-Centered)**으로 구분(R. Likert, 1961)

    ※ **(직무중심)** 과업수행과 과업성취를 위한 방법 강조(≒구조중심)
      (종업원중심) 종업원의 개인욕구 충족과 인간관계 개선 강조(≒배려중심)

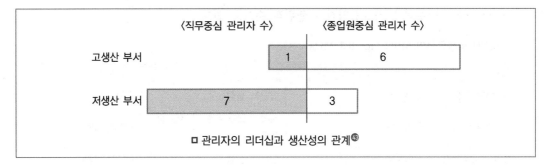

<직무중심 관리자 수>　　<종업원중심 관리자 수>

	직무중심 관리자 수	종업원중심 관리자 수
고생산 부서	1	6
저생산 부서	7	3

□ 관리자의 리더십과 생산성의 관계[43]

○ (Blake & Mouton의 관리망이론) 지도자 성향을 **생산에 대한 관심**과 **인간에 대한 관심**으로 구분하는 관리망(Managerial Grid)을 통하여 5가지 유형의 리더십 추출

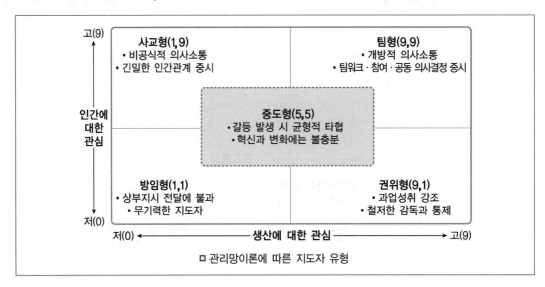

□ 관리망이론에 따른 지도자 유형

---

[43] 윤정일, 「교육행정학원론」, 학지사, 2008, p.99

③ 상황적 접근방법(Contingency) 기출 2013　※ 1970 ~ 1990년대

ㅇ (주요내용)　모든 상황에 적용할 수 있는 최선의 지도자 특성과 행위는 없으며, **효과적인 리더십은 지도자의 개인적 특성 – 지도자의 행위 – 상황의 요인 간 상호작용**에 의하여 결정

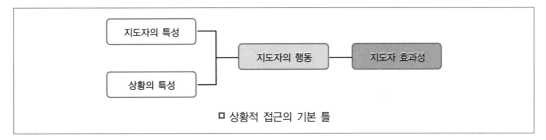

□ 상황적 접근의 기본 틀

– 어떤 상황에서는 과업중심적 지도자가, 어떤 상황에서는 관계중심적 지도자가 적절

　※ (과업중심) 일방적 의사소통을 통하여 부하에게 구체적인 과업 지시
　　(관계중심) 쌍방적 의사소통을 통하여 사회정서적 지원, 심리적 위로 제공

ㅇ (F. Fiedler의 상황론)　지도자의 유형을 과업지향적과 관계지향적으로 구분하고, 지도성에 영향을 주는 상황을 상황에 대한 지도자의 통제력과 영향력인 **'상황의 호의성'** 정도로 설명

– 상황은 **지도자와 구성원의 관계, 과업구조, 지도자의 지위권력**으로 구분되고 **'상황 호의성*'** 정도에 따라 지도성 발휘 정도에 차이

　* 상황이 지도자로 하여금 집단에 대하여 영향력을 발휘할 수 있도록 하는 정도

– **가장 싫어하는 동료 척도**(LPC ; Least Preferred Co-worker scale) 개발

– LPC에 따라 **과업지향적(낮은 LPC)과 관계지향적(높은 LPC)**으로 구분, 지도성의 **효과성 여부**는 지도자가 직면하는 **상황에 의존**

⚑ LPC 척도 질문지 예시

함께 일하기 가장 싫었던 동료를 생각하면서 당신의 느낌에 표시하시오.									
상쾌하다.	8	7	6	5	4	3	2	1	불쾌하다.
거부적이다.	1	2	3	4	5	6	7	8	수용적이다.

⚑ 상황의 호의성에 영향을 미치는 요인

구분	주요 내용
지도자와 구성원의 관계	• 지도자에 대한 구성원의 존경도 • 구성원에 대한 지도자의 신뢰
과업구조	• 과업의 특성 • 수행하여야 할 과업이 구체적으로 세분화되어 있고 수행방법이 체계화되어 있는 정도
지위권력	지도자에게 공식적으로 주어진 권력(임면, 승진, 평가 등)

– 상황별로 **어떤 상황에서는 관계지향적 지도자가 효과적**이고 **어떤 상황에서는 과업지향적 지도자가 효과적**이라고 전제

※ 상황의 호의성이 높거나 낮은 경우에는 과업지향적 지도자가, 상황의 호의성이 중간 수준인 경우에는 관계지향적 지도자가 효과적

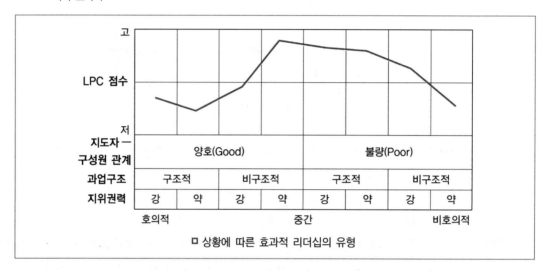

□ 상황에 따른 효과적 리더십의 유형

○ **(R. House의 행로 – 목표이론)** 동기에 대한 기대이론에 근거하여 구성원이 **목표 달성을 위한 행로(Path)를 지각**하는 데 **지도자가 미치는 영향**에 관심

– 지도자가 상황적 요인을 고려하여 행로를 제시할 때 **구성원이 어떻게 그것을 지각하느냐에** 따라 효과성이 달라짐

– 지도자 행동을 5가지로 구분

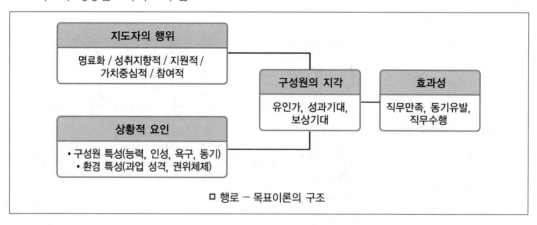

□ 행로 – 목표이론의 구조

지도자 행동

구분	주요내용
명료화 행동	과업의 수행목적, 이행수단, 수행기준, 타인의 기대, 상벌 등의 명료화를 통하여 구성원의 욕구와 선호를 효과적인 수행과 결부
성취지향적 행동	구성원에게 도전적인 목표를 설정해주고, 개선을 추구하며, 그가 높은 수준의 성취 목표를 가지도록 자신감을 심어주는 행동
지원적 행동	구성원의 복지에 관심을 가지고, 친절하고 지원적인 직무환경을 조성하며, 그의 욕구와 선호를 배려하고 지원
가치중심적 행동	구성원이 소중하게 생각하는 가치에 호소하고, 자기효능감과 언행일치행동을 증대시키며, 그가 자신의 가치기준을 바탕으로 지도자의 비전과 집단의 목적에 기여하도록 유도
참여적 행동	일에 관련한 문제에 대해 구성원과 상담하고, 그들의 의견을 구하며, 의사결정에서 구성원의 아이디어를 활용하도록 노력

○ (W. Reddin의 3차원 지도성 모형) 기존 연구에서 제시되던 '관계성 차원'과 '과업 차원'에 **효과성 차원**'을 설정하여 지도성 설명

- 기존 2차원에 따라 설정된 4가지 기본유형은 그 자체로는 의미가 없고 **상황의 적절성**과 관련을 맺을 때 효과성 여부 판별

― 상황을 결정짓는 기본요소 ―

- 과업수행방법과 관련한 기술
- 조직철학
- 상급자와 동료

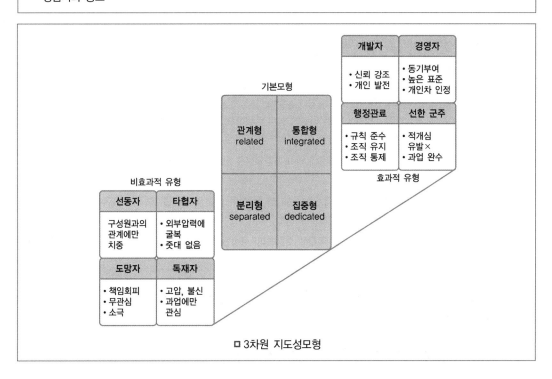

□ 3차원 지도성모형

○ **(P. Hersey & K. Blanchard의 상황적 지도성)** 지도자의 **행동**을 '**과업중심**', '**관계중심**'으로 구분하고 지도성에 영향을 주는 **상황**을 '**구성원의 성숙도**'로 설명 기출 2008, 2014

※ **(과업중심 행동)** 지도자는 부하에게 무슨 과업을 언제 어떻게 수행하여야 할지 지시하면서 일방적 의사소통에 전념
(관계중심 행동) 지도자는 부하에게 사회정서적인 지원, 심리적 위로를 제공하고 일을 촉진하는 행동을 함으로써 쌍방적 의사소통에 전념

– 구성원의 성숙도는 '**직무성숙도**(직무수행능력 · 지식 · 기술)', '**심리성숙도**(동기 · 일에 대한 애착 · 헌신)'로 구분

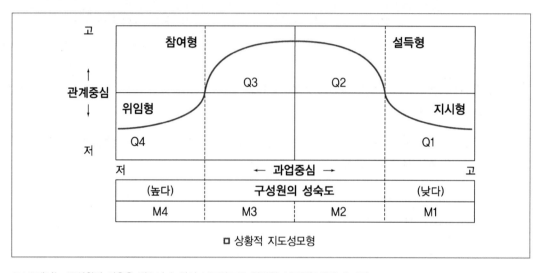

□ 상황적 지도성모형

※ M2에서는 구성원의 의욕은 있으나 능력이 부족하므로 친절한 설득형(Q2)이 효과적

※ M3에서는 구성원의 능력은 있으나 의욕은 조금 불충분하므로 참여형(Q3)이 효과적

◤ **지도자의 유형**

구분	주요내용
지시형	구성원이 무엇을 어떻게 하여야 할지 세세하게 지시하고, 결정은 리더가 내리며 구성원에게 직접적으로 전달
설득형	리더는 지시와 함께 과업의 의미와 중요성을 설명하면서 구성원을 설득하고, 필요할 때마다 피드백 제공
참여형	리더는 의사결정과정에 구성원을 참여시키며 협력적 관계를 유지, 과업에 대한 구체적인 지시는 줄이면서 구성원에게 심리적 지원 제공
위임형	리더는 주로 감독하는 역할을 수행하며, 구성원이 스스로 과업을 완수할 수 있도록 필요한 지원만 제공

○ **(S. Kerr & J. Jermier의 리더십 대용 상황모형)** 지도성이 상황에 의존하기는 하나, **특정한 상황에서는 지도성이 아무런 영향을 미치지 못하는 것**을 설명

– 상황을 **대용(Substitute)상황**과 **억제(Neutralizer)상황**으로 구분

🔖 상황의 구분

구분	주요내용
대용상황	지도자의 지도성을 대신하여 구성원의 태도, 지각, 행동에 영향을 미치거나 지도자의 지도성을 감소시키는 상황 ※ (예시) 우수한 교장이 새로 부임하였는데도 기존 교감, 또는 교무부장의 영향력이 커 교장의 지도성을 대체하는 상황
억제상황	지도자의 행동을 대체하는 것이 아니라 지도자가 특정한 방식으로 행동하지 못하게 하거나 지도자의 행동을 무력화시키는 상황 ※ (예시) 학교장이 제공하는 인센티브에 대해 교사들이 무관심한 것은 학교장의 행동을 무력화하는 상황적 조건

- 상황변인의 특성으로 **구성원의 특성, 과업의 특성, 조직의 특성** 제시

🔖 상황변인의 구분

구분	주요내용
구성원의 특성	구성원의 능력 · 훈련 · 경험 · 지식 · 전문지향성 · 보상에 대한 무관심
과업의 특성	구조화된 일상적 과업, 내재적 만족을 주는 과업, 과업에 대하여 제공하는 피드백 등
조직의 특성	역할과 절차의 공식화, 규정과 정책의 신축성, 작업집단의 응집력, 행정가와 구성원 간 공간적 거리 등

07

3 최근의 지도성이론 [기출] 2005, 2012, 2016   ※ 1990년대 이후

◆ **지도자는 영감적 · 상징적**이며 덜 합리적인 성격을 갖는 **의미관리자**(Manager of Meanings)
◆ 지도자의 비전에 대한 **조직 구성원의 정서적 반응**을 중요시

1 변혁적 지도성   ※ B. M. Bass(1985) [기출] 2019

○ **(개념)** 구성원과 **비전을 공유**하고 **지적 자극**을 통하여 **동기**를 **부여**하며, **성장욕구**를 **촉진**하여 더 많은 노력과 헌신을 유도함으로써 **기대 이상의 성과**를 이끌어내는 지도성(Transformational Leadership)

┌─ 변혁적 지도성의 구체적 특징 ─┐

- **(이상적인 완전한 영향력)** 높은 수준의 도덕성, 구성원과의 위험분담, 개인의 이익보다 공동의 이익 추구, 구성원들의 동일시 · 모방의 대상
- **(영감적 동기화)** 조직비전 창출에 구성원을 참여시키고 구성원의 동기를 자극
- **(지적 자극)** 일상적 생각에 의문을 제기, 문제상황에 대한 새로운 접근을 통하여 혁신적 · 창의적 생각 유도
- **(개별적 배려)** 개개인에게 학습기회를 부여하여 잠재력 계발 모색

- 지도자와 구성원 간 상호교환적 관계를 중시하는 거래적 지도성(Transactional Leadership)과 구별

📍 **거래적 지도성과 변혁적 지도성의 차이**

구분	거래적 지도성	변혁적 지도성
시간 지향	단기, 현실 중시	중장기, 미래 지향
의사소통 방식	일방향, 수직적(하향식)	쌍방향, 다방향
보상체제	외적 보상	내적 보상
권력의 원천	지위, 법	구성원이 부여
변화에 대한 태도	회피적 · 저항적	적극적

○ **(기능)** ① 업무수행 측면 : 공동의 목표 달성을 위하여 **조직의 역량 집약, 창의적 사고** 창출

② 조직관리 측면 : 의사결정 참여, 성장의 기회 제공 등을 통해 **구성원의 동기 유발**

③ 조직문화 측면 : 리더와 구성원의 결속력 강화, 구성원 간 **협력적 분위기 창출**

○ **(함양방법)** ① 환경변화에 **민감**하게 **대응**(연수, 교과연구회 등)

② 구성원 간 **소통채널 다양화**(온 · 오프라인 교직원회의, 비공식조직, 교사학습 공동체 등)

③ 조직 **중장기계획 수립** 시 **구성원 참여**

④ **지속적인 전문성 개발기회 제공**(동료장학, 교내 자율연수 활성화)

2 **슈퍼 지도성 : 초우량 지도성**   ※ C. Manz & H. Sims **기출** 2011

○ **(개념)** **구성원들이 스스로 지도자로 성장**할 수 있도록 도와주는 리더십

※ 지도자는 구성원의 지도자가 아닌 '지도자들의 지도자'

○ **(발현)** ① 셀프리더십의 **우수 모델**(성공경험 안내) **제공**

② 조직 내 의사결정에 참여 유도(교직원회의 활용)

③ **자기성찰의 기회 부여**(자기관찰 → 목표 설정 및 성과 기대 → 자기평가 및 보상)

④ 구성원들의 잠재역량을 자극하고 계발하도록 **충분한 기회(연수) 제공**

○ **(장점)** ① 구성원들에게 **자율성과 책무성**을 부여하여 **조직에 대한 애착, 직무동기 유발**

② 구성원들의 전문성을 신뢰하고 의견을 존중하여 **창의적인 아이디어 산출** 가능

③ 권한위임과 이양을 통하여 책임을 분산함으로써 **의사결정의 신속성 추구** 가능

○ **(단점)** ① 자율적 지도성을 실천할 수는 있지만 그것이 모든 **상황에서 효과적이지는 않음** (위기상황에서는 상부의 지시가 효과적일 수 있음)

② 구성원 모두가 초우량 지도성을 함양하기는 현실적으로 어렵고 자칫 **리더의 책임 회피로 이어질 우려**

3 문화적 지도성과 지도성의 위계 ※ T. J. Sergiovanni

○ **(지도성의 개념)** 학교교육의 질적 향상 및 유지를 위하여 사용할 수 있는 힘

– 지도성을 기술적 지도성부터 문화적 지도성까지 위계화

📗 **지도성의 종류**

구분	주요내용
기술적 지도성	**경영기술자**로서 교장, 학교의 계획·조직·조정·기간 관리 강조
인간적 지도성	**인간공학 전문가**로서 교장, 교원에 대한 지원·격려·성장기회 제공
교육적 지도성	**현장교육 전문가**로서 교장, 교육과정·장학·교수학습 프로그램 개발
상징적 지도성	**대장**으로서 교장, 상징적 학교행사(견학·공개수업·간담회 등)와 언사를 통하여 학교의 비전·목표 환기
문화적 지도성	**성직자**로서 교장, 독특한 학교문화를 창출하는 데 관심, 학교 구성원의 공유된 가치·신념 조성, 구성원을 조직의 주인으로 만들고 조직의 제도적 통합을 가능하게 함

○ **(도덕적 지도성)** 문화적 지도성에 대한 논의를 확대하여 학교에서의 지도성을 도덕적 지도성으로 개념화

– **(개념)** **도덕성과 자율성**을 바탕으로 구성원 각자를 리더로 성장시키는 지도성

– **(필요성)** 학교는 도덕적 측면의 선의(Good-Will)가 강조되는 곳이므로 **학교행정가의 지도성은 높은 가치와 윤리에 바탕**을 두어야 함

📗 **도덕적 지도성의 특성**

도덕적 리더십 특성	학교조직의 특수성	학교조직에 주는 영향
조직의 규범과 핵심 가치	가치 지향성 ('인간 삶의 변화'를 목적으로 함)	교사 스스로 통제
전문직업인으로서의 능력과 덕	전문가의식을 갖고 가르치는 일에 집중	전문가의식을 가지고 끊임없이 교수의 질 개선
일 자체에 대한 몰입감 형성		내재적 동기유발을 통하여 업무 지속에 효과적
구성원 간 동료의식	합(合)의 특성 (다양한 구성원들의 목소리와 가치 반영)	신뢰와 존중의 학교문화 조성

┌─ 도덕적 지도성을 갖춘 리더의 조직관리방식

① **도덕적 비전 공유**: 학기 초 전체 교직원과 학생들에게 학교의 가치와 윤리적 기준을 설명하는 연설
② **윤리적이고 공정한 의사결정**: 학생 징계절차에서 문제를 일으킨 학생의 상황을 공정하게 고려하고, 처벌 대신 교육적 해결책 모색
③ **도덕적으로 모범**: 자신도 모든 학교행사에 직접 참여하고, 교사와 학생을 존중하는 태도로 대하며 솔선수범
④ **교사와 학생의 도덕적 성장 지원**: 교사들에게 도덕적 지도력 관련 연수를 제공하거나, 학생들에게 윤리적 리더십 프로그램 도입
⑤ **학교 공동체 형성**: 학교 내에서 도덕적 가치에 기반한 프로젝트나 봉사활동을 기획함으로써, 교사와 학생들이 함께 협력하고 도덕적 가치를 실천할 수 있는 기회 제공

---

4 분산적 지도성 ※ J. Spillane

○ **(주요내용)** 리더십을 특정 직책이나 개인의 권한으로 한정하지 않고, **구성원들이 공동으로 리더십을 발휘**하도록 하는 접근방식

- **(목적)** 각 구성원이 조직의 목표를 달성하기 위해 **자신이 맡은 역할에서 리더십을 발휘**하며, 이를 통하여 조직의 역량을 최대화

- **(요소)** 리더 + 구성원 + 상황

○ **(특징)** ① 조직 내 다수의 리더
② 상황에 맞는 역할분담
③ 구성원 간의 상호작용을 통한 리더십 발현

○ **(장점)** ① 구성원의 책임감 증가 및 동기 유발
② 환경변화에 대한 조직 적응력 증대
③ 상호작용을 기반으로 혁신 촉진

○ **(단점)** ① 책무성 확보 곤란
② 성과관리 곤란
③ 갈등 가능성이 증가하고 의사결정의 지연 발생

5 카리스마 지도성

○ **(카리스마의 개념)** 다른 사람들의 신념, 가치, 행동, 성취에 대하여 강하고 **확산적인 영향력**을 행사할 수 있는 지도자의 비범한 능력

○ **(출현)** **환경이 모호 · 복잡 · 혼란하고 변화가 필요한 상황**에서 구성원들을 이끌어줄 지도자를 필요로 하는 경우 발생

📍 **카리스마 지도자의 특성**

구분	주요내용
인성적 특성	성취 지향성, 창의적 · 혁신적, 높은 수준의 에너지와 참여, 자신감, 도덕적 · 합법적 권력 사용, 하급자에 대한 지원 · 배려
행동적 특성	미래 비전 제시, 인상 관리, 자기희생, 개인적 모험 감수, 하급자들이 모방할 수 있는 모형 제시, 권력 분담

○ **(의의)** ① **위기, 격동, 변화 요구가 높은 조직상황**에서 큰 효과
② 일부 지도자들이 구성원들에게 미치는 **특별한 영향력을 효과적으로 설명**

○ **(한계)** ① 지도자와 구성원의 관계에 과도하게 초점
② 리더십을 제한하고 촉진하는 **상황적 변인 무시**

6 섬김의 지도성   ※ R. Greenleaf

○ **(개념)** **타인을 위한 봉사**에 초점을 두며, 종업원 · 고객 및 커뮤니티를 우선으로 여기고 그들의 욕구를 만족시키기 위해 **헌신**하는 리더십(Servant Leadership)

┌─ **섬김의 지도성의 구체적 특징**
- **(경청)** 구성원들의 의견 경청을 통한 부하의 욕구 파악
- **(공감)** 구성원들이 무엇을 생각하고 느끼는지 잘 이해
- **(치유)** 구성원들의 복지에 신경을 쓰고 그들이 직면한 문제를 스스로 극복하도록 조력
- **(자각)** 자신을 잘 이해하는 능력, 자신이 다른 사람에게 미치는 영향력을 이해
- **(청지기 정신)** 부하들을 위하여 자원을 관리하고 봉사
- **(헌신)** 구성원들이 전문 직업인으로 성장하도록 기회와 자원을 제공하는 데 헌신
- **(공동체 형성)** 서로 존중하며 봉사하는 진정한 의미의 공동체 조성

교육행정의 구체적 이해 ③ : 조직이론

Ⅰ 조직의 기본적 이해

1 조직의 개념

○ **(개념)** 둘 이상의 사람이 일정한 목표를 달성하기 위하여 의도적으로 구성한 사회체제로서, 목표 달성을 위한 특정 과업·역할·권한·의사소통·지원구조 등을 갖는 체제

○ **(구성요소)** ① 조직에 참여하는 **구성원**, ② 구성원들의 과업수행을 통해 달성하고자 하는 **목표**, ③ 구성원들 사이에 존재하는 정형화된 관계인 **사회적 구조**

2 행정조직의 원리

○ **(계층의 원리)** 조직목표 달성을 위한 업무수행에 있어 권한과 책임의 정도에 따라 **직위가 수직적으로 서열화·등급화**

○ **(기능적 분업의 원리)** 조직의 업무를 직능·성질별로 구분하여 한 사람에게 동일한 업무를 분담함으로써 **전문화·분업화**

○ **(조정의 원리)** **업무수행을 조절하고 조화로운 인간관계**를 유지함으로써 협동의 효과를 최대화

○ **(적도집권의 원리)** **중앙집권과 분권제** 사이의 적정한 균형 도모

○ **(명령통일의 원리)** 명령과 지시, 보고를 **일원화**

○ **(통솔한계의 원리)** 지도자가 직접 통솔할 수 있는 **부하의 수는 제한**

　　※ **(Haldane 위원회)** 10 ~ 12명 **(Fayol)** 5 ~ 6명 **(Urwick)** 상위층은 4명, 하위층은 8 ~ 12명

　　※ **(교육부)** 1개실에 3개국, 1개국에 4개과, 과별 10명 내외 인원

2 조직 유형 및 학교조직

1 조직의 형태 기출 2016

○ **(공식성에 따른 분류)** 공식조직과 비공식조직으로 구분

- **(공식조직)** 조직의 **목적 달성을 위해 의도적으로 구성**된 조직, 공식화된 문서, 조직표·기구표를 통하여 확인

- **(비공식조직)** 공식조직 내에서 **자연발생적으로 형성**된 조직, 공식조직에 의해 충족되지 못하는 심리적 기능 수행(지연·학연 등)

  ※ **(순기능)** 조직의 문화·관습 형성, 공식조직 내 의사소통 용이, 집단의 응집성 유지, 인간적 성실성·자존심 및 독립적 선택감 유지, 소통을 통한 능률성 향상

  ※ **(역기능)** 파벌 조성, 공식조직의 목표달성 저해 가능

📌 **공식조직과 비공식조직의 차이**

구분	공식조직	비공식조직
조직형성	의도적	자연발생적
가시성	외면적·가시적	내면적·비가시적
운영원리	능률·비용의 논리	감정의 논리
규모	지속 확장성	소규모 유지

○ **(기능성에 따른 분류)** 계선조직과 참모조직으로 구분

- **(계선조직)** **행정의 수직적 지휘·명령계통에** 따라 업무를 직접 수행하는 제1차적 조직

  ※ 장관 − 차관 − 실장 − 국장(관) − 과장(담당관) − 과원

- **(참모조직)** 계선조직의 기능을 원활하게 추진하도록 **기획·자문·조언 등의 기능을 수행**하는 조직(막료조직)

  ※ 학교조직 내의 기획위원회, 학운위 등

📌 **계선조직과 참모조직의 장단점**

구분	계선조직	참모조직
장점	업무수행 효율, 신속한 결정	전문적 지식 활용, 조직 신축적 운영
단점	복잡·과다한 업무처리, 조직 경직	구성원 간 불화, 의사전달 혼란

2 **조직의 유형**

○ **(T. Parsons 사회적 기능 유형)** 사회체제가 유지·발전되기 위해 반드시 직면해야 하는 **4가지 일반적 기능**을 중심으로 조직 분류

📌 **사회적 기능 유형** [44]

조직 유형	사회적 기능	특징	예시
생산조직	적응	사회가 소비하는 재화·용역 생산	기업체
정치적 목표 지향조직	목표 성취	사회 내의 권력 창출·분배, 사회가 바람직한 목표를 달성하도록 보장	행정기관
통합조직	통합	사회 내 갈등 해결 및 사회의 구성부분 간 공존과 협동 조정	법원, 정당, 사회통제기관
유형 유지조직	유형 유지	교육·문화 등을 통하여 사회의 문화를 창조·보존·전달하는 기능	학교, 종교단체

○ **(P. Blau & R. Scott의 1차적 수혜자 유형)** 조직활동의 **주요 수혜자가 누구인가**에 따라 분류

– 1차적 수혜자는 조직에 관여하는 다른 집단이나 개인보다 우선적인 보상을 받는 사람들

📌 **Blau & Scott의 조직 유형** [45]

조직 유형	주된 수혜자	조직의 주요 관심	예시
호혜조직	조직 구성원	• 구성원의 참여 • 구성원에 의한 통제를 보장하는 민주적 절차	정당, 노조, 종교단체
사업조직	조직 소유주	• 이윤 획득 • 경쟁적인 상황 속에서 능률의 극대화	회사
공공조직	일반 대중	대중에 의한 외재적 통제가 가능한 민주적 장치	행정기관
봉사조직	고객	서비스 제공	학교, 병원

○ **(R. Carlson의 봉사조직 유형)** 조직과 고객이 **상호선택할 수 있는 정도**에 따라 봉사조직을 4가지 유형으로 분류

---

[44] 진동섭 외, 전게서, 2017, p.242
[45] 진동섭 외, 전게서, 2017, p.245

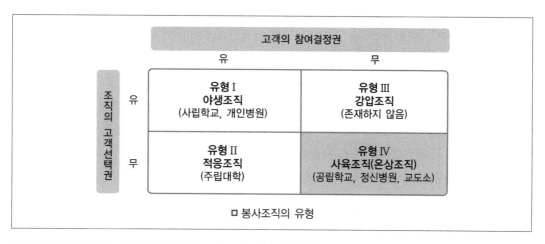

□ 봉사조직의 유형

※ 우리나라 평준화정책 : 사립 일반계고(유형 II 또는 IV), 자사고(유형 I)

○ **(A. Etzioni의 순응 유형)** **부하직원에게 행사하는 권력과 부하직원이 조직에 참여하는 수준 간의** **관계인 '순응'에** 따라 조직 유형 분류

- **강제·공리·규범조직만 효과적인 조직 유형**이고 나머지는 권력의 형태와 구성원의 참여가 일치하지 않아 비효과적

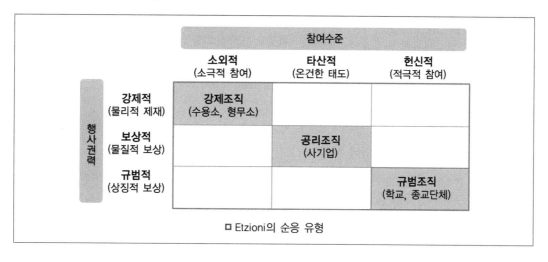

□ Etzioni의 순응 유형

3 학교조직의 특징 기출 2002, 2003, 2004, 2007, 2010, 2015

○ **(전문적 관료제)** 학교는 계층제, 분업화 등 관료제의 특성을 갖지만 **교사는 전문교육을 받은** **전문가라는** 측면에서 일반 관료제와 구분

- **(전문성·자율성)** 교사는 교수학습과 관련한 **상당한 재량권**을 가지며, 엄격한 통제를 받지 않음

- **(통제방법)** **교사자격증, 표준화된 교육과정 및 교과서,** 정해진 코스에 따른 **학교학습평가** 등으로 통제

○ (일선 관료제) 공공조직의 일선에서 시민과 직접 대면하여 업무를 수행하는 공무원(교사, 경찰, 사회복지사 등)으로 구성된 관료제(Street-Level Bureaucracy : M. Lipsky)

  − (특징) ① 정책 수혜자와 **직접적 상호작용**
       ② 관료제 구조에 속하여 있지만 **업무상 재량권, 직무상 독립성**
       ③ 제한된 자원과 시간으로 **간소화된 절차**에 따라 서비스 제공
       ④ **비공식적인 규칙과 관행**
       ⑤ **대인관계기술**이 강조되며 **감정노동**

○ (조직화된 무질서) 학교는 **불분명한 목표, 불확실한 기술, 유동적인 참여**를 특징으로 하는 조직화된 무질서(Organized Anarchy)

  ※ D. Cohen, J. March, J. Olsen(1972.)

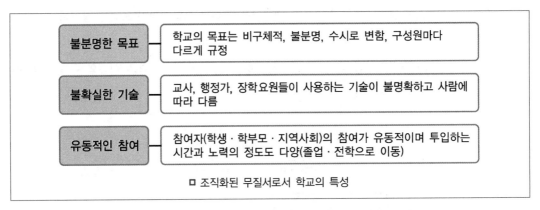

불분명한 목표	학교의 목표는 비구체적, 불분명, 수시로 변함, 구성원마다 다르게 규정
불확실한 기술	교사, 행정가, 장학요원들이 사용하는 기술이 불명확하고 사람에 따라 다름
유동적인 참여	참여자(학생·학부모·지역사회)의 참여가 유동적이며 투입하는 시간과 노력의 정도도 다양(졸업·전학으로 이동)

□ 조직화된 무질서로서 학교의 특성

○ (이완조직) 학교는 서로 분리·독립되어 있으면서 자신의 정체성을 보존하는 하부단위들의 연결체로서 **느슨하게 결합된 체제**(Loosely Coupled System : K. Weick, 1976.)

  ※ (예시: 학교의 상담실) 학교장과 카운슬러는 어느 정도 관계를 맺고 있으나 견고하지 않고 상호 간에 영향력이 약하고 제한적

  − (특성) ① 교사의 재량권, ② 업무 간 독립성, ③ 자율적 통제, ④ 업무의 단절성

┌─ 학교가 이완조직인 이유
│ ① 재량권 : 교육과정은 일반적으로 규정되어 있고, 교사마다 해석과 실천방법이 상이하며, 이것에 대한 통제나 간섭은 최소화
│ ② 독립성 : 특정 교과에서 보이는 학생들의 전체적 학업성취도 수준과 타 교과의 성취도 수준에는 인과관계, 상관관계 부존재
│ ③ 자율성 : 상부의 일반적 지시는 존재하나, 교과·생활지도·학급경영에 있어서 명확한 통제를 받지 않음
│ ④ 단절성 : 공장처럼 전체의 목표하에 중장기 기간 동안 일관성·지속성 있게 추진되는 것이 아니라, 한 학년· 한 학기에 해당 학생들 대상으로만 교육활동 진행

○ (이중조직) 학교는 수업이라는 측면에서는 이완조직이지만 **수업행동에 영향을 미치는 관료제적 장치, 수업을 제외한 엄격한 관리활동**을 고려하면 **이중조직의 특성**을 지님

○ (학습조직) 구성원의 **지식욕구를 끊임없이 창출**하고 **창의적인 사고방식으로 전환**시켜주며, 구성원들의 **집단적 열망이 충만**하여 **지속적으로 학습**해 나가는 조직(P. M. Senge)

- (특성) ① 자신과 다른 사람의 **경험과 시행착오를 통한 학습활동**을 높게 평가
  ② 조직 구성원 모두가 맡은 분야의 전문가가 되도록 **학습에 모든 구성원의 참여를 촉진하고 보상**
  ③ 학습역량 함양을 통하여 **미래행동의 기반 구축**
  ④ **관계지향성과 집합적 행동** 장려

- (유용성) ① **변화하는 환경에 적극 대처** 가능(적응적 학습)
  ② **미래의 바람직한 방향과 전략 설계 및 추진**(생성적 학습)
  ③ **협력과 팀워크 형성**

- (성공조건) ① 조직원의 **참여 활성화**
  ② 학습을 위한 **인프라 확보**
  ③ 학습을 위한 **시간 확보**
  ④ 학습에 개방적인 **리더의 적극적 리더십**

학습조직의 기본원리

구분	주요 내용
자기 숙련	개인이 추구하는 지식 등을 형성하기 위하여 개인적 역량을 지속적으로 심화하는 행위
비전 공유	조직 구성원이 공통으로 가지고 있는 것을 바탕으로 공감대를 형성하고, 함께 만들기를 원하는 미래에 대한 이미지 개발 및 공유
시스템적 사고	여러 사건들을 전체적으로 인지하고 이에 포함된 요소들 간의 관계를 순환적 인간관계 또는 역동적 이해관계로 이해 및 사고
사고의 틀 중시	조직의 성장을 저해하는 고정된 사고방식을 인식하고 수정함으로써 열린 사고를 장려하고 발전을 촉진
팀 학습	구성원이 팀을 이루어 학습

○ (전문적 학습공동체) 목표 달성을 위해 **끊임없이 학습**하고 **상호협동**하여 **구성원 간 상호성장**을 이루려는 조직(=교사 학습공동체)

📝 **교사 학습공동체의 종류 : 교육부, 2023.**

구분	주요 내용
학교 밖 수업·평가 연구회	전국·시·도 단위 교사모임으로 교과별·주제별(에듀테크·독서·리터러시 등) 수업방법 연구, 자료 개발, 우수 사례 확산을 위하여 자발적 조직
학교 안 교사공동체	학교 안에서 동료 교사와 일상적 수업·평가 협의, 수업 나눔 등을 통해 자발적인 수업·평가 개선을 실천하는 교사모임(시도별 명칭·규모·운영방식 다양)

- (활동) ① 주제 연수 : 연구주제에 대한 상호 연수
  ② 공동연구활동 : 교육과정 재구성, 공동수업안 개발, 교재 개발 등
  ③ 교육 실천 : 수업 공개, 수업 성찰, 수업 혁신방안 실천
  ④ 운영결과 공유 : 성과 공유 워크숍, 학교 간 활동결과 나눔

- (특징) ① **공동의 목표**
  ② **지속적 학습**을 통한 지식·기술 등의 발전
  ③ **협동**을 통한 상호성장

- (장점) ① 구성원 간 **시너지 효과**를 통한 목표 달성
  ② 변화하는 환경에 **능동적·적극적 대응** 가능
  ③ 조직 내 사기 앙양, **긍정적 조직 분위기** 조성

- (저해 요인) ① 업무 과다로 인한 시간 부족
  ② 비전 공유의 어려움 : 교직원 간 의견 불일치, 생각 차이, 신뢰 부족
  ③ 변화에 대한 열정과 동기의 부족 : 현실 안주, 매너리즘, 두려움
  ④ 관 주도의 성과 중시 문화 : 하향식 교직문화, 타율적 참여, 관리자 마인드 부재
  ⑤ 정보 부족 : 구체적 모델 부재, 매뉴얼 부족
  ⑥ 리더의 부재 : 리더의 역량 및 전문성 부족

- (활성화 방안) ① 시간 지정 : 교사공동체의 날 등 모임 정례화
  ② 교사 간 관계 개선 : 비공식조직 지원을 통한 수평적 분위기 조성
  ③ 예산 운영의 자율성 확대 : 보고절차 간소화, 업무 위임
  ④ 전문성 향상의 개방적 문화 조성 : 수업나눔 확대, 외부 연수기회 제공
  ⑤ 정보 제공 : 우수사례, 매뉴얼 제공
  ⑥ 리더의 솔선수범 : 스스로 학습하는 태도

3 조직문화 및 풍토

1 조직문화

- ○ **(D. McGregor의 X-Y이론)** **인간의 본질**에 관한 기본 가정을 두 가지로 구분하여 각 인간관에 바탕을 둔 관리자의 전략으로 X-Y이론 제시

  - (X이론) 인간을 게으르고, 변화 저항적이며, 책임지기를 싫어하는 **수동적 존재**로 간주하여 **지시와 통제의 방법**으로 조직 관리

  - (Y이론) 인간을 책임성, 행동지향성, 자율성 등에 바탕을 둔 **능동적 존재**로 파악하여 **개인목표와 조직목표를 통합**하는 관리전략

◢ X이론과 Y이론의 차이

구분	X이론	Y이론
인간관	• 일하기를 싫어함 • 지시 선호 • 야망이 없고 안전 선호	• 일에 대한 동기 및 책임감 • 지시보다는 자율 선호 • 목표성취 의지, 도전적
관리방법	외적 통제	자율적 통제, 자기지향

- ○ **(W. Ouchi의 Z이론)** 경영자의 지도성 유형 간의 차이를 강조한 X-Y이론에 비하여 **Z이론**은 **전체 조직의 문화**에 관심

  - 성공적인 기업은 **친밀성, 신뢰, 협동, 팀워크, 평등주의 등 공유된 가치관 보유**

◢ Z이론 조직문화 특성

Z조직의 특성		Z문화의 핵심적 가치
장기간의 고용	➡	조직에 대한 헌신
원만한 승진	➡	경력 지향성
참여적 의사결정	➡	협동심과 팀워크
집단결정에 대한 개인적 책임	➡	신뢰와 집단 충성
전체 지향	➡	평등주의

○ **(C. Argyris 미성숙 − 성숙이론)** **관료적 가치체제**(X이론의 기초)에서는 구성원이 **미성숙한 인간**으로 취급받아 **조직효과성이 저해**되고, **인간적 가치체제**(Y이론의 기초)에서는 구성원이 **성숙한 인간**으로 존중받아 **조직효과성 증진**

- **(학교현장)** 교사는 성숙한 인간으로 존중받고 싶어 하지만 **대부분의 조직이 관료적 가치체제**를 따르므로 **잠재력 계발에 실패**

🏴 미성숙 − 성숙의 연속성

미성숙한 인간과 조직의 특성		성숙한 인간과 조직의 특성
피동적 태도	➡	능동적 태도
의존적 성향	➡	독립적 성향
단순한 행동	➡	다양한 행동
얕고 산만한 관심	➡	깊고 강한 관심
단견적 비전	➡	장기적 비전
종속적 위상	➡	평등지배적 위상
자의식 결여	➡	주체적 자의식

- **(극복방안)** **조직 관리자는 교사를 성숙한 인간**으로 대하고 그러한 문화풍토를 조성하는 데 최선의 노력을 기울여야 바람직

┌─ 교사를 성숙한 인간으로 존중하는 방안 ─────────────────────────
- **(주체성 함양 유도)** 권한을 개별 교사에게 위임하고 불필요한 통제는 폐지
- **(다양한 행동·관점 존중)** 학내 의사결정 시 토론을 활성화하고 소수 의견 존중
- **(인간적 관심)** 업무 외 다양한 분야에 대한 배려, 공감
- **(비전 공유)** 학기 말·학기 초 관리자 통보식의 비전 제시가 아닌, 상호협력을 통한 학교 전체 비전을 토론·공유
- **(평등 강조)** 저연차·저경력 교사도 인간으로서 존중하고 전문성 함양 조력

○ **(N. Sethia & M. Glinow의 문화유형론)** 조직의 관심이 **인간과 성과 중 무엇**에 있는가에 따라 조직문화의 유형을 4가지로 분류

- **(인간에 대한 관심)** 구성원의 **만족과 복지**를 위하여 노력

- **(성과에 대한 관심)** 구성원이 **최선을 다하여 직무를 수행**하도록 하는 **조직의 기대**

성과에 대한 관심

		낮음	높음
		냉담문화	**실적문화**
인간에 대한 관심	낮음	음모, 파당, 분열, 불신, 불확실, 혼란	성공, 경쟁, 적극성, 성과주의
		보호문화	**통합문화**
	높음	팀워크, 협동, 동조와 상사에 대한 복종	협동, 창의성, 모험, 자율, 인간의 존엄성

□ Sethia & Glinow의 조직문화 유형

구분	특징
냉담문화	• 인간과 성과에 모두 무관심 • 특별한 상황과 환경에 의하여 보호받지 못하면 생존 불가 • 효과성 · 능률성에 대한 관심보다는 기득권과 이해관계에 의하여 운영
보호문화	• 구성원의 복리를 강조하지만 높은 성과를 강요하지 않음 • 조직의 설립자나 관리자의 온정주의 철학에 기반 • 원만하게 운영되며 구성원의 충성심과 애정 때문에 생존 · 번창
실적문화	• 구성원 복지에 소홀하지만 높은 성과 요구 • 인간은 소모품으로 간주되며 개인의 성과가 높을 때만 보상
통합문화	• 성과와 인간에 대한 높은 관심 • 온정주의가 아니라 인간의 존엄성을 바탕으로 한 진지한 관심 • 사람들이 할 수 있는 모든 것을 할 수 있도록 자유 허용

○ (C. Steinhoff & R. Owens의 학교문화 유형론) 공립학교에서 발견될 수 있는 **고유의 문화형질 (Culture Phenotypes)**에 따라 학교문화 분류 기출 2013, 2020

📌 C. Steinhoff & R. Owens의 학교문화 유형론

구분	특징
가족문화	**가정(Home) 또는 팀(Team)**으로서 학교, 교장은 부모나 코치, 애정적 · 협동적 · 보호적
기계문화	**기계(Machine)**로서 학교, 교장은 기계공, 학교는 목표 달성을 위해 교사를 이용하는 하나의 기계
공연문화	**공연장(Cabaret)**으로서 학교, 교장은 단장 · 사회자 · 연기자, 공연과 함께 청중의 반응 중시
공포문화	**전쟁터 · 혁명상황**으로서 학교, 교장은 자기 자리를 위해 무엇이든지 희생의 제물로 삼을 준비, 냉랭 · 적대적 문화

○ **(D. Hargreaves의 학교문화 유형론)** 학교문화의 중핵을 이루는 차원을 **도구적 차원과 표현적 차원으로 구분**

- **(도구적 차원)** 교육목표 달성을 위하여 교사와 학생에 가하는 **사회적 통제**를 의미

- **(표현적 차원)** 교사와 학생 간의 지원적이고 만족스러운 관계를 중시하는 차원으로 **사회적 응집**을 의미

📑 **D. Hargreaves의 학교문화 유형**

구분	도구	표현	특징
형식적 학교문화	고	저	교수학습에 관하여 질서화·계획화
복지주의자 학교문화	저	고	관대·태평·편안한 학교, 비형식적 관계 중시
온실 학교문화	고	고	일과 개인의 개발에 대한 높은 기대
생존주의자 학교문화	저	저	불안, 낙망, 사기 저하
효과적 학교문화	적절	적절	일과 행동에 대한 기대가 높고 구성원 모두 이를 충족하고자 노력, 학교는 이를 지원

2 조직풍토와 학교풍토

○ **(조직풍토)** 조직 구성원이 조직 내에서 경험하는 **총체적 조직환경의 질**

※ **(조직문화)** 장기간 형성된 것으로 암묵적 가정, 공유된 가치·규범

○ **(학교풍토)** **학생, 교사, 행정가들이 공유**하는 가치관, 신념, 행동표준 등 내적 특성

○ **(A. Halpin & D. Croft의 학교풍토론)** 학교의 조직풍토를 설명·기술하기 위하여 **조직풍토 기술척도 (OCDQ*)** 개발 _{기출} 2007

* Organizational Climate Description Questionnaire

- 교사·교장의 행동에 대한 교사의 자각 정도를 조사하여 학교풍토 기술, 즉 **학교조직에 대한 교사들의 내적 관심도 및 교사의 자기평가**

📌 **OCDQ의 교사 · 교장 행동특성**

구분	행동특성	내용
교사	장애 (Hindrance)	교장을 자기 일을 방해하는 사람으로 지각하는 정도(교장이 교사들에게 부과하는 일상적 일, 회의를 불필요한 잡무로 지각)
	친밀 (Intimacy)	업무 외에 다른 교사들과 우호적 인간관계를 유지하면서 사회적 욕구를 충족시키는 정도
	방임 (Disengagement)	• 주어진 업무에 헌신하지 않고 이탈하려는 정도 • 일을 하는 척만 하고 실제로는 과업의 성취가 잘 이루어지지 않는 정도
	사기 (Esprit)	과업수행에서 욕구충족과 성취감을 느끼는 정도
교장	과업(생산) (Production Emphasis)	• 교장이 일에 대한 지시와 감독을 철저히 하는 정도 • 하향식, 수직적 의사소통 선호
	냉담(초연) (Coldness)	• 교장이 업무를 원칙 · 규칙 · 규정에 의존하여 처리하려는 성향 • 교사와 일정한 거리를 둠
	인화(사려) (Consideration)	• 교장이 따뜻하고 친절한 행동을 보이는 정도 • 업무 이외의 다른 일까지 도와주려는 경향
	추진 (Thrust)	• 교장이 역동적으로 학교를 잘 운영해 나가는 정도 • 솔선수범하여 과업 지향적으로 업무를 처리하도록 동기화

– 8개 변인에 관한 하위점수를 토대로 학교풍토를 6개로 구분

📌 **OCDQ의 학교풍토**

학교풍토	내용
개방적 풍토	• 과업성취, 사회적 욕구 충족 모두 달성되는 활기찬 풍토 • 교사들의 높은 사기와 자발적 협동, 교장의 높은 추진력과 융통성
폐쇄적 풍토	교장이 일상적 일과 불필요한 일을 모두 강조하고 교사들은 거의 만족감을 느끼지 못하는 풍토
자발적 풍토	교장이 교사 스스로 과업을 추진할 수 있는 분위기를 조성하고 사회적 욕구 충족을 위한 방법을 모색하도록 자유로운 기회 보장
통제적 풍토	과업성취만 강조하고 교사들의 사회적 욕구 충족 소홀
친교적 풍토	교사들의 사회적 욕구 충족에 관심, 과업성취는 소홀
간섭적 풍토	과업성취만을 강조하나 공정성 결여에 따른 간섭으로 과업성취 및 욕구 충족 저하

학교풍토의 개방성

■ 개방성 점수를 높이기 위한 방안
  → 개방성 점수 = 추진성 점수 + 사기 점수 − 방임 점수
  ① 추진성 향상 : 변혁적 리더십을 바탕으로 불필요한 규제 개선, 솔선수범하는 태도
  ② 사기 양양 : 외적 보상, 전문성 향상 기회 제공을 통하여 동기 유발
  ③ 방임 감소 : 권한 위임을 통한 책무성 강조, 의사결정과정에 구성원 참여 확대

○ **(평가)** OCDQ 틀 자체의 **논리가 불명확, 정밀성** 결여

📍 **개정된 OCDQ의 학교풍토 : Hoy & Miskel**

학교풍토	내용
개방풍토	구성원 간 협동·존경·신뢰를 바탕으로 교장은 교사의 제안 경청 및 교사의 전문성 존중, 교사는 일에 헌신
몰입풍토	교장의 폐쇄적 통제가 나타나고 교사는 전문적 업무 수행
일탈풍토	교장은 개방적이고 지원적이나, 교사는 교장을 무시하고 태업, 교사 간 불화
폐쇄풍토	교장은 잡무만 강조하고 엄격한 통제, 교사는 업무에 무관심·비헌신·교장 무시

○ **(M. B. Miles의 조직건강론)** 조직건강의 개념을 학교조직에 도입하면서 **과업달성** 변인, **조직유지** 변인, **성장발전** 변인 3가지로 구분

※ **(건강한 조직)** 조직의 기능을 효과적으로 잘 수행할 수 있는 체제로, 발전과 성장을 지속하려고 노력하는 조직

📍 **조직건강의 변인**

구분	변인	주요 내용
과업달성	목표에 대한 관심	목표의 합리성, 명료성, 달성 가능성
	의사소통의 적절성	왜곡되지 않는 의사소통, 외부와 원활한 소통
	권력의 적정한 분산	구성원 간 협동적 태도를 통한 영향력의 분산
조직유지	자원의 활용	구성원의 효과적 활용
	응집력	조직에 대한 애착심
	사기	업무를 통한 만족감·행복
성장발전	혁신성	새로운 절차·목표·성과 창출에 적극적
	자율성	환경으로부터의 독립성, 주체성
	적응력	환경의 요구에 탄력적 적응
	문제해결력	문제를 감시하고 가능한 해결책 강구

○ **(W. Willower의 학교풍토론)** 학교에서 **학생 통제를 어떻게 하느냐**에 따라 **학교풍토**가 어떻게 조성되는가 연구

📍 **Willower 학교풍토 유형**

학교풍토	내용
인간주의적 학교	• 학생들은 협동적 상호작용, 경험을 통하여 학습 • 교사는 민주적인 통제방식 추구
보호지향적 학교	• 학교의 질서유지를 위하여 엄격하고 고도로 통제된 상황 조장 • 교사는 엄격한 규율과 체벌로 통제

4 조직관리

1 조직성장 · 발전

○ (L. Greiner의 조직성장론) 조직은 **5단계의 진화과정**을 거쳐 성장 · 혁신

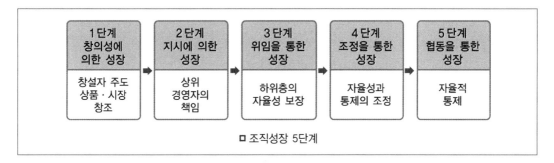

□ 조직성장 5단계

○ (C. Steinhoff & R. Owens의 조직발전론) **조직발전**(OD ; Organizational Development)이 **학교 혁신의 가장 핵심적인 과정**

🔖 조직발전의 주요개념

구분	특징
발전 목표	조직발전의 주된 목표는 조직 자체의 기능 개선
체제 혁신	조직은 언제나 변화에 적응하고 목표를 달성할 수 있다는 견해
체제적 접근	조직은 인간, 구조, 기술, 과업 간의 역동적 상호관련성 강조
인간중심주의	인간의 태도, 가치관, 감정, 개방적 의사소통에 관심
교육을 통한 혁신	교육을 통하여 사람들의 행동을 긍정적으로 변화
경험을 통한 학습	공통의 경험을 공유하고 학습하는 실천학습 강조
실제적 문제 취급	구체적이고 긴급한 현안문제를 다룸
체계적 계획	목표 설정, 시간계획 수립, 자금조달계획 수립
변화주도자 참여	조직발전을 돕는 상담역의 주도적인 참여
최고의사결정자 참여	최고행정가의 관심과 헌신 필요

2 조직 갈등관리

○ **(갈등의 개념)** 행동주체들 간의 **대립적 내지 적대적 상호작용**

- **(학교 갈등)** 학교 조직 구성원(교사, 학생, 학부모 등)들 간의 대립적·적대적 상호작용

  ※ (예시) 업무분장 갈등, 교육방식 충돌, 생활지도방법 충돌, 성과급 배분 갈등, 단순 반목, 학연·지연 등에 따른 파벌 다툼

○ **(갈등 발생원인)** ① **개인적 요인**(가치관, 태도, 성격의 충돌)

② **의사소통상의 요인**(의사소통의 왜곡)

③ **조직구조상의 요인**(업무의 수평적 분화, 자원 확보를 둘러싼 경쟁, 계층제적 권위와 전문성 간의 충돌)

○ **(갈등에 대한 관점)** ① **전통적 관점**(갈등의 역기능에만 초점)

② **행태적 관점**(갈등 발생은 자연적)

③ **상호작용적 관점**(갈등의 순기능에 초점, 최적 수준의 갈등 조장)

갈등의 기능

구분	내용
순기능	• 조직변화, 혁신 및 창의적 행동 유인 • 조직통합을 위한 민주주의 교육과 학습의 장 제공 • 갈등 해결 시 응집력 증진
역기능	• 팀워크나 협력 분위기 상실(편 가르기) • 사기 저하·신뢰 저하 • 갈등에 따른 에너지 낭비로 조직 비효율 증가

> 최근에는 **갈등의 순기능을 인정**하며 갈등의 예방·해소만이 아닌 **적절한 갈등을 유발**하는 **갈등관리전략 부각**

○ **(갈등관리)** 갈등 발생의 불가피성을 인정하되, **갈등의 역기능을 최소화하고 순기능을 발휘**할 수 있도록 관리하는 노력

갈등 예방	갈등 해소	갈등 조장
• 갈등이슈 조기 포착 • 상호이해를 위한 인사교류, 비공식적 조직 활용 • 공정하고 명백한 규칙	• 문제해결 • 상위목표 제시 • 공동의 적 제시 • 자원의 증대 • 회피·협상·상관의 명령	• 의사전달 통로 변경 • 정보전달 억제 및 과다 • 구조적 분화 • 리더십 스타일 변경 • 구성원의 태도 변화

▢ 갈등관리전략

– (개인 간 갈등관리전략) K. Thomas, R. Kilmann, M. A. Rahim 등의 갈등관리전략

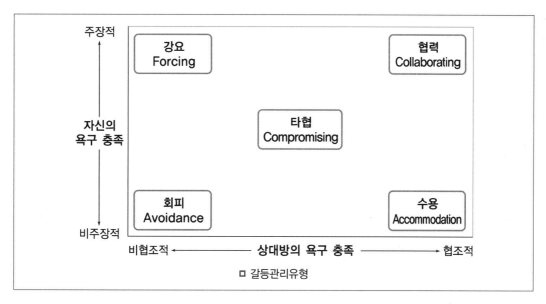

□ 갈등관리유형

▮ 갈등관리전략 : 윤정일 외, 2008.

구분	주요 내용
강요 (Forcing)	상대방을 압도하고 자기주장을 관철하려고 함 ※ (상황) 위기상황에서 빠른 의사결정을 내려야 할 때
수용 (Accommodation)	자신의 주장을 양보하고 상대방의 주장에 따름 ※ (상황) 갈등을 피하고 관계를 유지하는 것이 중요할 때
타협 (Compromising)	서로가 양보하고 조금씩만 자기만족을 꾀함 ※ (상황) 부분적 만족을 통해 해결책을 빨리 찾아야 할 때, 양측이 비슷한 수준의 권력을 가지고 있을 때
협력 (Collaborating)	서로의 관심사를 모두 만족시키려고 함 ※ (상황) 갈등의 근본 원인을 해결하고 장기적인 신뢰관계 구축이 필요할 때
회피 (Avoidance)	갈등현장을 떠남으로써 자신과 상대방의 관심사를 모두 무시 ※ (상황) 갈등이 사소한 문제일 때

– (조직 간 갈등관리전략) March & Simon의 갈등관리전략

▮ J. March & H. Simon의 갈등관리전략

구분	주요 내용
문제해결	당사자 간 직접 접촉하여 공동의 노력을 통해 해결방안 발견
설득	개별 목표 차이는 있지만 설득을 통하여 공동 목표 합의
협상	토론을 통한 타협, 일시적·잠정적 갈등해소법
정치적 타결	갈등 당사자가 정부·이론·대중과 같은 3자의 지지를 얻으려고 협상

CHAPTER 05

교육행정의 구체적 이해 ④ : 의사소통이론

■K 의사소통의 기본적 이해

1 의사소통의 개념

○ **(개념)** **둘 이상의 사람들** 사이에 사실, 생각, 의견 또는 감정의 **교환**을 통하여 **공통적 이해**를 이룩하고자 하는 행동

- **(요소)** 발신자와 수신자, 메시지, 정보전달 매체 및 수단, 정보전달의 통로

의사소통의 유형

분류기준	의사소통	특징	예시
교류	일방적	발신자에서 수신자로만 전달	강의, 지시
	쌍방적	쌍방의 소통, 참여·실행·호혜성의 특징	대화, 토론, 질의
방향	수직적	상향식/하향식으로 구분	(하향식) 명령, 지시 (상향식) 제안, 면접
	수평적	동일 계층의 사람들끼리 의사소통	회의, 회람
형식	공식적	공식적 통로 및 수단을 통한 의사소통 •(장점) 책임소재 분명, 의사결정 용이 •(단점) 의사전달 형식화, 기밀유지 곤란	공문서를 통한 지시·보고
	비공식적	비공식적 조직에서의 의사소통 •(장점) 신속, 개인적 욕구 충족, 융통성 •(단점) 책임소재 불분명, 부정확	개별적 만남

○ **(기능)** ① 조정 및 통제를 위한 수단
② 합리적 의사결정의 수단
③ 조직 통솔과 리더십의 발휘
④ 사기 앙양 및 동기 유발

○ **(원칙)** ① 명료성의 원칙, ② 일관성·일치성의 원칙, ③ 적시성의 원칙, ④ 분포성의 원칙, ⑤ 적량성의 원칙, ⑥ 융통성의 원칙, ⑦ 통일성의 원칙, ⑧ 관심과 수용의 원칙

2 의사소통의 기법 기출 2004

○ **(Johari의 창)** 자신의 모든 것(지식, 성격, 태도, 가치관, 장단점)에 대하여 **자신과 타인이 아는 정도**에 따라 의사소통 방식을 구분

※ Joseph Luft & Harry Ingram(1969)

	자신은 아는	자신은 모르는
타인은 아는	**개방영역(open)** **민주형** 효과적인 의사소통	**무지영역(blind)** **독단형** 타인의 비판 불수용 (자신의 단점을 수용하기 어려워서)
타인은 모르는	**은폐영역(hidden)** **과묵형** 타인에게 방어적·소극적 (자신의 단점을 들키기 싫어서)	**미지영역(unknown)** **폐쇄형**

▫ Johari의 창

○ **(너 메시지, 나 메시지)** 불편한 상황의 **책임 소재를 자신으로 두는지, 타인으로 두는지**에 따라 구분

- **(너 메시지)** 상대방 비난, 지시, 명령, 충고, 무시 등

  ※ (예시) 너는 형편없구나, 나잇값을 해라, 당신 일이나 신경 쓰세요.

- **(나 메시지)** 상대방의 행동에 대한 나의 반응을 판단이나 평가 없이 알려줌으로써 반응에 대한 책임을 자신이 지는 것

  ※ (예시) 네가 그런 식으로 행동해서(행동), 사람들에게 비난을 받을 것 같아(결과). 그래서 내 속이 상하는구나(감정).

3 의사소통의 장애요인과 극복 방안

○ **(장애요인)** 가치관의 차이, 지위의 차이, 불신·편견, 의사소통기술의 부족, 메시지 과다, 의사소통 채널의 부족

○ **(극복방안)** 반복, 감정이입, 이해, 피드백, 경청

2 의사결정의 모형 [기출] 2004

☐ 기본모형 : 참여적 의사결정모형

○ (기본관점) **의사결정**을 이성적 판단보다는 관련 당사자 간의 논의를 통한 **합의의 결과**로 가정

  – 관료제적 조직보다는 의사결정 관련자의 능력과 자율이 인정되는 **전문적 조직에 더 적합**

○ (필요성) ① 참여를 통한 **구성원 사기 제고 및 조직 애착감 형성**
           ② 의사결정 **결과에 대한 높은 수용도**
           ③ 과업에 대한 책무성 확보

☐ Bridges 참여적 의사결정모형

○ (주요내용) 조직 구성원을 의사결정에 **참여시킬 때 어떤 기준을 따라야 하는지**에 대하여 기준을 제시한 모형

  – 조직 구성원이 의사결정의 **수용영역 밖에 있으면 참여 허용**

○ (수용영역) **구성원이 상급자의 의사결정을 기꺼이 받아들일 수 있는 영역**으로 적절성과 전문성에 따라 판단

  – (적절성) 구성원이 상급자의 **의사결정에 높은 개인적 이해관계**를 가지고 있는지 여부

  – (전문성) 구성원이 **문제를 규명하고 해결하는 데 유용한 기여**를 할 수 있는지 여부

🔖 **수용영역에 따른 참여 여부 결정**

구분	상황 1	상황 2	상황 3	상황 4
상태	적절성○ 전문성○	적절성○ 전문성×	적절성× 전문성○	적절성× 전문성×
수용영역	영역 외부	한계 조건	한계 조건	영역 내부
참여	처음부터 적극 참여	최종 선택 시 참여 (저항 최소화)	대안제시나 결과평가 참여 (아이디어 도출)	참여 필요 없음

3 W. K. Hoy & C. J. Tarter 참여적 의사결정모형 [기출] 2009

○ **(주요내용)** Bridges의 모형을 발전시켜 **관련성과 전문성의 유무에 따라 수용영역을 4가지로 분류**하고, 영역별 **상황**과 **의사결정구조·지도자의 역할**을 구체화

		관련성	
		O	X
전문성	O	수용영역 밖	전문성 한계영역
	X	관련성 한계영역	수용영역 안

□ 수용영역의 구분

○ **(의사결정의 상황)** 관련성, 전문성, 구성원들의 신뢰 유무에 따라 **5가지 의사결정 상황으로 구분**

‒ **(민주적)** 구성원들이 **수용영역 밖**에 있고 **신뢰가 존재**하는 상황, 구성원들의 **적극적 참여**가 필요

‒ **(갈등적)** 구성원들이 **수용영역 밖**에 있고 **신뢰가 비존재**하는 상황, 구성원들의 **제한적 참여**가 필요

‒ **(이해당사자)** 구성원들이 **관련성 한계영역**에 있는 상황, **전문성이 부족**하므로 구성원들의 **제한적·간헐적 참여**가 필요

‒ **(전문가)** 구성원들이 **전문성 한계영역**에 있는 상황, **관련성이 부족**하므로 구성원들의 **제한적·간헐적 참여**가 필요

‒ **(비협조적)** 구성원들이 **수용영역 안**에 있는 상황, **관련성·전문성** 모두 부족하므로 구성원들의 **참여는 회피** 필요

○ **(의사결정구조)** 구성원의 참여방식에 따른 의사결정구조

‒ **(집단합의)** 구성원은 결정에 **평등하게 참여**하고 **전체합의**에 의하여 **결정**

‒ **(다수결)** 구성원은 결정에 **평등하게 참여**하고 **다수결**에 의하여 결정

‒ **(집단자문)** 리더는 **집단의 의견을 경청**하지만 **리더 단독**으로 결정

   ※ 구성원의 의견이 반영될 수도, 반영되지 않을 수도 있음

‒ **(개인자문)** 리더는 **전문성을 가진 구성원의 자문**을 받지만 **리더 단독**으로 결정

   ※ 전문가의 의견이 반영될 수도, 반영되지 않을 수도 있음

‒ **(일방적)** 구성원의 **자문이나 참여 없이 리더 단독**으로 결정

○ **(지도자의 역할)** 참여적 의사결정을 위한 지도자의 역할

– **(통합자 :** Integrator) 구성원의 다양한 **의견과 관점을 조화·통합**

– **(의회인 :** Parliamentarian) **개방적 토론을 촉진**하면서 민주적 과정을 통한 의사결정 유도

– **(교육자 :** Educator) 결정사항을 구성원들이 수용하도록 쟁점사항과 제약요인을 **구성원들에게 설명**

– **(간청자 :** Solicitor) 결정의 질 향상을 위하여 **전문가로부터 의견 청취**

– **(지시자 :** Director) 효율적 의사결정을 위하여 **단독으로 결정**

◢ 참여적 의사결정모형의 상황 – 구조 – 역할

구분				주요내용
수용영역	상황	의사결정	역할	
수용영역 밖	민주적	집단합의	통합자	다양한 입장의 조화·통합
		다수결	의회인	개방적 토론 촉진
수용영역 밖	갈등적	집단자문	교육자	쟁점사항과 제약요인 설명
관련성 한계영역	이해당사자			
전문성 한계영역	전문가	개인자문	간청자	전문가로부터 의견 청취
수용영역 안	비협조적	일방적	지시자	단독 의사결정

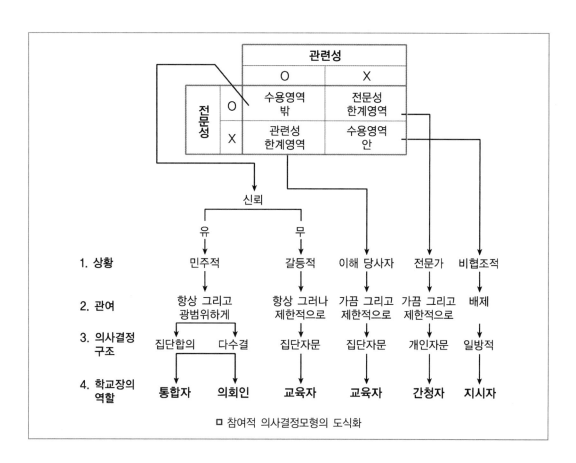

□ 참여적 의사결정모형의 도식화

4️⃣ **V. Vroom & P. Yetton 의사결정 방법모형**

○ (**주요내용**) 리더의 행태에 따른 의사결정의 형태 제시

구분	주요내용
A I (순수독단형)	리더가 **자신이 보유하고 있는 정보**를 이용하여 **단독으로** 문제를 해결하고 의사결정을 하는 유형
A II (참고독단형)	리더가 **구성원들로부터 정보를 얻은 후 단독으로** 문제를 해결하고 의사결정을 하는 유형
C I (개별참여형)	리더가 **구성원과의 개별적 협의**를 통해 문제를 공유하고 의견을 청취하되, **단독으로** 의사결정을 하는 유형
C II (집단참여형)	리더가 구성원들과 **집단토론**을 통하여 아이디어를 제안받고 문제를 공유하고 결론을 도출한 후 **리더가 최종 결정**을 내리는 유형
G II (위임형)	리더는 회의주재자로서 구성원 **집단토론**을 통하여 문제를 해결하고 **협의를 통해 의사결정**을 하는 유형

※ A : Autocratic, C : Consultative, G : Group based

🚩 교육기획

1 교육기획의 기본적 이해 기출 2017

○ **(개념)** **미래의 교육활동에 대한 사전 준비과정**, 교육목표 달성을 위한 효과적인 수단과 방법을 제시하는 지적 · 합리적 과정

※ 기획(plannig)은 일련의 계속적인 의사결정인 반면, 계획(plan)은 그 과정의 결과로 나타난 최종의 산물, 기획은 계획 이상의 것이나 편의상 혼용

○ **(유형)** ① **기간**(단기-중기-장기)에 따른 분류, ② **수립 주체**(국가-지방-학교)에 따른 분류, ③ **계획 범위**(부문 교육계획-종합계획)에 따른 분류

※ (예시) 제1차(2017 ~ 2021) 인문학 진흥 5개년 기본계획 : 중기, 국가, 부문 교육계획
2021년 서울교육청 인문학 진흥 시행계획 : 단기, 지방, 부문 교육계획

┌─ **교육기획의 원리**
- **(타당성의 원리)** 교육목표를 달성할 수 있는 **적절한 수단과 방법**을 통하여 수립
- **(효율성의 원리)** **능률적 · 효과적인 교육목표 달성**을 위한 수단 · 방법을 동원할 수 있도록 수립
- **(민주성의 원리)** 관련 집단의 광범위한 참여를 통하여 **민주적 방식**으로 수립
- **(전문성의 원리)** **교육 전문가들의 적극적인 참여와 검토** 필요
- **(중립성의 원리)** 수립 시 **특정 정치 · 종교 · 당파적 이해와 압력으로부터 탈피**
- **(융통성의 원리)** **상황 변화**에 따라 신축성 있게 수립
- **(안정성의 원리)** **정책의 일관성과 안정성**을 유지할 수 있도록 수립
- **(균형성의 원리)** 융통성과 안정성, 민주성과 전문성 적절하게 유지

○ **(효용성)** ① 지휘 및 통제 용이, ② 미래 대비 안정적 운영 가능, ③ 교육정책의 합리성 제고, ④ 효과적 성과 측정 및 전체상황 파악

○ **(한계)** ① 미래 예측의 어려움, ② 기획에 대한 인식 부족, ③ 지식과 기술 부족, ④ 계획 수립 및 실천을 위한 비용 문제, ⑤ 비융통성 및 개인적 창의성 위축

2 교육기획의 접근방법

○ **(사회수요에 의한 접근방법)** 인구의 자연 증가 추세와 교육에 대한 사회적 요구의 증가 추세에 따라서 교육의 양을 증대

의의	• 자유 · 허용적 사회 분위기에 적합 • 사회적 필요를 어느 정도 충족
한계	• 사회적 요구와 필요 간의 불일치 • 재정 제약에 따른 요구 불충족 • 요구 간의 우선순위 설정 곤란, 어느 분야에 집중하여야 하는지 설명 불가

○ **(인력수요에 의한 접근방법)** **사회가 필요로 하는 인력수요**를 고려하여 교육기회 통제

의의	• 교육체제를 통한 인력 양성 · 공급을 경제체제와 연계 • 산업부문별 · 직업별 인력의 소요와 직무수행상 요구되는 자격에 따라 교육의 양과 질 계획
한계	• 교육목적을 경제개발에만 국한 • 직업환경의 급변성으로 직업과 교육 간의 1:1 대응은 현실적으로 불가 • 기술, 통계 등의 부족으로 미래에 대한 정확한 예측 곤란

○ **(수익률에 의한 접근방법)** 교육에 **투입된 경비와 산출된 효과**를 금액으로 계산하고 이를 기준으로 **교육투자의 중점과 우선순위** 결정

의의	• 교육투자의 경제적 효과 산출 • 교육운영의 경제적 효율성 제고
한계	• 정확한 비용 산출 곤란 • 교육투자에 대한 계량적 효과 산출 곤란

○ **(국제적 비교에 의한 접근방법)** 국가의 발전단계를 국가적으로 비교한 후 발전된 나라의 모형을 참고하여 교육 기획

의의	• 과정의 단순화 가능(모방에 따른 계획 수립 용이) • 예상되는 문제점에 대한 적시 대응 가능
한계	• 국가 간 다양한 상황(문화, 경제, 법) 고려 한계 • 국가 간 비교 자체가 정확한지에 대한 의문

3 교육기획의 과정

o **(기획 이전 단계)** 기획을 위하여 **준비하는 단계**

　– 합리적인 기획체제 구성, 기획의 절차 설정, 조직 재구조화

o **(기획 단계)** 교육계획을 **실제로 기획하는 단계**

　– 진단 → 정책 형성 → 비용 추정 → 우선순위 및 목표 설정 → 실현 가능성 검토

o **(계획 형성 단계)** 상부에 보고하거나 하부에 시달하기 위한 교육계획을 **구체적 문서화**

　– 국민의 참여, 계획 시행을 위한 법 제·개정, 계획 시행을 위한 인력 훈련, 홍보

o **(계획 정교화 단계)** 교육계획을 명확하고 구체적으로 진술

　– 사업계획의 작성(목표 달성을 위한 행동 세분화), 프로젝트의 확인과 형성(사업계획의 하위
　　목표 달성을 위하여 체계화)

o **(계획 실천)** 다양한 프로젝트를 수행하기 위한 구조적 설계 개발·실천, 프로젝트별 자원의
　할당과 시간 계획

o **(평가와 수정 및 재계획)** 계획의 결함 지적, 재계획 수립을 위한 진단

실제 사례 : 인문학 진흥 5개년 계획

- **(기획 이전)** 5개년 기본계획 수립을 위한 담당 부서 지정(학술진흥과), 집행기관 선정(한국연구재단), 정책연구진
  선정
- **(기획)** 정책연구, 전문가협의회, 교육부 내 토론회 등을 통하여 기획
- **(계획 형성)** 권역별 공개설명회 등을 거쳐 문서화 및 기본계획 수립
  – 통상 근거법은 기획 이전 단계에서 제·개정
- **(정교화)** 기본계획에 따라 연차별·기관별 세부 시행계획 작성(매년 40여 개 기관)
- **(실천)** 계획에 따른 사업 수행
- **(평가와 수정 및 재계획)** 연차별 시행계획 실적자료 제출 및 재계획

---

2 교육정책 결정

1 교육정책의 기본적 이해

○ **(개념)** 교육목적의 달성을 위해 공익과 국민의 동의를 바탕으로 국가가 공적으로 행사하는 기본 방침

○ **(특성)** ① 합리적이고 목적지향적인 의사결정
② 교육문제의 해결을 위한 대안 제시
③ 정치권력과의 연관성
④ 사회의 요구 반영

○ **(과정)** ① **사회적 이슈화 및 의제 설정**
② **교육정책 결정**
③ **교육정책 집행**
④ **교육정책 평가 및 환류**의 단계로 구성

○ **(정책 참여자)** 공식적 참여자와 비공식적 참여자

※ 대통령실, 국회, 국가교육위원회, 교육부, 시·도 교육감회의 등

※ 여론, 언론, 교육 관련 이익집단(학부모단체·교원단체 등), 연구소·학자 등

2 사회적 이슈화 및 의제 설정

○ **(사회적 이슈화)** 다수의 사람들이 불편해하고 해결의 필요성에 대해 공감하는 경우 사회적으로 이슈화(국민신문고, 언론보도)

※ (예시) 원격교육 장기화에 따른 학력 격차 발생

○ **(의제 설정)** 사회적 이슈 중 정부가 공식적인 의사결정 구조 안에서 정식으로 검토하기로 결정

– 사회문제를 의제화하는 과정은 의제화 주도의 주체, 공론화 여부 등에 따라 3가지로 분류

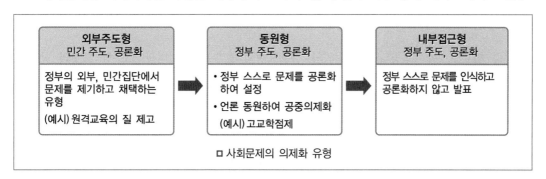

□ 사회문제의 의제화 유형

3 교육정책 결정 기출 2013, 2021

○ **(합리모형)** 정책결정자는 문제해결과정*에서 문제의 성격과 필요를 완벽하게 파악하고 **가장 합리적이고 최선인 대안** 발견

　* 문제 확인 → 목표 설정 → 대안 탐색 → 결과 예측 → 비교평가 → 대안 선택

　– **(의의)** ① 여러 대안의 장단점 비교를 통하여 **최선의 대안 마련 가능**
　　　　　② 문제해결과정이 **체계적**이며 **오류의 가능성이 낮음**

　– **(한계)** ① 인간은 감정을 가진 **심리적·사회적 동물**이라는 점 간과
　　　　　② 인간의 **전지전능성은 불가**
　　　　　③ **가치와 사실 분리**가 **현실적으로 곤란**

○ **(만족모형)** 인간의 문제해결능력과 사용 가능한 시간·자원·비용은 제한되어 있으므로 **제한된 범위 내에서 합리적 선택**(제한된 합리성 : J. March & H. Simon, 1958.)

　※ 정책은 '이만하면 만족한다, 충분하다'는 수준에서 결정

　– **(의의)** ① 현실적 여건을 고려하여 **실현 가능성 높은 대안** 도출 가능
　　　　　② **실제 정책 결정과정**을 이해하는 데 도움(실증적·기술적)

　– **(한계)** ① **만족 정도**를 결정하는 기준·변수에 대한 설명 부족
　　　　　② 개인적 차원의 의사결정 설명은 용이하나, **조직 차원의 결정 설명에 한계**

○ **(점증모형)** 현재 추진되는 기존 정책대안과 경험을 기초로 약간의 **점진적 개선**을 도모할 수 있는 **현실성 있는 정책** 선택(C. Lindblom & A. Wildavsky, 1966.)

　– **(의의)** ① 점진적 개선으로서 정책에 대한 **사회적 지지 확보** 용이
　　　　　② 정책 급변에 따른 비용 최소화

　– **(한계)** ① **보수적이고 대중적인** 정책 결정
　　　　　② 사회 근본 **혁신을 위한 대안 마련**에는 **한계**
　　　　　③ 관료들의 **무사안일주의 발생** 우려
　　　　　④ **기득권**을 위한 정책 결정

○ **(혼합모형)** 합리모형의 이상주의와 점증모형의 보수주의를 비판하고 **양 모형의 장점 결합**(Etzioni, 1967)

　※ 기본 방향을 설정하는 기본적 결정은 합리모형, 특정한 문제해결을 위한 세부 결정은 점증모형 적용

　– **(의의)** 합리모형과 점증모형의 **절충 시도**

　– **(한계)** 기본적 결정과 세부 결정 사이의 **구분 곤란**

○ (**최적모형**) 점증모형의 현실 안주적인 성격 비판, **정책 결정은 직관·판단·창의와 같은 초합리성을 통해 현실 가능성을 찾아** 주어진 목표에 도움이 되는 가장 바람직한 상태인 **최적치** (Optimality)**의 발견**(Dror, 1968.)

    – (의의) **비합리적이라고 배제되었던 요인도 창의·혁신적인 과정을 통해 정책 결정을 위한 요소로 작용 가능**

    – (한계) 초합리성의 개념 및 정책 결정과정 불명확

○ (**쓰레기통모형**) 조직화된 무질서 상태에서 정책은 **문제, 해결책, 선택 기회**(의사결정 기회), **참여자 등 네 요소가** 서로 다른 시간에 **쓰레기통 안에 우발적으로 들어왔을 때 결정**(Cohen, March & Olsen, 1972.)

※ 문제 제기가 해결책보다 반드시 먼저 나타나는 것은 아님. 이미 존재하던 해결책이 참여자에 의해 선택되어 이후 어떤 문제와 연결 가능

🦩 쓰레기통모형의 구성 요소

구분	주요 내용
문제	조직의 문제는 명확하게 정의되지 않거나 복잡
해결책	문제에 따라 개발되기보다는 이미 준비되어 있는 경우가 많음
참여자	상황에 따라 임의적으로 참여
선택 기회	의사결정의 기회는 고정되지 않고 예측 가능하지 않음

┌─ 실제 사례 : 코로나19 대응 개학 연기 ─┐

- (**상황**) – 급변하는 코로나 상황, 시간 촉박 등으로 최적의 대안 모색 곤란
  - 사회적 파급효과가 지나치게 커서 만족스러운 정도 파악 불가
  - 이전 사례·해외 사례가 없어 점진적 정책 결정 불가
- (**정책 결정**) 코로나 상황(문제), 개학 연기(해결책), 코로나19 대책회의(의사결정 기회), 참여자(정치·교육·의료계) 등이 우발적으로 모여 의사결정

    – (상황) ① **조직화된 무질서** 조직상황

          ② 전례가 없는 **위기상황**

    – (특징) ① 우연성 : 문제와 해결책이 논리적으로 연결되기보다는 우연히 연결

          ② 참여자들의 유동성 : 상황에 따라 의사결정 참여자들이 변화

          ③ 문제와 해결책의 독립성 : 서로 독립적으로 존재하다가 우연히 결합

          ④ 의사결정의 비합리성

    – (의의) ① 복잡한 현실 반영 : 비체계적인 의사결정이 나타나는 과정 설명 용이

          ② 유연성 : 상황에 따라 의사결정을 유연하게 변경 가능

- (한계) ① 비합리성에 따른 낮은 정책수용도 : 우연에 의한 의사결정에 대하여 구성원·수혜자들이 반발할 가능성

　　　　 ② 의사결정과정 통제에 어려움 : 효과적인 대안이 있음에도 이를 발견하지 못하고 우연에 기대

- (관리방안) ① 의사결정과정의 투명성 강화 : 정기적인 의사소통 + 공개회의

　　　　　　 ② 유연성 유지 : 협의를 통하여 대체계획(Plan B) 마련

　　　　　　 ③ 문제와 해결책 명확한 정의 : 문제별 우선순위를 사전에 제작(매뉴얼화)

　　　　　　 ④ 참여자 간 상호작용 활성화 : 브레인스토밍을 통한 문제해결

　　　　　　 ⑤ 책임소재 명확화 : 결정과정 속 역할과 책임을 나누어 의사결정에 대한 평가 진행

○ **(정책흐름모형)** 쓰레기통모형에 근거하면서 정책문제의 흐름, 정치의 흐름, 정책대안의 흐름이 정책활동가에 의해 결합되어 **정책의 창(Policy Window)**을 통해 정책 탄생(J. Kingdon)

▮ **정책흐름모형의 요소**

구분	주요 내용
정책문제의 흐름	정책 결정자가 어떤 문제를 중요한 것으로 인식하게 만드는 계기 ※ 문제에 대한 지표, 사회적 주요 사건, 위기, 환류(피드백)
정치의 흐름	국가적 변화, 행정부 교체, 선거의 결과(의석 수 변화) 등 정치적 사건
정책대안의 흐름	전문가가 제시한 정책대안
정책활동가	자신들이 선호하는 정책이 실현될 수 있도록 시간, 돈, 에너지 등 동원할 수 있는 자원을 모두 활용하여 적극적인 투자를 기울이는 사람들 ※ 관료, 국회의원, 로비스트, 학자, 언론인 등
정책의 창	3가지 흐름이 어떤 계기로 인해 결합되어 정책변동의 기회가 열린 상황 - 오래 열려 있지 않으며, 정책문제가 충분히 다루어졌거나 정책변동이 일어나지 않고 관심이 사라지면 닫힘

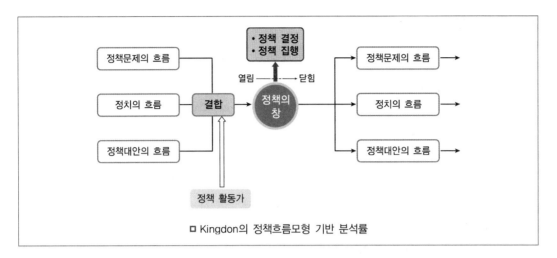

□ Kingdon의 정책흐름모형 기반 분석률

┌─ 실제 사례 : 교권침해 대응

- **(정책문제의 흐름)** 교권침해 수치 증대, 각종 교권침해 사례 부각
- **(정치의 흐름)** 교육감 선출(2022년), 국회 교육위원회 위원들의 입법
- **(정책대안의 흐름)** 정부 및 전문가 대안 제시
- **(정책 활동가)** 교원들의 교육활동 정상화 집회 등
- **(정책)** 학생생활지도에 관한 고시 제정 등

4 교육정책 집행

○ **(정책 집행)** 정책목표를 달성하기 위하여 **인적 · 물적 자원**을 적시에 **구비**하고 정책을 **사업계획으로 전환**

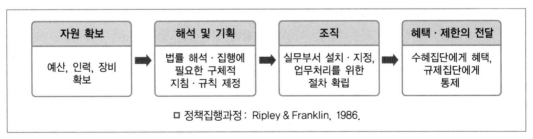

□ 정책집행과정: Ripley & Franklin, 1986.

┌─ 실제 사례 : 코로나19 대응 온라인개학

- **(자원 확보)** 온라인개학을 위한 예산 확보(특교 전용 · 추경), 원격교육 플랫폼(EBS 온클 등) 구축, 태블릿 확보
- **(해석 및 기획)** 초 · 중등교육법 해석, 원격교육을 위한 평가기록 매뉴얼 구축 등
- **(조직)** 교수학습평가과 지정, 원격교육 TF 설치
- **(혜택 · 제한의 전달)** 일선학교에 매뉴얼 배포, 원격 연수 프로그램 제공, 저소득층에 태블릿 대여

⑤ **교육정책 평가 및 환류**

○ (정책 평가) **정책의 효과·성패를 평가**하는 과정, 평가의 공정성·신뢰성을 위해서는 평가기준 중요

📌 정책 평가 기준: Dunn, 1994.

평가기준	내용
효과성	정책목표를 얼마나 달성하였는지
능률성	정책목표를 달성하기 위하여 투입한 노력의 정도(비용편익, 순편익 등)
충족성	정책목표 달성이 문제해결에 어느 정도 공헌하고 있는지
형평성	비용과 혜택이 여러 집단에 고루 분포되어 있는지
대응성	정책이 특정 집단의 요구·가치에 어느 정도 부합하는지
적합성	정책목표가 과연 바람직한 것인지

■3 최근의 정책 결정과 집행 : 국가와 지역이 함께하는 교육

① **학교 현장의 자율성과 전문성 확대**

○ (의의) **교육목표 달성**을 위해 **단위학교와 교사**가 전문성과 책임감을 갖고 **학교 상황을 고려**하여 **자유롭게 교육활동**을 진행하는 것

○ (형태) ① 단위학교 교육과정 재구성(교과군별 20% 내에서 시수 조정, 집중이수제)
② 교육활동을 위한 자원 확보 및 자료 개발
③ **다양한 교수활동방법** 개발 및 적용(교수법, 과정중심평가, 창체 등)
④ 지역사회, 교원·학생·학부모와 **함께 실현**하는 활동(학운위·자치회)
⑤ 학교교육의 질적 수준을 스스로 **관리·개선하는 활동**

○ (성공조건) ① (제도) **자율성의 범위** 명확화(총론에 자율성 범위 반영)
② (문화) **개방적 문화**, 동기부여
③ (인프라) 자율성을 발휘하기 위한 **물적 지원**

② **지역과 협력하는 교육**

○ (특징) ① **지역자원(문화유산, 지역 시설 등)**의 교육적 활용
② 교사 외 **지역 전문가(시인, 건축가 등)** 활용
③ 지역주민들의 **참여**(학운위, 마을교육공동체)

○ (효과) ① 교과서 외 **교육내용의 확대**

② **교육방법의 다양화** 및 학생의 **흥미·동기 증진**

③ 사회적 수요에 대응 및 **교육의 민주화** 실현

○ (유의점) ① **정제된 교육자료** 확보 필요(교육청 주관 지역 교육자원 지도 마련)

② **전문가 풀 구축** 및 학교와의 **네트워크** 강화(외부 전문가 검증 필요)

③ **폭넓은 교육 참여** 유도(시간·방법 다양화, 참여 편중화 방지)

③ **교육환경 조성을 위한 국가와 교육청의 지원**

○ (**국가 수준의 지원**) **컨트롤타워** 역할 수행, 전문성 함양을 위한 **전국 단위 프로그램 마련**

국가 수준의 지원 예시

- 교육 주체(교육부, 교육청, 단위학교, 교사)들이 각각의 역할과 책임을 다하도록 **협조체계 구축**
- **시·도 교육청**에 대한 **행·재정적 지원**
- 교육청 수준의 교원 연수와 **전국 단위의 교과연구회 활동 지원**
- 교원의 **에듀테크 활용역량 함양** 지원
- **학교시설 및 교원수급계획** 마련

○ (**교육청 수준의 지원**) **단위학교 교육과정 운영 지원**, 지역사회와 네트워크 구축, 교원 배치 및 전문성 향상 지원, 온·오프라인 연계 지원

교육청 수준의 지원 예시

- **학교 교육과정 편성·운영 지원**
  - 학교시설, 설비, 자료를 위한 지원
  - 수준별 수업 운영 지원 및 보충수업 운영 지원
  - 종합적인 안전교육계획 수립 및 사고예방 지원
- **학생 배정, 교원 수급 및 순회, 학교 간 시설과 설비의 공동 활용, 자료의 공동 개발과 활용**을 위한 학교 – 교육청 간 협조체계 구축
- 교과와 창의적 체험활동에 필요한 **교과용 도서 개발, 인정, 보급**
- 지역사회의 관계 기관들이 적극적으로 **연계·협력**하여 교과·창체·학교 스포츠클럽 활동·자유학기 등 운영 지원, 관내 학교가 활용할 수 있는 우수한 지역 자원 발굴 및 안내
- **교원연수, 교육과정 컨설팅, 연구학교 운영 및 연구회활동 지원**
  - 교육과정 컨설팅 지원단 등 지원기구 운영
  - 연구교사제 및 교과별 연구회활동 지원
- **온·오프라인 연계**를 통한 효과적인 교수학습평가 지원, 지능정보기술을 활용한 맞춤형 수업평가 지원
  - 학교별 원격수업 기반 구축, 교원의 원격수업 역량 강화 지원
  - 수업과 평가를 위한 다양한 **디지털 플랫폼 구축, 시설·설비·기자재 확충**

4 교원의 전문성 향상방안 : 장학

1 장학의 기본적 이해

○ **(개념)** **교육활동의 개선**을 위하여 주로 **교원을 대상**으로 이루어지는 제반 지도·조언활동(진동섭 외, 2017.)

○ **(기능)** ① **교원의 성장발달** 조력
② **교육과정 운영의 효율화** 조력
③ **학교경영의 합리화** 조력

○ **(발달과정)** 관리장학 → 협동장학 → 수업장학 → 발달장학

▶ 장학의 발달과정[46]

구분	시기(년)	장학방법	관련 이론
관리장학	1750 ~ 1910	시학(학교감찰)과 강제	과학적 관리론
	1910 ~ 1920	과학적 장학	
	1920 ~ 1930	관료적 장학	
협동장학	1930 ~ 1955	협동적 장학(참여적 장학)	인간관계론
수업장학	1955 ~ 1965	교육과정 개발	행동과학론
	1965 ~ 1970	임상장학	
발달장학	1970 ~ 1980	경영으로서 장학	일반체제론, 인간자원론
	1980 ~ 현재	인간자원장학, 지도성으로서 장학	

▶ 장학을 보는 두 가지 관점[47]

구분	역할로서의 장학	과정으로서의 장학
초점	누가 하는가?	어떻게 하는가?
참여자 간 관계	상하관계	협동관계
장학의 성격	주어지는 장학	함께하는 장학
장학 형태	상급 행정기관 주도의 장학	학교현장 주도 자율장학

[46] 윤정일 외, 2008, p.272
[47] 진동섭 외, 2017, p.361

2 장학의 유형 기출 2004, 2007, 2012, 2018, 2022

○ (기관주도장학) 단위학교의 교육과정 운영, 학교경영, 수업 등에 대하여 **교육청 등 장학기관이 주도적으로 실시하는 장학**

※ (종류) 종합장학, 담임장학, 표집장학, 확인장학, 특별장학, 개별장학, 교과장학, 방문장학 등

- (의의) ① 전문적 장학을 통하여 **단시간에 문제해결 가능**(효율적)
        ② 학교·교사가 가진 문제점에 대하여 **객관적 평가** 가능

- (한계) ① 기관의 일방적·수직적 장학으로 인하여 **장학에 대한 낮은 수용도**
        ② 단위학교·교사의 자율성이 제약되어 **실질적인 전문성 향상에 한계**

○ (학교자율장학) 교사들의 수업기술 향상 및 교육과정 운영상의 질 제고를 위하여 **단위학교가 자율적으로 실시하는 장학**

📙 **학교자율장학의 종류**

구분	내용
수업장학	교사들의 수업기술 향상을 위하여 **교장·교감(외부 장학요원·전문가 등)이 주도하는 개별적· 체계적 성격의 지도·조언**(임상장학, 마이크로티칭, 수업연구, 초임교사 대상 수업 관련 지도) ※ (특징) 쌍방적 동료관계 + 수업기술에 대한 직접적 피드백
동료장학	**동료교사들이 수업 개선을 위해 공동으로 노력하는 활동**(교과수업 연구, 스터디그룹 활동, 공동 연구과제 추진, 멘토–멘티교사 짝짓기 등) ※ (특징) 학교 내 인적자원 활용 + 교원의 자발성 + 비공식적 활동 포괄
자기장학	**교사 개인이 자신의 전문적 발달을 위하여 스스로 체계적인 계획을 세우고 이를 실천**해 나가는 활동(자기수업분석, 자기평가, 대학원 강의 수강, 전문서적 독서, 전문가 상담, 교과연구회 참석) ※ (특징) 자발성 + 비공식적 활동 포괄
약식장학 (일상장학)	**교장·교감이 학급 순시나 수업 참관을 통해** 교사들에게 간헐적으로 수업·학급경영에 대하여 지도·조언하는 활동
자체연수	교육활동의 개선을 위해 교직원들의 요구에 따라 교내·외의 인적·물적 자원을 활용하여 **학교 자체에서 실시하는 연수**
지구자율장학	**지구(지역) 내 인접 학교와 교원들의** 자율적 참여와 협력을 기초로 추진하는 상호 협력적 장학활동 ※ 교육 프로그램 및 교육 정보 교환, 사업 공동 추진, 현안의 협의·조정, 협동적 교육·학예활동 협의· 추진, 학예·친목활동 협의

- (의의) ① 교육의 **자율화·민주화·전문화** 실천
        ② 자율성 기반의 장학으로 장학 내용에 대한 **높은 수용도**

- (한계) ① 전문성 있는 **장학담당자 확보 곤란**
        ② 교장의 리더십, 학교의 풍토, 구성원들의 태도 등 **상황적 요인**에 의하여 **장학의 효과성**이 크게 좌우

수업장학

- **(개념)** 교사들의 수업기술 향상을 위하여 **교장·교감(외부 장학요원·전문가 등)이 주도하는 개별적·체계적 성격의 지도·조언**
  ※ 임상장학(1:1 티칭), 마이크로티칭, 수업연구, 초임교사 대상 수업 관련 지도

- **(특징)** ― 장학 담당자와 교사의 관계가 상하관계보다는 **쌍방적 동료관계** 지향
  ― 수업상황에 대한 **객관적 피드백** 제공
  ― 교수학습에 있어서 **직접적 문제진단 및 해결**

- **(절차)** 1단계: 교사와 장학 담당자와의 관계 수립
  2단계: 교사와의 협의를 통한 수업계획 작성
  3단계: 수업관찰전략 수립
  4단계: 수업 관찰
  5단계: 교수·학습과정의 분석
  6단계: 교사와의 협의회전략 수립
  7단계: 교사와의 협의회
  8단계: 새로운 계획의 수립

- **(성공조건)** ― **장학 담당자의 충분한 역량**(기획, 자료 수집·분석 및 인간관계능력 등)
  ― 수업 개선에 대한 **교사의 의지**
  ― 장학에 대한 교장의 적극적 관심
  ― 장학 관련 충분한 시설·환경적 조건

- **(참고: 마이크로티칭)** 정식수업보다 축소한 연습수업(7 ~ 20분)으로, 녹화된 수업을 통한 수업기술 향상에 초점을 둔 장학방법
  ― **(효과)** ① 자신의 수업을 관찰하면서 교사의 반성적 성찰 유도
  ② 비용 절감
  ― **(지원사항)** ① 모의수업 촬영을 위한 환경 지원(기기, 촬영실 등)
  ② 장학 담당자와의 매칭

동료장학

- **(개념)** 동료교사들이 **수업 개선을 위해** 수업 연구, 수업 공개, 공동과제 및 관심사의 협의·연구·추진 등 **공동으로 노력하는 활동**
  ※ 교과수업 연구, 스터디그룹 활동, 공동 연구과제 추진, 멘토 – 멘티교사 짝짓기 등

- **(특징)** ― **학교 내 인적자원**의 활용
  ― 교원의 **자발적 협력**
  ― **공식적·비공식적 활동**을 포괄

- **(성공조건)** ― 충분한 인적자원
  ― 수업의 질 개선을 위한 자발적 의지
  ― 교장의 지원

○ **(혼합형 장학: 컨설팅 장학)** 전문성을 갖춘 **장학요원들이 교원의 의뢰에 따라** 직무수행상 필요로 하는 문제와 능력에 관해 **진단**하고, 그것의 해결과 계발을 위한 **대안을 마련하여 실행하는 과정**을 **지원·조언**하는 활동

- **(원리)** ① 자발성의 원리 : 교원의 자발적 필요에 의한 의뢰
  ② 전문성의 원리 : 전문가집단의 전문적 지도·조언
  ③ 자문성의 원리 : 지도·조언은 필수가 아닌 자문의 성격
  ④ 독립성의 원리 : 장학요원과 교사는 평등한 관계
  ⑤ 일시성의 원리 : 해당 문제해결을 위한 단기 컨설팅
  ⑥ 교육성의 원리 : 장학요원은 필요한 지식, 기술, 경험 등이 교사보다 풍부

- **(의의)** ① 교사가 스스로 요청한 경우 **지도·조언에 대한 높은 수용성**
  ② **외부 전문적 지식의 활용**을 통한 수업 개선 가능

- **(한계)** ① **고비용**, 학교행정상 **비용처리문제**
  ② 컨설턴트 등 **인적자원 부족**

3 장학의 발전방향과 과제

○ **(기본 원칙) 현장중심의 장학, 교사중심의 장학**

- 교육활동 개선에 직접적으로 도움을 주도록 **지도·조언·지원·격려 중심의 성격 필요**

○ **(장학의 현장중심화)** 장학의 본질적 목표는 학교현장 교육활동의 개선이므로 학교현장의 필요와 요구 존중

○ **(장학의 전문화)** 교육청 장학 담당자, 교장·감, 수석교사 등의 장학 전문성을 제고하기 위한 프로그램 필요

○ **(장학의 민주화)** 교사의 성장 발달을 위해서는 장학 담당자와 교사 간 수직적 관계가 아닌 수평적·상호적 관계가 바람직

○ **(장학 여건의 보장)** 장학을 위한 심리적 여유와 물적·재정적 여건 제공

5 교원 인사행정

1 교원 인사행정의 기본적 이해

○ **(개념)** 교육조직의 목적 달성을 위하여 **인적자원을 확보·교육·배치·관리**하고, 그들을 위한 근무조건을 확립함으로써 **전문성을 향상시키기 위한 일련의 행정 지원활동**

○ **(근거 법률)** 「국가공무원법」 제2조, 「교육공무원법」, 「초·중등교육법」, 「교육기본법」 제14조, 「교원지위향상을 위한 특별법」 등

○ **(교원 자격)** 「초·중등교육법」 제21조

초·중등교육법 제21조(교원의 자격) 경력

■ **(교장)** ① 교감 자격증 보유 및 3년 이상의 교육경력, ② 대통령령으로 정하는 기준에 해당한다는 교육부장관의 인정, ③ 교대·전문대 학장 근무경력(중등에 한함), ④ 공모 교장으로 선발된 후 교육부령으로 정한 연수과정 이수
■ **(교감)** ① 정교사(1급) 자격증 보유 및 3년 이상의 교육경력, ② 정교사(2급) 자격증 보유 및 6년 이상의 교육경력, ③ 교육대학 교수·부교수로서 6년 이상의 교육경력(중등에 한함)
■ **(수석교사)** 교원자격증을 소지한 사람으로 15년 이상의 교육경력을 가지고 교육부장관이 정하는 연수 이수결과를 바탕으로 검정·수여한 자격증 보유
■ **(교사)** 정교사(1급·2급), 준교사, 전문상담교사(1급·2급), 사서교사(1급·2급), 실기교사, 보건교사(1급·2급) 및 영양교사(1급·2급)로 구분
---

2 교원의 능력계발

○ **(교원연수)** 현직에 임용된 교육직원을 대상으로 그들의 **전문적 능력과 일반적 자질을 배양**하기 위하여 다양한 장소에서 다양한 방법을 통해 공식적 또는 비공식적으로, 의무적 또는 자발적으로 이루어지는 **각종 교육·훈련활동**

　－ **(목적)** ① 직무수행능력 개선, ② 사전경험 확장, ③ 전문적 지식 및 이해 증진, ④ 개인적 욕구 충족 및 일반교양 증진

　－ **(법적 근거)** 「교육공무원법」(제37조·제38조·제39조·제40조), 「교원 등의 연수에 관한 규정」(대통령령), 「교원 등의 연수에 관한 규정 시행규칙」(부령)

제40조(특별연수) ① 국가나 지방자치단체는 특별연수계획을 수립하여 교육공무원을 국내외의 교육기관 또는 연구기관에서 일정 기간 연수를 받게 할 수 있다.

제41조(연수기관 및 근무장소 외에서의 연수) 교원은 수업에 지장을 주지 아니하는 범위에서 소속 기관의 장의 승인을 받아 연수기관이나 근무장소 외의 시설 또는 장소에서 연수를 받을 수 있다.

– (유형) 자격연수, 직무연수, 특별연수로 분류

📗 **교원연수의 유형**

구분	주요 내용
자격연수	법령에 따른 교원의 자격을 취득하기 위한 연수 ※ 교(원)장 자격연수, 교(원)감 자격연수, 수석교사·정교사 자격연수
직무연수	교육의 이론·방법 연구 및 직무수행에 필요한 능력 배양을 위한 연수 ※ 교수학습, 생활지도 및 상담, SW 관련 연수 등 직무수행에 필요한 능력 배양을 위한 연수
특별연수	국가나 지방자치단체의 특별연수 계획에 따라 국내외의 교육기관 또는 연구기관에서 받는 연수 ※ 학습연구년제, 대학원 학위과정, 장·단기 교육기관·연구기관 파견, 영어교사 심화연수 등

참고 교원 원격연수의 종류

- **(개념)** 물리적인 공간이 분리된 상황에서 다양한 매체를 활용하여 교수자, 학습자 및 전달 시스템 간 상호작용을 통해 실시간 또는 비실시간으로 자유로운 방식으로 이루어지는 연수
- **(유형)** 실시간 진행 여부, 상호작용 여부를 기준으로 분류
  ※ 포스트 코로나 시대 원격 교육연수의 재개념화 및 미래 방향(전제상 외, 2020.)

상호작용 : 쌍방향

| 유형 ④
비실시간 쌍방향
원격연수 | 유형 ①
실시간 쌍방향
원격연수 |
| 유형 ③
비실시간 단방향
원격연수 | 유형 ②
실시간 단방향
원격연수 |

시간 : 비실시간 / 시간 : 실시간

상호작용 : 단방향

① **(실시간 쌍방향 원격연수)** 실시간 비디오·오디오 회의 플랫폼(ZOOM 등) 등 쌍방향 화상기술을 활용한 원격 교육연수로, 교수자 – 학습자가 카메라·오디오를 활용하여 실시간으로 원활한 소통이 가능한 과정

② **(실시간 단방향 원격연수)** 동영상 콘텐츠 호스팅 플랫폼(YouTube 등) 등을 활용하여 교수자가 실시간으로 학습자에게 일방향의 연수과정 및 내용 등을 제공하는 연수

③ **(비실시간 단방향 원격연수)** 멀티미디어 자료로 구성된 교수 – 학습 콘텐츠 등을 활용한 원격 교육연수로, 교수자가 일방향의 연수과정 및 내용 등을 제공하는 연수

④ **(비실시간 쌍방향 원격연수)** 교수자가 사전에 만들어진 콘텐츠를 학습자에게 제공함과(동영상 시청, LMS 등) 동시에 학습방에서 질문 – 답변 등을 주고받으며 쌍방향으로 지속적으로 소통하는 과정

○ (**교원 역량개발 지원제도**) 학생 인식, 교사 진단 등을 바탕으로 교원의 역량개발을 위한 전문적 지원을 하는 제도

- (**다면평가**) 별도로 시행하는 것이 아니라 교원업적평가 중 학습지도, 생활지도, 전문성 개발 영역과 연계 → 현장 부담 완화

- (**학생인식조사**) 서술형을 폐지하고 학생 성장·변화 정도에 대한 인식도 조사 → 타당도 제고

  ※ 교사를 평가하는 것이 아니라 교사의 수업에 따른 자신의 변화를 응답(예시 문항 : 선생님의 질문으로 수업에 대한 호기심이 커졌다.)

  ※ 학부모평가는 교사가 아닌 학교에 대한 전반적 평가로 대체

- (**자기역량진단**) 진단결과 + 변화추이(5년)을 누적하여 제공 → 자기주도적 성장 지원

┌─ **수석교사제** ──
│
│ ▪ (**개념**) 15년 이상의 교육경력이 있는 교사 중 가르치는 일에 전문성을 가진 교사를 선발하는 제도
│   - (**우대사항**) ① 수업시수 경감(2분의 1), ② 연구활동비 지급
│   - (**활용방안**) ① 교육과정 재구성 관련 연구책임자, ② 학교자율장학 담당자, ③ 교육활동 멘토
└──

6 교육재정

1 교육재정의 기본적 이해

○ (**개념**) 공공의 교육활동을 위하여 **재원**을 **확보·배분·지출·평가**하는 활동

🖋 교육비의 분류

총교육비	직접 교육비 (목적 달성에 투입되는 경비)	공교육비	공부담 교육비
			사부담 교육비
		사교육비	사부담 교육비
	간접 교육비 (기회경비)	교육기회경비	공부담 교육비
			사부담 교육비

○ (**기능**) ① **자원배분 기능**, ② **소득분배 기능**, ③ **경제안정화 기능**

○ (**특성**) ① 재원 확보의 강제성(조세), ② 사용 목적의 공공성, ③ 존속 기간의 영속성

○ (**교육재정의 원리**) ① 충분성의 원리(확보), ② 공정성의 원리(배분), ③ 효율성의 원리(지출), ④ 책무성의 원리(평가)

2 예산제도 : 예산편성기법 기출 2009

○ **(품목별 예산제도)** 지출 대상을 인건비, 시설비, 운영비 등과 같이 **품목별로 세분화**하여 **지출 대상과 한계**를 명확히 규정하는 예산제

- (장점) 예산이 명확한 규칙에 근거하여 편성·지출되므로 예산 활용의 책무성 확보 용이

- (단점) 이·전용이 제한되어 상황변화에 융통성 있는 대응 곤란

○ **(목적사업비)** 교육청 주관 **특정 사업을 실시하기 위하여 지급된 예산**으로, 이·전용이 불가하고 잔여 예산은 반납 원칙(이월 불가)

- (장점) 상황변화에도 목적사업에 대한 안정적 실시, 예산의 책무성 있는 사용

- (단점) 상황변화에 융통성 있는 대응 곤란, 예산 절감 유인이 없어 비효율적

○ **(총액배분 자율편성제도 : 학교기본운영비)** 각급학교의 운영을 위하여 **총액으로 교부**되는 경비로서, **총액 내에서 학교 실정에 맞게 자율적으로 편성** 가능

- (장점) 학교 상황에 맞는 예산 편성 및 운영 가능

- (단점) 학운위의 기능이 정상적이지 않을 경우 예산 활용의 책무성·효율성 저하 가능

○ **(성과관리 예산제도)** 예산 과목을 **사업계획별·활동별로 분류**한 다음 **세부 사업별로 업무 측정 단위를 선정**하여 **양적으로 표시**하여 관리하는 제도

- (장점) 사업 추진을 위한 예산을 명확히 인지 가능, 예산의 이·전용을 통한 예산의 융통성 확보, 예산심의가 용이

- (단점) 업무측정 단위 선정 곤란, 단위원가 계산 곤란

○ **(기획 예산제도)** 합리적인 조직목표를 설정하고 이를 달성하기 위한 계획과 행동과정, 자원배분을 **과학적으로 수립·설계**

- (장점) 중장기적 시각(5년)에 근거하여 효율적 집행 가능

- (단점) 명확한 목표 설정이 어려운 경우 곤란

○ **(영기준 예산제도)** 예산 편성 시 전년도 예산에 구애받지 않고 **모든 사업이나 활동을 새로 검토**하여 우선순위를 설정한 후 이에 따라 자원을 배분하는 방식

- (장점) 급변하는 경기변동에 신축적 대응 가능, 우선순위에 따른 합리적 재원 배분, 예산 편성 과정에서 의사소통 활발

- (단점) 제로 수준에서 전면 재검토해야 하므로 시간·노력 과중, 우선순위 선정 시 비합리적 요소가 개입될 우려

07

┌───┐
단위학교 자율 예산제도 운영 시 투명성 확보방안

① 예산 편성과정 공개 : 학교운영위원회를 통하여 예산 편성과정 투명하게 공개

② 예산 집행내역 공개 : 학교 웹사이트 등을 통하여 예산 사용내역을 세부 지출항목까지 포함하여 공개

③ 감사 및 외부감시 강화 : 학교 내 자체 감사팀을 구성하거나 외부 전문가 집단을 통하여 예산 사용내역 감시

④ 재정 운영의 매뉴얼화 및 교육 : 예산 편성과 집행에 대한 표준화된 절차와 규정을 담은 매뉴얼 제공
└───┘

7 교육법

1 법률에 의하여 보장받는 학생의 권리와 의무

○ **(학습권)** 모든 국민은 평생에 걸쳐 학습하고, 능력과 적성에 따라 교육 받을 권리를 가진다. (「교육기본법」 제3조)

○ **(기회균등)** 모든 국민은 성별, 종교, 신념, 인종, 사회적 신분, 경제적 지위 또는 신체적 조건 등을 이유로 교육에서 차별을 받지 아니한다. (동법 제4조 제1항)

※ **(적정 학생 수)** 국가는 교육여건 개선을 위한 학급당 적정 학생 수를 정하고 지방자치단체와 이를 실현하기 위한 시책을 수립·실시하여야 한다.(동법 제4조 제3항 신설)

○ **(의무교육)** ① 의무교육은 6년의 초등교육과 3년의 중등교육으로 한다. ② 모든 국민은 제1항에 따른 의무교육을 받을 권리를 가진다. (동법 제8조)

○ **(학습자의 인권)** 학생을 포함한 학습자의 기본적 인권은 학교교육 또는 평생교육의 과정에서 존중되고 보호된다. (동법 제12조 제1항)

○ **(학습자의 개성 및 능력 존중)** 교육내용·교육방법·교재 및 교육시설은 학습자의 인격을 존중하고 개성을 중시하여 학습자의 능력이 최대한으로 발휘될 수 있도록 마련되어야 한다. (동법 제12조 제2항)

○ **(윤리의식 확립 및 규칙·질서 준수)** 학생은 학습자로서의 윤리의식을 확립하고, 학교의 규칙을 지켜야 하며, 교원의 교육·연구활동을 방해하거나 학내의 질서를 문란하게 하여서는 아니 된다. (동법 제12조 제3항)

2 학생 징계 및 체벌

○ **(징계)** 학교의 장은 교육을 위하여 필요한 경우에는 법령과 학칙으로 정하는 바에 따라 학생을 징계할 수 있다. 다만, 의무교육을 받고 있는 학생은 퇴학시킬 수 없다. (초·중등교육법 제18조 제1항)

- **(절차)** 학교의 장은 학생을 징계하려면 그 학생이나 보호자에게 의견을 진술할 기회를 주는 등 적정한 절차를 거쳐야 한다. (동법 제18조 제2항)

- **(종류)** 학교 내의 봉사, 사회봉사, 특별교육이수, 1회 10일 이내·연간 30일 이내의 출석정지, 퇴학처분 (동법 시행령 제31조 제1항 각 호)

○ **(체벌 금지)** 학교의 장은 법 제20조의2에 따라 다음 각 호의 어느 하나에 해당하는 분야와 관련하여 조언, 상담, 주의, 훈육·훈계 등의 방법으로 학생을 지도할 수 있다. 이 경우 도구·신체 등을 이용하여 학생의 신체에 고통을 가하는 방법을 사용해서는 안 된다. (동법 시행령 제40조의3)

3 학교안전사고 관련 법령

○ **(학교안전사고)** 교육활동 중에 발생한 사고로서 학생·교직원 또는 교육활동 참여자의 생명 또는 신체에 피해를 주는 모든 사고 및 학교급식 등 학교장의 관리·감독에 속하는 업무가 직접 원인이 되어 학생·교직원 또는 교육활동 참여자에게 발생하는 질병으로서 대통령령으로 정하는 것 (「학교안전사고 예방 및 보상에 관한 법률」 제2조 제6호)

> **학생·교직원 또는 교육활동 참여자에게 발생하는 질병의 종류**
>
> - 학교급식이나 가스 등에 의한 중독
> - 일사병(日射病)
> - 이물질의 섭취 등에 의한 질병
> - 이물질과의 접촉에 의한 피부염
> - 외부 충격 및 부상이 직접적인 원인이 되어 발생한 질병

07 학교 및 학급경영

Ⅰ 학교경영

① 학교경영의 기본적 이해

- ○ **(개념)** 학교단위에서 교육활동에 참여하는 사람들이 **교육목표를 효과적으로 달성하기 위하여 계획·결정·집행·지도·통제·평가**하는 일련의 활동(진동섭 외, 2017.)

- ○ **(원리)** ① 민주성의 원리, ② 타당성의 원리, ③ 자율성의 원리, ④ 효율성의 원리, ⑤ 안정성의 원리

- ○ **(영역)** 학교경영계획, 교육과정 운영, 학생지도(교과지도·생활지도·특별활동지도), 교직원 인사, 시설·재정관리, 사무관리, 지역사회 관계 등

▎ **T. Bush의 학교경영 모형, 1995.**

구분	주요 내용	리더십 행태
공식적 모형	조직의 위계적 구조 강조, 합리적 접근을 통해 목적 달성 추구	리더가 목표 설정 주도
합의제모형	구성원의 참여적 의사결정과정 강조, 합의를 통한 목표 설정 및 달성 추구	합의 촉진, 참여의 구성원
정치적 모형	학교의 가장 주도적인 집단·개인의 이익 반영	리더는 참여자이며 중개자
주관적 모형	전체 조직·집단보다 개인 강조, 집단 목표보다 개인의 목표 강조	개인들의 조직 내 기여도 강조
불확실모형	조직에서의 불확실성과 불예측성 강조, 쓰레기통모형에 근거한 의사결정	불확실을 강조하며 신중한 태도
문화적 모형	조직문화의 계승과 보존 목표, 공통 가치의 범위 내에서 합리적 결정	오랜 시간 축적된 경험·가치관 강조

2 학교경영 과정

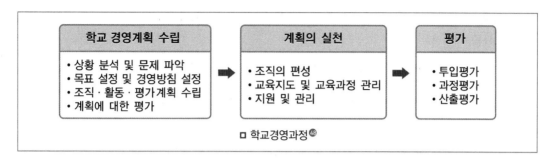

□ 학교경영과정 [48]

학교 경영계획의 원리

- **(연계성의 원리)** 국가 교육계획 및 지역 교육계획과 연계
- **(합리성의 원리)** 계획 수립 시 합리적 의사결정 요구
- **(종합성의 원리)** 목표 달성을 위한 관련 요소를 종합하여 포함
- **(참여의 원리)** 교직원 전체, 학부모, 지역사회 참여
- **(현실성의 원리)** 경영계획의 물적·재정적 여건 고려

---

3 학교경영 기법 : 목표관리제 기출 2010

○ **(개념)** 목표관리(Management By Objectives ; MBO)란 **참여의 과정을 통하여 활동의 목표를 명료화·체계화**함으로써 관리의 효율화를 기하려는 관리기법

○ **(과정)** 목표 설정 → 목표 달성을 위한 과정 관리 → 성과 측정 및 평가

○ **(학교에서의 목표관리)** 학교 구성원의 참여와 협의를 통하여 교육목표를 수립하고 이를 달성하기 위한 전략 공유

○ **(의의)** ① **교육의 효율성** 제고
② 구성원의 **참여와 합의**를 통한 학교운영의 민주화·분권화
③ **목표와 책임**에 대한 명확한 설정으로 학교관리의 문제·장애 조기 치유 가능

○ **(한계)** ① **단기적·구체적 목표**는 교육의 특성(장기성, 전인교육)과 불일치
② **가시적·계량적 목표**에 대한 강조는 **교육의 질적 측면 무시**

---

[48] 진동섭 외, 2017 수정

4 학교경영의 실제

○ (교무 · 업무분장) 학교장의 학교 운영 · 조직 관리로서 학교교육목표 달성을 위하여 **다양한 업무에 교사를 배치**하는 것

  - (원칙) ① **적재적소의 원칙**, ② **변화성의 원칙**, ③ **공정성의 원칙**

  - (주요 업무) 대체로 **행정부문은 교무 · 연구 · 생활지도 · 정보 · 진로상담** 등으로 구분, 교과 부문은 인문 · 자연 · 예체능으로 구분

○ (단위학교 자율책임경영제 : SBM) 학교교육과 경영의 책무성을 높이기 위하여 교육행정기관의 **의사결정 권한을 일선 학교로 이양**하고, 단위학교에서는 의사결정 권한을 **행정가 · 교사 · 학부모와 공유**하는 것 **기출** 2009

  ※ School Based Management

📎 SBM 모형 : Murphy & Beck, 1995.

구분	주요 내용
행정적 통제모델	학교장이 권한을 소유, 교사나 학부모의 의사결정 권한 제한
전문적 통제모델	학교장과 교사가 권한을 공유, 의사결정은 합의나 투표에 의하여 이루어짐
지역사회 통제모델	학부모와 지역사회가 권한을 소유

  - (특징) ① 단위학교의 **자율성 · 창의성 · 책무성** 강조
            ② 학운위 설치 등 단위학교 내 **의사결정의 분권화 추구**
            ③ 교육청에 의한 규제와 지시를 지양하고 **학교경영에 대한 권한을 단위학교에 부여**

  - (의의) ① 학교별 특수성을 반영하여 **학교운영의 현장 적합성 제고**
            ② 학교운영의 **민주화 실현**

  - (한계) ① 전문성이 떨어지는 경우 **학교운영의 피해가 학생에게 전가**
            ② 다수가 참여하는 경우 **책임 모호**

○ (총체적 질 관리 : TQM) 교육 수혜자에게 **양질의 교육 서비스를 제공**하고 **교육경쟁력을 강화**하기 위한 학교경영의 혁신전략

  ※ Total Quality Management

  - (관리방안) ① 명료한 목표 설정과 과정 개선
              ② 팀에 의한 문제해결
              ③ 교사의 역할 강조
              ④ 교육훈련 프로그램 개발

○ **(학교운영위원회)** 학교운영의 **자율성**을 높이고 지역사회의 실정과 특성에 맞는 **다양하고 창의적인 교육**을 할 수 있도록 만든 제도(초·중등교육법 제31조) **기출** 2024

※ 1996년 국·공립 초·중등학교에 도입, 2000년 사립 초·중등학교에 도입

– **(성격)** 국·공립·사립 모두 심의기구

※ **(기능)** 학칙 제·개정, 학교 예산 및 결산, 학교 교육과정 운영방법, 교과용 도서 및 교육자료 선정, 공모교장 공모 방법 및 임용·평가, 초빙교원 추천, 학교발전기금 사용

– **(의의)** ① 학교단위 자치기구로서 **학교 공동체정신** 구현
② 교육에 관한 **지역사회의 책무성** 확보
③ 교육의 **민주화**

– **(한계)** ① **특정 이해관계**만 반영할 우려
② 현실에서 **거수기구화**
③ **위원의 대표성** 문제

07

2 학급경영

1 학급경영의 기본적 이해

○ **(개념)** 학교 교육활동의 기본단위로서의 **학급을 대상**으로, 교수·학습활동과 생활지도가 효율적으로 이루어지도록 **인적·물적자원을 활용**하고 **계획·조직·조정·지시·통제**하는 활동

※ 질서유지로서의 학급경영, 조건정비로서의 학급경영, 교육경영으로서의 학급경영

학급경영의 원리

- **(교육성의 원리)** 모든 과업의 목적은 교육 목적에 부합
- **(민주성의 원리)** 교사의 독단을 지양하고 학생과 권한·책임 공유
- **(효율성의 원리)** 학급의 목표를 성공적으로 달성하기 위하여 최소한의 투입으로 최대의 효과 추구
- **(통합성의 원리)** 모든 과업이 통합적으로 이루어져야 함

○ **(교사 태도)** ① 교사의 확고한 **교육철학**
② **정확한 학생 특성 및 정보 파악**
③ **동료와 협동**을 통한 학급경영의 전문성 향상

2 학급경영계획

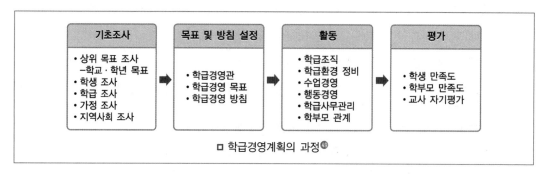

□ 학급경영계획의 과정[49]

○ **(기초조사)** 교사가 담당하는 학급의 현황 파악

- 학급경영을 위하여 필요하기는 하나, **조사과정에서 학생에게 부정적 영향**을 줄 수 있으므로 무분별한 개인정보 수집이 되지 않도록 유의

  ※ 학생 조사(성격ㆍ성적ㆍ지능ㆍ교우관계 등), 학급 조사(성적분포ㆍ교실기자재ㆍ학급풍토), 가정 조사(가족상황ㆍ가정 내 학습환경), 지역사회 조사(문화시설ㆍ통학조건ㆍ주민생활상ㆍ주요기관 등)

○ **(목표 및 방침 설정)** **학교 교육목표 및 학년 교육목표와 일관**

- 목표 설정 시 **어떤 학급조건**에서 **어떤 수단과 방법**을 통하여 **어느 정도의 교육목표**를 달성할 것인지 분명, **가능한 성과기준 계량화**

○ **(활동계획 ①: 학급조직)** 학급활동에 필요한 조직 구성

- **(유형)** 단식학급 vs 복식학급(농어촌 한 학급 2학년제), 이질학급 vs 동질학급(우열반), 과정별 학급 편성(특성화고)

┌─ 학급조직의 원리

- **(타당성의 원리)** 학급은 교육목적을 이루기에 적합하도록 조직, 학생의 지적ㆍ정의적ㆍ신체적 영역이 고루 발달할 수 있도록 조직
- **(개인차의 원리)** 학급은 수준이 높은 학생과 낮은 학생이 함께 공부하고 서로 도움을 주고받을 수 있도록 조직
- **(적정화의 원리)** 학생의 개인차를 보살피는 데 적합한 인원 수로 조직

- **(학급집단 지도지침)** ① **공동목표를 달성**할 수 있는 협동체로 조직, ② 모든 집단에는 **규칙과 규범**, ③ **의사소통**이 원활하게 이루어지도록 구조화, ④ 구성원 모두가 참여할 수 있도록 **민주적ㆍ자율적 형태**

---

[49] 진동섭 외, 2017, p.469

○ **(활동계획 ②: 학급환경 정비)** 학급의 좌석배치, 벽면활용 등 공간에 대한 정비와 학급풍토 등 심리에 대한 정비

- **(물리적 환경)** 교실의 조도, 소음 수준, 온도, 좌석배치 등

- **(심미적 환경)** 벽면과 게시판에 전시 및 게시

- **(심리적 환경)** 학생의 자긍심과 동기를 부여하는 학급 분위기와 풍토 조성을 통하여 학생의 지적 능력을 최대한 발휘

  ※ **(주요 활동)** 규칙 명확화, 교사의 일관성 있는 행동, 위협하지 않기, 공정한 행동, 자신감 심어주기, 적극적 시범, 교육과정과 학급환경의 조화

○ **(활동계획 ③: 수업경영)** 단위수업을 계획·실천·평가하고 단위시간에서부터 일일 수업, 주별 수업, 학기별 수업, 연간 수업에 이르기까지 물리적·심리적 환경을 고려한 전체적인 운영

> **수업경영의 원리**
>
> ▪ **(참여의 원리)** 일방전달식뿐 아니라 학생들이 직접 체험하거나 원리를 찾는 활동 적절히 활용
> ▪ **(수준별 수업의 원리)** 학생 개인의 실력에 맞는 활동에 참여시키기
> ▪ **(통합의 원리)** 교과 내 연계, 교과 간 연계, 교과와 실생활의 연계

○ **(학급경영 평가)** 학급 경영활동의 가치를 체계적으로 조사·판단

- **(기능)** ① 경영활동의 성취도 확인, ② 학급경영의 문제점 진단 및 개선사항 발굴, ③ 교사 및 학급구성원의 동기유발, ④ 학급경영의 책무성 확보

□ 학급평가의 과정

③ 민주적 학급운영

○ **(개념)** **학습자의 자발적인 참여**를 통하여 학급 운영상 필요한 의사결정을 하는 것

○ **(필요성)** ① 학습자 측면: 학습자의 **자기주도성, 시민의식 함양**
② 사회 측면: 사회에서 필요로 하는 **민주성의 가치 함양**

○ **(운영 방안)** ① 1인 1역할 선정: 태블릿 도우미, 급식 알리미, 지각 체크 팀장, 가정통신문 팀장
② 규칙 수립: 지각, 비행행위 시 규칙 등
③ 학급행사 관련 의사결정: 반티 디자인

4 학급생활지도

○ **(교과지도)** 다양한 교수학습방법을 통한 교과내용 지도

○ **(특별활동지도)** 자율·자치활동, 동아리활동, 진로활동

　– **(자율·자치)** 자치활동을 통하여 학생들의 자발적 참여를 유도하고 민주적 분위기를 조성하도록 격려, 역할분담의 기회 부여

　– **(동아리)** 자신의 흥미와 적성에 따라 동아리를 구성·가입하고 동아리 운영·참여에 있어서 자율성과 책임성 부여(봉사활동 포함)

　– **(진로)** 자신의 꿈과 끼를 찾아 자신에게 맞는 직업을 탐색하도록 정보를 제공하고 기회 제공

○ **(생활지도)** 학생이 삶에서 직면하는 **여러 가지 문제를 스스로 해결하고 극복할 수 있도록 지원**하는 과정

○ **(행동지도)** 학습활동에의 몰입 여부와 학급 생활규칙의 준수 지도

　※ 상과 벌을 통해 행동 강화, 학생행동과 학업성취 간의 관계 관찰, 일관적 규칙 적용, 부적절한 행동에 대한 즉각적 제지

○ **(사무관리)** 행정 수행과정에서 수반되는 기록과 장부의 작성 및 보관, 공문서와 보고처리 등 문서관리를 위주로 하는 업무

　※ 학급일지 작성, 학생부 작성, 통계처리, 학급비품에 관한 사무 등

MEMO

◆── 지금까지의 출제경향

1. 출제빈도
- 2015학년도 상반기 이후로 미출제

2. 출제이론과 문제형태
- 미시적 교실 내 상황을 교육사회학 이론(비행, 문화실조)으로 분석하는 문제와, 거시적 교육환경을 기능론의 관점에서 분석하는 문제 출제

◆── 학습전략

1. 출제 예상 Point
- 교육사회학은 교육현상을 바라보는 관점과 관련한 학문이므로 단순히 특정 이론의 기본적인 내용을 물어보기보다는 해당 이론에 따른 어떤 현상의 원인, 문제점, 해결방안을 출제할 가능성이 높음
- 교육현상으로 최근 강조된 기초학력보장과 관련한 교육과 평등, 학교폭력과 관련한 비행이론 등은 중점적으로 살펴볼 필요

2. 중요 체크 이론
- **(기능론)** ① 기능론에서의 교육 및 학교의 기능
  ② Dreeben의 규범 교육이론의 주요 내용
- **(갈등론)** ① 갈등론에서의 교육 및 학교의 기능
  ② Freire의 의식화 교육이론의 주요 내용
- **(미시이론)** Hargreaves의 상호작용이론
- **(교육과 평등)** ① 교육평등의 관점
  ② 기초학력 보장 방안
  ③ 학력상승의 원인
- **(교육과 경쟁)** ① 학업성취와 격차 발생의 원인
  ② 사회적 자본론
- **(교육과 문화)** 학생의 비행과 일탈의 원인

VIII

교육사회학

Mind Map

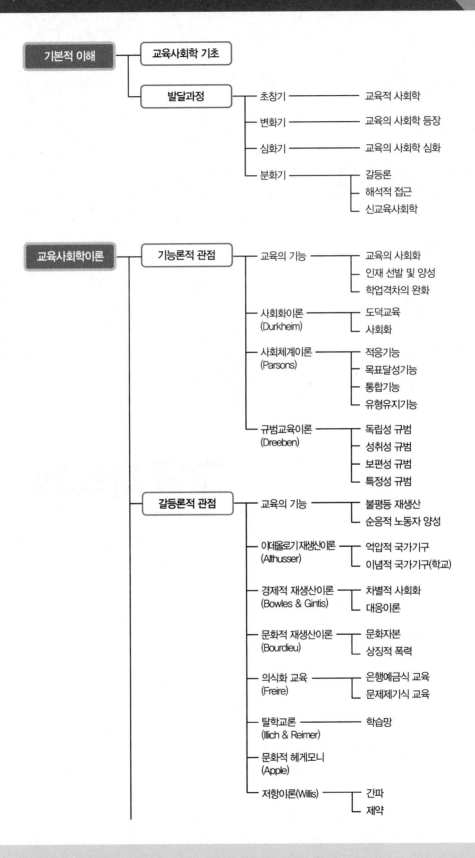

- 기본적 이해
  - 교육사회학 기초
  - 발달과정
    - 초창기 ——— 교육적 사회학
    - 변화기 ——— 교육의 사회학 등장
    - 심화기 ——— 교육의 사회학 심화
    - 분화기
      - 갈등론
      - 해석적 접근
      - 신교육사회학

- 교육사회학이론
  - 기능론적 관점
    - 교육의 기능
      - 교육의 사회화
      - 인재 선발 및 양성
      - 학업격차의 완화
    - 사회화이론 (Durkheim)
      - 도덕교육
      - 사회화
    - 사회체계이론 (Parsons)
      - 적응기능
      - 목표달성기능
      - 통합기능
      - 유형유지기능
    - 규범교육이론 (Dreeben)
      - 독립성 규범
      - 성취성 규범
      - 보편성 규범
      - 특정성 규범
  - 갈등론적 관점
    - 교육의 기능
      - 불평등 재생산
      - 순응적 노동자 양성
    - 이데올로기재생산이론 (Althusser)
      - 억압적 국가기구
      - 이념적 국가기구(학교)
    - 경제적 재생산이론 (Bowles & Gintis)
      - 차별적 사회화
      - 대응이론
    - 문화적 재생산이론 (Bourdieu)
      - 문화자본
      - 상징적 폭력
    - 의식화 교육 (Freire)
      - 은행예금식 교육
      - 문제제기식 교육
    - 탈학교론 (Illich & Reimer) ——— 학습망
    - 문화적 헤게모니 (Apple)
    - 저항이론(Willis)
      - 간파
      - 제약

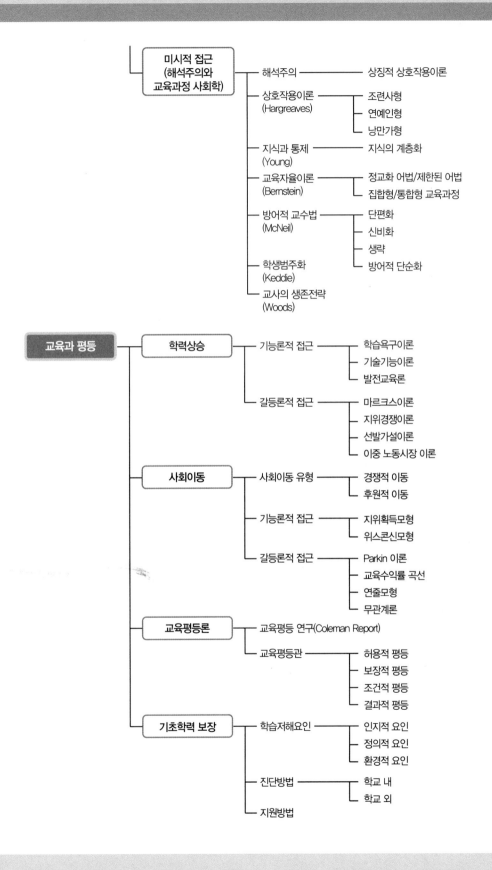

미시적 접근
(해석주의와
교육과정 사회학)

해석주의 ——— 상징적 상호작용이론

상호작용이론
(Hargreaves)
— 조련사형
— 연예인형
— 낭만가형

지식과 통제 ——— 지식의 계층화
(Young)

교육자율이론
(Bernstein)
— 정교화 어법/제한된 어법
— 집합형/통합형 교육과정

방어적 교수법
(McNeil)
— 단편화
— 신비화
— 생략
— 방어적 단순화

학생범주화
(Keddie)

교사의 생존전략
(Woods)

교육과 평등

학력상승
기능론적 접근
— 학습욕구이론
— 기술기능이론
— 발전교육론

갈등론적 접근
— 마르크스이론
— 지위경쟁이론
— 선발가설이론
— 이중 노동시장 이론

사회이동
사회이동 유형
— 경쟁적 이동
— 후원적 이동

기능론적 접근
— 지위획득모형
— 위스콘신모형

갈등론적 접근
— Parkin 이론
— 교육수익률 곡선
— 연줄모형
— 무관계론

교육평등론
교육평등 연구(Coleman Report)

교육평등관
— 허용적 평등
— 보장적 평등
— 조건적 평등
— 결과적 평등

기초학력 보장
학습저해요인
— 인지적 요인
— 정의적 요인
— 환경적 요인

진단방법
— 학교 내
— 학교 외

지원방법

Mind Map

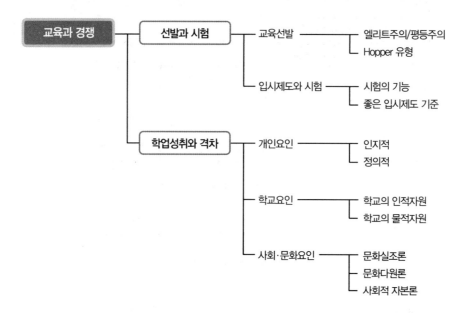

교육과 경쟁
├ 선발과 시험
│   ├ 교육선발 ── 엘리트주의/평등주의
│   │   └ Hopper 유형
│   └ 입시제도와 시험 ── 시험의 기능
│   └ 좋은 입시제도 기준
└ 학업성취와 격차
    ├ 개인요인 ── 인지적
    │   └ 정의적
    ├ 학교요인 ── 학교의 인적자원
    │   └ 학교의 물적자원
    └ 사회·문화요인 ── 문화실조론
                     ├ 문화다원론
                     └ 사회적 자본론

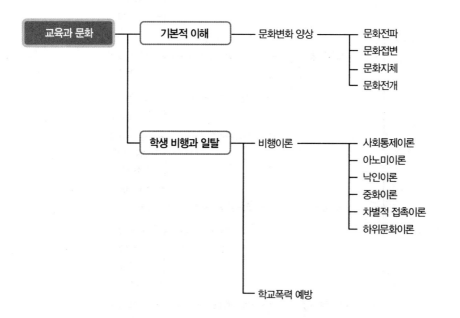

교육과 문화
├ 기본적 이해
│   └ 문화변화 양상 ── 문화전파
│   ├ 문화접변
│   ├ 문화지체
│   └ 문화전개
└ 학생 비행과 일탈
    ├ 비행이론 ── 사회통제이론
    │   ├ 아노미이론
    │   ├ 낙인이론
    │   ├ 중화이론
    │   ├ 차별적 접촉이론
    │   └ 하위문화이론
    └ 학교폭력 예방

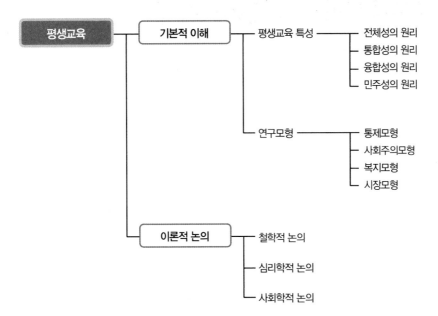

평생교육 ── 기본적 이해 ── 평생교육 특성 ── 전체성의 원리
                                        통합성의 원리
                                        융합성의 원리
                                        민주성의 원리

                      연구모형 ── 통제모형
                                 사회주의모형
                                 복지모형
                                 시장모형

          이론적 논의 ── 철학적 논의
                       심리학적 논의
                       사회학적 논의

01 교육사회학의 기본적 이해

1 교육사회학의 기초

○ (개념) **교육에 관한 모든 현상을 과학적으로 탐구**하여 그에 관한 지식을 쌓고 이론을 형성하려는 학문
   - 사회현상으로서 교육을 기술·설명·이해하려는 활동

○ (접근방법) 교육적 사회학과 교육의 사회학
   - (교육적 사회학 : Educational Sociology) 사회학의 지식을 교육 실천에 응용하려는 **실천지향적 연구**
   - (교육의 사회학 : Sociology of Education) 교육에 대한 사회과학적 탐구를 통하여 사회학의 지식과 이론을 넓혀가려는 **이론지향적 연구**

○ (양대 관점) 교육현상을 바라보는 **기능론적 관점과 갈등론적 관점**
   - (기능론적 관점) **사회는 안정과 질서유지**를 위하여 다양한 기능을 수행하는 수많은 개인 및 집단의 합의된 통합체이며, **학교·교육은 사회 안정화에 기여**한다는 관점
   - (갈등론적 관점) **사회는 경쟁과 갈등**이 필연적으로 나타나는 장이며, 지배계층이 계속해서 경쟁에서 우위를 점하기 위하여 **학교·교육을 통해 불평등을 재생산**한다는 관점

   > ■ 기능론과 갈등론적 관점은 내용상 차이점이 있지만 **사회를 거시적인 관점**에서 바라본다는 공통점을 지님
   > ■ 거시적 관점은 사회 속 구성원의 상호작용과 같은 **실제 모습을 제대로 이해하기에 한계**가 있다는 지적 속에, **미시적 관점으로서 해석주의·교육과정사회학(신교육사회학)**이 등장

2 교육사회학의 발달과정

1 미국의 교육사회학 발달과정

○ (초창기) **교육적 사회학**으로서 교육사회학 등장(1907) 이후 1920년대 미국교육사회학회 및 학술지 「Educational sociology」 창간

- 학교문제 해결을 위한 사회문화적 지식 축적 및 활용에 초점
- 1950년대 지역사회학교(Community School) 운동, 사회중심교육(Society-Centered Edu.) 운동의 영향으로 **지역사회 속 학교의 기능이 강조되었지만 교육사회학 자체에 대한 관심은 감소**

○ **(변화기) 사회지향적** 교육사회학, **교육의 사회학**으로서 교육사회학 등장(1950년대)

※ 학술지명 변경 : 「Educational sociology」 → 「Sociology of Education」(1963)

○ **(심화기) 사회지향적** 연구로서, ① **학습자의 학업성취 및 태도 형성**에 미치는 사회의 영향, ② 사회조직체로서 **학교에 관한 연구** 등으로 심화 발전(1950 ~ 1970년대), ③ **국가발전**에 기여하는 교육의 사회적 기능(발전교육론)

○ **(분화기)** 갈등이론, 비판적 교육사회학, **해석적 접근, 신교육사회학** 등장

- **(갈등론)** 기존 교육의 **역기능**, 구조상의 **결함**, 사회체제의 **모순**에 관심

- **(해석학)** 교육을 이끌어가는 행위자(교사·학부모·행정가·주민 등) 간 상호 협력·경쟁·갈등· 타협 등에 관심

- **(신교육사회학)** 기존 연구는 연구주제를 잘못 선정(거시적 관점), **교육과정과 수업·교사와 학생 간의 상호작용에 관심(미시적 관점)**

※ **(신교육사회학의 연구주제)** ① 교육과정, 학교의 교육내용은 보편적·절대적이지 않고 단지 사회적·정치적 산물, ② 교사와 학생 간의 상호작용은 사회적으로 형성되므로 항상 교육적이지 않음

2 한국 교육사회학의 발달과정

○ **(도입기)** 해방 이후 미국의 영향을 받아 도입*, 교육현장에 활용할 수 있는 사회학적 지식 체계화 **(실천지향적 연구)**

* 서울대에서 교육사회학 강좌 최초 개설(1952), 교사자격 취득 위한 교직과정 포함(1955)

○ **(변화기)** 새마을운동기에 맞추어 **지역사회 개발에 이바지하는 학교의 역할 강화를 위한 원리와 지식 연구**에 한정

※ 교육사회학 → 학교와 지역사회(1972, 문교부령 개정)

○ **(교육사회학의 부활)** 민주화운동의 확대에 따라 교육사회학의 **사회지향적 성격 강화**(갈등론적 관점, 진보주의 연구 확대)

※ 학교와 지역사회 → 교육사회학(1985, 교직과정 개편)

○ **(심화·발전기)** 국내외 정세변화*와 맞물려 **학문의 자유 확대, 다양한 관점 및 문제의식 확대, 교육개혁**에 대한 관심 급증

* 문민정부 출범, 베를린장벽 붕괴, 소련 해체 등

CHAPTER 02 교육사회학이론

◼️ 기능론적 관점

> ◆ **사회를 유기체**에 비유, **사회의 각 부분**은 전체의 존속을 위하여 **각각 필요한 기능 수행**
> ※ **(주요 학자)** A. Comte, H. Spencer, E. Durkheim, V. Pareto, T. Parsons 등
> ※ **(주요 이론)** 구조기능이론, 합의이론, 질서모형, 평형모형 등

1 기본내용 `기출` 2011

- ○ **(사회관)** 사회의 안정과 질서유지를 위하여 다양한 기능을 수행하는 수많은 개인 및 집단의 **합의된 통합체**

- ○ **(부분 간의 관계)** 사회의 각 부분은 전체의 생존을 위하여 상호의존하며, **기능상 차이**만 있을 뿐 **우열은 비존재**

- ○ **(불평등)** 기능상 차이에 따른 **차등적 보상체계의 결과**로서 재산의 차이, **차등적 권한분배의 결과**로서 **권력**의 차이 발생

2 교육 및 학교의 기능 : 순기능 `기출` 2003, 2004, 2005

- ○ **(교육의 사회화기능)** **학교교육**은 새로운 세대에게 기존의 생활양식과 가치 및 규범 전수를 통해 **전체 사회의 유지에 기여**

  – 교육을 통하여 사회에서 요구하는 **지식, 기술, 행동양식을 전승하므로 국가의 관여 필요**

- ○ **(인재 선발 및 양성기능)** **학교교육**은 재능 있는 사람을 **분류·선발**하여 적재적소에 **배치하며**, 사회에 적응하고 나아가 사회를 발전시키는 **인력 양성**

  ※ 학교교육이 수행하는 기능 중 가장 현실적·구체적 기능

- ○ **(학업격차의 완화기능)** 능력별 수업을 통하여 집단 간 학업성취수준 격차 완화, 우수 교사의 농·산·어촌 배치를 통하여 지역적 학업성취수준 격차 완화

3 평가

○ **(시사점)** ① 복잡한 사회변화에도 **안정적으로 유지되는 사회체제 설명**
② **교육의 긍정적 기능** 부각

○ **(한계)** ① 이념과 이해관계인의 **갈등을 과소평가**하여 현실설명력 부족
② 변화를 과소평가하여 **사회의 역사적 변화과정 설명 곤란**
③ 개혁보다는 **체제유지** 강조
④ **사회를 필요와 목적을 느끼는 유기체**로 설명

4 **기능주의 관점의 주요 이론**

(1) **E. Durkheim의 이론** 기출 2006, 2013

○ **(교육관)** 교육을 사회생활을 위한 준비를 완료하지 못한 **어린 세대에 대한 성인 세대의 영향력 행사**(Durkheim, 1978.)로 보아 **교육과 사회화를 동일시**

– 인간다운 인간을 육성하기 위하여 **도덕교육을 통한 사회화** 강조

○ **(도덕교육)** 사회의 주된 가치와 신념을 내면화하는 교육으로서 사회가 변화함에 따라 도덕교육의 내용도 변화

※ 도덕성의 구성요소 : 규율정신, 집단에 대한 애착, 자율성

– 학교에서 올바른 도덕교육을 위해서는 **교사의 모범적 헌신**이 필요하며 **모범적 사례 활용**

○ **(사회화)** 사회의 질서유지와 통합을 위하여 교육의 사회화 기능 강조

– **(보편사회화)** 전체로서 **사회가 요구하는** 신체적 · 지적 · 도덕적 특성*을 함양하는 것으로, 사회분화에 따라 직업교육 및 전문화된 교육은 불가피하나, 분화가 가속화될수록 **사회 전체의 동질성 유지를 위해서는 보편교육** 필수

*공통적 감성, 신념, 집합의식

– **(특수사회화)** 개인이 속하는 **특수환경에서 요구**하는 신체적 · 지적 · 도덕적 특성을 함양

(2) **T. Parsons의 사회체계이론**

○ **(사회체계 : Social System)** 다양한 행위자들의 상호작용과 합의를 통해 **안정적으로 유지되는** 질서

– **(구성)** **문화**체계(가치 · 규범), **사회**체계(사회적 역할), **인성**체계(동기 · 욕구)로 구성

08

- (특성) ① 한 체계를 구성하고 있는 요소들은 **기능상 상호의존적**

  ② 한 체계의 구성요소는 **체계의 계속적 작용**에 적극적 공헌

  ③ 각 체계들은 **더 높은 수준의 체계(상위체계)에 영향**

○ **(사회체계의 존속기능)** 사회체계가 안정상태를 유지하기 위하여 필수적으로 충족시켜야 하는 **4가지 기능적 요건(AGIL)**

  - (적응기능 : Adaptation) 체계가 외부환경으로부터 **자원**을 얻어 **분배**하고 **보존**하는 활동 (경제제도)

  - (목표 달성기능 : Goal-Attainment) **목표를 설정**하고 **목표 간 우선순위**를 정하며 목표 달성을 위하여 **자원과 능력 활용**(정부)

  - (통합기능 : Integration) 체계를 구성하는 **단위들 사이의 관계를 조정하고 통합**(사법제도)

  - (유형유지기능 : Latent Pattern Maintenance) 체계의 안정적 유지를 위해 **문화와 가치를 보존·전승**(교육제도)

📗 **사회적 기능 유형**[50]

조직 유형	사회적 기능	특징	예시
생산조직	적응	사회가 소비하는 재화·용역 생산	기업체
정치적 목표 지향조직	목표 성취	사회 내의 권력 창출·분배, 사회가 바람직한 목표를 달성하도록 보장	행정기관
통합조직	통합	사회 내 갈등 해결 및 사회의 구성부분 간 공존과 협동 조정	법원, 정당, 사회통제기관
유형 유지조직	유형 유지	교육·문화 등을 통하여 사회의 문화를 창조·보존·전달 하는 기능	학교, 종교단체

○ **(사회화)** 사회·문화체계가 인성체계에 내면화되는 과정

  - (역할사회화) 장차 성인이 되어 담당하게 될 **역할 수행**에 필요한 **정신적 자세와 자질**을 기르는 것으로, 학교를 통하여 사회화가 가능하며 이를 통해 사회가 안정적으로 유지

○ **(사회적 선발)** 기술산업사회에서는 **각각의 능력과 소질에 적합한 역할**을 부여하는 **인력배치**(Manpower Allocation)가 중요

  - **학교**는 개개인의 능력과 소질을 정확히 파악하여 직업구조에 적절히 배치하는 **사회적 선발기구**

---

[50] 진동섭 외, 2017, p.242

(3) M. Dreeben의 규범교육이론 _{기출} 2007

○ **(교육관)** 산업사회의 안정을 위해서 학생들은 **사회적 규범***을 **학습**해야 하며 **학교는 규범교육의 기능**을 충실히 수행하는 기관

   * 상황에 따라 어떻게 행동해야 하는지에 대한 구체적 행동표준(원칙, 기대 등)

○ **(사회화)** 4가지 **사회적 규범의 내면화**

  – **(독립성 규범)** **자신의 일은 스스로 책임**져야 한다는 규범, 학교에서 과제를 스스로 처리하고 행동에 책임을 지면서 습득

     ※ 독립적으로 숙제를 하고 시험을 치르도록 강요받으면서 독립성 습득

  – **(성취성 규범)** **최선을 다해 과제를 수행**해서 **높은 성적**을 받는 것이 **가치롭다**는 규범, 타인과 자신의 성취·대우를 비교하면서 습득

     ※ 전반적인 교수학습평가의 과정에서 성취성 습득

  – **(보편성 규범)** **동일한 집단의 구성원들은 보편적인 대우를 받는다**는 규범, 학교에서 동일 학년·동일 반 학생에게 동일한 학습내용과 과제를 제공하고 동일한 규칙을 적용하면서 습득

     ※ 협동학습 등의 집단학습을 통하여 보편성 습득

  – **(특정성 규범)** **개인 특성에 따라 예외적으로 다른 대우를 받는다**는 규범, 학년이 높아지면서 흥미·적성에 맞는 교육을 통하여 습득

     ※ 선택형 교육과정, 방과후활동을 통하여 특수성 학습

2 갈등론적 관점

> ◆ **사회**는 개인 및 집단 간의 끊임없는 **경쟁과 갈등의 연속**
> ※ **(주요 학자)** M. Weber, K. Marx, A. Gramsci, L. Althusser, R. Dahrendorf 등
> ※ **(주요 이론)** 지위경쟁이론, 종속이론, 마르크스주의, 신마르크스주의 등

1 기본내용

○ **(사회관)** 사회는 인간의 무한한 소유욕과 제한된 재화 간의 불일치에 따라 **경쟁과 갈등이 필연적으로 나타나는 장(場)**

○ **(부분 간의 관계)** **사회의 각 부분**은 제한된 재화를 차지하기 위하여 **경쟁·갈등**하며, 그 과정에서 **필연적으로 우열 발생**

- **(K. Marx)** 자본주의의 구조적 모순에 따라 발생하는 **경제적 생산수단**(단일요인)**을 가진 자**(자본가)**와 갖지 못한 자**(노동자) **간의 계급갈등**

- **(M. Weber)** **경제적 부, 사회적 지위, 권력**(복합요인)을 둘러싼 갈등

○ **(불평등)** **지배계급의 이익만**을 반영한 사회의 결과물

2 교육 및 학교의 기능 : 역기능

○ **(불평등 재생산기능)** 학교는 지배 및 피지배 관계의 유지를 위하여 지배집단의 신념과 가치를 **종속 계급**에게 보편적인 가치로 **내면화**

○ **(순응적 노동자 양성기능)** 사회에 순응적이고 생산능력을 갖춘 **미래노동자(인간자본) 육성**

Marx의 교육에 대한 관점 : 김신일, 2015.

- **(개념)** 교육은 노동과 분리되어서는 안 되고 **노동이 교육의 일부**
  - 자본주의사회의 교육은 국민을 기계로 만드는 훈련에 불과하므로 **소멸 필요**
  - 하부구조인 경제와 물질이 상부구조인 정치·문화·교육·가치관·이념·관념을 결정
- **(특징)** − **학습이 일어나는 모든 상황을 교육으로 간주**
  − **사회개혁의 핵심 수단**으로서 교육 강조
  − **교육과 생산노동 연결**
  − 교과목의 **가치중립성 부정**
---

③ 평가

- (시사점) ① **교육의 사회적 성격** 인지
  ② 현실의 **경쟁·갈등 설명 용이**

- (한계) ① 재생산과정에 대한 **인간의 수동적 태도** 견지
  ② 자본주의적 계급관계의 **재생산 과정에 대한 고찰 결여**
  ③ **지나친 경제결정론**(교육의 수동성)
  ④ **교육의 기능**(사회통합, 공동체의식 강화 등) **과소평가**

④ 갈등론적 관점의 주요 이론

(1) L. Althusser의 이데올로기 재생산이론 기출 2007, 2012, 2013

- (상부구조의 분화) 하부구조의 토대는 경제, **상부구조는 억압적 국가기구와 이념적 국가기구**로 구분

  - (억압적 국가기구 : RSA*) 사법제도, 군대, 경찰 등 지배계급의 이익을 위하여 **힘·물리력·강제력을 동원**하는 기능 수행

    * Repressive State Apparatus

  - (이념적 국가기구 : ISA*) 가족, 교회, 학교, 언론, 문학, 미디어 등 계급관계를 은폐·위장하여 **구성원의 동의를 통해 기존 계급구조를 정당화하는 기능** 수행

    * Ideological State Apparatus

  - (상대적 자율성) 마르크스와 달리 **상부구조**는 하부구조의 영향을 전적으로 받지 않는 **고유의 효과 존재**

- (학교의 역할) **학교는 이념적 국가기구**의 전형으로서 지배 이데올로기를 국민들에게 **전파·내면화시켜 재생산**

  - (의무교육) 지배 이데올로기를 국민에게 전파·내면화시켜 기존 사회질서를 유지·존속하는 **가장 강력한 재생산장치**

(2) S. Bowles & H. Gintis의 경제적 재생산이론과 대응이론 기출 2004, 2008

- (학교의 역할) **학교는** 불평등한 경제적·사회적 구조를 재생산하는 **차별적 사회화기관**

  - 학교는 자본주의 생산양식에 적합한 태도와 가치관을 가르치고 기존의 **불평등한 계층구조를 정당화**

    ※ IQ가 동일하더라도 동일한 경제적 보상 미획득, IQ가 아닌 사회경제적 요인 작용

– 능력주의 이념을 통하여 **계급적 모순 은폐**

┌─ **차별적 사회화**

- **(개념)** 개별 학생이 원래 속한 계급에 따라 다른 규범과 성격적 특성을 내면화하여 사회화되는 것
- **(발생원인)** 사회계급에 따라 학교행정가 및 교사가 갖는 **교육목표, 기대상의 차이**에서 발생
- **(효과)** 노동자계급 학생은 노동자에게 적합한 규범과 성격적 특성을, 관리자계급 학생은 관리자에게 적합한 규범과 성격적 특성을 내면화하며 **자본주의 생산구조의 재생산**

○ **(대응이론)** 학교교육과 경제적 생산체제가 서로 대응(= 상응이론, Correspondence Theory)

– 사회적 위계에 내재한 **불평등한 위치로 학생들을 배당**

※ **(대응 원리)** 노동자가 위계적 분업구조 속에서 경험하는 불평등하고 억압적인 사회적 관계가 학교교육에 그대로 반영 (교육체제의 사회적 관계와 생산의 사회적 관계의 대응)

– 학생과 노동자는 각각 **학습과 노동으로부터 소외**되고, 학교에서의 **성적 등급은 작업장에서의 보상체제와 일치**

◢ **교육과 노동의 대응 · 상응**

구분	과업의 결정권	목적보다 수단	분화	단계
노동	지시받은 작업내용	돈을 벌기 위한 수단	분업	직급
교육	정해진 교육과정	졸업장을 위한 수단	과목 구분	학년

(3) **P. Bourdieu의 문화적 재생산이론** 기출 2002, 2003, 2006, 2009, 2011

○ **(학교의 역할)** 학교는 **지배집단의 문화자본**을 재창조하고 **상징적 폭력을 통해 이를 정당화**하여 지배계급의 권력과 특권을 전수

– 학교는 계급 중립적이고 상대적 자율성을 가진 기관으로 인정받고 있어 **저항 없이 지배계급의 문화 재생산 용이**

– 학교는 지배계층의 문화를 가르치며, 상징적 폭력을 통하여 지배계층의 문화를 강제, 따라서 그 **문화자본을 가진 자본가 계층의 자녀가 성공**하기에 용이

※ 클래식을 듣고 자란 A와 트로트를 듣고 자란 B 간의 음악시간 성취도 차이

○ **(문화자본 : Culture Capital)** 사회적으로 물려받은 계급적 배경에 의하여 **자연스럽게 형성된 지속적 문화적 취향**

문화자본의 종류

구분	주요 내용
아비투스적 문화자본	유년시절부터 자연스럽게 체화된 문화적 취향
객관화된 문화자본	책, 예술품 등 문화적 재화
제도화된 문화자본	졸업증, 자격증과 같이 제도적·사회적으로 인정된 것

- (아비투스 : Habitus) 사회계급이 그들만의 특징적인 문화양식이나 지배유형을 생산하고 발전시켜 **내면화된 문화자본으로 만드는 것**

○ (상징적 폭력 : Symbolic Violence) **특정 지배계급의 문화를 보편화·정당화**하여 **피지배계급이 수용**하도록 **강제**

(4) P. Freire의 의식화교육 기출 2011

○ (교육관) **사회현실을 비판적으로 인식하고 삶을 개척**할 수 있도록 인간을 **의식화하기 위하여** 은행예금식 교육이 아닌 **문제제기식 교육 필요**(사회현실에 대한 문제제기, 자유로운 대화)

- (은행예금식 교육) 억압자의 가치관·문화를 피억업자가 그대로 내면화하는 **침묵의 문화***를 조장하는 교육으로, **교사와 학생의 수직적 관계·주입식 교육**이 특징

  * 억압자의 정복, 분할지배, 조종, 문화적 침략에 의해 피억압자는 현실을 지배당하며 선택능력을 잃어버리고 비판적 사고 등이 제한되는 문화적 종속 상태

- (문제제기식 교육) 억압자의 **억압과 침묵의 문화를 극복**하려는 교육으로 **교사와 학생은 협력적 공동탐구자, 문제해결교육**이 특징

은행예금식 교육과 문제제기식 교육

구분	은행예금식 교육	문제제기식 교육
교육관	은행가가 자본을 독점하듯 교사는 지식을 독점하여 학생들에게 주입	• 인간해방을 위한 의식화의 도구 • 비판적으로 사고하는 사람 육성
교사-학생 관계	일방적·수직적 관계	• 동등한 대화자 • 협력적 공동탐구자
교수학습방법	주입식 교육	문제해결교육

○ (의식화) 자신의 **사회문화적 배경을 비판**하고 더 **나은 삶을 위한 활동에 적극적으로 참여**하고자 하는 태도 및 가치관

- (프락시스 : Praxis) 의식화를 통하여 침묵의 문화를 깨뜨리고 사회를 변화시키려는 **적극적 실천인 프락시스 강조**

  ※ 역사적 맥락하에서 자신의 삶을 파악할 수 있게 하는 교육 강조

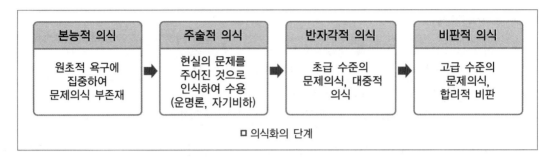

□ 의식화의 단계

(5) I. Illich, E. Reimer의 **탈학교론** 기출 2002, 2004, 2010, 2013

○ (교육관) 학교의 **공식적 교육과정에 지배층의 이익**이 담긴 내용이 은밀하고 부당한 방식으로 반영되어 있고, 이처럼 **학교는 특정 가치를 주입하는 장소이므로 폐기 필요**

○ (학교에 대한 대안) 기존 학교의 지식 독점성을 해소하기 위한 대안으로 **학습을 위한 네트워크 (학습망 : Learning Web) 구축**

 - (특성) ① 자원(지식)을 쉽게 이용, ② 학습에서 학습자의 자발성, ③ 주입식 교육 지양, ④ 학습과 실제 세계의 새로운 결합

┌─ 학습망의 종류
│ ■ **자료망** : 학습자가 학습에 필요한 자료에 쉽게 접근
│ ■ **교육자망** : 학습자가 원하는 전문가·준전문가·프리랜서 등 교육자들의 인명록
│ ■ **동료망** : 함께 학습하기를 원하는 학습동료를 쉽게 발견
│ ■ **기능교환망** : 기능 교환이 쉽게 일어나도록 하는 기능 보유자의 인명록
└─

(6) M. Apple의 **문화적 헤게모니론** 기출 2010

○ (학교의 기능) 학교는 ① 잠재적 교육과정을 통하여 **지배집단의 가치관·헤게모니를 재생산하는 기관**이면서 ② **상대적 자율성을 통하여 지식을 생산**하는 기관

 - 명시적인 교과내용뿐 아니라 **교과내용의 서술방식·설명방식 등**을 통하여 **지배적 이데올로기와 관련된 이념 학습**

 - 학교는 상대적 자율성을 지니고 있으므로 교사의 각성 및 민주적 세력과의 연대를 통하여 **교육민주화 쟁취 필요**

○ (헤게모니 : Hegemony) 일상생활과 사회의식 속에 깊이 스며들어 있는 **지배집단의 의미와 가치체계**로서, 학교교육을 통하여 전달(A. Gramsci)

 - 힘이나 폭력에 의존하지 않고 피지배계급의 자발적 동의를 창출하고 동의에 의한 지배

(7) **P. Willis의 저항이론** 기출 2005, 2007, 2011

○ (**학교의 역할**) 학교의 경제 및 사회구조의 재생산기능을 인정하나, **학교는 저항과 대항문화의 존립이 가능한 열려 있는 공간**이므로 학생들의 **비판적·반성적 사고와 자율적·주체적 태도 함양** 필요

 – 지배 이데올로기의 재생산은 재생산이론처럼 저항 없이, 무리 없이 이뤄지는 것이 아니며, 학교 안에서 **계급 간 이데올로기의 충돌을 통하여 헤게모니 쟁탈 발생**

 – 피지배계급, 노동계급의 **학생들은** 이데올로기에 대항하고 거부하는 **주체적인 존재**

○ (**간파 : Penetration**) 피지배계급, 노동계급의 학생들이 **학교교육의 불공정성을 인식**하면서 **학교교육에 대하여 반발, 거부**

 – 싸나이들(Lads)은 학교를 충실히 다님으로써 얻게 되는 자격이라는 것에 깊은 불신을 가진 **반학교문화**를 보유

 ※ 공식적 학교문화를 따르는 것은 순응적인 것이고, 얌전이가 되어 작은 성공을 해도 별 볼 일 없는 것으로 여기며, 남성 우월주의적인 육체노동문화를 자신의 이상적 가치관으로 받아들이기 때문에 스스로 육체노동직 선택

 – 정신노동의 필요성과 경쟁적 개인주의를 거부

○ (**제약 : Limitation**) 저항적 반학교문화가 **대안적 사회질서를 창출하지 못하고** 오히려 **기존 질서 안에 머무는 모순적 현상**

 – 지적인 활동을 거부함으로써 **비판적 사고가 사회변화의 힘으로 작용할 수 있다는 사실 간과**

▮ **기능주의와 갈등주의의 비교**

구분	기능주의	갈등주의
공통점	거시적 관점(개인 행위자의 힘 무시, 구조결정론)	
기본 관점	사회의 안정과 질서 유지(안정 지향)	사회의 변화(변화 지향)
계층의 발생	기능의 차이에 따라 자연발생	지배계층의 계층 공고화를 위하여 의도적 발생
교육관	• 교육은 사회화를 위하여 필요 • 사회적 통합 달성	지배집단의 이익·가치를 주입하여 불평등 재생산 및 순응적 노동자 육성
학교	사회화 기관	기존 질서의 정당화 기관
선발	우수 인재 선발·배치	지배계급의 질서유지 목적
시험	공정한 경쟁(능력주의)	불공정한 경쟁(능력주의 부정)

3 미시적 관점 : 해석주의와 교육과정사회학(신교육사회학)

◆ **(해석주의)** 사회현상에 대한 연구는 자연과학적 연구방법이 아닌 **인간의 사회적 행위에 대한 해석적 이해**를 통해 접근해야 한다는 관점(미시적 접근)
- ① 인간의 **능동성**, ② **내부자의 관점**, ③ **총체적 접근**, ④ **맥락적 접근**
※ **(주요 학자)** Husserl, A. Schutz, Garfinkel, H. Blumer 등
※ **(주요 이론)** 현상학, 민속연구방법, 교환이론, 상징적 상호작용론 등
◆ **(교육과정사회학)** 절대적인 지식이라 여겼던 **학교 교육과정을 비판적으로 검토**하면서 그것이 **어떤 집단에 의하여, 어떤 기제를 통하여 취사선택**되는지 연구
- 학교 교육과정은 절대적이거나 완전무결하거나 불편부당한 것이 아니라, **집단 간의 상호작용을 통하여 결정된 사회적 소산**

1 **기본내용** 기출 2002, 2003, 2006

○ **(기존 입장에 대한 비판)** 기능 · 갈등주의적 관점은 ① **거시적 관점에 치중**하여 개인에 대한 **사회 · 경제구조의 지배력** 강조, ② **자연과학적 방법론**을 사회에 적용(실증주의, 법칙 발견)

- ① 인간의 능동성 무시, ② 인간의 **생활세계 · 각 사회집단의 내부세계에 대한 무관심**, ③ **인간세계와 자연세계의 차이 간과**

기능론과 갈등론에 따른 거시주의적 연구는 ① 학교 내 교사와 학생 간의 상호작용, ② 학교 교육과정의 내적 **과정에 무관심**

◢ 기능 · 갈등주의와 해석주의 비교

구분	기능주의 · 갈등주의	해석주의
관점	거시론적 관점	미시론적 관점
연구대상	사회구조	상호작용, 행위, 의미
연구목적	과학적 법칙 탐구	행동에 대한 의미 해석
연구방법	실증주의, 과학적 분석	해석적 이해, 질적 연구

○ **(상호주관성)** 사회과학의 **대상은 구체적 생활세계**이고, 중요한 것은 객관적으로 존재하는 실재가 아니라 **개인이 부여하는 의미(주관성)**, 이때 **타인이 부여하는 의미에 대한 존중 · 타협 · 협상** 중요(상호성)

○ **(민속연구방법)** 행위자들은 스스로 자신의 행동방식, 생각과 규범을 형성하고 그 **형성과정에 대한 연구** 강조

○ **(교환이론)** 개인의 행위는 행위자 자신에 의한 손익계산에 근거하여 스스로 선택, 사회구조보다 행위자의 판단 · 계산 중요

○ (상징적 상호작용) 행위자가 부여하는 의미는 **자신의 행위에 대한 타자의 반응과의 타협 결과**

■ 상징적 상호작용이론 **기출** 2005, 2008

- **(등장배경)** 거시적 관점은 거대한 구조 속에서 개인을 바라보아 **인간의 주체적 능동성을 과소평가**한다고 비판
  - Mead와 Cooley의 이론을 바탕으로 Blumer가 발전시킴
- **(주요내용)** 개인의 **능동적 사고과정과 행위의 선택**, 그리고 **상징을 매개로 한 타자와의 의사소통과정**에 주목
  - **(인간관)** 인간은 **복잡한 상징조작의 동물**로서 언어와 문자 등 **상징을 사용하여 상호작용**하며, 그 과정에서 의미를 깨닫는 **능동적 인간**
  - **(상황정의의 가변성)** 의미를 해석하는 **상황정의는 보편적·고정적·절대적이지 않음**
- **(교사의 역할)** 학생 자신이 **상황을 어떻게 이해하는가에 따라 현실이 달라진다는 생각**을 갖게 하고 **책임을 다하도록 격려**

---

2 평가

○ **(시사점)** ① 구체적 사회현상에 대한 연구를 통하여 **살아 있는 현장에 대한 이해** 증진

　　　　　② **개인의 능동적·자율적 태도** 인정

○ **(한계)** ① 행위자의 중요성을 지나치게 강조하여 행동에 영향을 미치는 **사회구조의 영향력 경시**

　　　　② 행위자의 입장을 고려한다면서도 **연구자의 주관적 관점**을 완전히 배제하기 곤란

3 미시적 관점의 주요 이론

(1) D. Hargreaves의 상호작용이론 **기출** 2010

○ **(이론의 근간)** **상징적 상호작용이론**　　※ G. Mead, Cooley, H. Blumer 등

- 학교 내에서의 **구성원**(교사·학생·학부모) **간 상호작용** 강조

- **상호작용을 통하여 사회 및 사회가 가진 의미를 이해하고 개인의 자아의식 형성**

- 사회는 사람들 간 상호작용의 관계로, 사회의 불변성을 강조하는 기능주의와 달리 **사회의 가변성과 과정적 측면** 강조

○ **(교사와 학생의 상호작용)** 자기역할 개념에 따라 **교사의 유형을 스스로 결정하는 교사**와, 이상적 **교사상을 갖는 학생** 간의 **상호작용**을 통하여 **수업의 모습이 변화**

❚ 교사의 유형과 학생의 적응양식 : D. Hargreaves, 1972.

구분		주요 내용
교사	조련사형	전문적 지식을 갖춘 교사가 미성숙한 학생을 길들여 모범생으로 육성, 교사의 지시를 잘 따라야 함
	연예인형	학습에 흥미를 느끼도록 교수자료를 풍부하게 만들고 시청각기법 활용, 학생들을 친구처럼 대함
	낭만가형	학습자가 학습내용을 선택할 수 있도록 조력, 다양한 학습기회 조성, 학생의 학습능력과 의지 신뢰
학생	낙관적 순응형	학교의 목적과 수단을 그대로 수용
	도구적 순응형	학교를 상급학교 진학·취업을 위한 수단으로 여기고 학교생활에 적응
	식민화 유형	아무 의욕 없이 학교에 다니는 유형
	도피형	학교생활을 피하는 유형
	비타협형	학교의 목적에 거부하고 비협력
	반역형	새로운 규칙과 전통을 형성하기 위해 저항

⑵ **M. Young의 지식과 통제**

○ **(지식의 계층화)** 지식은 절대적·불변적이지 않으며 **권력을 가지고 있는 사람들의 선별처리 과정**을 통해 **계층화***

* 무엇을 지식으로 보는가, 어떤 지식이 중요한가, 지식의 양이 적고 많은 사람들 간의 서열을 어떻게 정해야 하는가 결정

- **공교육체제**는 지식의 계층화에 기초한 **학문중심 교육과정**에 의하여 지배되는데, 학문중심 교육과정에서는 **상층계급의 학생들이 높은 성취**를 내므로 **교육과정과 사회의 계층화 간 높은 상관성**

⑶ **B. Bernstein의 교육자율이론** 기출 2004, 2006, 2008, 2010, 2012, 2013

○ **(언어사회화)** 사회언어 분석을 통하여 **계급 간 의사소통방식의 차이**와 학교를 통한 계급 재생산의 관계성 확인

- **공식적인 교육과정** 내에서는 **정교한 어법을 사용하는 중상층**의 학생들이 제한된 어법을 사용하는 하류층의 학생들보다 **높은 성취**

❚ 정교화된 어법과 제한된 어법

구분	정교화된 어법(공식어)	제한된 어법(대중어)
사용자	중상류계급	노동계급(하류계급)
일반성	보편성을 지니므로 어법과 관련한 구체적 경험이 없어도 이해 가능	어법과 관련한 구체적 경험이 없으면 이해 불가
논리성	논리적·인과적	비논리적·감정적
활용	교육과정 및 수업에서 활용	학교 외에서 사용

○ (교육과정 분석) 교육과정* 분류(Classification)와 구조(Frame)에 따른 **교육과정의 조직원리 강조**

    *교육과정을 시간의 길이와 그에 담겨 있는 내용들을 조직한 원칙으로 정의(Benstein, 1977.)

> **교육과정 조직원리에는 사회질서의 기본원리가 반영되어 있고, 교육을 통하여 학생들에게 기본원리를 내면화**
> – **교육과정 분석**을 통하여 **사회의 특성 분석**

  – (분류: Classification) 구분된 **교육내용 간 경계의 선명도**, 과목·전공분야·학과 간 구분

    ※ 분류가 강할수록 학습영역이 전문화·세분화

  – (구조: Frame) 과목 또는 학과 내 조직의 문제로 **가르칠 내용과 가르치지 않을 내용의 구분이 뚜렷한 정도**, 즉 교육내용의 선정·조직 등에 대하여 **교사와 학생이 가진 통제력의 정도**

    ※ 구조화가 철저하면 교사나 학생의 욕구 반영 곤란

◤ **교육과정의 구분**

구분	집합형 교육과정	통합형 교육과정
분류	강한 분류	약한 분류
타 분야와의 관계	과목 간, 전공 분야 간, 학과 간 상호 관련이나 교류 없음	과목 간, 전공 분야 간, 학과 간 상호 관련이나 교류 활발
교육의 자율성	교육의 코드, 교육의 자율성	생산의 코드, 교육의 자율성 약화
위계질서	강력한 위계질서(종적 관계)	약한 위계질서(횡적 관계)
학생 참여	교육과정에서 학생의 선택과 결정 곤란	교사와 학생의 재량권 부여
교수법	보이는 교수법(가시적 교수법) • 지식의 전달과 성취 강조 • 공부와 놀이 구분 • 교사와 학생은 종적 관계	보이지 않는 교수법(비가시적 교수법) • 지식의 획득과 자질 강조 • 공부와 놀이 비구분 • 교사와 학생은 횡적 관계

○ (교육과정의 맥락화) **교육과정**은 기본 주체*의 상호작용을 통해 결정된 **지배적인 원칙에 따라 선정·조직되며 교육현장에 적용**

    *국가(State), 생산 부문(Field Of Production), 상징통제 부문(Field Of Symbolic Control)

  – (공식적 재맥락화) 학문영역에서 생산된 지식을 **지배적인 원칙에 맞추어 교육과정화**하는 단계 (교육 외부의 힘 작용, 사회적 통제)

    ※ Official Recontextualizing Field ; ORF

  – (교수를 위한 재맥락화) 공식적 재맥락화 단계를 거친 교육과정은 다시 실제 교육현장에 들어가서 **그 현장의 틀에 맞도록 재구조화**(교육 내부의 자율성 작용, 통제의 원리)

    ※ Pedagogic Recontextualizing Field ; PRF

(4) **L. McNeil의 방어적 교수법** 기출 2006, 2013

○ **(방어적 교수법)** 교사가 학급 내의 규율과 질서를 유지하기 위하여 **학생들의 반응을 최소화**하는 교수방식

▮ **방어적 수업의 유형 : L. McNeil**

구분	주요 내용
단편화	주제들을 서로 연결되지 않는 하나의 목록으로 환원 ※ (예시) 여러 관련 있는 주제들의 복합적인 관계를 설명하지 않고 분절적으로 개념만 가르침
신비화	논란의 여지가 있거나 복잡한 주제를 중요하지만 알지 않아도 되는 것처럼 신비화하여 토론 방지, 교사가 제공하는 정보에 의존 ※ (예시) 이건 전문가들이나 이해가 되니까 선생님이 말해주는 것 정도만 알아 두어요.
생략	교사가 자의적으로 학생들이 몰라도 되는 부분이라고 생각하고 학습내용 생략 ※ (예시) 이건 시험에 안 나오니까 넘어가세요.
방어적 단순화	학습자를 과소평가하여 일부러 학습내용에 더 깊게 들어가지 않고 단순하게 설명하는 방식(덜 민감한 주제, 논쟁이 덜한 주제 선택) ※ (예시) 이건 빈칸 채우기만 합시다. 이건 개요만 보도록 해요.

○ **(의의)** 교육과정이 **교사에 의하여 왜곡**되는 과정 설명, 교사에 따라 가르치는 내용이 달라지는 이유 설명

(5) **N. Keddie의 학생범주화**

○ **(주요 내용)** 수업과정에서 교사가 학생들을 어떻게 범주화하는지 분석하여 **범주화된 학생들에 대해 갖는 교사의 고정관념이 실제 수업에 영향**을 미치는지 확인

※ 우열반 편성으로 그 속에 속한 학생들을 다르게 대우

– 학생을 **범주화하는 기준**으로 **사회계급**과 **능력**을 제시

– 교사는 그들이 **지각한 범주화된 학생들의 능력**을 기준으로 교과내용을 **다르게 선택하고 다르게 가르쳐** 결국 불평등한 **사회구조 재생산**

(6) **P. Woods의 교사의 생존전략**

○ **(주요 내용)** 전문직에 대한 요구에 부응하면서도 여전히 **관료적인 학교**에서 살아남기 위하여 **다양한 생존전략**을 개발한다는 이론

▮ **생존전략의 종류**

구분	주요 내용
사회화	학생들을 규정된 행동양식에 순응하도록 함
지배	주로 언어적 공격을 사용하여 학생을 지배
친목	학생문화를 이해하면서 학생과 친하게 지내려고 함
결근과 자리이동	어려운 수업을 피하기 위하여 시간표를 조정하거나 결근하여 수업을 피하고자 함
치료요법	학교 업무에 참여함으로써 관심을 다른 활동으로 돌림
관습적인 전략	받아 적기와 같은 방법으로 학생들도 손쉽게 받아들이는 방법을 사용하여 통제

03 교육과 평등

◤ 공교육의 확대와 학력 상승

1 공교육제도의 형성과 확대

○ **(등장)** 19세기부터 **근대국가의 등장 및 산업사회의 확대**로 국가가 책임지는 교육 등장

※ 충성스럽고 유능한 국민을 육성하기 위한 보편교육, 기술을 갖춘 노동자 육성

○ **(동요)** **학교제도의 획일성, 몰개성성, 순응성**에 대한 문제의식 확대로 **탈학교운동(대안학교 · 홈스쿨링 등)** 발생

▌ 대안학교의 유형

구분	주요 내용
자유학교형	학교교육의 지나친 통제와 억압, 교사주도교육을 비판하고 아이들의 무한한 잠재 가능성에 대한 신념 ※ (예시) 영국 섬머힐학교, 한국 자유학교 물꼬
생태학교형	생태교육과 노작교육, 지역사회와 학교의 결합, 의식주에 관련된 기본적 활동 교육 ※ (예시) 영국 작은학교, 한국 간디학교
재적응학교형	학교교육에 적응하지 못하는 학생 대상 학교 ※ (예시) 한국 성지고
고유이념추구형	개별 학교의 독특한 교육이념과 교육방식 추구 ※ (예시) 독일 발도르프학교, 한국 풀무농업고등기술학교

○ **(확대)** **개인의 학습권 보장, 차별 없는 교육기회의 접근** 등 자유민주주의 사회에서도 개인을 보호하기 위한 공교육의 확대 계속

※ 의무교육의 확대, 무상급식 확대, 평생교육의 국가적 책임 확대

┌─ 우리나라의 공교육제도 ─┐

개화기 교육법규의 제정(소학교령 등) 등 **공교육 태동** → 일제 식민지 통치를 위한 **공교육 왜곡** → 해방 이후 미국의 영향을 받아 **공교육제도 재편** → 교육법령 제 · 개정, 의무교육 확대, 국가 교육과정 개정 등을 통해 **공교육제도 확립**

2 학력 상승에 대한 기능론적 접근 기출 2007, 2009, 2011, 2012

○ **(학습욕구이론)** 욕구 위계에 따라 결핍욕구(생리적, 안전, 사회적, 존재)가 충족되면 **성장욕구로서 학습욕구 충족 희망**(A. Maslow)

  – 사회경제적 발전으로 인하여 개인의 결핍욕구가 충족됨에 따라 **학력 획득을 통한 학습욕구 충족 희망**

    ※ **(한계)** 학교가 학습욕구를 충족시켜주는 기관인지 의문(Reimer, Illich)

○ **(기술기능이론)** 과학기술의 발달로 **직업기술 수준이 계속 향상**됨에 따라 사람들의 **학력 수준 상승**(Clark & Kerr)

  – 사회의 발전으로 ① **높은 수준의 기술을 필요로 하는 직업의 비율 증가**, ② **동일 직업 내에서도 요구되는 기술 수준의 향상 → 취업을 위한 교육의 요구 수준이 높아져** 학력 상승(R. Collins)

    ※ **(한계)** 전공과 직업의 불일치

○ **(발전교육론)** **교육은 국가발전의 원동력**으로서 양과 질을 계획적으로 조절, **지속적 국가발전**을 위해 **교육이 확대되고 학력 팽창**

  – **(근대화이론)** 근대화를 위해서는 학교교육을 통한 사회구성원의 근대적 가치관 함양 필요 (McClelland)

    ※ **(한계)** 서구중심적

  – **(국민통합이론)** 국민통합을 위하여 초등단계부터 점차적으로 교육 확대(정치적 요인의 작용) → 학력 상승

    ※ **(한계)** 초기의 공교육제도 확립에는 설명력이 있으나, 고등교육 팽창이나 과잉교육의 문제에 대한 설명력은 부족

  – **(인간자본론)** **교육은 인적자본에 대한 투자**로, 인적자본이 풍부해지면 **개인의 소득이 성장**하고 개인의 소득성장은 곧 **사회의 경제성장**으로 연결(T. Schultz), 개인과 사회의 **경제적 성장을** 위해 **학력 팽창**

    ※ **(한계)** 과잉학력 현상 설명 곤란, 선발가설이론, 이중 노동시장이론, 급진주의적 접근(노동자의 진정한 생산성 증가가 아닌 자본가를 위한 생산성 증가)

③ 학력 상승에 대한 갈등론적 접근 기출 2002, 2003, 2004, 2006, 2009, 2012

○ **(마르크스이론)** 대응이론에 따라 **자본주의 경제의 확대로 학교교육도 확대**

- 학교교육에 대한 결정 권한은 자본가 계급이 가지고 있으며, **자본가 계급의 이익 확대**를 위해 지속적으로 **학교교육 확대**

  ※ **(한계)** 교육을 통한 개인 이익의 증대에 무관심, 교육의 결과를 자본가의 이익으로만 한정 짓기에 한계

○ **(지위경쟁이론)** 학력은 지위획득의 수단으로, **지위획득 경쟁에서 승리하기 위하여 학력 상승** (R. Collins)

- **자신의 자질과 능력을 객관적으로 입증**받아야 하는 업적주의의 특성상 그것을 **입증해주는 학력에 대한 수요 증가**(Dore 졸업장병*)

  * 진학률의 상승 → 학력의 가치 하락 → 높은 학력에 대한 수요 증가 → 학력의 가치 하락 → 높은 학력에 대한 수요 증가 : 경쟁의 지속

- 높은 지위에 있던 집단은 지위를 유지하기 위하여 더 많은 교육을, 낮은 지위에 있던 집단은 지위를 상승시키기 위하여 더 많은 교육을 받으려고 해서 학력 상승

  ※ **(한계)** 경쟁에만 치중하여 학교교육의 내용적 요소에 대해서는 무관심, 경쟁의 부정적 측면만 강조

○ **(인간자본론에 대한 비판)** 선발가설이론과 이중 노동시장이론

- **(선발가설이론)** **교육**은 실질적으로 생산성을 향상시키는 것이 아니라 상징적 신호 역할(**유능한 사람 선발장치**)

- **(이중 노동시장이론)** 노동시장은 능력에 따라 **상위 이동이 가능한 1차 시장과 승진의 기회가 없는 2차 시장**으로 구분되므로, 교육이 아니라 **노동시장의 분할구조에 따라 개인의 소득 결정** → 2차 시장은 인간자본론 적용 곤란

08

2 교육과 사회이동

① **사회이동의 기본적 이해**

○ **(개념)** 각 계층에 속하여 있는 개인이나 집단이 **다른 계층으로 올라가거나 내려가는 현상**

※ 김신일, 2015.

○ **(유형)** 주체, 방향, 시계열에 따라 분류

✔ 사회이동의 분류

분류 기준		내용
주체	개인이동	개인의 계층이동(직업획득, 자본획득)
	집단이동	집단의 계층이동(신기술 개발로 특정 직업의 위상·소득 상승)
방향	상향이동	상위계층으로 이동
	하향이동	하위계층으로 이동
시계열	세대 내 이동	한 개인이 개인의 생애 중에 다른 계층으로 이동
	세대 간 이동	자식이 부모의 계층으로부터 다른 계층으로 이동

┌─ 사회이동의 유형 : R. Turner ───────────────────────────────
│
│ ■ **(경쟁적 이동)** 개인의 노력과 능력을 통한 **경쟁에 따른 사회이동**
│ ■ **(후원적 이동)** 개인의 노력·능력이 아닌 **기득권(상류층, 부모)의 후원·지원에 따른 사회이동**
└──

○ **(사회이동의 요인)** **직업, 교육, 소득**

┌─ 사회이동에 영향을 미치는 교육의 기능 : Glennerster, 1979. ──────────────
│
│ ■ **(구시대의 관점)** 각 **신분계층마다 다른 교육**을 실시하여 계층질서 유지, 불평등 존속
│ ■ **(능력주의적 관점)** 학교는 사람들의 능력을 선별하여 각자에 알맞은 수준의 교육을 통해 **능력에 맞는 지위 부여**
│ ■ **(평등주의적 관점)** 모든 사람에 **교육기회를 평등**하게 부여하여 사회의 기존 **계층구조 변화**, 불우계층을 교육을
│   통해 상향 이동
│ ■ **(마르크스주의적 관점)** 자본주의 사회의 교육은 **사회불평등을 재생산**
│ ■ **(현실적 평등주의 관점)** 모든 사람에게 **평등한 교육기회**를 부여하지만 이로 인해 반드시 **평등사회가 초래되는
│   것은 아님**(무관계론)
└──

② 사회이동에 대한 기능론적 접근 기출 2012

○ **(지위획득모형)** 직업지위의 획득을 결정하는 변수를 ① 아버지의 교육, ② 아버지의 직업, ③ 본인의 교육, ④ 본인의 첫 번째 직업경험으로 제시(P. Blau & O. Duncan)

– 본인의 직업적 성공에 있어서 부모의 계층 수준보다 **본인의 교육**과 **본인의 첫 번째 직업경험**이 **직접적 영향**을 미치므로 능력주의 사회의 특성 반영

※ (한계) 성별, 인종, 계층에 따라 연구결과가 상이

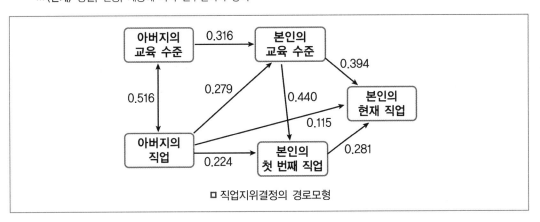

□ 직업지위결정의 경로모형

○ **(위스콘신모형)** 지위획득모형에 **사회심리적 변수**를 추가하여 해당 변수에 영향을 미치는 '**의미 있는 타인**'으로서 **부모 중시**

– **부모의 격려**가 학생들의 교육포부, 직업포부에 강력한 매개변인으로 적용

③ 사회이동에 대한 갈등론적 접근

○ **(Parkin의 이론)** **사회불평등은** 한 사회집단이 자원과 기회에 대한 다른 집단들의 접근을 제한하는 **사회적 폐쇄로 인해 발생**

▮ 사회적 폐쇄의 유형

구분	주요 내용
생산적 재산에 대한 통제	노동자들을 이익분배나 기업 결정과정에서 배제
특권적 지위에 대한 접근 제한	지위에서 공식 자격증 및 학위증명 요구

○ **(M. Carnoy의 교육수익률 곡선)** 학교의 **성장단계**에 따라 **교육을 통하여 얻는 수익이 달라짐**을 나타낸 곡선

– 교육수익률이 높은 **초기에는 중·상류계층만** 혜택을 받고, **교육이 보편화**된 이후에는 **하류계층**이 교육혜택을 받아도 **교육수익률은 낮아** 사회이동이 **제한되고 불평등 재생산**

※ (한계) 사회불평등에 영향을 미치는 교육의 영향력 과대평가

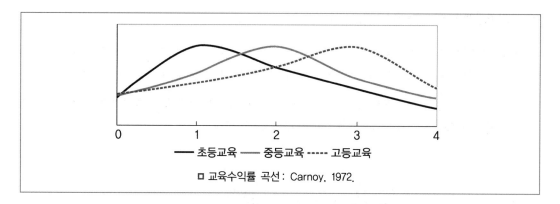

□ 교육수익률 곡선: Carnoy, 1972.

○ **(연줄모형)** 제도적 후원과 필요한 정보를 얻을 수 있는 **사회적 자본***이 학생의 학업성취에 영향 (Stanton-Salazar & Dornbusch)

　* 제도적 권위를 지닌 사람들(교사, 멘토, 중·상류층 친구 또는 친구 부모 등)과의 연줄

　– ① **사회경제적 배경**이 사회적 자본 축적에 영향, ② 사회적 자본 수준이 높으면 **문화적 자본 수준도** 높음, ③ 사회적 자본 수준이 높으면 **교육과 직업에 대한 포부 수준도 높음**

○ **(무관계론)** 교육은 사회 평등 또는 불평등과 관계가 없다는 입장으로, **교육은 사회이동에 영향을 주는 많은 요인 가운데 하나**

　※ 학교는 평등화에 관한 한 별 관련이 없다.(Jencks, 1972.)

3 ◤ 교육 평등론

1 교육 평등의 원리

○ **(공정한 경쟁의 원리)** 공정한 경쟁이 이루어질 수 있도록 **모든 사람에게 균등**한 **교육의 기회를 주는 것, 능력주의**

　– 학교는 **능력을 개발할 수 있는 공정한 기회를 주는 장소**

○ **(최대이익의 원리)** 우리가 선택을 할 때 **최대 다수의 사람에게 최대의 행복** 혹은 최대의 이익이 돌아가도록 결정, **공리주의**

○ **(인간존중의 원리)** **인간들의 동등한 가치를 존중, 황금률**(내가 대접받고 싶은 대로 남을 대접)

○ **(차등의 원리)** **어떤 대안의 최악의 결과(최소)가 다른 대안들의 최악의 결과에 비해 가장 우월한 경우(극대화) 그 대안 채택**

2 교육 평등 연구

○ **(Coleman Report)** **인종·계층의 차이로 교육기회가 어떻게 달라지는가**를 알기 위한 목적으로 연구하였으나, 학교의 교육여건은 학업성취에 미미한 영향

- 학생의 **학업성취**에 가장 크게 영향을 미치는 요소는 **학생의 가정배경**이므로, **학교는 가정의 결손을 보충해주는 교육***을 통하여 **교육결과의 평등 달성 필요**

    * 보상교육 : Compensatory Education

◤ Coleman의 교육평등의 단계

구분	주요 내용
1단계	교육은 가정의 책임으로 교육 평등은 논외, 산업화 이전의 시기
2단계	일반 국민 대상의 기초교육 발전, 초등교육 의무화, 초기 산업화 시기
3단계	모든 청소년에 교육기회 허용, 무상교육 실시, 2차 세계대전 전후
4단계	교육결과의 평등

— Farrell의 교육평등모형

- **(접근의 평등 : Equality of Access)** 각 사회집단이 **각급학교에 입학·진학할 수 있는 확률**이 **일치**하는 수준
- **(존속의 평등 : Equality of Survival)** 각 사회집단이 **각급학교에서 퇴출당하지 않고 계속하여 재학**할 수 있는 확률의 일치성
- **(결과의 평등 : Equality of Output)** 각 사회집단이 각급학교에서 **교육받는 내용과 그 수준의 일치성**
- **(결실의 평등 : Equality of Outcome)** 학교를 마치고 **사회에 진출하여 획득하는 교육의 결실(직업, 수입, 지위)**이 일치하는 수준

3 교육 평등의 관점 _{기출} 2002, 2003, 2006, 2008, 2012

○ **(허용적 평등)** **모든 사람에게 동등한 기회**가 주어져야 한다는 관점, 다만 모든 사람이 같은 수준의 교육을 받는 것이 아니라 각자 **원하고 능력이 미치는 데까지** 교육을 받을 수 있도록 **허용**

- 사람의 능력은 각기 다르므로 **교육의 양은 능력에 비례**

    ※ 의무교육

○ **(보장적 평등)** 취학을 가로막는 **경제적·지리적·사회적 제반 장애를 제거**

    ※ 무상급식, 초등 저학년 학용품 지원

○ **(조건적 평등)** 학교의 시설, 교사의 자질, 교육과정 등에 있어서 **학교 간 차이가 없어야 평등** (= 과정적 평등)

    ※ 우리나라의 고교평준화 정책, 도서산간지역·소규모학교에 대한 원격교육시설 지원, 교원임용시험 등

○ **(결과적 평등)** **교육결과가 같아야 평등**이라는 관점(= 보상적 평등), SES가 낮은 집단의 **교육적 결손을 해소**

※ 미국 Head start, 영국 교육우선지역(EPA), 지역균형선발제도, 방과후 보충수업

┌─ **T. Husen의 교육평등관** ─────────────────────────────┐

■ **(보수주의적 평등관)** 인간의 생득적 능력의 차이를 인정하고 그 **능력에 따라 교육에 차이**, Coleman의 2단계
■ **(자유주의적 평등관)** 모든 사람에게 **교육기회를 허용**, Coleman의 3단계
■ **(보상적 평등관)** **교육결과의 균등**까지 포함, Coleman의 4단계

└───┘

4 기초학력 보장

○ **(개념)** '기초학력'이란 학생이 학교 교육과정을 통하여 갖추어야 하는 **최소한의 성취기준을 충족하는 학력**(기초학력 보장법 제2조 제1항)

– **(최소한의 성취기준)** 국어, 수학 등 교과의 내용을 이해하고 활용하는 데 필요한 읽기·쓰기·**셈하기**를 포함하는 기초적인 지식, 기능 등(기초학력 보장 시행령 제2조 제1항)

○ **(학습저해요인)** 학습을 저해하는 인지, 심리·정서, 행동, 환경적 요인

– **(인지적)** 학습자의 지능, 선수학습 수준, 문해력, 수리력 등

※ **(경계선 지능)** 성격장애나 지적 기능의 저하 등으로 인하여 학습에 제약을 받는 학생 중 「장애인 등에 대한 특수교육법」 제15조에 따른 학습장애를 지닌 특수교육 대상자로 선정되지 아니한 학생(「초·중등교육법」 제28조의 제1항 제1호)

– **(정의적)** 학습동기, 자기주도성

– **(환경적)** 가정환경, 또래환경, 학교환경(교사·시설)

○ **(진단방법)** **지필평가, 관찰·면담**

※ **(정책)** 기초학력 진단보정 시스템, 배·이·스 캠프, CAT(1925 ~)

– **(학교 내)** **학습지원대상학생 지원협의회**를 통한 진단

– **(학교 외)** **학습종합클리닉센터**를 통한 전문 진단

○ **(지원방법)** 학습과 심리·정서 종합지원

– **(교육과정)** 교육과정에 기초 문해력, 수리력 관련 내용 강화

– **(교육방법)** ① 정규수업 중 **협력수업**[1수업 2교(강)사제]
② 방과후(방학중) **보충수업**
③ **학습지원 튜터**(교원자격 소지자, 대학생) 활용

– **(학생상담)** 학교별 심리 – 정서 – 사회성 프로그램 운영(상담 등)

– **(학부모)** 학부모 대상 정보제공 강화

교육과 경쟁

1 교육선발과 시험

1 교육선발

○ **(목적)** 학교는 개인의 자질과 능력에 따라 개인을 선발하고 직업구조에 배치하는 **사회적 선발 기구**로서 **시험제도**가 해당 기능 수행(T. Parsons)

※ **(선발의 정당성)** 보편주의(누구에게나 평등), 업적주의(능력·노력에 따른 선발), 감정 중립성(객관적 평가)

○ **(기능) 가열기능과 냉각기능**

- **(가열기능)** 높은 지위를 획득하기 위하여 경쟁하도록 **동기 부여**

- **(냉각기능)** 상대적 희소성을 갖는 상층지위에 오르려는 사람이 많기 때문에 적절한 수준으로 **동기와 열정을 잠재울 필요**

○ **(교육선발의 관점) 엘리트주의와 평등주의**

📕 교육선발의 관점

구분	엘리트주의	평등주의
교육관	선발적 교육관	발달적 교육관
평가방법	상대평가	절대평가
선발시기	조기선발	만기선발
교육형식	복선제 (진학계열, 취업계열)	단선제

○ **(E. Hopper 교육선발 유형)** ① 중앙집권과 분권화, ② 만기선발과 조기선발, ③ 보편주의와 특수주의, ④ 집단주의와 개인주의로 구분

Hopper의 선발 유형

구분		주요 내용
선발 방법	중앙집권	표준화된 선발 방법, 기득권자의 후원에 따라 인재 선발
	분권화	비표준화된 선발 방법, 개인적 동기에 따라 인재 선발
선발 시기	만기선발	모든 사람을 위한 최대한의 교육으로 선발 시기를 늦춤
	조기선발	엘리트의 조기선발
선발 대상	보편주의	전문적 능력이 있으면 누구나 선발 대상
	특수주의	특수한 자질을 가진 자가 선발 대상
선발 기준	집단주의	집단의 기준에 의해 선발, 사회이익 고려
	개인주의	개인의 능력을 기준으로 선발, 개인의 자아실현 강조

2 입시제도와 시험

○ **(기능)** 교육적 기능과 사회적 기능

– **(교육적 기능)** ① **자격 부여**, ② **경쟁** 촉진, ③ **선발**, ④ **목표**와 유인, ⑤ **교육과정** 결정, ⑥ 학습**성취의 확인**과 미래학습의 예언

※ Montgomery, 1978.

시험의 순기능과 역기능: 김신일, 2015.

- **(순기능)** ① 질적 수준 유지, ② 학교 간 비교 가능, ③ 이수해야 할 최저 학습수준 지시, ④ 표준화시험을 통한 공정성·신뢰성 확보
- **(역기능)** ① 암기력 위주, ② 교육과정의 일부분만 다룸, ③ 선택적 학습과 선택적 교수 유도, ④ 특정 기간에만 공부를 집중시켜 학습습관 악화, ⑤ 불안감 조성

– **(사회적 기능)** ① **사회적 선발**, ② **지식의 공식화**와 **위계화**, ③ **사회통제**, ④ **사회질서의 정당화**와 재생산, ⑤ **문화의 형성**과 변화

※ 시험은 지식에 대한 관료적 세례(K. Marx)

○ **(좋은 입시제도의 평가기준)** ① 선발 타당성, ② 교육 효과성, ③ 학교 자율성, ④ 사회 적합성, ⑤ 관리 효율성

2 ◀ 학업성취와 격차

1 개인요인에 의한 격차

○ **(주요 내용)** 개인의 지능(지능결핍론), 적성, 학습동기, 학습양식 등 학습자의 개인적 역량 및 특성에 따라 발생

  ※ **(Jensen)** 성적 차이는 지적 능력의 차이에서 기인하고, 지적 능력의 80%는 유전적 요인

  ※ **(Duncan)** 지능은 본질적으로 학업성취와 직업세계에 있어서 지위와 다를 바 없음

2 학교요인에 의한 격차 기출 2001, 2007, 2011, 2013

○ **(학교의 인적자원)** **교사의 기대**(자성적 예언·교실 내 피그말리온 효과), 교사의 **교육역량 차이**(교수기술·지식)로 학습격차 발생(교사결핍론)

  – **(교사의 기대효과)** 학업성취에 대한 **교사의 기대**가 학습자의 **학습풍토에 영향**을 미쳐 이후 **실제 성취에 영향**

    ※ **(Rosenthal & Jacobson의 피그말리온 효과)** 무작위로 학생들을 뽑아 교사들에게 그 학생들이 놀라운 지능·성적 향상을 보일 것이라고 알려준 후 8개월 뒤 테스트한 결과, 실제로 해당 학생들의 지능·성적 향상

    ※ **(T. Merton의 자기충족적 예언)** 어떤 예언이나 생각이 이루어질 것이라고 강력하게 믿음으로써 그 믿음 자체에 의한 피드백을 통하여 행동을 변화시켜 직·간접적으로 그 믿음을 실제로 이루어지게 하는 예측

  – **(학생 유형화과정 연구)** 교사가 학생을 유형화하는 것을 통해 **학생의 일탈행동이 형성되는 과정**을 연구

    ※ **(Rist, 1970.)** 교사들은 신입생을 우수/중간/열등 학생으로 구분, 이 구분은 시간이 지나 교사가 바뀌어도 크게 바뀌지 않음

▌ **학생 유형화과정의 단계**

구분	주요 내용
모색 단계	교사가 학생을 처음 만나 그들에 대하여 가정하기 시작
명료화 단계	교사가 학생에 대한 인상(긍정/부정)을 명료화
공고화 단계	교사가 학생을 범주화(착한/보통/나쁜 아이)하고 공고화

  – **(교사의 역량)** 교사의 경험 수준과 교육적 노력이 높을수록 학생의 학업성취에 긍정적 영향

○ **(학교의 물적 자원)** 학교의 시설, 교구, 재정적 차이에 따른 교육기회의 접근 제한이 학습격차 유발

③ **사회·문화요인에 의한 격차** 기출 2002, 2004, 2008, 2009, 2010, 2011, 2014

○ (**문화실조론**) 개인의 지적 능력보다 **가정의 문화적 환경이 결핍**되면 **학습결손** 초래

　　※ (**격차 발생 요인**) 부모의 SES, 부모의 기대수준, 부모의 언어수준

－ 문화적 요소가 결핍된 채로 학교에 오게 되면 **학습내용을 제대로 이해하지 못하고 교사와 원활한 의사소통도 곤란**하여 결국 학업성취 격차 발생

　　◐ 취학 전 아동의 기초학습능력을 길러주는 보상교육의 필요성

○ (**문화다원론**) 현실에는 우열 없는 문화가 다양하게 존재하나, **학교교육에 반영된 문화와 자신의 문화에 차이**가 있어 학업성취 격차 발생

※ (**격차 발생 요인**) 특정 문화만 반영된 교육과정

－ 자신에게 익숙하지 않은 집단의 문화와 교육내용을 익숙하지 않은 집단의 언어로 가르치므로 학습을 잘 따라가는 데 한계

　　◐ 특정 문화에 편중되지 않는 **다양한 교육의 필요성**

○ (**사회적 자본론**) 학업성취에 영향을 미치는 가정의 요인으로, **경제적 자본(부모의 소득수준)/인간 자본(부모의 교육수준)/사회적 자본**으로 구분되며, **사회적 자본*이 학업성취에 가장 큰 영향**

＊ 사람들 사이의 협력을 가능하게 하는 구성원들의 공유된 제도, 규범, 네트워크, 신뢰 등 일체의 사회적 자산을 포괄

－ (**가족 내 사회적 자본**) 부모의 학습 지원, 자녀에 대한 기대 등

－ (**가족 외 사회적 자본**) 부모의 친구관계, 이웃과의 교육정보 교류 정도, 취업 여부 등

　　※ 이외에도 학생과 교사·또래 친구와의 관계, 지역사회의 지원, 부모·학교·지역사회와의 연계 등도 포함

```
┌─ 참고 원격교육하에서 학습격차의 원인 ─────────────────────┐
│ ■ (개인적 요인)  - 비대면 상황에서 학습동기 발생 곤란            │
│                - 자기주도적 학습능력의 차이에 따른 학습격차      │
│                - SW 등 기술활용능력의 차이에 따른 학습격차       │
│ ■ (학교적 요인)  - 교사의 원격수업역량 차이                     │
│                - 즉각적 피드백 부족에 따른 적절한 지도 부족      │
│                - 저능력 학생에 대한 교사의 낮은 기대            │
│                - 학교마다 원격수업시설 기자재 보유 차이          │
│                - 새로운 수업방법에 대하여 비친화적인 학교문화     │
│ ■ (사회·문화적 요인)  - 부모의 조력 여하에 따라 학습격차 발생     │
│                    - 부모가 자주 접하는 문화에 따른 학습격차     │
└────────────────────────────────────────────┘
```

CHAPTER 05 교육과 문화

▌▌ 문화의 기본적 이해

1 개념 및 특성

○ **(개념)** 한 사회의 개인이나 인간 집단이 자연을 변화시켜 온 **물질적·정신적 과정의 산물** (한국민족문화대백과사전)

○ **(특성)** ① **학습성**(후천적 획득성), ② **사회성**(사회적 유산), ③ **변동성**, ④ **집단성**, ⑤ **다양성** (비우열성)

2 문화변화 양상

○ **(문화전파)** 하나의 문화가 다른 사회로 전해지는 것

※ **(전파의 유형)** 직접전파(직접 교역), 간접전파(선교사), 자극전파(한국 천주교)

○ **(문화접변)** 서로 다른 문화가 장기간 **접촉**함으로써 나타나는 문화의 변화

※ (예시) 그리스 문화와 오리엔트 문화 간 장기 접촉을 통하여 헬레니즘 문화 창조

○ **(문화지체)** 물질적 문화는 빠르게 변화하는 데 비하여 **정신적 문화는 그 속도를 따라가지 못하는 현상**

※ (예시) 인터넷의 발전에 따른 익명성과 악플

○ **(문화전개)** 개인이 살아가면서 **사회의 문화를 내면화**하는 과정

2 학생의 비행과 일탈 기출 2008, 2009, 2015

1 비행이론

- **(사회통제이론)** 비행은 개인의 동기보다는 비행을 통제해주는 **사회적 유대*의 약화**로 인한 **사회 통제력의 약화**로 발생

  * 가정 내 애착, 교사와의 긍정적 상호관계, 목표달성을 위한 전념, 규칙에 대한 신념 등

  ※ (예시) 학생 주변에 좋은 친구·부모·이웃이 학생의 문제행동을 자제하게 함

  - **(교사의 역할)** 규범에 대한 명확한 설명, 교사·부모와의 긍정적 애착관계 형성을 통하여 자연스러운 비행통제 유도

- **(아노미이론)** **문화적으로 규정된 목표**와 해당 목표를 달성하기 위한 **수단이 일치하지 않는 상황**에서 비행 발생

  ※ (유형) 동조형(목적·수단 수용), 도피형(목적·수단 거부), 반역형(목적·수단을 거부하면서 새로운 목적·수단으로 대치), 혁신형(목적만 수용), 의례형(수단만 수용)

  ※ (예시) 혁신형: 자본주의 사회의 목적은 돈을 버는 것인데, 하위계층의 학생은 돈을 벌 수 있는 합법적 수단이 없어서 절도

  - **(교사의 역할)** 학생이 합법적으로 목표를 달성할 수 있도록 안내·지도

- **(낙인이론)** **권력·영향력 있는 타인 및 사회의 낙인**이 학생의 자기지각에 영향을 미치고 이로 인해 학생은 계속해서 비행

  ※ **(낙인의 주요 요인)** 성, 인종, 외모, 경제적 배경

  ※ **(낙인의 과정)** 추측 → 정교화 → 고정화

  - **(교사의 역할)** 한 번의 비행에 대한 확대해석 자제, 연관없는 행동을 연결짓는 것 자제

    ※ (예시) 교내 도난사건 발생 시 학폭으로 징계받은 학생을 처음부터 의심

- **(중화이론)** 비행행위의 나쁜 점을 인식하면서도 중화기술*을 사용하여 **사회의 규범과 상황을 자신에게 유리하도록 재창출**(합리화)

  * 책임 회피, 가해 부정, 피해자 부정, 비난자 비난, 대의명분에 호소

  - **(교사의 역할)** 비행행위의 **잘못된 점 분명하게 설명**

- **(차별적 접촉이론)** 비행은 모방을 통하여 발현

  ※ (예시) 우리 애가 친구를 잘못 만나서

  - **(교사의 역할)** 비행집단 학생들을 적절히 분리(반 배치, 집단 구성 시 유의)

- **(하위문화이론)** 중산층 중심의 지배문화에 속하고 싶으나 속하지 못하는 **하위층의 학생들이 지배문화에 반발하면서 비행**

2 학교폭력예방을 위한 교육활동

○ **(교과 연계)** 교과·창의적 체험활동 시간을 통하여 학교폭력 예방교육을 지속적으로 실시할 수 있도록 학교 교육과정에 연간 8차시 이상 편성 권장

○ **(또래상담)** 학생 상호 간 고민거리를 들어주고 해결방안 모색

○ **(학생 서포터즈단)** 학생이 직접 기획·참여하여 학교폭력예방 캠페인 진행

○ **(청소년 경찰학교)** 학교폭력 역할극 참여

○ **(어린이 로스쿨)** 체험 및 참여를 통하여 학교폭력 예방 및 준법의식 함양

○ **(투게더 프로젝트)** 예술활동(뮤지컬, 밴드, 합창단 등)을 통한 학교폭력예방 지원

참고 학교폭력에 대한 학교장 자체해결이 가능한 상황

학교폭력이 발생한 사실 및 가해학생이 협박 또는 보복한 사실을 신고받거나 보고받은 경우에도 불구하고 다음 모두에 해당하는 경미한 학교폭력에 대해 피해학생 및 그 보호자가 학교폭력대책 심의위원회(이하 "심의위원회"라 함)의 개최를 원하지 않는 경우 학교의 장은 학교폭력사건을 자체적으로 해결 가능(「학교폭력예방 및 대책에 관한 법률」 제13조의2 제1항 전단)

1. 2주 이상의 신체적·정신적 치료를 요하는 진단서를 발급받지 않은 경우
2. 재산상 피해가 없는 경우 또는 재산상 피해가 즉각 복구되거나 복구 약속이 있는 경우
3. 학교폭력이 지속적이지 않은 경우
4. 학교폭력에 대한 신고, 진술, 자료제공 등에 대한 보복행위(정보통신망을 이용한 행위를 포함)가 아닌 경우

평생교육

❶ 평생교육의 기본적 이해

1 평생교육의 개념 및 특성

○ **(개념)** 개인의 출생에서부터 죽을 때까지의 **전 생애에 걸친 교육(수직적 차원)과 개인 및 사회 전체의 교육(수평적 차원) 통합**

※ 랑그랑(P. Lengrand)

- **(유사 개념)** 사회교육, 성인교육, 비형식교육, 추가교육, 순환교육, 지역사회교육

  ※ 교육기본법상 사회교육을 평생교육으로 전면 개정(2021. 9. 24.)

평생교육법

- **(정의)** 학교의 정규교육과정을 제외한 학력보완교육, 성인 문자해득교육, 직업능력 향상교육, 성인 진로개발 역량 향상교육, 인문교양교육, 문화예술교육, 시민참여교육 등을 포함하는 모든 형태의 조직적인 교육활동(제2조 제1호)
- **(목적)** 모든 국민이 평생에 걸쳐 학습하고 교육받을 수 있는 권리를 보장함으로써 모든 국민의 삶의 질 향상 및 행복 추구에 이바지(제1조)

전환학습 : Mezirow

- **(주요 내용)** 지식을 습득·축적하는 전통적 학습과는 달리, 개인이 가진 많은 **기본적 가치와 가정들이 학습을 통해 변화하는 하나의 과정을** 의미. 전환학습을 통해 **전환되는 것은 관점**
  - **(경험)** 전환학습의 주제는 학습자의 경험(새로운 삶을 위한 경험)
  - **(비판적 성찰)** 경험에 대한 비판적 성찰을 통해 전환학습 시작
  - **(개인적 발달)** 경험과 비판적 성찰을 통해 개인의 발달 가능

○ **(필요성)** 평생교육의 필요성

- **(이론적 측면)** 학습욕구이론, 지위경쟁이론, 인간자본론, 심리학적 기초

- **(현실적 측면)** **사회의 변화와 개인의 변화**

평생교육의 현실적 필요성

구분	주요 내용
사회의 변화	• 국제개방화 • 지식정보화 • 실력·능력주의의 강조 • 소외계층의 학습권 보장
개인의 변화	• 수명 연장과 가치관의 변화에 따라 삶의 질에 대한 관심 증대 • 학교교육만으로는 학습욕구 충족에 한계 • 경제적 여유와 여가시간의 증가

○ (특성) ① 개념의 광역성과 통합성

② 시기의 계속성과 항상성

③ 대상의 평등성과 전체성

④ 접근방식의 다양성과 상대성

⑤ 교육체제의 개방성과 탈정형성

○ (원리) ① 전체성의 원리(학교 안팎의 교육에 정통성 부여)

② 통합성의 원리(다양한 교육활동과 유기적 관계)

③ 융통성의 원리(어떠한 학습자라도 교육)

④ 민주성의 원리(개인의 필요와 욕구에 기초)

참고 평생교육에 관한 주요 의견

- (P. Lengrand) 평생교육은 학습자가 필요로 할 때 언제든지 접근할 수 있어야 하며 **앎과 삶이 통합된 학습을 지원**하는 것 강조, **분절되었던 교육제도의 연계 및 통합 강조**
- (E. Faure) 「존재를 위한 학습」을 통해 새 시대 교육제도의 개혁방향으로 **학습사회의 건설 제안**
- (J. Delors) 4개의 학습기둥 제시

교육의 4기둥 이론

구분	주요 내용
알기 위한 학습	인간 개개인의 삶에 의미를 주는 살아 있는 지식의 습득을 위한 학습
행동하기 위한 학습	개인의 환경에 대한 창조적 대응능력의 획득에 대한 학습
함께 살아가기 위한 학습	공동체 속에서 다른 지역 사람이나 외국 사람과의 조화로운 삶을 영위하고 그들과 공존하며 공동체에 참여할 수 있는 능력을 학습
존재하기 위한 학습	교육의 궁극적 목표로서 앞의 세 가지 교육적 기능의 총체

② 연구모형

- ○ **(통제모형 : 전체주의 국가)** 강한 통제, 사부담
  - 교육의 목적 · 대상 · 내용은 국가가 직접 결정, 국가재정은 국가가 일부 부담, 학습자가 대부분 부담

- ○ **(사회주의모형 : 구사회주의 국가)** 강한 통제, 공부담
  - 국가에 의한 무상교육, 교육목적은 국가가 철저히 통제, 교육내용은 정치적 이념

- ○ **(복지모형 : 북유럽)** 약한 통제, 공부담
  - 사상적 토대는 평등주의, 교육목적은 개개인의 자아실현, 교육내용은 지방 또는 학교 자율 결정, 학습자의 다양한 학습요구 고려

- ○ **(시장모형)** 약한 통제, 사부담
  - 사상적 토대는 개인주의 · 신자유주의 · 교육은 공공재가 아니라 사유재

2 평생교육의 이론적 논의

① 철학적 논의

- ○ **(P. Natorp)** 교육을 통하여 이상적 인간상*을 육성해야 하는데, 전통적 학교교육으로는 이러한 인간상의 창출이 불가하므로 대안으로서의 사회교육학 제창

  * 이성으로 욕구와 의지를 조정하고 통제하는 사람

- ○ **(J. Dewey)** 삶이 곧 교육, 생활현장이라면 사회 어디에서도 언제든지 교육 가능

- ○ **(T. Brameld)** 재건주의 교육론, 현대사회의 문화위기를 극복하고 건전한 사회 건설 및 발전적인 문화 창조, 이상적인 민주국가 건설을 위하여 교육이 유일한 대안

② 심리학적 논의

- ○ **(지능발달)** 결정적 지능(Cattell), 창의력은 25 ~ 40세 때 가장 높음, 어휘력의 경우 60세까지도 상승 발달(Wechsler)

- ○ **(성격발달)** 생산성 대 침체감, 통합감 대 절망감(Erikson)

③ 사회학적 논의

- ○ **(기능론)** 사회통합, 개인의 체제적응, 질서유지, 인간자본론

- ○ **(갈등론)** 평생교육을 통한 인간의 해방, 헤게모니 극복, 학교에 의한 재생산 극복

REFERENCE
참고문헌

강태훈 외, 『이해하기 쉬운 교육평가』, 박영스토리, 2023.

권이종 외, 『평생교육개론』, 교육과학사, 2010.

김신일, 『교육사회학』, 교육과학사, 2015.

김은하 외, 『학교 생활지도와 상담』, 학지사, 2017.

김종서 외, 『평생교육개론』, 교육과학사, 2009.

김진규, 『교육과정과 교육평가』, 동문사, 2007.

박성익 외, 『교육방법의 교육공학적 이해』, 교육과학사, 2015.

박수원 외, 『교사 교육과정을 디자인하다』, 테크빌교육, 2020.

백영균 외, 『유비쿼터스 시대의 교육방법 및 교육공학』, 학지사, 2010.

성태제, 『교육평가의 기초』, 학지사, 2009.

성태제 외, 『최신 교육학개론』, 학지사, 2012.

소경희, 『교육과정의 이해』, 교육과학사, 2017.

신득렬 외, 『쉽게 풀어쓴 교육철학 및 교육사』, 양서원, 2020.

신명희, 『교육심리학』 학지사, 2010.

우치갑 외, 『수업이 즐거운 교육과정-수업-평가-기록의 일체화』, 테크빌교육, 2018.

유재봉 외, 『교육철학 및 교육사 탐구』, 학지사, 2022.

윤정일 외, 『교육행정학원론』, 학지사, 2008.

임규혁 외, 『교육심리학』, 학지사, 2007.

정제영 외, 『이슈 중심의 교육학개론』, 박영스토리, 2023.

진동섭 외, 『교육행정 및 학교경영의 이해』, 교육과학사, 2017.

한혜정 외, 『교육과정』, 학지사, 2023.

홍후조, 『알기 쉬운 교육과정』, 학지사, 2016.

최원휘
SELF
교육학

제1판발행 | 2023. 3. 15.

제2판인쇄 | 2025. 1. 10.   **제2판발행** | 2025. 1. 15.   **편저자** | 최원휘

발행인 | 박 용   **발행처** | (주)박문각출판   **등록** | 2015년 4월 29일 제2019-000137호

주소 | 06654 서울특별시 서초구 효령로 283 서경 B/D   **팩스** | (02)584-2927

전화 | 교재 문의 (02) 6466-7202, 동영상 문의 (02) 6466-7201

ISBN 979-11-7262-376-0

정가 38,000원